LEÇONS

DE

GÉOGRAPHIE PHYSIQUE

Droits de traduction et de reproduction réservés.

LEÇONS

DE

GÉOGRAPHIE PHYSIQUE

PAR

ALBERT DE LAPPARENT

PROFESSEUR A L'ÉCOLE LIBRE DE HAUTES ETUDES
ANCIEN PRÉSIDENT DE LA COMMISSION CENTRALE
DE LA SOCIÉTÉ DE GÉOGRAPHIE

OUVRAGE CONTENANT
117 FIGURES DANS LE TEXTE ET UNE PLANCHE EN COULEURS

PARIS

MASSON ET Cie, ÉDITEURS

LIBRAIRES DE L'ACADÉMIE DE MÉDECINE

120, BOULEVARD SAINT-GERMAIN

—

1896

PRÉFACE

Ce livre n'a pas la prétention d'être un *Traité* de géographie physique. Pour qu'il eût droit à une telle qualification, il aurait fallu lui donner des proportions beaucoup plus considérables, et comprendre dans son cadre, sans y pouvoir ajouter aucun intérêt de nouveauté, nombre de questions aujourd'hui exposées, avec toute la compétence désirable, dans des ouvrages justement estimés.

Ce que l'auteur s'est proposé, c'est de fournir, par un corps de doctrines logiquement enchaînées, un point d'appui aux tentatives qui, depuis plusieurs années, sont faites pour asseoir l'enseignement géographique sur des bases pleinement rationnelles. De divers côtés, avec une bonne volonté digne d'éloges, on a créé des chaires nouvelles, consacrées à la géographie physique. Très justement on les a confiées à des géologues, estimant qu'ils étaient mieux armés que d'autres pour démêler les causes des particularités de la surface terrestre. Toutefois, il serait téméraire de prétendre que le personnel géologique fût, d'ores et déjà, en situation d'exercer, dans toute sa plénitude, la mission nouvelle qui lui incombait. Moins encore pourrait-on soutenir que les clients habituels des facultés des lettres, à qui cet enseignement venait s'offrir, fussent suffisamment préparés à le recevoir.

Pour des causes diverses, la géologie n'a jamais tenu en France, dans le cadre de l'instruction secondaire, une place en rapport avec son importance ; et ce qui est curieux, c'est que cette situation inférieure, loin de s'améliorer, s'est aggravée au fur et à mesure, en dépit des progrès vraiment gigantesques que la science du globe réalisait dans ces dernières années. Si on laisse encore à cette spécialité une part nominale dans les programmes, du moins a-t-elle disparu de tous les examens qui forment la sanction normale des études classiques. Or, on sait ce que valent, en France, aux yeux des maîtres tout comme à ceux des élèves, des connaissances sur lesquelles les candidats aux brevets universitaires savent qu'ils ne seront pas interrogés.

Par une singulière contradiction, cette exclusion coïncide avec le moment où l'on reconnaît la nécessité d'introduire, dans les études géographiques, une rigueur d'analyse dont la géologie garde tout le secret, exigeant ainsi, des candidats à l'agrégation, une somme et une nature de connaissances auxquelles les traditions de l'enseignement littéraire n'ont préparé ni les maîtres ni leurs disciples.

Nous n'avons pas à rechercher ici d'où vient cet étrange état de choses, et c'est à d'autres qu'il appartient d'en poursuivre en haut lieu la réforme. Notre rôle à nous est de démontrer par le fait la fécondité d'un accord entre la géographie et la géologie, à l'aide d'un livre qui soit comme une sorte de pont jeté entre les deux sciences, où il n'intervienne de la seconde que ce qui paraît strictement nécessaire, et encore sous la forme la plus discrète ; mais à la condition que, de son côté, l'étude des formes actuelles accepte de n'être jamais séparée de la considération du passé qui les a engendrées.

Cet ouvrage aurait donc pu être intitulé « Leçons sur la genèse des formes géographiques ». Même, si nous avions écrit en Amérique, où ces notions commencent à devenir d'un usage courant dans des universités maîtresses de leurs programmes, nous n'eussions pas hésité à arborer franchement le mot de *géomorphogénie*, récemment créé de l'autre côté de l'Atlantique. Mais, au milieu des difficultés que nous venons de signaler, il y avait quelque danger à venir effaroucher, par l'emploi d'un terme nouveau, des esprits mal préparés pour entrer de suite à pleines voiles dans la voie que nous voudrions leur ouvrir. Nous avons donc conservé à ce travail le titre sous lequel ont été professées depuis quatre ans, à l'École libre de Hautes Études, les leçons d'où l'ouvrage est sorti.

Puisse l'intérêt de ces considérations, qui prêtent à tous les accidents de la surface une véritable vie, être de plus en plus vivement ressenti, et contribuer à provoquer une réforme, non seulement dans l'enseignement usuel de la géographie, désormais assujetti à plus de rigueur, mais encore dans celui de la géologie! Car cette science n'obtiendra vraiment sa place légitime dans le domaine des connaissances d'ordre général que si elle cherche à se rendre accessible à tous, en dépouillant son aridité traditionnelle pour devenir surtout l'histoire de l'évolution géographique.

A. DE LAPPARENT.

Janvier 1896.

TABLE DES MATIÈRES

Préface v

Première leçon. — Les grandes lignes du dessin géographique.... 1
    Définition de la Géographie physique, 1. — Figure et dimensions de la terre, 4. — Valeur du relief terrestre, 7. — Répartition du relief. Notion des lignes de partage, 10. — Relief du fond des océans, 13. — Comparaison de la terre ferme et du fond des mers, 17. — Constitution des grandes aires océaniques, 21. — Dépression méditerranéenne, 24. — Remarques générales sur le dessin de la surface terrestre, 25.

Deuxième leçon. — Le relief de l'écorce terrestre............ 28
    Profil de la terre ferme, 28. — Signification des particularités du profil, 30. — Profil du fond des mers, 31. — Socle continental. Convexités. Ombilics, 34. — Courbe hypsographique de l'écorce terrestre, 35. — Particularités régionales. Europe. Atlantique, 38. — Afrique, Australie, 39. — Dyssymétrie des lignes de relief, 40. — Profil combiné des rides continentales et des fosses océaniques, 41.

Troisième leçon. — Conditions générales du modelé terrestre... 44
    Rôle des phénomènes extérieurs, 44. — Notion du modelé, 45. — Agents du modelé, 46. — Divers modes de façonnement de la surface, 47. — Relation des agents du modelé avec les conditions météorologiques, 48. — Distribution de la chaleur sur le globe, 49. — Déformation des zones de température, 50. — Irrégularité de la zone chaude, 51. — Isothermes diverses, 51. — Considération des isobares. Zone des basses pressions équatoriales, 52. — Bandes des pluies équatoriales, 54. — Bande des vents alizés, 54. — Bande des basses pressions australes, 56. — Complication des isobares dans l'hémisphère boréal. Moussons, 57. — Effets du Gulf-Stream, 58. — Zone désertique, 59. — Importance des conditions géographiques, 60. — Influence des lignes de relief, 62. — Particularités des dépressions, 64. — Détails divers sur la distribution des pluies. Conditions des déserts, 66.

Quatrième leçon. — Conditions normales du modelé par les eaux courantes.. 69
    Importance prépondérante des eaux courantes, 69. — Cas d'un territoire homogène. Effets du ruissellement, 69. — Notion du niveau de

base. Profil d'équilibre, 70. — Vitesse de l'affouillement, 71. — Partie torrentielle, 72. — Affluents, 73. — Établissement du profil en travers, 74. — Divagation du cours d'eau, 76. — Phénomènes de capture. Cols, 77. — Modifications diverses du réseau initial, 78. — Plaine de débordement. Conditions de pente, 79. — Adoucissement des versants, 80. — Aplatissement final, 81. — Territoires argileux, 82. — Influence des conditions météorologiques, 83.

Cinquième leçon. — INFLUENCE DES CONDITIONS GÉNÉTIQUES SUR LA MARCHE DU MODELÉ.. 84

Conditions qui modifient la marche du modelé. Influences génétiques. 84. — Massifs calcaires fissurés, 85. — Lapiez. Apparences ruiniformes, 88. — Massifs de calcaires tendres, 90. — Districts de grès, 92. — Terrains hétérogènes. Division des cours d'eau en tronçons, 93. — Cascades, 94. — Pertes des rivières. Lacs de barrages rocheux, 95. — Terrasses. Deltas torrentiels, 96. — Cas divers de rupture de pente, 97. — Modelé des versants hétérogènes, 99. — Profil des versants, 100. — Rideaux, 101. — Variété du paysage, 102.

Sixième leçon. — I. CONDITIONS GÉNÉTIQUES DU MODELÉ DANS LES FORMATIONS ÉRUPTIVES ET GLACIAIRES........................... 103

Formations éruptives. Cônes et cratères, 103. — Coulées, 104. — Culots et massifs d'injection. Massifs de granite, 105. — Dépôts glaciaires, 107.

II. — INFLUENCES TECTONIQUES PASSIVES....................... 109

Définition des influences tectoniques. Effets de l'inclinaison des strates, 109. — Développement de la structure en gradins, 110. — Évolution du réseau. Phénomènes de capture, 112. — Cas d'une inclinaison inverse, 115. — Dômes localisés, 115. — Profil en travers. Vallées monoclinales, 116.

Septième leçon. — LES INFLUENCES TECTONIQUES PASSIVES DANS LES RÉGIONS PLISSÉES ET DISLOQUÉES.................................. 118

Pays régulièrement plissés, 118. — Voûtes démantelées, 119. — Inégalités du plissement. Lacs tectoniques. Cluses, 120. — Massifs disloqués, 121. — Conséquences d'une forte inclinaison des strates, 121. — Cours d'eau surimposés, 122. — Influence des failles, 124. — Vallées de fracture, 125. — Pays de Bray ; vallée de la Seine, 126. — Glens écossais, 127. — Vallées des fjords norvégiens, 128. — Effondrements locaux, 129. — Cirques, 131. — Caractères généraux des massifs disloqués, 132. — Massifs exotiques. Klippen, 133. — Dépressions régionales, 134. — Dépressions sans écoulement maritime, 135. — Causes de l'insuffisance des agents du modelé dans les dépressions, 136. — Dépressions momentanément drainées, 137. — Anciens fonds de mer, 138. — Effondrements linéaires, 139.

Huitième leçon. — CYCLE D'ÉROSION. — APLANISSEMENT FINAL...... 141

Notion du cycle d'érosion, 141. — Enfance et jeunesse d'un réseau hydrographique, 141. — Maturité du réseau, 142. — Partie torrentielle, 143. — Tronçon moyen, 144. — Tronçon inférieur, Plaines alluviales, Deltas, 144. — Signes divers de la maturité, 145. — Vieillesse du réseau, 146. — Notion des pénéplaines, 147. — Exemples de pénéplaines, 148. — Plateau central. Ardenne, 150. — Inversion du relief, 152. — Vitesse du travail d'aplanissement, 153. — Influence du régime météorologique, 153.

Neuvième leçon. — MODIFICATIONS DU MODELÉ PAR LES INFLUENCES TECTONIQUES ACTIVES.. 155

Effets d'un changement du niveau de base. Ouverture d'un nouveau cycle, 155. — Mouvements négatifs, 156. — Formation des gorges ou cañons, 157. — Cañons des territoires à stratification régulière, 158. — Méandres encaissés, 159. — Gorges du Plateau central, de l'Ardenne et du massif rhénan, 160. — Mouvements d'ensemble. Plateaux proprement dits, 163. — Mouvements positifs, 165. — Déformation de vallées. Effondrements locaux, 166. — Mouvements orogéniques. Vallées transversales, 167. — Affaissements généraux. Ombilics de vallées, 169. — Lacs de bordure, 170. — Détails divers sur les lacs de bordure, 172. — Remarques générales sur l'allure des phénomènes tectoniques, 173. — Influence des éruptions volcaniques, 174. — Cônes volcaniques, 174. — Cavités cratériformes, 176. — Modifications géographiques diverses produites par les éruptions volcaniques. Lacs de barrage. Cascades, 177. — Changements du réseau hydrographique, 178. — Laccolithes, 179.

Dixième leçon. — CYCLES D'ÉROSION SUCCESSIFS. ANALYSE DE QUELQUES RÉSEAUX HYDROGRAPHIQUES 181

Notion des cycles successifs, 181. — Littoral atlantique des États-Unis, 182. — Connecticut, New Jersey, 183. — Région des Appalaches, 184. — Plaine côtière des États-Unis, 185. — Californie, 186. — Variété des systèmes hydrographiques, 187. — Rivières à pente rapide et discontinue, 188. — Bassin de la Somme, 189. — Bassin du Pô, 190. — Bassin de Paris, partie moyenne, 191. — Zones hydrographiques du bassin, 191. — Dernières phases de l'évolution du réseau parisien, 193. — Aperçu de l'évolution du bassin, 194. — Phénomènes de capture en Champagne, 195. — Particularités hydrographiques de la Lorraine, 197. — La Moselle à Toul, 197. — Causes probables de la capture, 199. — Conséquences diverses, 200. — Réseau hydrographique rhénan, 201. — Profil du Rhin, 202. — Histoire du fleuve, 204.

Onzième leçon. — LE MODELÉ GLACIAIRE 206

Définition et importance du modelé glaciaire, 206. — Désagrégation des roches par la gelée, 206. — Action des glaciers, 208. — Caractères des vallées glaciaires, 210. — Dépôts glaciaires, 211. — Amphithéâtres morainiques, 211. — Lac de Constance, 212. — Lacs glaciaires divers, 213. — Changements de lit des fleuves. Seuils post-glaciaires, 214. — Lacs de cirques, 215. — Importance relative de l'érosion par les glaciers, 216. — Calottes glaciaires, 216. — Topographie glaciaire. Zone centrale, 217. — Zone périphérique. Topographie morainique, 218. — Exemples de topographie morainique, 220. — Particularités de la topographie morainique. OEsar. Drumlins, 222. — Altération des moraines. Loess, 224. — Modifications géographiques produites par les extensions glaciaires, 225. — Toundras, 227.

Douzième leçon. — I. LE MODELÉ PAR LES INFLUENCES SOUTERRAINES. 228

Définition des influences souterraines, 228. — Éboulements provoqués par les infiltrations, 228. — Effets de la circulation souterraine, 229. — Formation des dépressions de la surface, 230. — Grottes, réseaux souterrains, 231. — Particularités du Karst. Rivières souterraines, 232. — Relation des dolines avec les cours d'eau souterrains, 234. — Lacs temporaires, 235. — Conditions particulières de la contrée du Karst, 236. — Territoires divers d'érosion souterraine, 237. — Infiltrations dans les districts volcaniques, 237.

II. — LE MODELÉ PAR LES INFLUENCES ÉOLIENNES 238

Caractères généraux du modelé par les influences éoliennes, 238. — Conditions d'exercice de l'action du vent, 239. — Effets de l'insolation, 240. — Influence de la répartition des pluies. Insuffisance du régime hydrographique, 241. — Transport de matériaux. Érosion éolienne, 242. — Formation des dunes, 243. — Paysage de dunes. 244. — Particularités diverses du phénomène éolien, 245. — Question des loess, 246. — Relation du climat désertique avec le relief. 247. — Relation des déserts avec les dépressions, 247. — Destinée des déserts, 248. — Régions de steppes, 249.

Treizième leçon. — LE MODELÉ DES RIVAGES MARITIMES 251

Conditions générales du modelé des rivages. Puissance mécanique des vagues, 251. — Formation des falaises, 252. — Plates-formes littorales, 252. — Accidents d'un rivage en falaise, 253. — Iles d'érosion, 255. — Détails divers sur les falaises, 256. — Débouché des vallées. Estuaires, 257. — Cas d'un rivage hétérogène et vallonné, 257. — Appréciation du travail de l'érosion, 258. — Vallées submergées. Sillons de fracture, 259. — Rias, 260. — Fjords, 262. — Détails divers sur les fjords, 263. — Éléments tectoniques des fjords. Action glaciaire. Types subordonnés, 267. — Rivages du type dalmate, 268. — Côtes d'effondrement, 270. — Question des plaines d'abrasion marine, 271. — Côtes plates, 272. — Régime variable des côtes plates. 273. — Echancrures des côtes plates, 274. — Deltas. Limans, 275. — Côtes coralliennes, 275. — Détails statistiques sur les rivages maritimes, 276. — Importance de l'érosion marine, 277.

Quatorzième leçon. — RÉSUMÉ GÉNÉRAL DES PÉRIODES GÉOLOGIQUES. 278

Objet de ce résumé, 278. — Sédimentation contemporaine, 278. — Stratification. Localisation des sédiments, 279. — Frange sédimentaire. Vitesse de formation, 280. — Vicissitudes de l'histoire sédimentaire, 281. — Complication de l'histoire géologique. Fossiles. 282. — Terrain archéen, 283. — Divisions principales des temps géologiques, 284. — Divisions de second ordre, 285. — Appréciation de l'importance des temps géologiques, 287. — Dislocations de l'écorce terrestre, 288. — Caractère des dislocations, 289. — Manifestations éruptives, 290. — Composition des roches éruptives, 290. — Principales roches éruptives, 292. — Phénomènes explosifs. Emanations gazeuses, 293. — Terrains métamorphiques, 293. — Variation des conditions physiques avec le temps, 294.

Quinzième leçon. — I. PRINCIPES DE LA PALÉOGRAPHIE 297

Importance et difficultés de la paléographie, 297. — Intervention de la paléontologie, 298. — Caractère provisoire des essais de paléographie, 298. — Signification des massifs archéens, 299. — Massifs d'ancienne consolidation, 301. — Recherche des anciens rivages, 301. — Reconstitution du relief, 302. — Anciennes montagnes, 302. — Complication des accidents de surface, 303. — Exemple de la Dent de Morcles, 304. — Signification des injections granitiques, 305.

II. — TRAITS GÉNÉRAUX DE L'ÉVOLUTION GÉOGRAPHIQUE . . . . . . : . . 306

Application des principes posés; massifs archéens, 306. — Continents précambriens, 308. — Trace de dépôts littoraux précambriens, 308. — Noyaux archéens divers, 310. — Modifications géographiques de l'ère primaire, 311. — Continents carbonifériens, 312. — Continent austral, 312. — Continents jurassiques, 314. — Dernières périodes géologiques, 316. — Traits généraux du dessin paléogéographique. Unités stables, 317. — Dépression médiane. Zone de plissements, 317. — Divisions naturelles de la terre ferme, 319. — Plissements américains, 319.

Seizième leçon. — L'EUROPE. LES ILES BRITANNIQUES. — I. APERÇU GÉNÉRAL SUR L'EUROPE 321

Formes des côtes européennes : caractères de l'Europe septentrionale, 321. — Différences avec la zone méditerranéenne. 322. — Zone médiane, 323. — Massif russe. 324. — Caractères du réseau hydrographique de l'Europe, 324. — Rôle historique des divisions de l'Europe. Zone méditerranéenne, 325. — Zone septentrionale. Région française, 326. — Ordre à suivre dans les descriptions, 327.

II. — Les Iles Britanniques 328

Aperçu général. Massif ancien, 328. — Dislocation et façonnement du massif, 328. — Divisions de l'Ecosse. Highlands, 329. — Fjords et lacs. Cours d'eau, 330. — Golfe de Caithness. Différences des côtes écossaises, 331. — Lowlands. Hautes terres du sud, 333. — Hébrides, Orcades, Shetland, 333. — Angleterre. District des lacs, 335. — Origine des lacs. Relief du pays, 336. — Pays de Galles, 337. — Cornouaille, 338. — Région orientale. Allure générale, 338. — Histoire de la région, 339. — Développement du réseau hydrographique, 340. — Émersion pleistocène, 341. — Dôme wealdien, 342. — Bassin de l'île de Wight, 343. — Structure de l'Irlande, 344. — Réseau hydrographique, 345. — Les côtes irlandaises, 345. — Circonstances de l'isolement de l'Irlande, 346. — Conditions déduites de la répartition des animaux, 347.

Dix-septième leçon. — I. La péninsule scandinave 349

Structure générale de la Scandinavie, 349. — Interruptions de la ligne de faite. Dislocations atlantiques, 349. — Conditions géologiques du faite scandinave, 350. — Fjords. Vallées du versant oriental, 351. — Traces de l'action glaciaire, 352. — Terrasses, lignes de rivage, 353. — Vicissitudes de la Baltique, 354. — Scanie, 355.

II. — La plate-forme russe 356

Caractères généraux de la contrée, 356. — Conditions de pente. Rôle historique du massif, 357. — Distinction de deux territoires glaciaires, 357. — Finlande. Paysage moraïnique, 358. — Alignements finlandais, 359. — Plate-forme russe : ses divisions, 360. — Régions de la terre noire et des steppes. Leur réseau hydrographique, 360. — Explication des particularités des cours d'eau, 361. — Oural, 363.

III. — Les Pays-Bas de l'Europe septentrionale 364

Définition des Pays-Bas, 364. — Section occidentale, 364. — Pays-Bas néerlandais. Cordon littoral et Marches, 365. — Campine. Geest, 367. — Oldenbourg et environs, 367. — Région de l'Elbe. Lande de Lunebourg, 368. — Schleswig-Holstein, 368. — Côte de Rügen, 369. — Jylland. Iles danoises, 369. — Littoral baltique. Plate-forme des lacs, 370. — Versant méridional de la plate-forme, 372. — Zone des grandes rivières, 372. — Landes méridionales, 373.

Dix-huitième leçon. — Zone des massifs anciens. — Bassin de Paris. 374

Aperçu général sur la région française, 374. — Divisions naturelles du Bassin de Paris, 375. — Massif central. Caractères généraux, 376. — Traces de la pénéplaine archéenne, 378. — Régions disloquées du massif central, 379. — Anciennes dépressions lacustres. Limagne, 381. — Dépressions de la Loire. Bassin d'Aurillac, Bourbonnais, 382. — Massifs volcaniques. Cantal, Cézallier, 382. — Mont-Dore, Monts Domes, Velay, Aubrac, 383. — Régime hydrographique du plateau central, 384. — Traces glaciaires, 385. — Massif armoricain. Caractères généraux, 386. — Disposition des plis armoricains, 386. — Dépressions du massif. Effets de l'érosion, 387. — Régime hydrographique, 388. — Massif ardennais. Caractères généraux, 389. — Divisions du massif, 390. — Golfe du Luxembourg. Plateau rhénan.

Palatinat, 390. — Massif alsacien. Caractères généraux, 391. — Vallée du Rhin. Revêtement triasique, 392. — Bassin de Paris. Sa préparation historique, 393. — Épisodes sédimentaires, 394. — Influence du lac de Beauce, 395. — Dernières dislocations, 395. — Constitution de la topographie du bassin, 396. — Auréoles et falaises successives, 397. — Pays du bassin; auréoles crétacées, 398. — Auréoles jurassiques, 399. — Pays du massif tertiaire, 400. — Pays de dislocations, 401. — Particularités hydrographiques, 402.

Dix-neuvième leçon. — SUITE DE LA ZONE DES MASSIFS ANCIENS...
I. — FRANCE MÉRIDIONALE. — PYRÉNÉES...................... 404

Partie méridionale du massif central, 404. — Golfe des Causses, 405. — Golfe de l'Aquitaine. Aperçu général, 406. — Bordure secondaire du golfe, 407. — Pays de l'Aquitaine, 408. — Dépression de la Saône, 409. — Dépression du Rhône. Provence, 409. — Massif des Maures. Bande des Cévennes, 410. — Chaîne des Pyrénées; aperçu général, 412. — Divisions de la chaîne. Versant français, 413. — Versant espagnol, 413. — Noyau ancien des Pyrénées, 414. — Monts Cantabriques. Asturies, 414.

II. — PÉNINSULE IBÉRIQUE.............................. 415

Aperçu général, 415. — Partie occidentale du massif ibérique, 416. — Partie orientale. Sierras castillanes, 416. — Plaines castillanes, 417. — Bord oriental du massif, 418. — Andalousie. Sierra Morena, 418. — Dépression d'Andalousie, 419. — Sierra Nevada, Basse Andalousie, Baléares, 420. — Bassin de l'Èbre, 421. — Catalogne, 421. — Les rivages de la péninsule ibérique, 422.

III. — MASSIFS ALLEMANDS............................. 423

Aperçu général, 423. — Massif rhénan, 424. — Dépression hessoise, 425. — Thuringe, 426. — Forêt de Franconie, 427. — Hartz. Collines subhercyniennes, 427. — Bohême. Aperçu général, 429. — Forêt de Bohême, 429. — Erzgebirge. Suisse saxonne, 430. — Lusace. Sudètes, 431. — Cours de l'Elbe. Oder. Silésie, 432.

Vingtième leçon. — LA CHAINE DES ALPES ET LES CARPATHES..... 433

Aperçu général, 433. — Distinction des Alpes occidentales et des Alpes orientales, 434. — Alpes occidentales. Arc cristallin. Rôle des Alpes liguriennes, 434. — Lacs de la bordure alpine, 436. — Zone des massifs extérieurs, 436. — Chaînes subalpines, 437. — Zone préalpine, 438. — Préalpes, 439. — Région de la mollasse, 440. — Chaîne du Jura, 440. — Particularités du Jura, 441. — Cours du Rhône, 442. — Alpes orientales. Axe cristallin. Prättigau, 443. — Alpes calcaires du nord, 444. — Alpes calcaires du sud, 445. — Vallées transversales, 446. — Zone préalpine. Flysch. Plaines danubiennes, 447. — Jura souabe et franconien, 448. — Chaîne des Carpathes, 449. — Effondrements carpathiques, 450. — Grès carpathique, 451. — Particularités des Carpathes, 451. — Bukovine, Banat, 452. — Rapports des Carpathes avec les Alpes transylvaines, 453. — Plaine hongroise, 454.

Vingt et unième leçon. — LA RÉGION MÉDITERRANÉENNE......... 456

Définition de la région, 456. — Péninsule italienne. Aperçu général, 456. — Plaine du Pô, 457. — Ceinture de la plaine. Vicentin, 458. — Apennin. Dessin général, 459. — Traces de l'ancienne Tyrrhénide, 460. — Détails sur les dislocations du sol italien, 460. — Apennin septentrional, 461. — Apennin moyen, 462. — Apennin méridional, 463. — Sicile, 464. — Péninsule balkanique. Aperçu général, 465. — Région du Karst, 465. — Côte dalmate. Date de sa dislocation, 466. — Bosnie, Albanie, 467. — Massifs anciens de la péninsule balkanique, 468. — Balkans, 469. — Bassins d'effondrement, 470. — Dobroudja, Roumanie, 470. — Péninsule hellénique. Epire, Pinde, 471. — Thessalie et régions voisines, 471. — Morcellement des terres helléniques, 472. — Mer Egée, 472. — Caractère des dépressions helléniques, 473. — Asie Mineure. Alpes pontiques, 473. — Taurus, 474. — Kourdistan, Arménie, 475. — Anticaucase, Caucase, 475. — Flanc nord du Caucase. Caspienne, 476. — Chaînes africaines. Atlas tellien, 477. — Atlas saharien, 478. — Région des plateaux, 478. — Atlas marocain, 479.

Vingt-deuxième leçon. — LES TERRES ASIATIQUES 480

Coup d'œil général, 480. — Interprétation des structures asiatiques, 481. — Abondance des dépressions, 481. — Définition des terres asiatiques, 482. — Sibérie occidentale, 482. — Sibérie centrale, 483. — Région du lac Baïkal, 484. — Nouvelle-Sibérie. Sibérie orientale, 485. — Kamtchatka, 485. — Bassin de l'Amour. Mandchourie, 486. — Pamir, 487. — Hydrographie pamirienne, 488. — Chaînes divergentes. Thian-Chan, 489. — Zone d'effondrements, 490. — Bassins du Tarim et du Gobi, 490. — Kouenlun et ses prolongements, 491. — Tibet, 492. — Karakorum, Himalaya, 493. — Himalaya central, 494. — Régime hydrographique, 494. — Hindoukouch et ses prolongements, 495. — Chaînes iraniennes, 496. — Intérieur de la Perse, 497. — Dépression aralocaspienne, 498. — Chaînes aralocaspiennes, 498. — Dislocation du Turkestan, 499. — Changement de direction des chaînes asiatiques au voisinage du massif chinois, 499. — Caractères du massif chinois, 500. — Relief et réseau hydrographique de la Chine, 501. — Pays de la terre jaune, 502. — Archipel japonais, 503. — Indochine, 504. — Arc malais, 504. — Dislocations de la Malaisie, 505. — Iles de la Sonde. Philippines, 506.

Vingt-troisième leçon. — LES PLATES-FORMES INDO-AFRICAINES 508

Définition des plates-formes indo-africaines, 508. — Aperçu général sur l'Afrique, 508. — Divisions de la région saharienne, 510. — Caractères du Sahara, 510. — Bordure septentrionale du Sahara, 511. — Chotts tunisiens. Bord du désert libyque, 512. — Sahara occidental et méridional, 512. — Afrique équatoriale. Caractères généraux, 513. — Soudan. Cours du Niger, 514. — Dislocations et régime du Niger, 515. — Congo, 515. — Régime hydrographique du Congo. Altération des grès, 516. — Afrique australe. Aperçu général, 517. — Plates-formes du Cap, 517. — Pays d'Orange et de Natal, 518. — Transvaal, Kalahari, 519. — Régime des côtes de l'Afrique australe, 520. — Madagascar, 521. — Afrique orientale. Vallée du Nil, 522. — Cours et régime du Nil, 522. — Massif éthiopien, 523. — Dislocations de l'Afrique orientale. Ligne des grands volcans, 524. — Ligne du Tanganyika, 525. — Prolongements septentrionaux des dislocations africaines, 526. — Plate-forme de l'Arabie, 527. — Divisions de l'Arabie, 528. — Syrie, Mésopotamie, 528. — Hindoustan. Orographie, 529. — Caractères de la plate-forme, 530. — Pays de Gondwana. Dislocations indiennes, 530. — Plaine indo-gangétique, 531. — Rôle du Salt Range. Vallée de l'Indus, 531. — Plateau de Chillong, 532. — Plate-forme australienne, 533.

Vingt-quatrième leçon. — L'AMÉRIQUE DU NORD 534

Aperçu général, 534. — Evolution du territoire américain, 534. — Région canadienne, 535. — Traces de la topographie glaciaire, 536. — Modifications récentes du réseau hydrographique, 537. — Saint-Laurent. Labrador. Région des prairies, 538. — Région des Appalaches. Aperçu général, 539. — Histoire de la région, 539. — Traits fondamentaux des Appalaches, 540. — Détails divers, 541. — Dépression centrale, 541. — Partie septentrionale du massif plissé, 542. — Chaînes des Palissades, 543. — Piedmont, 544. — Plaine côtière. 544. — Plateaux du Cumberland, 545. — Plateaux des Alleghanies. 546. — Plaines du Mississipi. 546. — Monts Ozark. Arkansas, 547. — Grandes plaines de l'Ouest, 548. — Rivages du golfe du Mexique. Floride. 549. — Région occidentale. Aperçu général, 549. — Dessin de la région, 550. — Chaînes septentrionales. 551. — Monts des Cascades, 552. — Sierra Nevada, 552. — Hydrographie et érosions de la Sierra, 553. — Chaîne côtière. Dépression californienne, 553. — Plateaux volcaniques de l'Orégon, 554. — Dislocation des Montagnes Rocheuses. Accidents du Yellowstone, 554. — Monts Wahsatch. 555. — Grand Bassin. 555. — Anciens lacs. Régime désertique. 556. — Hauts plateaux. 557. — Phénomènes d'érosion. Cañons, 557. — Monts Uintah. Monts Henry, 558. — Plateau du Rio-Grande, 559. — Montagnes Rocheuses proprement dites, 559. — Black Hills, 560. — Front Range. 560. — Parcs, jardins. 561.

Vingt-cinquième leçon. — I. L'Amérique centrale et les Antilles.   562

Aperçu général, 562. — Mexique, chaînes de la Sierra Madre, 562. — Plateau mexicain, 563. — Volcans du Mexique, 563. — Chaînes des isthmes américains. Aperçu général, 564. — Guatemala. Honduras. Nicaragua, Costa-Rica, 565. — Isthmes de Panama et de Darien, 566. — Yucatan. Golfe du Mexique, 566. — Antilles. 567. — Dislocations des Antilles, 568.

II. L'Amérique du Sud 568

Aperçu général, 568. — Massif brésilien, 569. — Montagnes du Brésil. 570. — Bassins du Parana et du Sao Francisco, 571. — Versant amazonien, 571. — Guyane, 572. — Bande des dépressions. Llanos, 573. — Dépression de l'Amazone, 573. — Dépressions argentines, 574. — Pampas, 575. — Patagonie. Terre de Feu, 575. — Cordillère des Andes. Aperçu général, 576. — Constitution des Andes chiliennes. 577. — Cordillères argentines, 577. — Virgation des chaînes, 578. — Partie méridionale des Andes, 578. — Caractères du littoral chilien, 579. — Particularités du versant occidental des Andes, 580. — Tectonique générale des Andes, 580. — Partie moyenne des Andes. 582. — Plateau péruvien, 582. — Disparition des volcans. Tremblements de terre, 583. — Cordillères péruviennes, 584. — Coude de la Cordillère, 584. — Andes équatoriales. 585. — Andes colombiennes. Chaînes du Venezuela, 585. — Influence d'un massif ancien. 586. — Résumé de la structure des Andes. 586.

III. Les terres polaires 587

Terres américaines. 587. — Groenland, Spitzberg. Nouvelle-Zemble. 588. — Islande. 589. — Terres antarctiques. 590.

LEÇONS
DE
GÉOGRAPHIE PHYSIQUE

PREMIÈRE LEÇON

LES GRANDES LIGNES DU DESSIN GÉOGRAPHIQUE.

Définition de la Géographie physique. — La *Géographie physique* doit être, par raison d'étymologie, la description du globe terrestre, exclusivement basée sur les caractères *naturels* que présente la surface de notre planète. Tandis que l'ancienne géographie accordait une place prépondérante à tout ce qui est du fait de l'homme, non seulement la nouvelle doctrine écarte cet ordre de considérations, mais elle prétend subordonner l'action humaine à l'influence de la nature, en cherchant, dans les particularités du milieu, l'une des principales parmi les causes d'où résultent les différences qu'on observe entre les divers groupes de populations.

D'ailleurs, la géographie physique entend ne pas demeurer une science purement descriptive. Il ne lui suffit pas de définir et de classifier de son mieux, d'après les apparences extérieures, l'ensemble des détails qui constituent ce qu'il est permis de nommer la *morphologie terrestre*. Elle sait maintenant que ces formes ont une raison d'être, tirée des vicissitudes par lesquelles a passé, durant une longue suite de siècles, la surface de ce globe, dans l'histoire duquel les annales de l'humanité ne tiennent qu'une place presque insignifiante. C'est pourquoi, sans se confondre avec la science qui a ces vicissitudes pour objet propre, c'est-à-dire avec la géologie, la géographie physique est de plus en plus amenée à reconnaître la nécessité d'être au courant des données principales de la science géologique. Là seulement elle peut acquérir la notion de ces structures internes, qui commandent jusqu'à un certain degré les formes extérieures, et dont elle est obligée de tenir compte, au même titre et dans la même mesure que la peinture et la sculpture ont le devoir d'observer les règles de l'anatomie.

Mais cela ne suffit pas encore, car l'état présent du globe est la résultante d'une superposition compliquée de phénomènes, qui ont agi successivement, tantôt dans le même sens, tantôt en sens contraires; de telle façon que les structures et les formes actuelles ont une histoire, qui seule les rend pleinement intelligibles. Si le géographe n'est pas tenu de déchiffrer lui-même cette histoire, du moins il est forcé d'y avoir égard, absolument comme l'ethnographe est dans l'obligation de ne pas ignorer le passé des peuples dont il veut faire comprendre les mœurs et les caractères physiques. C'est en se conformant à ces exigences que la description du globe acquiert une base solide, et devient vraiment ce qu'on pourrait appeler la *géographie rationnelle*.

Ainsi compris, le cadre de cette science est extrêmement vaste. D'une part, elle embrasse la définition précise, au double point de vue de la forme et de la genèse, de toutes les unités homogènes entre lesquelles peut se diviser la surface du globe. D'autre part, il lui appartient de rechercher comment la forme de ces unités réagit sur la distribution de conditions physiques, dont le principe est extérieur à notre planète, et d'où dépendent ici-bas les réactions de tout ordre qui s'accomplissent à la surface, soit dans le règne minéral, soit dans le monde organique. Après quoi la science achève son œuvre, en traçant le tableau des résultats définitifs qu'engendre cette combinaison d'éléments divers, et où l'activité humaine intervient pour sa grande et légitime part.

C'est à ce dernier chapitre, essentiellement descriptif, que se sont surtout appliqués jusqu'ici les efforts des géographes, même de ceux qui ont le mieux senti la nécessité de rompre avec les conventions arbitraires du passé.

A la vérité, de louables tentatives ont été faites par eux, surtout depuis cinquante ans, pour asseoir la classification des formes de la surface sur des considérations purement naturelles. Mais les œuvres inspirées par cette tendance sont restées incomplètes, parce qu'elles n'étaient pas suffisamment imprégnées de la notion des causes profondes auxquelles tient la variété des tableaux de la nature. Faute de cette initiation préalable, on s'est trop souvent laissé guider par des homologies plus apparentes que réelles, s'exposant ainsi, suivant une juste comparaison de M. W. M. Davis[1], à des méprises comme celles que commet le vulgaire, quand il se croit autorisé à classer les baleines avec les poissons, ou les chauves-souris avec les oiseaux.

Pour obvier à cet inconvénient, il est indispensable de mettre à la disposition des géographes des règles fondées sur une exacte appréciation des circonstances qui ont présidé à la genèse des formes terrestres. C'est à cette tâche, qui réclame plus particulièrement la compétence du géologue, que nous comptons nous appliquer ici. L'honneur d'avoir ouvert le chemin dans cette direction revient à Élie de Beaumont, qui en exposait magistralement le principe, dès 1835, dans sa mémorable description des Vosges, bientôt suivie par l'*Introduction à l'Explication de la carte géologique de France*, où les rapports de la forme avec la structure sont esquissés en traits saisissants. Plus d'un auteur s'en est heureusement inspiré depuis lors ; et cependant la semence a été lente à germer, tant était puissante l'influence du préjugé qui, sous prétexte de rompre définitivement avec l'ancien régime, avait été jusqu'à proscrire, en géographie, l'emploi des noms de provinces et de pays !

D'ailleurs, à ces efforts partiels, il manquait un essai de codification dogmatique. Cette lacune a commencé à être comblée chez nous en 1888, lors de la publication de l'ouvrage fondamental de MM. de la Noë et de Margerie sur *Les Formes du terrain*[2]. De leur côté, les Américains, dont le territoire offre, surtout dans l'ouest, des facilités absolument exceptionnelles pour la mise en évidence des rapports entre la surface et le sous-sol, donnaient à ces conceptions des développements remarquables, d'où commence à sortir, sous l'influence prépondérante de M. W. Morris Davis, un véritable corps de doctrines. Le nom de *Géomorphologie* a été créé aux États-Unis pour désigner le nouvel ordre de connaissances, auquel sont attachés, en Amérique, les noms de MM. Davis, Lesley, Powell, Dutton, Gilbert, Mac Gee, Hayes, Chamberlin, Diller, Lawson, Campbell, etc. Mais il est juste de rappeler l'influence exercée sur cette éclosion par un grand nombre de savants européens : en Allemagne, MM. Ed. Suess[3], de Richtho-

---

1. *National geogr. Magazine*, 1889.
2. Paris, Imprimerie Nationale, 1888.
3. *Antlitz der Erde*.

fen[1], Löwl, Penck[2], Kirchhoff[3], Hartung, Supan, Tietze, Heim[4], Rütimeyer, Philippson[5], Th. Fischer, etc.; en Angleterre, MM. Ramsay, Beete Jukes, Whitaker, Topley, A. Geikie, Medlicott, Blanford, Green, Foster, Maw, Greenwood[6], etc.; en France, MM. Élie de Beaumont, Dausse, Suzell, Cézanne, Belgrand, E. Reclus, etc.[7].

Il est permis de penser que le caractère de la doctrine serait encore mieux exprimé par le terme de *Géomorphogénie*, récemment introduit par M. Lawson. Quoi qu'il en soit, cette question de rubrique générale n'ayant qu'une importance secondaire, nous nous en tiendrons au mot, plus facile à faire accepter en France, de *géographie physique*. Pour qu'aucune incertitude ne pèse sur le sens qu'on y doit attacher, on ne saurait mieux faire que de recourir à la formule, vraiment saisissante, qu'en donnait il y a quelques années M. Mackinder d'Oxford[8]. Rappelant qu'après avoir trop souvent abusé des cataclysmes et des hypothèses extraordinaires, la géologie était entrée dans sa véritable voie le jour où elle avait pris pour base de ses spéculations la connaissance des phénomènes actuels, ce qui permettait de la définir : l'*étude du passé à la lumière du présent*, le savant anglais disait de la nouvelle méthode géographique qu'elle devait être l'*étude du présent à la lumière du passé*. Ainsi s'affirme l'étroite union des deux sciences qui ont le globe pour objet. C'est une véritable alliance, et non un lien de subordination, qui les relie l'une à l'autre, et c'est en se développant librement, chacune dans leur sphère, mais sans jamais se perdre de vue, qu'elles parviendront à nous donner la pleine intelligence du milieu où doit se dérouler notre existence terrestre.

Figure et dimensions de la terre. — La terre est un *sphéroïde*, c'est-à-dire un globe très voisin d'une sphère, accomplissant en vingt-quatre heures un tour entier autour d'un axe de position

---

1. *Führer für Forschungsreisende*, 1886.
2. *Das deutsche Reich*, 1887; *Morphologie der Erdoberfläche*, Stuttgard, 1894.
3. *Länderkunde des Erdteils Europa*, 1887.
4. *Mechanismus der Gebirgsbildung*, 1878.
5. *Studien über Wasserscheiden*, Leipzig, 1886.
6. Il n'est que juste de rappeler qu'Hutton, le célèbre géologue écossais, avait nettement proclamé le grand rôle des eaux courantes dans la genèse des formes de la surface.
7. Qu'il nous soit permis de mentionner ici la tentative que nous avons faite, en 1888, dans notre *Géologie en chemin de fer*, pour établir une classification rationnelle de tous les *pays* du bassin parisien,
8. Cité par W. M. Davis, *loc. cit.*, p. 11.

fixe [1]. Les points où cet axe perce le sphéroïde sont les *pôles*.
Tout plan passant par l'axe des pôles dessine, par son intersection avec la surface du globe, un *méridien*. Le plan mené par le centre de la terre, perpendiculairement à l'axe, coupe le sphéroïde suivant l'*équateur*, courbe dont tous les points sont à 90 degrés de distance angulaire des pôles. Enfin chaque point de la surface, dans le mouvement de rotation diurne, décrit parallèlement au plan de l'équateur un cercle dit *parallèle*.

Si la terre était une sphère parfaite, les méridiens et l'équateur seraient des grands cercles égaux, et tous les points situés sur un même plan parallèle à l'équateur décriraient le même petit cercle. Chaque point du globe serait défini par sa *longitude*, c'est-à-dire par l'angle, mesuré sur l'équateur, de son méridien avec un méridien initial, et par sa *latitude*, autrement dit l'arc intercepté sur le méridien, à partir de l'équateur, par le parallèle du point considéré. On pourrait d'ailleurs prendre, pour mesure de cette latitude, l'angle des rayons terrestres aboutissant aux deux extrémités de l'arc, et ces rayons ne seraient autres que les *verticales*, ou lignes du fil à plomb, relatives aux extrémités en question.

Mais, d'une part, le sphéroïde terrestre est aplati aux pôles et, de l'autre, sa surface présente des inégalités qui font que chaque méridien est une ligne irrégulière, renflée à la rencontre des protubérances continentales, tandis qu'elle est déprimée sous les océans. Dès lors, pour qu'un point soit défini, il faut connaître son *altitude*, positive pour la terre ferme, négative pour le fond des mers, c'est-à-dire la distance à laquelle se trouve ce point de la surface idéale qui définit la *figure du globe*.

Pour déterminer cette surface idéale de comparaison, on est convenu de considérer, comme figure propre du sphéroïde, celle qui correspondrait à la surface libre des mers, si cette dernière était partout prolongée sous les continents, ce qu'on cherche à réaliser par les opérations de nivellement. En vertu de la mobilité des particules liquides, la surface libre de la mer, sollicitée à la fois par la pesanteur et par la force centrifuge due à la rotation diurne, doit théoriquement affecter une *figure d'équilibre*, celle d'un *ellipsoïde de révolution*, engendré par la rotation, autour de l'axe, d'une ellipse méridienne invariable. Dès lors les *verticales* deviennent les normales à l'ellipse, et la mesure de deux arcs

---

[1]. Les légères variations que peut éprouver la situation de l'axe relativement au globe peuvent être considérées comme négligeables au point de vue de la géographie.

elliptiques limités par des verticales faisant entre elles un angle d'un degré, ces arcs étant choisis l'un près de l'équateur, l'autre près d'un pôle, suffit pour déterminer géométriquement la forme de la courbe. Du même coup, cette connaissance permet d'évaluer la longueur de l'ellipse méridienne à l'aide d'une unité convenue. La forme elliptique trouve son expression complète dans ce qu'on appelle l'*aplatissement*, c'est-à-dire dans le rapport de la différence des deux axes au plus grand d'entre eux.

En 1799, les opérations géodésiques exécutées en vue de l'établissement du système métrique avaient conduit Delambre et Méchain à adopter, pour la valeur de l'aplatissement, le chiffre de $\frac{1}{334}$, ce qui, combiné avec les dimensions des arcs mesurés, assignait à l'ellipse méridienne une longueur de 20 522 960 toises. On en prit la quarante-millionième partie et cette fraction, matériellement exprimée par un étalon en platine déposé aux Archives, est devenue le *mètre*.

Ultérieurement, de nouvelles mesures ont fait voir que la valeur admise pour l'aplatissement était trop faible, et que ce dernier devait être compris entre $\frac{1}{294}$ et $\frac{1}{300}$. De plus, on a dû reconnaître que les différentes mesures d'arc ne donnaient pas des résultats identiques, de telle sorte qu'il n'y avait pas, à proprement parler, d'ellipse méridienne unique.

On aurait pu d'ailleurs le prévoir *a priori*. En effet, pour que la surface des mers affectât la forme d'un ellipsoïde de révolution défini, il faudrait que l'océan eût partout la même densité, et que son niveau, uniquement déterminé par la combinaison de la pesanteur avec la force centrifuge due à la rotation diurne, ne fût influencé ni par les vents, ni par les courants, ni par les variations météorologiques. A la vérité, ces diverses causes n'altèrent la forme du sphéroïde que dans une très faible mesure. Mais il n'en est pas de même des influences dues à l'attraction. La théorie indique que la surface des mers ne peut manquer d'être déformée par le voisinage des masses continentales, dont l'attraction se fait sentir pour son compte, indépendamment de l'action totale du globe. Il s'ensuit que la verticale est déviée, en même temps que la surface des eaux tranquilles ou horizontale s'écarte de la position qu'elle aurait prise sans cette perturbation. C'est donc un ellipsoïde modifié en chaque point par la terre ferme, ou *géoïde*, qui doit exprimer la figure de la nappe océanique. Or la détermination précise de ce géoïde réclame, entre autres choses, la connaissance de l'intensité de la pesanteur, donnée difficile à mesurer et éprouvant, d'un point à un autre, des variations dont la cause est encore très mystérieuse.

Heureusement les inégalités que provoquent ces causes de déformation n'ont pas l'importance qu'on leur avait tout d'abord attribuée. Il est aujourd'hui démontré [1] qu'en aucun point, le géoïde ne doit s'écarter de l'ellipsoïde théorique de plus de 200 mètres. En particulier pour ce qui concerne l'Europe, le niveau de la mer y est partout sensiblement uniforme, et les variations qu'il peut offrir sur nos côtes sont à peu près du même ordre que les erreurs inévitables des nivellements. En fait, on peut admettre que la figure du globe est exprimée, avec une approximation suffisante, par un ellipsoïde de révolution, dont le demi-axe équatorial aurait 6 378 284 mètres, le demi-axe polaire étant de 6 356 607, et le demi-axe moyen de 6 371 000 mètres. Dans ce cas, la valeur du mètre demeurant pour toujours fixée par l'étalon des Archives, l'ellipse méridienne, au lieu de contenir exactement 40 millions de mètres, en aurait 40 007 860.

Il est à remarquer que même en admettant, pour l'aplatissement terrestre, la plus forte parmi les valeurs proposées, soit $\frac{1}{294}$, le globe terrestre demeure encore trop voisin d'une sphère pour que la différence soit sensible à l'œil, quelle que soit l'échelle de la représentation.

Valeur du relief terrestre. — Ayant ainsi défini la *surface de comparaison* à laquelle on doit rapporter les altitudes et les profondeurs, il est intéressant de savoir dans quelle mesure la surface du globe solide s'écarte de celle dont les éléments viennent d'être indiqués.

Plus des $\frac{70}{100}$ de la surface du sphéroïde sont occupés par la mer. Le reste, c'est-à-dire la terre ferme, ne s'élève jamais au-dessus de l'Océan plus haut que 8840 mètres [2] et, en moyenne, l'altitude des continents, supposée uniformément répartie sur toute leur surface, ne dépasse pas sensiblement 700 mètres [3]. Or le rayon terrestre a 6371 kilomètres. Dès lors la plus haute cime ne domine le niveau de la mer que de la *sept cent vingtième* partie du rayon, et l'altitude moyenne de 700 mètres en représente seulement la *neuf millième* partie. On est donc fondé à dire que le relief de la terre ferme est insignifiant.

---

1. Cela résulte des travaux mathématiques de MM. Helmert et Hergesell.
2. Altitude de la cime culminante de l'Himalaya.
3. Les calculs les plus récents, ceux de MM. Heiderich et Penck, ont donné respectivement 745 et 735 mètres.

D'un autre côté, il n'existe pas de fosse océanique dont la profondeur, authentiquement mesurée, soit en chiffres ronds supérieure à 8500 mètres [1]. Ainsi la plus grande différence d'altitude, entre deux points de la surface du globe solide, n'atteint pas 17 kilomètres et demi, soit la *trois cent soixante-cinquième* partie du rayon. A la vérité la profondeur moyenne des mers se tient aux environs de 4000 mètres, égale par conséquent à cinq ou six fois l'altitude de la terre ferme. Il n'en est pas moins vrai que si, sur un globe de dix mètres de diamètre, on voulait ménager des cavités représentant à l'échelle les dépressions océaniques, nulle part, il ne faudrait donner à ces cavités plus de *sept millimètres* de creux. Et le même chiffre limiterait la saillie que devraient faire les rugosités continentales. C'est pourquoi on a raison de dire que les inégalités de l'écorce demeurent bien au-dessous de celles que présente la peau d'une orange.

Ainsi d'une part, les montagnes n'ont en aucune façon, relativement aux dimensions du globe, l'importance que nos yeux sont portés à leur attribuer, et, d'autre part, la mer est très loin de constituer ces *abîmes*, que l'imagination se figure si naturellement lorsque, du rivage, on contemple la masse liquide s'étendant à perte de vue. Il y a mieux ; lors même qu'un océan aurait sa partie la plus profonde en son milieu, raccordée aux deux bords par des pentes régulières, la courbe ainsi obtenue ne cesserait pas d'être absolument *convexe*. En effet, en raison de la courbure du sphéroïde terrestre, un arc égal à la dimension transversale de l'Atlantique comporte une flèche de 1150 kilomètres ; c'est-à-dire qu'à supposer le fond de cet océan absolument plan d'une rive à l'autre, l'épaisseur de la nappe liquide en son milieu serait *cent cinquante fois* plus grande que le maximum de profondeur réellement observé. Une mer de cinq degrés d'amplitude comporte une flèche de 6 kilomètres. Même les mers de Soulou, de Célèbes et de Banda ne réalisent pas ces conditions. Seuls quelques détroits, comme le Pas-de-Calais, ou certaines fosses linéaires exceptionnellement profondes, ont un profil concave. Partout ailleurs, le profil d'ensemble du fond des mers est une courbe convexe, mais dont le rayon de courbure est supérieur à celui de la surface libre.

En résumé, la mer se borne à occuper les parties déprimées d'une surface extrêmement peu différente de celle d'un sphéroïde

---

1. On a mesuré 8513 mètres dans le Pacifique, au fond de la fosse des Kouriles, et 8341 dans l'Atlantique, contre les Antilles, dans la fosse des Vierges.

parfait ; et il suffirait que le volume de la masse liquide fût augmenté d'un sixième pour que la terre ferme presque tout entière cessât d'exister. Malgré l'énorme importance qu'elle revêt à nos regards, la nappe océanique n'est guère qu'une pellicule, servant à marquer les creux ou, en d'autres termes, à mettre en évidence les principales inégalités d'une surface qui, sans cela, vue de loin, laisserait l'impression d'une régularité presque absolue.

En chiffres ronds, on peut évaluer la superficie du globe à 510 millions de kilomètres carrés, dont 145 pour la terre ferme et 365 pour les mers. Cette répartition est calculée dans l'hypothèse où le pôle antarctique formerait le centre d'une grande île d'environ 10 millions de kilomètres carrés, et dont il semble que quelques rivages se laissent entrevoir par endroits à travers la banquise qui rend ces parages presque inabordables. Avec une altitude moyenne de 700 mètres, le volume des terres situées au-dessus du niveau de la mer représenterait en gros *cent millions de kilomètres cubes*, tandis que, suivant qu'on adopte 4000 ou 3600 mètres pour la profondeur moyenne des mers, on assigne à la masse océanique un volume égal à *quinze ou treize fois* celui des continents.

Ces deux volumes réunis ne représentent que la *six cent soixante-quinzième* partie du volume total de notre sphéroïde. C'est donc avec raison qu'on emploie l'expression d'*écorce terrestre* pour désigner tout ce qui est accessible à l'observation ; car en dehors de toute idée théorique sur la constitution interne de notre planète, c'est bien une *écorce*, voire une *pellicule*, que cette partie extérieure qui nous occupe, et au-dessous de laquelle on peut dire qu'aucune investigation directe n'a encore pénétré, puisque le forage le plus profond, sur la terre ferme, n'a pas dépassé 1700 mètres.

Cela posé, la faible valeur des inégalités terrestres, jointe à la régularité du sphéroïde, entraîne une conséquence très importante, qu'il est bon de mettre ici en lumière. Puisque la figure de l'écorce solide diffère à peine de celle d'un géoïde, lui-même presque identique avec un ellipsoïde de révolution, cela veut dire que cette écorce affecte, à peu de chose près, une *forme d'équilibre*, privilège réservé aux matières douées de fluidité, ou tout au moins pourvues d'une grande élasticité.

Il y a plus : la valeur de l'aplatissement terrestre est justement celle que le calcul assigne à un globe qui aurait la densité moyenne de la terre (5, 5) et dont les éléments seraient assez mobiles pour obéir à la force centrifuge engendrée par le mouvement diurne. De là découle cette conclusion, que la terre a dû, selon toute probabilité, traverser un état initial de fluidité, évidemment déterminé par la chaleur; qu'au début la surface de l'écorce a été ellipsoïdale, et que les inégalités dont elle est aujourd'hui affectée doivent provenir d'une déformation progressive, causée par le refroidissement de notre planète. Sans insister davantage sur ces considérations théoriques, qu'il nous a paru bon de signaler parce qu'elles semblent résulter immédiatement de l'observation, poursuivons l'examen des formes générales de l'écorce.

Répartition du relief. Notion des lignes de partage. — Après avoir constaté combien est faible, suivant la verticale, le contraste mutuel des deux parties, maritime et continentale, de la surface terrestre, il convient de rechercher si du moins ces deux domaines n'auraient pas chacun leur constitution propre, suffisante pour établir entre eux une démarcation tranchée. Il en serait ainsi, par exemple, si d'un côté tous les océans se présentaient à nous comme d'immenses cuvettes, s'approfondissant depuis les bords jusqu'au centre, et si, d'autre part, les continents affectaient la forme de dômes surbaissés, plongeant de tous côtés vers les mers qui les baignent.

Telle n'est pas à beaucoup près l'impression qu'on ressent à la vue des cartes, à la fois *hypsométriques* et *bathymétriques*, où le relief du sol ainsi que la profondeur des mers sont figurés par des courbes de niveau, en même temps que des teintes graduées accentuent les zones d'égal relief moyen [1].

Ce qui frappe au premier abord, surtout si l'échelle des cartes est un peu considérable, c'est l'extrême complication des courbes d'altitude, le morcellement pour ainsi dire infini des zones hypsométriques, les profondes échancrures dont elles sont accidentées, suivant un dessin qui semble échapper à toute définition générale. Mais cette impression se modifie singulièrement si, au lieu de suivre minutieusement chaque courbe, on s'applique à se former une vue d'ensemble, en faisant abstraction des circonstances de second ordre. Ainsi celui qui veut comprendre les lignes essen-

---

[1]. Au nombre de ces cartes, nous mentionnerons spécialement : la carte générale (*Weltkarte mit Meerestiefen und Höhenschichten*), publiée en 1893 par l'amirauté allemande; la carte n° 1 (*Höhen und Tiefen*) de l'Atlas physique de Berghaus (section Géologie); la carte n° 10 (*Seetiefen*) du même atlas (section Hydrographie); les cartes générales des atlas Schrader et Prudent, Vidal-Lablache, etc. Nous avons d'ailleurs essayé d'en donner une réduction dans la Planche jointe à cet ouvrage.

tielles d'un paysage cligne des yeux pour ne percevoir que les ensembles. Ainsi encore le peintre qui veut représenter un arbre, et à qui un premier regard n'a montré qu'un enchevêtrement confus de feuilles et de rameaux minuscules, s'étudie à y discerner des masses, à la juste expression desquelles il devra subordonner la reproduction des menus détails.

En appliquant ce procédé à la lecture des cartes hypsométriques, on s'habitue bien vite à simplifier les contours des courbes, pour apercevoir, sur la surface des continents, des massifs qui tranchent, par leur dessin comme par leur altitude, sur les régions environnantes. Seulement ces massifs, tantôt allongés en chaînes, tantôt ramassés ou bien étalés en ramifications, occupent très rarement une situation centrale. Les uns, comme l'ensemble du Tibet et de l'Himalaya, ne sont séparés de la mer que par des péninsules aplaties, qui semblent avoir été artificiellement collées contre leurs bords en qualité de hors-d'œuvre ; d'autres, comme l'Atlas en Afrique, ou comme la Cordillère des Andes dans l'Amérique du Sud, forment tout contre la mer une simple bande linéaire, qui apparaît comme un bourrelet longitudinal relativement au reste du continent. Mais ce qui est plus frappant encore, c'est qu'il s'en faut de beaucoup que la terre ferme soit, dans son entier, tributaire de la mer. En Asie, les bassins fermés constituent près de 30 p. 100 de la surface. En Afrique, la proportion des territoires sans écoulement s'élève à 32 p. 100. Pour le globe entier, elle atteint au moins *un cinquième* de la superficie continentale. Ces territoires déprimés, en général très plats, dont quelques-uns ont leur fond au-dessous du niveau de la mer, sont d'ordinaire encadrés par des lignes de hauteurs, qui leur assignent des limites assez tranchées ; et ainsi la terre ferme, au lieu d'offrir un dessin bien homogène, où se manifesterait partout l'idée directrice d'une descente progressive vers le grand réservoir maritime, se présente sous la forme d'une capricieuse juxtaposition de compartiments, les uns surélevés, les autres déprimés, dont les frontières respectives sont marquées par des chaînes de montagnes.

C'est pourquoi rien n'est plus artificiel que cette notion des grandes *lignes de partage des eaux*, sur laquelle reposait autrefois tout l'édifice de la géographie physique. A coup sûr, il faut bien qu'il s'opère un partage des eaux courantes selon les pentes, et que chaque territoire se divise en bassins fluviaux, eux-mêmes réunis par groupes selon les mers dont ils sont tributaires. En suivant de proche en proche, vers l'amont, les dernières ramifications des cours d'eau, ainsi que des rigoles qui les alimentent en temps de pluies, on finira toujours par rencontrer une suite de points, à partir desquels la pente dirigerait les eaux vers un autre bassin. L'ensemble de ces points formera la *ligne de partage*. Mais ce serait une grande erreur de croire que de telles lignes puissent toujours être mathématiquement définies. C'en serait une plus grande d'imaginer qu'elles doivent en tout cas s'accuser franchement dans la topographie, et que les principaux accidents du relief coïncideront d'une manière constante avec les limites des grands bassins hydrographiques. On pouvait le croire à l'époque où, conformément à un préjugé qui datait du moyen âge, les montagnes étaient considérées comme *les os de la terre ferme*. Alors les atlas se faisaient un devoir de mettre cette *ossature* en pleine lumière, par un figuré où les grandes lignes de partage formaient comme une sorte de colonne vertébrale, d'où les lignes secondaires se détachaient à titre de branches, ramifiées elles-mêmes à l'infini. A quel point cette conception est peu conforme à la réalité, c'est ce dont il est aisé de s'assurer par l'examen des cartes hypsométriques.

Qu'est-ce, par exemple, que cette ligne de partage de l'Europe, qui doit séparer le versant atlantique du versant méditerranéen? Elle prend son origine au détroit de Gibraltar, et semble débuter d'une manière digne de son rôle, en épousant la ligne de crêtes la plus saillante de l'Espagne, la Sierra Nevada. Mais il est à remarquer que, jusqu'à l'extrémité de l'Andalousie, il n'y a pas à proprement parler de partage; car la ligne de séparation demeure collée au littoral méditerranéen, n'envoyant de ce côté que quelques torrents. On la suit encore assez bien dans son rebroussement vers le nord, jusqu'à la rencontre de la Sierra Morena. Mais que devient-elle entre ce point et les sources du Tage, alors que le Guadalquivir, la Guadiana, le Tage et le Douro, tous tributaires de l'Atlantique, ont leurs bassins respectifs si nettement délimités par de vraies chaînes parallèles? En vérité il semble que, comme ligne orographique, elle s'évanouisse juste au moment où commence sérieusement son office de partage. Quels zigzags son parcours ne subit-il pas encore jusqu'aux montagnes qui bordent au sud-ouest le bassin de l'Elbe, par où elle acquiert enfin une allure bien définie vers les Pyrénées, qu'elle se hâte ensuite d'emprunter par un changement complet de direction! Mais, quand elle doit quitter cette dernière chaîne, en ayant soin d'éviter les Corbières, qui semblaient si naturellement s'offrir pour cette descente, on la voit errer à l'aventure dans la dépression fangeuse du Lauraguais, ce seuil insignifiant qui forme l'unique obstacle à la communication entre l'Océan et la Méditerranée, pour atteindre la Montagne Noire. Là, du moins, elle redevient culminante, mais pour se résigner bientôt à l'incertitude que lui inflige le plateau de Larzac, où une partie des eaux tombées sur le versant méditerranéen n'est pas bien sûre de ne pas aller rejoindre, par les canaux souterrains des Causses, quelque affluent de la Garonne. Enfin elle prend possession des Cévennes, après quoi le Lyonnais, le Beaujolais et le Charolais lui assureront un tracé dominant jusqu'à la Côte d'Or. Seulement, arrivée là, elle doit éviter l'arête principale du chaînon, pour n'être pas coupée du plateau de Langres, qui seul lui permettra, par une haute plaine très improprement qualifiée de Monts Faucilles, d'arriver aux Vosges. Encore, entre Langres et Chalindrey, trouvera-t-elle tout juste le moyen de passer en contournant la source de la Marne, qui vient s'appliquer contre la crête même du plateau, qu'elle semble avoir essayé de forcer.

Des Vosges, la ligne de partage ne fait que toucher la pointe, et à peine a-t-elle pris possession du Ballon d'Alsace qu'elle descend au plus vite, entre le Doubs et l'Ill, à la recherche d'un passage qui la mène au Jura. Cette fois la voilà de nouveau installée sur une véritable crête, mais violemment rejetée au sud-est. D'ailleurs, bien avant que se termine et même que s'abaisse l'arête sur laquelle elle a un moment réussi à se maintenir, il lui faut l'abandonner brusquement, suivant une ligne de plus grande pente, pour errer dans le pays marécageux qui sépare le lac de Genève de celui de Neuchâtel. C'est là, qu'écrasée d'un côté par le Jura, de l'autre par les montagnes du Chablais, cette ligne qui a la prétention de séparer les eaux méditerranéennes, à la fois de l'Atlantique et de la mer du Nord, va ramper en quelque sorte, jusqu'à ce qu'elle se dédommage enfin en remontant sur la crête de l'Oberland bernois. Mais ses humiliations ne sont pas finies. Elle en éprouvera d'autres, quand il lui faudra se glisser entre le Rhin et le Danube, à deux pas du lac de Constance, juste à l'endroit où un précurseur tertiaire du Rhin se dirigeait autrefois vers l'est. Quels détours pour arriver en Souabe sans heurter ni le Danube, ni le Neckar! Non moins difficile sera pour elle l'accès de ce nœud du Fichtelgebirge, qui lui procurera le passage à la Forêt de Bohème; après quoi son tracé demeurera bien indécis sur le plateau morave, comme aussi entre les Sudètes et les Beskides. Mais nulle part le caractère artificiel de cette ligne ne sera mieux marqué que dans ces marais de la Podlésie, dont certaines parties, selon l'abondance des pluies ou la direction du vent, peuvent décharger leurs eaux soit dans la Baltique, soit dans la mer Noire.

D'ailleurs, au delà de ce point, une fois franchies les sources du Volga, il n'y a plus rien de sérieux qui établisse une séparation quelconque entre les affluents de ce fleuve et ceux du lac Ladoga; et c'est merveille que la ligne de partage parvienne jusqu'à l'Oural, à chaque instant recoupée par des canaux qui mettent le bassin de la mer Glaciale en communication avec celui de la Caspienne. Quelle différence entre cette allure si souvent effacée, et ce que donneraient à penser les anciennes cartes soi-disant physiques, où l'on avait soin de marquer, par un figuré continu, semblable à celui des montagnes, la ligne séparative des eaux européennes !

Encore, pour atténuée qu'elle soit si souvent, cette ligne n'en est-elle pas moins susceptible d'un tracé défini et unique. Mais où trouver quelque chose d'analogue en Asie, avec ces grands bassins intérieurs sans écoulement, les uns, comme la dépression aralo-caspienne, à peine séparés des fleuves sibériens, les autres, comme le désert du Tarim et les cuvettes mongoliennes, enfermés entre les plus hautes chaînes de montagnes? Si bien que c'est en plein désert de Gobi, là précisément où il n'y a pas d'eau, qu'il faut arriver à tracer une séparation entre le bassin du Pacifique et celui de la mer Glaciale, sur un continent où l'Himalaya, la chaîne la plus élevée du globe, sert uniquement à isoler le Gange de son affluent le Brahmapoutra !

Que dire aussi de l'Afrique, où l'on voit les affluents du haut Sénégal enchevêtrer, en quelque sorte, leurs sources avec celles du Niger, ce singulier fleuve qui commence par tourner le dos à la côte où il doit aboutir? Quelle incertitude de relief, non seulement dans le Sahara et la cuvette du Tchad, mais dans ce bassin du Congo, dont certains tributaires viennent s'entremêler avec des affluents du Nil, tandis que d'autres vont se confondre dans des marécages avec les eaux aboutissant au Zambèze ! Enfin pourrait-on signaler rien de plus exceptionnel que la falaise qu'on suit depuis Zanzibar jusqu'en Abyssinie, et dont l'arête, limite orientale du grand plateau incliné vers l'Atlantique, s'accidente par moments d'une suite de fosses, où s'alignent des lacs sans écoulement?

A ceux qui, par contre, se plairaient à mettre en regard la remarquable homogénéité de la Cordillère des Andes, il serait aisé de répondre que, pour l'Amérique du Sud, c'est une étrange ligne de partage que l'arête de ce bourrelet, qui semble s'être dressé uniquement pour empêcher les eaux du continent d'arriver au Pacifique ; enfin que le Nevada et l'Utah, avec leurs grands bassins intérieurs, enlèvent singulièrement à la valeur des Montagnes Rocheuses, considérées comme arête hydrographique principale.

En un mot, les continents, tels que la géographie usuelle a coutume de les envisager, ne sont rien moins que des unités homogènes. Ils ne répondent en aucune façon à la conception d'une ossature coordonnée à leur contour, et marquée par une chaîne de partage de premier ordre, d'où se détacheraient, comme autant de membres reliés au tronc, les arêtes séparatives des bassins secondaires. On y voit, côte à côte, des massifs de haut relief et des territoires déprimés, les uns sans aucun écoulement, d'autres, comme le bassin de la Hongrie, d'où les fleuves s'échappent en forçant, à travers des chaînes de montagnes, de véritables défilés. Ce sont des assemblages de parties essentiellement disparates, où se révèle une complication extrême, et dont l'état présent est impossible à embrasser sous une formule unique.

Relief du fond des océans. — Le même enseignement ressort de l'étude des profondeurs maritimes. C'est en vain qu'on chercherait, dans ce qu'on appelle un océan, quelque dessin d'ensemble, attesté par la convergence de toutes les pentes vers une fosse centrale. Ainsi, de la côte du Pérou à celle du Kamtchatka, dans la direction du sud-ouest au nord-est, le fond du Pacifique est une plaine uniforme, dont la profondeur demeure comprise entre 4000 et 6000 mètres. C'est seulement tout contre les îles Kouriles, c'est-à-dire dans une position absolument excentrique, qu'apparaît une fosse allongée parallèlement à la chaîne des îles, entre les Aléoutiennes et le Japon, et où la sonde est descendue jusqu'à 8513 mètres. Cette zone de grandes profondeurs joue donc, relativement au Pacifique, un rôle tout à fait semblable à celui du massif tibétain par rapport à l'Asie.

A partir du Japon, la chaîne des îles Bonin, des Mariannes, des Carolines et des îles Salomon est bordée, à droite et à gauche, par des fosses fermées, de 4000 à 6000 mètres, et des cavités non moins profondes forment, au milieu des Indes orientales, les deux mers de Célèbes et de Banda. Là aussi, ce sont de vrais compartiments déprimés, bordés de tous côtés, soit par des hauts-fonds, soit par des chaînes d'îles, qui ne sont que les sommets de rides en majeure partie submergées. De ces compartiments plus ou moins circulaires, les uns (c'est le cas de Célèbes) ont leur fond absolument plat. D'autres, comme la mer de Banda, voient se dresser en leur milieu des espèces de pyramides qui, partant de 5000 mètres de profondeur, arrivent à la surface par des pentes de près de 15 p. 100.

L'Atlantique, au nord comme au sud, est partagé en deux, suivant sa longueur, par un long plateau sous-marin, portant toujours moins de 4000 mètres d'eau. Entre ce plateau et les continents s'étendent des fosses dont le fond se tient entre 4 et 6 kilomètres au-dessous de la surface. Mais ce n'est encore pas dans ces fosses que la sonde descend le plus bas; c'est tout contre les Antilles (8341 m.), et de même, les cartes récentes font ressortir près des côtes des dépressions exceptionnelles, l'une, la fosse de Curaçao (5221 m.), enfermée dans la mer Caraïbe, l'autre, la fosse de Bartlett (6268 m.), encore plus remarquable par sa forme linéaire, entre la Jamaïque et la baie de Honduras.

En somme, nulle part les océans ne dessinent de grandes cuvettes régulières, et chacun se partage, comme la terre ferme, en compartiments inégaux, le plus souvent au fond plat, à travers lesquels courent des protubérances sous-marines, semblables, comme allure générale, à celles qui accidentent les continents.

De là on peut conclure que le domaine maritime et le domaine continental ne sont pas distincts par leur essence. Dans l'un comme dans l'autre, les grands traits de l'écorce solide sont les mêmes. Les compartiments juxtaposés, tout comme les bourrelets qui les définissent, diffèrent surtout les uns des autres par leur distance au centre de la terre. Cette distance fixe la place que ces unités semblables doivent occuper, les unes, les continents, au-dessus du niveau de la mer, les autres, les grandes surfaces océaniques, au-dessous de ce niveau, tandis qu'entre les deux se tiennent les chaînes d'îles, entourant des mers presque fermées, dont le Pacifique occidental offre le type. L'ensemble a pu être justement comparé à une *marqueterie*, dont les différentes pièces auraient joué les unes par rapport aux autres.

Tout en présentant, au point de vue de la structure générale, la similitude qui vient d'être signalée, les parties continentales et les parties maritimes pourraient encore se distinguer d'une manière assez tranchée, si l'allure du relief sous-marin était sensiblement plus adoucie que celle des protubérances de la terre ferme. Faute de documents suffisamment précis, on a pu croire pendant longtemps qu'il en était ainsi. Mais le progrès des sondages a rectifié cette erreur, et il suffit d'un coup d'œil jeté sur les cartes récentes pour se convaincre, non seulement que l'espacement des courbes bathymétriques est presque partout comparable à celui des lignes hypsométriques, mais que, au rebours de ce qu'on aurait pu croire, la raideur des pentes océaniques l'emporte bien souvent sur celle des déclivités du sol émergé.

Ainsi, au large du golfe de Biscaye, comme en avant de l'Irlande, on voit le fond s'abaisser à raison de 56 mètres pour 1000, alors que, de la cime des Tauern au pied des Alpes bavaroises, la chute n'est que de 31 pour 1000. Non loin des côtes du Maroc, on constate des déclivités de 180 à 190 pour 1000, c'est-à-dire du même ordre que celles qu'on mesure entre une haute cime alpine et la vallée principale qui en est le plus voisine. La pente autour des îles Bahama est de 145 p. 1000, atteignant par moments 790 p. 1000, soit plus que la déclivité de la ligne qui joint le sommet de la Jungfrau à la vallée de Lauterbrunnen. Les îles Bermudes, le golfe de Guinée, le banc de Faraday dans l'Atlantique, offrent des exemples de pentes comprises entre 500 et 700 p. 1000 [1], et cela en dehors des régions coralliennes à récifs construits. Devant la côte du Chili, la courbe bathymétrique de 4000 mètres est parfois moins éloignée du rivage que ne l'est, sur le flanc des Andes, la ligne d'altitude de 2000 mètres. Même, en un point, la sonde dépasse 6000 mètres, à une distance de la côte moitié moindre que celle qu'il faudrait parcourir en sens inverse pour s'élever à 4000 mètres dans la Cordillère. Chaque opération de pose d'un câble sous-marin multiplie le nombre des piliers océaniques, qui surgissent brusquement au-dessus d'un fond presque plat.

Il résulte de tous ces faits que les phénomènes auxquels sont dues les grandes inégalités de l'écorce ont dû agir avec des intensités comparables sous les mers et sur les continents.

Comparaison de la terre ferme et du fond des mers. — Il y a pourtant un caractère qui différencie les courbes de niveau de la surface émergée: c'est leur tracé essentiellement *dentelé*, ou pour mieux dire *déchiqueté* (fig. 1), contrastant avec la régularité habituelle du tracé des courbes immergées.

La cause de ce morcellement est facile à découvrir à l'inspection d'une carte hypsométrique détaillée, c'est-à-dire faisant con

---

[1]. Voir Penck, *Morphologie der Erdoberfläche*, II, p. 608 et suiv.

naître les lignes de niveau pour des équidistances rapprochées, par exemple de 10 en 10 mètres. On constate alors que, d'une courbe à l'autre, les échancrures se superposent avec régularité, les parties concaves étant groupées par séries autour d'un axe commun, qui est le thalweg d'une vallée, tandis que les parties convexes s'étagent suivant l'axe des croupes séparatives de deux versants. Les dentelures sont donc le résultat évident de l'*érosion*, qui a découpé toute la terre ferme pour y procurer l'écoulement des eaux courantes. Au contraire, en mer, au moins au-dessous de 200 mètres de profondeur, il n'y a plus, en général, de puissance capable d'affouillement.

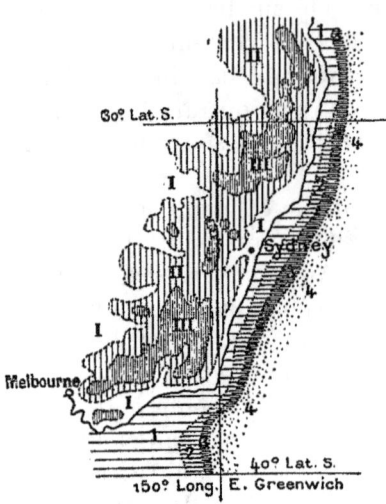

Fig. 1. — Fragment de la côte orientale d'Australie. I, zone d'altitude de 0 à + 300 mètres; II, zone de 300 à 1000; III, zone de 1000 à 2000 mètres; 1, zone bathymétrique de 0 à — 200 mètres; 2, zone de — 200 à — 2000; 3, zone de — 2000 à — 4000 mètres; 4, fonds de plus de 4000 mètres.

Par suite de l'allure exprimée par les courbes hypsométriques, lorsqu'on fait la coupe verticale d'un continent, l'interruption que subissent les pentes générales à la rencontre des vallées engendre un profil déchiqueté en *dents de*

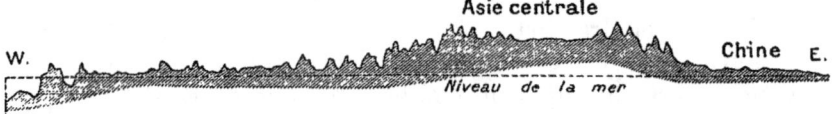

Fig. 2. — Coupe à travers l'Asie suivant le 35ᵉ parallèle de lat. N. (d'après M. Heiderich).

scie (fig. 2), qui fait un contraste remarquable avec la simplicité

Fig. 3. — Coupe à travers l'Atlantique, suivant le 35ᵉ parallèle de lat. N. (d'après M. Heiderich).

du dessin de l'écorce sous les mers (fig. 3). C'est comme un changement à vue qui s'opère au passage de la terre ferme à l'Océan [1].

1. Cette différence ressort très nettement sur les profils dressés par M. Heiderich (*Penck's geographische Abhandlungen*, 1891).

La conséquence est que, sur la terre ferme, un point quelconque est le plus souvent dominé, à droite et à gauche, et à petite distance, par des hauteurs relativement importantes; tandis que, si le fond des mers était mis à sec, ceux qui le parcourraient verraient le terrain s'élever ou s'abaisser très progressivement sur de grandes étendues, trouvant rarement, dans leur voisinage immédiat, une cime de brusque relief.

Une telle différence ne saurait être attribuée à l'insuffisance actuelle des documents hydrographiques. Sans doute nous sommes encore loin de connaître tous les accidents que recouvre la nappe liquide, et le progrès des sondages ne pourra que compliquer les contours aujourd'hui esquissés. Mais, soit au voisinage immédiat des côtes, soit sur l'emplacement des lignes télégraphiques sous-marines, le nombre est déjà considérable des parages qui ont été relevés avec une grande précision, et où l'on a pu constater l'absence d'échancrures notables dans les courbes bathymétriques. Quand il s'en présente, comme au voisinage des côtes découpées par des fjords, la géologie fournit la preuve que la contrée a subi une submersion récente, de sorte que cette exception confirme, au lieu de la détruire, la règle que nous avons posée.

Ainsi, sous ce rapport, le domaine continental et le domaine maritime ont chacun leur caractéristique définie. Seulement il importe de remarquer que la différence signalée ne porte que sur les détails. Elle disparaît tout à fait si, faisant abstraction des inégalités secondaires, c'est-à-dire supposant les vallées comblées, on envisage, soit la direction d'ensemble des courbes hypsométriques, soit les inflexions principales du profil continental. Dans ce cas, les deux domaines redeviennent absolument comparables et, dans l'un comme dans l'autre, les accidents généraux du relief ont la même valeur. C'est ainsi, par exemple, que la coupe transversale du

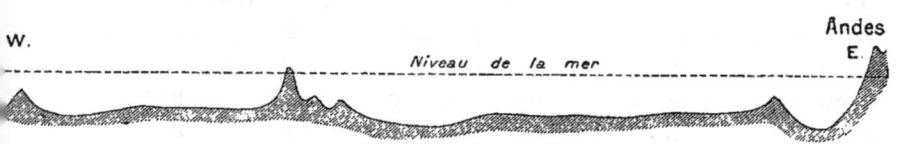

Fig. 4. — Coupe à travers le Pacifique suivant le 25º parallèle de latitude Sud (d'après M. Heiderich).
Échelle : des longueurs $\frac{1}{80\,000\,000}$; des hauteurs $\frac{1}{800\,000}$.

Pacifique, par 35º lat. S., donne pour le fond de l'Océan un profil général qu'on dirait calqué sur celui d'un continent (fig. 4). De même, les sondages multipliés qui ont été exécutés dans l'Atlantique nord ont permis d'établir que les variations du relief, pour le fond de cet océan, étaient exactement du même ordre que pour la partie moyenne de l'Europe.

C'est un fait de la plus haute importance; car il écarte, de prime abord, toute idée d'attribuer aux agents extérieurs un rôle prépondérant dans la formation du relief de l'écorce. En effet, ces agents n'ont aucune prise sur les profondeurs maritimes; et puisque les inégalités de ces dernières ne diffèrent pas génériquement de celles qui caractérisent la terre ferme, il est légitime d'en conclure que le rôle des puissances externes doit se borner à imprimer un modelé tout à fait superficiel à des formes dont le dessin est entièrement déterminé par des causes profondes.

Notre conclusion pourrait être en défaut s'il était permis de supposer que, par une sorte de jeu de bascule, la terre ferme et la mer aient périodiquement alterné; de telle sorte que les océans actuels représenteraient d'anciens continents, submergés après avoir été façonnés par l'érosion. Mais, bien que nos continents abondent en formations d'origine marine, qui attestent la fréquente variation des rivages, il paraît bien établi par la géologie que cet échange ne s'est jamais opéré sur une très grande échelle. Même cette science nous apprend à reconnaître, dans les deux hémisphères, des territoires très étendus qui, depuis une longue suite de périodes, n'ont pas cessé d'appartenir à la terre ferme. Or il n'en faut pas davantage pour enlever tout crédit à l'hypothèse qui ferait des fonds de mers actuels d'anciens continents submergés. Car la masse des océans est si considérable, relativement à celle de la terre ferme, que pour avoir déserté une partie notable des parages qu'elle occupe aujourd'hui, il faudrait que la mer eût recouvert tous les autres sans exception. Quant à imaginer que le volume des océans ait pu être moindre aux époques antérieures, par suite d'une plus abondante évaporation, cela est impossible, si l'on réfléchit qu'une évaporation qui diminuerait de 45 mètres la profondeur des mers déterminerait, par la présence de la vapeur correspondante, une augmentation de trois atmosphères dans la pression extérieure; circonstance dont n'auraient pu s'accommoder ni les végétaux, ni les animaux à respiration aérienne qui, depuis si longtemps, peuplent la surface des continents.

Enfin, et surtout, le contour si régulier des courbes bathymétriques empêche de les considérer comme appartenant à d'anciennes terres émergées, car, dans ce cas, l'érosion n'eût pas manqué d'y découper de nombreuses et profondes échancrures. Peut-être quelques-unes de ces inégalités auraient-elles pu disparaître par la suite sous une couverture de sédiments. Mais cet effet ne se fût produit qu'au voisinage immédiat des côtes ; car l'observation établit que la sédimentation ne s'opère que sur 250 à 300 kilomètres en avant des rivages. Or ce chiffre est infime relativement à la largeur moyenne des mers, où le fond offre partout le même dessin.

On peut donc regarder comme infiniment probable que des phénomènes tout à fait distincts des actions superficielles ont dû créer les inégalités de l'écorce. Et celles-ci se seraient maintenues sans altération sensible sous les eaux de l'Océan, tandis qu'à l'air libre elles auraient vu peu à peu leur profil se modifier et leurs contours se compliquer par morcellement.

Constitution des grandes aires océaniques. — Les causes profondes que nous venons d'entrevoir vont encore se révéler à nous dans l'étude des particularités qui distinguent les grandes aires océaniques. De ce qu'on doit reconnaître à toute l'écorce solide une même structure générale, il ne s'ensuit pas nécessairement qu'il n'existe, entre les parties déprimées et celles qui font saillie, d'autre différence que celle de l'altitude. Peut-être l'examen de leurs limites respectives mettra-t-il en évidence une sorte de prédestination, fixant d'avance le sort de certains compartiments.

Pour le savoir, examinons successivement les deux principales divisions entre lesquelles se partage la masse des mers, c'est-à-dire le Pacifique et l'Atlantique.

Le Pacifique est de beaucoup l'océan le plus important. Il embrasse à lui seul 30 p. 100 de toute la superficie du globe. Or depuis le cap Horn jusqu'à l'Alaska, son contour oriental ne cesse pas d'être défini par un bourrelet de hautes montagnes, dont la déclivité se poursuit sans discontinuité sous la mer, jusqu'aux fonds de 2000 mètres entre la pointe du sud de l'Amérique et la latitude de 35° S., jusqu'aux fonds de 4000 et souvent plus entre ce point et le voisinage des Aléoutiennes. A la vérité, dans l'Amérique du Nord, la Cordillère, jusque-là si simple, s'épanouit en plusieurs branches et s'élargit en massifs. Mais une partie notable de cet épanouissement est occupée par des déserts sans écoulement, que des hautes chaînes côtières séparent du rivage ; et ainsi, dans l'ensemble, le dessin du bord oriental de ce grand océan se poursuit d'un bout à l'autre avec la même simplicité, accusant partout un brusque ressaut de l'écorce, ressaut dont l'amplitude verticale dépasse parfois *douze mille mètres*[1]. Contrairement à l'idée qui s'offre si naturellement à l'esprit, d'un rapport nécessaire entre la grandeur d'un océan et le territoire continental qui en est tributaire, le Pacifique n'a pour ainsi dire rien qui lui appartienne sur le continent américain. Presque toutes les eaux s'en vont à l'Atlantique, qui pourtant est deux fois moins étendu.

Passons maintenant en Asie. Les Aléoutiennes, véritable cordillère en grande partie sous-marine, vont se souder au Kamtchatka, pays de hautes montagnes, et celui-ci se continue par les Kouriles, contre lesquelles nous savons que la sonde descend rapidement à 8500 mètres. Puis vient le Japon, prolongé à son tour, d'un côté par les îles Liou-Kiou et les Philippines, de l'autre par les îles Mariannes, que bordent immédiatement des fonds de 6 à 8 kilomètres. Par là on atteint la Nouvelle-Guinée, avec des montagnes de 4000 mètres, puis la Nouvelle-Calédonie, et enfin les Alpes de la Nouvelle-Zélande, dont quelques cimes dépassent 3000 mètres, non loin d'une mer où la sonde s'enfonce à plus de 5 kilomètres, et sur l'autre bord de laquelle se dresse la chaîne australienne. Pour être moins apparent et moins simple que sur les rivages américains, le brusque ressaut de la rive occidentale du Pacifique n'en est pas moins marqué. Il n'y a pas non plus, pour l'Asie, de bassin hydrographique appartenant en propre à cet océan. Tous les fleuves aboutissant à la côte asiatique se versent dans des mers intérieures à la ligne des grandes îles, mers qu'un exhaussement presque insignifiant de l'écorce suffirait à isoler du Pacifique, en faisant une barrière ininterrompue de toutes les chaînes d'îles qui définissent le ressaut.

Ainsi le Pacifique, au moins pour toute la partie située au nord du 30° parallèle de latitude S., apparaît comme une véritable fosse aux bords escarpés et au fond plat, plus ou moins partagée en compartiments secondaires par des arêtes longitudinales, comme celle des îles Sandwich, mais essentiellement définie comme dépression homogène par le bourrelet continu qui l'entoure. Ajoutons que le parcours de ce brusque ressaut est marqué par une ceinture presque ininterrompue de volcans, comme il s'en établit toujours, ainsi que l'enseigne la géologie, au bord des grandes lignes de fracture; et alors nous pourrons dire que, dans la mar-

---

1. La différence de niveau entre le fond de la fosse marine qui existe au-devant de Lima, et la crête de la Cordillère au-dessus de cette capitale, est de 11 500 mètres; et il est des points de la côte chilienne où cette différence atteint 12 500 mètres.

queterie terrestre, le Pacifique représente un énorme compartiment effondré, tout autour duquel des cassures ou des plis ont relevé les bords des compartiments voisins.

C'est donc bien une dépression dans toute la force du terme ; et ce rôle paraît lui avoir été dévolu de très longue date, car l'étude géologique nous montrerait le Pacifique constitué, à l'état d'océan, à peu de chose près dans ses limites actuelles, depuis les derniers temps de l'ère primaire. De telle sorte qu'on peut le regarder comme un des éléments les plus stables de la géographie.

Tout autre est la constitution de l'Atlantique, comme l'a si bien fait ressortir M. Suess[1]. Autant les rides de l'écorce semblaient chercher à s'accumuler contre le bord du Pacifique, autant elles évitent, pour ainsi dire, les rives de l'Atlantique. Quand une chaîne y rencontre la mer, c'est à angle droit, comme les Pyrénées, la Cordillère bétique, l'Atlas marocain. La montagne s'arrête, coupée net par la côte, sans abaissement préalable de la crête. En outre, un immense territoire continental est tributaire de cet océan, qui reçoit des fleuves considérables, comme le Saint-Laurent, le Mississipi, l'Orénoque, l'Amazone, le Rio de la Plata, le Niger, le Congo, etc. Mais ce n'est pas directement vers la partie centrale de la mer que ces fleuves se rendent. Le Saint-Laurent, d'un côté, le Mississipi de l'autre, divergent en encadrant, comme pour l'éviter, un territoire triangulaire, celui des Alleghanys ou Appalaches, dont l'altitude est plus forte que celle de tout le reste du bassin. De la même façon, l'Amazone et le Paraguay entourent en divergeant le grand plateau brésilien, dont l'altitude ne cesse de croître jusqu'au rivage, comme s'il avait été brusquement tranché entre Bahia et le Rio de la Plata.

Du côté de l'Afrique c'est un plateau encore mieux caractérisé qui bute contre la côte. Il ne s'y manifeste aucune échancrure principale, aucune convergence régulière des pentes vers l'Atlantique. Les grands cours d'eau affectent un tracé capricieux et incertain, comme s'ils se résignaient mal à sortir du continent, et, en même temps, comme s'ils réunissaient plus ou moins arbitrairement des tronçons d'origine et d'histoire diverses.

Quant à l'océan lui-même, deux longues croupes sous-marines en accusent l'axe, l'une de Tristan da Cunha à Saint-Paul, l'autre du tropique Nord à l'Islande, passant par les Açores. Et c'est justement sur ces croupes que s'alignent les témoignages de l'activité

1. *Antlitz der Erde.*

volcanique, absents du rivage même de l'Atlantique ; comme si la cassure que les foyers éruptifs laissent soupçonner s'était produite dans l'axe et non sur les bords de l'océan. Son histoire géologique est d'ailleurs tout autre que celle du Pacifique, et impose l'idée d'une formation très tardive des deux extrémités, boréale et australe, de cette mer. Enfin l'Atlantique offre, sur la plus grande partie de ses rivages, un fait inconnu sur les bords du Pacifique ; c'est l'existence d'une large plate-forme immergée à moins de 200 mètres de profondeur, qui forme comme un *socle continental*, au delà duquel seulement la pente se prononce et devient extrêmement brusque.

Dépression méditerranéenne. — Mais le tableau des grandes dépressions maritimes n'est pas encore complet. Une autre doit entrer en ligne de compte, plus compliquée dans son dessin et plus morcelée, et cependant bien caractéristique dans sa direction transversale aux précédentes. On peut l'appeler la *dépression méditerranéenne*, non seulement parce que la Méditerranée actuelle se trouve sur son passage, mais parce qu'elle partage en deux les masses continentales.

Entre les deux Amériques, cette dépression se révèle par les fosses du golfe du Mexique, de la mer des Antilles et de la mer Caraïbe, remarquables à la fois par leur profondeur, par la raideur des pentes sous-marines et par la présence des appareils volcaniques. Elle s'accuse ensuite par le grand chenal qui sépare les Canaries des Açores, et, au delà du détroit de Gibraltar, on la retrouve sous la forme des cuvettes successives, aux bords jalonnés par des volcans, qui par leur ensemble composent la Méditerranée. Alors elle se bifurque, et, tandis qu'un de ses bras donne la mer Noire, avec son prolongement aralo-caspien, naguère bien plus étendu qu'aujourd'hui, l'autre se trahit par les dépressions de la mer Rouge, du golfe Persique et de l'océan Indien. Enfin, par les îles de la Sonde, qui s'élèvent tout d'une pièce d'un socle situé à plus de 5000 mètres de profondeur, s'opère la jonction de la dépression méditerranéenne avec les fosses longitudinales du Pacifique ; et cette rencontre, qui dissimule à peine le rattachement de l'Australie au continent asiatique, est précisément marquée par un développement tout à fait grandiose de l'activité volcanique.

Ce n'est pas tout. Sur les bords de la dépression méditerranéenne, et parallèlement à son axe, s'accumulent des rides montagneuses de premier ordre. En Europe, c'est la Cordillère bétique, puis toute la chaîne alpine, prolongée par les Balkans, et, au delà du Pont-Euxin, par le Caucase. En Afrique, c'est l'Atlas. En Asie, ce sont les chaînes iraniennes, le gigantesque Himalaya et les montagnes de l'Indo-Chine. En Amérique, c'est, d'un côté, le bourrelet presque entièrement immergé des grandes Antilles, de l'autre, la série des rides côtières du Venezuela.

Par là se manifeste le caractère essentiel de cette traînée de mers continentales. Ce n'est pas seulement, comme le Pacifique, une région faible de l'écorce terrestre, prédestinée de longue date à l'affaissement : c'est aussi la zone où se sont concentrés les efforts de refoulement qui ont dressé en plis gigantesques les bords de cette dépression, partout serrée, pour ainsi dire, entre deux bandes stables. Dans l'ancien monde, ces dernières sont, d'une part l'*Eurasie*, c'est-à-dire l'ensemble de l'Europe et de l'Asie, moins les péninsules arabique et indienne; de l'autre, l'*Indo-Afrique*, avec l'Australie, territoire aujourd'hui morcelé, mais trahissant dans tous ses lambeaux la même conformation en larges plateaux réguliers, dont la géologie révèle la continuité originelle. Dans le Nouveau Monde, les zones stables sont les deux Amériques, dont la jonction par l'isthme de Panama est de date récente, et qui l'une et l'autre, du moins pour la partie située à l'est de la Cordillère, ont été constituées, dans leurs traits essentiels, depuis les âges géologiques les plus reculés.

L'état particulier d'instabilité de la dépression méditerranéenne ne s'accuse pas seulement par les bourrelets montagneux qui en occupent les bords. Comme contre-partie de ces rides, une série de fosses d'effondrement s'y succèdent, entourées par des volcans actifs ou récemment éteints ; et les tremblements de terre y exercent souvent leurs ravages, comme une preuve nouvelle du défaut d'équilibre de la région.

Remarques générales sur le dessin de la surface terrestre. — En résumé, à travers les analogies que nous avions signalées en premier lieu, un dessin véritable apparaît dans la disposition réciproque des terres et des mers. Il n'est donc pas superflu de chercher à ajouter quelques traits qui achèveront d'en préciser la physionomie.

Le premier est la remarquable concentration des surfaces continentales dans l'hémisphère boréal, et, de préférence, dans les hautes latitudes de cet hémisphère, avec un maximum d'épanouissement non loin du cercle polaire arctique. Alors que, d'une manière générale, la superficie des mers est à celle de la terre ferme comme 252 est à 100, ce rapport, pour l'hémisphère en question, s'abaisse à 150 p. 100, tandis que, pour la partie australe du globe, il est voisin de 480 p. 100.

Cette inégalité de distribution peut être encore mieux mise en évidence si l'on choisit pour pôle un point situé aux environs de Cloyes (Eure-et-Loir), par 48° lat. N., et 0° 50 long. O. de Paris [1]. Dans ce cas, on forme autour de ce pôle un *hémisphère continental*, où le rapport de la surface de la mer à celle de la terre ferme est 1,1, et un *hémisphère océanique*, où la proportion atteint 9. Le premier contiendrait, à lui seul, 120 millions de kilomètres carrés, sur 145 au maximum qu'en renferme le globe entier.

Rien n'est plus propre à faire ressortir combien la figure de l'écorce solide est éloignée de ce qu'en géométrie on appelle une figure *centrée*, c'est-à-dire telle que ses points se correspondent deux à deux par rapport à un point intérieur, à des distances égales de ce dernier. Au contraire, on peut dire que le caractère essentiel de la surface de l'écorce est l'*opposition diamétrale* des saillies et des dépressions. *Un vingtième* seulement de la terre ferme voit ses antipodes coïncider avec des surfaces continentales. Tout le bloc formé par l'Europe, l'Asie et l'Afrique a ses antipodes en plein océan, à l'exception de l'Espagne, qui correspond à la Nouvelle-Zélande, et d'un triangle correspondant à l'extrémité méridionale de l'Amérique du Sud, lequel triangle a sa pointe au lac Baïkal, et sa base étalée entre le Siam et Pékin. C'est pourquoi on a pu comparer l'écorce solide à une sorte de pyramide à quatre faces triangulaires plus ou moins déformées, dont trois pointes feraient saillie dans les hautes latitudes de l'hémisphère boréal, tandis que la quatrième irait sortir au pôle austral sous la forme du continent antarctique, diamétralement opposé à la mer Glaciale arctique. On peut ajouter que cette vue d'ensemble trouve une remarquable confirmation dans le fait que les unités continentales, largement épanouies dans le nord, se terminent toutes en pointe vers le sud.

Un fait non moins frappant est la déviation vers l'est qui affecte tous les prolongements méridionaux des masses continentales. Très sensible dans le Nouveau Monde, où le méridien de Panama, qui n'empiète pas sur l'Amérique du Sud, n'isole du même côté que la pointe nord-est de l'Amérique du Nord, cette déviation est manifeste en Afrique, mais surtout en Asie, dont le prolongement australien est tout entier à l'est du méridien passant par la pointe nord du lac Baïkal.

1. Penck. *Morphologie der Erdoberfläche*.

D'un autre côté, si l'on cherche à préciser la zone où se produit cette déviation, on trouve qu'elle coïncide partout avec la rencontre de la dépression méditerranéenne. Cette dernière doit donc nous apparaître, non seulement comme une bande d'affaissement et de plissement, mais comme la trace d'une sorte de rupture ou de décollement, traversant en écharpe l'écorce du sphéroïde. Ce décollement impliquerait l'idée d'un effort de torsion, en vertu duquel toute la partie australe de l'écorce se serait trouvée entraînée vers l'est, autrement dit dans le sens même du mouvement de rotation de notre globe.

Enfin l'examen d'une carte bathymétrique fait ressortir un fait très significatif : c'est qu'un abaissement de 2000 mètres dans le niveau de la mer ne changerait presque rien au contour des continents. Les seules modifications importantes qui en résulteraient seraient les suivantes : Terre-Neuve et le Labrador se trouveraient réunis au Groenland, et de ce dernier à l'Europe s'étendrait, par l'Islande, une terre isolant la fosse atlantique de celle de la mer boréale. Cette même terre comprendrait les îles Britanniques, rattachées d'un côté à l'Espagne, de l'autre à la Scandinavie et, par là, au Spitzberg. L'Amérique du Sud s'élargirait vers sa pointe, dépassant les îles Malouines. Le Japon se rattacherait, d'un côté au Kamtchatka, de l'autre à la Chine, et l'Indo-Chine ferait corps avec les îles de la Sonde ainsi que les Philippines. Enfin, l'Australie, augmentée de la Tasmanie et de la Nouvelle-Guinée, enverrait de son angle nord-est un prolongement rectiligne, qui se recourberait ensuite brusquement pour faire le tour de la Nouvelle-Zélande, mais en laissant entre cette terre et le rivage australien une fosse profonde. En somme, ces modifications seraient d'une importance très secondaire, et le fait que tout le reste du dessin continental subsisterait atteste avec quelle force il doit être gravé dans l'écorce.

Telles sont, largement esquissées, ce qu'on peut appeler les données fondamentales de la géographie. A travers la complication qui nous avait frappés au premier abord, toutes concourent à laisser entrevoir un dessin d'ensemble, plus ou moins dissimulé par les changements successifs qu'une longue suite de siècles a fait subir à la surface de l'écorce. Et l'invincible impression qui s'en dégage est celle de causes profondes autant que puissantes, auxquelles il est nécessaire de demander le secret d'une structure dont les traits dépassent de beaucoup, en ampleur et en généralité, ce qu'il est possible d'expliquer par des actions purement superficielles.

DEUXIÈME LEÇON

LE RELIEF DE L'ÉCORCE TERRESTRE.

Profil de la terre ferme. — Jusqu'ici nous n'avons envisagé que les grandes lignes du dessin géographique. Il importe maintenant d'aller plus loin, et de chercher à préciser la structure des compartiments entre lesquels nous savons que l'écorce se partage. La marche à suivre consiste à mener, à travers les continents et les océans, des coupes qui mettent en évidence l'allure du relief.

Considérons par exemple une coupe (fig. 5) dirigée, transversa-

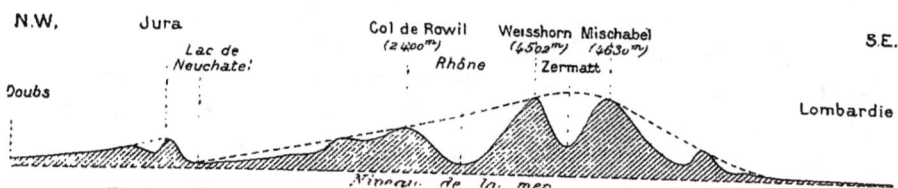

Fig. 5. — Coupe entre la vallée du Doubs et la Lombardie (hauteurs décuplées).

lement au Jura et aux Alpes, de la vallée du Doubs à la plaine lombarde.

Le profil ainsi obtenu fait ressortir avec une grande netteté le

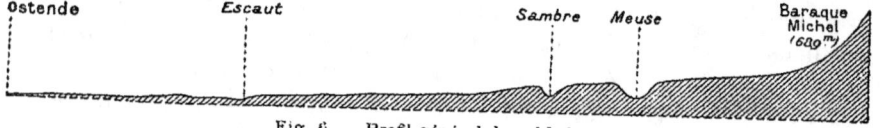

Fig. 6. — Profil général du sol belge.

sens général de la courbure dans les accidents du relief européen. Si l'on fait abstraction des vallées profondes, œuvre de l'érosion, par lesquelles la continuité des versants montagneux peut être interrompue, et qu'on rétablisse, en passant par-dessus ces échancrures, la courbe d'ensemble des principales déclivités, on constate que partout cette courbe est *concave vers le ciel*. Cela est bien visible pour la pente qui va du Doubs à la crête du Jura, pour celle qui relie le lac de Neuchâtel aux cimes du Mont-Rose, enfin et surtout pour la descente de ces sommets aux plaines du Pô. Sans doute l'exagération des hauteurs, relativement aux distances, fait paraître cette concavité beaucoup plus prononcée qu'elle ne l'est réellement; mais l'adoption d'une autre échelle ne ferait que réduire la courbure, sans en changer le sens.

Une coupe générale du sol belge (fig. 6), entre Ostende et l'Eifel, accentuerait plus clairement encore la concavité du profil des versants maritimes.

Considérons maintenant une coupe de l'Asie suivant un méridien (fig. 7). Une concavité très accentuée relie le cours du Gange à la crête de l'Himalaya. C'est aussi par une courbe concave que de ces sommets on va rejoindre Lhassa et que de là on remonte à la chaîne qui domine le Tengri-Nor. De l'Altyn-Tagh, arête terminale du plateau tibétain, au Lob-Nor, la chute est si brusque qu'il est à peine possible de parler d'une cour-

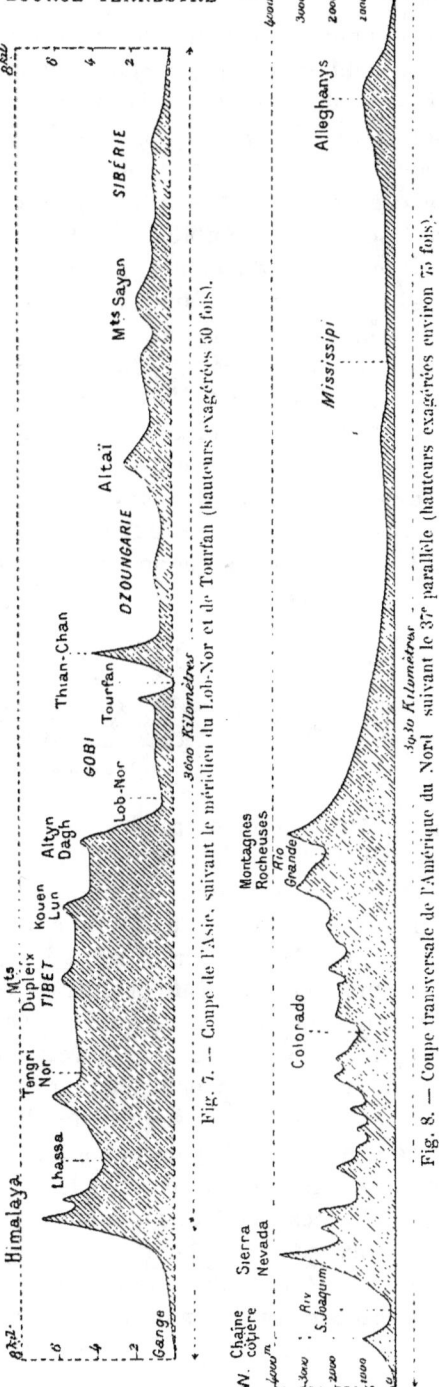

Fig. 7. — Coupe de l'Asie, suivant le méridien du Lob-Nor et de Tourfan (hauteurs exagérées 50 fois).

Fig. 8. — Coupe transversale de l'Amérique du Nord suivant le 37ᵉ parallèle (hauteurs exagérées environ 75 fois).

bure pour le versant; et la remontée depuis la dépression de Liouktchoun et de Tourfan (laquelle s'abaisse à 160 mètres au-dessous du niveau de la mer) jusqu'au Thian-Chan, n'est pas moins raide. Mais au delà de la Dzoungarie, l'allure du profil redevient normale, et c'est par une concavité indiscutable, décrochée en dents de scie à la rencontre des monts Sayan, que s'opère la descente d'ensemble de l'Altaï aux plaines sibériennes.

Une courbe du même genre représente (fig. 8) le passage du bassin du Mississipi aux Montagnes Rocheuses, sous le 37ᵉ parallèle, comme aussi la descente de ces montagnes aux territoires de l'ouest; puis, après un peu d'indécision du profil au voisinage de la région des déserts, la concavité se reconstitue en double, pour la descente au Pacifique, d'abord sur le flanc ouest de la Sierra Nevada, puis sur celui de la chaîne côtière. C'est aussi par des courbes concaves que les Appalaches ou Alleghanys font face, au Mississipi d'un côté, à l'Atlantique de l'autre.

La loi que nous venons de reconnaître ne se vérifie pas seulement lorsqu'on embrasse à la fois de grandes étendues continen-

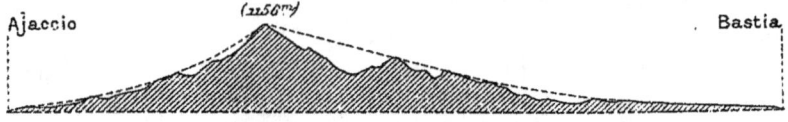

Fig. 9. — Profil transversal de la Corse.

tales. Un profil en travers de la Corse, entre Ajaccio et Bastia (fig. 9), en fournit encore la confirmation. D'une manière générale, si l'on consulte les nombreuses coupes du globe terrestre, suivant les parallèles de latitude, qui ont été dressées par M. Heiderich, on s'assure que partout les pentes d'ensemble des grands versants ont un profil concave vers le ciel. La concavité est d'autant mieux accusée que les versants sont plus franchement maritimes, et les seules dérogations à la règle, d'ailleurs peu nombreuses, se produisent au voisinage des dépressions intérieures, toutes occupées par des déserts.

Signification des particularités du profil. — Or on sait (et nous le reverrons plus tard avec les développements voulus) que la courbe concave est essentiellement celle qui convient à l'équilibre des eaux courantes. On peut donc dire que la surface des continents porte partout, profondément gravée, l'*empreinte du travail de l'érosion*. Cette empreinte ne fait défaut que là où justement, en raison du climat, l'action des eaux courantes est demeurée rudimentaire ; et d'ailleurs l'allure particulière de ces bassins déprimés laisse le plus souvent deviner une *structure d'effondrement*, essentiellement différente de celle qui caractérise les massifs de haut relief.

En disant que le profil des déclivités terrestres est concave, nous n'avons en vue, bien entendu, que la courbe d'ensemble des grands versants. Dans une vallée particulière, il arrivera souvent que la résistance offerte par une roche dure la laissera en saillie, parfois même en surplomb, au milieu de pentes adoucies, correspondant à l'affleurement de terrains plus meubles. Mais ces détails ne s'observent que sur les profils élémentaires, et ils disparaissent complètement dans les coupes générales qui embrassent une grande étendue de pays.

Profil du fond des mers. — En appliquant au fond des mers le même mode d'investigation, nous allons trouver des résultats sensiblement différents [1].

Prenons comme premier exemple (fig. 10) une coupe de la mer

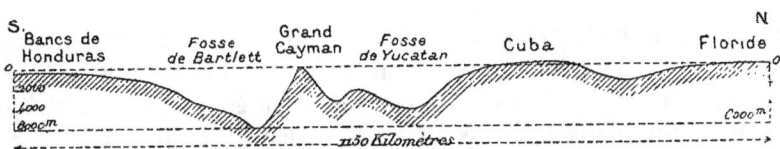

Fig. 10. — Coupe de la mer des Antilles entre les bancs de Honduras et la Floride.

des Antilles, entre les bancs de Honduras et la Floride. Trois particularités doivent surtout nous frapper. C'est d'abord la grande étendue de la bande sans profondeur qui prolonge partout le rivage ; puis la *convexité* très progressive du profil à partir de cette limite ; enfin le ressaut très sensible qui se produit, vers 2500 mètres, sur le versant méridional de la fosse de Bartlett, et à partir duquel on atteint les fonds de 6000 mètres par une seconde pente *convexe vers la mer*.

La faible pente du rivage pourrait à la rigueur être interprétée comme un effet de l'érosion marine, efficace jusqu'à une profondeur de 100 ou 200 mètres, et qui, en mangeant peu à peu la côte, aurait créé à la longue une plate-forme très peu inclinée. On a aussi le droit d'admettre qu'une partie du bombement littoral est constituée par des sédiments, résultat de la destruction progressive de la terre ferme. Mais ces sédiments, tombant sur un versant qui

---

1. Nous avons fait grand usage pour cette étude des cartes contenues dans la section «Hydrographie» de l'Atlas physique de Berghaus, édition de 1891.

eût été primitivement concave, auraient tout au plus rectifié sa pente, sans pouvoir former un talus bombé. Il semble donc impossible d'échapper à cette conclusion qu'ici l'allure du profil, aussi bien dans sa partie haute que dans la plus basse, doit résulter d'une cause interne, qui aurait déformé l'écorce en la *bosselant*.

L'intensité avec laquelle cette cause aurait agi est sans doute exagérée dans notre coupe, où l'échelle des hauteurs est beaucoup plus forte que celle des longueurs. Mais comme il en a été de même pour les coupes continentales, la comparaison que nous cherchons à établir entre les deux domaines n'en est pas troublée.

Dans une autre coupe de la même mer, passant par l'îlot du Grand Cayman et la partie la plus déprimée de la fosse de Bart-

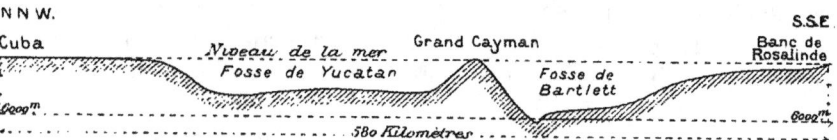

Fig. 11. — Coupe de la mer des Antilles entre Cuba et le banc de Rosalinde.

lett (fig. 11), on retrouve la plate-forme et la convexité littorale en avant de Cuba, une notable exagération de la profondeur au sud de l'îlot, avec brusque remontée convexe du côté opposé, enfin, dans l'ascension vers le banc de Rosalinde, une convexité remarquable qui se prononce par 2000 mètres d'eau, ce qui empêche absolument d'y chercher l'effet d'une cause extérieure.

Un intérêt particulier s'attache à une coupe en travers de la

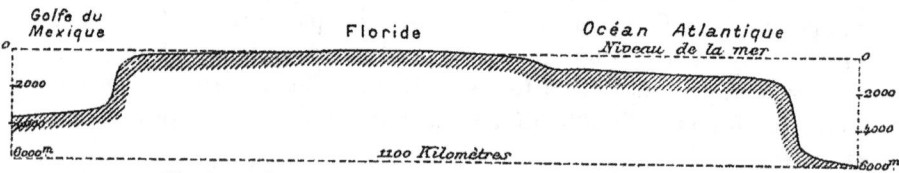

Fig. 12. — Coupe à travers la Floride (hauteurs exagérées 25 fois).

Floride (fig. 12), dressée à l'aide des documents de haute précision qu'a recueillis le *Coastal Survey* des États-Unis. Rien n'est plus remarquable que l'expansion sous-marine du plateau floridien, surtout à l'ouest, de même que les convexités qui le raccordent aux talus si brusques par lesquels se limitent les parties abyssales du Golfe du Mexique et de l'Atlantique. Nulle part on ne voit mieux s'accuser le *socle* sous-marin qui porte la plupart des continents et semble former un véritable appendice immergé de la terre ferme.

Les mêmes circonstances se retrouvent sur les coupes perpendiculaires au littoral atlantique des États-Unis (fig. 13), et surtout

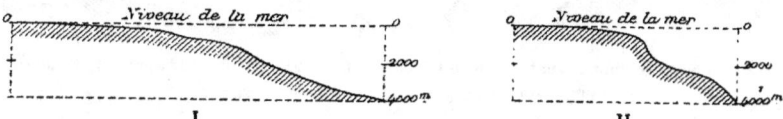

Fig. 13. — Coupes de la côte des États-Unis : I, devant Charleston ; II, devant la Virginie (hauteurs exagérées 25 fois).

sur celle de la côte de Virginie (II) avec sa double convexité si nettement dessinée en avant des abîmes de l'océan.

Il serait facile de multiplier ces exemples. Nous citerons, entre autres, la coupe de l'Atlantique nord, entre Valentia et Disco

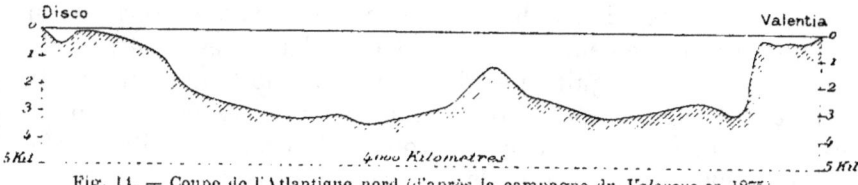

Fig. 14. — Coupe de l'Atlantique nord (d'après la campagne du *Valorous* en 1875).

(fig. 14) ; celle de l'Atlantique méridional au nord des îles Malouines

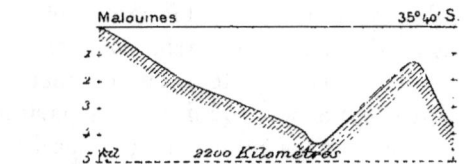

Fig. 15. — Coupe de l'Atlantique sud (campagne du *Challenger*).

(fig. 15) ; le profil de l'Océan Indien entre le Cap de Bonne Espé-

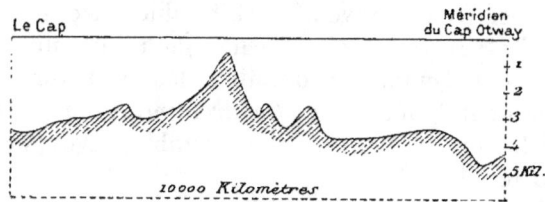

Fig. 16. — Coupe de la partie méridionale de l'Océan Indien (campagne du *Challenger*).

rance [1] et le promontoire australien d'Otway (fig. 16) ; enfin la

---

1. On doit tenir compte, pour apprécier la valeur des inégalités de cette figure, empruntée à Berghaus, de ce que les hauteurs y ont été beaucoup plus exagérées que dans les autres.

DE LAPPARENT. — Leçons de géogr. phys.

coupe du Pacifique suivant l'équateur à partir de Sumatra (fig. 17),

Fig. 17. — Coupe suivant l'équateur entre l'Océan Indien et le Pacifique (d'après M. Heiderich).
Longueurs au $\frac{1}{80\,000\,000}$; hauteurs au $\frac{1}{800\,000}$.

avec les deux croupes convexes qui en occupent la partie orientale.

Socle continental. Convexités. Ombilics. — Presque toutes les coupes que nous venons de passer en revue offrent certains caractères communs : d'abord elles accusent, le long des continents, une plate-forme faiblement immergée, véritable *socle continental* sous-marin, raccordé par une courbe *convexe* avec un versant qui s'enfonce brusquement. Ce socle est très plat, et les sondages n'y accusent que d'insignifiantes dénivellations, de telle sorte que la zone de 0 à 200 mètres de profondeur joue, relativement aux mers, exactement le même rôle que la zone continentale d'altitude inférieure à 200 mètres. Toutes deux ensemble constituent la partie la mieux aplanie de l'écorce terrestre [1]. En outre, les fosses maritimes se terminent souvent par une sorte d'*ombilic*, correspondant à une rapide et toute locale aggravation de la pente, et raccordé, lui aussi, au fond moins incliné par une courbe *convexe*.

Pour la première de ces particularités, celle du socle continental, il importe de dire qu'elle ne se produirait pas partout. On n'en trouverait aucun exemple sur les côtes occidentales de l'Amérique, et très peu sur la rive asiatique du Pacifique, de même qu'autour de l'Afrique. Par contre, la fréquente convexité des profils est un fait général, et les ombilics apparaissent dans presque toutes les fosses abyssales. Or la convexité semble bien accuser une déformation produite par une cause interne, qui a déterminé un *bosselement* de l'écorce. Quant aux ombilics, leur structure fait naître tout naturellement l'idée d'un *effondrement*. Pour justifier cette dernière conclusion, on peut, ce nous semble, invoquer l'exemple de la Mer Morte.

Depuis 30° 30′ de latitude jusqu'à 33°, c'est-à-dire sur plus de 275 kilomètres, le long fossé, sur lequel s'échelonnent la vallée du Jourdain, le lac de Tibériade et la Mer Morte, laisse voir à découvert des terrains déprimés au-dessous du niveau de la mer

---

1. Penck, *Morphologie*, II, p. 613.

La dépression est telle que la surface du lac Asphaltite est à *394 mètres au-dessous de la cote zéro*; et c'est encore à 399 mètres plus bas qu'il en faut aller chercher le fond. Rien n'est plus typique en fait d'effondrement. Or la coupe en travers (fig. 18) montre que

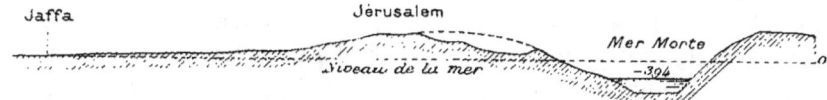

Fig. 18. — Coupe de l'ouest à l'est entre la Méditerranée et la Mer Morte.

le versant oriental est nettement convexe, et si, tenant compte du démantèlement que l'érosion a dû produire, on restitue la pente d'ensemble du versant occidental, entre le fond du lac et Jérusalem, c'est aussi une courbe convexe qu'on obtient. L'effet serait d'ailleurs beaucoup plus sensible si, pour cette coupe, les hauteurs avaient été exagérées dans la même mesure que pour les autres. Au contraire, de Jérusalem à la Méditerranée, la courbe est bien concave et parfaitement conforme au type normal des déclivités aboutissant à la mer.

En résumé, la fréquence des courbes convexes et celle des ombilics de brusque effondrement apparaissent comme les caractéristiques du profil de l'écorce sous la mer. Toutefois ces particularités n'empêchent pas, comme nous l'avons dit précédemment, que la succession des saillies et des dépressions sous-marines ne soit, d'une façon générale, semblable à ce que laissent voir les continents. Une telle similitude plaide en faveur de l'identité des causes profondes auxquelles doit être attribuée la déformation de l'écorce, et qui paraissent s'être manifestées à la fois par la production de bourrelets et par celle d'ombilics. Tandis que les marques de ces déformations se sont conservées sous la mer, parce que leurs effets n'y ont pas été ultérieurement masqués par ceux de l'érosion, leur trace a été superficiellement effacée, dans le domaine de la terre ferme, par des actions extérieures, lesquelles ont fait prévaloir cette concavité que nous avons partout remarquée dans les profils.

Courbe hypsographique de l'écorce terrestre. — Toutefois, comme on pourrait se demander si une certaine complaisance n'a pas présidé au choix des divers exemples que nous venons d'invoquer, il importe de chercher à corroborer leur témoignage par quelque résultat d'ensemble, qui représente avec fidélité l'allure moyenne du relief terrestre.

Grâce aux progrès de l'exploration du globe, accomplis dans ces dernières années, on a pu entreprendre, non seulement l'évaluation assez approchée du volume des continents et de celui des mers, mais la répartition des altitudes et des profondeurs en zones d'égal relief moyen. Voici la répartition des zones hypsométriques, telle qu'elle est aujourd'hui donnée par M. Penck[1], à la suite de diverses tentatives faites dans ce sens par divers auteurs, notamment par M. John Murray :

ZONES	PROPORTION pour 100 de la surface continentale.	ZONES	PROPORTION pour 100 de la surface continentale.
Surfaces déprimées au-dessous du niveau de la mer.	0,6	Report............	95,9
Zone de 0 à + 200 mèt.	29,2	Zone de + 3000 à + 4000 mètr.	2,1
Zone de + 200 à + 500 mèt.	27,1	Zone de + 4000 à + 5000 mètr.	1,5
Zone de + 500 à + 1000 mèt.	19,0	Zone de + 5000 à + et au-des.	0,5
Zone de + 1000 à + 2000 mèt.	16,4		
Zone de + 2000 à + 3000 mèt.	3,6		
	95,9		100,0

De ces chiffres, M. Penck a déduit, pour la terre ferme, une altitude moyenne de 735 mètres.

On remarquera que la zone qui occupe le plus de surface est celle de moins de 200 mètres d'altitude. Elle représente près du tiers de la terre ferme.

Quant aux mers, voici le tableau qui exprime l'importance relative des zones bathymétriques.

ZONES	PROPORTION pour 100 de la surface maritime.	ZONES	PROPORTION pour 100 de la surface maritime.
De 0 à — 200 mèt.	7,1	Report............	47,1
De — 200 à — 500 mèt.	2,2	De — 4000 à — 5000 mèt.	33,0
De — 500 à — 1000 mèt.	2,6	De — 5000 à — 6000 mèt.	17,1
De — 1000 à — 2000 mèt.	4,8	De — 6000 à — 7000 mèt.	2,1
De — 2000 à — 3000 mèt.	9,6	au-dessus de 7000 mèt.	0,7
De — 3000 à — 4000 mèt.	20,8		
	47,1		100,0

1. *Morphologie der Erdoberfläche*, I, p. 143.

La moyenne de profondeur de la masse océanique serait de 3650 mètres.

Ces résultats peuvent être mis sous une forme graphique, propre à les rendre plus saisissants. Si, sur une ligne horizontale, on porte des longueurs respectivement proportionnelles aux surfaces occupées par les diverses zones, et qu'à l'extrémité de chaque division on construise, dans le sens voulu, une ordonnée proportionnelle, soit à l'altitude, soit à la profondeur, on obtient la *courbe hypsographique* (fig. 19) de l'écorce terrestre.

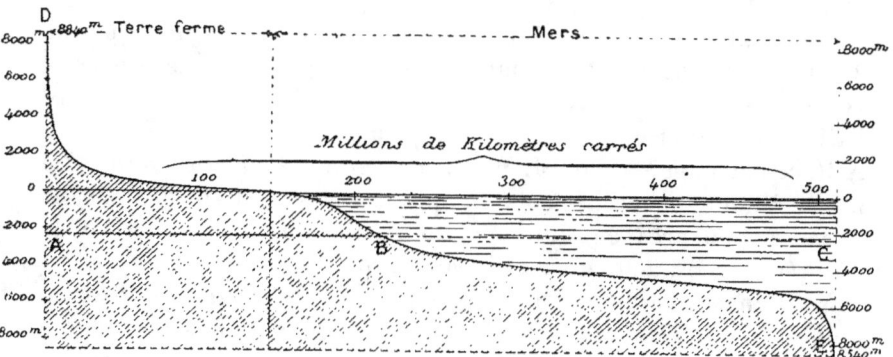

Fig. 19. — Courbe hypsographique de l'écorce terrestre.

C'est un fait très intéressant de voir cette courbe reproduire justement les particularités que nous ont offertes les profils réels des continents et des mers. En effet, nettement concave vers l'extérieur dans toute sa partie continentale, elle commence par plonger très doucement sous l'océan, dessinant le socle de la terre ferme, puis forme une concavité remarquable, entre le niveau de la mer et 1000 mètres de profondeur, pour se terminer, entre 6000 et 8540 mètres, par une chute brusque à profil convexe, exactement comme celle qui précède les fosses abyssales des divers océans.

La première convexité peut être, en partie au moins, plus apparente que réelle; car tout ce que l'érosion a enlevé à la terre ferme, et qu'exprime si bien la concavité du profil de cette dernière, a dû venir se déposer dans la mer. Les sédiments actuels formant, autour des côtes (dont on évalue la longueur à 260 000 kilomètres), un ruban de 250 à 300 kilomètres de largeur[1], ce qui fait une surface couverte de 65 à 80 millions de kilomètres carrés;

---

[1]. C'est le résultat des observations faites par M. John Murray durant les campagnes du *Challenger*.

tout cet apport profite justement au premier fragment de l'écorce sous-marine, dont il exagère la saillie originale. Mais, ainsi que nous avons déjà eu l'occasion de le faire remarquer, cela n'explique pas la convexité du profil, qui doit tenir cette allure d'une cause interne, dont l'effet, commun à la terre ferme et à la mer, serait atténué ou même détruit sur la première par l'érosion.

Quant à l'abîme qui s'ouvre pour la représentation des profondeurs supérieures à 6 kilomètres, il semble apporter un argument sérieux en faveur de la structure d'effondrement des ombilics marins.

Une ligne ABC, peu éloignée de la ligne bathymétrique de 2500 mètres, sépare deux surfaces égales, correspondant à deux volumes égaux, l'une ABD, appartenant à l'écorce solide, l'autre BCE, qui comprend les parties abyssales de la mer. Cette ligne ABC a été appelée par M. Romieu *niveau d'équidéformation*. Le même auteur a cherché à établir que la masse entière des océans faisait à peu près équilibre, comme poids, à la partie ABD de l'écorce située au-dessus du niveau en question.

M. Penck distingue trois régions dans la courbe hypsographique : le *plateau continental*, qui va des plus hautes altitudes à 200 mètres de profondeur; la *région abyssale*, à peu près comprise entre B et E.; enfin, entre les deux, la *région actique*, c'est-à-dire le versant raide du bloc continental.

Particularités régionales. Europe. Atlantique. — L'examen des chiffres [1] relatifs, non plus à l'ensemble de la terre ferme ou des mers, mais aux diverses unités continentales ou maritimes, met encore en évidence plusieurs faits de grand intérêt.

C'est ainsi qu'en Europe, la zone comprise entre 0 et 200 mètres d'altitude forme près de 57 0/0 de la superficie totale. C'est le double, à peu de chose près, de la proportion qui prévaut pour l'ensemble de la terre ferme. 83 centièmes de ce même continent sont situés à moins de 500 mètres d'altitude; et comme l'Europe ne renferme pas de parties privées d'écoulement, que par conséquent l'érosion seule y est responsable de l'aplanissement des régions basses, on en peut inférer que c'est sur ce continent que l'action des eaux courantes doit avoir été le moins contrariée par des mouvements récents de l'écorce. A cet égard, il convient aussi de remarquer que le régime hydrographique de l'Europe, au moins

---

[1]. Nous continuons à prendre pour base les tableaux de M. Penck (*Morphologie der Erdoberfläche*, I, p. 143).

pour les deux tiers de sa superficie, est aussi régulier et tranquille que nettement défini.

Nous avons vu que 7 centièmes de la surface des océans appartenaient à la zone comprise entre 0 et 200 mètres de profondeur. Or, pour l'Atlantique seul, la proportion atteint 11, 5 0/0, et la zone de 200 à 500 y occupe 3,9 0/0, chiffre presque double de celui qui convient à l'ensemble des mers. Nous y voyons un nouveau motif de considérer l'Atlantique comme une unité océanique très différente des autres. D'ailleurs le principal excédent se produit, sous ce rapport, d'un côté dans l'Atlantique nord, au large du canal de Bristol comme devant Terre-Neuve et New-York, de l'autre le long de l'Amérique du Sud, entre la Plata et la Terre de Feu. Aussi peut-il sembler légitime de considérer ces parages maritimes comme une sorte d'appendice immergé de la terre ferme, tout particulièrement dépourvu de la structure caractéristique des vrais fonds océaniques.

Afrique, Australie. — L'Afrique est celui de tous les continents où la zone de 0 à 200 mètres occupe le moins de surface (15, 3 0/0 au lieu de la moyenne générale 29, 2). Encore ce chiffre est-il obtenu en tenant compte du Sahara, sans lequel la proportion deviendrait beaucoup moins forte. C'est aussi en Afrique que la bordure, immergée sous moins de 200 mètres d'eau, est le plus mince, au point qu'il est presque impossible de la figurer sur un planisphère à l'échelle ordinaire des atlas. Ces faits, rapprochés de la structure si spéciale du continent africain, qui forme un immense plateau, sans orographie ni hydrographie définies, introduisent, entre ce continent et les autres, un contraste remarquable, dont l'explication ne pourra se trouver que dans le passé géologique de la région.

Ce contraste est bien mis en évidence par l'allure de la courbe hypsographique de l'Afrique, laquelle, ainsi du reste que celle de l'Australie, commence (fig. 20) par une *convexité* assez accentuée, qui ne s'atténue qu'au delà de 200 mètres d'altitude. C'est le contraire de ce qui a lieu pour l'ensemble de la terre ferme, et ces deux continents sont les seuls à

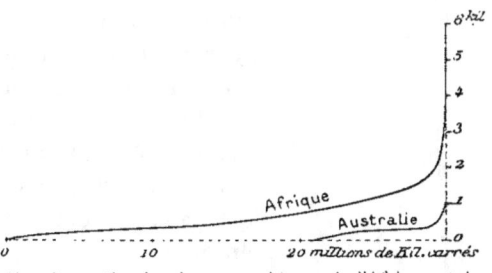

Fig. 20. — Courbes hypsographiques de l'Afrique et de l'Australie (d'après M. Penck).

offrir cette particularité. Tout concourt, y compris l'allure indécise des cours d'eau, à accréditer la pensée que le travail normal de l'érosion, si bien accusé en Europe par l'aplanissement habituel des régions voisines des rivages, a dû être contrebalancé, après son accomplissement presque définitif, par quelque élévation en bloc de ces continents méridionaux. Et les effondrements linéaires où sont logés les grands lacs africains pourraient apparaître comme une conséquence de ce mouvement tardif.

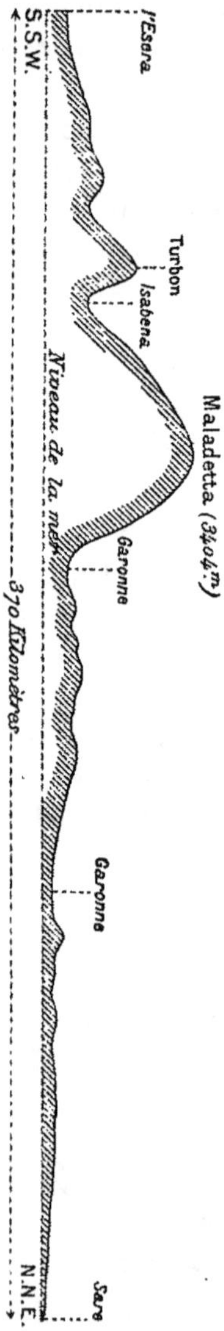

En résumé, le profil général des continents fait ressortir deux types distincts : l'un, le plus répandu, où l'aplatissement progressif de la courbe hypsographique, qui finit par se confondre avec le niveau de la mer, accuse la prépondérance de l'érosion; l'autre où semblent se trahir des mouvements d'ensemble, dont le travail des eaux courantes n'aurait pas encore eu le temps d'atténuer l'effet.

Dyssymétrie des lignes de relief. — Après avoir déduit, de la forme des grands versants, toutes les conséquences qu'elle nous semblait comporter, il y a lieu de rechercher si la comparaison des différents profils ne ferait pas ressortir quelque disposition générale, accusant une loi pour le relief de l'écorce terrestre.

Retournant à la figure 5, qui donne la coupe transversale du Jura et des Alpes, on voit du premier coup que le versant occidental est beaucoup moins raide que le versant oriental. Autant la montée est progressive du Doubs à la crête du Jura, autant la descente est brusque de cette crête au lac de Neuchâtel. Enfin de ce lac à la cime du massif du Mont-Rose, la pente n'est guère que la moitié de celle du versant piémontais.

Une coupe transversale des Pyrénées (fig. 21) montre un rapport analogue. D'une part, la pente nord de la chaîne se montre sensiblement plus raide que le versant sud, comme on le voit à la descente du Turbon vers l'Isabena, comme à celle de la Maladetta vers la Garonne. De l'autre, la pente d'ensemble, de

Fig. 21. — Coupe transversale des Pyrénées.

l'Esera à la Maladetta, est bien moindre que celle qui prévaut entre la Maladetta et les plaines de la Garonne. Encore cette dernière différence serait-elle plus sensible si, entre les deux traversées de la Garonne, le profil de la figure 21 n'était pas obligé de recouper un contrefort des Pyrénées orientales, lesquelles forment comme une seconde chaîne en avant de la première.

Les Monts Scandinaves, deux fois plus inclinés à l'ouest que du côté opposé ; les Andes, qui tombent si brusquement vers le Pacifique ; le Caucase, sensiblement plus raide au sud qu'au nord ; Madagascar, où les principales hauteurs se maintiennent exclusivement sur la moitié orientale de l'île ; la Nouvelle-Guinée, où le relief se porte tout entier au nord ; Sumatra, où il se concentre sur le bord sud-ouest ; la Nouvelle-Zélande, avec sa crête pressée sur la rive qui regarde l'Australie ; l'Amérique boréale, avec ses hauts reliefs accumulés contre le Pacifique ; la Cordillère bétique, si raide du côté méditerranéen, offrent en surabondance des preuves de la généralité de cette disposition. Rien n'est plus rare qu'une chaîne dont les deux déclivités auraient la même pente, et ainsi l'on peut dire que la loi fondamentale du relief terrestre paraît être la *dyssymétrie des versants*.

Il en est de même pour la partie immergée du relief. Les figures 10 et 11 montrent combien est peu symétrique le profil en travers des fosses de Bartlett et de Yucatan, et la même inégalité des versants se remarque sur les pentes du fond de l'Atlantique (fig. 14, 15) et de l'Océan Indien (fig. 16). La fosse des Kouriles, si raide du côté asiatique, accuse la même dyssymétrie.

Profil combiné des rides continentales et des fosses océaniques. — Mais pour mettre celle-ci dans tout son jour, il convient de rapprocher le relief continental de celui de l'écorce immergée, au lieu de les considérer chacun de leur côté. Nulle région du globe ne se prête mieux, par sa simplicité, à cette comparaison, que le littoral de l'Amérique du Sud.

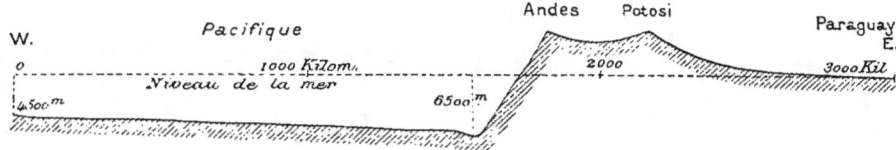

Fig. 22. — Coupe de l'ouest à l'est, à travers l'Amérique du Sud, suivant le parallèle de 20° sud.

Par exemple, la coupe (fig. 22) prise par 20° de lat. S., embrassant 3000 kilomètres, permet de constater combien est progressive la descente des fonds du Pacifique, depuis 4500 mètres jusqu'à 6000 au-dessous du niveau de la mer. Alors s'ouvre brusquement, devant Iquique, une fosse étroite, d'ailleurs très localisée en latitude, véritable ombilic qui descend au moins jusqu'à 6500 mètres, et à partir duquel le fond se relève vers l'est avec une rapidité extraordinaire. A ce versant maritime fait suite, sans aucune interruption, la montée de la Cordillère, et c'est à peine si, à cette échelle, on y peut constater un semblant de concavité externe. La crête se trouve à 5000 mètres, soit à *onze mille cinq cents mètres* plus haut que le fond de la fosse sous-marine. Puis, après le bassin déprimé des marais salés, il faut remonter encore à 5000 mètres devant Potosi, pour descendre ensuite, mais cette fois par une concavité bien ménagée, jusqu'au Paraguay.

Restituons, par la pensée, tout ce que l'érosion a dû enlever sur le versant oriental, et nous verrons alors deux surfaces presque planes, très progressivement inclinées dans le même sens, l'une continentale, l'autre sous-marine, marcher toutes deux à la rencontre de la brusque déclivité des Andes, se composant avec elle en un gigantesque zigzag, dont l'angle rentrant est occupé par la mer, tandis que l'angle saillant dessine l'arête culminante de la terre ferme.

Si, au lieu d'Iquique, on avait choisi, pour faire passer la coupe, le parallèle de Taltal, entre 25° et 26° de latitude, l'amplitude du rejet eût été encore plus grande ; car le fond de la fosse de Taltal est à 7626 mètres, la crête de la Cordillère demeurant à environ 5000, soit au moins *douze mille six cents mètres* de différence verticale. Seulement, dans ce cas, la montée des Andes serait moins raide que précédemment, et ferait moins exactement suite au versant immergé. Mais l'allure du profil général resterait la même. En plus d'un point de la côte chilienne, la déclivité du talus sous-marin atteint 5 degrés, soit près de 9 p. 100.

Une coupe menée de l'ouest à l'est, à travers la colonie de Vic-

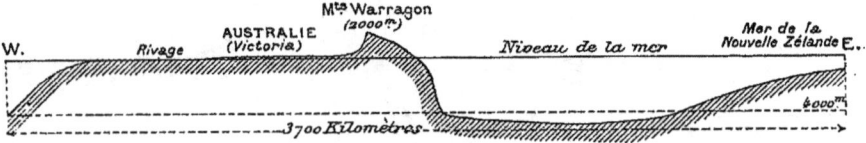

Fig. 23. — Coupe de l'ouest à l'est, à travers la colonie de Victoria.

toria en Australie (fig. 23), fait ressortir, quoique sur des proportions moindres, une disposition semblable, et il serait aisé de multiplier les exemples qui en accentueraient la généralité. Nous n'en ajouterons qu'un seul, reconnu il y a peu d'années, lors des sondages de l'*Egeria*[1]. Au nord de la Nouvelle-Zélande, entre les îles Fidji et les îles Tonga (ou des Amis), on voit le fond de la mer se relever, à partir de 4744 mètres de profondeur, jusqu'à un

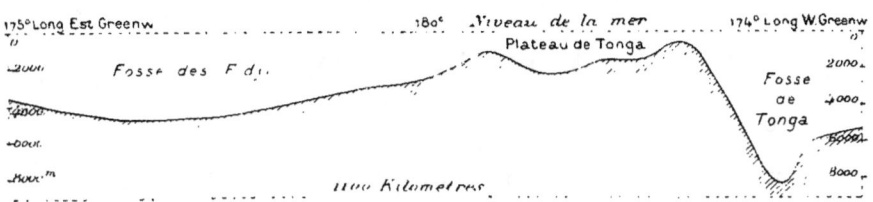

Fig. 24. — Coupe prise dans le Pacifique méridional, entre 21° et 25° lat. S. (hauteurs exagérées 25 fois).

plateau sous-marin (fig. 24), dont le sommet est à moins de 1000 mètres de la surface; puis brusquement le fond tombe à 8284 mètres, pour se relever, par une courbe convexe, jusqu'à un peu plus de 5000. Ici encore la dyssymétrie est remarquable.

En résumé, on peut dire que l'écorce terrestre paraît s'être comportée comme si ses inégalités résultaient d'une poussée latérale, qui l'aurait contrainte à diminuer son ampleur par la formation d'un double pli; que ce dernier se soit réellement produit, ou qu'à sa place se soit ouverte une cassure, le long de laquelle l'un des compartiments se serait abaissé, tandis que l'autre se relevait.

1. Voir Supan, *Petermann's Mitteilungen*, 1892.

TROISIÈME LEÇON

CONDITIONS GÉNÉRALES DU MODELÉ TERRESTRE.

Rôle des phénomènes extérieurs. — Il nous a semblé nécessaire d'établir dès le début, par l'analyse des grands traits de l'écorce solide, l'existence d'un dessin général profondément marqué dans toutes les parties du globe, et suffisant à lui seul pour attester la puissance des causes internes qui ont provoqué la déformation du sphéroïde terrestre.

Cette notion était indispensable, pour prévenir l'erreur où l'on aurait pu tomber, d'attribuer une importance prépondérante aux phénomènes extérieurs dont nous sommes chaque jour témoins, et qui, en additionnant leurs effets à travers les siècles, ont souvent produit des résultats bien propres à encourager cette illusion. L'homme qui voit s'ébouler sous ses yeux d'énormes quartiers de falaises, que la mer emploiera seulement quelques années à débiter; celui qui chemine au fond de gorges escarpées, que le seul travail de l'érosion a creusées sur plus de mille mètres à partir de la surface; le géologue même qui constate avec certitude la disparition totale, sur certains territoires, d'anciennes chaînes de montagnes, dont les débris ont formé de nouveaux sédiments; ou qui retrouve, sur des millions de kilomètres carrés, le dépôt erratique abandonné par les anciens glaciers; tous ceux-là, disons-nous, sont à la rigueur excusables de croire qu'un tel ordre de puissances suffise à tout expliquer. Voilà pourquoi nous avons jugé à propos, non seulement de regarder de loin les traits de la géographie, en embrassant, avec le secours de cartes bien faites, ces ensembles que nos yeux ne peuvent pas contempler directement, mais encore d'interroger les profondeurs des mers, afin d'y observer, revêtues de leur fraîcheur originelle, des formes caractéristiques, dans un milieu où l'attaque des agents extérieurs a été impuissante à se faire sentir.

Sans doute il eût été loisible d'admettre l'existence de ces données, comme un des résultats fondamentaux de la science géologique. Mais la démonstration n'en a que plus de force, si elle peut être obtenue à l'aide des seules méthodes de la géographie, sans que la connaissance préalable du but à atteindre intervienne autrement que pour éclairer d'une lumière générale le chemin suivi par l'observateur. C'est ce que nous avons essayé de faire, et si, comme nous l'espérons, la tentative n'a pas été vaine, nous pouvons maintenant sans danger nous attacher à la considération de détails extérieurs, dont la grande importance ne saurait être méconnue ; car après tout ils constituent à eux seuls la presque totalité des formes immédiatement visibles ; et leur ampleur est telle, en face de nos dimensions propres, que pour savoir les réduire à leur juste valeur, il fallait tout un travail d'abstraction en même temps que de synthèse, appliqué à un ensemble de documents qui vient à peine de recevoir, des plus récentes explorations géographiques, l'étendue et la précision désirables.

Notion du modelé. — Ainsi nous admettons comme bien établi que l'écorce terrestre a des formes propres, qu'on peut appeler *structurales* [1], résultant, soit de la genèse même de l'écorce, soit des actions dynamiques par lesquelles cette croûte a été disloquée. Nous constatons de plus que ces formes, respectées en général dans le domaine océanique, ont subi sur la terre ferme des modifications, qui leur ont imprimé un *modelé* spécial. Ce modelé se caractérise, en plan, par la complication des lignes hypsométriques, et, dans les coupes verticales, par la concavité des courbes qui représentent les pentes d'ensemble des grands versants, ainsi que par le contour déchiqueté des profils.

Ces divers ordres de modifications révèlent un même phénomène universel ; c'est l'*ablation* ou *érosion* de la terre ferme, c'est-à-dire sa destruction progressive sous des influences purement externes. Préciser le caractère de cette ablation, en définir la mesure et le terme final, montrer comment elle peut être influencée par les structures préexistantes ou les mouvements ultérieurs, telle est la tâche qui s'impose à nous. Du succès de cette recherche dépend la solution d'un grand nombre de problèmes géographiques.

---

1. C'est dans *les Formes du terrain* que M. M. de la Noë et de Margerie ont introduit l'expression de *surface structurale*, pour désigner l'état de choses acquis au moment où l'érosion entre en jeu.

Agents du modelé. — Le principe des changements de forme, que les forces extérieures font subir à la terre ferme, réside dans la *pesanteur*, qui agit sur tous les matériaux du globe, et tend à les amener dans une meilleure situation d'équilibre. Tout élément qui fait saillie est, par cela même, sollicité à descendre, jusqu'à ce qu'il soit parvenu dans une situation telle, qu'aucun déplacement nouveau ne puisse plus le rapprocher du centre commun d'attraction. Et cet équilibre une fois acquis persistera, aussi longtemps que les forces internes ne provoqueront pas de déformation dans l'écorce.

Mais la manifestation de la pesanteur est paralysée par la cohésion habituelle des matériaux de la terre ferme. Pour que la puissance mécanique de la gravité soit mise en jeu, il faut que la cohésion disparaisse, c'est-à-dire que les matériaux deviennent *meubles*. A supposer que cette condition soit remplie, il reste une limite au mouvement provoqué par la pesanteur, le frottement mutuel des particules rendant leur descente impossible au delà d'un certain degré de pente. Alors intervient un agent de transport d'une rare efficacité, c'est l'*eau courante*. La pluie qui ruisselle entraîne les fragments désagrégés de l'écorce, et, par les cours d'eau, les conduit de proche en proche, soit au grand réservoir de l'océan, sur le lit duquel ils se déposent, soit, s'il s'agit de dépressions continentales, dans des lacs qui en occupent le fond. La mer, de son côté, poussée par le vent et la marée, attaque ses rivages, et en mêle les débris à ceux que les fleuves lui apportent. Ainsi peu à peu la terre ferme se dégrade et voit diminuer son relief en même temps que son étendue.

Nous avons dit que la condition essentielle du transport était la désagrégation des roches de l'écorce. Pour quelques-unes, qui sont restées meubles, comme les sables, le défaut de cohésion résulte des conditions originelles du dépôt. D'autres sont naturellement divisées en blocs, soit par des lits de stratification, soit par des fentes de retrait, soit par des fissures en rapport avec les dislocations antérieurement infligées à la croûte terrestre. Mais si cette division préalable peut déterminer l'écroulement progressif d'une côte exposée à l'assaut des vagues, celui d'un escarpement miné par un torrent, ou la chute de blocs entraînés par des avalanches de neige, elle n'a d'efficacité que dans des conditions très limitées, et sur la plus grande partie de la surface continentale, il lui serait impossible, à elle seule, d'amener les matériaux solides à un état qui les rendît transportables par l'eau courante

Heureusement les *influences météoriques*, c'est-à-dire les alternatives du chaud et du froid, de la sécheresse et de l'humidité, de la gelée et du dégel, parfois aussi l'action des végétaux et celle des animaux inférieurs, ont bientôt fait de débiter les roches, même les plus dures, en menus fragments. Il n'y a pas de limite à cet émiettement. Même, pour peu que le climat s'y prête, il en peut résulter une altération et un ameublissement du terrain jusqu'à une profondeur telle, qu'il devient la plupart du temps impossible d'apercevoir les roches en place. C'est ce qui se passe dans les pays équatoriaux.

D'autre part, l'eau courante, concentrée dans des rigoles, acquiert, en dehors de son rôle comme agent de transport, une faculté propre de creusement ou *érosion*, qu'elle doit à la fois à sa force vive et à l'action des matériaux entraînés, devenus de véritables outils à son service. Elle est ainsi capable d'user les roches dures, même non désagrégées au préalable. Comme d'ailleurs l'eau ne perd complètement la faculté de transporter des particules solides que quand elle coule sur une pente insensible, la surface entière des continents, soumise à l'action du ruissellement et de l'érosion, est condamnée à descendre d'un mouvement lent mais inévitable. Seuls les déserts, où la pluie fait défaut, échappent en partie à cette descente; mais l'œuvre de l'ablation s'y poursuit par l'atmosphère et par le vent, et pour être fréquemment ballottés de place en place, les sables résultants ne s'en accumulent pas moins de préférence dans les creux abrités.

Divers modes de façonnement de la surface. — En résumé, la terre ferme se modifie d'une façon constante, sous l'influence de plusieurs catégories de puissances extérieures. Ces puissances n'agissent pas seulement pour détruire. Avec les matériaux qu'elles ont conquis, elles édifient de nouveaux terrains, et si la plupart de ces formations de remaniement nous sont cachées par les eaux marines ou lacustres, il en est un bon nombre qui ne subissent cette éclipse finale qu'après avoir longtemps fait partie du domaine continental et influé sur son modelé. Néanmoins les effets destructeurs, par la superficie sur laquelle ils se manifestent, ont un rôle incomparablement plus important. Ce sont eux surtout qui déterminent la physionomie de la terre ferme. Aussi nous servirons-nous le plus souvent du mot d'*érosion* pour désigner l'ensemble de ces influences externes; mais il sera entendu qu'à côté de la *dégradation*, qui est le phénomène principal, nous aurons parfois à considérer la *reconstruction* qui en dérive.

Cela posé, il y a lieu de distinguer l'*action marine*, efficace depuis une profondeur qui ne dépasse pas sensiblement 200 mètres, qui même est rarement supérieure à 100 mètres, jusqu'à la hauteur que peuvent atteindre les vagues de tempête; l'*action des eaux courantes*, à laquelle toute la terre ferme est assujettie à partir du niveau de la mer jusqu'à la limite des neiges persistantes, et que l'on classe parfois sous la rubrique plus générale d'érosion *subaérienne*, pour rappeler la grande part qu'y prennent la pluie et les actions atmosphériques; l'*action glaciaire*, dont le domaine descend au-dessous de la limite des neiges, en même temps que, par la gelée et les avalanches, il s'étend jusqu'aux plus hautes cimes; enfin l'*action du vent* ou *éolienne*, active dans certains pays où la sécheresse du climat rend le rôle de la pluie tout à fait subordonné. A cette énumération il convient d'ajouter l'*action souterraine*, c'est-à-dire l'attaque des terrains par les eaux d'infiltration, accompagnée de la dissolution, totale ou partielle, des roches, sous l'influence de l'eau chargée d'acide carbonique.

Relation des agents du modelé avec les conditions météorologiques. — Les agents du modelé terrestre ont en chaque lieu une activité déterminée par l'ensemble des conditions météorologiques de la région. Or ces conditions sont très variables d'un lieu à un autre, et la connaissance de leur distribution est indispensable à quiconque veut se faire une idée de la manière dont se répartit, sur le globe, l'énergie des puissances extérieures.

De ces puissances, deux surtout doivent attirer l'attention : la pluie (ou à l'occasion son équivalent en neiges et brouillards) et le vent. A vrai dire, la considération de ces deux agents embrasse, en principe, celle de tous les autres; car les vents soulèvent les tempêtes, seules vraiment efficaces pour la modification des rivages, engendrent les courants marins, par lesquels s'accomplit la dissémination des sédiments, et provoquent dans les déserts la dégradation du sol par les sables en mouvement.

D'autre part, la pluie et le vent sont presque toujours intimement liés l'un à l'autre; car, sauf sous l'équateur, la pluie résulte de la condensation de la vapeur apportée par les vents, condensation que détermine le mélange de l'air humide avec des masses plus froides. D'un autre côté, l'atmosphère doit à sa mobilité d'obéir aux moindres variations de densité, et chacune de ces variations, résultat d'un inégal échauffement, se traduit par un changement dans la pression barométrique. En résumé, le secret des variations météorologiques doit se trouver dans l'étude simultanée de l'état thermique et de l'état barométrique à la surface du globe. C'est ce qu'on réalise par l'examen des cartes qui font connaître les lignes *isothermes* et les lignes *isobares*. (Voir la planche annexée à l'ouvrage.)

Distribution de la chaleur sur le globe. — La température, en chaque point, a pour unique source la chaleur versée par le soleil [1]. Si l'axe terrestre était perpendiculaire au plan de l'orbite, tous les points de la terre verraient se succéder douze heures de jour et douze heures de nuit. Les rayons solaires, à l'heure de midi, tomberaient pendant toute l'année d'aplomb sur l'équateur, tandis que, pour les autres latitudes, à partir de cette ligne, l'incidence serait de plus en plus oblique, pour finir par être entièrement rasante aux pôles. Il y aurait donc, de part et d'autre de l'équateur, une zone torride, où la température aurait toujours son maximum au centre, et qui comprendrait tous les parallèles pour lesquels l'incidence des rayons méridiens serait peu éloignée de la normale; après quoi la chaleur décroîtrait progressivement dans la direction de chaque pôle, sans que rien permît d'établir, entre les bandes successives, une séparation tranchée.

L'inclinaison de l'axe terrestre sur le plan de l'écliptique empêche qu'il en soit ainsi, et donne lieu au phénomène des *saisons*, fondé sur ce que chaque point de la surface du globe, à l'heure de midi, reçoit les rayons solaires sous un angle qui varie avec le moment de l'année où l'on se trouve. Pour l'équateur, le soleil méridien apparaît au zénith deux fois par an, lors des équinoxes; et tous les points de la zone comprise entre les tropiques jouissent une fois par an du même privilège, à une époque variable, selon la latitude, entre l'équinoxe et le solstice. Seulement, pendant six mois, cet avantage est réservé à la zone tropicale d'un seul hémisphère, tandis que, pendant les six autres mois, c'est l'hémisphère opposé qui en a le bénéfice.

L'ensemble des deux bandes tropicales, larges chacune de 23° 27′ 21″, définit donc une *zone torride*, où la durée des jours diffère de moins en moins de celle des nuits à mesure qu'on se rapproche de l'équateur, et qui est nettement délimitée par le fait que les points de cette zone sont les seuls d'où l'on puisse voir le soleil au zénith.

---

[1]. La part contributive des actions volcaniques ou thermales est ici considérée comme négligeable. Nous ne tenons pas compte non plus du rayonnement des espaces, identique pour tout le globe. Quant à la chaleur interne, outre qu'elle agit partout à peu près dans la même mesure, on a calculé qu'elle ne devait pas contribuer aujourd'hui pour plus d'un trentième de degré à l'entretien de la température extérieure.

D'autre part, entre chaque pôle et la latitude de 66° 32′ 39″, s'étend une calotte dont aucun point ne peut apercevoir le soleil au moment de l'un des solstices. La saison d'été de cette calotte comprend des jours sans nuits, dont la durée atteint six mois au pôle même, et que balance une saison hivernale avec nuits ininterrompues. Et comme l'incidence presque rasante du soleil d'été ne compense pas l'effet de la longue obscurité de l'hiver, chaque pôle est entouré d'une *zone glaciale*, aussi nettement délimitée que la zone torride.

Dans l'intervalle s'étendent les *zones tempérées*, celles où ni le jour, ni la nuit ne sont exposés à durer vingt-quatre heures, et dont chacune peut se subdiviser en *zone tempérée chaude*, voisine du tropique, et *zone tempérée froide*, contiguë au cercle polaire.

Déformation des zones de température. — Les limites des zones ainsi déterminées coïncideraient exactement avec des parallèles de latitude, si la distribution relative de la terre ferme et des mers, ainsi que le relief de l'écorce, étaient identiques pour toute l'étendue du globe. Mais la répartition très inégale de ces divers éléments entraîne une déformation des limites.

En effet, la terre ferme, pendant l'été, s'échauffe beaucoup plus que l'eau, sur laquelle une partie de la chaleur versée est employée, sans effet thermique sensible, à produire de la vapeur. De plus, là où il neige, le manteau qui couvre la terre en hiver intercepte la chaleur solaire, entièrement utilisée pour fondre de la neige, sans que l'air ambiant puisse en profiter. Au contraire, l'eau de mer est rarement exposée à geler. Par conséquent la terre ferme exagère l'échauffement de l'air dans les basses latitudes, tandis qu'elle agit dans les zones froides comme un réfrigérant. En outre, l'atmosphère emmagasine diversement les radiations calorifiques, selon qu'elle est sèche ou humide, pure ou chargée d'acide carbonique. Enfin l'air se raréfie lorsque croît l'altitude, devenant de moins en moins propre à concentrer la chaleur solaire pour en faire profiter les corps qu'il baigne. Dès lors, toutes les inégalités de la surface du globe interviennent pour modifier l'effet thermique des radiations solaires, provoquant du même coup, dans l'eau des mers et surtout dans l'atmosphère, des mouvements capables d'étendre cette influence bien loin des lieux où elle a pris naissance.

Telle est la raison pour laquelle les *isothermes annuelles* (voir, sur la planche jointe à l'ouvrage, la fig. 1), c'est-à-dire les lignes réunissant les points où la température moyenne de l'air pour toute l'année, réduite au niveau de la mer, est identique, sont loin de coïncider avec des cercles de latitude. Chacune d'elles s'infléchit dans le sens où agissent les causes modificatrices que nous venons d'indiquer.

Irrégularité de la zone chaude. — Le premier résultat qu'il convienne de signaler est le transport que la zone chaude subit vers le nord. D'une part, l'aire du maximum de chaleur, c'est-à-dire celle à l'intérieur de laquelle la moyenne annuelle est supérieure à 30 degrés centigrades, va du Soudan occidental à la Mer Rouge, se maintenant à peu près à cheval sur le parallèle de 20° lat. N., et, chose absolument caractéristique, *ne descendant nulle part jusqu'à l'équateur*, qui théoriquement semblerait devoir en marquer l'axe [1]. Pendant ce temps, l'aire des températures comprises entre 26 et 28 degrés centigrades, la seule qui exprime le maximum annuel en Amérique [2], dépasse à peine l'équateur dans la direction du sud, au lieu qu'elle s'avance au nord du tropique, ayant son point culminant à Mexico. D'autre part, alors que l'isotherme boréale de 20 degrés ne cesse pas (sauf en un seul point au large de la Californie) d'être au nord du tropique du Cancer, la courbe correspondante, sur l'hémisphère austral, remonte par endroits jusqu'au voisinage immédiat de l'équateur. En somme, on peut s'assurer que l'espace compris entre la ligne équinoxiale et l'isotherme de 20 degrés est, dans l'hémisphère boréal, supérieur d'un cinquième à ce qu'il est dans l'autre. Et cela pour deux raisons : d'abord parce que l'Afrique s'épanouit beaucoup plus largement au nord qu'au sud de l'équateur, en même temps que l'élargissement du continent américain se prononce au nord des Antilles; de sorte que la zone chaude boréale est bien plus riche en territoires continentaux, la plupart de faible altitude; ensuite parce que les océans, largement ouverts au sud, laissent arriver des courants froids qui parviennent, sur le littoral atlantique de l'Afrique jusqu'à l'équateur, sur le littoral pacifique de l'Amérique jusqu'à 12 degrés de latitude sud. Aussi voit-on, le long de ces deux côtes, toutes les isothermes brusquement rejetées vers le nord.

Isothermes diverses. — Mais ce qui est surtout significatif, c'est la comparaison des deux isothermes de 5 degrés. Celle de l'hémisphère austral, qui ne rencontre absolument que la Terre de Feu, oscille constamment entre 47° et 56° lat. S. La courbe boréale varie de 43° à 68° lat. N., soit 15 degrés au lieu de 9 pour l'amplitude de

---

1. Ce n'est qu'en janvier que cette aire, alors considérablement réduite, vient se placer à cheval sur l'équateur, au centre du Congo.
2. Voir pour ces détails les atlas physiques, et notamment celui de Berghaus.

ses variations, toutes déterminées par le large épanouissement de la terre ferme sur son parcours. Tandis qu'à l'entrée du golfe de Bothnie l'isotherme en question se tient à 60°, l'influence réfrigérante du continent asiatique l'abaisse jusqu'à 43° en Mandchourie, en attendant que les courants chauds du Pacifique occidental la ramènent à 58° contre la côte de l'Alaska. De là, les terres froides du massif canadien la font redescendre à 46° dans la région des grands lacs. Aussitôt la puissante influence du Gulf-Stream lui fait faire un bond, dans l'axe de l'Atlantique, jusqu'au delà du cercle polaire. Mais arrivée ainsi au contact de la côte scandinave avec son cortège de glaciers, elle redescend brusquement à 60°, revenant presque sur ses pas par une boucle extraordinairement resserrée, avant de se recourber vers l'est.

L'amplitude des écarts est encore plus grande pour l'isotherme de 10°, qui descend à 60° dans la Sibérie orientale, pour remonter à plus de 80° au nord du Spitzberg. Quant à l'isotherme de zéro, rien que de la pointe de Terre-Neuve au large du Cap Nord, elle subit aussi un relèvement de vingt degrés; et comme, à l'île Sakhalin, on la retrouve par 3 degrés de latitude plus bas qu'à Terre-Neuve, l'échelle de ses oscillations n'embrasse *pas moins de vingt-trois degrés.*

On remarquera en outre que le massif sibérien, plus ample et plus froid, dévie les isothermes vers le sud plus fort que le massif canadien, à la fois moins étendu, moins élevé et plus maritime; enfin que la déformation des courbes est bien moins prononcée dans le Pacifique que dans l'Atlantique; d'abord parce que le courant chaud du Japon n'est aucunement comparable en intensité au Gulf-Stream : ensuite parce que l'Asie, d'une part, l'Amérique, de l'autre, enferment presque complètement le Pacifique septentrional dans une ceinture de terres froides, qui réagissent sur la température de l'air à sa surface; au lieu que l'Atlantique boréal, qui ne subit pas de grandes variations dans sa largeur, est mieux soustrait à l'influence réfrigérante des terres environnantes.

Considération des isobares. Zone des basses pressions équatoriales. — Les irrégularités que nous venons de constater dans le parcours des isothermes vont naturellement se refléter dans l'allure des lignes d'égale pression barométrique, puisqu'on sait que, dans une masse d'air inégalement échauffée, il se produit de toute nécessité des mouvements tendant à rétablir l'équilibre. C'est ce qu'indique du premier coup d'œil l'examen d'une carte des *isobares annuelles* (voir la planche, fig. 2). Pour en bien apprécier les enseignements, cherchons, comme dans le cas précédent, ce que devrait être théoriquement la circulation de l'air, s'il n'y avait pas à compter avec la distribution irrégulière de la terre ferme et du relief.

Des deux côtés de l'équateur, mais empiétant davantage, comme nous l'avons vu, sur l'hémisphère boréal, s'étend la zone torride. L'atmosphère y est d'autant plus accessible à l'échauffement que, grâce à la surface considérable occupée par les mers, l'air de cette zone est très chargé de vapeur d'eau, au moins dans ses couches inférieures, depuis le niveau de la mer jusqu'à environ 8000 mètres d'altitude [1]. L'effet produit est à son comble au centre de la zone, là où règne le maximum de chaleur. En ce point donc se trouve une colonne d'air plus chaude et par conséquent plus haute que toutes les autres, de part et d'autre de laquelle, suivant un méridien, des colonnes de moins en moins chaudes s'échelonnent en s'abaissant dans la direction des deux pôles.

Or toutes les fois que deux masses d'air juxtaposées possèdent des températures inégales, il se produit un *déversement*, par suite duquel le haut de la colonne chaude s'écoule vers la masse froide, tandis que le pied de cette dernière tend à s'avancer vers la base de l'autre. Tant que ce mouvement persiste, la pression est inférieure à la moyenne dans la colonne qui se déverse, et supérieure dans l'autre. Le courant d'air est donc dirigé, en haut du minimum barométrique vers le maximum, en bas dans le sens inverse [2].

On comprend ainsi que, des deux côtés de l'équateur thermal, il existe une bande où la moyenne annuelle du baromètre (lequel l'est d'ailleurs très stable toute l'année) se maintient partout, au niveau de la mer, au-dessous de 760 millimètres, en même temps que la température y atteint son maximum. La largeur de cette zone tient à ce que, en vertu de l'inclinaison de l'axe terrestre, les points qui voient le soleil au zénith voyagent, suivant les saisons, d'un hémisphère à l'autre, ce qui déplace en latitude la bande des *calmes équatoriaux*. En fait, la zone des pressions inférieures à 760 s'étend sur une trentaine de degrés. Sa limite australe, beaucoup plus régulière que l'autre, parce qu'elle passe sur un très petit nombre de surfaces continentales, s'avance parfois jusqu'à 20° et même 25° Sud. Mais en Afrique elle recule jusqu'à 10° S. Sa

1. La moitié de la vapeur d'eau atmosphérique est contenue entre zéro et 2000 mètres d'altitude.
2. Duclaux, *Cours de physique et de météorologie*, p. 236.

limite boréale devient extrêmement capricieuse en Asie, pour des causes que nous analyserons plus loin.

Bande des pluies équatoriales. — D'une façon générale, la zone du minimum barométrique annuel est aussi celle du maximum des pluies terrestres. Cela tient à ce que, dans le centre de cette bande (centre qui se déplace en latitude avec les saisons), les vapeurs, aspirées par un soleil torride, après être venues former à une certaine hauteur un voile de nuages amoncelés (*pot au noir des marins*), se résolvent, à une heure déterminée du jour, en averses violentes, le plus souvent avec orages. La région subit alors ce que les marins appellent l'*hivernage*, bien qu'en réalité cette période corresponde à l'été astronomique.

La bande des pluies équatoriales s'étend (voir la planche, fig. 3) de 15° à 20° lat. N. jusqu'à 15° et parfois même 20° lat. S. C'est en Afrique seulement qu'elle est réduite à dépasser à peine l'équateur vers le sud, ce qui est bien d'accord avec le rétrécissement marqué que subit, dans cette même région, la zone australe des basses pressions équatoriales. On peut dire que l'aire de maximum thermique du Soudan attire à elle la bande des basses pressions et des pluies, en lui permettant tout juste d'atteindre cet équateur, sur lequel elle devrait être à cheval si l'influence des terres sahariennes ne venait pas se faire sentir. On jugera de l'importance de cette zone si nous disons que, la moyenne annuelle de pluie pour toute la terre ferme étant de 844 millimètres, la bande comprise entre 20° lat. N. et 20° lat. S. en reçoit 1400 [1].

Bande des vents alizés. — De part et d'autre de la bande équatoriale, non loin des tropiques, se produit à la surface du sol l'appel d'air qui doit compenser le déversement de la colonne chaude. De là résultent les *vents alizés*, que la rotation terrestre dévie, comme chacun sait, en les faisant souffler, du nord-est dans l'hémisphère boréal, du sud-est dans l'autre. Pendant ce temps, les hautes régions de l'air sont parcourues par le *contre-alizé*, c'est-à-dire le courant supérieur d'air chaud déversé, lequel souffle, pour la même cause, du sud-ouest dans l'hémisphère boréal, du nord-ouest dans l'autre. Seulement la hauteur à laquelle ce courant se produit fait que d'ordinaire il ne devient visible que quand il rencontre sur son chemin des poussières volcaniques, projetées par les explosions à plus de 10 kilomètres d'altitude.

1. J. Murray, *Scottish geographical Magazine*, 1887.

Dans l'hémisphère austral, bien plus régulier que l'autre parce qu'il est beaucoup plus océanique, l'afflux des alizés détermine la formation d'une bande, comprise entre 20° et 4° lat. S., où la pression moyenne annuelle, toujours supérieure à 760, dépasse par endroits 764 millimètres.

L'air qui souffle sur cette bande est descendu des hautes régions, et a été appelé dans des couches de plus en plus chaudes et denses, où il s'est réchauffé à la fois par contact et par le seul fait de sa condensation. Il devient donc de plus en plus apte à absorber de la vapeur. Une fois qu'il a touché terre, appelé vers le nord-ouest par l'aspiration équatoriale, combinée avec la rotation terrestre, il se rapproche de l'équateur thermal et doit encore se réchauffer. Quand il vient de la mer et qu'il va frapper, soit la côte orientale d'Afrique, où se trouvent les plus fortes altitudes moyennes du continent, soit la côte brésilienne, également plus élevée que la contrée située en arrière, il ne peut manquer d'abandonner à ces hautes terres une partie de sa vapeur. Ainsi s'expliquent les étroites bandes de fortes pluies qui longent la côte de Zanzibar, celle de Madagascar, et tout le rivage brésilien.

En revanche, en descendant directement ou en poursuivant sa route sur les continents, l'alizé austral doit devenir desséchant; car il ne cesse de s'échauffer par sa descente, qui s'opère à la fois suivant l'altitude et suivant la latitude. C'est ce qui a lieu sur la côte occidentale de l'Afrique australe, comme entre le bassin de la Plata et le Pacifique. Aussi voit-on la moyenne annuelle de pluie, sur toute la zone de 20° à 40° lat. S., s'abaisser à 58 centimètres. Même elle n'est que de 20 centimètres au voisinage du désert de Kalahari, au nord de la colonie du Cap, ainsi que pour une bande qui va de la Patagonie à Guayaquil, en traversant le désert d'Atacama. Seule, la chaîne des Andes, par l'influence de son brusque relief, réussit à introduire, dans cette dernière traînée d'air sec, une étroite bande médiane, où la pluie s'élève de 20 à 60 centimètres.

La même cause détermine l'extrême sécheresse du continent australien, d'autant plus qu'il s'agit d'une dépression privée d'écoulement vers la mer, et par conséquent prédestinée, par l'insuffisance forcée de son réseau hydrographique, à subir l'influence désertique. Mais les côtes orientales de Madagascar et de l'Australie échappent à cette sécheresse, d'abord en raison de leur altitude brusquement acquise, ensuite parce qu'elles reçoivent le choc de vents d'est venant de la mer.

En résumé, les régions voisines de celles où soufflent les alizés appartiennent aux moins pluvieuses du globe, et la pureté habituelle de l'air y contraste avec l'état troublé du ciel dans la bande équatoriale.

Une autre cause doit encore aggraver la sécheresse des côtes occidentales dans l'hémisphère austral. Des courants froids, venant des régions antarctiques, longent les côtes en question, et se compliquent même d'un courant vertical de fond, appelé, en quelque sorte, par le vent qui souffle généralement de terre en chassant la mer devant lui [1]. Il en résulte un refroidissement qui se fait sentir jusqu'à l'équateur, en obligeant les isothermes à s'infléchir dans cette direction dès qu'elles quittent le rivage. Si donc des courants d'air viennent frapper la côte en arrivant du large, ils seront plus froids et moins riches en vapeur que la latitude ne le ferait supposer. De plus ils trouveront, dans le contact de la côte plus chaude, une cause de réchauffement, contraire à la condensation de la vapeur qu'ils pourraient renfermer.

Bande des basses pressions australes. — La bande australe des hautes pressions ne dépasse guère le 40° degré de latitude, et de suite après on entre dans une zone circumpolaire, où la pression décroît très rapidement, de manière à n'être plus en moyenne que de 750 au Cap Horn, comme à Kerguelen et à l'île Auckland. Il est à remarquer en effet que plus on s'approche du pôle, et moins l'atmosphère doit être épaisse, le sphéroïde atmosphérique devant être plus aplati par la force centrifuge que le sphéroïde solide. De plus, l'air est bien moins riche en vapeur d'eau comme en acide carbonique.

D'autre part, cette zone reçoit la partie du contre-alizé descendant qui, en touchant terre, n'est pas venue se recourber vers l'équateur avec l'alizé de surface. Cette partie, en se dirigeant vers les pôles, où l'appelle la moindre pression, doit être déviée vers l'est. Il en résulte des *vents d'ouest dominants*. Immédiatement le régime humide se reconstitue. De Valparaiso à la Terre de Feu, sur le versant occidental de la chaîne andine, on voit le total annuel de la pluie s'élever rapidement à plus de 200 centimètres; de même qu'à Melbourne et sur la Tasmanie il dépasse 130. La moyenne, pour la zone de 40° à 60° lat. S., est de 87 centimètres.

---

1. Wharton, *Discours à l'association britannique* à Oxford en 1894.

Complication des isobares dans l'hémisphère boréal. Moussons.
— La régularité des zones de pressions et de pluies est beaucoup moins grande sur l'hémisphère boréal, au moins dans l'ancien monde, à cause de l'extension considérable qu'y prend la terre ferme. Non seulement les conditions d'échauffement de l'air au-dessus de l'océan sont tout autres que pour les continents. Mais l'influence des saisons, peu sensible dans l'hémisphère austral, devient de plus en plus tranchée dans l'autre, à mesure qu'on monte en latitude. Cela tient à ce que la terre, qui s'échauffe en été plus que la mer, détermine dans cette saison des centres de dépression barométrique, lesquels changent de signe en hiver et se transforment en centres de pression, l'air étant plus froid et plus dense au-dessus des surfaces continentales exposées à se couvrir de neige. De cet ensemble de conditions résultent des circonstances beaucoup plus compliquées.

Cette complication se manifeste d'abord dans le relèvement que la zone des basses pressions équatoriales subit dès l'Afrique, et qui l'amène un moment jusqu'au contact de la Grèce et de l'Asie Mineure, pour la maintenir ensuite d'une façon constante au-dessus du tropique. Il est vrai que l'abondance des pluies n'en profite à aucun degré, si ce n'est dans l'Inde, l'Indo-Chine et la Chine méridionale. Le Sahara demeure essentiellement sec, d'abord parce qu'en hiver l'alizé y souffle normalement du nord-est, n'apportant que peu de vapeur d'eau, et rencontrant des causes de condensation de moins en moins actives; ensuite parce que, si le centre de dépression qui s'établit en été au Soudan appelle une certaine quantité d'air humide du nord et du nord-ouest, cette vapeur, arrivant sur des contrées de plus en plus chaudes, n'a aucune raison de s'y résoudre en pluie [1].

Il en est tout autrement pour la région de l'Océan Indien, où un grand trouble s'introduit dans l'allure des vents alizés. En janvier la température de l'Asie est à son minimum, celle de l'Afrique australe à son maximum. Attiré par le centre de dépression africain, l'alizé, d'octobre à avril, souffle normalement du nord-est au-dessus de l'équateur et devient la *mousson de nord-est*, déterminant pour l'Inde la saison sèche. Mais quand, en raison de l'inclinaison de l'écliptique, le soleil s'avance vers le nord, la température commence par s'équilibrer, ce qui, au moment de l'équinoxe, met fin aux vents régnants de direction constante. Plus tard encore, le

---
1. Schirmer, *le Sahara*, 1893.

centre de dépression se transporte sur l'Afghanistan, où règne alors une chaleur presque comparable à celle du Sahara. Non seulement l'alizé se trouve annihilé; mais c'est de l'équateur que l'air est appelé vers le nord; et le vent résultant, dévié par la rotation terrestre, devient la *mousson de sud-ouest,* laquelle prédomine de juin à septembre, étendant son influence depuis la côte d'Afrique jusqu'à la Chine. Cet air, qui s'est chargé d'humidité dans les mers équatoriales, déverse sa vapeur en pluies abondantes sur les régions qu'il aborde.

Ainsi le facteur *géographique*, c'est-à-dire l'influence de la distribution relative des terres et des mers, acquiert une telle importance, qu'il renverse complètement pendant six mois, et cela au grand profit de l'activité des eaux courantes, le régime normal que la latitude seule autoriserait à prévoir.

Or plus on s'avance vers le nord, au moins jusqu'au cercle polaire, et plus la terre ferme tend à s'épanouir en largeur. En même temps, elle est de plus en plus apte à exercer une action réfrigérante en hiver, à cause de la neige dont elle se couvre une partie de l'année. Pour ce motif, la bande extra-tropicale des hautes pressions monte constamment vers le nord-est, depuis les Antilles jusqu'à la Sibérie orientale. De plus, elle contourne entièrement le Pacifique, pour se maintenir sur les terres froides de l'Amérique du Nord et de l'Asie, au delà desquelles elle semble chercher des deux côtés à gagner le pôle.

Aussi, à la place d'une zone polaire de basses pressions, comme celle de l'hémisphère austral, voit-on se dessiner, de Terre-Neuve au Spitzberg et de l'angle nord-ouest du Groenland à la Nouvelle-Zemble, une aire fermée de pressions inférieures à 760, au milieu de laquelle, du cap Farewell à l'Islande, règne un minimum annuel de 754 millimètres.

Effets du Gulf-Stream. — A la disposition que nous venons de signaler s'ajoute l'effet du relèvement si remarquable que subissent les isothermes de l'Atlantique, et par suite duquel le Cap Nord, sous 70° de latitude, jouit d'une moyenne annuelle égale à celle de la pointe de Terre-Neuve, située sur le 50° parallèle.

Le relèvement en question est tout entier l'œuvre du Gulf-Stream, fleuve d'eau chaude qui lui-même a une origine essentiellement *géographique*. Car ce sont les eaux tropicales qui, poussées par les vents alizés dans la chaudière du Mexique et des Antilles, et n'en pouvant sortir vers l'ouest à cause de l'isthme de Panama, se concentrent en s'échauffant, jusqu'à ce qu'elles aient pu s'échapper par l'étroit goulet de Bahama. Pour cette raison, dans l'Atlantique nord, il y a transport constant d'eau chaude dans la direction du sud-ouest au nord-est.

Ce courant, par sa constance, réagit sur les couches d'air voisines, et détermine dans l'Atlantique central un régime permanent de vents du sud-ouest, c'est-à-dire chargés d'humidité. Il est vrai que l'impulsion du Gulf-Stream ne demeure effective que jusqu'au milieu de l'océan; mais juste au moment où l'air devrait cesser d'être ainsi entraîné, la partie du contre-alizé boréal qui vient de descendre, avec tendance à se diriger au nord-est, *relaye*, en quelque sorte, le courant d'air défaillant et prolonge son action bienfaisante.

Une autre cause, également géographique, contribue au même résultat : c'est l'existence des seuils qui ferment pour ainsi dire l'Atlantique nord. C'est d'abord le *seuil Wyville-Thomson*, qui dresse entre les Hébrides et les îles Feroë une crête sous-marine dont le point le plus bas est à moins de 600 mètres de profondeur. C'est ensuite la barrière qui va des îles Feroë à l'Islande, s'élevant jusqu'à moins de 500 mètres de la surface. Arrêtées par cet obstacle, les eaux chaudes qu'amenait le Gulf-Stream ont fini par s'y accumuler en s'enfonçant de plus en plus; si bien que, tout contre ce seuil, du côté du sud-ouest, la couche d'eau de température supérieure à + 5° s'épaissit au point de descendre à 1500 mètres de profondeur, soit presque aussi bas que devant Ténériffe.

Une pareille masse d'eau, où la température de surface est, en été, de 10 à 13 degrés, ne peut manquer d'exercer une heureuse influence sur la richesse en vapeur des vents qui viennent frapper les côtes d'Écosse et de Scandinavie, ce qui explique l'excès des précipitations atmosphériques sur ces rivages.

Zone désertique. — Le remarquable régime de vents de sud-ouest, dont on vient de rappeler l'existence, doit avoir sa contre-partie dans un phénomène de sens contraire, qui rétablisse l'équilibre constamment troublé. Cela paraît d'autant plus nécessaire que, le long du Japon, un courant analogue au Gulf-Stream, quoique beaucoup moins intense, produit aussi un appel vers le nord-est, ce qui fait que l'Eurasie est réellement encadrée par deux bandes de courants d'air soufflant du sud-ouest. Même, pendant l'été, le régime oriental des vents de sud-ouest gagne, par l'établissement de la mousson, toute la région voisine de l'Océan Indien. C'est pourquoi, sans vouloir ressusciter l'ancienne doctrine de la circulation aérienne sous forme de boucles fermées, partant de l'équateur pour y revenir, il nous paraît qu'il y a des causes suffisantes pour que, sur le centre de l'Asie, il s'établisse un retour d'air venant du nord-est.

C'est sans doute une des raisons pour lesquelles, de la contrée d'Iakoutsk jusqu'à la Perse, on voit se poursuivre, le long de la bande oblique des hautes pressions, une aire extrêmement pauvre en précipitations atmosphériques, où les vents dominants paraissent, autant que les documents existants permettent d'en juger, souffler du nord et du nord-est. En tout cas, dans cette zone, la chute annuelle de pluie est presque partout inférieure à 20 centimètres. D'ailleurs, au point où la traînée sèche devrait s'arrêter, elle se soude justement à la bande désertique des alizés, celle qui du Béloutchistan, par l'Arabie, va gagner le Sahara et comprend même les îles du Cap Vert; de telle sorte qu'on peut dire que, de la Sibérie à l'extrémité occidentale de l'Afrique, la bande des déserts se poursuit sans discontinuité.

Par surcroît, on voit se succéder sur ce parcours une série de dépressions sans écoulement extérieur, désert de Gobi, cuvette aralo-caspienne, bassins fermés du Béloutchistan et de l'Arabie, Sahara, tous pays voués par eux-mêmes, ainsi que nous le verrons plus tard, à l'impuissance des eaux courantes, et par suite aussi mal défendus que possible contre l'évaporation. A peine si, par leur altitude, le Pamir et les chaînes iraniennes parviennent à maintenir, pour la zone de 20 à 60 centimètres de pluie, un étroit passage entre l'Himalaya et la Caspienne.

Pour l'Amérique du Nord, la contre-partie du courant humide atlantique semble se manifester sur le parcours de la zone de hautes pressions annuelles, par une large bande, allant de la Californie au détroit de Barrow, et embrassant la moitié occidentale du territoire des États-Unis. La chute de pluie y est inférieure à 60 centimètres, et tombe au-dessous de 20, à la fois sur la dépression désertique du Grand Lac Salé, trop voisine du maximum barométrique situé au large de San Francisco, et sur la contrée comprise entre la baie d'Hudson et l'Alaska. Par contre, le voisinage du centre de dépression annuel qui occupe la région des Aléoutiennes procure au littoral de la Colombie une chute de 130 à 200 centimètres et plus, qui se fait sentir dès les approches de San Francisco, mais n'étend pas son influence à l'est de la chaîne côtière.

Importance des conditions géographiques. — D'après tout ce qui précède, on peut dire que la distribution des pluies, c'est-à-dire de l'agent le plus efficace du modelé terrestre, est déterminée par le concours de deux ordres de phénomènes : d'abord des circonstances cosmiques générales, qui tendent à faire naître une bande équatoriale humide, entourée de deux bandes sèches, confinant elles-mêmes à des bandes circumpolaires mieux favorisées en humidité ; ensuite des circonstances géographiques, proportions relatives des terres et des mers, relief de la terre ferme, conformation spéciale des océans, circonstances souvent assez puissantes pour renverser d'une manière complète l'effet que les conditions cosmiques produiraient à elles seules.

Un frappant exemple du régime exceptionnel que peuvent engendrer les particularités géographiques est offert par le Groenland. La plus grande partie de ce pays devrait, à en juger par sa latitude, jouir de conditions semblables à celles de la côte de Norvège. Mais, d'une part, le Groenland se trouve en dehors de l'action bienfaisante des courants d'air dérivés du Gulf-Stream ; même il est longé à l'est par un contre-courant froid venant du pôle, et que côtoie une branche détachée de l'extrémité nord du courant chaud de l'Atlantique, ce qui doit amener de fréquents conflits entre des masses d'air d'inégale température. D'autre part, le pays est situé dans le voisinage immédiat du minimum barométrique de l'Atlantique nord. En outre, son altitude moyenne est considérable ; plusieurs de ses montagnes dépassent 2000 mètres et le plateau neigeux central s'y élève jusqu'à 2700. Aussi voyons-nous la contrée ensevelie en entier sous une couverture glaciaire, dont l'épaisseur a été évaluée par M. Nansen entre 1500 et 1900 mètres.

A la vérité, en considérant que les observations pluviométriques donnent pour le Groenland des chiffres de précipitations assez faibles, 130 centimètres à Iviktut, 68 à Godthaab, 21 à Jakobshavn, 35 à Upernivik [1], beaucoup de météorologistes sont enclins à penser que la calotte de neiges du pays est tout entière un héritage des temps glaciaires ; de sorte que les conditions actuelles, qui seraient impuissantes à engendrer cette calotte, lui fourniraient seulement de quoi réparer ses pertes. Mais, outre qu'il est difficile de comprendre que le Groenland jouisse seul du privilège d'un aussi juste équilibre, il convient de remarquer que toutes les observations sont relatives à la *côte occidentale*, la seule habitable. Or les

---

J. Hann. *Handbuch der Klimatologie*, p. 738.

vents dominants, en janvier comme en juillet, étant ceux de nord-est, la côte occidentale ne reçoit les courants d'air qu'après qu'ils ont déchargé leur humidité sur une arête culminante, située à plus de 2000 mètres d'altitude, et *très voisine de la côte orientale*. Ce sont donc des courants d'air descendants, qui doivent se réchauffer par leur descente, et renseignent très inexactement sur les précipitations relatives à l'ensemble de la région.

Nous n'en voulons pour preuve que les perpétuelles rafales de neige qui ont assailli, en plein été, aussi bien l'expédition de M. Nansen que celle de M. Peary. Aussi croyons-nous que des études ultérieures modifieront les chiffres admis, en démontrant que le pays de la terre où le régime glaciaire sévit avec le plus d'intensité doit cette particularité à un ensemble de circonstances, où la situation géographique et le relief jouent un rôle beaucoup plus important que celui de la latitude.

Influence des lignes de relief. — Ce qui vient d'être dit sur la descente des vents, à partir de la crête du Groenland, nous amène à parler de la puissante influence exercée, sur l'abondance des précipitations, par les lignes de brusque relief. Il y a des années déjà que le caractère de cette influence a été très nettement formulé par Cézanne dans ses *Études sur les torrents des Alpes*. Auparavant, on admettait volontiers que la pluie croissait avec l'altitude. Cézanne a démontré qu'il n'en était rien, et que, le plus souvent, *le faîte d'une ligne de hauteurs recevait moins de pluie que celui des versants qui était habituellement remonté par les courants humides*.

C'est la thermodynamique qui rend compte de cet effet. Lorsqu'une montagne surgit en travers d'un courant aérien, non seulement elle le refroidit par contact en l'obligeant à monter, puisque la température de l'atmosphère s'abaisse, lorsque croît l'altitude, d'environ un degré centigrade pour 200 mètres ; mais en outre, l'air, qui rasait la mer ou les plaines, étant forcé de franchir un faîte, doit se raréfier en montant, puisque la densité de l'atmosphère diminue quand la hauteur augmente. Cette dilatation, en vertu des propriétés fondamentales des gaz, est une cause puissante de refroidissement et, par suite, de condensation de vapeur. Aussi peut-on dire qu'une ligne de relief *exprime*, en quelque sorte, l'humidité que le vent lui apporte, et cela d'autant mieux que l'obstacle est plus brusque.

Nulle part cet effet n'est mieux marqué que sur le littoral oriental de l'Océan Indien. La pluie annuelle, qui dépasse 200 centimètres à Sumatra, en atteint 300 à l'embouchure de l'Iraouaddy et 537 à Sandoway. Mais sur le massif qui surgit au nord du delta du Brahmapoutra, c'est bien mieux encore, et la chute moyenne y dépasse 1300 ou 1400 *centimètres*, pour se maintenir entre 250 et 400 sur tout le versant himalayen que le Brahmapoutra contourne après sa sortie du Tibet. De même, malgré l'influence de la grande zone désertique, le haut relief de l'Himalaya permet à une bande favorisée de 200 centimètres de pluie de pénétrer jusqu'à l'angle du Pamir. En revanche, l'effet de ces chaînes est absolument local; et l'air ne les a pas plus tôt franchies que, sur les régions en arrière, par exemple sur le Tibet, il se montre d'une sécheresse extrême, qui va en s'accentuant vers le nord. Cela s'explique, non seulement par l'humidité déjà perdue, mais par la contraction réchauffante que doit produire la descente au delà de la crête.

Tandis que Madras reçoit entre 60 et 130 centimètres d'eau, alors que le centre de l'Hindoustan appartient à la zone de 60 à 20, il suffit de la brusque saillie des Ghates occidentales, entre la pointe de la péninsule et Bombay, pour arracher à la mousson de sud-ouest une chute annuelle de plus de 200 centimètres, exactement localisée sur la montagne. Le haut massif abyssinien provoque la même exagération locale des pluies équatoriales, et les premières pentes du Fouta Djallon, près des sources du Niger, font dépasser à la chute de pluie, sur la côte africaine de Liberia, le chiffre de 330 centimètres. Le voisinage du versant oriental des Andes suffit pour faire apparaître la zone des pluies dépassant 200 centimètres, quand tout le Brésil reçoit entre 130 et 200, à l'exception du rivage de Pernambuco à Bahia, où la saillie culminante de la côte détermine tout le long une semblable augmentation.

Grâce aux montagnes qui la bordent, la côte australienne de l'est est favorisée de la même façon, et les Alpes de la Nouvelle-Zélande, dressées contre le bord occidental de la contrée, font que la chute de pluie y atteint 285 centimètres, contre 130 sur le versant oriental. La Nouvelle-Guinée reçoit deux fois moins d'eau au sud qu'au nord, où le relief se trouve concentré. A Madagascar, où les plus fortes altitudes sont collées contre l'Océan Indien, la chute d'eau, de l'ouest à l'est, croît de moins de 60 à plus de 130. L'Ile Maurice reçoit 125 sur le rivage et 400 au sommet du Piton du Milieu. Sur la Jamaïque, le Mont-Blize, haut de 2236 mètres, reçoit 310 quand la côte en a 125 et tout l'intérieur de 200 à 250.

En Europe, le maximum de pluie se produit sur la chaîne Cantabrique, les Alpes, le Caucase, les montagnes d'Ecosse et le bord occidental de la Scandinavie. En un mot, à part l'angle sud-est des États-Unis et celui de la Chine, qui l'un et l'autre doivent un maximum de pluie aux courants très chauds et humides que les circonstances géographiques engendrent dans leur voisinage immédiat, on peut dire que partout c'est le relief relatif qui est la cause principale des fortes pluies. Si bien qu'une carte de la distribution des pluies pour le globe équivaut par beaucoup de ses traits principaux à une carte hypsométrique [1]. Comme s'il était écrit que, chaque fois que les mouvements orogéniques auraient amené en saillie une portion de l'écorce terrestre, les agents extérieurs en recevraient *ipso facto* une nouvelle provision de force pour accomplir leur œuvre d'aplanissement.

Particularités des dépressions. — Par un remarquable contraste, autant les lignes de haut relief contribuent à aviver le travail des précipitations atmosphériques et par conséquent celui des eaux courantes, autant celles-ci sont paralysées dans leur énergie par le fait des grandes dépressions. C'est ce qui résulte clairement des chiffres suivants [2] :

On estime qu'il tombe annuellement, sur la terre ferme, environ 122 500 kilomètres cubes d'eau, lesquels, également répartis sur toute la surface continentale, y formeraient une couche de 844 millimètres d'épaisseur.

Mais, sur les 122 500 kilomètres cubes de pluie (ou de son équivalent en neiges et brouillards) il y en a 113 150 qui tombent sur les territoires tributaires de la mer, et ceux-ci, occupant 115 300 000 kilomètres carrés, reçoivent ainsi une chute moyenne de 980 millimètres. Il reste, pour les dépressions sans écoulement extérieur, 9350 kilomètres cubes, et cette quantité, répartie entre les 30 millions de kilomètres carrés correspondants, ne représente qu'une couche annuelle de 315 millimètres. Ainsi l'on peut dire que *les dépressions sans écoulement ne reçoivent pas le tiers de la quantité d'eau qui tombe sur les territoires drainés par la mer.*

On pourrait penser que ce résultat tient à une coïncidence fortuite, qui aurait placé toutes les dépressions dans les zones naturellement pauvres en humidité. Certainement une part mérite d'être faite à cette explication ; car les grands bassins fermés ont

[1]. Voir la planche jointe à l'ouvrage.
[2]. Voir J. Murray, *Scottish geogr. Magazine*, 1887.

toutes chances de se trouver à l'intérieur des aires continentales, c'est-à-dire loin des sources d'où vient l'air humide.

Mais la preuve que la structure même des dépressions y est pour quelque chose, c'est que la même pauvreté relative en précipitations se remarque, en dehors des zones désertiques, partout où un bassin déprimé, même pourvu d'un émissaire maritime, se présente au sein d'un massif quelconque de relief régulier.

Ainsi une carte de la répartition des pluies en France (fig. 25),

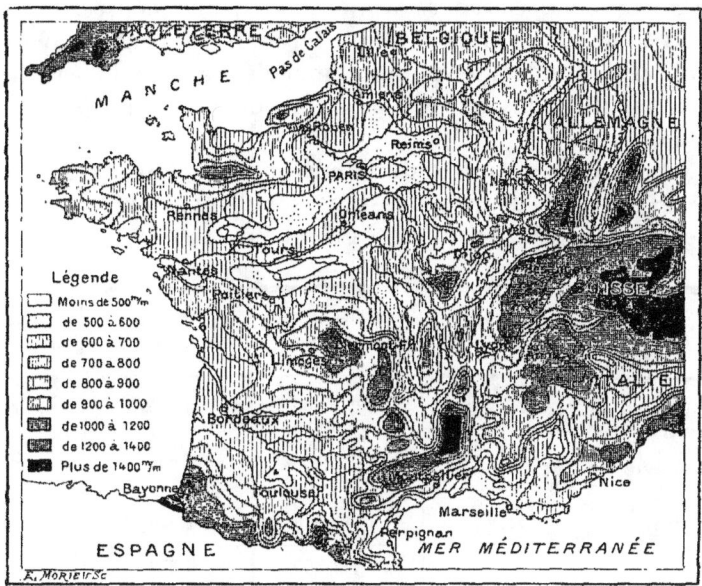

Fig. 25. — Répartition des pluies en France, d'après M. Angot.

outre qu'elle accentue ce que nous avons déjà dit de l'influence des lignes de relief, montre qu'une zone de minimum caractérise la bande plate et basse comprise entre le Mans et Reims, comme la dépression de la Sologne et de la Loire, depuis Tours jusqu'au delà d'Orléans. Quand les hauteurs du Plateau Central reçoivent de 800 à 1000 millimètres, la Limagne n'en obtient pas 600. C'est aussi à 600 que se limite la quantité reçue par le thalweg du Rhin en Alsace, quand sur les Vosges et la Forêt-Noire il en tombe de 1200 à 1400.

Une aire fermée de moins de 60 centimètres caractérise tout le bassin de la Hongrie, et une autre de même taux dessine une tache autour de Prague, dans la dépression qu'encadrent les monts de

Bohême. Le fond de la vallée de la Meuse, entre Namur et Liège, ne reçoit guère plus de 600, quand les plateaux encaissants voient tomber de 800 à 1000 millimètres [1]. En résumé, les cartes pluviométriques semblent dessiner les aires déprimées avec autant de netteté qu'elles accentuent les lignes de relief ; et on le comprend sans peine, après les explications déjà données sur l'influence des mouvements d'ascension et de descente à l'égard de l'humidité des courants d'air.

Ainsi, *toutes choses égales d'ailleurs*, une dépression sera toujours moins bien arrosée qu'un territoire à pente maritime régulière, ce qui entraîne, pour le modelé de la contrée, des conséquences que nous aurons ultérieurement l'occasion de faire ressortir.

Détails divers sur la distribution des pluies. Conditions des déserts. — Les dépressions sans écoulement extérieur reçoivent, selon M. Murray, les quantités d'eau suivantes :

DÉPRESSIONS	SURFACE en kil. carrés.	PLUIE en kil. cubes.	HAUTEUR d'eau annuelle.
Sahara................	8 910 000	3 000	0m,34 [2]
Désert de Kalahari........	160 000	60	0 37
Abyssinie.............	130 000	160	1 23
Amérique du Nord........	1 310 000	700	0 52
— Sud..........	711 000	280	0 37
Eurasie..............	14 485 000	3 950	0 29
Australie.............	4 005 000	1 200	0 26
	29 711 000	9 350	

D'autre part, le même auteur assigne une superficie totale de 31 000 000 de kilomètres carrés aux aires où la pluie tombée est inférieure à 25 centimètres.

Bien que le chiffre de 31 diffère à peine de celui qui exprime la surface des bassins fermés, il n'y a pas identité entre les deux groupes. En effet, d'une part, le second comprend, en vertu de circonstances climatériques spéciales, plusieurs régions tributaires de la mer, savoir : la vallée du Nil, la basse vallée de l'Indus, la contrée au nord du fleuve Orange, la bande qui va de la Patagonie à la Bolivie, et surtout le bassin du Mackenzie dans l'Amérique

---

1. Voir la carte pluviométrique de la Belgique, par M. Lancaster (1895).
2. Ce chiffre s'appliquerait à l'ensemble du Sahara. Pour le Sahara algérien, M. G. Rolland n'indique qu'une chute annuelle de 120 à 135 millimètres (*Bull. Soc. géol. de France* [3], XXII, p. 510). A Biskra même, la chute ne dépasse guère 0m,20.

du Nord. En revanche, plusieurs des régions sans écoulement ont une part de leur territoire comprise dans la zone des fortes pluies. Ainsi dans le Sahara, on voit le pays au nord de Tombouctou et le bassin du Tchad arrosés par les pluies équatoriales. Les mêmes pluies tombent en abondance sur la dépression abyssinienne, et celle de Kalahari profite encore des vents pluvieux venant du golfe de Mozambique. Dans l'Amérique du Sud, la dépression intérieure de la République Argentine reçoit les courants humides de l'est. Le Mexique bénéficie de quelques pluies tropicales ; l'Eurasie voit une quantité d'eau assez sérieuse s'abattre sur le bassin occidental de la Caspienne et sur le Pamir. Enfin la partie orientale de la cuvette australienne participe au bénéfice des pluies qui arrosent la côte voisine.

Malgré ces différences, il n'y en a pas moins, dans l'ensemble, une remarquable concordance entre les bassins fermés et les déserts. Nous en avons indiqué la cause principale, et nous en reconnaîtrons plus tard une autre, qui tient au modelé nécessairement inachevé de la surface. Pour le moment, contentons-nous d'établir, par des chiffres, que la situation météorologique des dépressions semble fatalement condamnée à s'aggraver.

M. Murray admet que le débit total des fleuves terrestres, à leur embouchure dans la mer, est d'environ 27 500 kilomètres cubes. Comme les territoires maritimes en reçoivent 113 150, on peut dire que, en dernière analyse, *l'évaporation enlève les trois quarts de la pluie tombée*, soit plus de 73 centimètres sur les 98 que reçoivent les régions pourvues d'écoulement vers la mer. Seulement il est à remarquer qu'une bonne part de l'eau finalement évaporée a eu, avant de disparaître, le temps de produire un certain travail mécanique.

Si l'évaporation a la même intensité sur les dépressions, et elle ne saurait y être moindre, puisque la protection d'une végétation abondante fait défaut, et que le vent y souffle avec prédilection, les 315 millimètres qui tombent sont notoirement insuffisants, *et le territoire doit peu à peu s'appauvrir en humidité*, aux dépens des réserves qu'il pouvait posséder antérieurement. Nous aurons ultérieurement l'occasion de revenir sur ces considérations. Nous rappellerons seulement ici qu'elles ont été développées avec beaucoup de force par M. Schirmer dans leur application au Sahara [1].

---

1. Schirmer, *le Sahara*, 1893.

Il ne faut pas oublier que ce sont là des chiffres d'ensemble, et que les résultats varient beaucoup suivant les contrées. Ainsi, entre le 30° parallèle de latitude boréale et le 30° de latitude australe, l'évaporation enlève les *quatre cinquièmes* de l'eau tombée, tandis que, pour les autres latitudes, la portion rendue à la mer est à la chute de pluie comme 1 est à 3,677. Quoi qu'il en soit, la conclusion générale que nous avons tirée ne nous paraît pas contestable, alors surtout qu'elle est appuyée sur des faits aussi probants que le dessèchement progressif des anciennes cuvettes mongoliennes.

Nous nous arrêterons sur ce dernier exemple, qui prouve une fois de plus à quel point les conditions géographiques (c'est-à-dire, en somme, la résultante des conditions géologiques) d'une région peuvent influer sur l'ensemble des facteurs météorologiques. Par là se justifie cette pénétration réciproque des deux ordres de phénomènes, que nous avions signalée dès le début de cette leçon.

QUATRIÈME LEÇON

CONDITIONS NORMALES DU MODELÉ PAR LES EAUX COURANTES

Importance prépondérante des eaux courantes. — Tous les agents qui s'emploient à la modification du relief terrestre sont loin d'avoir la même importance. Ainsi l'action des glaces et celle du vent ne s'exercent d'une façon intense que sur des portions limitées de la surface du globe. L'érosion chimique n'agit sur les formes extérieures que dans certains pays où le sous-sol offre une composition très spéciale. Quant à l'érosion marine, elle est loin d'être aussi efficace qu'elle est bruyante. Elle n'a de prise que sur les rivages, et se borne à les faire reculer, sans influer beaucoup sur le modelé proprement dit des continents. Le véritable facteur de ce modelé, c'est l'eau courante. Aussi la considération de cet agent s'impose-t-elle, avant toute autre, à quiconque veut acquérir l'intelligence des formes du paysage.

Avant d'en aborder l'étude, il est intéressant de remarquer que la puissance, dont l'intervention facilite si fort à propos l'action de la pesanteur, a sa source dans l'évaporation, qui enlève aux mers la vapeur d'eau destinée à se répandre en pluie sur les continents. La vapeur elle-même est engendrée par la chaleur solaire, et c'est à la même chaleur que sont dus les mouvements de l'atmosphère, cause principale des pluies. Ainsi cette influence essentiellement *centrifuge*, qui semble en antagonisme direct avec l'influence *centripète* de la gravité, en devient au contraire le principal auxiliaire. Et c'est de l'Océan, lieu de repos pour les particules solides, que part, constamment renouvelé, l'instrument d'attaque destiné à les y conduire.

Cas d'un territoire homogène. Effets du ruissellement. — Supposons un territoire que l'action des puissances extérieures n'ait pas encore touché et, pour plus de simplicité, admettons qu'il soit composé de matériaux meubles, homogènes et peu accessibles à l'infiltration.

En dehors de cas tout exceptionnels, ce territoire doit offrir des directions de pente dominantes, c'est-à-dire des *versants*, fixant la direction que suivront les eaux pluviales. Mais celles-ci ne ruisselleraient uniformément sur la surface que si elle était plane, et si de plus la pluie était partout également distribuée. Les inégalités originelles du terrain, jointes à la localisation des averses, déterminent la concentration des eaux dans des rigoles ou *thalwegs*, où elles commencent à acquérir une vitesse et une masse appréciables, ce qui, avec l'aide des particules entraînées, met immédiatement en jeu leur faculté d'érosion. Chaque cours d'eau ainsi engendré est donc obligé de déblayer son lit et de l'approfondir peu à peu. Mais, à mesure que l'eau descend, la force toujours agissante de la pesanteur en doit accélérer le mouvement. D'ailleurs la masse de cette eau, et par conséquent sa force vive, augmentent par le fait des affluents qui viennent se verser dans la même rigole, et dont chacun résulte d'une concentration analogue des ruissellements voisins.

Cependant cet accroissement de pouvoir mécanique a un terme forcé. C'est le point où l'eau courante aboutit et voit sa vitesse s'amortir, parce qu'elle ne peut plus descendre davantage. Ce terme est la mer, ou bien une dépression qui, interrompant la pente d'un versant, sert de réservoir à un lac, pourvu ou non d'écoulement.

Or au moment où l'eau courante perd sa vitesse, elle était chargée de matériaux solides en suspension. Il faut qu'elle les dépose à son embouchure, formant un amas destiné à gagner de proche en proche en remontant. Ainsi le cours d'eau, qui creuse son lit en amont, doit le remblayer en aval.

Notion du niveau de base. Profil d'équilibre. — Cela posé, parmi les différents points du lit initial, un seul est fixe, à savoir l'embouchure (dont nous supposons le niveau invariable). Mais en amont de ce point, le terrain qui n'est pas encore modelé aura presque toujours, à l'origine, une pente trop forte; car une masse d'eau comme celle d'un fleuve normal ne perd la faculté de tenir en suspension du limon que quand sa pente tombe au-dessous de *un pour cinquante mille*, c'est-à-dire quand elle devient absolument négligeable; et une pente de *deux pour mille* suffit pour qu'une rivière soit capable de creuser son lit. Le creusement doit donc, au début, se prononcer dès l'embouchure, qui détermine de toute nécessité le *niveau de base* de l'érosion [1]. *C'est là que commencera la régularisation du profil* de la rivière, régularisation absolument nécessaire pour que le cours d'eau atteigne l'état d'équilibre stable, dont la conquête est le but constant de toutes les puissances de la nature. La définition de cet état est facile à donner : il faut que partout la résistance au mouvement, c'est-à-dire le frottement du lit, exercé par le fond et par les parois, fasse équilibre à la force de l'eau courante. Une telle condition ne sera remplie que si la pente décroît constamment de l'amont à l'aval, en proportion de l'augmentation qui survient dans le volume débité. Ainsi le travail de creusement se régularisera de proche en proche, par un mouvement continu de régression [2].

Une fois le creusement achevé, le profil vertical du lit devra être une courbe continue, tangente par un bout à l'*horizontale* du niveau de base (puisque nous venons de voir qu'une pente insensible peut seule interrompre le travail mécanique de l'eau), tandis que de l'autre côté elle se redressera de plus en plus. Même on peut dire qu'elle doit tendre à devenir *verticale* au point de départ ; attendu qu'en cet endroit, où la masse de l'eau finit par se réduire à zéro, il ne peut y avoir d'entraînement qu'à la condition d'une chute sollicitant la première goutte suivant une direction très voisine de celle du fil à plomb. En résumé, si tous les éléments du thalweg sont reportés, avec leur longueur, dans un même plan vertical, l'ensemble du *profil d'équilibre* [3] formera une courbe à peu près parabolique, et nettement *concave vers le ciel*. On comprend d'ailleurs que, même avec un terrain parfaitement homogène, une telle courbe ne pourrait présenter une régularité absolue que si la distribution et l'ampleur des affluents obéissaient à une loi de répartition uniforme. D'autre part, le débit d'une rivière variant avec les saisons, il ne peut pas être ici question d'un équilibre permanent, mais l'égalité entre la force et la résistance doit se rapporter au *débit moyen*.

Vitesse de l'affouillement. — La vitesse avec laquelle s'effectue le travail de creusement du lit peut se conclure des observations suivantes : Lorsqu'en 1714 les échevins de Thoune dérivèrent la

---

1. De la Noë et de Margerie, *les Formes du terrain*, p. 144.
2. C'est l'un des mérites de M. Morris Davis, d'avoir mis en pleine lumière cette allure régressive du creusement.
3. C'est l'expression employée par M. Dausse, et à laquelle M. Philippson a substitué le terme d'*Erosionsterminante*.

Kander pour la jeter dans le lac, par un canal artificiel dont la pente était de 6, 5 0/0, la rivière se mit à affouiller les matériaux meubles et morainiques de son canal avec une rapidité telle, qu'en quelques années le lit descendit de 45 mètres à l'endroit même de la dérivation [1]. Depuis lors l'affouillement s'est propagé jusqu'à 9 kilomètres en amont et le confluent de la Kander avec la Simme s'est abaissé de 21 mètres. Dans les trois premières années, plus de 10 millions de mètres cubes de matériaux solides ont été ainsi amenés dans le lac, où ils ont construit un delta qui, depuis lors, a continué à s'accroître au taux moyen de 300 000 mètres cubes par an [2].

La rectification de l'Isar a provoqué, entre le 23 octobre 1878 et le 14 février 1885, un abaissement du lit de 1 m. 443 sur 5 kilomètres de long, avec enlèvement de 22 775 mètres cubes de gravier [3]. La correction du Rhin, dans la plaine allemande au sortir de l'Alsace, ayant raccourci le parcours de 23 0/0 (81 kilomètres), le lit s'est abaissé de plus de 2 mètres entre Rheinweiler et Neuenburg, et de plus d'un mètre entre Weissweil et Maxau. D'après M. Dausse, des causes semblables ont fait baisser l'Arve de 2 m. 40, l'Isère de 2 mètres et l'Arc de 3 m. 25. De toutes façons, l'action produite est rapide et progresse, au début, incomparablement plus vite que par la suite.

Partie torrentielle. — Il est aisé de voir qu'en général, pour un cours d'eau suffisamment avancé dans son œuvre, la concavité du profil ne commencera à se prononcer nettement que dans la partie haute du lit. M. Penck a calculé [4] ce qui devrait arriver si une pyramide quadrangulaire, formée de matériaux homogènes et meubles, recevait une quantité de pluie annuelle capable de former une couche d'un mètre, et comportant quelques averses qui donneraient un centimètre d'eau par heure. En supposant que toute l'eau tombée sur un versant se réunît en une rigole, le lit de cette dernière ne cesserait d'être attaqué par l'érosion que quand il aurait pris un profil défini comme il suit : chute verticale de 6 mètres dans les dix premiers mètres du parcours, de 1 mètre pour les 90 mètres suivants, enfin de 1 centimètre pour les 900 mètres qui viennent après. Ainsi, dans ce cas hypothétique, au bout d'un kilomètre de parcours, la pente doit déjà devenir insensible.

---

1. Bachmann *in* Penck, *Morphologie*, I, p. 317.
2. Steck, *Arbeiten aus dem geogr. Institut*, Berne, 1893.
3. Voir Penck, *op., cit.*, I, p. 317.
4. *Das Endziel der Erosion.*

En revanche, la pente est considérable à l'origine, où elle approche de la verticale. Mais là, elle ne peut se raccorder avec le profil transversal plus adouci des versants que moyennant la formation d'une sorte d'*entonnoir*. Cet entonnoir, par la convergence de ses pentes, facilite la concentration des eaux de pluie, qui s'y rendent d'ailleurs avec une grande vitesse à cause de l'inclinaison des rigoles. Aussi l'entonnoir est-il le siège d'un ravinement très énergique sous l'influence d'eaux encore mal réglées, et qui méritent le nom d'*eaux sauvages*. La réunion de ces eaux engendre un *torrent*, dont la puissance mécanique, en temps de pluie, peut être à peu près sans limites, attendu que le torrent concentre en un seul flot, de pente rapide, toute l'eau tombée sur la superficie entière de l'entonnoir.

C'est là que s'accomplit le principal travail de creusement, destiné à se déplacer peu à peu vers l'amont. Les matériaux qui en résultent forment, au débouché du *couloir* torrentiel, un *cône de déjection*, qui encombre plus ou moins le lit du cours d'eau plus important auquel le couloir vient aboutir.

Affluents. — Pendant qu'un cours d'eau s'établit en conformité de la pente principale du terrain, des affluents ne peuvent manquer de lui venir de ses versants. S'il n'existe pas, dans la structure propre du terrain, quelque particularité qui impose une direction spéciale à ces ravinements secondaires (et dans le cas du terrain homogène et meuble que nous avons admis, cette influence directrice ne saurait exister), il y a toutes chances pour que les rigoles résultantes suivent les lignes de plus grande pente, perpendiculaires aux horizontales du versant, et, par suite, tombent à peu près à angle droit sur le cours d'eau. Cette conséquence se vérifie par l'observation, comme l'ont bien établi MM. de la Noë et de Margerie [1], et ainsi on peut dire qu'un réseau hydrographique initial comporte deux directions principales à angle droit, dont la première, la plus importante, est déterminée par la pente générale du terrain.

Or ce que fait le cours d'eau principal, chacun des affluents l'accomplit de son côté, prenant pour niveau de base l'altitude de son embouchure. Si, dans son état original, la surface était accidentée par des dépressions sans issue, des lacs ont dû s'y établir d'abord, jusqu'à ce que leur niveau se fût élevé au point d'en permettre le débordement. Alors ils se seront vidés, et l'émissaire

---

1. *Les Formes du terrain*, p. 126.

aura creusé un nouveau sillon, allant rejoindre les thalwegs des parties plus basses, jusqu'au moment où la superficie entière aura trouvé à écouler ses eaux vers un réservoir unique, qui est généralement la mer. Cette commune destinée obligera tous les cours d'eau à régulariser leurs courbes en conséquence. De cette façon, les caractéristiques d'un système hydrographique parvenu à maturité sont : d'abord l'acquisition, par le lit de chaque rivière ou ruisseau, d'une *pente continue*; ensuite la *concordance des embouchures*, définie par ce fait que la courbe de chaque affluent, développée dans le même plan vertical que celle du cours d'eau principal, devient tangente à celle-ci au point de rencontre [1].

Pour mettre cette concordance en lumière, sans sortir des con-

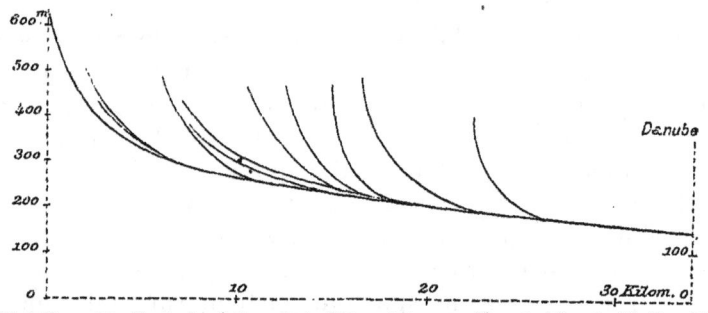

Fig. 26. — Profils de la rivière de la Wien et de ses affluents (d'après M. Penck).

ditions d'homogénéité que nous avons admises pour le territoire considéré, on ne saurait prendre un meilleur exemple que celui du bassin de la Wien (fig. 26), petite rivière qui, descendant rapidement des hauteurs du Wienerwald, vient rejoindre le Danube à Vienne. A son profil, continu et régulier, se raccordent successivement les courbes de ses divers affluents, parmi lesquels il en est un qui en a recueilli trois autres au passage, dans les mêmes conditions. On remarquera d'ailleurs que les profils sont d'autant plus raides que les cours d'eau ont moins d'importance, et tous, sans exception, sont logés *dans la concavité* de la courbe qui correspond à la Wien. Cela se comprend puisque, toutes choses égales d'ailleurs, la pente d'équilibre doit être d'autant plus réduite que le volume d'eau débité est plus fort.

Établissement du profil en travers. — Jusqu'ici nous n'avons envisagé que l'établissement du lit ou thalweg d'un cours d'eau. Il y a lieu maintenant d'étudier la formation du *profil en travers*.

---

1. *Les Formes du terrain*, p. 61.

Durant toute la période du creusement, les versants, constamment minés par le pied, ne cessent de s'ébouler et prennent (toujours dans l'hypothèse d'un terrain meuble et homogène) un talus très raide, parce que le sapement opéré à la base découpe sans cesse de nouvelles tranches. La coupe transversale du vallon affecte donc la forme d'un V assez aigu.

Il est à remarquer que les deux branches du V peuvent difficilement être symétriques. En effet, la rivière ne coule pas dans un lit exactement rectiligne. La moindre inégalité du terrain, le moindre affluent survenant sur un des côtés, suffisent pour la jeter à droite ou à gauche. Elle mine donc un versant, qu'elle rend concave et abrupt, et d'où elle est renvoyée avec force, un peu plus bas, contre le versant opposé. De cette façon, le lit devient sinueux, chaque sommet de sa courbe mettant en présence une berge concave attaquée et une berge convexe protégée, où se fait de préférence le dépôt des matériaux transportés ou *alluvions*.

De la sorte, le creusement du thalweg marche de pair avec un élargissement de la pointe du V, causé par les divagations du cours d'eau. Sur cette partie élargie se déposent les cailloux et graviers, que la rivière recouvre dans ses crues.

Mais un jour arrive où celle-ci cesse de creuser son lit et, par suite, de saper le pied des versants. Ces derniers, n'étant plus minés, ne s'écroulent plus par tranches, et commencent par s'adoucir, en prenant la pente qui convient à la consistance naturelle du terrain. Le V s'ouvre donc notablement.

A partir de ce moment, les versants n'ont à compter qu'avec le ruissellement, lequel atteint son maximum avec les fortes averses et la fonte des neiges. Puisque cet effet s'exerce par la superficie, il est légitime d'admettre que l'ablation doive se poursuivre par tranches successives parallèles à la surface, les matériaux de chaque tranche étant entraînés par la pluie jusqu'au thalweg. Or le cours d'eau, qui ne creuse plus son lit en ce point, n'en garde pas moins un excédent de masse et de vitesse, dû à ce que le travail est moins avancé dans les parties d'amont, où le régime demeure provisoirement torrentiel. Cela suffit pour déterminer, au moins lors des crues, l'entraînement de ce que les eaux pluviales ont amené au bord du thalweg ; de telle sorte que la vallée s'élargit peu à peu, par recul des parois progressivement attaquées, mais sans que l'ouverture du V se modifie. Seulement la pointe de ce V s'émousse encore par le dépôt des alluvions que la rivière charrie.

Divagations du cours d'eau. — A mesure que l'élargissement progresse, le régime en amont va se régularisant, et la force vive de l'eau courante diminue. La rivière cesse alors d'entraîner ce que le ruissellement fait tomber au pied des versants, et ses sinuosités sont désormais contenues, à droite et à gauche, par les alluvions du *lit majeur*, c'est-à-dire de celui qui n'est recouvert qu'en temps de grandes eaux. A ce moment commence, pour le tronçon considéré, une phase où il n'y a ni érosion fluviale ni dépôt permanent. Le cours d'eau se contente de miner sa berge d'alluvions là où elle est concave, entraînant des matériaux qui vont se déposer sur la convexité d'aval, où a lieu un remous. Ainsi, de proche en proche, les alluvions, cailloux roulés, graviers, sables et limons, sont entraînées dans la direction de l'embouchure.

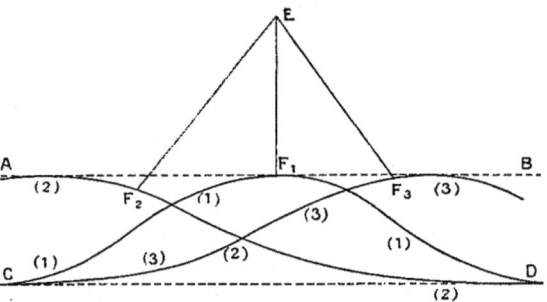

Fig. 27. — Diagramme du déplacement des embouchures.

Au cours de ces *divagations*, pendant lesquelles la rivière utilise tour à tour les diverses parties de son lit majeur, les affluents subissent, près de leur embouchure, des déplacements analogues. Supposons (fig. 27) une rivière dont les divagations sont contenues, en plan, entre les deux limites AB et CD, et qui prend successivement les tracés (1), (2) et (3). L'affluent, cherchant toujours à rejoindre par la ligne la plus courte, prendra les positions EF_1, EF_2, EF_3; de sorte qu'à la longue il aura déblayé, en le couvrant ensuite d'alluvions, tout le triangle $F_2 EF_3$ [1]. Ainsi les divagations d'un cours d'eau ont pour conséquence une extension en surface du pouvoir d'érosion de leurs affluents. Et cet effet se produit, non seulement pendant la période que nous envisageons, mais aussi et mieux encore durant la phase précédente, celle du creusement.

Ajoutons que ces sinuosités sont nécessaires à l'équilibre de

---

1. Delafond, *les Terrains tertiaires de la Bresse*, p. 224.

l'eau courante qui, ne creusant plus son lit, doit chercher encore à réduire sa pente par l'allongement du parcours. On le voit bien quand, par des travaux de rectification, on s'efforce de supprimer quelques méandres. Immédiatement il en résulte un approfondissement du lit.

Phénomènes de capture. Cols. — Avant d'atteindre le résultat définitif exprimé par la régularisation des profils et la concordance des embouchures, un système hydrographique traverse des vicissitudes qui, sur de nombreux points, en modifient le dessin primitif. Par exemple (fig. 28), deux cours d'eau voisins A et B travaillent au creusement de leur lit, à des altitudes différentes en raison de la conformation originelle du terrain, et telles que le point C soit notablement au-dessus de D, où débouche DF, affluent de B. Ce tributaire DF, continuant à pousser son lit vers l'amont, pourra s'avancer de F jusqu'en C, auquel cas il *capturera*, au

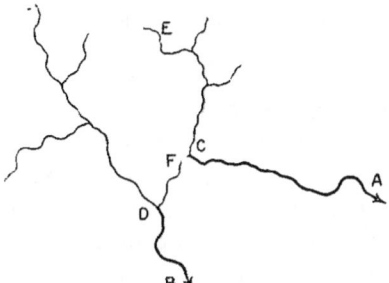

Fig. 28. — Capture d'un cours d'eau.

profit de B, tout ce qui coulait en amont de C, augmentant en conséquence la force de F et de B, tandis qu'il diminue d'autant celle de A. Comme résultat, la partie AC de la seconde vallée, *décapitée* par l'enlèvement de EC et d'une partie même du cours entre C et A, pourra être délaissée par tout cours d'eau permanent, et devenir une *vallée morte*, ou du moins se montrer tout à fait disproportionnée par ses dimensions avec le peu d'importance des eaux qui y circuleront encore.

Ces faits de capture peuvent être fréquents lors du premier établissement d'un réseau hydrographique, de telle sorte que les *lignes de faîte* ou *lignes de partage* n'ont qu'une situation provisoire, celles du régime définitif pouvant différer beaucoup en position de celles du début. Aussi la *migration des lignes de faîte* accompagne-t-elle toujours les premières étapes du modelé.

Quand deux cours d'eau parallèles coulent dans le même terrain à des hauteurs inégales, la ligne de partage qui les sépare est plus éloignée de celui dont le niveau est le plus bas, et qui par suite est le plus avancé dans son œuvre. C'est ce que M. Gilbert a bien mis en lumière pour les *Mauvaises Terres* du Nebraska [1].

Même lorsqu'il ne se produit pas de capture, le fait que deux courbes d'équilibre E,E' (fig. 29), marchent à la rencontre l'une de l'autre, de part et d'autre d'une croupe (figurée en travers sur I par DCF, en long sur II par GCH), entraîne nécessairement

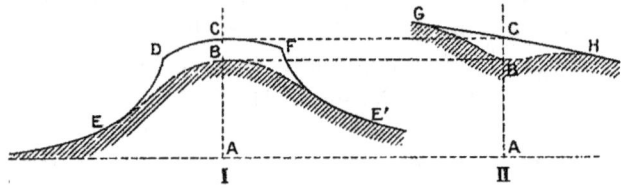

Fig. 29. — Formation d'un col.

l'abaissement de cette croupe ; car le profil de la crête séparative ne peut manquer de s'aplatir, par exemple jusqu'en B, sous l'influence du ruissellement pluvial, dont les produits trouvent un écoulement particulièrement facile vers les deux thalwegs. C'est ainsi que naissent la plupart des *cols* en terrain homogène, le profil GBH se substituant à la ligne de pente originelle GCH.

Modifications diverses du réseau initial. — Les phénomènes de capture, la migration des lignes de faîte et les divagations des confluents ne sont pas les seules vicissitudes auxquelles soit exposé un système hydrographique en voie d'évolution. Il en est d'autres, plus importantes, qui résultent de ce que, à l'origine, le territoire soumis au modelé ne devait pas présenter partout des pentes continues.

S'il s'y trouvait des dépressions, chacune d'elles a dû recevoir sur son fond un lac, dont le niveau s'est établi en conformité du rapport existant entre l'évaporation et l'alimentation par les pluies. La surface de ce lac a formé, pour toute la région tributaire, un niveau de base provisoire. Mais l'existence d'un lac est forcément éphémère. A la longue, la cavité se comble par les alluvions que lui apportent les cours d'eau. Si donc il ne s'agit pas d'une dépression de très grande étendue, capable de se transformer en un désert, sous des influences que nous étudierons ultérieurement, le

---

1. *Henry Mountains*, p. 140.

lac finit par déborder en se créant un déversoir. Immédiatement ce déversoir se creuse, l'eau du lac s'écoule par le nouveau canal, et vient se verser dans le réseau hydrographique inférieur. Non seulement l'artère ainsi engendrée doit s'accommoder aux conditions de ce réseau, en se créant un profil d'équilibre par un creusement progressif de l'aval à l'amont, mais le volume d'eau ajouté de cette façon au réseau inférieur peut modifier beaucoup sa puissance et revivifier son activité.

D'ailleurs le débordement du lac ne peut guère manquer d'être accompagné d'une débâcle, capable de bouleverser complètement la topographie du territoire sur lequel le phénomène s'accomplit. Plus tard donc, quand toutes les pentes auront été régularisées, on retrouvera dans l'allure du terrain les traces d'un état antérieur plus ou moins oblitéré. En particulier, les anciens lacs se révèleront par des élargissements locaux des vallées, mais où le cours d'eau coulera dans une tranchée plus ou moins profonde, résultat du creusement survenu après la formation du déversoir.

Plaine de débordement. Conditions de pente. — La charge transportée par une rivière finit par arriver dans la partie basse du cours, où la pente, une fois régularisée, ne permet plus en général que le transport du limon et du sable fin. Alors se constitue, par le dépôt devenu permanent des matériaux charriés, une *plaine alluviale* ou *plaine de débordement*, d'autant plus importante que la rivière a eu, pour s'établir, un plus grand travail de creusement à accomplir. Cette plaine fait continuité avec le réservoir, mer ou lac, auquel le fleuve aboutit, et parfois elle empiète sur ce réservoir en y construisant un *delta*, dont il sera ultérieurement reparlé.

Comme c'est la pente qui est le principal facteur du pouvoir mécanique de l'eau courante, c'est par l'inclinaison du lit que peuvent se définir les différents états qui viennent d'être analysés. Une pente supérieure à 2 pour 1000 caractérise tous les cours d'eau *torrentiels*, c'est-à-dire capables d'effets de creusement et de transport notables. Entre 2 et 1 pour 1000, les rivières sont *divagantes*, et déplacent assez souvent leurs alluvions pour n'être pas navigables. Les rivières *stables* sont celles dont la pente varie entre 5 et 1 pour 10 000 [1], et qui, même en temps de crues, ne peuvent déplacer que du menu gravier. Les plaines alluviales des embouchures se constituent d'ordinaire avec des pentes comprises entre 3 et 5 pour 100 000.

---

1. Ce dernier chiffre exprime la pente de la Seine à Paris.

Toutefois ces chiffres n'ont rien d'absolu; car le pouvoir d'érosion et de transport varie non seulement avec la pente du lit, mais avec la masse de l'eau en mouvement.

Adoucissement des versants. — Revenons maintenant au profil des versants, tel qu'il s'établit quand la rivière ne remanie plus que ses alluvions. Le talus que le ruissellement pluvial fait naître au pied d'un versant, en ABC (fig. 30), en vient à demeurer stable, prenant à l'extérieur une pente très réduite BC, définie, par la

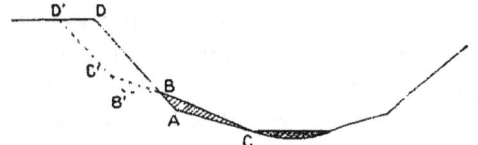

Fig. 30. — Aplatissement des versants.

limite du pouvoir de transport des eaux qui ruissellent. Alors l'attaque de la surface se poursuit au-dessus de B, par une tranche BDB'D', avec production d'un nouveau talus BC', qui prolonge CB. Par là, le versant s'adoucit peu à peu, sa crête reculant sans cesse, tandis que sa ligne de plus grande pente pivote, en quelque

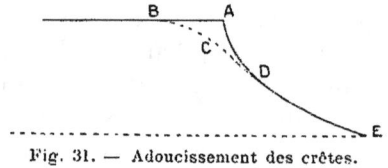

Fig. 31. — Adoucissement des crêtes.

sorte, autour de l'axe du thalweg, en se rapprochant toujours de l'horizontale.

En même temps le profil de la crête doit s'adoucir de plus en plus. Au début, par suite du fréquent éboulement de nouvelles tranches, la crête A (fig. 31), constamment rafraîchie, devait commencer par une véritable arête, origine d'un versant rendu concave par le ruissellement et l'entraînement des matériaux. Quand le pied du versant est définitivement fixé, l'arête A s'émousse, et peu à peu le profil BAD est remplacé par une courbe *convexe* BCD, qui se raccorde en D avec la courbe concave DE. En effet, ce n'est plus que la pluie qui agit entre B et D; et les filets n'y ont pas assez de vitesse pour pouvoir se concentrer. Ils enlèvent seulement les matériaux fins du sol déjà désagrégé, se contentant d'adoucir l'angle A.

De là vient qu'un versant déjà façonné doit comprendre : 1° une partie raide ou *versant debout*, de profil concave ; 2° une partie supérieure adoucie ou *versant couché*, de profil convexe. La part de ce versant couché s'accroît constamment aux dépens de l'autre, et quand le pays est complètement modelé, on n'y voit plus guère que des formes convexes : de sorte que si, avec les Américains, on réserve le nom de *corrasion* à l'action pluviale lente et disséminée, appelant *érosion* l'effet violent des eaux courantes, on peut dire que l'érosion engendre des profils concaves, tandis que la corrasion donne des courbes convexes [1].

L'attaque des versants, dépendant surtout du ruissellement, peut se produire avec une intensité inégale sur les deux flancs de la vallée, s'ils sont placés dans des conditions météorologiques différentes. Ainsi, dans nos pays, les versants regardant à l'ouest sont plus exposés que les autres à l'érosion subaérienne. C'est une nouvelle cause de dyssymétrie du profil en travers, qui vient s'ajouter à celle résultant des sinuosités du cours d'eau.

Aplatissement final. — Quoi qu'il en soit, l'*aplatissement progressif des versants* [2] apparaît comme le terme nécessaire du travail de l'érosion. En théorie, cet aplatissement n'a pas de limite ; car aussi longtemps qu'il tombera des averses, celles-ci conserveront la faculté d'entraîner les particules fines à la surface d'une pente tant soit peu sensible. Mais en fait, le résultat peut être considérablement retardé par la végétation, qui prend généralement possession des pentes devenues stables, où elle diminue et parfois supprime la facilité d'entraînement du sol.

En résumé, au bout d'un temps suffisamment long, le territoire soumis à l'érosion finira par être sillonné de thalwegs, n'offrant une pente sérieuse qu'au voisinage immédiat de leur origine ; et de l'un à l'autre il ne devra subsister, par suite de l'aplatissement des versants, que des ondulations sans importance. D'ailleurs les crêtes presque verticales qui, à ce moment final, domineront la naissance des thalwegs, et qui seules feront encore sur l'ensemble une saillie notable, seront elles-mêmes attaquées par la pluie, la neige, la gelée et le vent. Elles ne pourront manquer de s'ébouler à la longue, et, en dernière analyse, tout le bassin du cours d'eau devra être aplani. Dans le cas où nous nous sommes placés, en raison du peu de consistance des matériaux de la région, l'aplanis-

---

1. Voir Gannett, *Origin of topographical forms* (U. S. geol. survey monographs, 1893).
2. *Les Formes du terrain*, p. 20.

sement sera complet, engendrant une véritable *plaine*, parcourue par des rivières au cours incertain. A peine quelques parties, un peu plus résistantes ou mieux protégées par la végétation, demeureront-elles par places, en monticules aux contours adoucis. Quant à l'altitude très progressivement croissante de la plaine, elle est commandée par le niveau de la mer ou celui du lac dont le cours d'eau est tributaire.

On ne saurait citer de meilleur exemple d'aplanissement que celui du bassin du Mississipi, au moins depuis Saint-Louis jusqu'à l'embouchure du fleuve. Une longue émersion, jointe à l'activité propre de cours d'eau considérables, a si bien réduit le relief primitif, qu'il faut remonter le fleuve principal sur 760 kilomètres pour voir l'altitude s'élever à 60 mètres, et sur plus de 1200 kilomètres pour atteindre la courbe de 300 mètres. Ce qui est encore plus significatif, c'est que, pour s'élever à ce dernier niveau dans une direction perpendiculaire au Mississipi, en allant vers les Montagnes Rocheuses, on doit parcourir au moins 500 kilomètres, ce qui donne pour le bassin une pente transversale inférieure à $\frac{1}{1000}$. Quant à la direction opposée, le parcours de Vicksburg à la côte atlantique de Charleston n'offre, sur 1000 kilomètres, aucune altitude qui atteigne 300 mètres.

Pareil exemple est offert par les plaines de la Russie méridionale, où le sol est aussi plat que le régime hydrographique est nettement défini. Pourtant ni la Russie ni le bassin du Mississipi ne sont des territoires formés d'alluvions récentes. Dans tous les deux, c'est la marche normale de l'érosion qui a dû produire l'effet observé.

Territoires argileux. — De tous les genres de terrains homogènes et peu consistants, ceux qui se prêtent le mieux à l'aplanissement régulier sont les districts argileux. L'eau ne pouvant s'infiltrer dans le sol imperméable, le ruissellement atteint son maximum d'intensité. Les rigoles, dont aucune condition propre à la nature du terrain ne commande le tracé, s'établissent partout où la pente le réclame, en un réseau infiniment ramifié, produisant sur une carte l'effet d'un véritable *chevelu*. La plupart des thalwegs secondaires n'ont d'ailleurs d'eau qu'en temps de pluies. La nature éboulcuse des argiles exige que les parois des vallons aient très peu de pente. Chaque progrès du creusement entraîne donc la descente en masse de tous les versants. Assurément cette descente n'est pas continue; elle comporte des saccades, chaque paquet de terrain qui s'éboule pouvant produire sur la déclivité un ressaut momentané dans la ligne de pente. Mais ces accidents se régularisent par la suite, et la région, toujours doucement ondulée, arrive sans obstacle à la condition de plaine. Cette plaine est raccordée avec le niveau de base par de grandes nappes horizontales d'alluvions vaseuses, chaque averse rendant troubles, par entraînement des matériaux, des eaux qui, jusqu'à la fin, gardent une pente appréciable. Dans un tel district, le profil d'équilibre des cours d'eau doit avoir une courbure plus progressive que dans un autre, et la partie horizonzale y est plus courte.

Les sables argileux à grain fin, où le nombre des veines d'argile est suffisant pour contrarier l'infiltration, peuvent encore être cités parmi les formations qui réalisent les conditions qu'on vient d'analyser. L'entraînement des particules étant plus facile, le creusement y marchera plus vite ; mais les pentes seront moins continues, le terrain pouvant prendre par moments un talus moins éloigné de la verticale.

Influence des conditions météorologiques. — Pour que le modelé d'un territoire se poursuive jusqu'à la fin dans les conditions qui viennent d'être analysées, il faut évidemment que l'outil de ce travail, c'est-à-dire le pouvoir mécanique de l'eau courante, ne soit pas annihilé par quelque perturbation survenue dans les conditions météorologiques.

Si les précipitations atmosphériques, après avoir été abondantes, viennent à subir une diminution notable, les matériaux désagrégés par les intempéries demeurent sur place, formant un chaos de blocs, sous lequel les traits saillants d'une région peuvent demeurer enfouis. C'est ce qui arrive pour la haute chaîne centrale qui traverse le nord du Tibet. Bien qu'elle s'élève jusqu'à 8000 mètres, l'air est si sec qu'il ne s'y forme pas de glaciers. Les cours d'eau du Tibet sont gelés pendant une grande partie de l'année, et en été ils ne dégèlent que pendant le jour, de sorte que si cela suffit pour procurer l'écoulement des eaux, nulle part elles n'acquièrent assez de vitesse et de masse pour accomplir des effets de transport. Dans ces conditions, les rides montagneuses apparaissent comme ensevelies sous leurs propres débris. Les vallées s'aplatissent et s'élèvent par l'accumulation constante des matériaux provenant des versants. Telle est l'origine qu'on attribue généralement aux *pamirs*, c'est-à-dire aux vallées encombrées, et à profil transversal adouci, qui caractérisent le grand massif de l'Asie centrale [1].

---

1. Geiger *in* Penck, *Morphologie*, II, p. 112. Notons cependant qu'à en juger par les photographies rapportées de la région, les vallées pamiriennes semblent bien accuser une action glaciaire antérieure.

CINQUIÈME LEÇON

INFLUENCE DES CONDITIONS GÉNÉTIQUES SUR LA MARCHE DU MODELÉ

Conditions qui modifient la marche du modelé. Influences génétiques. — Lorsque le territoire en voie de modelé s'éloigne plus ou moins des conditions de simplicité que nous avons précédemment admises, deux sortes d'influences se font jour, qui modifient à des degrés divers la marche normale de l'érosion par les eaux courantes.

Les unes, auxquelles on peut donner le nom de *génétiques*, dérivent de la genèse même du terrain, c'est-à-dire de la nature et du mode de formation des masses minérales qui le composent; les autres, qu'il convient d'appeler *tectoniques*, ont leur source dans les dislocations que l'écorce a subies postérieurement à la première constitution du territoire considéré. Les unes et les autres peuvent être groupées sous la commune dénomination d'*influences structurales*.

Le premier effet de ces influences est d'introduire dès le début, dans l'évolution du réseau hydrographique, une cause de variabilité qui n'existait pas avec un territoire homogène et meuble. En effet, quand le sous-sol n'offre par lui-même aucune action directrice, les conditions de pente et de relief, sous lesquelles la surface originelle se présente au début du modelé, suffisent à déterminer le tracé des premiers cours d'eau. Ceux-ci approfondiront leurs lits par la suite, mais il n'y a aucune raison pour qu'ils les abandonnent, en dehors des cas de capture que nous avons signalés.

Il en est autrement quand le terrain est hétérogène. En effet, à peine les premiers ruissellements se sont-ils concentrés dans les rigoles indiquées par l'état en quelque sorte géométrique de la surface primitive, que le travail du creusement les met aux prises avec les inégalités de résistance produites, soit par la nature, soit par l'allure des roches rencontrées. De ces inégalités résulte, ici un retard, là une accélération, ailleurs une déviation du travail. De la sorte, l'évolution du réseau devient beaucoup plus compliquée, et ses traits définitifs doivent mettre bien plus de temps à se dessiner.

Cela posé, pour nous borner d'abord aux principaux types d'influences *génétiques*, il y a lieu de distinguer successivement les *terrains d'origine sédimentaire* ou *stratifiés*, ceux *d'origine éruptive* ou *massifs*, enfin les *dépôts glaciaires*.

Massifs calcaires fissurés. — Nous commencerons par examiner le cas des terrains stratifiés et homogènes qui ne sont pas meubles de leur nature, et pour prendre de suite l'exemple le plus opposé à celui que nous avons antérieurement considéré, nous supposerons qu'il s'agisse d'un massif calcaire où la roche soit compacte, mais traversée par des *joints* ou *diaclases*. Ces joints peuvent résulter, soit du retrait de la roche par dessiccation, soit des mouvements en masse du terrain, et il s'y ajoute les fentes horizontales que peuvent engendrer les lits de stratification. Le Bassigny et certaines parties de la Franche-Comté en offrent d'excellents types.

Nul territoire ne se prête plus mal à l'établissement d'une courbure continue, tant pour le profil du lit des cours d'eau que pour celui des versants. En effet, dans un pareil terrain, le ruissellement est presque nul, et la plus grande partie de la pluie tombée (et non enlevée par évaporation) trouve à s'infiltrer dans les fissures du calcaire. Au lieu de creuser son lit suivant un profil à courbure très régulièrement adoucie, l'eau courante, utilisant tous les chemins qui s'offrent à elle, descend immédiatement, cherchant à atteindre le plus tôt possible le niveau de base. Elle se concentre ainsi dans des canaux souterrains, où elle acquiert un volume notable, emporte à la longue les barrières qui s'opposent à son passage, et sort au jour en un point tel, que de là au débouché définitif il lui reste, dans la gorge principale, juste assez de pente pour triompher du frottement de son lit. Au début, elle coule ainsi entre des murailles verticales dont elle mine le pied. Des éboulements se produisent, encombrant le lit; mais la rivière se gonfle en arrière et finit par vaincre l'obstacle. Ainsi peu à peu la gorge s'élargit et, à la longue, les parois s'adoucissent par la chute du couronnement mal soutenu.

Quand le profil est ainsi régularisé, la courbe d'équilibre se trouve sensiblement plus aplatie qu'elle n'eût été dans un territoire imperméable. C'est pour ce motif que, dans la figure 32, on voit les courbes des affluents de la Garonne, d'abord celle du Lot, puis celles du Tarn et de l'Aveyron, passer *sous* la courbe du cours d'eau principal, dont le bassin propre, en bonne partie imperméable, ne renferme rien d'analogue à ces plateaux des Causses, que traversent les trois autres rivières. Au contraire, la Dordogne,

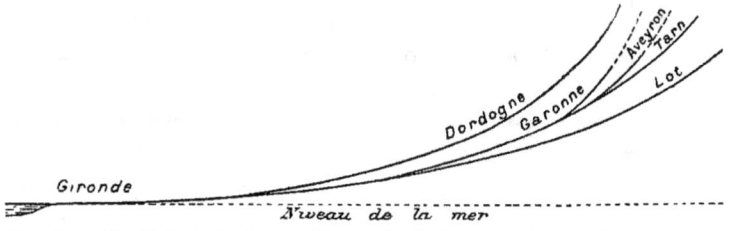

Fig. 32. — Profil des principaux affluents de la Garonne (d'après MM. de la Noë et de Margerie).

sur laquelle prédomine l'influence du massif central de la France, est représentée par un profil plus concave que celui de la Garonne.

La section des vallées, dans les calcaires fissurés, n'est plus un V. Elle affecte la forme trapézoïdale d'une auge, et même il

Fig. 33. — Profils de vallées à versants perméables.

n'est pas rare que les cours d'eau principaux coulent sur un fond *convexe* ; car ils apportent quelquefois, dans leurs crues, des alluvions qui se déposent tout contre le lit, en exhaussant les berges, tandis qu'aucun dépôt de ruissellement provenant des parois ne peut plus parvenir au thalweg ; si bien que la rivière en arrive parfois à couler sur le point le plus haut du fond de la vallée (fig. 33).

Il est clair que, dans de telles conditions, l'aplatissement des versants ne peut progresser qu'avec une lenteur extrême par la seule érosion subaérienne. A la vérité, l'érosion souterraine peut alors intervenir et faire naître des vides intérieurs, que les eaux cachées agrandissent, d'où résultent des éboulements et des effondrements de la surface.

Un bassin de ce genre ne peut offrir que des cours d'eau assez espacés ; car chacun d'eux exige la concentration préalable, par cheminement souterrain, des pluies tombées sur une grande superficie. En revanche, les rivières qui ont réussi à s'établir ont un débit sérieux et, de plus, très constant ; car les variations du régime météorologique ne se font sentir que lentement sur les réservoirs intérieurs des sources. L'eau est généralement limpide, même pendant les crues, qui sont progressives et durent longtemps.

Quelquefois, sur le lit d'une rivière en calcaire fissuré, l'eau trouve à s'engouffrer en tout ou en partie. C'est ce qui arrive dans le bassin de la Seine pour l'Iton, qui reparaît plus loin à un niveau inférieur. C'est à une *perte* partielle de ce genre qu'on attribue la source du Loiret, alimentée, à ce qu'on croit, par une dérivation souterraine de la Loire à travers les calcaires de la Beauce. Mais il est des cas où l'eau perdue ne revient ni à la vallée, ni même au bassin d'où elle est originaire. Par exemple, près d'Immendingen en Souabe, le Danube perd une partie de ses eaux qui va rejoindre la source de l'Aach, affluent du lac de Constance, et se trouve ainsi *capturée* au profit du Rhin [1].

Le type des pays de calcaire compact fissuré est le *Karst* ou *Carso* de la Carniole et de l'Istrie. Les phénomènes de disparition des rivières y sont si fréquents, et jouent un tel rôle dans le paysage, qu'il nous paraît convenable de réserver la description de cette région pour le chapitre de l'érosion souterraine. Disons seulement que, par le fait de ces engouffrements, le travail extérieur des eaux courantes est presque partout entravé, de sorte qu'on peut dire que la caractéristique d'un tel pays est que le modelé en est *inachevé*, la plupart des vallées secondaires n'étant qu'ébauchées.

Les Causses du midi de la France ne sont pas moins typiques comme territoires de calcaires fissurés. Même on peut les considérer comme réalisant les conditions propres à ce genre de formations avec plus de netteté que le Karst, région plissée et disloquée, où les influences tectoniques ont été beaucoup plus actives, et ont superposé leurs effets à ceux résultant de la nature du terrain. Il est à remarquer seulement que le régime hydrographique des Causses est en grande partie déterminé par le massif cristallin imperméable de l'Aigoual et de la Lozère, contre lequel s'appuie le plateau calcaire, et qui lui envoie des cours d'eau déjà importants.

1. Knop, *Neues Jahrbuch für Mineralogie*, 1878, p. 350.

Autrement le pays tout entier ne serait qu'un désert de pierres, comme sont toutes les parties situées entre deux vallées, avec leurs gouffres ou *avens* où se perdent les eaux de pluie.

La plupart des calcaires compacts abandonnent, par dissolution, une petite quantité d'argile, qui rougit à l'air par la suroxydation du fer. On attribue à cette cause la terre rouge (*terra rossa* de la Carniole) qui remplit plus ou moins des poches superficielles sur les affleurements de ce genre. Cette terre suffit pour les besoins de la végétation forestière. Mais si, par d'imprudents déboisements, on la met à nu, le vent l'emporte et le pays se transforme en désert.

Lapiez. Apparences ruiniformes. — Après avoir indiqué l'allure du réseau hydrographique en pays de calcaire fissuré, il convient d'examiner comment se comporte le modelé de la surface.

Fig. 34. — Coupe transversale à la direction des rigoles dans le Karrenfeld de la Silbernalp (Suisse).

Les calcaires sont rarement homogènes, et résistent inégalement à l'action, à la fois mécanique et chimique, des eaux de pluie. Aussi les veines les moins dures se creusent-elles plus vite que les autres, ce qui, dans les pays de montagnes où le ruissellement est énergique, engendre des rigoles plus ou moins sinueuses, étroites et profondes. Ces rigoles courent en grand nombre à la surface de l'affleurement et sont séparées par des arêtes étroites, parfois tranchantes. On les connaît dans les Alpes françaises sous le nom de *lapiez* ou *lapiaz*, en Allemagne sous celui de *Karren*, d'où le nom de *Karrenfelder* donné aux surfaces qui présentent cette apparence. La profondeur des rigoles devient quelquefois considérable et leur profil peut être extrêmement déchiqueté, comme le montre la figure 34.

C'est à cette résistance inégale vis-à-vis de l'altération subaérienne que les affleurements calcaires et dolomitiques doivent de revêtir si souvent l'aspect *ruiniforme*. Les Causses du midi de la France, et spécialement la localité de Montpellier-le-Vieux, offrent les plus beaux exemples de ce genre d'érosion, qui engendre parfois les apparences les plus extraordinaires (fig. 35, 36). Sur

Fig. 35. — La Porte de Mycènes à Montpellier-le-Vieux (dessin du Club alpin, communiqué par M. Martel).

Fig. 36. — Le Rocher du Ragol, dans les Causses.

les parois verticales, les parties tendres, s'écaillant sous une masse plus dure qui reste en surplomb, font naître des *abris sous roche* ou des *niches*.

Une condition favorable, pour la production des escarpements déchiquetés et véritablement ruiniformes, est que la roche soit susceptible de *s'égrener* sous l'action de la pluie et du vent. Ce genre de désagrégation est généralement caractéristique des *dolomies*, c'est-à-dire des roches où domine le carbonate double de chaux et de magnésie. C'est donc dans les pays dolomitiques qu'on trouvera les meilleurs exemples de ce mode d'érosion, qui donne lieu à des formes d'autant plus bizarres que ces roches sont en général dépourvues de stratification.

On peut s'en assurer, soit dans le magnifique massif des dolomies du Tyrol, soit dans la classique région des Causses, si bien décrite par M. Martel [1], par exemple à Mourèze, soit dans la partie où la vallée de la Meuse, en aval de Namur, traverse la dolomie cendreuse du carbonifèrien. En ce point, les escarpements se divisent en une foule de pyramides ou d'aiguilles capricieusement trouées. Néanmoins certains calcaires, massifs et à silex, prennent parfaitement l'aspect ruiniforme. Tels sont ceux du bois de Païolive, près des Vans (Ardèche).

Massifs de calcaires tendres. — Il y a des calcaires qui manquent de compacité, de telle sorte que les joints n'y demeurent pas assez ouverts pour permettre la facile concentration des eaux souterraines. En revanche, ils se laissent, surtout au voisinage de la surface, débiter par une infinité de fissures élémentaires, de sorte que l'infiltration s'y fait par toute la masse. Aussi se comportent-ils un peu à la manière des corps spongieux, et sont pénétrés par de véritables nappes d'eau, moins continues que celles des sables, qui agissent à la façon d'un filtre, mais assez généralement répandues pour s'écouler sous forme de suintements nombreux sur le fond comme au pied des versants. C'est le cas de la craie de Champagne et un peu de celle de Picardie. La faible consistance de la roche permet l'adoucissement des pentes par entraînement des particules. Mais le ruissellement n'y est pas assez efficace pour empêcher la formation d'un fond plat. Ce fond, où se déverse la nappe d'eau, se montre aussi humide que les versants sont arides, et la tourbe y trouve pour son développement des conditions particulièrement propices. Aussi les rivières de la Champagne se signalent-elles par

---

1. *Les Cévennes*, Paris, 1890.

une bande ininterrompue de bouquets d'arbres, groupés sur leurs bords plats au pied de côtes absolument dénudées.

Dans les vallées principales, où la rivière apporte des alluvions lors des crues, ces alluvions demeurent sur les berges, qu'elles exhaussent. Au contraire, les suintements latéraux engendrent sou-

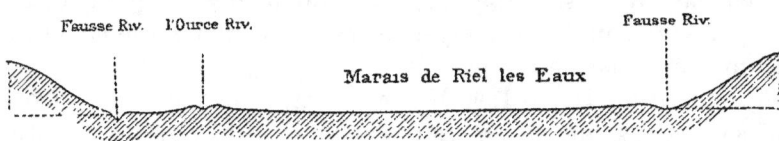

Fig. 37. — Profil de la vallée de l'Ource.

vent, au pied des versants, de *fausses rivières* (fig. 37), coulant à un niveau inférieur à celui du cours d'eau principal, qu'elles vont rejoindre à travers mille sinuosités, à une assez grande distance en aval. C'est ce qu'on observe bien, pour la vallée de la Seine, dans toute la traversée de la Champagne pouilleuse.

Sur les sommets de la Champagne crayeuse, l'absence d'une couche résistante a empêché la formation d'une plate-forme, et le pays demeure ondulé ; mais ces ondulations très douces, dont les parties culminantes s'arrêtent sensiblement à un même plan, n'enlèvent pas à la contrée le caractère de plaine. Aussi parle-t-on justement des *plaines de Champagne*, pour exprimer l'allure de ce pays, d'autant plus découvert que la végétation y est très rare.

La Normandie, où la craie est beaucoup plus solide, participe davantage du régime hydrographique des pays de calcaire compact, et la proximité du niveau de base maritime y a entraîné le rapide approfondissement de toutes les vallées, dont les versants se maintiennent très raides, en même temps que la surface garde une altitude beaucoup plus uniforme.

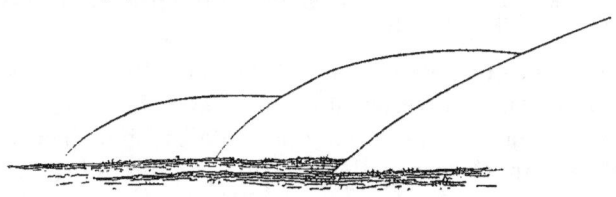

Fig. 38. — Profil des Downs en Angleterre.

La convexité de la partie supérieure des versants est remarquablement accentuée dans beaucoup de pays de craie, qui réduisent par leur perméabilité l'efficacité du ruissellement, en même temps que la roche se prête mieux que beaucoup d'autres à l'émiettement. De là résulte un genre de paysage très caractéristique, spécialement développé dans le sud de l'Angleterre, où les croupes convexes qui séparent deux vallons secondaires sont connues sous le nom de *downs*. Il arrive souvent que la convexité se poursuive du haut en bas du versant (fig. 38). Il suffit pour cela qu'un cours d'eau puissant soit venu balayer les rares éboulis qui tendaient à s'accumuler au bas de chaque croupe.

Districts de grès. — Les districts formés de grès sont encore plus perméables que les massifs calcaires, tant par les fissures

Fig. 39. — Désagrégation en piliers du grès crétacé (quadersandstein) de Bohême. — Dessin de Varrone, emprunté à la 11ᵉ édition du « Leitfaden der Mineralogie und Geologie » de Hochstetter (Vienne, chez A. Hölder).

qui les traversent que par la facilité avec laquelle le grès se transforme en sable. On peut citer sous ce rapport la Suisse saxonne, où le grès crétacé, en couches horizontales bien accusées, fréquemment découpées en parallélépipèdes par des joints verticaux à angle droit [1], est profondément entaillé par la vallée de l'Elbe, sur le bord de laquelle se dressent les escarpements si pittoresques de la Bastei. Si le grès, qui n'est pas soluble, se prête moins bien

---

1. D'où le nom de *grès à pierres de taille* ou *Quadersandstein*.

que le calcaire à l'élargissement des fentes, de sorte qu'il s'y fait rarement une circulation souterraine, en revanche l'inégale dureté de la roche et sa facile désagrégation en sable la rendent beaucoup plus sensible à l'action du vent. Il en résulte que les pays de grès tels que la Suisse saxonne, le nord-est de la Bohême et le Colorado, abondent en paysages ruiniformes, piliers isolés (fig. 39), arcades naturelles, parfois même en petites cavités superficielles arrondies. Toutefois la désagrégation se faisant surtout le long des fissures et des lits de stratification, les formes des rochers de grès sont toujours moins capricieuses et moins fantastiques que celles des dolomies.

D'autre part, le grès n'étant pas soluble, les parties dures résistent mieux aux intempéries. Aussi les *mers de rochers* sont-elles beaucoup plus fréquentes dans les pays de grès que dans les territoires calcaires.

Sur les grès tendres, comme le grès bigarré de la Lorraine, le haut des versants offrira une convexité tout à fait semblable à celle des terrains crayeux.

Terrains hétérogènes. Division des cours d'eau en tronçons. — Arrivons maintenant aux terrains hétérogènes non disloqués, lesquels sont formés par la superposition de couches horizontales de nature diverse. La dureté des strates, ou du moins leur résistance à l'affouillement, peut être très inégale, ce qui fait que le travail du modelé se poursuivra dans chacune d'elles avec des vitesses et sous des formes différentes.

Un cours d'eau qui doit les entamer successivement est condamné à n'acquérir que très tard son profil d'équilibre continu. La courbe du lit s'établit aisément dans les parties tendres; mais elle subit un ressaut brusque, sous la forme d'une cascade, à la rencontre des couches résistantes. Autant il y aura de ces dernières, autant, durant la période d'établissement, le lit fluvial comportera de tronçons successifs, dont chacun prendra, pour niveau de base momentané, celui de la couche résistante sous-jacente. En même temps les seuils reculent progressivement. L'eau qui s'y déverse entraîne des graviers et des pierres, qui usent le seuil par frottement. A la vérité, les rigoles ainsi formées ne s'approfondiraient en roche dure qu'avec une extrême lenteur. Mais le travail est considérablement accéléré par l'effet des fentes qui traversent presque toujours les couches résistantes. L'eau, en s'y précipitant, exerce sur les parois un effort de pression et d'affouillement, qui s'ajoute à celui des matériaux transportés. De gros galets, une fois logés dans ces fentes, tourbillonnent et perforent la roche, où ils creusent des *marmites de géants*. Ainsi peu à peu la couche dure se débite.

Cascades. — Mais ce qui est surtout efficace, c'est le *sapement* qui s'opère à la base des seuils, au pied des cascades. Les terrains plus tendres, sur lesquels repose la couche dure, sont minés par le progrès du profil d'aval, et le seuil, déchaussé, amené en surplomb, se brise en s'écroulant. La cascade recule et, avec le temps, se transforme en *rapides*, destinés eux-mêmes à disparaître par l'usure des blocs demeurés en saillie.

Le plus remarquable et le mieux étudié parmi les exemples de cascades est celui du Niagara, où une masse d'eau, évaluée à 10 000 mètres cubes par seconde, se précipite en un seul jet de 47 mètres de hauteur. A l'origine, la rivière, émissaire du lac

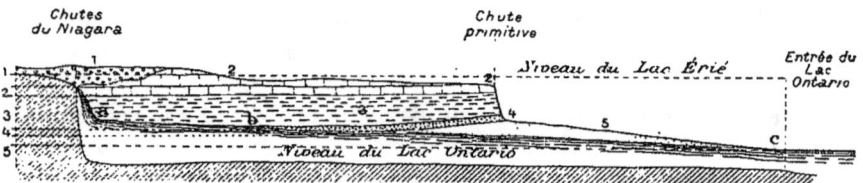

Fig. 40. — La gorge du Niagara, d'après M. Spencer. 1, terrain glaciaire; 2, calcaire du Niagara; 3, schistes; 4, 5, grès de Clinton et de Medina; abc, surface du cours d'eau.

Erié, coulait pendant 30 kilomètres sur une plaine constituée par une plate-forme de calcaire silurien, en couches sensiblement horizontales. A Queenstown, la plate-forme prenant fin par un escarpement, qui domine de 80 mètres le niveau actuel du lac Ontario, la rivière se précipitait en cascade et allait rejoindre le lac, situé à 13 kilomètres de distance. Mais la couche calcaire n'avait guère que 15 mètres d'épaisseur (fig. 40), et reposait sur des schistes, interrompus seulement vers le milieu par de minces couches de calcaire ou de grès. Le pied de la cascade étant constamment miné, le couronnement calcaire s'écroulait; ainsi peu à peu la chute a reculé, si bien qu'aujourd'hui la rivière coule, avant Queenstown, au fond d'une gorge large de 300 à 450 mètres, et dont la longueur dépasse déjà 11 kilomètres.

Le recul de la chute, dans les 48 dernières années, a été d'environ 1 m. 30 par an; et si l'on s'en tenait à cette donnée, on pourrait conclure que 8500 ans ont été nécessaires pour le creusement de la gorge actuelle. Mais en réalité les choses paraissent avoir été plus compliquées. D'une part l'épaisseur du seuil calcaire augmente constamment de l'aval à l'amont, par suite d'un léger plongement des couches, en sens inverse du cours de la rivière. A de certains moments, cette épaisseur a pu atteindre 40 mètres. D'autre part, comme M. Spencer[1] a cherché à l'établir, il y aurait eu, depuis le début, des changements notables, tant dans l'altitude du lac Ontario que dans le volume débité par le Niagara, sans parler de mouvements propres du sol durant la période du creusement. Ce qui est certain, c'est qu'à 1200 mètres en aval de la chute actuelle, la profondeur de l'eau est de 57 mètres, c'est-à-dire que le fond du lit est à 25 mètres en contre-bas du niveau du lac ; et à son entrée dans ce dernier, la rivière a près de 30 mètres de profondeur.

Pertes de rivières. Lacs de barrages rocheux. — Un cas particulier du creusement des seuils produit une disparition momentanée des rivières. Tantôt une fente bien ouverte a permis à l'eau de gagner de suite un niveau inférieur, et le courant chemine ainsi au fond d'une gorge assez étroite pour que les parois en surplomb empêchent d'apercevoir l'eau courante ; tantôt le creusement, opéré par le tourbillonnement des galets transportés, finit par atteindre par places, à la base d'une couche dure peu épaisse, un lit plus tendre, où l'eau réussit à creuser un canal en partie souterrain. Ce dernier cas[2] paraît être celui de la Perte du Rhône (fig. 41), dont le couloir subit encore, de nos jours, des changements rapides et considérables[3].

Naturellement la traversée d'un seuil correspond à un étranglement de la rivière en ce point. Par contre, il y a accumulation des eaux en arrière de l'obstacle, élargissement de la vallée, et, d'ordinaire, formation d'un lac temporaire, qui se videra quand le barrage rocheux sera emporté. Aussi peut-on dire que le grand nombre des lacs et des chutes d'eau caractérise les débuts d'un régime hydrographique en terrain hétérogène, tandis que plus tard les accidents de ce genre se trouveront relégués dans les parties hautes du cours.

Quand le régime d'équilibre sera établi, l'ancien état de choses se révélera encore à la succession plusieurs fois répétée, dans une même vallée, de parties élargies, correspondant aux roches tendres, et d'autres étranglées, marquant la traversée des couches résistantes.

1. *American Journal* [3], XLVIII, p. 455.
2. *Les Formes du terrain*, p. 49.
3. Général Bourdon, *Bulletin de la Soc. de Géographie*, 1895.

Terrasses. Deltas torrentiels. — Une conséquence forcée des arrêts temporaires que subit le creusement en amont des seuils est la production de *terrasses* sur les flancs de la vallée. Ces terrasses peuvent résulter, soit du dépôt prolongé des alluvions sur les parties horizontales des lits étagés, soit de ce que la résistance des

Fig. 41. — Le couloir du Rhône en amont de la Perte; photographie prise en déc. 1892 par le général Bourdon [1].

seuils a déterminé en arrière la formation de lacs provisoires. Dans ce cas, la stagnation des eaux d'un lac à un niveau déterminé arrête à cette hauteur tous les affluents torrentiels, dont les dépôts forment un cordon régulier à cette altitude.

Les terrasses de graviers engendrées par ce dernier procédé sont de véritables *deltas torrentiels*, qui se distinguent des allu-

[1]. Le cliché de cette photographie a été obligeamment communiqué, avec l'autorisation de l'auteur, par la Société de géographie.

vions fluviales ordinaires par deux caractères : le premier est l'inclinaison, généralement assez forte (20 à 30 degrés), des couches de gravier, inclinaison résultant de ce que la vitesse des eaux torrentielles est brusquement amortie à leur arrivée dans l'eau tranquille du lac. De cette façon, la charge des cailloux entraînés est jetée tout d'un coup dans cette nappe, où elle forme un remblai immergé, dont le talus en éventail s'accroît sans cesse par de nouveaux placages. Le second caractère, encore plus décisif, est la présence du *couronnement horizontal de gros cailloux* qui surmonte les couches inclinées du delta. En effet, à mesure que ce dernier gagne du terrain sur le lac, le lit du torrent s'allonge, et dans cette nouvelle portion, sensiblement horizontale, les eaux n'ont plus la force de charrier des cailloux de grosses dimensions. C'est pourquoi ceux-ci se déposent, cette fois en un cordon horizontal, sur le terrain conquis, tandis que les matériaux moins lourds vont accroître le delta sous-lacustre.

Si plus tard le niveau du lac vient à baisser, le delta apparaît au jour; et aussi longtemps que l'érosion pluviale le respecte, il laisse voir, comme marque d'origine, le couronnement de galets qui marque avec certitude l'ancien niveau de l'eau. C'est par l'emploi de ce critérium que, dans les alluvions du quartier des Tranchées, à Genève, M. Colladon a pu reconnaître un delta lacustre, formé à une époque où le lac Léman se tenait à 29 ou 30 mètres plus haut que son niveau actuel.

A côté de ces terrasses d'alluvions, il en est d'autres, que dessine sur un versant l'affleurement d'une roche dure, aplanie et rabotée en haut sur une certaine étendue. Le cours d'eau, avant la rupture d'un seuil, a longtemps coulé sur un fond de roche dure, l'usant et le dressant par le frottement des pierres et du sable. Plus tard il a réussi à descendre à un niveau inférieur, ne laissant subsister de l'ancien fond aplani qu'une bande latérale plus ou moins étroite. Il est rare qu'une certaine épaisseur d'alluvions ne soit pas restée au-dessus des terrasses de cette espèce. Elles deviennent alors des témoins irrécusables des étapes du creusement, et ne doivent pas être confondues avec les gradins qu'engendre souvent, sur un versant, la saillie formée par l'affleurement des roches les plus dures.

Cas divers de rupture de pente. — Il arrive souvent que les brusques ruptures de la pente, dans les thalwegs, soient produites non par la rencontre d'un seuil résistant, mais par la substitution d'une roche fissurée à une argile.

Ainsi, dans le Limousin, l'espace occupé par les argiles bariolées du permien donne lieu, vu l'imperméabilité du sol, à une topographie très effacée. Mais aussitôt qu'au-dessous du permien apparaissent les schistes ardoisiers primaires, divisés en une multitude de feuillets presque verticaux, les vallons s'approfondissent en un clin d'œil, et de véritables abîmes, comme celui que franchit le viaduc de Vignols, se substituent inopinément au paysage monotone qu'on avait traversé jusqu'alors.

Il est vrai que, dans ce cas particulier, c'est la stratification verticale des schistes, autrement dit une influence tectonique plutôt que génétique, qui est la cause principale du changement d'allure. Mais il est des cas où ce changement se produit sur des couches non dérangées. Ainsi dans le Valois, aussitôt qu'affleurent les masses résistantes et fissurées du calcaire grossier, on voit s'enfoncer rapidement et devenir extrêmement étroits les vallons qui avaient commencé à se dessiner, par de douces ondulations, sur les marnes supérieures au calcaire. Ainsi encore, dans la Haute Normandie, l'argile à silex, parfois épaisse de 35 mètres, imprime à la partie supérieure du pays le caractère ondulé des régions imperméables. Mais à peine les thalwegs ont-ils touché le soubassement crayeux qu'on voit se dessiner des vallées aussi profondes qu'étroites.

La succession d'une pente rapide à une inclinaison modérée peut encore se produire en l'absence de tout seuil rocheux proprement dit, quand le cours d'eau, supposé torrentiel, vient à traverser une couche susceptible de fournir, par l'éboulement des parois, des blocs qui encombreront le thalweg. C'est le cas de l'Enns, qui après avoir coulé, du col de Mandling à Admont, dans une large vallée, avec une pente inférieure à 2,7 pour 1000, prend tout d'un coup, dans le défilé du Gesäuse, jusqu'à Hieflau, une pente de 6 pour 1000, et cela uniquement à cause des blocs tombés des versants dans le lit de la rivière. C'est aussi ce qui arrive à l'Adige pendant la traversée de l'ancien éboulement des Lavini di San Marco [1].

De la même façon, la Saône qui, de Verdun sur Doubs à Saint-Bernard près de Villefranche, coule à travers l'ancien lac de la Bresse avec une pente de 1 pour 25 000, prend tout d'un coup, entre Saint-Bernard et l'île Barbe, une pente de 1 pour 4000, parce qu'alors il lui faut non seulement franchir l'éperon du Mont

---

1. Penck, *Morphologie*, I, p. 331.

d'Or lyonnais, mais triompher de la résistance offerte par les cailloux que divers affluents ont amenés dans cette section.

Modelé des versants hétérogènes. — Dans les terrains hétérogènes, le profil des versants ne peut plus être continu. Les couches dures y demeurent en saillie, formant autant de gradins qui ne s'écroulent que par portions, à mesure que leur base est minée. Suivant la composition du terrain, toutes les variétés de profil en travers pourront se rencontrer.

Parmi les cas les plus fréquents, il faut mentionner celui d'une vallée ouverte dans une puissante assise de peu de consistance, argileuse ou marneuse, couronnée par une couche dure, de grès ou de calcaire, à laquelle l'effort des influences subaériennes s'est arrêté, de sorte qu'elle forme la surface générale du sol. Cette couche dure, à sa rencontre avec la vallée, est minée par les infiltrations et la gelée, qui attaquent son support et la laissent en surplomb. Alors elle s'écroule par gros blocs, et apparaît tranchée à pic sur toute son épaisseur, avec l'aspect d'une véritable muraille, qui couronne les versants et les limite rigoureusement par des arêtes linéaires. Tels sont les escarpements si caractéristiques que le *calcaire à entroques* forme au sommet de tant de versants de Franche-Comté ou de Bourgogne, où il dessine comme un rempart élevé de main d'homme [1], et en général assez démantelé pour qu'on puisse lui appliquer l'épithète de *ruiniforme*. Un grand nombre de quartiers de rocher, gisant sur le talus argileux, au-dessous de la muraille lézardée en plus d'un point, attestent que l'escarpement est formé et entretenu par les éboulements résultant de l'affaiblissement progressif du support.

Il est à remarquer que ces amas de blocs épars sur les pentes se rencontrent surtout dans les vallons secondaires, où leur abondance pourrait autoriser quelque illusion sur la rapidité avec laquelle la crête se dégrade. Cela tient à ce que, dans les vallées principales, la force des eaux a généralement suffi pour débiter et entraîner la plus grande partie des éboulis au fur et à mesure du creusement. C'est pour cette raison que les gros blocs de grès de Fontainebleau, jonchant les pentes de la forêt, sont surtout abondants là où il n'y a pas de cours d'eau. Ces blocs proviennent de l'éboulement d'une plate-forme de grès qui couronne le plateau, surmontant la masse des sables. Après leur chute, la dimension de ces blocs les a protégés contre le ruissellement pluvial, et ils n'ont

---

[1]. Cette apparence est bien accusée sur le plateau d'Alise-Sainte-Reine.

pu que descendre sur place, à mesure que les vallons s'approfondissaient par l'entraînement du sable, sans être exposés, comme dans la vallée principale, à l'action irrésistible de grandes masses d'eau.

Profil des versants. — Dans un terrain formé de couches horizontales ou très peu inclinées, le raccordement des versants avec les surfaces culminantes se fera de diverses manières.

Nous venons de parler du cas où un couronnement dur forme les sommets, donnant lieu à des crêtes parfaitement accusées, qui sont les lignes terminales d'un escarpement abrupt (fig. 42). La netteté avec laquelle cet escarpement se maintient dans les régions de calcaire à entroques tient à ce que les infiltrations qui se produisent à son pied délayent l'argile sous-jacente et provoquent de temps en temps des éboulements. C'est parce qu'une

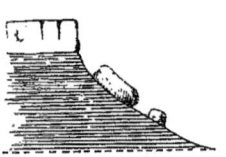

Fig. 42. — Versant meuble avec couronnement dur.

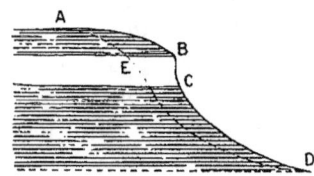

Fig. 43. — Adoucissement de la pente d'un versant.

action de ce genre fait complètement défaut dans la région des sables de Fontainebleau, que la plate-forme gréseuse ne dessine pas d'affleurement continu visible. Elle ne se révèle que par les blocs qu'elle a abandonnés sur les pentes, à mesure que se façonnaient les versants.

Si une couche solide vient s'interposer, près du sommet du versant, entre deux assises faciles à dégrader, le profil, durant la phase de creusement, s'établira (fig. 43) suivant ABCD, et il y aura séparation tranchée entre le *versant debout* BD, et le *versant couché* AB, l'escarpement BC venant s'interposer entre les deux courbes. Mais plus tard, les influences atmosphériques, s'exerçant seules, dégraderont la protubérance BC, et le profil final comportera une partie franchement convexe AE, prolongée en bas par un talus concave ED. Il en résultera un profil analogue à celui des *downs*. Du reste, la forte convexité de ceux-ci tient souvent à ce que la partie supérieure est formée par une craie plus dure, couronnant la craie marneuse qui affleure sur les versants inférieurs.

Seulement cet adoucissement de la courbe, par atrophie de l'escarpement en roche dure, a lieu principalement sur les versants où l'action pluviale est seule à s'exercer. Dans les thalwegs, où persiste, sinon le creusement, du moins l'enlèvement rapide des matériaux, l'escarpement se maintient. De là vient que beaucoup de vallons débutent, en amont, par une falaise en forme de petit *cirque*. C'est ce qu'en Bourgogne on appelle un *bout du monde* [1], parce que, parvenu en ce point après avoir remonté le fond du vallon, il est généralement impossible d'en sortir autrement qu'en revenant sur ses pas. Du reste, pour être plus persistante que le profil primitif des versants, cette structure n'est pas moins destinée, à la longue, à subir l'inévitable loi de l'adoucissement du relief.

Rideaux. — Bien que la destinée finale d'un versant hétérogène soit de présenter un profil à courbure adoucie, cette régularisation peut être très lente à s'accomplir. Longtemps les affleurements durs tendront à former des ressauts plus ou moins brusques. Or il arrive souvent que la culture exagère ces inégalités, en régularisant leur pied par le labourage, de manière à conquérir sur le versant une suite de terrasses, où l'on puisse promener la charrue parallèlement au thalweg.

Telle est l'origine des gradins étagés, si abondants au flanc de certains vallons, notamment en Picardie, où on les connaît sous le nom de *rideaux*. Parfois ils se succèdent en si grand nombre, et la largeur de chaque bande labourée est si faible, que le versant prend l'aspect d'un véritable escalier.

Notons seulement que les rideaux peuvent naître autrement que par la mise en évidence des différences de dureté. Si une roche est parcourue par des joints verticaux dans le sens du thalweg (et rien que la poussée au vide peut engendrer des fissures de ce genre dans des terrains peu solides comme la craie), la surface de ces joints offrira des plans de facile division, à l'extérieur desquels le terrain se débitera plus facilement ; de sorte que le plan de joint, plus ou moins plaqué de limon, dominera comme une petite falaise la bande de terrain située à son pied, toujours rafraîchi par la charrue.

On voit quelquefois, dans certaines vallées jurassiques de la Lorraine, deux séries de rideaux qui se succèdent à angle droit sur un même versant. Cela se produit quand un versant s'aplatit assez pour que, à une division en bandes parallèles au thalweg, la culture ait pu faire succéder un labourage suivant la ligne de plus grande

---

1. *Les Formes du terrain*, p. 94.

pente. Dans un cas comme dans l'autre, il s'agit seulement d'inégalités primitives du coteau, que l'homme s'est appliqué à régulariser et qu'il a du même coup accentuées.

Variété du paysage. — Aux détails qui viennent d'être donnés, concernant le profil des vallées, il convient d'ajouter quelques mots sur la variété du paysage dans les terrains hétérogènes à stratification horizontale. Cette variété ne résulte pas seulement de l'allure inégale des pentes. Elle dérive aussi, à un très haut degré, du genre de perméabilité des couches successives.

Toute assise imperméable arrête les eaux qui ont pu s'infiltrer jusqu'à son contact. Elle crée ainsi un *niveau d'eau*, susceptible de se manifester, sur les versants où affleure son support, par des suintements et, dans les points bas, par de petites sources. L'abondance et le caractère particulier de la végétation, notamment l'apparition des peupliers, trahissent d'ordinaire ces niveaux d'eau, tandis que des étangs marquent les surfaces de quelque étendue où la couche imperméable se montre à découvert.

La richesse du paysage, dans l'ouest de la région parisienne, tient à la succession, plusieurs fois répétée, de couches alternativement perméables et imperméables, les dernières retenant les eaux auxquelles les premières ont servi de filtre. De la même façon, dans le Soissonnais, la puissante masse des sables fins dits *nummulitiques* sert de réservoir d'infiltration aux eaux qui alimentent les étangs et les prairies de l'argile plastique sous-jacente.

Une circonstance intéressante est offerte par certains pays, tels que le Vermandois, où le sol, tout entier de craie, porte, seulement sur les sommets, une couverture de sable glauconieux tertiaire. Ce sable est assez argileux pour retenir les eaux et alimenter des puits. Aussi, dans ce pays, les villages, au lieu de rechercher les vallées secondaires, toutes uniformément sèches, se tiennent-ils sur les hauteurs, entourés d'arbres et de vergers qui font contraste avec l'absolue nudité des versants. D'autres fois, ce sont de beaux bois qui couronnent les sommets; et presque toujours on y retrouve, dans ce cas, des lambeaux d'argile plastique tertiaire, restes clairsemés d'une couverture beaucoup plus étendue à l'origine.

SIXIÈME LEÇON

I

CONDITIONS GÉNÉTIQUES DU MODELÉ DANS LES FORMATIONS ÉRUPTIVES ET GLACIAIRES

Formations éruptives. Cônes et cratères. — Les formations d'origine éruptive apparaissent à la surface à l'état de *cônes* volcaniques, de *coulées* de laves, enfin de *culots* ou *massifs d'injection*.

Les *cônes* sont généralement destinés à une disparition rapide, en raison de la raideur des pentes et du peu de cohésion des matériaux. Ceux-là seuls offrent quelque résistance, qui ont été consolidés par l'épanchement ou l'intrusion de laves, comme c'est le cas à l'Etna. Sur tous les autres, la pluie creuse de profondes rigoles, divergeant à partir du sommet, et séparées par des arêtes qui ne tardent pas à s'ébouler. Le type de ce genre d'érosion existe à Java, où tous les grands cônes, uniquement formés de débris et dépassant parfois 3000 mètres de hauteur, ne sont que des ruines gigantesques, à chaque instant menacées par les pluies équatoriales.

Aussi peut-on dire qu'à défaut d'autres preuves, la fraîcheur des appareils volcaniques suffit pour attester l'âge relativement récent des éruptions qui les ont engendrés. Par exemple, les cratères et les cônes si bien conservés de la chaîne des Monts-Dômes appartiennent à une période sensiblement moins ancienne que les épanchements du Mont Dore. Dans ce dernier massif comme dans celui du Cantal, la plupart des orifices d'éruption ont été oblitérés, et les produits de projection dispersés, partout où ils n'avaient pas été ultérieurement recouverts par une nappe protectrice de lave. Encore y subsiste-t-il quelques vestiges marquant la place des principales cheminées. Mais, pour des éruptions plus anciennes, ces vestiges font défaut.

Coulées. — Les coulées des volcans actuels ne s'étendent ordinairement que sur des espaces limités. Mais il y a des cas où, en s'ajoutant latéralement les unes aux autres, des coulées ont fini par s'étaler sur d'énormes superficies. C'est ce qui a eu lieu en Islande, mais surtout à l'ouest des Montagnes Rocheuses, où, dans l'Orégon, l'Idaho et les contrées adjacentes, les laves couvrent un territoire plus grand que celui de la France et de la Grande-Bretagne réunies. Alors vraiment il peut être question d'un paysage spécial à cette nature de produits. La coulée basaltique de la rivière des Serpents, en Idaho, est surtout remarquable par l'uniformité de sa surface. Dans les parties où elle n'a pas été ultérieurement disloquée par des failles, c'est une plaine immense, où nulle influence directrice ne se manifeste, et le régime hydrographique y est encore dans l'enfance.

Avec le temps, une coulée de lave se disloque, l'érosion profitant à la fois des différences de compacité et des fissures de retrait pour découper la masse en fragments, dont les plus durs finissent par demeurer isolés. C'est de cette façon que l'ancien manteau basaltique et andésitique du Cantal, formé de grandes coulées juxtaposées, n'a laissé, au voisinage du centre primitif d'épanchement, que des lambeaux plus ou moins découpés. Quelques-uns, comme le Puy Mary, ont pris accidentellement une forme conique, et à voir de loin ces cimes pointues, dominant un territoire qu'on sait volcanique, on se croirait fondé à y reconnaître des cônes d'éruption. Ce ne sont pourtant que des ruines de coulées, isolées par une puissante érosion.

Parmi les laves épanchées à l'air libre, il en est, comme les *cheires* d'Auvergne, dont la surface est absolument chaotique, c'est-à-dire hérissée de blocs déchiquetés, représentant le conflit des scories charriées par une coulée en mouvement. Ces blocs, par les intervalles qu'ils laissent entre eux, facilitent l'infiltration des eaux, de sorte que la cheire garde longtemps ses caractères, n'étant guère exposée qu'à l'altération chimique par les agents atmosphériques. La pellicule ferrugineuse qui peut ainsi se former est d'ailleurs progressivement entraînée par la pluie. Aussi voit-on des coulées, comme celle de Cotteuge, près d'Issoire, qui, après plusieurs milliers d'années, conservent encore toute la fraîcheur de leurs formes.

D'autres coulées ont reçu, des circonstances de leur refroidissement, une structure de retrait, qui les a divisées, au moins à la base, en prismes ou en colonnes le plus souvent hexagonales. L'érosion, en mettant à nu cette structure, fait apparaître les *orgues basaltiques* et les *colonnades* bien connues, parfois avec obélisques isolés, de certaines contrées volcaniques (fig. 44). Quand les prismes affleurent par leurs tranches, il en résulte une sorte de

Fig. 44. — Colonnades basaltiques de l'île de Mull (Écosse).

pavage naturel, d'apparence cyclopéenne, ce qu'exprime le nom de *chaussée des géants*.

Culots et massifs d'injection. Massifs de granite. — Les culots d'injection étant généralement formés d'une roche plus dure que ce qui les entoure, l'érosion commence par les dégager, en les laissant en saillie au-dessus du terrain environnant. Ainsi naissent des *dômes* ou des *pics*, parfois même des *aiguilles*, dont les injures du temps finiront toujours par avoir raison.

Si l'injection de la lave résistante a eu lieu dans une fente étroite, c'est un *dyke*, c'est-à-dire une véritable muraille en saillie, qui se produira par la destruction progressive des parois encaissantes.

C'est dans la catégorie des injections qu'il convient de faire rentrer les massifs de *granite*, si abondants au milieu des affleurements des terrains primaires. Leur apparition au jour résulte uniquement de l'érosion, qui a enlevé l'enveloppe sédimentaire au sein de laquelle ils avaient pénétré souterrainement. Ces massifs occupent parfois des surfaces très considérables, où le paysage revêt une physionomie caractéristique. Aussi convient-il d'analyser les circonstances de l'érosion dans de tels districts. Seulement nous nous bornerons à considérer ceux où le granite ne porte pas la trace de dislocations énergiques; car les mouvements orogéniques, en laminant certaines masses granitiques, leur ont souvent imprimé une division en bancs qui les rapproche des roches stratifiées, et dont l'influence mérite d'être étudiée avec celle des phénomènes tectoniques.

Le granite proprement dit est une roche extrêmement compacte; mais les cristaux dont il est constitué résistent très inégalement à l'action atmosphérique. En particulier, le feldspath subit la *kaolinisation*, c'est-à-dire qu'il se transforme en argile par le départ de ses silicates alcalins, changés en carbonates sous l'influence des eaux météoriques. Alors la roche perd sa cohésion et devient une arène, c'est-à-dire un sable grossier, en majeure partie quartzeux. Cette arène forme presque partout, à la surface des affleurements granitiques, une sorte de manteau spongieux, capable d'atteindre plusieurs mètres d'épaisseur, et d'autant plus apte à subir l'imbibition que l'argile du feldspath décomposé lui constitue un fond imperméable. Aussi les pays de granite comptent-ils parmi ceux où le ruissellement est assez efficace et en même temps assez divisé pour entretenir de nombreux filets d'eau, favorables à la croissance des herbes. Les plus actifs de ces ruisseaux entraînent l'arène, et peuvent mettre la roche vive à découvert. Or c'est en général par écailles concentriques que se fait l'altération du granite, et ces écailles entourent des noyaux très compacts, que le départ de l'arène fait apparaître en blocs arrondis. De là ces accumulations et ces entassements de rochers (fig. 45), parfois en équilibre instable, dont les pays granitiques sont coutumiers, sur tous les versants exposés au ruissellement.

Dans certaines contrées, l'inégale dureté du granite fait que quelques parties se creusent plus facilement que les autres; la pluie et le vent emporte les produits de cette désagrégation ; alors naissent en pleine roche de petites cavités arrondies, appelées en Corse *tafoni* [1]. Ailleurs ces excavations deviennent des *écuelles* ou *chaudières de géants*. Ce sont les *tors* ou *rock basins* du granite de Cornouailles. Sur les escarpements verticaux, ce genre d'altération par écailles fait naître des *grottes* et des *niches*. Bien entendu le granite n'a pas le monopole de ces formes, susceptibles de se produire sur les roches dont la dureté varie suivant les points.

L'absence de fentes profondes empêche les eaux de descendre

Fig. 45. — Rochers de granite isolés par l'entraînement de l'arène (Inde anglaise).

dans la masse du granite, de sorte que, là où les influences tectoniques n'ont pas agi, l'encaissement des vallées y est rarement considérable. Les versants, surtout en l'absence de cours d'eau importants, ont des formes douces et toujours arrondies, avec un profil convexe qui laisse deviner la roche dure sous-jacente. D'ailleurs le ruissellement n'entraîne guère que du sable, de sorte que les eaux restent limpides, ce qui favorise la production de la tourbe. En même temps ces eaux prennent une teinte noirâtre, due à la présence de l'acide ulmique.

Dépôts glaciaires. — Les caractères des dépôts glaciaires sont d'abord l'absence de stratification, ensuite l'imperméabilité habituelle du mélange confus de boue et de blocs qui constitue les moraines, enfin l'irrégularité des surfaces.

1. Penck, *Morphologie*, I, p. 214.

S'il s'agit d'une moraine localisée, comme celles des anciens glaciers alpins, ayant formé un demi-cercle en avant du glacier, elle deviendra, après la disparition de ce dernier, un rempart demi-circulaire ou *amphithéâtre morainique*, faisant face à l'amont. Sa surface, primitivement inégale, subira bien vite le modelé par l'effet du ruissellement, grâce à la pente des talus. D'ailleurs l'eau courante enlèvera peu à peu les matériaux fins et fera, de l'extérieur de ces moraines, des cailloutis en grande partie stratifiés.

Quand une ancienne moraine est exposée, sur une pente, à un

Fig. 46. — Les Pyramides de terre de Segonzano (d'après une phot. d'Unterweger à Trente). Cliché communiqué par M. F. Toula.

énergique ravinement par les eaux pluviales, les gros blocs protègent la portion qu'ils recouvrent. Ainsi se forment des *pyramides de terre* avec blocs perchés (fig. 46).

C'est sur les dépôts très largement étalés, comme la nappe erratique de l'Allemagne du Nord et de l'Amérique septentrionale, que se manifeste l'absence de toute influence directrice dans la surface inégale et mamelonnée du terrain. Aussi le régime hydrographique sera-t-il très lent à s'établir, et de petites mares pourront subsister très longtemps dans les creux originels.

Avec le temps, la matière boueuse qui cimente les blocs erratiques finira par être entraînée, laissant ces derniers sur place. Le sol se trouvera donc jonché de rochers qui n'auront en général aucun rapport avec la composition propre du terrain sous-jacent.

C'est ainsi qu'en Auvergne d'anciennes moraines se sont transformées en amas de blocs, souvent désignés dans le pays sous le nom de *cimetière des enragés*.

L'inégalité habituelle de la surface des amas morainiques entraîne une autre conséquence, qui peut compliquer beaucoup les vicissitudes du régime hydrographique. Chacune des dépressions de cette surface sert de réservoir à un lac, et il peut s'en trouver ainsi un grand nombre, étagés les uns au-dessus des autres, comme c'est le cas en Finlande, ce pays par excellence des lacs d'origine glaciaire.

Les plus petites d'entre ces flaques d'eau sont susceptibles de disparaître en se comblant avec de la tourbe. Mais les plus importantes peuvent, si la pluie est abondante, déborder en se créant des déversoirs; auquel cas le rapide écoulement de leurs eaux amènera un violent remaniement du terrain parcouru.

On s'en rend aisément compte par ce qui s'est passé en 1859 en Finlande. Le lac de Höytiainen y était séparé par 8 kilomètres de distance d'un lac inférieur, dit Pyhäselkä, dont il dominait le niveau de 21 mètres. En 1854, on avait entrepris de le vider progressivement par un fossé de 3 mètres de largeur. Cinq ans après, la digue de retenue ayant cédé, les eaux du lac, formant près de trois kilomètres cubes, s'échappèrent avec un bruit de tonnerre, entendu à plus de 7 kilomètres de distance. Le déluge dura trois jours, au bout desquels une vallée de trois à quatre cents mètres de largeur était creusée sur 10 à 25 mètres de profondeur, fournissant 35 millions de mètres cubes de déblai, qui vinrent construire dans le Pyhäselkä un delta de plusieurs kilomètres carrés [1].

II

INFLUENCES TECTONIQUES PASSIVES

Définition des influences tectoniques. Effets de l'inclinaison des strates. — Les influences *tectoniques* ont cela de particulier qu'elles exercent sur le tracé du réseau hydrographique d'une région une action essentiellement *directrice*. On peut les diviser en deux catégories : celle des influences *passives*, qui résultent d'une structure

---

[1]. Krapotkin *in* Reclus. *L'Europe scandinave et russe*, p. 324.

acquise par le terrain, en vertu d'une déformation de l'écorce, antérieure à la naissance du réseau fluvial ; et celle des influences *actives*, c'est-à-dire des dislocations qui viennent modifier un système déjà partiellement ou totalement constitué. L'ensemble de ces phénomènes de déformation est aujourd'hui désigné, dans les publications américaines, sous le nom de *Diastrophisme*, et l'épithète de *diastrophiques* est appliquée aux formes résultantes.

Les déformations de la croûte du globe se rangent autour de quelques types principaux, dont chacun assigne une direction spéciale aux efforts de l'érosion. Le mode le plus simple consiste en un déplacement d'ensemble, qui se traduit d'ordinaire par le *gauchissement* en masse d'une région de grande étendue. Ce gauchissement fait naître, ici une sorte de dôme habituellement allongé (*géanticlinal* de Dana), ailleurs une large dépression également allongée (*géosynclinal*). En raison de la grande surface sur laquelle les efforts se sont répartis, ce genre de déformation a surtout pour résultat d'imprimer, à un ensemble d'assises superposées, un plongement régulier et concordant suivant une direction donnée. Tel est, par exemple, le prolongement vers l'ouest des assises sédimentaires qu'on voit se succéder, dans le bassin de Paris, à partir du pied des Vosges, ou encore l'inclinaison de sens inverse dont sont affectés les terrains stratifiés d'Angleterre à l'est du pays de Galles.

Le sens de cette inclinaison générale détermine *ipso facto* la direction des premiers cours d'eau, lesquels, coulant en conformité de cette inclinaison, méritent la qualification de *conséquents*, que leur a donnée M. Powell.

Développement de la structure en gradins. — Lors même que la surface structurale eût été formée, dans l'origine, par une même couche régulièrement ployée AB (fig. 47), le progrès de

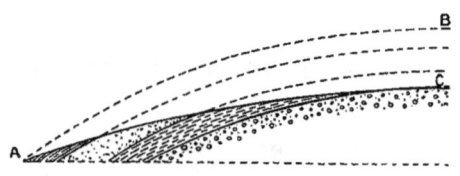

Fig. 47. — Effet du plongement des strates.

l'érosion ne pourra manquer d'en faire disparaître les parties supérieures, toujours plus accessibles aux influences subaériennes. La courbe superficielle s'aplatira suivant AC, mettant successivement à découvert les tranches de plusieurs strates. Le fait est général, et si faible que soit l'inclinaison des couches, on remarque toujours qu'elle reste supérieure à la pente d'ensemble de la surface du terrain affecté par cette sorte de dislocation.

La succession des affleurements ainsi mis à découvert permet aux différences de cohésion de se faire sentir. Les bandes plus dures, A, A', A'' (fig. 48), demeurent en saillie, et la superficie s'accidente, dans les roches tendres, de sillons, B, B', etc., parallèles à la direction des strates. C'est évidemment dans ces sillons que tendront à s'établir les premiers affluents latéraux appelés par

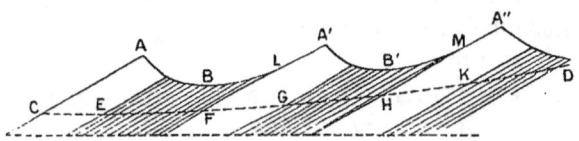

Fig. 48. — Développement de la structure en gradins.

le travail du cours d'eau CD, qui les traverse tous, et ainsi, mieux encore que dans le cas d'un territoire homogène, se dessinera dès le début un réseau *orthogonal*. Les affluents, dont le tracé se trouve déterminé par une structure qui manifeste son influence postérieurement à l'établissement des rivières principales *conséquentes*, sont qualifiés par M. Davis de *subséquents*.

A mesure que se prononce le déblaiement des sillons tels que B et B', les tranches A, A', A'' des couches dures tendent à former des falaises parallèles à la stratification du terrain, et à la crête desquelles aboutissent des surfaces planes A'L, A''M. Si donc les strates tendres ont un grand développement, et que leur inclinaison soit beaucoup moindre que celle qui est admise dans la figure 48, le pays se partagera en une série de plaines, commençant chacune à la crête d'une falaise pour finir au pied de la falaise suivante. Il en résultera une *structure en gradins*, très caractéristique des pays à stratification régulière et peu inclinée, tels que le bassin de Paris, le Jura souabe et franconien, etc.

L'une des contrées où cette structure en gradins se développe de la façon la plus grandiose est la région du Colorado. Entre les hauts plateaux de l'Utah et la plate-forme dans laquelle est creusé le Grand Cañon s'étend une bande large de 30 à 50 kilomètres, orientée de l'est à l'ouest et où, grâce à un léger plongement vers le nord, 300 mètres de couches affleurent sur une verticale de 1500 mètres seulement. Il y a quatre plates-formes successives, limitées chacune vers le sud par une grande falaise ou ligne d'escarpements. On compte, de haut en bas : 1° la falaise rouge pâle des marnes éocènes, épaisse de 200 mètres et souvent divisée en piliers; 2° la blanche falaise des grès jurassiques (400 mètres), où la stratification entrecroisée des couches d'inégale dureté se révèle à la surface par des vermiculures très délicates; 3° les escarpements de couleur vermillon du trias, où sur 600 mètres les falaises verticales de grès massifs alternent avec les talus de marnes tendres; 4° enfin les falaises permiennes (300 à 400 mètres) de couleurs chocolat, pourpre, violet, avec des formes éminemment architecturales. Tout cet ensemble, sous le ciel pur du pays et grâce à l'absence presque complète de végétation, produit une impression saisissante.

Si le cours d'eau principal CD, coulant dans le même sens que le plongement des strates, garde une inclinaison inférieure à ce plongement (ce qui arrivera toujours dans la plus grande partie du lit, une fois le profil régularisé), il se trouvera dans les conditions déjà analysées pour le creusement en territoire hétérogène, avec cette différence, que la traversée des couches résistantes sera toujours moins laborieuse. En effet, au lieu de les entamer sur une grande longueur, le lit les tranchera dans une direction plus voisine de la perpendiculaire aux strates, en CE, FG, HK.

Les pays à stratification inclinée, quand cette inclinaison est assez sensible, apportent souvent un témoignage décisif en faveur de l'approfondissement successif des thalwegs. Les *terrasses* en roche dure, engendrées par le stationnement momentané du lit avant la rupture d'un seuil, s'y montrent indépendantes du plongement des strates, qui viennent affleurer par leurs tranches sur le palier horizontal de ces terrasses. C'est le cas pour les versants qui dominent le lac de Zurich, notamment de Herrliberg au delà de Stäfa, et de Thalwyl à Wadenswyl. Plusieurs terrasses s'y laissent voir à des hauteurs décroissantes, et sur l'escarpement de chaque gradin, on voit se dessiner avec leur inclinaison les couches redressées de la mollasse gréseuse.

Évolution du réseau. Phénomènes de capture. — Pour bien comprendre l'évolution du réseau hydrographique, imaginons un territoire doucement incliné ABCD (fig. 49), dont la coupe, représentée sur le côté, comporte deux assises résistantes, R, R', alternant avec des strates plus tendres, T, T'. Deux cours d'eau *conséquents*, ab, cd, s'établissent dès l'origine en conformité de la pente générale, pendant que des sillons se creusent suivant les roches tendres, servant de lit à des affluents *subséquents*, *ef*, *fg*, qui se rendent dans *ab*, et *hi*, *ik*, tributaires de *cd*. En même temps, l'affleurement des couches dures se traduit par la formation

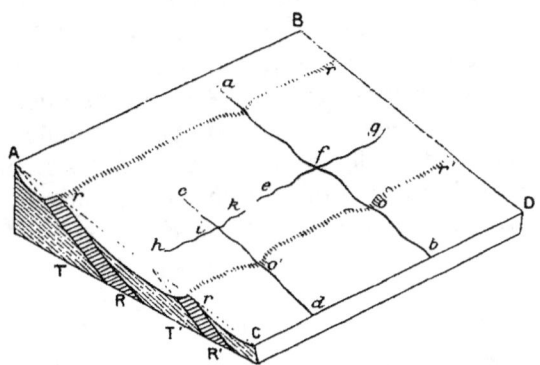

Fig. 49. — Évolution d'un réseau hydrographique. Premier stade.

d'escarpements, *rr*, *r'r'*, qui font face au territoire d'amont, et se courbent vers l'aval à la traversée des cours d'eau.

Supposons que, en raison des circonstances, *ab* soit plus puissant que *cd*. Le seuil *o* s'approfondira plus vite que *o'*. Alors le creusement de *ef* marchera plus rapidement que celui de *ik*, lequel s'allongera moins et demeurera à un niveau supérieur. Bientôt le

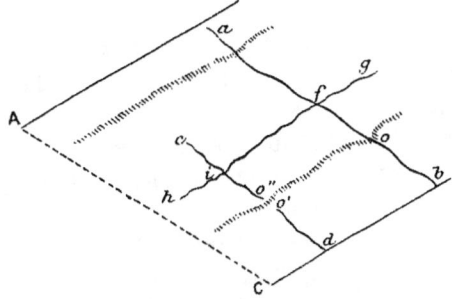

Fig. 50. — Deuxième stade.

point *e* sera poussé jusqu'en *k*, et alors le cours d'eau *cd*, *décapité* par la capture de la partie *co'* avec ses deux affluents, se réduira (fig. 50) au tronçon inférieur *o' d*, tandis que le tronçon supérieur *o"i*, coulant maintenant en sens inverse de sa pente originelle, ce que M. Davis indique par l'épithète d'*obséquent*[1], devient, avec *hi*

---

1. *Geograph. Journal*, 1895.

et *ic*, tributaire de *ab*. Un affaiblissement de la crête entre *o'* et *o"* trahit seul l'ancien état de choses.

Cette adaptation progressive sera d'autant plus achevée, que les rivières initiales seront d'importance plus inégale, que le territoire offrira une plus grande altitude et une plus grande diversité dans la résistance des couches, enfin que l'inclinaison de celles-ci sera plus sensible. De cette manière, un réseau constitué, dans son premier stade, conformément à la figure 51, prendra, dans un second stade, l'aspect de la figure 52, où chacun des anciens cours d'eau, *a*, *b*, *d*, *e* se divise maintenant en trois tronçons, dont l'un obséquent, à savoir : *a*, *a'*, *a"*; *b*, *b'*, *b"*; *d*, *d'*, *d"*; *e*, *e'*, *e"*. Avec le

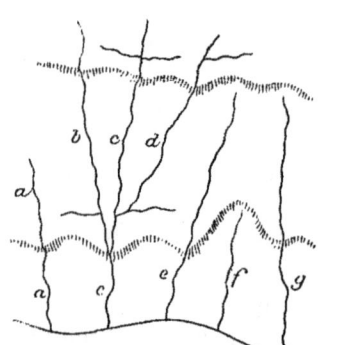
Fig. 51. — Premier stade.

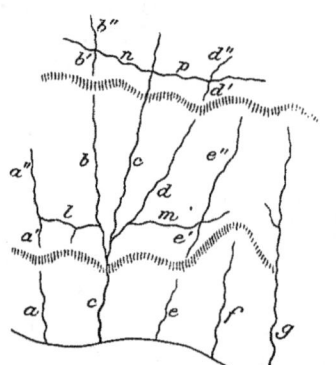
Fig. 52. — Deuxième stade.

temps, ces captures pourront s'étendre et donner toute la prépondérance à *c*, avec deux séries d'affluents suivant la direction des strates, *l*, *m*, *n*, *p*, grossis eux-mêmes par tous les tronçons capturés[1]. D'autre part, le façonnement des versants, par les cours d'eau obséquents et leurs branches secondaires, amènera l'affaiblissement progressif des escarpements intérieurs, lesquels tendront à devenir de plus en plus rectilignes.

Au cours de ces diverses captures, il peut arriver qu'une rivière décapitée, telle que *a* (fig. 52), n'ait plus la force d'entraîner les alluvions que lui amènent les affluents voisins de sa nouvelle origine, lesquels s'étaient installés avant la capture de *a'*. Alors son lit peut en être obstrué au point de former un lac en arrière. Telle serait, selon M. Davis, l'origine des lacs de l'Engadine à la tête de l'Inn.

Les circonstances générales qui viennent d'être indiquées ont

---

[1] Davis, *loc. cit.*

été réalisées dans la partie orientale du bassin de Paris, ainsi qu'en Angleterre, grâce à la succession régulière de bandes de terrain de consistance inégale, qui plongent toutes les unes sous les autres, vers Paris, en France, vers la mer du Nord, en Angleterre. Seulement, des mouvements ultérieurs du sol ont quelque peu modifié le tracé original que cette disposition avait dû imposer aux cours d'eau, et ces altérations devront être étudiées au chapitre des influences tectoniques actives.

Cas d'une inclinaison inverse. — Il peut arriver que le territoire affecté d'une inclinaison générale soit lui-même composé de couches plongeant en sens inverse de cette inclinaison, auquel cas la surface du sol, déterminée par des influences antérieures, n'a aucun rapport avec la structure propre du massif. C'est ce qui a lieu au New-Jersey [1], où l'émersion avec inclinaison d'une ancienne bande littorale, originairement revêtue de sédiments crétacés horizontaux et peu épais, a fait apparaître, une fois ces derniers

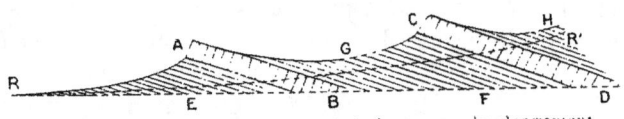

Fig. 53. — Cas d'une inclinaison générale inverse du plongement.

enlevés par érosion, un substratum de couches triasiques, redressées en sens inverse à une époque géologique beaucoup plus reculée. La surface de contact de ces couches avec les sédiments crétacés disparus était à peu près plane. Les cours d'eau tels que RR' (fig. 53), ont donc pris un cours *conséquent*. Et comme des nappes dures de trapp, AB, CD, étaient intercalées au milieu des sédiments peu consistants, E, F, l'érosion a fait naître des sillons, G, H, parallèles à la direction des strates, où se sont établis, comme dans le cas précédent, des affluents *subséquents*, sujets aux mêmes accidents de capture. Seulement, les escarpements formés par l'affleurement des couches résistantes sont ici tournés vers l'aval, au lieu de faire face à l'amont. Les crêtes ainsi dessinées, A, C, n'en deviennent pas moins des lignes de partage secondaires, séparant, dans les anciens cours d'eau tronçonnés par capture, les parties *obséquentes* de celles qui ont gardé leur direction primitive.

Dômes localisés. — Certains soulèvements en dôme se sont localisés au point qu'il n'est pas possible de les comprendre parmi les géanticlinaux. Il en est ainsi des Black Hills du Dakota. C'est

1. Davis. *National geogr. Magazine*, 1889.

une protubérance elliptique de terrains cristallins, qu'entoure complètement un manteau sédimentaire, plongeant de tous côtés vers l'extérieur. La partie supérieure de ce manteau a été déchirée, et les couches plus jeunes apparaissent les unes après les autres, sur les pentes du dôme, formant autant de falaises concentriques. Aussi les cours d'eau ont-ils une disposition rayonnante bien marquée, divergeant de toutes parts pour aboutir à l'une des deux rivières qui entourent le massif.

Profil en travers. — Vallées monoclinales. — Les cours d'eau *conséquents* d'un massif à stratification régulièrement inclinée ont, pour les versants de leur vallée, un profil en travers symétrique, mais dont l'allure se ressent, en chaque point, de la nature des roches traversées.

Mais les vallées qui ne sont pas dirigées parallèlement à la plus grande pente des couches ont nécessairement un profil en travers dyssymétrique, et cette dyssymétrie atteint son maximum pour les vallées *subséquentes*, qui sont parallèles à la direction des strates.

Supposons un lit creusé dans une couche tendre inclinée (fig. 54), comportant deux talus TA et TB, qui font le même angle α avec la verticale. Il est clair que TA devra être plus long que TB, et s'il existe un couronnement dur CD, AD y sera

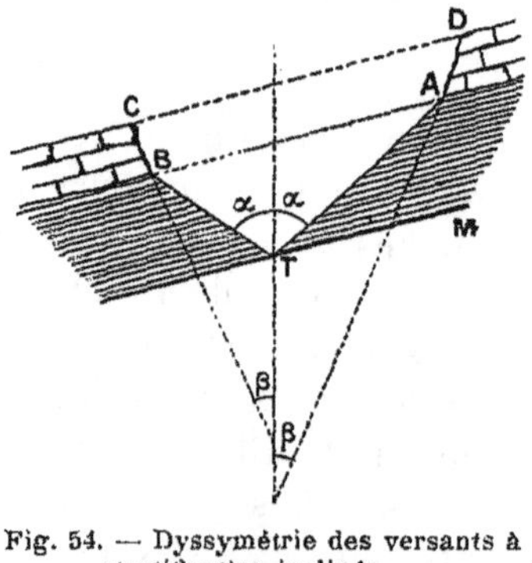

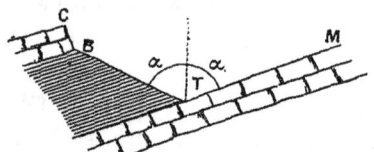

Fig. 54. — Dyssymétrie des versants à stratification inclinée.

Fig. 55. — Profil en travers d'une vallée monoclinale.

plus long que BC. De plus, ce dernier escarpement, qui fait avec la verticale le même angle β que AD, paraîtra beaucoup plus raide relativement au versant qu'il couronne [1].

Si la vallée est parallèle à la direction des strates, et que, de plus, l'inclinaison d'une couche résistante TM (fig. 55) soit précisément égale à celle du talus TB que comporte la couche tendre, celle-ci disparaîtra entièrement de l'un des versants. Ainsi se forme une vallée *monoclinale*, caractérisée par ce fait qu'on y voit affleurer,

---

[1]. *Les Formes du terrain*, p. 28 et 29.

d'un côté le dos de la couche inférieure et de l'autre la tranche de la couche supérieure.

Tel est, à peu de chose près, le cas de la Meuse aux environs de Sedan. Le versant de la rive droite, doucement incliné, concorde approximativement avec la pente des couches du lias moyen, relevées vers le bord du massif ancien de l'Ardenne; au contraire, le lias supérieur et l'oolithe inférieure apparaissent tour à tour par leur tranche sur la rive gauche, qui, par endroits, forme un véritable escarpement.

Naturellement, avec les progrès du creusement dans une région, une vallée monoclinale doit toujours tendre à se déplacer dans le sens de la pente des couches, en descendant le long du versant doucement incliné, pour ronger et faire reculer la rive opposée.

SEPTIÈME LEÇON

LES INFLUENCES TECTONIQUES PASSIVES DANS LES RÉGIONS PLISSÉES ET DISLOQUÉES

Pays régulièrement plissés. — La stratification régulièrement inclinée, dont nous venons de nous occuper, n'est qu'un cas particulier et élémentaire des influences tectoniques. C'est surtout dans les régions plissées que ces influences doivent être étudiées. Le Jura, par la régularité de sa structure, offre à cet égard des facilités spéciales; aussi y chercherons-nous la plupart des exemples propres à nous éclairer sur ce mode de détermination du modelé.

Une région plissée est généralement composée de chaînes parallèles, alignées suivant la direction des plis. Il est naturel que les principales lignes de drainage s'établissent dans l'axe même de ces plis rentrants ou *synclinaux*. Mais les versants de ces plis doivent déterminer une autre direction, perpendiculaire à la première. Par suite, dans ce cas comme dans les précédents, les traits essentiels du système hydrographique sont exprimés par un réseau orthogonal. Seulement ici les pentes transversales à la direction des couches plissées n'influent que sur les cours d'eau du deuxième ordre [1], ou encore pour permettre une communication entre les divers synclinaux.

Ainsi l'établissement de cours d'eaux *conséquents* au fond des synclinaux est suivi par la formation d'affluents, qui leur viennent des versants mêmes des *anticlinaux*.

Supposons, ce qui est l'hypothèse la plus vraisemblable, que la *surface structurale* [2] de la contrée soit formée par une couche dure ayant l'allure représentée, en plan, avec courbes de niveau par la

---

1. De la Noë et de Margerie, *les Formes du terrain*, p. 144.
2. Cette expression est de MM. de la Noë et de Margerie.

figure 56 (I), et en coupe transversale suivant MN par la figure 56 (II), c'est-à-dire qu'il y a deux anticlinaux qui se rejoignent, et entre lesquels naît un synclinal, dont le fond sert de lit au premier cours d'eau[1]. Tandis que celui-ci se maintient sur la couche dure, un affluent latéral se forme en A et creuse son lit sur le flanc de l'anticlinal de gauche, de A en B. Un autre opère de même de C en D. Tous deux entament la couche dure, et poursuivent leur œuvre jusqu'à la crête ; car c'est là que cette couche doit être le moins épaisse et le plus disloquée. Les thalwegs AB et CD peuvent donc arriver sans peine, en B et en D, sur la couche tendre sous-jacente, et alors il va s'y creuser des rigoles transversales E, F, G, H, suivant l'axe du pli. Si CD marche plus vite dans son travail qu'AB, E et F seront capturés au profit de C. Ainsi se formera une *vallée anticlinale*. Celle-ci pourra

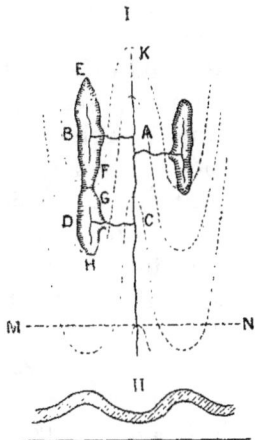

Fig. 56. — Creusement dans un pays régulièrement plissé.

s'approfondir au point de conquérir à son tour la portion KAB. Mais si une couche dure plus profonde que la première arrête cet effort, et que, pendant ce temps, C soit parvenu à descendre dans la couche tendre, la principale masse des eaux reprendra le synclinal. Ainsi, une même rivière subira des décrochements successifs, épousant tour à tour l'anticlinal et le synclinal voisins, de manière à établir toujours son lit en roche tendre.

Voûtes démantelées. — D'autres fois (fig. 57), une voûte sera démantelée à la clef, et ce seront des vallées monoclinales ou

Fig. 57. — Voûte démantelée entre deux vallées monoclinales.

combes, V et V', qui se formeront par le travail des cours d'eau parallèles aux strates.

Le pays de Bray offre un bon exemple de cette structure. De part et d'autre du dôme allongé qui en fait l'axe, la craie, brisée par le soulèvement, dessine deux lignes d'escarpements raides, jalonnés à leur pied (celui du nord surtout) par des cours d'eau.

1. Voir Davis. *National geog. Mag.*, 1889.

D'autre part, comme sur une grande longueur, le soulèvement n'a amené au jour, suivant l'axe, que des couches meubles, facilement enlevées par l'érosion, l'arête du dôme, démantelée, reste souvent au-dessous de la crête des escarpements latéraux. Un observateur placé sur cette crête croit donc avoir devant lui une large vallée au fond inégal, alors qu'en réalité il s'agit d'une croupe dont l'érosion a enlevé tout le sommet. Cette croupe ne s'est bien maintenue que là où elle était constituée par les calcaires durs du terrain jurassique; alors elle forme un dos d'âne régulier, atteignant la même altitude que les crêtes crayeuses du pourtour.

Inégalités du plissement. Lacs tectoniques. Cluses. — Un synclinal n'est pas nécessairement continu dans son allure, présentant d'un bout à l'autre une pente régulière. Son axe peut offrir des bombements qui le diviseront, du moins au début, en un chapelet de bassins indépendants. Alors il s'y établit des *lacs tectoniques*, c'est-à-dire déterminés par une dépression préexistante. Tels sont, dans la vallée de l'Orbe, le lac de Joux et le Brenet, puis, dans un pli latéral, les lacs de Remoray et de Saint-Point. La plupart sont nettement allongés dans le sens du synclinal.

De tels lacs peuvent d'ailleurs, et pour les mêmes raisons, s'établir dans des vallées monoclinales, voire dans celles qui remplacent une voûte anticlinale rompue. De plus, ils n'ont en général qu'une existence éphémère et leur destinée est de se combler, ou de se vider les uns dans les autres, par rupture des seuils qui les séparent.

De la même manière, l'axe d'un anticlinal n'est pas non plus à pente constante. Il peut offrir des *ensellements*, constituant des points faibles, qui procureront une voie de sortie aux eaux renfermées dans des synclinaux sans issue. Le cas est fréquent au Jura, où des *cluses*, c'est-à-dire des coupures transversales, établies aux points les plus bas des bourrelets anticlinaux, permettent à certains cours d'eau de traverser les plis saillants. Très souvent d'ailleurs on remarque que les couches plissées, qui affleurent sur les escarpements d'une cluse, ne se correspondent pas exactement d'une rive à l'autre. C'est la preuve qu'en ce point le pli avait subi une torsion ou un décrochement, qui en affaiblissant par étirement la résistance des couches, a dû les rendre plus accessibles à l'érosion.

Dans le Jura, le Doubs et son affluent la Dessoubre coulent d'abord (fig. 58) dans des synclinaux, qui les conduisent tous deux au nord. Mais au point où la chaîne change de direction pour se recourber vers l'est, les anticlinaux, sans doute affaiblis par l'étirement, ont livré passage au Doubs, lequel s'est coudé à Sainte-Ursanne, pour emprunter, mais en sens inverse, le synclinal de la

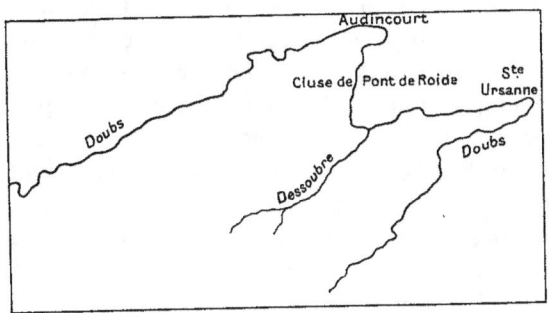

Fig. 58. — Le Doubs et la Dessoubre.

Dessoubre; après quoi, traversant la cluse de Pont de Roide, la rivière a retrouvé, à partir d'Audincourt, un synclinal qui, cette fois, l'a menée au sud-ouest.

Massifs disloqués. — Dans les massifs où la dislocation des assises a été très énergique, et où les plis se compliquent de renversements, parfois même de chevauchements, le réseau fluvial ne peut plus avoir la même régularité que dans le Jura. Sa disposition obéit cependant aux mêmes lois générales, et c'est dans le fond des synclinaux que les principaux cours d'eau établissent leurs lits. Il y a aussi de grandes dépressions monoclinales; enfin la traversée des plis saillants se fait par d'énormes cluses, dites *coupures transversales*, comme les percées de l'Arve et du Rhône en amont du lac de Genève. D'ordinaire ces coupures coïncident en position avec des lignes où les groupes de plis subissent des déviations très prononcées [1], et là encore il est permis de croire que c'est l'étirement résultant qui a affaibli la résistance des anticlinaux en facilitant leur rupture.

Les fréquents changements qui se produisent dans l'inclinaison des strates en pays disloqués font qu'un cours d'eau, dont la direction est *transversale* à celle des couches, peut couler dans un sens, tantôt conforme, tantôt inverse, relativement à celui du plongement. Le mot *diaclinal* a été créé par M. Powell pour cet état de choses variable, qui comporte des sections *cataclinales*, c'est-à-dire conformes au plongement, et d'autres *anaclinales* ou inverses.

---

[1]. Marcel Bertrand, *Bull. de la Soc. géol. de France*, [3], XII, p. 328.

Conséquences d'une forte inclinaison des strates. — La conséquence des dislocations, dans une région montagneuse, est de faire arriver au jour, de façon plus ou moins capricieuse, beaucoup de strates d'allure et de résistance très diverses. Chacun de ces affleurements détermine l'emplacement, sinon des cours d'eau principaux, du moins de ceux qu'avec M. Davis nous avons appelés *subséquents*, et dont le développement doit prendre ici des proportions particulières. Quant aux rivières qui rencontrent sur leur parcours un assez grand nombre de couches successives, elles sont exposées à de fréquentes ruptures de pente, et les seuils qu'engendre la traversée des parties dures peuvent avoir des destinées très diverses selon la plus ou moins grande inclinaison des strates. Si le plongement est considérable, l'épaisseur à traverser est bien réduite, surtout quand la pente de la rivière est inverse de celle des couches. Aussi la cascade originelle fera-t-elle place très vite à des rapides.

Lorsque les dislocations d'un massif ont été jusqu'à donner aux couches une stratification verticale, l'œuvre du creusement du thalweg peut se trouver singulièrement facilitée, l'eau n'ayant pas de peine à descendre entre deux strates, jusqu'au voisinage du niveau de base, sauf à élargir ensuite son chenal. Cette descente, qui peut se faire tout d'un coup dans les formations divisées en bancs épais, est plus progressive lorsqu'il s'agit de schistes, où les fentes de stratification ne s'ouvrent que peu à peu, sous les influences météoriques. L'eau et la gelée séparent les feuillets schisteux, qui se débitent par fragments.

C'est à cause de cette circonstance qu'on voit, dans le Plateau Central, certaines vallées s'approfondir tout d'un coup en un point donné. Nous avons déjà dit un mot de l'influence qu'exerce, dans le Limousin, la substitution des schistes primaires aux argiles permiennes. Dans la même région, lorsqu'une vallée passe du granite dans le gneiss et surtout dans les micaschistes, on la voit aussi recevoir immédiatement un approfondissement considérable. S'il arrive que le granite reparaisse de nouveau, il en résultera un seuil, avec rapides ou cascades, comme le saut de la Rue dans le voisinage de Bort.

Cours d'eau surimposés. — C'est au nombre des influences tectoniques actuellement considérées qu'il faut ranger ce qui arrive quand, au cours du creusement de son lit, une rivière est amenée à couler sur un terrain absolument différent, par sa structure, de ceux au milieu desquels l'approfondissement s'était jusqu'alors opéré.

Par exemple, à l'époque crétacée, certains cours d'eau du New-Jersey [1] avaient établi leur lit à la surface d'une plaine formée par l'affleurement des couches régulièrement inclinées du trias. Un exhaussement de la contrée ayant ravivé le travail du creusement, les dépôts triasiques, peu consistants, ont été si bien affouillés, que l'érosion a atteint leur substratum, formé par les terrains cristallins fortement disloqués, sur lesquels le trias reposait en complète discordance. L'hydrographie primitive avait été déterminée par les conditions génétiques et tectoniques des couches du trias. Après leur disparition, elle s'est imposée, au début, à une structure pour laquelle elle n'était pas faite. De là le nom de cours d'eau *surimposés* (*superimposed*) qu'on applique en Amérique à ce genre de rivières [2], que le terrain disparu lègue comme une sorte d'héritage [3] au substratum.

Ainsi le Mississipi et les autres rivières actuelles du Minnesota ont commencé par s'établir sur la nappe glaciaire, qui forme une couverture peu épaisse au-dessus des terrains cristallins, dans lesquels les cours d'eau ont ensuite pénétré, mais sans changement du tracé préalablement acquis. Sans doute, au bout d'un temps suffisant, le substratum reprendrait ses droits, modifiant peu à peu, conformément aux exigences de sa structure propre, le réseau qu'il a reçu. Mais il est des cas où même un long intervalle de temps ne suffit pas pour opérer cette modification. Par exemple, en approfondissant son *cañon* au milieu des sédiments horizontaux, le Colorado a fini par couler, soit dans l'épaisseur du cambrien, dont les couches disloquées viennent buter, par leur tranche, contre l'assise la plus ancienne du calcaire carbonifère, soit même dans le granite. A ce moment la gorge avait atteint déjà une profondeur de près de mille mètres. Pour changer de tracé, le cours d'eau aurait dû accomplir un travail hors de proportion avec sa force. Aussi le tracé *imposé* a-t-il persisté sans altération.

Un exemple contraire, celui de l'abandon d'un ancien tracé surimposé, nous est offert, selon M. Penck [4], par le cours actuel de l'Unstrut, affluent de la Saale. Originairement, quand la formation tertiaire oligocène couvrait uniformément le bassin de la Thuringe, masquant les inégalités du terrain triasique sous-jacent, l'Unstrut, issu du Thuringerwald, coulait directement au nord-est

---

1. Davis. *National geogr. Magazine*, 1889.
2. Ce sont les cours d'eau *épigénétiques* de M. de Richthofen.
3. Quelques auteurs américains les ont qualifiés d'*inherited*.
4. *Kirchhoff's Länderkunde, Europa*, p. 329.

vers l'Elbe, et la Saale en faisait autant, sa source étant alors confondue avec celle de l'Ilm. La disparition du manteau tertiaire ayant fait apparaître le trias, divisé en bandes parallèles d'inégale résistance, orientées du nord-ouest au sud-est, l'action directrice de ce nouveau terrain s'est bientôt fait sentir. C'est ainsi que l'Unstrut, perdant ses eaux de tête, conquises par un cours d'eau transversal plus avancé, a fini par se diviser en trois tronçons, dont un seul, celui du milieu, a gardé la direction primitive, tandis que les autres, à angle droit sur le premier, suivent maintenant la direction commandée par l'affleurement des strates disloquées. Pendant ce temps, la Gera, qui avait commencé par couler au nord-est pour se réunir à l'Ilm, s'est coudée dans le sens des dislocations pour être capturée par l'Unstrut.

Influence des failles. — Quand il s'est produit des *failles*, c'est-à-dire des ruptures avec dénivellation, comme la plupart de ces failles sont ou parallèles ou perpendiculaires à la direction générale des plis, elles ont agi dans le même sens sur le réseau hydrographique.

En dehors de cette action, les failles, lorsqu'elles sont ordonnées en séries parallèles, peuvent se traduire d'une façon très nette dans la topographie générale, en produisant une structure en escalier. Par exemple, le massif calcaire du Karst, ou plutôt son prolongement dalmate, est divisé par une série de cassures en bandes parallèles à l'axe de la chaîne dinarique. Chacune de ces bandes est affaissée par rapport à celle d'amont. Il en résulte une suite de gradins, dont le dernier va s'enfoncer sous les eaux de l'Adriatique. Pareille disposition prévaut de l'autre côté de la chaîne dans la direction de la dépression hongroise. Lorsque la compacité de la roche le permet, chaque gradin se termine par un escarpement abrupt qui fait face à la dépression. L'exposition de cet abrupt (celle du sud-ouest pour la côte dalmate) définit le *regard* de la faille.

Cette structure, qui résulte d'une dislocation, ne doit pas être confondue avec la succession régulière des gradins dans un pays à stratification légèrement inclinée [1], et où chaque falaise repose en concordance sur la plaine qui lui fait suite.

Les failles influent souvent sur le tracé des cours d'eau et sur le modelé, moins par la cassure qui les accompagne que par l'inégale dureté des terrains qu'elles mettent en contact. Ainsi dans la Thu-

---

1. Voir plus haut, p. 110.

ringe [1], il arrive fréquemment que des dislocations de direction nord-ouest mettent le muschelkalk en contact direct avec le grès bigarré. Ce dernier étant plus facilement enlevé, il en résulte une longue falaise calcaire, que longeront les rivières ; de sorte que c'est le paquet tombé qui aura l'air d'être en saillie ; mais si c'est le keuper marneux qui est descendu plus bas que le muschelkalk environnant, son affleurement sera marqué par de larges vallées, comme celle de la Nesse à l'extrémité nord-ouest du Thuringerwald, ou d'étroits sillons, comme celui de Netra dans le Ringgau.

De la même façon, lorsque, dans les temps primaires, des dislocations de direction à peu près est-ouest ont fait tomber, dans le Cotentin, des paquets de terrain silurien, le grès armoricain, qui en formait la base, a été relevé le long des failles, s'appuyant contre les phyllades précambriens, au sein desquels il était descendu. Plus tard, ces phyllades ont été facilement enlevés par l'érosion, et celle-ci, dégageant à la longue la bande de grès, que protégeait sa dureté, l'a laissée en saillie considérable, sous la forme de véritables falaises de rochers, comme celle qui se dessine si bien, dominant la vallée de la Sélune, entre Domfront et Mortain.

Quant aux failles secondaires et aux fentes sans rejet, connues sous les noms de *joints* et de *diaclases*, elles ont souvent pour effet de déterminer la direction des ravins sur la partie supérieure ou *couchée* des versants dont la pente inférieure est seule raide. En effet, la pesanteur agissant moins énergiquement sur ces pentes relativement douces, l'érosion subaérienne y emprunte volontiers les lignes de moindre résistance [2].

Vallées de fracture. — On a beaucoup discuté relativement aux *vallées de fracture*, dont le rôle a été, à une certaine époque, singulièrement exagéré par quelques auteurs. Ce nom convient aux vallées dont le vide résulte d'une cassure béante, d'origine tectonique, ayant de suite offert aux eaux courantes un chemin qu'elles se seraient contenté de façonner.

Il est certain qu'on a souvent abusé de cette qualification, imaginant, sans aucune preuve directe, des dislocations spéciales pour expliquer certains tracés que la seule érosion suffisait à justifier. MM. Heim [3], de la Noë et de Margerie [4], ont cherché à réagir contre cette tendance, en montrant, pour bien des cas, le

---

1. Penck, *das Deutsche Reich*, p. 327.
2. *Les Formes du terrain*, p. 127.
3. *Mechanismus der Gebirgsbildung*.
4. *Les Formes du terrain*, p. 163.

caractère hypothétique de ces conceptions. En particulier, à propos de la vallée de la Reuss, qui avait été considérée comme appartenant à cette catégorie, on a fait remarquer que le souterrain du Saint-Gothard, bien qu'il passe trois fois sous le cours supérieur de la rivière, n'a rencontré aucune fracture pouvant correspondre à son tracé.

Il ne faudrait pas cependant aller trop loin dans cette réaction. On ne doit pas oublier que les fractures de l'écorce sont, en général, des accidents relativement superficiels; car c'est à la surface, du côté où les terrains sont libres d'obéir aux efforts qu'ils subissent, que se produisent les plus grandes dislocations. Il est donc très possible que les couches extérieures, fortement crevassées, d'un massif montagneux, aient préparé le travail de l'érosion par des cassures dont la trace ne se retrouverait pas en profondeur. En particulier, sur le territoire suisse, les vallées du Rhône, de la Reuss et du Rhin coïncident avec des dislocations importantes, le long desquelles il y a eu déplacement horizontal relatif des massifs en contact. Si donc il n'a pas existé, dès le début, de cassures aux lèvres béantes, il a pu y avoir au moins des zones fracturées et faibles, offrant une moindre résistance aux agents d'érosion.

Pays de Bray; vallée de la Seine. — Le pays de Bray, en Normandie, fournit l'occasion d'apprécier, dans des conditions de structure très simple, jusqu'à quel point les dislocations peuvent influer sur l'emplacement des cours d'eau. C'est un soulèvement qui forme, sur l'un de ses versants, celui du sud-ouest, un dôme

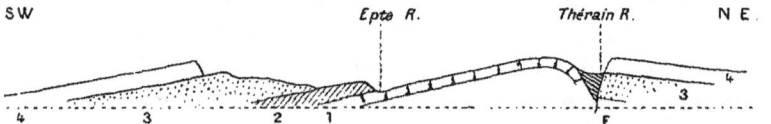

Fig. 59. — Les vallées du pays de Bray. 1, calcaires kimeridgiens; 2, portlandien; 3, couches infracrétacées; 4, craie; F, grande dislocation.

allongé et régulier (fig. 59), tandis que, sur l'autre, il est limité par une dislocation absolument rectiligne, tantôt pli brusque, tantôt faille, qui se poursuit sur au moins 80 kilomètres, sans parler de son prolongement au delà du Bray, vers le sud-est.

A partir du faîte topographique, entre Serqueux et Formerie, deux rivières s'échappent en sens inverse, suivant exactement le sillon qui jalonne la dislocation brusque, au pied de la falaise crayeuse. L'une, la Béthune, coule vers la Manche sans dévier un seul instant de sa direction. L'autre, le Thérain, chemine en ligne droite, dans le même sillon, pendant 15 kilomètres, et si elle l'abandonne vers Songeons, c'est pour reprendre ensuite, avant Beauvais, une direction exactement parallèle.

Au contraire, sur le versant régulier du dôme, on voit naître deux rivières, l'Epte et l'Andelle, qui cheminent assez longtemps, surtout la première, dans des vallées *monoclinales* d'érosion, jusqu'à ce qu'elles réussissent à sortir du Bray par des coupures transversales. Il est aisé de voir que le tracé de ces deux rivières, déterminé dans l'origine par la pente du dôme, a dû subir plus d'une modification, à mesure que l'érosion déblayait la partie culminante du soulèvement, d'où il a disparu, depuis le début du mouvement, plusieurs centaines de mètres de couches. Si l'Epte a gardé, surtout entre Haussez et Gournay, une direction beaucoup plus constante que l'Andelle, c'est qu'elle a pu appuyer son tracé sur la croupe solide formée par l'affleurement des calcaires kimeridgiens, au centre du dôme, au point où cette croupe s'enfonce sous les couches portlandiennes.

La vallée de la Seine, entre Mantes et Rouen, jalonne aussi une ligne de dislocations, le long de laquelle les couches de la lèvre sud-ouest sont souvent tombées à plus de 200 mètres au-dessous de celles de la lèvre opposée. Aujourd'hui le fleuve décrit des méandres autour de cette direction moyenne; mais ces méandres, dont l'encaissement atteste la descente du lit à travers le plateau normand, ne s'écartent que très peu, à droite et à gauche, de la direction moyenne; et là encore, il paraît impossible de méconnaître l'influence directrice exercée par cette ligne de rupture sur l'écoulement des eaux du bassin.

Glens écossais. — Un exemple incontestable de lignes de fracture est celui que nous offrent les vallées longitudinales linéaires ou *glens* d'Écosse. La plus remarquable est le Glenmore ou « Val majeur », qui, sur 160 kilomètres, se poursuit sans la moindre déviation à travers toute la péninsule, depuis le golfe de Murray jusqu'à celui de Lorn. Sur le fond de cet étroit sillon, dont aucun point n'est à plus de 30 mètres d'altitude, s'échelonnent plusieurs lacs très allongés, dont le caractère tectonique ne saurait être mis en doute. Le plus remarquable est le Loch Ness, long de 30 kilomètres, uniformément large de 400 mètres, et dominé sur les deux bords par des escarpements qui s'élèvent d'un seul jet à 400 mètres, tandis que la profondeur du lac atteint 240 mètres (soit au moins 210 mètres au-dessous du niveau de la mer). L'extrémité sud-ouest du Glenmore, ou Loch Linnhe, est divisée en deux par une longue île, exactement alignée comme l'axe du glen, direction qui d'ailleurs se répète à plusieurs reprises dans les vallées et les crêtes de la région avoisinante, et se reproduit de façon très nette dans le Jura Sound.

Il n'y a pas le moindre doute que le Glenmore, ainsi que les coupures qui lui sont parallèles, ne soit une cassure se rattachant, comme celle qui limite au sud-est l'île de Skye, aux dislocations qui ont morcelé l'ancienne terre écossaise, lors de l'ouverture de l'Atlantique septentrional. Même les tremblements de terre qu'on ressent de temps à autre à Inverness attestent que cette région n'a pas encore atteint un équilibre définitif.

Vallées des fjords norvégiens. — Pour être moins exactement rectilignes, les vallées qui aboutissent aux *fjords* de la Norvège méridionale n'en traduisent pas moins avec une grande netteté l'influence exercée par les dislocations sur le modelé du terrain. Certains districts se montrent divisés en compartiments à peu près quadrangulaires (fig. 60), par des cassures que suivent des fjords, des lacs étroits, des vallées profondes ou de simples cluses rectilignes. Ces cluses font communiquer ensemble deux ou plusieurs vallées voisines, ne laissant parfois subsister de l'une à l'autre que des cols insignifiants. Plus d'un de ces cols, dominé à droite et à gauche par des escarpements dépassant 1000 mètres, n'atteint pas cent mètres d'altitude. D'ailleurs les déchirures, au lieu d'accuser une moindre résistance du terrain, sont ouvertes justement dans les roches les plus dures, et si l'érosion en a façonné les parois, ce n'est pas elle qui les a engendrées. Kjerulf les a qualifiées de *traits d'incision* et a essayé de donner un schema du réseau qu'elles forment dans tout le pays.

Il est vrai que la fraîcheur avec laquelle ces formes se présentent aujourd'hui tient en partie à ce que la glace les occupait encore il y a quelques milliers d'années ; de telle sorte que, débarrassées par ce puissant outil de tous les matériaux meubles qui en adoucissaient plus ou moins les flancs, les déchirures norvégiennes n'ont pas encore eu le temps d'être oblitérées par le jeu naturel des eaux courantes. Mais ce qui se trahit par-dessus tout dans leur allure, c'est l'état de dislocation du sol, causé par l'effondrement assez récent de l'Atlantique nord. Cet effondrement a fait naître une série de cassures au bord du massif scandinave, depuis longtemps raboté par les agents atmosphériques, et relevé vers l'ouest par ce mouvement. Pour cette cause, les cassures en question n'ont, dans leur tracé, aucun rapport avec la constitution géologique du massif qu'elles découpent ; et c'est surtout par ce caractère, combiné avec le morcellement si complet de la surface terminale du terrain, qu'elles s'écartent des vallées d'érosion normales.

Pour le même motif, elles offrent des inégalités dont les cours d'eau n'ont pas encore eu le temps de triompher. De là vient que

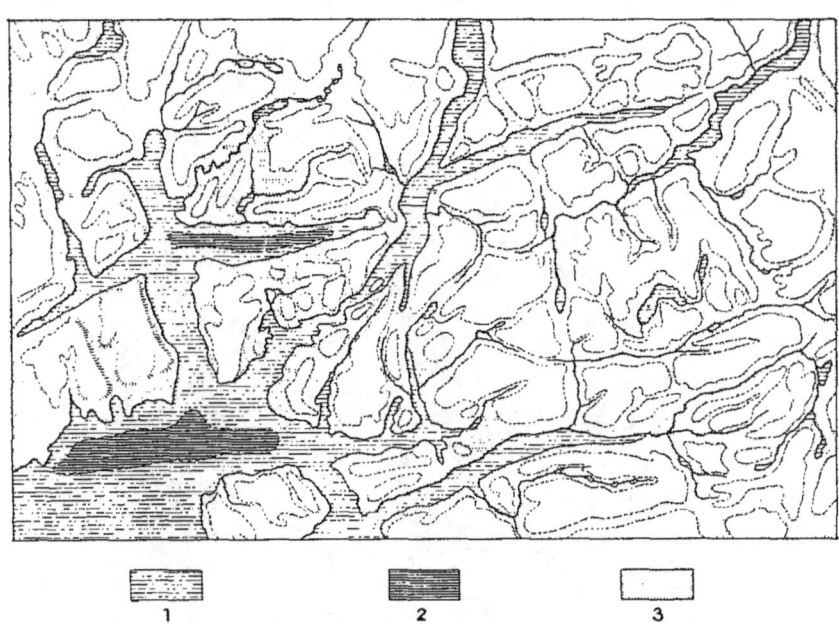

Fig. 60. — Fragment de topographie norvégienne. Environs du Norstrauds fjord, par 59° 20′ lat. N. Échelle 1 à 618.000. 1, profondeurs de 0 à 50 mètres ; 2, profondeurs supérieures à 500 mètres ; 3, vallées et cluses.

certaines vallées aboutissant à des fjords sont moins des vallées proprement dites que des chapelets de lacs retenus par des seuils rocheux, et dont quelques-uns, résultat d'un effondrement, descendent à des profondeurs notables au-dessous du niveau de la mer. La façon dont les cours d'eau s'enchevêtrent en quelque sorte les uns dans les autres, ajoutée à l'abondance des rapides et des cascades, dit assez qu'il s'agit d'une topographie à peine ébauchée, sans doute parce que les dislocations sont de date trop récente.

Effondrements locaux. — Lors des grands mouvements orogéniques, il paraît inévitable que certaines parties des régions plissées et disloquées viennent à se trouver dans des conditions de pente indécise, qui n'en permettent pas le façonnement rapide par les eaux courantes. Il en peut résulter la formation de *cols tectoniques*, et en même temps des portions de ces cols, plus déprimées, abriteront de petits lacs à fond de rocher, qui se maintiendront s'il ne leur vient pas, du voisinage, d'apports susceptibles de les combler rapidement. Telle pourrait être, selon M. Delebecque [1], l'origine de la série des lacs en escalier qu'on observe dans l'Isère, aux Sept-Laux. L'un d'eux, le lac de Cotepen, situé à 2151 mètres, a

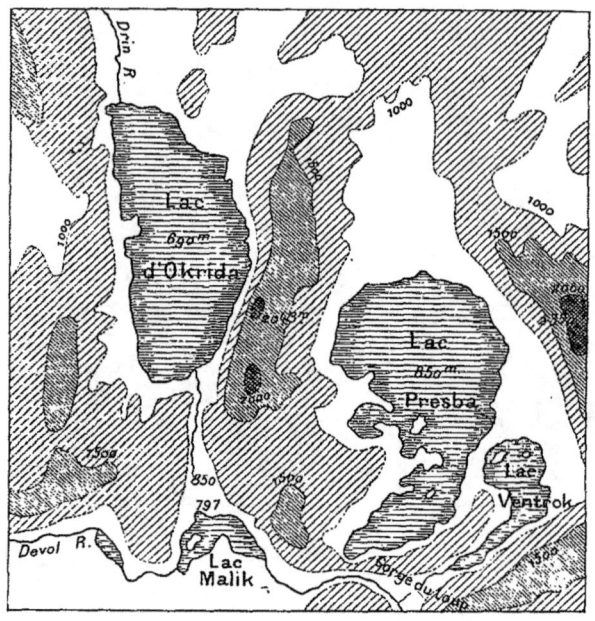

Fig. 61. — Les lacs d'Albanie.

70 mètres de profondeur. Il est dominé à 2182 mètres par un lac de 42 mètres, à 2217 par un troisième qui a 11 mètres de fond.

A côté de ces cavités sans importance, il en est d'autres, plus étendues, qui se forment par effondrement dans les synclinaux d'une chaîne plissée, lorsque plus tard cette chaîne vient à subir une dislocation qui la morcelle. Si de plus il s'agit de massifs calcaires, où les cavités produites se maintiennent mieux que dans une autre nature de terrains, cette combinaison de circonstances engendrera de grands lacs.

Il paraît à propos de ranger dans cette catégorie ce qu'on appelle

---

1. *Bibl. univ. de Genève, Archives des sciences*, 1892, p. 482.

les *lacs dessarétiques* d'Albanie [1], lacs situés au cœur de la région plissée et disloquée qui prolonge les Alpes dinariques, à proximité des effondrements caractéristiques de la Serbie et de la Macédoine. Il en existe deux principaux, occupant ensemble une surface égale à celle du lac de Constance, le lac d'Okrida et le lac Presba ou Preswa (fig. 61), situés le premier à 690, le second à 850 mètres d'altitude. Une étroite arête calcaire les sépare, s'élevant à 2043 mètres, et tandis que le lac d'Okrida s'écoule au nord par le Drin, l'autre ne peut se vider que par des fissures invisibles. On suppose que cet écoulement souterrain alimente les sources puissantes qui se font jour à la pointe sud de l'Okrida. Ce dernier lac est remarquable par la forme presque rigoureusement rectiligne de sa rive occidentale, située exactement dans le prolongement de la vallée du Drin, tandis qu'au sud du lac, mais avec un seuil intermédiaire, s'étend dans la même direction une gorge aboutissant au lac Malik, dans le centre du bassin qu'arrose le Devol. L'abondance des émanations sulfureuses et des sources thermales le long de cette ligne plaide en faveur d'une dislocation de date relativement récente.

Tout contre le lac Presba, et au même niveau, séparé de lui par une langue de terre qui a moins de 10 pas, un autre lac, le Ventrok, au lieu de se réunir au précédent, contourne une crête étroite et se vide au sud-ouest dans le Devol par un canal en partie souterrain. Tout près de ce canal, le massif calcaire est traversé par une très curieuse fente, dite la Gorge du Loup, qui, avec des parois de 800 mètres de hauteur, n'offre que 4 à 5 mètres de largeur au fond.

Cirques. — La plupart des régions plissées de haut relief ont un noyau généralement formé par des roches cristallines et massives, qui résistent mieux à l'érosion que les terrains de la périphérie. Aussi, quand le travail du creusement des vallées atteint ce noyau, l'approfondissement du lit devient-il beaucoup plus difficile; et c'est dans une cascade verticale que se dépense la force de l'eau courante. D'autre part, le hasard fait apparaître, au cœur de la chaîne, certaines couches particulièrement compactes et résistantes, comme les calcaires crétacés et tertiaires qui, au-dessus de Gavarnie, viennent recouvrir presque horizontalement les micaschistes. Minées par la base, ces roches s'écroulent par tranches verticales, jusqu'à ce que le thalweg en atteigne le pied. Alors c'est un *cirque* qui se forme, comme c'est le cas à Gavarnie, à Estaubé,

---

1. Kirchhoff's *Länderkunde*, II, 2.

à Troumouse, etc. Ces grands cirques, à l'origine d'un cours d'eau, représentent l'exagération de ce que nous avons vu se produire dans les petites vallées, où la naissance d'un thalweg se fait au pied d'un escarpement circulaire dit *bout du monde* [1]. Lorsque, comme à Gavarnie, la falaise du cirque est entaillée dans des couches horizontales, l'escarpement a naturellement une tendance à se diviser en gradins réguliers, en retraite les uns sur les autres.

Mais à côté de ces grands cirques de vallées, il en est d'autres, plus petits et situés d'ordinaire à de plus fortes altitudes, et dont la formation, inexplicable par l'eau courante, paraît assez liée à l'action glaciaire pour que nous en ajournions l'examen à ce chapitre.

Caractères généraux des massifs disloqués. — Dans les régions disloquées, la complication des structures marche généralement de pair avec une grande variété d'affleurements, ainsi qu'avec une forte altitude, entraînant comme conséquence habituelle une exagération des précipitations atmosphériques. Sur de telles pentes, qui dans les districts de grande dislocation deviennent facilement convergentes, le régime torrentiel prévaut sans partage. Aussi l'érosion s'exerce-t-elle avec une grande énergie, découpant le massif en cimes, parfois en pics abrupts, que séparent de profondes vallées.

L'inégale résistance des roches se fait jour, faisant apparaître les parties les plus dures en saillie notable, et fournissant la raison de toutes les circonstances de tracé, de pente et de forme. Les différences observées ne tiennent pas seulement à la nature des terrains, mais aussi, à un très haut degré, à la structure introduite par la tectonique locale. Ainsi une roche préalablement divisée en bancs, soit par la stratification propre, soit par l'effet du laminage lors des poussées orogéniques, se laissera découper en aiguilles déchiquetées, tandis qu'en l'absence de toute cassure elle conservera des surfaces doucement arrondies. La variété des formes pourra donc être extrême, et devra être justifiée, dans chaque cas particulier, par diverses considérations, parfois très complexes, et où interviendra le plus souvent, avec l'érosion subaérienne, l'action des glaciers.

Il importe seulement de remarquer que ces formes sont essentiellement transitoires, et soumises à la même destinée finale que tout l'ensemble de la terre ferme. De là vient qu'en général, les

---

[1] Voir plus haut, p. 101.

chaînes de montagnes offrent un relief d'autant plus inégal qu'elles sont moins anciennes et, par suite, exposées depuis moins longtemps aux efforts de l'érosion. Cela suffit, par exemple, à expliquer la différence de silhouette des Alpes et des Pyrénées. Les cimes de l'Oberland bernois ne sont que des lambeaux de la tête des plis alpins. Disloquées par mille fractures, ces têtes de plis ont en grande partie disparu, emportées par les torrents, les avalanches ou les glaciers. Ce qu'il en reste subit une destruction quotidienne, et la disparition des sommets paraît destinée à précéder le rabotage complet de la chaîne.

Massifs exotiques. Klippen. — Il arrive parfois qu'au cours de cette destruction, certaines formes apparaissent, qui pourraient être qualifiées de *paradoxes géographiques*. Telles sont, par exemple, les Mythen de Schwytz. Ce sont deux cimes calcaires, au profil abrupt et anguleux, qui surgissent tout d'un coup au-dessus d'un terrain remarquable par ses formes arrondies et doucement mamelonnées. Même si c'étaient des lambeaux d'une couche originairement superposée aux schistes tendres du substratum, on comprendrait difficilement que l'érosion les eût ainsi laissées toutes seules en saillie sans qu'il subsistât, à droite et à gauche, d'autres témoins de la même assise. Mais la géologie permet d'affirmer qu'il y a eu renversement, et que ces lambeaux calcaires *reposent* en réalité sur des couches beaucoup moins anciennes. Alors, en reconstituant leur situation primitive, on arrive à reconnaître qu'ils ont fait partie d'un *pli couché*; c'est-à-dire que, lors des grands refoulements alpins, un pli saillant, né dans un massif calcaire, a été si fortement déjeté qu'une partie des couches plissées s'est vue poussée en avant, le long d'une surface de cassure presque horizontale, jusqu'à des distances capables d'atteindre plusieurs kilomètres. Un tel *charriage* n'a pu s'accomplir sans entraîner des dislocations fort compliquées, par suite desquelles ce *lambeau de poussée* a dû être tout particulièrement accessible à la destruction par les influences extérieures. Seules, les parties les plus dures ont été respectées, restant en saillie par suite de l'enlèvement des roches plus tendres du pli.

C'est de la même façon que paraissent devoir s'expliquer les *Klippen* des Carpathes. Ce sont des rochers calcaires, aux formes abruptes, dispersés comme des îlots à la surface d'un terrain de schistes et de grès tendres, au sein duquel on constate généralement qu'ils n'ont pas de racines. Dans l'origine, ils appartenaient à une ancienne chaîne de montagnes, que l'érosion avait fini par morceler. Un réveil de l'activité orogénique, lors du soulèvement des Alpes, a poussé ces restes disloqués, en un pli déjeté, au milieu des roches tendres du terrain tertiaire; et plus tard, quand l'érosion a eu dispersé ces dernières, les débris isolés de la chaîne disparue, qu'elles tenaient comme emprisonnés dans leur masse, ont apparu au jour en raison de leur plus grande résistance à l'érosion. Et c'est ainsi qu'une anomalie géographique se montre intimement liée à un accident géologique tout à fait exceptionnel.

Le nom de massifs *exotiques* a été justement appliqué à ces lambeaux, charriés à une grande distance de leur lieu d'origine, et introduisant une véritable perturbation dans le paysage ambiant, déterminé par des formes qui leur sont tout à fait étrangères.

Dépressions régionales. — Après les régions où ont dominé les efforts de plissement, il y a lieu de considérer les compartiments de l'écorce qui, par suite de tassements ou d'effondrements d'ensemble, ont été déprimés au-dessous des territoires avoisinants.

Ceux qui ont été ainsi amenés au-dessous des mers restent en dehors de cette étude, car ils demeurent soustraits aux actions extérieures que nous analysons. Mais il en existe beaucoup dans le domaine continental, où les uns constituent des dépressions encore aujourd'hui privées d'écoulement extérieur, tandis que d'autres forment seulement des bassins, dont les eaux trouvent, par quelque gorge ouverte à travers les montagnes, une issue vers la mer.

Ces derniers sont nombreux dans le sud-est de l'Europe, où la surrection des dépendances orientales de la grande chaîne alpine a été accompagnée et suivie par de nombreux affaissements régionaux. Le plus important forme le bassin de la Hongrie, dont la majeure partie a été un lac, avant que le Danube eût réussi à créer, ou du moins à approfondir, le défilé des Portes de fer. De cette ancienne cuvette lacustre, il ne subsiste plus que le lac Balaton, dont la profondeur est inférieure à 11 mètres, et qui est sujet, selon l'abondance des pluies, à de telles variations de niveau, qu'en 1865, par exemple, les eaux s'y tenaient à 2 m. 15 plus bas qu'en 1879.

La Bulgarie, la Roumélie, la Macédoine, la Thrace, en un mot tout le pays compris entre les Alpes dinariques, les Balkans et la Mer Egée, abondent en dépressions de ce genre, encore mieux marquées en Asie Mineure; les unes sont aujourd'hui définitivement asséchées et régularisées, comme les bassins de Sofia et de la

Maritza. D'autres se trahissent encore par des lacs, tels que ceux de la Macédoine, de la Thessalie, du bord méridional de la mer de Marmara, restes de nappes beaucoup plus étendues aux époques tertiaire et pleistocène.

Dépressions sans écoulement maritime. — Bien plus grande est l'importance des dépressions privées d'écoulement vers la mer, et dont la superficie totale dépasse un cinquième de la surface des continents. De ces territoires, les uns forment de grandes cuvettes, limitées par de hauts massifs. Ainsi la dépression du Lob Nor, bordée d'un côté par le haut relief du Tibet, de l'autre par la chaîne du Thian Chan; ainsi encore l'oasis de Lionktchoun et de Tourfan, à 160 mètres au-dessous de la mer, entre le Thian Chan et l'Altaï. C'est également entre deux chaînes de montagnes qu'est contenue en Amérique la dépression du Grand Bassin. Seulement elle offre ce caractère spécial, qu'avant sa dislocation définitive elle formait une région plissée, dont quelques vestiges alignés subsistent au milieu de la plaine d'effondrement. D'autres dépressions forment seulement la partie centrale affaissée de grands plateaux, comme c'est le cas pour la plupart des déserts africains.

Les bassins déprimés se distinguent tous par une topographie mal définie, qui tient à ce que le travail des eaux courantes n'a pas pu y faire disparaître entièrement l'indécision originelle de la surface.

Quand une région sans écoulement maritime a son fond au-dessus de la cote zéro (ce qui est le cas la plupart du temps), si elle a pu échapper à l'influence du niveau de base océanique, c'est évidemment parce que l'érosion fluviale et le ruissellement se sont montrés incapables d'en régulariser le relief. Autrement un lac s'y serait établi, élevant son niveau jusqu'à la hauteur du déversoir le plus favorable, et le creusement de l'émissaire du lac, combiné avec le comblement progressif de ce dernier, aurait fini par assurer l'établissement d'un réseau hydrographique normal.

Pour que cet effet ne se soit pas produit, il faut, ou bien que la région soit assez perméable pour absorber les eaux de pluie et les laisser écouler souterrainement en dehors de son domaine; ou que le climat présente une sécheresse exceptionnelle. Ce dernier cas est le plus souvent réalisé. En étudiant la répartition des conditions physiques sur le globe, nous avons vu [1] que diverses raisons concouraient à assigner aux dépressions un climat particuliè-

---
1. Voir plus haut, p. 64.

rement sec. Les seules qui échappent à cette loi sont celles que favorisent les pluies équatoriales, ou qui peuvent profiter du régime humide d'une contrée voisine. De ce nombre est le bassin sans écoulement de la République argentine. Une chute de pluie de 20 à 60 centimètres lui permet de nourrir de grandes herbes, qui en font une *pampa* au lieu d'un désert. Mais le relief y demeure très indécis: une foule de lagunes salées y subsistent, et presque toutes les rivières se perdent dans des marécages ou des sables.

Causes de l'insuffisance des agents du modelé dans les dépressions. — Du reste, quand bien même la pluie ne ferait pas défaut, la constitution propre d'une dépression de quelque étendue doit nécessairement paralyser l'œuvre du modelé. En effet il y manque le facteur le plus essentiel, c'est-à-dire un *niveau de base*, non seulement bien défini, mais constitué, *avant tout travail d'érosion*, par une nappe d'eau importante et invariable.

Si la dépression résulte de l'écrasement ou du gauchissement d'un territoire bordé par des plis montagneux, elle peut difficilement avoir la forme d'une cuvette simple. Sa surface est inégale, et se partage à l'origine en dépressions indépendantes. Chacune doit absorber pour son compte une portion du ruissellement total et en former un lac. C'est seulement quand elle y a réussi que le district avoisinant est doté d'un niveau de base provisoire. Or l'évaporation lutte, dès le début, contre cette constitution d'un réservoir, et peut être assez forte pour l'entraver. En tous cas, les inévitables variations de la surface du lac enlèvent au niveau de base cette fixité qui en ferait le point de départ de la régularisation des pentes.

D'un autre côté, tandis que, dans un territoire normal, les alluvions apportées par les fleuves sont immédiatement dispersées dans la mer, celles que reçoit un lac y demeurent forcément, élevant son niveau et agrandissant d'autant la surface d'évaporation. En même temps la rivière, embarrassée par ses propres dépôts, multiplie ses divagations au voisinage de l'embouchure. Le vent soulève les sables, obstruant l'une après l'autre les branches du cours d'eau. En résumé la topographie habituellement indécise des dépressions s'explique par l'impuissance de rivières mal définies et mal alimentées, dont la plupart finissent par être obstruées à leur embouchure, les plaines d'alluvions se transformant rapidement en déserts de sable. Et cet effet se trouve souvent accéléré par un changement de climat dans le sens d'une aggravation de la sécheresse. C'est ce qui s'est produit dans l'Asie centrale, où le Tarim, malgré l'importance de son bassin d'alimentation, finit par se perdre dans les marécages du Lob Nor, reste insignifiant de l'ancienne mer intérieure de Gobi.

Dépressions momentanément drainées. — Au contraire, si le climat devient beaucoup plus humide, les lacs augmentent d'importance et finissent par atteindre un niveau qui permet leur débordement dans une dépression inférieure; alors l'émissaire creuse son lit et commence la régularisation de l'écoulement.

A cet égard, il n'y a pas de témoignage plus explicite que celui

Fig. 62. — Les terrasses de l'ancien lac Bonneville (d'après M. Gilbert).

qu'apportent les traces des anciens lacs dans le Grand Bassin occidental des États-Unis.

Le Lac Salé de l'Utah n'est que le reste d'une nappe lacustre beaucoup plus étendue, qui occupait la contrée à l'époque du développement des glaces quaternaires ou pleistocènes, et dont les contours ont pu être exactement reconstitués [1]. C'est l'ancien *lac Bonneville*, qui couvrait 50 000 kilomètres carrés, avec 300 mètres de profondeur. Plus à l'ouest se trouvait le *lac Lahontan*, de profondeur égale, mais de surface moitié moindre, et dont les lacs Carson, Walker et Pyramide sont les restes.

Les preuves de l'ancienne extension de ces lacs, qu'on a très justement comparés à de gigantesques *pluviomètres fossiles*, consistent dans un remarquable système de *terrasses*, formées les unes d'alluvions au débouché des cours d'eau, les autres de marnes et de tufs à la fois calcaires et siliceux, qui sont dus à une préci-

1. Gilbert, *Lake Bonneville* (U. S. Geol. Survey Monographs, I. 1890).

pitation chimique. La régularité et la remarquable conservation de ces terrasses impriment au paysage un caractère tout à fait saisissant (fig. 62). En plusieurs points, on observe des barres de cailloux roulés, qui se sont déposées à l'entrée des anses découpées dans le rocher. L'allure de ces bancs horizontaux contraste d'une façon tranchée avec le modelé des hauteurs qui les surmontent, et où l'érosion subaérienne a fait naître une foule de ravinements.

Si les anciens lacs du Grand Bassin ont formé des terrasses aussi nettes, c'est qu'ils ont joui d'un écoulement qui leur a permis de garder longtemps le même niveau. En effet M. Gilbert a montré que le lac Bonneville, quand il avait 300 mètres de profondeur, trouvait un déversoir au nord, dans la rivière Columbia, par le col de la Roche-Rouge. L'approfondissement de cet émissaire a fini par vider le lac en partie, jusqu'à lui faire perdre 200 mètres de niveau. Alors, l'écoulement s'étant trouvé interrompu, un nouveau stationnement de la surface a engendré la série des terrasses de Provo, jusqu'à ce que la sécheresse survenant réduisît la nappe d'eau au Lac Salé, avec 4 à 12 mètres de profondeur et 20 pour 100 de sel.

Il est du reste à remarquer que des dislocations ont été concomitantes de cet assèchement; car M. Gilbert a montré [1] que les terrasses, au lieu d'être horizontales, offraient un bombement qui les relevait au milieu d'environ 150 mètres. Un pareil mouvement n'a pas dû être sans influence sur la fermeture de l'ancien déversoir.

Une bonne partie de la topographie si atténuée du Grand Bassin résulte de ce que les alluvions fluviales, au lieu d'être entraînées à la mer, ont dû se déposer sur place.

Anciens fonds de mer. — Lorsqu'un mouvement d'ensemble de l'écorce a amené la surrection d'un fond de mer, si la contrée n'est pas extraordinairement riche en précipitations atmosphériques, il y a toutes chances pour que le relief demeure indécis. En effet, les nappes d'eau que la surrection a pu respecter, dans les cuvettes les plus profondes, ne résultent nullement d'un équilibre établi entre la pluie tombée et l'évaporation locale. Ce sont les restes d'un ancien apport extérieur, qui avait sa source dans un réservoir inépuisable, avec lequel la communication est désormais rompue. La destinée fatale de ces bassins est donc de voir diminuer leur amplitude. C'est un niveau de base qui recule sans cesse, rendant la

---

1. *U. S. Geological Survey Monographs*, I (1890).

concentration des ruissellements de plus en plus difficile, et modifiant continuellement, en raison de l'allure des fonds qui émergent, un réseau destiné à ne pas sortir de la période d'ébauche.

Le grand bassin déprimé, compris entre le Kouen-Lun et le Thian-Chan, et qui couvre plus de 600 000 kilomètres carrés, montre un grand nombre de cuvettes distinctes, les unes à sec, les autres ayant leur fond occupé par un lac. Les premières abondent dans la partie orientale du désert de Gobi, et elles sont aussi très nombreuses dans l'intérieur de l'Australie. Toutes ces régions désertiques ont des cours d'eau temporaires, mal définis, et presque tous leurs lacs sont salés, que cette salure soit originelle ou qu'elle résulte de l'excès de l'évaporation, les substances dissoutes que les rivières apportent dans les lacs étant forcées d'y demeurer.

C'est grâce à une abondante alimentation, par des rivières venant du nord, que la Caspienne a réussi à se maintenir, tout en diminuant d'étendue, au fond d'une dépression, dont la partie orientale exondée voit ses cours d'eau s'ensabler et se perdre de plus en plus. La Caspienne a maintenant son niveau à 26 mètres et son fond à 1124 mètres *au-dessous* du niveau de la mer. Ici l'importance de la dépression est venue en aide au climat pour le maintien de la nappe d'eau. En revanche, les dépressions du désert libyque, où le niveau du fond varie entre 20 et 75 mètres au dessous de la mer, n'ont pas eu de peine à s'assécher, se transformant en oasis.

Effondrements linéaires. — Il y a des effondrements dont la direction est assez étroitement définie pour s'imposer au parcours de la rivière qui vient occuper le fond de la dépression.

La vallée du Rhin, entre l'Alsace et la Forêt-Noire, est le résultat d'un effondrement linéaire, survenu, selon toute apparence, par la rupture du sommet d'un dôme dont ces deux massifs représentent les flancs. L'écroulement a eu lieu par échelons, et une suite de failles se succèdent sur les flancs de la vallée, chacune produisant un nouveau rejet. Mais ce n'est pas immédiatement après la rupture que le fleuve s'y est établi. La dépression alsacienne a d'abord servi de chenal à la mer oligocène, arrivant de Mayence, et à laquelle elle a permis d'atteindre Bâle. Puis elle a subi diverses vicissitudes, et un moment est venu où, sur son fond déjà asséché, les épanchements volcaniques du Kaiserstuhl ont dû former un barrage en travers. Si donc le Rhin alsacien coule réellement dans une ancienne cassure, du moins on ne peut pas ranger sa vallée parmi les *vallées de fracture* proprement dites, celles où l'ouverture d'une crevasse tectonique aurait immédiatement déterminé l'emplacement et la direction d'un cours d'eau.

D'autres dépressions se produisent par le jeu de cassures plus ou moins parallèles, avec glissement des compartiments le long des fentes produites. Ce mouvement, n'ayant pas partout la même amplitude, engendre des cavités analogues à celles des synclinaux, et distinguées par ce fait que les deux versants sont dyssymétriques (fig. 63), l'un d'eux étant incomparablement plus raide que l'autre. Ces dépressions deviennent des lacs qui, avec un régime de pluies abondantes, finiraient par se vider les uns dans les autres par des vallées bien définies. Mais, là où l'évaporation a dominé, comme dans le bassin fermé de l'Utah, du Nevada et de l'Orégon, il est resté une série de creux indépendants et alignés, dont quelques-uns sont encore pourvus d'eau [1].

En Californie, non loin de l'embouchure du Colorado, il existe

Fig. 63. — Lacs d'effondrements linéaires.

des dépressions par effondrement à peu près linéaire, dont le fond est à 90 mètres au-dessous de zéro. Quelques-unes sont à sec, et transformées en déserts salins. Mais de temps en temps l'eau y reparaît, et engendre des lacs de plusieurs kilomètres de largeur, comme celui qui s'est manifesté en 1891 à Salton.

Le vrai type des effondrements *linéaires* se trouve dans l'étroit fossé (*Graben* des Allemands) sur lequel s'alignent la vallée du Jourdain, le lac de Tibériade et la mer Morte. On en retrouve le prolongement, au delà de l'Abyssinie, dans une curieuse dépression rectiligne, au bord de laquelle sont situés les volcans du Kenia et du Kilimanscharo, et dont le parcours est jalonné par une série de lacs sans écoulement, comme le lac Rodolphe.

Quelques-uns des grands lacs de l'Afrique, comme le Tanganyika, appartiennent à des effondrements linéaires du même ordre. Ils se distinguent par ce fait que, malgré leur allongement, ils ne sont pas situés sur le parcours d'une vallée, et c'est de côté, par un émissaire à angle droit sur leur axe, qu'ils se vident assez, irrégulièrement d'ailleurs. C'est à l'abondance des pluies équatoriales qu'ils doivent leur grande étendue comme nappes d'eau. La profondeur du Tanganyika est considérable et dépasse par endroits 550 mètres.

1. *Les Formes du terrain*, p.

HUITIÈME LEÇON

CYCLE D'ÉROSION. — APLANISSEMENT FINAL

Notion du cycle d'érosion. — D'après ce que nous avons vu précédemment, la combinaison des influences génétiques et tectoniques passives a pour effet de compliquer l'œuvre normale du modelé et d'en retarder l'accomplissement, en même temps qu'elle impose au réseau hydrographique des conditions directrices. Mais la marche générale du phénomène ne change pas, non plus que son terme final. Seulement les diverses phases en sont plus durables et mieux marquées. Leur succession forme, pour le système des cours d'eau de la région, un *cycle d'érosion* ou *cycle d'activité* complet. Même M. W. Morris Davis se sert du mot de *cycle vital*, pour rappeler que l'évolution d'un réseau hydrographique comporte une série de phases, constituant comme autant d'*âges*, où l'on peut distinguer depuis l'*enfance* jusqu'à la *décrépitude*. Nous emprunterons en grande partie au savant géographe américain la définition précise de ces états successifs, qu'il a mis le premier en complète lumière [1].

Enfance et jeunesse d'un réseau hydrographique. — Dans l'*enfance* d'un réseau, surtout si la surface structurale est quelque peu indécise, la concentration des ruissellements est lente à se faire; nombreux sont les cours d'eau qui aboutissent à des lacs provisoires, de sorte que l'évaporation enlève une grande partie de la pluie tombée; aussi le rapport entre le débit aux dernières embouchures et la chute de pluie sur le bassin est-il relativement bas. Les rivières initiales adoptent tout de suite le tracé que les condi-

---

1. Voir notamment *Rivers and valleys of Pennsylvania* dans *National geogr. Magazine*, 1889, et *Journal of Geology*, Chicago, 1894.

tions de pente de la surface leur indiquent le plus naturellement, quelles que doivent être d'ailleurs les difficultés qu'elles y rencontreront plus tard pour l'approfondissement de leurs lits. La charge de matériaux solides qu'elles déplacent est peu considérable ; car elle n'est empruntée qu'à la superficie des versants d'un réseau à peine ébauché.

Dans la *jeunesse* et l'*adolescence*, les lignes de drainage se multiplient, et deviennent de plus en plus aptes à fournir aux eaux pluviales un écoulement rapide. De nombreux sillons sont déjà creusés dans la surface structurale, diminuant beaucoup la part du ruissellement qui peut échapper à la concentration finale. Les arrêts lacustres sont moindres ou tout au moins ne sont plus isolés, la liaison s'établissant par des rapides et des cascades de récente formation. Les versants raides des vallées *conséquentes* qui viennent de se fixer, au prix de l'abandon partiel des tracés primitifs, en conformité des exigences du terrain entamé, fournissent aux rivières encore torrentielles une quantité croissante de matériaux solides. Les essais que font les eaux affluentes pour se loger dans des lits *subséquents* commencent à donner des résultats définitifs. En s'affirmant, ces cours d'eau secondaires découpent en mille endroits les anciennes pentes de la surface structurale. Aux lignes de faîte de cette dernière s'ajoutent une foule d'arêtes de partage *subséquentes*, dont la migration comporte de fréquents accidents de *capture*. L'écoulement des pluies devient plus rapide, et la charge que les rivières ont à transporter augmente notablement.

Maturité du réseau. — Alors arrive la période de *maturité*. Le relief garde encore une grande part de l'intensité qu'il avait acquise durant la phase d'adolescence ; mais il s'y joint une extrême variété de détails. Tous les affluents sont définis ; il ne reste plus de pentes indécises et, dans la plus grande partie du bassin, le travail du creusement est presque achevé, de sorte que les courbes des cours d'eau sont régularisées. Le tracé des thalwegs s'est complètement adapté à la structure du terrain, grâce à un processus délicat et continu de sélection naturelle, en vertu duquel les parties qui s'accordaient le mieux avec cette structure survivent seules, tandis que les autres s'atrophient ou disparaissent. L'impétuosité de la jeunesse a fait place à un régime d'équilibre, et si les branches du cours supérieur, où la marche régressive du creusement n'a pas encore dit son dernier mot, laissent encore voir plus d'un trait caractéristique de l'adolescence, déjà la vieillesse commence à faire son apparition dans les tronçons inférieurs.

A cet état, les cours d'eau principaux se divisent tous en trois tronçons : l'un, supérieur, où persiste le régime torrentiel, avec cascades et modification du lit aussi bien que des versants; le second, moyen, où il ne se fait ni creusement ni dépôt permanent; le troisième, inférieur, où le cours d'eau, pourvu d'un débit notable, s'étale largement dans ses crues, engendrant par le dépôt des matériaux transportés une *plaine alluviale* ou *plaine de débordement*.

Fig. 64. — Torrent des Alpes, avec barrages pour briser la pente.

Partie torrentielle. — Ainsi que nous l'avons indiqué précédemment, le régime torrentiel du tronçon supérieur résulte de la forme en *entonnoir*, que prennent nécessairement les versants à l'origine d'un thalweg. A cette influence s'ajoute celle des pentes accentuées que présente, dans sa partie haute, un bassin limité par des montagnes. De plus, au cœur d'un massif accidenté qui n'a pas encore subi l'effort d'une trop longue érosion, la plupart de ces fortes pentes sont convergentes, de sorte que les *eaux sauvages*, après avoir dégradé, selon sa consistance, le terrain sur lequel elles coulent, se réunissent en *torrents* (fig. 64). L'eau courante y acquiert des vitesses de 12 mètres et plus par seconde, ce qui a rend capable d'effets mécaniques considérables, contre lesquels on ne peut lutter qu'en brisant la pente par des barrages successifs. Les berges de ces torrents sont sujettes à de fréquents éboulements, qui prennent dans certaines régions déboisées, par exemple dans les Hautes-Alpes, un caractère particulièrement désastreux. Pour les conjurer, il faut, avec la correction du lit, mener de front une reprise de possession méthodique des versants par la végétation, seule capable de fixer le sol et de rendre le ruissellement pluvial inoffensif.

La plupart des torrents débouchent dans une vallée sensiblement plus large, où leur vitesse s'amortit tout d'un coup. Aussi les matériaux solides transportés se déposent-ils, à l'issue du *couloir* torrentiel, sous la forme d'un cône aplati, dit *cône de déjection*. C'est un mélange confus de gros blocs, de pierres roulées, de graviers et de boue, s'étalant en éventail sous une inclinaison d'un très petit nombre de degrés, et souvent remanié par les filets d'eau qui divaguent à sa surface, en allant rejoindre le cours d'eau dont le torrent est tributaire.

Tronçon moyen. — Le tronçon moyen d'un cours d'eau parvenu à maturité est celui où la pente, complètement régularisée, ne permet plus ni creusement du lit ni dépôt permanent des alluvions. Le lit est d'ailleurs devenu assez large pour que les versants ne subissent plus que l'érosion pluviale. La rivière, qui garde un excédent de force dans ses crues, cherche à réaliser son régime d'équilibre en augmentant la longueur de son parcours, par les sinuosités ou *méandres* qu'elle décrit au milieu des alluvions dont son *lit majeur* est tapissé. En même temps elle remanie ces dernières, les déplaçant de proche en proche par l'attaque des berges concaves au profit des boucles convexes. Ainsi les matériaux des alluvions cheminent peu à peu, exerçant les uns contre les autres un frottement qui émousse toutes leurs aspérités. De cette façon se constituent les *cailloux roulés*, tandis que les menus débris provenant de cette trituration mutuelle engendrent des graviers, des sables et de la vase. Mais celle-ci, toujours soumise à l'action oxydante de l'air, se transforme en *limon*, qui va se déposer surtout dans la plaine alluviale servant de cadre au tronçon inférieur.

Tronçon inférieur. Plaines alluviales. Deltas. — La plaine de débordement avait commencé à se constituer autour de l'embouchure, dès le moment où la pente de cette partie terminale a été régularisée. De là elle a progressé vers l'amont, réagissant dans le même sens sur les affluents du cours inférieur par le léger relèvement qu'elle imposait à leur niveau de base. En même temps les progrès de l'alluvionnement ont dû avoir pour effet de modifier le débouché des affluents. Comme l'apport des matériaux se fait plus rapidement par le fleuve principal, ce dernier amène sans cesse de nouveaux dépôts, dans la région de remous qui s'étend entre son chenal et celui de la rivière affluente. Celle-ci est donc constamment rejetée de côté, et son confluent se déplace toujours vers l'aval. L'angle de rencontre des deux cours d'eau, primitivement à peu près droit, devient de plus en plus aigu.

Peu de rivières ont éprouvé cet effet au même degré que l'Ill, qui, toujours rejeté au nord, en est arrivé à couler, sur une grande longueur, dans la plaine alsacienne, parallèlement au Rhin.

La Theiss ou Tisza de Hongrie offre l'exemple opposé, celui d'une rivière constamment repoussée par les alluvions de ses affluents torrentiels. Dans l'origine, elle coulait en moyenne à cent kilomètres à l'est de son lit actuel. Le déplacement est l'œuvre des rivières latérales qui descendent des Carpathes, charriant sur une pente rapide des cailloux et des sables.

C'est aussi durant la période de pleine activité que se forment les *deltas*, c'est-à-dire les conquêtes opérées par les alluvions de l'embouchure au détriment du domaine maritime, dans les mers où il n'y a ni marées excessives, ni courants assez forts pour disperser les sédiments. De cette manière, la plaine de débordement s'accroît au delà de l'embouchure; et si plusieurs fleuves en viennent à entremêler leurs deltas, comme ont fait l'Escaut, la Meuse et le Rhin, il en résulte l'addition, au territoire continental, d'une bande plus ou moins étendue de *Pays-Bas*, bande nécessairement instable, parce qu'elle est exposée à la fois aux incursions des grandes marées et à l'inondation par les crues fluviales. Seulement ce dernier danger diminue avec le temps, la rivière opérant le *colmatage* naturel de ses rives par les alluvions qu'elle y dépose, à la condition toutefois qu'on n'essaie pas de la contenir d'une façon permanente par des digues insubmersibles.

Signes divers de la maturité. — A l'époque de la maturité, le terrain, dans les parties moyennes d'un bassin fluvial, est en possession d'un modelé défini, attesté par la régularité avec laquelle les courbes de niveau se succèdent, tant sur les versants du cours d'eau principal que sur les vallons qui les accidentent (fig. 65), et dont la plupart sont à sec pendant la plus grande partie de l'année. Si, sur les versants, quelques courbes limitrophes se resserrent, accusant une plus grande consistance du terrain, la succession est régulière dans les thalwegs, où l'écartement des courbes consécutives augmente assez régulièrement de l'amont à l'aval.

Il est à remarquer que, durant la maturité d'un système, certaines artères principales, déjà pourvues d'un profil d'équilibre, peuvent être amenées à modifier leur pente. En effet, il est très possible qu'au moment où cette pente était déjà régularisée, quelques-uns des affluents latéraux fussent très peu avancés dans leur évolution. Si celle-ci, en se développant, comporte, en raison du terrain rencontré, une dégradation plus active des versants, il en résultera un apport de matériaux, dans la vallée principale,

Fig. 65. — Fragment topographique pris aux environs de Verdun (côte Saint-Michel). Échelle 1 pour 10.000. Équidistance des courbes : 5 mètres.

sous la forme d'un cône de déjection qui tendra à l'obstruer, et obligera la rivière à augmenter sa pente dans cette section [1].

Suivant la juste remarque de M. Davis, le mot de *maturité* est bien celui qui convient à l'état de choses que nous venons d'analyser, et où s'exercent dans leur plénitude toutes les fonctions du réseau hydrographique. Car c'est alors que, sur un terrain définitivement façonné, toute l'eau qui ruisselle est le plus sûrement conduite à l'embouchure ; c'est alors aussi que, le réseau des ravinements étant complet, la surface d'attaque des versants est portée au maximum ; de sorte que c'est durant cette phase que se fait le plus actif transport de débris. En même temps le régime des eaux est le plus régulier.

Vieillesse du réseau. — La vieillesse d'un réseau hydrographique se traduit par une atténuation générale, sous le rapport de

---

[1]. Davis. *Journal of Geology*, II (1884).

l'intensité comme sous celui de la variété, de toutes les formes comme des fonctions du réseau. L'approfondissement des vallées marchant moins vite que la lente dégradation des cimes, le relief s'adoucit et les parties convexes y deviennent prépondérantes. Alors l'intensité de la pluie diminue, les vents humides ne rencontrant plus d'obstacles aussi brusques ; dès lors la charge des rivières est moindre, les petites branches de tête s'atrophient ; l'adaptation aux structures cesse d'être aussi nette. Le courant des troncs principaux perd de sa force, surtout dans la plaine de débordement, où le plus petit obstacle suffit pour détourner le fleuve et l'obliger à changer son lit, en décrivant dans la plaine des *méandres divagants*. Alors cette plaine atteint sa plus grande extension. A chaque crue, le cours d'eau, rompant une digue, peut se précipiter sur des parties qu'il n'avait pas visitées depuis longtemps, comme aussi un barrage, tel qu'une accumulation de troncs d'arbres entraînés, isolera d'anciens lits qui se transformeront en *lacs*. Nulle part ce régime n'est mieux accusé que sur le cours inférieur du Mississipi, où les efforts de l'homme sont souvent impuissants à empêcher les divagations du fleuve. Ces divagations sont quelquefois assez importantes pour engendrer de véritables *bifurcations*, par suite desquelles une partie d'un fleuve se détourne définitivement de sa vallée pour suivre une autre route. Le cas le plus célèbre est la bifurcation de l'Orénoque, dont un bras, le Cassiquiare, va par le Rio-Negro rejoindre l'Amazone.

Un type de rivière divagante était la Theiss avant sa canalisation. Pour une longueur de vallée de 545 kilomètres, elle se développait sur près de 1300 kilomètres, ramifiée à l'infini en canaux secondaires au milieu de lacs, d'étangs et de marécages.

Le dernier terme, ou la *décrépitude*, serait l'obstruction des embouchures, par le sable que le vent soulève, sur un territoire où son action a de plus en plus de prise, à mesure que le climat devient plus sec et le relief moins accentué. Plus d'un fleuve actuel subirait déjà cette destinée, si les efforts de l'homme ne s'employaient à maintenir son chenal de sortie.

Notion des pénéplaines. — Lorsqu'un cycle d'érosion est parvenu à son terme, le bassin sur lequel l'activité des eaux courantes s'est exercée ne doit plus avoir qu'un relief insensible. Mais si le territoire est ainsi aplani, il ne forme une surface plane qu'au voisinage de l'embouchure des cours d'eau. Partout ailleurs, non seulement le niveau va s'élevant peu à peu ; mais l'inégale dureté des roches fait qu'il subsiste encore de petites inégalités de relief, faisant du pays ce que M. Davis [1] a nommé une *pénéplaine* [2], dans des conditions d'altitude commandées par le niveau de base [3].

Comme les rivières décrivent des méandres sur cette surface doucement ondulée, entre des versants de pente devenue presque négligeable, on peut dire que *la pénéplaine est une surface engendrée par la combinaison de tous les profils d'équilibre des cours d'eau.* C'est pourquoi, dès la phase de maturité, quand les rivières principales ont cessé d'approfondir leurs lits, et que toutes les embouchures des affluents ont été régularisées, il suffit de réunir par des courbes les points de même altitude de tous ces lits fluviaux, pour dessiner d'avance la surface topographique dont la pénéplaine finale différera infiniment peu, une fois que les versants des vallées auront été abattus.

Exemples de pénéplaines. — Peu de pays répondent à la conception d'une pénéplaine mieux que le versant méridional du fleuve de l'Amazone. Entre son affluent le Madeira et le haut bassin du Paraguay, il n'existe pas de seuil s'élevant à 300 mètres. Pour atteindre cette altitude, il faut, dans la partie moyenne du fleuve, s'écarter perpendiculairement à sa direction de plus de 800 kilomètres, et pas un seul point de la partie brésilienne de cet immense bassin n'atteint 1000 mètres. Cependant, à part un ruban de terrain tertiaire qui longe l'Amazone, tout le versant est à peu près exclusivement composé de terrains anciens et de schistes cristallins, supportant une couverture de grès horizontaux, qui ne sont pas de formation marine. La mer n'a donc eu, ni par abrasion ni par sédimentation, aucune part à cet aplanissement. Au contraire, la régularité avec laquelle se développe le réseau fluvial, l'énorme étendue des plaines d'alluvions des cours d'eau, les élargissements et les divagations de leurs tronçons inférieurs, accusent l'œuvre prépondérante d'une érosion longtemps poursuivie. L'effet de cette érosion serait plus complet encore, si la nature gréseuse du terrain qui sépare les rivières ne se prêtait mal au travail d'aplatissement des versants.

Toutefois le massif brésilien du nord ne peut pas être donné comme le type d'une pénéplaine parfaite; car les affluents de

---

1. *American Journal*, 1889.
2. Il nous a semblé que le mot *peneplain*, créé par M. Davis, pouvait passer presque sans altération dans notre langue, et y être employé au même titre que celui de *péninsule*.
3. C'est à cause de cette relation de niveau que la surface aplanie par l'érosion a été qualifiée par MM. Powell et Dutton de *baselevel of erosion*. Les auteurs américains disent d'un pays amené à cette condition qu'il est *baselevelled*. D'autres ont employé le mot de *surface d'abrasion*.

l'Amazone traversent des rapides et des cascades à une distance peu considérable de leur embouchure, et non dans les parties hautes de leur cours. Ces changements de pente se produisent toujours au voisinage des points où les schistes cristallins affleurent dans les vallées. Il est donc vraisemblable qu'un exhaussement en bloc du sol brésilien est survenu, alors que la pénéplaine était à peu près façonnée, et, que ce mouvement, en relevant le bord de l'ancien massif cristallin plus que le ruban sédimentaire qui l'entourait, a dressé en travers des cours d'eau quelques seuils dont ils n'ont pas encore triomphé.

C'est aussi dans la catégorie des pays complètement façonnés qu'il faut ranger les plaines de la Lorraine, depuis le pied des Vosges jusqu'à la première apparition des calcaires jurassiques. De Sarreguemines à Lunéville, on y voit affleurer successivement, en couches très doucement inclinées vers l'ouest, les assises du muschelkalk et celles des marnes irisées. L'ensemble est en grande majorité argileux ou marneux. Aucun obstacle n'a entravé l'œuvre d'un réseau hydrographique très simple, entièrement déterminé par la pente uniforme de la contrée. Toute la surface s'est abaissée à mesure que se creusaient les lits des cours d'eau, et cette absence de relief contraste d'une façon remarquable, soit avec le rempart que forment à l'ouest les calcaires oolithiques, soit avec les éminences que le grès bigarré dessine à l'est sur le flanc des Vosges.

La plaine des Woëvres, au delà du rempart corallien de Verdun, doit son origine à des circonstances semblables.

La Finlande, ce massif de terrains cristallins si peu accidenté, toute la partie du sol russe qui l'avoisine, enfin la région canadienne, pourraient être citées parmi les pénéplaines parfaites; car la simplicité absolue de la topographie y fait contraste avec l'état de dislocation ou de complication du terrain sous-jacent. Il n'y a pas de doute que ces territoires, les plus anciennement émergés qu'il y ait sur le globe, n'aient été aplanis par l'érosion subaérienne. Mais l'action glaciaire, en venant tardivement s'y superposer, leur a imprimé une marque trop distincte pour n'avoir pas effacé quelques-uns des caractères originels. Aussi serons-nous dans l'obligation de prendre nos exemples les plus typiques de pénéplaines dans des pays où le niveau primitif des surfaces aplanies a été ultérieurement modifié, mais pas assez pour qu'elles soient devenues méconnaissables. C'est ce que réalisent le Plateau Central de la France et l'Ardenne.

Plateau Central. Ardenne. — Le caractère qui permet le plus sûrement de discerner une pénéplaine n'est pas, à vrai dire, l'aplanissement à peu près complet de sa surface, aplanissement que peuvent offrir aussi d'anciens fonds de lacs ou de mers. C'est la combinaison de cette circonstance avec une autre non moins décisive : à savoir l'indépendance complète de la surface terminale, relativement à la constitution géologique du terrain. Un massif horizontalement stratifié, qui a subi un relèvement en bloc, peut demeurer couronné par une couche plus dure que les autres, à laquelle l'effort de l'érosion subaérienne se sera arrêté, faisant naître une plate-forme interrompue par des vallées, sans qu'il se soit jamais opéré de nivellement proprement dit de la contrée. Mais quand une région, même ultérieurement soulevée, montre en profondeur des couches inclinées ou disloquées, qui toutes affleurent par leur tranche sur une même surface terminale peu différente d'un plan, et n'offrant que de larges ondulations convexes, alors on peut affirmer qu'il s'agit d'une pénéplaine. C'est comme si un rabot avait passé sur la surface structurale originelle, assez profondément pour atteindre ses racines, assez longtemps pour effacer en partie l'action directrice que les affleurements de dureté inégale avaient dû imprimer au réseau hydrographique initial. L'ancien niveau de base, aujourd'hui plus ou moins déplacé, sera reconnaissable d'après l'allure générale de la surface aplanie. Et l'attribution de cette dernière à la catégorie des pénéplaines deviendra certaine, si les conditions géologiques du pays permettent d'exclure toute hypothèse d'arasement par les vagues de la mer.

Tel est précisément le cas du Plateau Central de la France. Avant qu'il eût été en partie recouvert par les épanchements volcaniques de la fin des temps tertiaires, et qu'un mouvement général de bascule l'eût fortement relevé au sud-est, ce plateau constituait une surface à peu près plane et sensiblement horizontale. Aujourd'hui encore, si de l'une à l'autre des vallées profondes qui le découpent, on joint les crêtes culminantes, en ayant soin de laisser de côté les terrains volcaniques, on trouve que l'ensemble diffère peu d'un plan, régulièrement incliné vers le nord-ouest. Si, dans le centre, ce plan a subi quelques déformations, en revanche sa régularité est presque parfaite entre Montluçon et la Creuse, où le relèvement progressif vers le sud-est se fait si lentement qu'il est à peine sensible à l'œil. Sur la surface, les gneiss, les granites, les schistes précambriens, parfois le terrain houiller, affleurent en dessinant des bandes irrégulières, que la topographie indique seulement quand il y a de notables différences de dureté. Ainsi certaines chaînes granitiques font saillie sur l'ensemble, parce qu'elles formaient des noyaux résistants, dont l'érosion n'avait pas complètement triomphé. Encore les contours de ces protubérances ont-ils eu le temps de devenir remarquablement convexes.

On sait d'ailleurs, par la géologie, que la totalité du Plateau Central était émergée au moins dès la fin des temps jurassiques; que la mer n'y est plus revenue depuis lors, et qu'au milieu de l'ère tertiaire, des lacs ou plutôt des lagunes, communiquant par intervalles avec la mer, affleuraient, en Limagne comme au Cantal, tout contre le bord de la plaine cristalline, alors complètement rabotée. L'action marine n'a donc eu aucune part à cet aplanissement, œuvre exclusive de l'érosion subaérienne et fluviale, très longtemps poursuivie. Quant aux phénomènes qui ont porté cette pénéplaine à l'altitude qu'elle possède aujourd'hui, en lui faisant subir quelques déformations partielles, ils dépendent d'influences tectoniques ultérieures, dont il sera question plus loin.

L'Ardenne est aussi une ancienne pénéplaine, soulevée et inclinée tardivement, mais sans altération notable de son relief terminal. L'aplanissement de sa surface est demeuré frappant, d'abord parce que les vallées y sont peu nombreuses; ensuite parce qu'aucune formation volcanique ou continentale ne s'y est superposée. La composition du terrain est plus variée que celle du Plateau Central, comme on peut s'en assurer en suivant le cours de la profonde tranchée que la Meuse a su s'y ouvrir; et les sédiments plissés, le plus souvent renversés sur eux-mêmes, affleurent en nombreuses bandes parallèles, qui donnent à une carte géologique de la région un aspect remarquablement rubané. Tandis que les tranches des schistes argileux engendrent des plateaux fangeux ou *fagnes*, les terrains plus durs dessinent parfois une petite saillie au-dessus du plateau environnant. Telles sont les traînées de rochers calcaires qu'on suit à travers le paysage monotone des schistes de la Famenne, ou encore les crêtes de quartzite qui font saillie au-dessus du plateau de Monthermé. Mais à part ces petites inégalités, tout le massif est arasé à un même plan, et donne à l'observateur la sensation d'un plateau indéfini.

Là aussi, il est certain que l'érosion marine n'est pas intervenue. Émergée depuis les temps carbonifériens, à la fin desquels une haute chaîne de montagnes se dressait à cette place, l'Ardenne était déjà aplanie quand la mer crétacée est venue la recouvrir pour peu de temps. A l'époque éocène, elle formait une plaine doucement inclinée vers la mer. Rien ne s'y est superposé depuis lors, et sans le mouvement qui l'a relevée au sud, en y déterminant l'ouverture de gorges profondes, elle se montrerait encore, avec des rivières sinueuses à sa surface, telle que l'avait façonnée le travail d'érosion des temps secondaires et tertiaires ; témoignage saisissant de la puissance avec laquelle les actions subaériennes excellent à niveler même les territoires les plus accidentés.

Inversion du relief. — Une curieuse conséquence de l'érosion dans les terrains plissés est l'*inversion* du relief primitif, qui fait que, dans les pénéplaines résultantes, les dépressions originelles sont souvent remplacées par des saillies et inversement. C'est ce qui a été plus d'une fois constaté en Amérique, notamment sur le prolongement des Appalaches.

Soit ABCDE (fig. 66) le profil initial d'une surface, comprenant

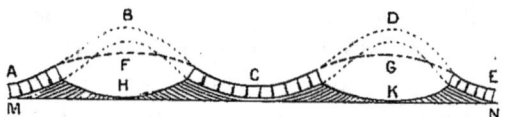

Fig. 66. — Inversion du relief dans les régions plissées.

un synclinal C entre deux anticlinaux B et D, et formée par les inflexions d'une couche dure, qui surmonte une assise plus tendre. L'aplatissement des versants par érosion transforme ce profil en AFCGE, ce qui met à nu la roche tendre en F et en G. Or s'il existe en MN un cours d'eau transversal drainant l'ensemble des trois plis, des affluents latéraux naîtront dans les anticlinaux F et G, affouillant la couche tendre et respectant en partie les crêtes plus dures. A la fin, les fonds H et K de ces vallées latérales descendront plus bas que C ; et cela d'autant mieux que la roche dure, serrée en C, aura acquis plus de compacité.

C'est par un effet du même genre que le soulèvement du pays de Bray, tout en portant les terrains qu'il affectait à une altitude supérieure de 500 à 600 mètres à leur niveau primitif, a fini par se traduire, dans la topographie générale, par une vallée, la *vallée de Bray*. Sans doute le fond de cette vallée est inégal, et par endroits il s'y dresse des croupes très élevées. Néanmoins, la facilité avec laquelle les couches infracrétacées et jurassiques se sont laissé affouiller sur l'axe de l'anticlinal, tandis que les flancs crayeux de la déchirure limitaient l'effet de l'érosion sur les bords, a eu pour conséquence une inversion presque complète du relief.

Vitesse du travail d'aplanissement. — Il serait intéressant de pouvoir indiquer des chiffres relatifs à la rapidité plus ou moins grande avec laquelle peut se faire la réduction d'un pays à l'état de pénéplaine. M. Steck [1] a calculé que, dans le bassin de la Kander, l'ablation superficielle moyenne est actuellement d'un mètre en 2203 ans. Pour la Reuss, les chiffres de M. Heim donneraient un mètre en 3333 ans, différence qui s'explique, d'abord par une moindre abondance des pluies, ensuite par la dureté plus grande des roches que traversent la Reuss et ses affluents.

Les chiffres précédents se rapportent à des régions montagneuses, où l'œuvre de l'érosion est encore en pleine activité. On en obtiendrait d'analogues pour les fleuves, tels que le Gange et l'Iraouaddy, qui viennent de l'Himalaya. En revanche, l'ensemble des fleuves de l'Europe moyenne exigerait près de 33 000 ans pour une ablation superficielle d'un mètre, si l'on considérait seulement la quantité de matières solides que ces fleuves charrient. Mais, en tenant compte de tout ce qui peut être déposé en cours de route, M. Penck [2] estime que l'œuvre de la dénudation *fluviale* doit s'élever chaque année pour toute la terre à 20 kilomètres cubes, ce qui, réparti sur l'ensemble des territoires soumis à ce genre d'érosion (environ 26 p. 100 de la superficie continentale, selon M. Penck) donnerait une ablation de 64 centièmes de millimètre par an, ou de 1 mètre en 1440 ans. Dès lors, un territoire de 1000 mètres d'altitude moyenne serait nivelé en un million cinq cent mille ans environ. Mais à cela il faudrait ajouter les effets du vent, de l'altération atmosphérique, de la glace, etc.

Influence du régime météorologique. — Les diverses phases qui caractérisent un cycle d'érosion ne se succèdent régulièrement dans l'ordre indiqué que si le régime météorologique de la contrée ne subit pas de variations notables. Une exagération momentanée des précipitations atmosphériques rajeunirait l'œuvre de l'érosion, comme aussi un changement inverse accélérerait le passage à la vieillesse. Même à supposer que la quantité de pluie annuelle ne varie pas, et que le cours d'eau soit parvenu à ce qu'on appelle l'état de *régime*, il ne faut pas oublier que la distribution des pluies n'est pas uniforme ; de sorte que le régime comporte des variations

---

[1]. Travaux de l'Institut géogr. de Berne, 1893.
[2]. *Morphologie der Erdoberfläche*, I, p. 383.

entre l'*étiage* et les *crues*. C'est pendant ces dernières seulement que le cours d'eau peut se montrer susceptible d'érosion ou de remaniement.

Or il n'est guère de rivières, si ce n'est peut-être celles qui se sont installées sur les dernières moraines glaciaires, où il ne soit aisé de reconnaître les traces d'un état météorologique sensiblement plus humide que l'état actuel. C'est à cela que le *lit majeur* de la plupart des vallées, c'est-à-dire le lit que les cours d'eau n'occupent qu'en temps d'inondations, doit de se montrer presque partout très supérieur en étendue aux besoins présents de la rivière. Par conséquent, de même qu'on commettrait une grave erreur en prenant l'état actuel d'un cours d'eau parvenu à maturité pour la mesure exacte du travail qu'il a pu accomplir antérieurement; de même on se tromperait beaucoup si on supposait que le régime météorologique du temps présent ait dû partout suffire pour amener le modelé à l'état d'avancement où nous le voyons aujourd'hui. Les nombreux vallons ramifiés, si parfaitement façonnés, et aujourd'hui sans eau, qui aboutissent à toutes les rivières, portent témoignage de l'ampleur passée des précipitations atmosphériques. Mais la preuve la plus décisive est celle que fournit la nature des alluvions. Quand au fond d'une rivière toujours limpide comme la Somme, on trouve un lit de graviers et de gros cailloux roulés, il faut bien admettre qu'alors le ruissellement était assez énergique pour attaquer partout le *bief à silex* qui couronne la craie de Picardie. Or de nos jours c'est à peine si des trombes exceptionnelles arrivent quelquefois à verser par endroits une couche de limon au-dessus des prairies tourbeuses de la région.

NEUVIÈME LEÇON

MODIFICATIONS DU MODELÉ PAR LES INFLUENCES TECTONIQUES ACTIVES

Effets d'un changement du niveau de base. Ouverture d'un nouveau cycle. — Les *influences tectoniques actives* sont celles qui viennent troubler l'équilibre d'une région, en changeant les rapports établis entre la surface terminale et le niveau de base, ce qui nécessite un remaniement du réseau hydrographique. C'est un *nouveau cycle* que l'activité des eaux courantes est appelée à parcourir.

Au début du mouvement, l'ensemble des rivières, plus ou moins voisin de la maturité, parfois même arrivé au terme du précédent cycle d'érosion, se trouvait établi en conformité des exigences du terrain. Le déplacement survenu l'oblige à *s'adapter* aux conditions nouvelles. Tantôt le travail d'*adaptation* sera facile, le sens général des pentes ayant été respecté; tantôt l'état de choses nouveau sera contradictoire avec le régime ancien, qui devra subir une modification profonde. Dans certains cas, le régime hydrographique vieilli éprouvera un *rajeunissement*, capable de revivifier une topographie atrophiée, en ressuscitant nombre de formes que l'érosion avait déjà éteintes. C'est ainsi qu'une pénéplaine totalement façonnée peut s'accidenter de vallées nouvelles et profondes, qui la morcellent et amèneront, pourvu que le cycle se poursuive intégralement, son remplacement complet par une autre pénéplaine à un niveau différent.

Le cas le moins compliqué des influences actives consiste dans un changement pur et simple du niveau de base, causé soit par un déplacement réel de la surface qui définit ce niveau, soit par un mouvement vertical de l'écorce solide. Comme, dans bien des cas, il est difficile de dire avec certitude laquelle de ces deux conditions a été réalisée, on convient habituellement de considérer les mouvements *relatifs* du niveau de base. On appelle alors *positifs* ceux qui paraissent élever ce niveau, en déterminant la submersion de parties auparavant émergées, et *négatifs* ceux qui se traduisent au contraire par une émersion. Nous commencerons par l'examen de ces derniers.

Mouvements négatifs. — Le premier effet d'un déplacement négatif du niveau de base est de mettre à découvert une certaine étendue de plages auparavant immergées et pourvues, en général, d'une inclinaison assez faible en même temps qu'uniforme. Sur ce territoire asséché, les cours d'eau existants vont s'allonger suivant la pente générale, en un système qui sera nécessairement *conséquent*, quelle que fût d'ailleurs l'allure préalable des tronçons qui lui donnent naissance. De plus, dans cet allongement, plusieurs cours d'eau originairement distincts seront exposés, soit à se rencontrer, soit à se laisser capturer par les affluents des plus puissantes parmi les nouvelles rivières. Il y aura ainsi simplification du réseau primitif par réunion en un ou plusieurs troncs communs. Cette simplification, en accroissant la force de certaines branches, leur donnera une facilité nouvelle pour accomplir en amont l'œuvre qu'elles avaient commencée durant le cycle précédent, et lorsque le nouveau cycle sera parvenu à la maturité, l'adaptation du réseau total, par capture des branches de dernier ordre, se trouvera beaucoup plus complète. Nombre de cours d'eau indépendants lors du dessin initial ne se retrouveront plus que *tronqués*, sous forme de courts affluents de deuxième espèce, aboutissant perpendiculairement aux affluents *subséquents*, qui eux-mêmes tombent à angle droit sur les troncs principaux [1].

Dans le cas le plus général, en raison de l'allure habituelle des fonds marins, l'appendice émergé, où va se poursuivre l'allongement des cours d'eau, aura une pente notablement supérieure à la pente d'équilibre que ces derniers avaient acquise dans le voisinage de leur embouchure. Comme d'ailleurs l'exhaussement relatif du terrain offre aux eaux courantes une plus grande hauteur totale de chute, il en doit résulter un accroissement du pouvoir mécanique de l'eau courante, lequel produira le rajeunissement de la topographie. En pareil cas, le réseau hydrographique, gardant le même dessin, s'enfoncera peu à peu,

---

1. Davis, *Geograph. Journal*, 1895, p. 127.

chaque rivière descendant entre des berges progressivement approfondies.

C'est toujours par l'embouchure de chaque cours d'eau que commence le remaniement du profil. Donc, au début, on doit rencontrer, près de cette embouchure, des gorges plus étroites, et une section transversale en V plus aigu que dans le cours supérieur, non encore atteint par la modification. La topographie semble ainsi *plus ancienne* d'aspect dans ces parties supérieures, alors qu'en réalité, et par rapport au nouveau cycle qui vient d'être inauguré, elle est *plus jeune*. Ces circonstances sont réalisées, selon M. Lawson [1], au nord de San Francisco, sur la côte de Californie.

Formation des gorges ou cañons. — L'effet d'approfondissement ne sera pas très marqué si les territoires mis à découvert par émersion ont une grande étendue et une pente progressive; car l'accroissement de la hauteur totale de chute est en partie compensé par l'allongement du parcours. Mais il en sera autrement si le mouvement fait émerger un ancien fond de mer à pente très rapide, ou si, portant d'une manière inégale sur les diverses masses minérales d'une région qui s'exhausse, il en met quelques-unes en saillie notable au-dessus du terrain situé en aval.

C'est de cette façon que naissent les *cañons* [2] ou gorges profondément encaissées, dont le type le plus remarquable est offert par la rivière du Colorado (fig. 67), dans la traversée du haut plateau de l'Arizona. Ce plateau a subi un relèvement en masse de plusieurs milliers de mètres, et les rivières ont fini par y couler à 1000 mètres et souvent plus au-dessous de la surface sur laquelle elles circulaient dans l'origine.

Ce qui caractérise ces gorges de la région du Colorado, c'est, avec l'extrême raideur des parois, souvent presque verticales sur un millier de mètres, le fait que leur largeur au sommet est parfois à peine supérieure à leur profondeur. Il est même une d'entre elles, celle de la rivière de la Vierge, qui forme au milieu d'un grès massif un abîme profond de 600 mètres, dont les parois verticales, même par endroits surplombantes, ne sont distantes l'une de l'autre, près du fond, que de 6 à 7 mètres.

Les mêmes circonstances se reproduisent, sur une échelle moindre, dans les gorges au fond desquelles le Tarn traverse les

---

1. *Geomorphogeny of... northern California*, Berkeley, 1894.
2. Quelques auteurs, pour rappeler que l'usage de la prononciation espagnole a prévalu pour ce mot, écrivent *canyon*.

Causses. Avant l'exhaussement du bord sud-est du Plateau Central, la rivière, venant du Mont Lozère, serpentait à la surface du massif calcaire, alors peu élevée au-dessus de la mer. Le mouvement survenu a obligé le Tarn à approfondir son lit sur place, et

Fig. 67. — Le Grand Cañon du Colorado.

les fentes du terrain ont facilité la descente de la rivière, cherchant à se rapprocher le plus vite possible du niveau de base.

Cañons des territoires à stratification régulière. — Lorsque la descente d'une gorge s'opère à travers un massif régulièrement stratifié, mais dont toutes les couches n'offrent pas le même degré de résistance, l'enfoncement de la rivière subit des arrêts, qui lui permettent d'élargir son chenal en créant des plates-formes intermédiaires. La figure 68 met bien en évidence le gradin qui s'est ainsi constitué, au-dessus de la plate-forme du calcaire carbonifère, par l'enlèvement des couches plus tendres du terrain houiller et du permien.

Le plateau du Colorado, quoique formé de couches en superposition régulière, est cependant divisé en paquets par des cassures principales, le long desquelles il y a eu glissement. En général, les paquets penchent un peu vers le nord, se relevant vers la faille-limite, dont le rejet est au sud. Cependant le tracé du cañon est

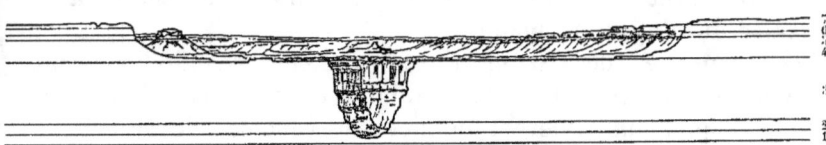

Fig. 68. — Coupe transversale du Grand Cañon du Colorado.
1 et 2. terrains silurien et dévonien ; 3. muraille rouge calcaire ou *Red Wall*; 4. argiles rouges du carbonifère ; 5. grès carbonifère ; 6. calcaire à silex ; 7. permien.

indépendant de ces circonstances. Même, dans son cours supérieur, le fleuve, sous la forme de la Rivière Verte, s'ouvre une brèche à travers le haut massif des monts Uintah, placé en travers de son cours. C'est bien la preuve que le tracé était acquis avant la dislocation de la région, qui n'a pu faire sentir son influence que sur les rivières secondaires.

Le travail du Colorado a été facilité par la masse considérable de blocs et de sables que la rivière transporte. Aussi son cours n'est-il pas interrompu par des cascades, et le passage des couches les plus dures ne se traduit que par des rapides.

Méandres encaissés. — Il est naturel de se demander pourquoi, à travers des massifs suffisamment pourvus de fissures, les rivières encaissées, au lieu de prendre un parcours simple, composé d'éléments rectilignes, décrivent en général de nombreuses sinuosités, comme c'est le cas pour le Colorado, le Tarn, et bien d'autres cours d'eau du même genre.

On a souvent tenté d'expliquer cette particularité en admettant que le tracé avait dû emprunter tour à tour les diverses directions d'un réseau de fractures principales. Mais l'inspection des parois ne révèle aucune trace d'un tel réseau, et c'est dans le passé même de la rivière, considérée antérieurement à l'inauguration du nouveau cycle, qu'il convient de chercher l'explication de ces sinuosités. L'œuvre du cycle précédent était déjà à peu près complète, de telle sorte que le cours d'eau, parvenu à la vieillesse, décrivait peu au-dessous d'une pénéplaine des *méandres divagants*. Ceux-ci se sont trouvés fixés par leur descente, opérée sur place à partir de l'exhaussement survenu, et sont devenus des *méandres encaissés*.

Pendant que se poursuivait cet encaissement, les parties concaves du terrain devaient être plus fortement attaquées. Aussi la rivière tendait-elle à descendre de leur côté, en s'enfonçant obliquement, ce qui a dû diminuer sensiblement la déclivité des boucles convexes en les allongeant. Cette allure est remarquablement prononcée dans les sinuosités du cours de la Seine, à la traversée du plateau normand.

Cependant il est des cas où, au contraire, les méandres peuvent s'atténuer en descendant. C'est ce qui doit arriver quand le terrain au sein duquel une rivière s'enfonce est capable d'exercer sur l'érosion une certaine action directrice. Par exemple, l'émersion progressive d'un massif calcaire régulier, comme celui des Causses, a dû mettre en jeu la perméabilité spéciale d'un terrain riche en joints plus ou moins orientés. Dans leur descente, les cours d'eau auront emprunté ces directions, de sorte que peu à peu les méandres du parcours initial se seront simplifiés. Le cas du Colorado paraît se rapprocher de celui des Causses.

De toutes manières, le tracé définitif d'un cañon est très voisin de ce qu'était, à l'origine, le parcours des rivières à la surface du pays progressivement soulevé. Aussi les Américains donnent-ils à ces cours d'eau encaissés le nom d'*antécédents*, et M. Powell les a caractérisés par une expression très pittoresque, en disant qu'ils sont *plus anciens que la vallée qui les abrite* [1].

Gorges du Plateau Central, de l'Ardenne et du massif rhénan. — Les exemples que nous avons cités sont tirés de régions à stratification régulière. Mais si cette condition, là où prédominent les assises solides et fissurées, est favorable à la production de gorges escarpées, elle n'est aucunement indispensable, et le déplacement négatif du niveau de base, limité à un territoire déterminé, suffit

---

[1]. On a coutume d'attribuer à M. Dutton la priorité de la notion relative à la descente progressive d'un cours d'eau au sein d'un massif qui se soulève. En 1882, dans son *Histoire du Grand Cañon*, qu'avait précédée en 1875 une étude sur la rivière du Colorado, M. Dutton comparait cette descente à l'œuvre « d'une scie qui fend un tronc de bois soulevé par la plate-forme d'un chariot ». Or, dès 1869, dans le *Bulletin de la Société de Géographie*, M. le général Bourdon, étudiant la topographie du Petit Atlas algérien, avait écrit : « Il est probable que la chaîne s'est soulevée lentement sous le lit déjà fait des cours d'eau... Les montagnes grandissaient de chaque côté, les thalwegs conservaient sensiblement le même niveau. *C'est l'action de la poutre poussée par un mécanisme sous la scie qui la fend et montant des deux côtés de la lame.* »

pour engendrer des cañons dans toute espèce de terrains. C'est ainsi que les rivières du Plateau Central, celles de l'Ardenne et celles du massif rhénan, obligées de descendre à travers des régions disloquées de terrains cristallins ou primaires, régions qui se soulevaient en bloc après avoir subi un aplanissement complet, ont fini par couler au fond de gorges sinueuses et fortement encaissées. Ces gorges ne diffèrent des cañons précédemment décrits que parce que les parois en sont moins abruptes, étant formées de roches qui n'offraient pas de fissures principales, de nature à provoquer la rapide descente des eaux.

Que cet enfoncement progressif des méandres se soit ainsi accompli dans le Plateau Central, où les rivières considérées prennent elles-mêmes naissance, cela n'a rien que de très naturel. Mais il peut sembler étrange, au premier abord, d'appliquer la même manière de voir à la Meuse et à la Moselle. Car ces rivières, après avoir arrosé en France des territoires de relief modéré, viennent buter contre un massif qui devrait leur opposer une barrière insurmontable, et l'on pourrait croire que, pour qu'elles aient réussi à s'y ouvrir un passage, il a fallu que quelque grande dislocation vînt leur faciliter la tâche. Pourtant, les flancs des deux gorges, non plus que leur tracé si capricieux, n'offrent rien qui justifie une pareille hypothèse.

Cette contradiction disparaît si, interrogeant l'histoire géologique, on constate qu'à une autre époque les relations de pente devaient être absolument inverses, et qu'alors, sur l'Ardenne aplanie, des rivières venant du sud-est serpentaient pour aller se verser dans une mer occupant la Basse Belgique. Il suffit que le relèvement du massif ancien ait été assez progressif pour que le lit sinueux des cours d'eau ait eu le temps de s'approfondir, sans que jamais la surrection de l'ensemble ait pu faire naître de contrepente. Or cette lenteur concorde bien avec tout ce qu'on sait aujourd'hui de l'allure des phénomènes tectoniques. D'ailleurs, en ce qui concerne la Moselle, il ne s'agit pas là d'une simple hypothèse, car M. Grebe a reconnu, aux environs de Trèves, une série de méandres abandonnés par la rivière, à des niveaux progressivement décroissants entre la surface du plateau et le thalweg actuel [1]. De même, à Dinant, à 100 mètres au-dessus du thalweg de la Meuse, on remarque les traces d'un ancien lit, vers lequel, sur la rive droite, les versants venant du plateau s'abaissent en pente

---

1. Voir *les Formes du terrain*, p. 69.

douce de 100 à 120 mètres ; çà et là, des cailloux roulés d'origine fluviatile jonchent cette terrasse. À ce moment, la Meuse passait immédiatement de Namur sur les collines de la Basse Belgique, où elle répandait ses alluvions, encore visibles [1].

Des faits semblables s'observent jusqu'à Engis. De Lustin à cette dernière ville, M. Stainier [2] a suivi les traces de trois rivières successives, de plus en plus enfoncées dans le plateau (fig. 69) : une Meuse tertiaire, une Meuse campinienne ou quaternaire, enfin la Meuse actuelle. La figure fait bien ressortir l'inégale déformation des anciens lits, accusant des mouvements discordants lors de la surrection du massif ardennais, cause de l'abaissement progressif du thalweg.

Ce qui est tout à fait décisif en faveur de l'hypothèse proposée,

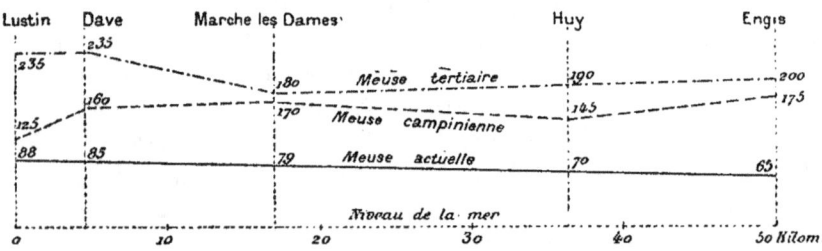

Fig. 69. — Profils actuels des lits successifs de la Meuse entre Lustin et Engis (d'après M. Stainier).

c'est que le lit tertiaire de la Meuse est marqué par des cailloux blancs oolithiques, aujourd'hui silicifiés, qui paraissent originaires des Vosges ou de la Moselle [3], preuve qu'à cette époque le massif primaire ardennais était beaucoup moins haut que de nos jours relativement au territoire français. De plus, les alluvions en question dessinent dans le pays une *trainée culminante*, comme si le fleuve tertiaire n'avait pas eu de berges. M. Stainier attribue cette circonstance à ce que la Meuse coulait alors au milieu de sables oligocènes, qui plus tard ont été enlevés par l'érosion, tandis que le dépôt caillouteux fluviatile résistait plus efficacement à l'entraînement.

Par contre, en amont de Mézières, il n'y a plus de traces d'un lit supérieur de la Meuse, et la pente de la rivière y est moindre

---

1. Dupont *in* Penck, *Kirchhoff's Länderkunde, Belgien*. p. 336.
2. *Bull. soc. belge de Géologie*, VIII (1894).
3. Van den Broeck, *Bull. soc. belge*, III (1889) ; Stainier. *Ann. soc. géol. belg.*, XVIII, p. 29.

que dans la traversée de l'Ardenne, ce qui indique que le modelé de cette traversée ne doit pas être encore achevé.

La formation de la gorge du Rhin, entre Bingen et Coblence, doit aussi être attribuée à une descente progressive de l'ancien lit de la rivière, descente provoquée par un mouvement qui changeait les relations du massif schisteux rhénan avec le bassin de Mayence et l'Alsace. Ce mouvement a peut-être été double, c'est-à-dire qu'il a dû y avoir simultanément surrection du massif et affaissement du bassin d'amont.

Le profil ci-joint (fig. 70), dû à M. Penck, montre les positions respectives de l'ancien lit et du nouveau. La grande profondeur des alluvions, qui atteint au moins 100 mètres à Darmstadt, prouve que le fleuve a considérablement remblayé son lit d'amont, ce qui confirme bien la surrection de l'obstacle en travers. Si

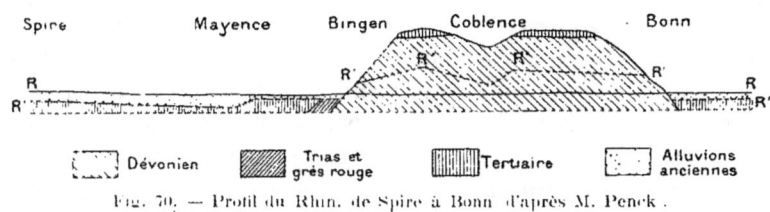

Fig. 70. — Profil du Rhin, de Spire à Bonn d'après M. Penck.
Échelle 1 pour 2 500 000; hauteurs exagérées 5 fois.
RR, niveau actuel du Rhin; R'R', traces de l'ancien lit.

cette surrection n'a pas dévié le cours du Rhin en le jetant d'un autre côté, c'est sans doute parce que le fleuve coulait au début dans une vallée assez profonde, où il a pu relever son niveau, sans se déverser latéralement de manière à franchir les obstacles qui se dressaient devant lui. En tout cas la coupe montre que cette profondeur était déjà acquise dans le massif schisteux. Là, des terrasses en rocher se montrent à 100 et même 200 mètres au-dessus du fleuve actuel et, en face de Coblence, on y voit encore un revêtement de cailloux roulés. Leur ensemble ne forme pas une ligne droite, d'où l'on peut conclure que le bloc schisteux, en se relevant, a éprouvé comme l'Ardenne des déformations qui l'ont morcelé.

Mouvements d'ensemble. Plateaux proprement dits. — Il est évident que la formation des gorges escarpées n'exige pas un déplacement exclusivement vertical du niveau de base. Elle s'accomplit également lorsqu'un territoire subit un mouvement de bascule, avec ou sans gauchissement, qui en relève une partie notable. Les mouvements d'ensemble, non accompagnés de plissements, auxquels les Américains appliquent l'épithète d'*épeirogénétiques* ou *épeirogéniques*, ont pour effet la création de *plateaux*, toutes les fois que les territoires soulevés sont formés de couches peu inclinées, et en majeure partie perméables par fissures, de sorte que l'abaissement du plan d'eau n'y rencontre pas de grandes difficultés. C'est ainsi que se sont constitués le grand plateau du Colorado en Amérique, ceux des Causses dans le midi de la France, et, sur une moindre échelle, les plateaux de la ceinture du bassin de Paris, Bassigny, Barrois, plateau de Langres, plateau de la Haute Normandie, etc.

Si la plupart de ces plateaux gardent un réseau hydrographique de quelque importance, cela tient, comme l'ont justement fait observer les auteurs des *Formes du terrain*, à ce que ce réseau avait pris naissance dans une autre région, plus favorisée au point de vue du ruissellement. Ainsi c'est dans le massif à peu près imperméable des Cévennes que sont nés les cours d'eau qui traversent les Causses. Le Colorado livre passage au produit des eaux tombées sur le noyau cristallin des Montagnes Rocheuses. Enfin le territoire granitique du Morvan et les côtes argileuses de l'Auxois engendrent les rivières destinées à traverser les massifs calcaires de la ceinture jurassique du bassin de Paris. C'est parce qu'un tel réservoir d'alimentation fait défaut en amont du plateau de la Beauce, que ce dernier, réduit à ses seules forces, se montre si pauvre de cours d'eau.

Dans les véritables plateaux, la surface est plane parce qu'elle coïncide avec une couche, à peu près horizontale, qui par sa dureté a arrêté l'effort de l'érosion subaérienne. Quelquefois il subsiste, à la surface de cette plate-forme, quelques restes d'une couverture plus meuble, donnant lieu à une topographie légèrement ondulée. C'est le cas de l'argile à silex des plateaux normands, où le ruissellement se produit comme dans les régions imperméables. C'est aussi le cas du Valois, où subsistent des buttes de sable, et où la surface demeure ondulée sur les marnes supérieures au calcaire grossier. Mais à peine la couche perméable est-elle atteinte qu'on voit les vallons s'approfondir avec une extrême brusquerie, parce que l'eau y est immédiatement attirée vers le niveau de base, à la faveur des fissures du terrain.

Il y a donc, dans les plateaux à stratification horizontale, passage immédiat d'une surface terminale uniforme à des vallées profondes, d'ordinaire assez encaissées pour mériter la qualification de cañons; à moins toutefois que, le mouvement qui a provoqué l'enfoncement des thalwegs étant de très ancienne date, et ceux-ci ayant acquis leur assiette définitive, le travail d'élargissement des vallées n'ait eu le temps de produire des effets sensibles.

La Suisse saxonne, presque exclusivement composée d'assises horizontales de grès crétacé, est un plateau proprement dit, résultant d'un relèvement en masse du terrain (coïncidant peut-être avec un mouvement inverse du territoire d'amont). La vallée de l'Elbe y coule dans un véritable cañon, dont le creusement a été d'autant plus facile, que le grès est découpé par une multitude de fissures verticales, qui lui ont valu son nom de *Quadersandstein*. Quelquefois les escarpements s'y montrent interrompus par des gradins plats d'une certaine étendue, dont la surface coïncide avec des lits de stratification. Il s'en trouve notamment à Copitz, ainsi qu'entre Lohmen et Wehlen. Comme il existe aussi dans la région, à plusieurs niveaux, d'anciennes alluvions fluviales, témoignant d'un abaissement progressif du lit de l'Elbe [1], on peut voir dans ces gradins la preuve que l'exhaussement de la région a été plus ou moins saccadé.

En outre, le grès crétacé de l'Elbe forme deux masses principales (quelquefois même trois), séparées par un horizon de marnes. Aussi les cañons étant creusés dans la masse inférieure, la surface de celle-ci dessine-t-elle un plateau boisé, dominé çà et là par des restes escarpés de la masse supérieure, dont le morcellement offre les mêmes sinuosités que le réseau hydrographique du grès de la base. De là l'aspect tout particulier de la région.

Mouvements positifs. — Un déplacement positif du niveau de base a pour premier effet de faire remonter l'horizontale, à laquelle l'élément initial du profil d'équilibre aboutissait tangentiellement. Cette horizontale, si le mouvement a été un peu brusque, vient donc couper la courbe sous un certain angle, ce qui, théoriquement, exige que celle-ci se creuse un peu pour rétablir le contact tangentiel.

Mais, par le fait, l'ascension du niveau de base est toujours assez lente et, à moins que le cours d'eau n'ait une pente très rapide, la modification du profil ne peut guère être sensible sur la partie basse d'un cours depuis longtemps régularisé. Ce qui se produit surtout, c'est une ascension progressive du point où le fleuve cesse

---

1. M. Hettner a reconnu trois de ces terrasses, étagées à environ 40 mètres de distance verticale les unes des autres (*Gebirgsbau und Oberflächengestaltung der sächsischen Schweiz*, 1887).

de pouvoir charrier des alluvions. La plaine alluviale s'élève donc peu à peu et gagne du terrain vers l'amont, faisant refluer au fur et à mesure les plaines alluviales des principaux affluents.

Quand l'immersion a fait de notables progrès, et que la mer a ainsi pénétré jusque dans les affluents du cours inférieur, non seulement les rivières sont raccourcies d'autant, mais au lieu de se réunir, comme auparavant, en un tronc commun, elles sont désormais séparées, et deviennent des affluents directs du golfe qui a remplacé l'ancien tronc principal et ses premières ramifications. Ce sont des cours d'eau *tronqués*, suivant l'expression de M. Davis; et comme ils ne peuvent plus subir l'influence qu'exerçait sur eux autrefois le régime du tronc principal, l'œuvre de modelé qu'ils poursuivaient en amont se trouve en partie paralysée.

A la fin d'un tel cycle, on doit trouver des vallées sinueuses dont le fond très plat remonte fort loin dans l'intérieur (comme c'est le cas, par exemple, pour la côte du Pays de Galles), et contraste avec la raideur relative des pentes encaissantes, façonnées par le cycle précédent.

Si l'ascension du niveau de base a été assez rapide pour que le comblement des vallées submergées n'ait pas pu marcher *pari passu*, c'est la mer elle-même qui pénètre dans les découpures de la terre ferme, engendrant des golfes étroits et de profondeur notable, lesquels subsisteront jusqu'à ce que le jeu naturel des érosions en ait pu amener le comblement. Le trait caractéristique de ces golfes est de former des sillons immergés qui se prolongent au loin sous la mer, trahissant une vallée dont le creusement n'est imputable ni aux vagues ni aux courants marins. En avant subsistent des chaînes d'îles alignées; ce sont les points culminants des anciennes crêtes qui séparaient auparavant deux vallées limitrophes, l'une et l'autre creusées à l'air libre.

Les golfes de ce genre se répartissent entre plusieurs catégories distinctes, dont chacune trahit l'intervention de structures spéciales ou de phénomènes orogéniques déterminés. Nous en réserverons l'étude pour le chapitre relatif au modelé des rivages.

Déformation de vallées. Effondrements locaux. — Si le déplacement négatif du niveau de base résulte du soulèvement en masse d'une région, il peut se faire que celle-ci, en s'élevant, soit disloquée par des fractures, limitant des compartiments qui n'exécutent pas tous des mouvements concordants. En pareil cas, la descente d'un cours d'eau est exposée à une déformation du thalweg, pouvant faire naître des ombilics où se logeront des lacs.

Il se formera des cascades et des rapides, de la lèvre soulevée d'une fracture à la lèvre affaissée.

Ces circonstances paraissent s'être produites pour les vallées qui aboutissent aux *fjords* de la Norvège méridionale. Nous avons déjà parlé [1] de l'état manifeste de dislocation du terrain dans cette région. Le nombre prodigieux des cascades, la multitude des lacs en chapelet, contenus pour la plupart dans des bassins en pleine roche, enfin et surtout le remarquable parallélisme de certains éléments dans le tracé des gorges voisines, semblent indiquer que l'état de dislocation du pays a été le facteur prédominant dans la production de ce mode de structure. Il y a là un réseau inachevé et troublé, occupant précisément cette bande littorale où l'ancien plateau scandinave, relevé au nord-ouest par un mouvement de bascule, a dû être tranché par l'effondrement assez récent de l'Atlantique nord.

A ce mode de dislocation se rattachent les *effondrements* locaux, accomplis le long de lignes de fracture, comme par exemple les crevasses, de formation très récente, qui ont découpé en bandes certaines parties de la grande nappe de lave de l'Orégon. Ces effondrements ne peuvent pas avoir partout la même amplitude, et aux points où se produit le maximum de descente, il naît des dépressions, destinées à servir de réservoirs aux eaux. Plusieurs des lacs du Grand Bassin, en Amérique, n'ont pas une autre origine.

Les tremblements de terre, qui produisent parfois des effondrements ou des soulèvements locaux, occasionnent ainsi la fermeture de vallées et la formation de petits lacs. Ce phénomène a été observé au Pérou et, plus récemment encore, au Japon, où la faille engendrée par le séisme de 1891 a, par le relèvement de l'une de ses lèvres, intercepté de petits cours d'eau.

Mouvements orogéniques. Vallées transversales. — A côté des mouvements simples dont nous venons d'analyser les effets, il y en a d'autres qui modifient plus profondément le relief: ce sont les efforts de plissement ou orogéniques.

Quelquefois le sens général des accidents n'en est que faiblement altéré. Alors l'*adaptation* du réseau hydrographique se fait sans grandes difficultés, et il en résulte ce qu'on peut appeler des cours d'eau *subséquents*, où une analyse attentive parvient à discerner les changements de détail que le mouvement survenu a fait subir à un ancien réseau *conséquent*.

---

1. V. plus haut, p. 128.

Mais souvent il arrive que le nouvel état de choses soit tout à fait contradictoire avec l'ancien. Alors un remaniement complet du réseau hydrographique devient nécessaire.

Il semble qu'un réseau fluvial devrait être forcément remanié, lorsqu'un plissement tend à se produire juste en travers de la direction des principaux cours d'eau; car la surrection des anticlinaux paraît de nature à dévier les rivières, en les obligeant à couler dans les synclinaux, c'est-à-dire perpendiculairement au sens primitif.

Cependant il n'en est pas toujours ainsi. Les rides se forment avec lenteur, et si le cours d'eau qu'elles tendent à barrer est suffisamment puissant, il peut arriver qu'il garde assez de force pour creuser son lit, au fur et à mesure, à travers l'obstacle qui surgit peu à peu. Cette explication, selon M. Tietze, convient à la plupart des grandes vallées *transversales*, notamment à celles qui coupent les chaînes iraniennes.

D'ailleurs il n'est pas absolument nécessaire, pour le résultat final, que le creusement de la gorge marche *pari passu* avec la surrection du pli. Ou bien ce dernier peut former un barrage momentané, entraînant en arrière la production d'un lac, qui finira par se déverser au-dessus du pli en le creusant de l'aval à l'amont; ou bien le pli soulevé, mais affaibli par sa lutte contre la rivière, verra s'établir dans cette direction deux affluents opposés, à forte pente, qui, en remontant leurs origines à la rencontre l'un de l'autre, détruiront l'obstacle en rétablissant l'ancien cours [1].

En tout cas, ce qui paraît être une condition de la formation d'une vallée transversale, c'est que la rivière qui l'occupe fût encaissée d'une certaine quantité avant la formation du pli tendant à barrer son cours [2]. Dutton a observé dans l'Orégon, sur la rivière Columbia, une cascade dominée par une terrasse indiquant un ancien lit creusé dans le basalte. Tandis que, en amont de la chute, cette terrasse est à 9 mètres seulement au-dessus du lit actuel de la rivière, à trois kilomètres plus bas, la dénivellation est de 60 mètres (fig. 71) alors que, dans cet intervalle, la rivière ne descend que de 12 mètres. Il y a donc eu formation, à l'époque quaternaire, d'un pli de faible amplitude, et parce que la rivière était encaissée en amont, elle a pu, sans se perdre latéralement, se gonfler devant l'obstacle jusqu'à ce qu'elle l'eût franchi.

---

1. Philippson, *Studien über Wasserscheiden*.
2. Löwl, *loc. cit.*

Néanmoins la traversée fréquente de chaînons réguliers, comme ceux du Jura, par des rivières qui, le reste du temps, suivent exclusivement les synclinaux, demeure, dans bien des cas, difficile à expliquer. Le fait que le système hydrographique est coordonné aux synclinaux semble bien indiquer que la région, au moment où elle a été plissée, devait avoir un très faible relief. Autrement, ainsi que l'a fait remarquer M. Löwl, elle eût été, comme le Jura souabe et franconien, en possession d'un réseau fluvial qui aurait su maintenir ses principaux tracés, en se servant des synclinaux de nouvelle formation pour y loger ses affluents. Comme les cluses, dans le Jura, semblent plus jeunes que les vallées principales, il paraît difficile d'échapper à l'idée d'un détournement de

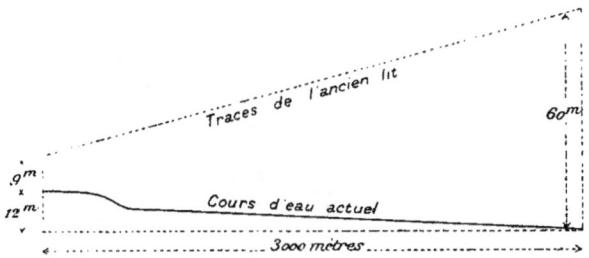

Fig. 71. — Creusement d'une gorge à travers un pli en formation.

cours, et l'hypothèse qui est le mieux d'accord avec les faits semble être celle d'une capture par un affluent transversal qui coulait à un niveau inférieur [1].

Affaissements généraux. Ombilics de vallées. — Parfois les effondrements affectent tout un massif, qui vient à s'affaisser en bloc après avoir déjà reçu l'empreinte du modelé par les eaux courantes. En pareil cas, à la jonction de la partie affaissée avec celle qui est demeurée en place, sur la périphérie du massif, une partie des vallées déjà creusées peut être amenée notablement au-dessous du niveau de base de la région. Ainsi se forment de véritables ombilics, destinés à servir de réservoirs à des lacs. Ceux-ci rentrent dans la catégorie des *lacs tectoniques*, c'est-à-dire déterminés par la dislocation de croûte terrestre ; mais cette dislocation est tout à fait distincte de celle qui avait engendré le massif montagneux au bord duquel l'effet se produit. Les lacs ainsi engendrés pourraient s'appeler *lacs de tassement orogénique*.

Un lac de ce genre, n'étant autre chose qu'une vallée locale-

---

1. Löwl, *loc. cit.*

ment affaissée, doit avoir ses deux rives à peu près symétriques[1], et se trouver sur le parcours de l'une des vallées principales qui divergent à partir des cimes du massif. Il doit en outre pénétrer par l'amont dans le cœur même de la montagne, tandis que par l'aval il appartient à la région périphérique. Sa profondeur augmente (fig. 72) à partir de l'extrémité d'aval C, jusqu'au point B, où s'est faite la brisure du thalweg, dont la partie d'amont AB s'est affaissée avec la montagne, tandis que la rampe d'aval BC raccorde ce tronçon avec la périphérie demeurée stable CD. Comme d'ailleurs l'apport ultérieur des alluvions a pu combler plus ou moins la demi-cuvette d'amont, en y faisant naître un remblai immergé AEF, la contre-pente BC, qui échappe à ce comblement, n'en devient que plus frappante par le contraste de

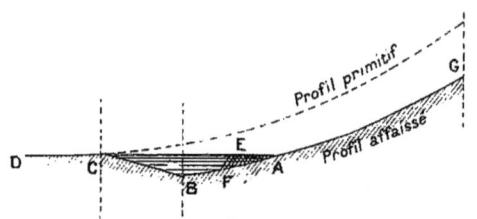

Fig. 72. — Formation d'un lac de tassement.

son allure avec celle de la pente de A en B. D'autre part, la formation du delta AE a pour effet de déterminer la brusque succession d'une partie horizontale, au niveau du lac, à une partie fortement inclinée AG, qui semble littéralement s'enfoncer sous la première.

Enfin un autre caractère encore plus net, bien qu'il ne soit pas obligatoire, est la présence, au-dessus du lac, dans ses versants, d'*anciennes terrasses déformées*, c'est-à-dire entraînées dans le mouvement de descente de la partie CB, comme aussi celle de *terrasses sous-lacustres*, offrant les traits distinctifs d'un ancien lit fluvial, et maintenant immergées sous la masse d'eau qui a dû remplir l'ombilic.

Lacs de bordure. — Or ces caractères sont justement, selon M. Heim, ceux qui distinguent les grands lacs allongés occupant, aussi bien au nord qu'au sud, la périphérie du massif montagneux de la Suisse, et que, pour ce motif, M. Rütimeyer avait antérieurement désignés sous le nom de *lacs de bordure* ou *Randseen*. Les

---

1. Heim. *Geologische Nachlese*, 1894.

uns, comme les lacs de Constance, de Brienz, de Thoune, de Genève, le lac Majeur, occupent une vallée principale, que le cours d'eau initial n'a pas abandonnée; d'autres, comme ceux de Zug, de Lowerz, de Garde, ont vu leur vallée délaissée par la rivière qui l'avait creusée; une troisième catégorie comprend les lacs qui, comme celui des Quatre-Cantons entre Brunnen et Lucerne, ont pris naissance par suite de la translation de la rivière dans une autre vallée. Enfin certains lacs sont maintenant arrosés par un autre cours d'eau que celui qui avait creusé la

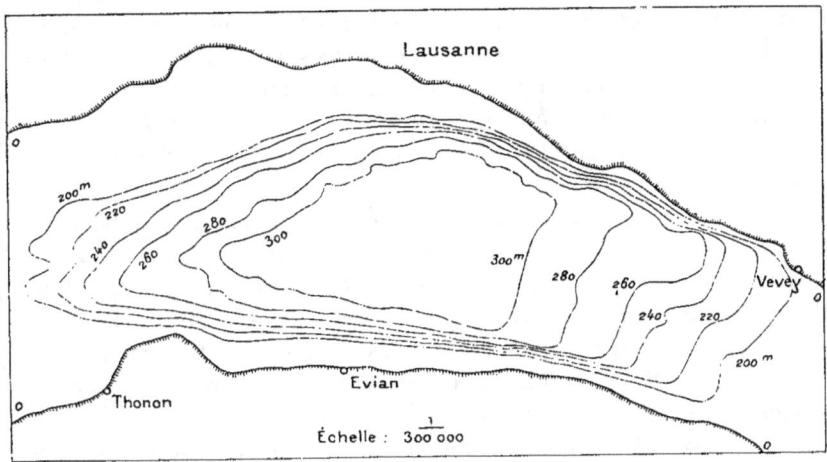

Fig. 73. — Profil du bassin central du Léman, entre 200 et 300 mètres de profondeur d'après M. A. Delebecque.

cuvette. Ainsi le lac de Zurich, autrefois creusé par la Sihl, est aujourd'hui traversé par la Linth, qui coulait jadis dans la vallée de la Glatt [1].

Quoi qu'il en soit, ces divers lacs répondent aux conditions qui ont été énoncées plus haut. Tous s'allongent suivant des vallées, à la jonction entre la montagne proprement dite et sa bordure. Chez tous, le profil de la cuvette est conforme à ce qu'exige la figure 72. On en jugera aisément par la figure 73, qui reproduit, pour les profondeurs comprises entre 200 et 300 mètres, l'allure du bassin central du lac de Genève, où se révèle si bien le contraste de la pente remblayée d'amont avec l'ancienne vallée d'aval [2].

La tête des lacs offre justement cette brisure de pente qui marque la rencontre de l'ancien thalweg affaissé avec les nou-

1. Heim, loc. cit.
2. Voir aussi Forel, le Léman.

velles alluvions. Cette brisure a lieu, pour le Rhin à Thusis, pour la Tamina à Ragatz, pour la Linth à Thierfeld, pour la Reuss à Amsteg, l'Aare à Meiringen [1], le Tessin à Biasca, etc.

Le lac de Zurich offre même une particularité encore plus décisive. Avec d'anciennes terrasses lacustres immergées (fait qui lui est d'ailleurs commun avec le lac de Constance), il laisse voir sur ses versants, selon M. Heim et Aeppli, des terrasses *en pleine roche*, offrant un plongement *vers l'amont* de 3 à 4 p. 100.

C'est Lyell qui, le premier, a proposé l'hypothèse d'un affaissement tectonique comme cause de la formation des lacs alpins. M. Heim a beaucoup développé cette conception, et a fixé l'amplitude de l'affaissement à 300 ou 400 mètres pour la zone septentrionale alpine, à 600 mètres pour la zone méridionale. Quant à l'époque de ce mouvement, elle serait comprise, selon M. Aeppli, entre l'avant-dernière et la dernière des extensions glaciaires en Suisse.

Détails divers sur les lacs de bordure. — Si les lacs de bordure doivent leur origine à un tassement orogénique, il ne faut pas oublier que, pour plusieurs d'entre eux, une partie de leur ampleur actuelle tient à ce que, postérieurement à leur formation, un barrage glaciaire est venu se dresser à leur extrémité d'aval. Cet effet a suffi pour relever de 40 mètres le niveau du lac de Constance, et de 150 mètres celui du lac de Garde [2].

D'un autre côté, si profonds que soient beaucoup de ces lacs (Zurich, 143 mètres; Constance, 252 mètres; Léman, 309 mètres; lac de Garde, 311 mètres, etc.), leur destinée finale est d'être comblés, et même assez rapidement, par les alluvions qui leur arrivent en amont.

Pour plusieurs d'entre eux, ce travail de comblement a déjà fait de grands progrès. Ainsi le lac de Genève s'étendait autrefois jusqu'à Saint-Maurice, faisant suite à un autre lac aujourd'hui disparu, dont la pointe d'amont atteignait Brig. Rien que depuis l'époque romaine, le delta du Rhône a progressé de deux kilomètres. Le lac de Zurich atteignait Dietikon et se reliait par le lac de Wallenstadt avec un immense lac rhénan, dont celui de Constance n'est que la terminaison, et qui remontait au delà de Coire [3]. Dans le lac actuel de Constance, il arrive chaque année 4 millions

---

[1]. La pente de l'Aare, de Meiringen à Brienz, n'est plus que de 3,2 pour 1000, et elle s'abaisse à 1 pour 1000 entre le lac de Brienz et celui de Thoune.
[2]. Penck, *Morphologie*, II, p. 316.
[3]. Heim, *loc. cit.*

de mètres cubes de matériaux solides, ce qui, d'après M. Zeppelin [1], en amènerait le comblement en 12 500 ans.

Les lacs de Brienz et de Thoune représentent, par leur réunion, un ancien lac de bordure unique, divisé en deux par la langue de terre (dite *Bödeli*) qu'ont engendrée, en marchant à la rencontre l'un de l'autre, les deltas de la Lutschine et du Lombach. Le premier de ces lacs, plus haut de 6 m. 20 que le second, a une profondeur moyenne de 176 mètres (le maximum est de 261 mètres), tandis que dans le second la moyenne de la profondeur n'est que de 135 mètres, le maximum étant de 217. Les volumes sont évalués, pour le lac de Brienz à 2 kilomètres cubes, 15 centièmes, pour le second à 2 kil. c., 65 [2]. Rien que les cailloux charriés par la Kander combleraient le lac de Thoune en moins de 6000 ans.

C'est donc seulement dans les montagnes de récente formation qu'on peut rencontrer des lacs de ce genre. On comprend ainsi qu'ils soient aujourd'hui absents des Pyrénées, où d'ailleurs on en retrouve des traces, près de Montréjeau, sous les anciennes moraines [3].

Remarques générales sur l'allure des phénomènes tectoniques. — Une remarque s'impose à nous avant de clore cet ordre de considérations. Jusqu'ici nous avons paru admettre, tantôt qu'un territoire, fraîchement découvert, était tout d'un coup exposé aux effets de l'érosion; tantôt que ces effets venaient s'appliquer à une région dont un phénomène orogénique avait préalablement déterminé toute la structure, tantôt enfin qu'une nouvelle dislocation, survenue en un moment, entraînait le remaniement d'un réseau hydrographique déjà constitué.

Or les choses sont loin de se passer, dans la nature, avec cette simplicité. Qu'il s'agisse d'émersions ou de dislocations, ce ne sont pas des *catastrophes* qui ont dû se produire, avec changement instantané des conditions de pente et de relief. Tout donne à penser que, pour s'être accomplis, comme il convient à des ruptures d'équilibre, avec une rapidité relative, en égard à la longueur des périodes géologiques, ces phénomènes ont toujours embrassé une certaine durée. C'est ainsi que la surrection des montagnes apparaît de plus en plus aux géologues comme une œuvre de longue haleine, qui a comporté bien des essais préalables, et où les détails du dessin tectonique ont plus d'une fois varié.

1. *Verhandl. des 10ten deutsch. Geographentags*, Berlin, 1893.
2. Steck, *Arbeiten aus dem geogr. Instit.*, Berne, 1893.
3. Observation de M. Boule.

A peine les premiers rudiments du relief commençaient-ils à s'esquisser que déjà ils devaient réagir sur l'activité des eaux courantes ; et chaque progrès du plissement, suivant le sens dans lequel il s'exerçait, accentuait ou atrophiait les structures antérieurement acquises. Combien de fois, durant ces vicissitudes, le régime hydrographique aura-t-il été remanié? A quel degré les modifications successives auront-elles été concordantes ou discordantes? Quelles traces en seront reconnaissables dans le résultat définitif? Autant de questions dont la solution est extrêmement délicate, et peut même devenir impossible faute de documents.

Il en résulte que les déductions précédemment exposées doivent être regardées plutôt comme un cadre, offrant les solutions les plus simples, mais dont l'application aux cas particuliers de la géographie demande beaucoup de prudence, en raison de l'inévitable complication des phénomènes naturels.

Influence des éruptions volcaniques. — Les éruptions volcaniques sont, comme les phénomènes tectoniques proprement dits, des conséquences de l'activité interne du globe. Ces deux ordres de manifestations s'accompagnent du reste d'une façon constante, puisque c'est par les cassures de l'écorce que les matières de l'intérieur se font jour. C'est donc bien ici qu'il convient de faire mention du trouble que les éruptions apportent souvent dans la poursuite d'un cycle d'érosion, par les modifications quelquefois considérables qu'elles impriment en peu de temps à l'état de la surface.

Il ne s'agit plus seulement, dans ce cas, d'une altération survenue dans l'assiette de l'écorce. Ce sont de nouvelles provisions de matières qui s'épanchent au dehors, et dont l'effet est de superposer au relief acquis tout un ensemble de structures *parasites*, qui tranchent absolument sur celles qu'occasionne le jeu des puissances externes.

Les plus remarquables de ces structures, celles qui contrastent le mieux avec le modelé habituel du sol, sont les montagnes coniques qu'engendre l'accumulation progressive des produits épanchés.

Cônes volcaniques. — Les cônes de débris, construits par projection de matériaux meubles autour de la cheminée d'un volcan, se distinguent par la régularité de leur pente, toujours un peu plus raide dans le haut qu'à la partie inférieure (fig. 74), et généralement comprise entre un maximum de 35 degrés et un minimum de 3 à 10. L'un des plus raides est celui du Vésuve, qui a 35° 40' d'inclinaison [1]. Mais ce chiffre s'applique seulement au cône terminal de cendres, et la pente moyenne du volcan tout entier n'est que de 15° 40'.

Quelques heures suffisent pour l'édification d'un cône de débris de 300 mètres de hauteur. Souvent ces appareils arrivent à dépasser 3000 mètres, comme à Java, et alors ils s'étalent sur une base qui peut dépasser 15 kilomètres de diamètre, noyant sous leur masse une assez vaste surface déjà modelée.

Les laves, en s'épanchant par le sommet ou par les flancs des

Fig. 71. — Le volcan du Fusiyama au Japon.

cônes d'éruption, peuvent les transformer en *cônes mixtes*, aux flancs sensiblement moins raides. L'un des plus remarquables est l'Etna, dont la cime dépasse 3300 mètres d'altitude, et qui couvre de ses produits un espace elliptique où le grand axe a près de 45 kilomètres.

Enfin il y a des cônes exclusivement constitués par des laves, sans débris projetés. Ces *cônes de laves* s'édifient dans les régions où les matières épanchées sont particulièrement fusibles, et l'addition des coulées successives finit par engendrer d'énormes accumulations. En Islande, où ce type est fréquent, l'inclinaison des talus est comprise entre 1 et 8 degrés, et la hauteur relative varie de 5 mètres à 600 mètres. Mais, aux îles Sandwich, le seul amon-

[1]. Peucker *in* Penck. *Morphologie*. I, p. 111.

cellement de laves basaltiques a construit une montagne, le Mauna Loa, qui s'élève à 4168 mètres de hauteur, avec une inclinaison variant depuis un minimum de 3° 51' jusqu'à un maximum de 6° 43'[1]. La base de la montagne a de 70 à 80 kilomètres de diamètre ; et, comme, aussi loin que la sonde ait atteint dans l'île au-dessous du niveau de la mer, elle n'a jamais rencontré que de la lave, on a pu estimer le total des accumulations volcaniques d'Hawaï à beaucoup plus de *cent mille kilomètres cubes*, dont *onze mille* visibles au-dessus de la surface de l'Océan.

Ce chiffre colossal contraste avec la faible impression produite par l'aspect du volcan, si largement étalé que, vu de certains côtés, il semble ne former qu'une saillie à peine visible.

Cavités cratériformes. — Si les protubérances coniques sont la forme normale des épanchements internes, l'activité volcanique fait aussi naître une structure qui est comme la contre-partie de la précédente et qui, bien plus qu'elle encore, est contradictoire par son essence avec la manière d'agir des causes externes ; nous voulons parler des *cavités cratériformes*.

Le sommet des cônes, qu'il s'agisse de débris ou de laves, est toujours constitué, dans les volcans actifs, par une ouverture dite *cratère*, et dont l'ampleur, essentiellement variable d'un moment à un autre, dépend soit des fluctuations du niveau de la lave, soit de la force des projections. En 1844, Junghuhn a vu à Java, sur le Gunung-Raon, un cratère de 730 mètres de profondeur, avec parois verticales en voie de constant écroulement. Mais les circonstances changent beaucoup quand la lave monte par la cheminée et remplit plus ou moins l'ouverture.

Bon nombre de cratères de volcans éteints abritent aujourd'hui des lacs et sont dits *cratères-lacs*. De ce nombre est le lac-cratère de l'Orégon et, sur une moindre échelle, le lac de Laach, près des bords du Rhin, avec une profondeur de 51 mètres. Le plus curieux exemple de ce genre est celui du petit lac, d'environ 500 mètres de diamètre, que M. Kerr Cross[2] a récemment signalé au fond du cratère qui couronne le Rungwe, cône volcanique de près de 3000 mètres, se dressant à l'extrémité septentrionale du lac Nyassa. C'est l'abondance des pluies équatoriales qui entretient cette petite nappe d'eau, ainsi que beaucoup d'autres lacs de cratères situés au voisinage de la même montagne.

1. Dana *in* Penck, *Morphologie*, II, p. 415.
2. *Geograph. Journal*, 1895, p. 114.

Il est impossible de séparer de cette catégorie les cratères résultant d'explosions volcaniques, lors même que l'explosion s'est bornée à faire naître un entonnoir, loin d'un volcan, dans une roche qui n'a elle-même rien d'éruptif. Ces *cratères d'explosion* peuvent aussi devenir des lacs, comme le lac d'Albano, dans le Latium, certains lacs d'Auvergne, tels que le *gour de Tazanat*, profond de 67 mètres, enfin les célèbres *maare* de l'Eifel, où la profondeur varie de 22 à 53 mètres, mais dont le plus grand n'a que 200 mètres de diamètre.

Beaucoup de ces cavités n'ont pas d'écoulement extérieur. Ainsi les lacs de Gmünd, de Weinfeld, le Pulvermaar, les lacs d'Albano, de Nemi, de Laach. Souvent le niveau de l'eau s'y tient beaucoup plus bas que le point le moins élevé de l'entourage. C'est l'eau de pluie qui les entretient et, quand il n'y a pas de solfatare, cette eau est nécessairement douce [1]. Les *cratères d'explosion*, produits par la projection en masse d'une certaine étendue de terrain, ont parfois des dimensions considérables et engendrent de véritables *cirques* gigantesques; de ce nombre sont: la *caldera* ou chaudière du Gunung-Tengger de Java, qui a 6500 mètres sur 9000; le cirque de Santorin, avec 6500 mètres de petit axe et 10 kilomètres de grand axe; la chaudière de Ténériffe, qui compte 13 kilomètres sur 20.

Enfin une structure commune à certains districts de laves est celle qui engendre des cavités cratériformes par le simple effondrement de certaines parties, refondues à la base ou offrant des vides internes. Cette structure est fréquente en Islande, ainsi qu'aux îles Sandwich. Un certain nombre de lacs à fond de lave, qui n'offrent pas de traces d'explosions, doivent avoir été produits de cette manière. Ce peut être le cas du lac Pavin, en Auvergne, à moins qu'il n'y faille voir un ancien cratère de lave fusible, comme celle qui s'épanche au piton de la Fournaise dans l'île de la Réunion.

Le plus bel exemple de ces *cirques d'effondrements volcaniques* est celui de la chaudière de Kilauea, aux îles Sandwich, avec son fond occupé par un lac de lave bouillante et ses parois escarpées, hautes de plus 150 mètres.

Modifications géographiques diverses produites par les éruptions volcaniques. Lacs de barrage. Cascades. — En dehors de l'addition, faite au modèle préexistant, des structures parasites que nous venons de signaler, et dont la juxtaposition engendre

---

[1]. Penck, *Morphologie*, II, p. 298.

un *paysage volcanique* très caractérisé, les épanchements éruptifs sont susceptibles d'apporter, dans l'hydrographie d'une région, des changements d'importance très diverse.

L'un des plus habituels est le barrage d'une vallée par une coulée de lave. Il en peut résulter la formation d'un *lac* ou d'une *cascade*. Ainsi se sont formés, en Auvergne, le lac Chambon et celui d'Aydat. Plusieurs des belles cascades de la contrée du Yellowstone, en Amérique, sont dues à des nappes de laves, au sein desquelles les rivières n'ont pas encore eu le temps d'approfondir leurs lits. Le lac du Yellowstone, situé à 2359 mètres d'altitude, et profond de 90 mètres, résulte du barrage d'une vallée par une coulée de rhyolite. On attribue la même origine au lac de Nicaragua, qui couvre 11 500 kilomètres carrés, sans que sa profondeur dépasse 60 ou 70 mètres. Il en est de même de plusieurs cavités lacustres du Mexique, et on a vu des lacs se former de cette manière au Japon en 1888.

Changements du réseau hydrographique. — Tous ces changements ne portent que sur des détails secondaires, et le réseau hydrographique n'en est que peu altéré. Mais il y a des cas où la modification des tracés peut devenir profonde, et bouleverser de fond en comble l'économie du drainage d'une région. C'est ce qui arrive lorsque l'activité volcanique s'est exercée sur une assez grande échelle pour superposer à un territoire, non plus seulement quelques cônes ou quelques coulées de laves, mais un massif parasite considérable et de grande altitude.

Ce massif devient alors un centre de divergence pour de nouveaux cours d'eau, que la forte inclinaison des versants rend facilement torrentiels. D'une part, ces rivières peuvent être assez puissantes pour remanier complètement les vallées de la périphérie; d'autre part, le réseau général que le nouveau relief fait naître reçoit, des pentes divergentes, une impulsion directrice qui peut lui assurer, pendant quelque temps, une certaine indépendance relativement à l'allure du socle sur lequel a eu lieu l'accumulation éruptive. Non seulement, sur toute la partie recouverte, c'est un système nouveau qui se substitue aux anciennes lignes de drainage, désormais enfouies; mais aux points où cesse l'accumulation volcanique, le modelé initial peut s'atrophier, parce que les anciens thalwegs ne reçoivent plus les mêmes quantités d'eau. En même temps, les nouvelles rigoles, en débouchant sur la périphérie, se creusent des lits indépendants du sous-sol.

Cette indépendance apparaît clairement lorsque l'érosion a eu le temps d'enlever, sur les bords, une partie notable de l'appareil volcanique. Dans ce cas on a affaire à des tracés *surimposés*, sans relation actuelle avec le terrain où on les observe, et ne devenant intelligibles qu'à la condition de reconstituer la partie disparue de la couverture éruptive. C'est ainsi que, dans l'Allemagne centrale, le Vogelsberg et le Rhön sont venus, à l'époque miocène, former deux massifs basaltiques importants entre le Taunus et le Thüringerwald. Ces massifs ont complètement changé l'ancien drainage de la région vers le golfe de Cassel. Ils ont servi d'origine à de nouveaux cours d'eau, dont les uns vont au Main et les autres au Weser. Ces rivières ne tardent pas à sortir du terrain basaltique pour couler sur des formations sensiblement plus anciennes, où dominent les dislocations alignées du sud-est au nord-ouest. Or ce n'est que dans le détail des tracés que cette direction parvient à se faire sentir. Même la grande dislocation nord-sud, suivant laquelle s'était faite aux temps tertiaires la dépression hessoise, a quelque peine au début à se traduire dans la direction de la Fulda et de ses affluents [1].

En France, les massifs du Cantal et du Mont-Dore, tardivement édifiés sur la pénéplaine du Plateau Central, exercent une action directrice encore mieux marquée, et il en est de même pour les énormes massifs volcaniques qui se sont accumulés en Amérique sur le Yellowstone et sur les monts Cascades.

Laccolithes. — Pour terminer, nous devons dire ici quelques mots d'une influence purement volcanique, et qui se traduit à la surface par des effets tout à fait semblables à ceux que peut produire un mouvement orogénique.

On connaît en Amérique des bombements, de forme elliptique, au-dessus desquels les terrains stratifiés forment autant de calottes superposées, en dômes réguliers, dont le centre culminant, quand le sommet a été enlevé par l'érosion, laisse voir un noyau éruptif. Ce noyau est constitué par une roche qui a dû former, dans la profondeur, une intumescence de nature pâteuse, soulevant en forme de cloche les terrains qui l'empêchaient d'apparaître à la surface, et dans lesquels elle s'est contentée d'envoyer des filons. Ces protubérances, qu'on pourrait appeler *aveugles*, puisqu'elles n'ont pas vu le jour, ont reçu le nom de *laccolithes*.

Or il est évident que des phénomènes du même genre peuvent encore avoir lieu dans les grands centres éruptifs. Ces injections

---

[1] Penck. *das Deutsche Reich* (Kirchoff. *Länderkunde. Europa*, p. 295).

souterraines de laves sont de nature à produire l'exhaussement (ou, quand elles se retirent, l'affaissement) en bloc d'un district très limité ; et il ne serait pas inadmissible que des mouvements du sol tout à fait localisés, comme ceux qu'on a signalés à Pouzzoles, dussent être attribués à une cause de ce genre. Il importait du moins de la signaler, à cause de la réaction que ces mouvements de terrain ne peuvent manquer d'exercer sur l'activité des eaux courantes.

DIXIÈME LEÇON

CYCLES D'ÉROSION SUCCESSIFS. ANALYSE DE QUELQUES RÉSEAUX HYDROGRAPHIQUES

Notion des cycles successifs. — L'écorce terrestre ayant subi, à bien des reprises, des efforts de dislocation, il n'est aucune partie de la terre ferme, si ce n'est peut-être quelques territoires de très récente émersion, où le travail du modelé n'ait été plus d'une fois interrompu par des influences tectoniques actives. Il y a donc eu, sur un même point, succession de plusieurs cycles d'érosion, dont chacun d'ailleurs pouvait être plus ou moins avancé au moment de l'ouverture du cycle suivant. L'analyse rationnelle d'une topographie exige la reconstitution de ces divers cycles, et c'est une tâche qui présente en général une extrême difficulté, quand on songe à l'énorme épaisseur de terrains que l'érosion a partout fait disparaître durant les âges géologiques.

Cependant certaines régions du globe, en raison de la simplicité de leur histoire, se prêtent assez bien à l'analyse des cycles successifs, au moins pour les périodes postérieures à l'ère primaire. Ce sont les contrées qui n'ont jamais été affectées par des plissements trop énergiques, et où chaque cycle s'est poursuivi assez longtemps pour pouvoir faire de la surface une pénéplaine à peu près parfaite. Dans ce cas, un observateur attentif parvient à reconnaître des lambeaux de la pénéplaine, dont les rapports mutuels l'aident à démêler la série des événements survenus. En particulier, puisqu'une pénéplaine devait être une surface peu différente d'un plan, et dont, par conséquent, les lignes de niveau étaient à peu de chose près des droites parallèles, si, après avoir reconnu un nombre suffisant de lambeaux d'une pénéplaine donnée, on réunit par des courbes les points de même altitude actuelle, on obtient une représentation exacte de la *somme des déformations*[1] que la surface a éprouvées depuis la fin du cycle qui l'avait engendrée. Et s'il est possible d'établir cette représentation pour deux pénéplaines successives, en retranchant la part des déformations qui leur est commune, on arrive à reconnaître, au moins dans leurs traits généraux, les dislocations que la plus ancienne avait subies au début du cycle qui devait aboutir à la seconde.

C'est surtout aux États-Unis qu'on a rencontré des circonstances favorables pour entreprendre ce genre délicat de recherches.

Littoral atlantique des États-Unis. — Le littoral atlantique des États-Unis offre cette particularité que, durant les temps primaires, la terre ferme occupait la place de l'océan, tandis qu'un grand bassin de sédimentation marine s'étendait sur la région aujourd'hui montagneuse des Appalaches, où s'accumulaient, dans un large synclinal, de puissants dépôts stratifiés. Donc, à cette époque, les rivières venaient de l'ouest, aboutissant au bord du synclinal.

Actuellement les circonstances topographiques sont renversées, et c'est l'océan qui draine la région appalachienne; mais l'écoulement des terres atlantiques a été certainement tardif, et de plus, avant leur disparition, le plissement et l'émersion des Appalaches ont dû se faire progressivement. De là vient que la topographie du pays peut offrir, à la fois, des traits de grande ancienneté, conformes à l'état originel de la surface, et d'autres tout à fait modernes. Ce qui frappe surtout, c'est le peu d'importance des eaux qui se rendent directement à l'Atlantique, comparée à l'étendue du réseau tributaire du Mississipi, c'est-à-dire se déversant dans un tronc dont la direction est à angle droit avec celle de la pente générale vers l'océan. Evidemment c'est le passé qui doit rendre compte de cette disposition. Quelques rivières importantes mais courtes, comme le Potomac et le Susquehanna, vont de suite à l'Atlantique, en franchissant par des gorges des bourrelets qui auraient dû, semble-t-il, dériver leurs eaux au sud-est, et il n'est pas interdit de penser que ce peuvent être d'anciens lits fluviaux qui auraient réussi à se maintenir, mais en changeant complètement le sens de l'écoulement primitif.

Essayons de pénétrer plus avant dans l'analyse du réseau hydrographique américain, en commençant par le nord, où l'existence des dépôts du trias montre que la région a été immergée au début des temps secondaires.

---

1. Les Américains diraient *la résultante du diastrophisme*.

Connecticut, New Jersey. — M. Morris-Davis [1] a pu reconnaître dans le Connecticut les traces de trois pénéplaines distinctes (fig. 75). La première est celle que formaient, avant le dépôt des couches triasiques, les terrains cristallins disloqués. Un lambeau de cette pénéplaine s'observe dans un ravin à l'ouest de Southington, où l'on voit le conglomérat sableux de la base du trias reposer sur la surface érodée et aplanie des schistes archéens en couches considérablement dérangées. Cette surface (I) est aujourd'hui affectée d'une forte inclinaison.

Plus haut se reconnaît, avec une inclinaison moindre, la pénéplaine (II) à laquelle le pays avait été réduit avant le commencement de l'époque crétacée. A l'ouest, sur les schistes cristallins, cette surface est peu entamée, grâce à la meilleure résistance des

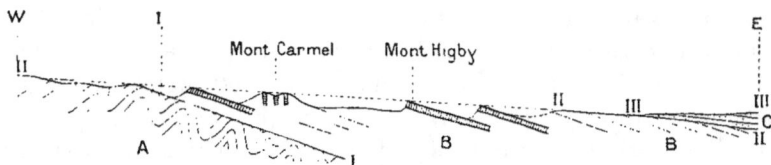

Fig. 75. — Schéma des pénéplaines successives du Connecticut d'après M. W. M. Davis. — I. I. pénéplaine prétriasique; II. II. pénéplaine précrétacée; III. III. pénéplaine tertiaire. — A. schistes cristallins; B. dépôts triasiques; C. dépôts crétacés.

roches, et forme les hautes terres du pays. Mais sur les affleurements triasiques, en général plus tendres, l'érosion a découpé, dans cette pénéplaine précrétacée, des échancrures notables, ne laissant en saillie que les affleurements des nappes éruptives dures, comme au mont Carmel et au mont Higby. On constate que les points culminants de ces affleurements sont tous tangents, de l'ouest à l'est, à un même plan qui prolonge la surface des hautes terres et vient s'enfoncer sous les dépôts crétacés, eux-mêmes entamés par l'érosion d'où est née, à l'époque tertiaire, la dernière pénéplaine (III). Les grandes différences topographiques de la région, suivant qu'on observe les hautes terres à substratum cristallin ou la zone occupée par le trias, accusent bien l'inégale vitesse avec laquelle s'accomplit l'érosion subaérienne dans des terrains qui n'offrent pas la même résistance.

Dans le New-Jersey, quelques carrières d'argile d'Amboy laissent voir la base du crétacé, reposant en discordance sur le trias dénudé, dont la surface ainsi recouverte offre un relief extrêmement modéré.

1. *Bull. geol. soc. America*, II, p. 416.

Région des Appalaches. — Le même ordre de considérations a été appliqué par MM. Hayes et Campbell [1] à tout l'ensemble de la contrée des Appalaches. Avant le plissement de cette chaîne, qui a marqué la fin des temps primaires, la masse principale du continent se trouvait, comme nous l'avons déjà dit, là où est l'Atlantique, et les cours d'eau venant de l'ouest aboutissaient à la mer appalachienne. Le soulèvement de la région a eu pour effet de dévier la partie inférieure de ces cours d'eau, en les recueillant, au fond d'un grand pli synclinal, dans un tronc commun, dont les auteurs ont pu reconstituer le parcours, et qu'ils ont appelé *rivière appalachienne*. Jusqu'à la fin des temps jurassiques, l'érosion qui s'est exercée sur ce territoire en a entraîné les matériaux assez loin pour qu'aujourd'hui ils ne soient plus visibles. Mais au début du crétacé, un relèvement s'est produit, après lequel les eaux courantes, achevant leur œuvre, firent du pays une pénéplaine, dont les lambeaux, reconnaissables à la surface du plateau de Cumberland, peuvent se suivre aujourd'hui depuis 200 mètres d'altitude (Alabama central) jusqu'à plus de 1200 mètres (Virginie).

Dès l'ère tertiaire, cette pénéplaine a subi à la fois un exhaussement et un gauchissement, lesquels, sans détruire tout à fait l'ancien synclinal, ont obligé l'activité fluviale à parcourir un nouveau cycle. Ce dernier était à peine achevé que la fin de la période éocène amenait un affaissement, suivi d'un nouveau soulèvement avec lequel a commencé un troisième cycle. Le gauchissement ainsi produit ayant eu pour effet de donner un grand avantage aux rivières qui arrosaient l'ouest de la contrée, celles-ci ont réussi à pousser leurs eaux de tête vers l'est, capturant peu à peu les éléments de la rivière appalachienne au profit du Mississipi. La gorge sinueuse de Chattanoga, qui aboutit au Tennessee en traversant les montagnes par une série de cluses, serait le résultat d'une suite de captures ainsi opérées par les eaux tributaires de l'ouest. Le réseau hydrographique actuel des Appalaches présente donc une grande complication. On y trouve un petit nombre de cours d'eau *antécédents*, c'est-à-dire ayant gardé leur situation originelle, comme le New Kanawha et quelques affluents orientaux du Tennessee et de l'Alabama. Peu nombreuses aussi sont les rivières *conséquentes*, encore logées dans des synclinaux à la suite d'un plissement ; quelques tronçons des tributaires des rivières Tennessee et Coosa seraient seuls dans ce cas. En revanche beaucoup

---

[1]. *National geogr. Magazine*, VI, p. 65 : *Appalachian Geomorphology*.

de cours d'eau, tout en gardant une réelle indépendance vis-à-vis de la structure initiale, se sont *ajustés* à une déformation postérieure de la surface. Très peu ont le caractère de rivières *surimposées*, comme l'Ocoee à la traversée des montagnes ; cependant le Tennessee conserve des tronçons qui doivent leur allure à d'anciennes conditions de pente et de niveau, contradictoires avec les circonstances actuelles.

Il serait hors de propos d'entrer ici dans plus de détails ; mais nous avons jugé nécessaire d'indiquer, par ce bref résumé, à quelle finesse d'analyse les auteurs américains avaient su parvenir. On s'en convaincra sans peine en recourant au travail original, et surtout en jetant les yeux sur les cartes consacrées à la reconstitution des pénéplaines successives, avec ces courbes de niveau qui mettent si bien en évidence le synclinal de l'ancienne rivière appalachienne.

Ce qui est particulièrement instructif, c'est le diagramme (fig. 76)

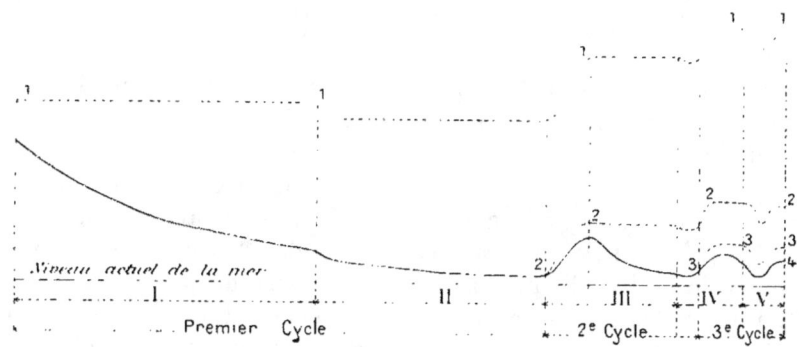

Fig. 76. — Diagramme des cycles d'érosion de la contrée des Appalaches (d'après MM. Hayes et Campbell). — I. époque précrétacée ; II. époque crétacée ; III. époque éogène ; IV. époque néogène ; V. époque pléistocène. — 1. pénéplaine précrétacée ; 2. pénéplaine crétacée ; 3. pénéplaine tertiaire ; 4. niveau de la rivière du Tennessee.

dans lequel MM. Hayes et Campbell ont cherché à résumer l'œuvre des trois cycles, de manière à rendre sensible, non seulement l'importance de chaque opération de creusement, mais les durées relatives probables des diverses phases. La courbe en plein figure, par ses parties descendantes, l'abaissement progressif des thalwegs ; par ses parties montantes, les soulèvements du sol ; chaque courbe en ponctué correspond à l'une des pénéplaines, et donne une idée, par sa terminaison, de la hauteur à laquelle il en faut aujourd'hui aller chercher les restes.

Plaine côtière des États-Unis. — Les circonstances géologiques sont encore plus simples dans la plaine côtière des États-Unis, qui entoure à distance et contourne les Appalaches, s'étendant depuis l'Hudson jusqu'au Mississipi. Cette plaine, sur laquelle les rivières coulent à peu près normalement au rivage, s'appuie au gneiss qui forme le pied des montagnes, ou au terrain primaire. On y voit affleurer successivement, en discordance angulaire, d'abord les couches crétacées, puis l'éogène, ensuite le néogène, lui-même recouvert par les limons pleistocènes dits de Columbia [1].

La plaine n'a subi que de faibles oscillations, les unes descendantes, produisant le remplissage des collines basses et des thalwegs par des sédiments, les autres ascendantes, avec creusement de vallées dont quelques-unes ont dû s'étendre au delà du rivage

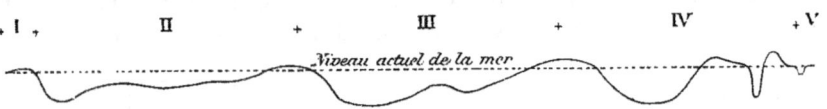

Fig. 77. — Diagramme des oscillations du sol au voisinage de l'embouchure du Mississipi (d'après M. Mac Gee). — I, fin de l'époque triasico-jurassique; II, époque crétacique; III, époque éogène; IV, époque néogène; V, époque pleistocène.

actuel. De là trois et même quatre cycles d'érosion, dont M. Mac Gee résume la représentation proportionnelle dans le diagramme ci-joint (fig. 77).

Californie. — La Californie fournit un intéressant exemple de deux réseaux hydrographiques successifs, l'un appartenant à la fin de l'époque tertiaire, et caractérisé par le dépôt des graviers aurifères de la région, l'autre moderne, et séparé du premier par les éruptions volcaniques de la période pliocène. Ce sont justement les épanchements de laves andésitiques et de tufs qui ont oblitéré les rivières pliocènes et déterminé le cours actuel du Yuba ainsi que de l'American River.

M. W. Lindgren [2], profitant des nombreuses recherches exécutées dans les graviers aurifères, s'est attaché à la reconstitution de l'ancien réseau fluvial, en somme assez concordant avec le nouveau. En construisant les profils, il a constaté, dans les courbes représentatives des rivières tertiaires, certaines convexités que n'explique en aucune façon la résistance des roches sous-jacentes. Ces parties convexes sont d'autant plus significatives, que les cours d'eau modernes, quoique bien moins avancés dans leur œuvre que ne l'étaient ceux du pliocène, ont déjà conquis un

1. Mac Gee, *U. S. Geol. Survey*, 12th *Annual Report*, 424.
2. *Bull. geol. soc. of America*, 1893.

profil régulièrement concave, et d'ailleurs plus raide que celui des anciennes rivières. M. Lindgren en a conclu qu'après la fin des épanchements volcaniques, il s'était vraisemblablement produit un mouvement orogénique qui, en déformant le flanc occidental de la Sierra Nevada, en avait augmenté la pente.

Variété des systèmes hydrographiques. — Après tout ce qui vient d'être dit, quand on considère à quel point sont compliquées la structure et la composition de l'écorce terrestre, et combien de vicissitudes en ont tour à tour affecté l'équilibre, on se rend aisément compte de la multiplicité des formes que peuvent revêtir les systèmes hydrographiques du temps présent.

Il y a des rivières *primitives* ou *originelles*[1], correspondant à un seul cycle d'érosion, accompli dans un pays homogène de composition et de structure ; d'autres sont *composites*, traversant plusieurs territoires géologiquement distincts, dont chacun imprime au réseau fluvial une physionomie propre au tronçon considéré. On appellera *composés* (*compound*) les cours d'eau formés par la réunion de plusieurs tronçons d'âges divers et, par suite, inégalement avancés dans leur travail. Enfin certaines rivières sont dites *complexes*[2], parce qu'elles sont entrées dans un nouveau cycle d'activité, dont les effets se superposent à ceux du précédent et ne les ont pas encore fait entièrement disparaître. D'ailleurs les événements géologiques peuvent, ou réunir autour d'un tronc commun des réseaux primitivement indépendants, ou séparer au contraire en bassins distincts ce qui, dans l'origine, formait un ensemble unique. De là l'extrême variété que met en lumière l'analyse rationnelle de l'hydrographie terrestre.

On comprend sans peine qu'un réseau de cours d'eau sera d'autant plus simple, et se montrera entouré d'une topographie d'autant plus uniforme, que le bassin correspondant sera plus homogène. Si ce bassin est *composite*, et que de grandes différences de résistance ou d'allure se manifestent parmi les affleurements, non seulement, durant l'évolution du cycle, la topographie sera très différente d'aspect selon les points ; mais certaines parties, moins rebelles à l'érosion, offriront déjà les caractères de la maturité,

---

1. Ces qualifications et celles qui vont suivre ont été créées par MM. Powell, Gilbert, Davis, etc. MM. de la Noë et de Margerie restreignaient l'épithète d'*originels* aux cours d'eau dont le tracé était déterminé dès le début par les pentes structurales, le mot de *subordonnés* étant appliqué aux affluents.

2. Nous ne pouvons considérer ces diverses dénominations que comme provisoires, attendu qu'elles dénaturent plus ou moins le sens de mots déjà fixés dans notre langue.

quand d'autres en seront encore à la jeunesse. C'est une considération qu'il ne faut pas perdre de vue, lorsqu'on se sert de l'aspect topographique comme d'un critérium pour apprécier le degré d'évolution d'un cycle.

Cela posé, nous allons passer successivement en revue un certain nombre de types de cours d'eau ou de réseaux fluviaux, de manière à nous faire une idée des diverses combinaisons qui peuvent se présenter.

Rivières à pente rapide et discontinue. — Nous commencerons par donner les profils de cours d'eau qui peuvent servir d'exemples au point de vue de la régularisation encore fort incomplète de la courbe du lit.

Ainsi le Kohlbach, qui descend du Tatra pour se jeter à Gross Lomnitz, après 17 kilomètres de parcours, dans un affluent de la Vistule, a sa pente brisée par deux rapides (fig. 78). Le tronçon de tête (marqué 1. 2), essentiellement torrentiel, a une pente de 35° 18′ sur environ 1300 mètres. Puis la traversée de la dépression

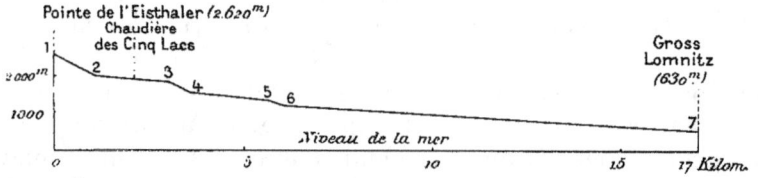

Fig. 78. — Profil du Kohlbach, dans le Tatra (hauteurs non exagérées).

dite Chaudière des Cinq Lacs (2. 3) se fait avec une inclinaison de 5° 43′, à laquelle succède un rapide (3. 4) de 48° 34 sur 400 mètres. Alors, dans le tronçon (4. 5), la pente devient de 5° 33′, jusqu'à un autre rapide (5. 6) de près de 600 mètres avec 16° 20′, à la suite duquel la pente devient de 3° 10′ jusqu'à l'embouchure, sur une longueur totale de 10 kilomètres et demi.

Le Kohlbach n'est qu'un torrent. Mais la même rupture de pente

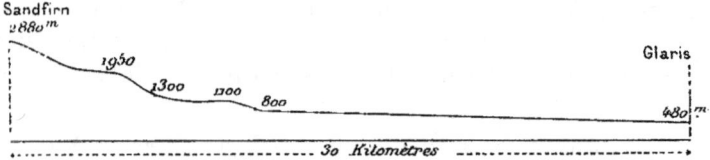

Fig. 79. — Profil de la Linth entre le Sandfirn et Glaris (d'après M. Bodmer).

par deux rapides se retrouve dans le cours supérieur de la Linth, entre le Sandfirn et Glaris (fig. 79). Seulement, dans ce cas, tant par suite de la nature des roches que par l'insuffisance des eaux de tête, le premier tronçon à partir du haut commence par une courbe convexe.

Bassin de la Somme. — A l'extrémité de l'échelle tout à fait opposée doit être placée la rivière de la Somme. D'abord son bassin, remarquablement homogène, est formé de craie, presque exclusivement même de craie blanche, avec une légère couverture de limon et de bief à silex sur les plateaux. Le peu de ruissellement qui est susceptible de se produire par l'effet de cette couverture argileuse n'a pas assez de puissance (en dehors du cas exceptionnel de trombes) pour se faire sentir jusque dans la vallée. Aussi, de tous les cours d'eau connus, la Somme est-elle un de ceux dont le débit est le plus constant, la différence n'étant que de 1 à 4 entre le volume d'étiage et celui des crues. Sa limpidité ne se dément jamais, et les suintements du pied des versants, assez analogues à ceux de la Champagne, ont engendré une puissante végétation tourbeuse, dont la culture a seule arrêté le progrès.

D'autre part, la Somme coule au fond d'un synclinal qui demeure absolument rectiligne sur près de 80 kilomètres. La rivière mérite donc bien le titre de cours d'eau *conséquent*, et les quelques affluents qu'elle reçoit tombent en général à angle droit sur sa direction, disposition que quelques auteurs, en particulier M. Daubrée, ont attribuée à un réseau de diaclases ou cassures orthogonales, tandis que MM. de la Noë et de Margerie n'y voient que l'arrangement ordinaire des cours d'eau envoyés par les versants du synclinal.

Dans ces conditions, on ne s'étonnera pas de l'extrême régularité de la courbe du lit (fig. 80), qui ne commence à s'écarter sérieuse-

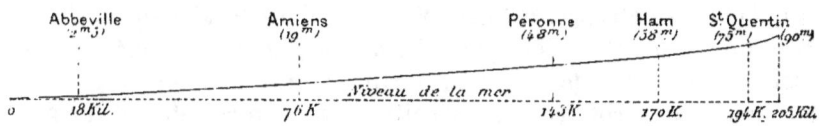

Fig. 80. — Profil du lit de la Somme.

ment d'une droite que dans le tronçon tout à fait supérieur. La pente moyenne totale, étant de $\frac{44}{100\,000}$, se subdivise en un tronçon inférieur de 76 kilomètres, avec $\frac{25}{100\,000}$, un tronçon moyen de 67 kilomètres avec $\frac{43}{100\,000}$, un autre de 51 kilomètres avec $\frac{53}{100\,000}$; enfin le dernier, de 11 kilomètres, où la pente atteint $\frac{136}{100\,000}$.

On remarquera en même temps que la pente moyenne (1 pour 2250) est loin d'être négligeable, et que la courbe très tendue de la Somme s'écarte sensiblement de celle qu'affectent beaucoup de rivières moins tranquilles, mais où pourtant la pente du cours inférieur est bien plus faible. Cela tient à ce que la craie de Picardie est un terrain perméable *par sa masse*, à la façon des éponges, et non par des fissures où les infiltrations puissent facilement descendre : de sorte que l'eau n'est arrivée au niveau de base que progressivement, en débitant la craie sur son passage. Mais un premier cycle l'avait amenée plus bas qu'aujourd'hui, et c'est par de la tourbe qu'elle a remblayé son lit en conformité des conditions actuelles, sous l'empire de circonstances météorologiques bien différentes de celles qui présidaient autrefois à la formation des nappes de cailloux roulés, étagées à diverses hauteurs au-dessus du thalweg.

Bassin du Pô. — En opposition complète avec la Somme, on peut citer le bassin du Pô. Entièrement entouré de hautes montagnes, où l'œuvre de l'érosion est loin d'être achevée, le fleuve reçoit de tous côtés des affluents torrentiels convergents. Mais la pente des versants est si rapide, que le niveau de base est bientôt atteint, de sorte que, depuis les environs de Turin jusqu'à l'Adriatique, il s'est constitué une immense plaine alluviale, qui a gagné peu à peu sur la mer par la réunion des deltas de tous les cours d'eau.

Cette plaine n'est pas l'œuvre du fleuve principal tout seul. Ses affluents y ont aussi largement contribué. En amont de Turin, la force des cours d'eau alpins étant de beaucoup prépondérante, le Pô est constamment repoussé vers le sud, et c'est ainsi qu'il vient ronger les collines de Moncalieri et de la Superga. Mais plus loin le Tanaro, qui vient des Apennins, est assez fort pour rejeter le fleuve au Nord, en attendant que la Sesia et le Tessin le repoussent de nouveau au sud.

Un sondage entrepris à Porto-Vecchio, dans le Modenais, c'est-à-dire au sud du Pô, a été poussé *jusqu'à plus de 180 mètres au-dessous du niveau de la mer* sans sortir des alluvions fluviales, et, à 80 mètres de profondeur, les cailloux rencontrés étaient incontestablement d'origine alpine. Il est donc à croire qu'à l'époque où les torrents issus de grands glaciers débitaient d'abondants cailloutis, le Pô était rejeté au sud dans cette région. Mais depuis que la charge des cailloux alpins s'arrête dans les grands lacs de bordure, les cours d'eau venant de l'Apennin ont repris l'avantage et ramené le fleuve au nord [1].

---

1. Th. Fischer *in* Kirchhoff's *Länderkunde von Europa*, II. 2, p. 357.

De Chivasso à Plaisance, la pente totale moyenne de la plaine du Pô est un peu inférieure à 1 pour 1000, et de Plaisance à la mer, elle est à peu près de 1 pour 2000. C'est-à-dire que grâce au régime torrentiel des affluents, une plaine alluviale partiellement conquise sur la mer a juste la même pente que le tronçon supérieur de la Somme entre Péronne et Saint-Quentin. Mais la comparaison serait surtout instructive avec la plaine finale du Mississipi, dont l'inclinaison, entre Memphis et l'embouchure, n'est que de 1 pour 10 000 (soit cinq fois moindre que celle du Pô), grâce à l'absence de tout affluent torrentiel.

Bassin de Paris. Partie moyenne. — Les exemples que nous venons de citer sont relativement très simples. Le bassin de Paris, dans sa partie moyenne, celle qui est comprise entre l'Oise et l'Yonne, va nous offrir des circonstances plus variées, mais d'une variété très régulièrement ordonnée. Le système fluvial y est à la fois *composite* et *complexe*; mais ces caractères s'y présentent avec le minimum admissible de complications.

L'ensemble de cette partie du bassin peut être considéré comme un secteur d'un vaste entonnoir aplati, plongeant de tous côtés vers Paris. Mais à mesure qu'on s'éloigne du centre, dans une direction quelconque, les versants de l'entonnoir se montrent partagés en bandes concentriques, dont chacune répond à l'affleurement de l'un des étages tertiaires ou secondaires, lesquels forment, comme on sait, autant de cuvettes superposées, dont les bords se relèvent vers l'Ardenne, les Vosges et le Morvan.

Chacune de ces bandes se limite en amont par une falaise, que l'érosion a créée en débitant une roche tendre, sous-jacente à une assise plus dure (revoir la figure 48), suivant le procédé dont il a été antérieurement question [1]. Telles sont, de l'aval à l'amont : la *falaise de l'Ile de France*, du pied de laquelle sortent les plaines crayeuses de la Champagne, progressivement relevées à l'est; la *falaise de Champagne*, constituée par la craie, dominant les marnes et argiles facilement dénudées du crétacé inférieur; la *falaise de l'Argonne*, où la gaize se dresse en rempart au-dessus du grès vert sous-jacent; enfin la *falaise corallienne* de Verdun, qui déjà n'appartient plus au bassin hydrographique de la Seine.

Zones hydrographiques du bassin. — A cette disposition, qui se manifeste si nettement dans le profil en travers du bassin, se joint un arrangement spécial du réseau hydrographique en zones

---

[1]. Voir plus haut, p. 110.

alternatives, dont Belgrand a le premier fait ressortir la netteté[1].

Les bandes d'affleurement sont de nature très inégale en ce qui concerne leur perméabilité. Sur celles où dominent les argiles, les cours d'eau sont extrêmement nombreux et indéfiniment ramifiés, dessinant un véritable *chevelu*. Au contraire, dans les bandes perméables, les rivières sont rares et de parcours bien défini.

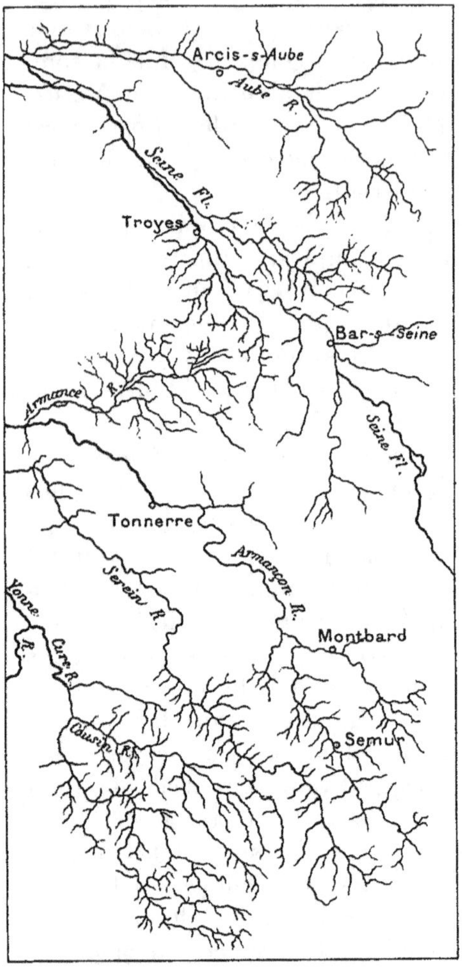

La figure 81 met bien en évidence l'épanouissement du réseau fluvial dans l'ensemble des terrains cristallins du Morvan et de leur bordure argileuse, faite de lias; puis le resserrement du réseau dans la traversée des massifs calcaires jurassiques; ensuite un nouvel épanouissement, strictement limité aux argiles et aux sables infracrétacés de la *Champagne humide*; enfin un nouveau rétrécissement dans la craie de la Champagne pouilleuse.

Ce fait n'est évidemment pas particulier au bassin de Paris, où seulement il éclate avec plus de netteté que partout ailleurs, à cause de la régularité avec laquelle se succèdent les bandes d'inégale perméabilité. L'examen d'une bonne carte suffit en général pour qu'on puisse deviner le caractère que présentent, à ce point de vue, les terrains traversés.

On remarquera que le rétrécissement du réseau fluvial dans la

Fig. 81. — Fragment du bassin de la Seine.

---

1. *La Seine, Études hydrologiques.*

Champagne pouilleuse diffère de celui qui se produit en Bourgogne, en ce que les cours d'eau champenois se montrent accompagnés de dérivations parallèles, attestant la largeur de leur vallée et l'incertitude de la pente en travers. Même sans connaître la topographie du bassin, cette circonstance suffit pour faire diagnostiquer un pays de faible relief, avec vallées au fond plat, parfois même convexe, par opposition avec les vallées encaissées du plateau calcaire bourguignon. On devine à ce seul trait que la Champagne doit être perméable dans la masse entière du terrain, avec suintements continus au pied des versants, tandis que la Bourgogne est perméable par fissures, de sorte que de belles sources doivent s'y faire jour après un long parcours souterrain.

Dernières phases de l'évolution du réseau parisien. — Les traits qui viennent d'être signalés s'expliquent d'eux-mêmes par les lois générales de l'érosion dans un territoire doucement incliné, où affleurent des terrains d'inégale résistance. Mais il s'en faut que ces traits aient été acquis d'un seul coup. Quand on considère une carte de l'ensemble du bassin, on ne peut manquer d'être frappé de ce fait, qu'au lieu de couler toujours perpendiculairement aux affleurements concentriques, certains cours d'eau principaux les suivent parallèlement sur d'assez grandes étendues ; alors que cette direction parallèle devrait être, selon la théorie, réservée aux affluents *subséquents* ou cours d'eau du second ordre. Cela est surtout marqué pour l'Aire et l'Aisne, qui longtemps suivent la direction de l'Argonne, avant que l'Aisne se décide à tourner à l'ouest. De même la Seine, une fois grossie de l'Aube, suit la direction des affleurements jusqu'à sa jonction avec l'Yonne.

Ces apparentes dérogations à la règle viennent de ce que l'état présent du bassin de Paris est le résultat de la superposition de plusieurs cycles d'érosion, dont les derniers ont modifié le réseau primitif par divers phénomènes de capture.

Aujourd'hui les cours d'eau principaux de la partie moyenne du bassin ont si bien régularisé la courbe de leurs lits que leur pente d'ensemble y est descendue au-dessous de $\frac{1}{2600}$. Ce chiffre est très remarquable, car c'est précisément celui qui exprime la pente d'ensemble du versant méridional du fleuve des Amazones, sur plus de 800 kilomètres de distance perpendiculaire au fleuve.

D'ailleurs, comme l'ont montré MM. de la Noë et de Margerie [1], si, entre l'Oise et l'Yonne, on réunit par des courbes les points des

---

1. *Les Formes du terrain.* pl. XXXIV.

lits des grands cours d'eau qui ont la même altitude, on obtient des lignes concentriques qui dessinent un entonnoir aussi aplati que régulier. On peut donc dire que la *pénéplaine future* est actuellement jalonnée par les éléments correspondants des rivières principales, pour lesquelles l'état d'équilibre est atteint.

Mais les mêmes auteurs ont fait cette remarque importante, que les courbes générales d'altitude, au sommet de la falaise tertiaire de l'Ile de France, aussi bien que celles de la falaise crétacée de Champagne (c'est-à-dire les courbes qui réunissent, sans égard aux dénivellations intermédiaires, les points de même niveau sur les couronnements de ces deux falaises), sont exactement *parallèles aux précédentes* ; d'où l'on peut tirer cette conclusion, que les bords actuels des falaises représentent des lambeaux d'une ancienne pénéplaine. Même on peut s'assurer qu'à part un bombement correspondant à la Montagne de Reims, presque partout, entre le lit des grands cours d'eau et la surface supérieure de la falaise que chacun d'eux entame pour pénétrer d'une bande dans la suivante, la dénivellation est à peu près constante, toujours comprise entre 130 et 150 mètres : ce qui autoriserait la supposition que l'ancienne pénéplaine, dont les couronnements des falaises

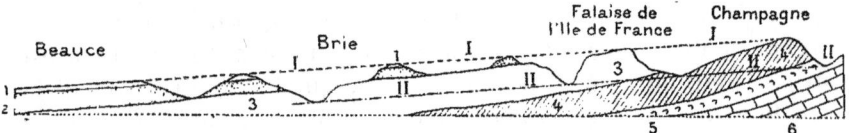

Fig. 82. — Diagramme du bassin de Paris. — 1, calcaire de Beauce ; 2, sables oligocènes ; 3, terrain éocène ; 4, craie ; 5, infracrétacé ; 6, calcaires jurassiques. — I, I, pénéplaine oligocène ; II, II, surface d'équilibre des grands cours d'eau actuels.

représentent les restes (fig. 82), aurait été soulevée en masse, presque sans déformation, de cette quantité.

Aperçu de l'évolution du bassin. — Or l'histoire géologique du bassin nous enseigne que, vers le milieu des temps tertiaires, un grand lac, le lac oligocène de la Beauce, occupait toute la partie centrale de la région, recevant des cours d'eau qui lui venaient de l'est. Le niveau de ce lac était alors peu différent de celui de la mer ; car, à plus d'une reprise, du moins au début, cette dernière y a fait des incursions. Le lac définissait donc la surface de base de l'érosion pour la région émergée à cette époque, et qui s'étendait de la Champagne aux Vosges. Sur tout ce parcours devait s'installer un réseau fluvial dirigé de l'est à l'ouest, et dont l'action tendait à transformer l'ensemble de la Lorraine, de la Bourgogne et de la Champagne crayeuse en une pénéplaine aboutissant à la nappe lacustre.

Plus tard, le lac s'est vidé en s'inclinant vers la Loire, après quoi un soulèvement, ou plutôt une série de soulèvements, en a relevé le fond vers le nord-est, de telle sorte qu'autour de Paris, les restes de ce fond se retrouvent aujourd'hui entre 170 et 180 mètres d'altitude. Par suite de cette surrection, les rivières, déjà régularisées jusqu'à leur entrée dans le lac, ont dû, à la fois, s'allonger sur son territoire asséché, y descendre et creuser à nouveau leurs anciens lits. Le façonnement de la surface a marché avec une vitesse inégale suivant la résistance des affleurements, les bandes les moins dures cédant plus vite que les autres, ce qui a dû créer la falaise de l'Ile de France et accentuer celles qui existaient auparavant en Champagne et en Argonne. De cette façon, l'ancienne pénéplaine a subi un nouveau modelé, qui n'en a laissé subsister que des restes, formant les crêtes des falaises successives.

Phénomènes de capture en Champagne. — Au cours de ce travail, les diverses rivières n'ont pas dû marcher du même pas, soit qu'elles eussent des débits inégaux, soit à cause de la variété des roches rencontrées sur leur parcours. Aussi des phénomènes de capture se sont-ils produits, qui ont modifié plus ou moins profondément le réseau de la pénéplaine oligocène. L'un des exemples les plus typiques de ces modifications a été signalé par M. Davis[1]. Il concerne le territoire compris entre la Marne et l'Aube au voisinage de Fère-Champenoise (fig. 83).

A l'origine du mouvement qui a déterminé l'enfoncement des lits fluviaux, trois rivières paraissent avoir existé entre la Marne et l'Aube (fig. 83, I) : la première, R, marquée par la réunion des eaux divisées de nos jours entre la Sonde et le Surmelin; la seconde, R', comprenant la Somme qui, après s'être réunie au petit cours d'eau de Vaurefroy sur l'emplacement du marais de Saint-Gond, se prolongeait par le Petit-Morin; enfin la troisième, R'', jalonnée par l'ensemble de la Maurienne, du ruisseau de Sézanne ou des Anges et du Grand-Morin.

Pendant que s'opérait la surrection du pays, tous ces cours d'eau durent se tailler une entrée à travers la falaise tertiaire de Sézanne (fig. 83, II), qui se dessinait au fur et à mesure, grâce à la résistance offerte par l'affleurement du calcaire pisolithique,

---

1. *Annales de géographie*. 1895.

faisant obstacle à la pénétration des rivières. Au contraire, en arrière, le facile affouillement de la craie engendrait, le long de la falaise, une dépression où deux affluents *subséquents* prenaient naissance : l'un, A, correspondant à la Somme-Soude, tombait dans la Marne au-dessous de Châlons; l'autre, A', représenté par le tronçon inférieur de la Superbe, aboutissait à l'Aube.

Bientôt la Marne et l'Aube, grâce au volume de leurs eaux, qui leur donnait de l'avantage, grâce aussi, peut-être, à une moindre résistance du bloc tertiaire sur leur parcours, parvenaient à descendre notablement plus bas que les autres rivières, attirant à

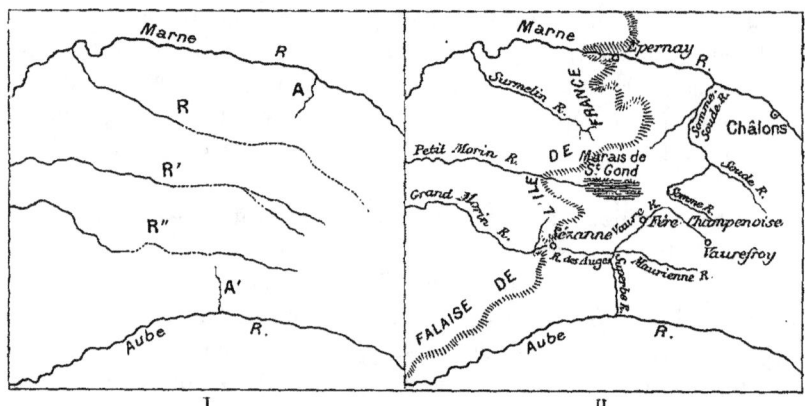

Fig. 83. — Évolution des rivières entre la Marne et l'Aube (d'après M. Davis). — I, état antérieur; II, état actuel.

elles les thalwegs des deux affluents A et A', qui allongeaient leurs lits dans deux directions opposées. En vertu de ce double allongement, d'un côté, par le progrès de son creusement en amont, la Somme-Soude A capturait d'abord la Soude, et un peu plus tard la Somme. De l'autre côté, la Superbe s'emparait du tronçon supérieur du Grand-Morin, le divisant en deux petites rivières opposées bout à bout, dont l'une, *obséquente*[1] et coulant à rebours sous la forme du ruisseau des Anges, tandis que l'autre devenait la Maurienne. Puis, continuant sa marche rétrograde au nord, la Superbe, ainsi renforcée, opérait, par la Vaure, la conquête du ruisseau de Vaurefroy. Le Surmelin et le Grand-Morin, ainsi décapités, étaient réduits plus tard à prendre la crête de la falaise comme ligne de partage; seul, le Petit-Morin a su garder une

1. Voir plus haut, p. 113.

partie de ses eaux de tête en amont de la falaise déjà mieux entamée ; mais ces eaux, impuissantes à continuer le creusement, ont stationné en arrière, créant le marais de Saint-Gond.

Un col qui domine Sézanne à l'ouest marque le point où passait l'ancien cours supérieur du Grand-Morin ; et, chose caractéristique, le petit ruisseau qui naît à l'ouest de ce col, pour se rendre au Grand-Morin, porte dans le pays le nom du ruisseau des Anges, tout comme celui qui, descendant de Sézanne, va tomber dans la Superbe presque en face de la Maurienne. Enfin, par une curieuse coïncidence, on retrouve au même col la trace d'une rivière qui, au début de l'ère tertiaire, venait aboutir en cascade à un lac éocène, après avoir arrosé la Champagne.

Particularités hydrographiques de la Lorraine. — Le réseau fluvial de la Lorraine offre des particularités intéressantes, qui accusent à la fois l'influence de la nature du terrain et celle d'une succession de cycles.

A partir des Vosges, grâce à ce qu'on pourrait appeler l'indifférence des couches, en majeure partie argileuses et tendres, qui affleurent entre le grès vosgien et l'oolithe jurassique, tous les cours d'eau, de la Moselle à la Meurthe, n'ont aucune peine à se diriger de l'est à l'ouest, conformément à la pente générale de la région. En même temps, l'érosion a abaissé le pays en masse, et les rivières y sont à peine encaissées.

Mais, en arrivant à Nancy, la Meurthe bute contre la bande de calcaires oolithiques, sous lesquels le lias va s'enfoncer à l'ouest. Au début, quand le creusement n'avait pas atteint la base de la masse calcaire, la rivière y trouvait sans doute des fentes qui lui permettaient de continuer sa route. Mais l'abaissement successif du lit a fini par l'amener dans l'argile du lias, sous-jacente au calcaire. Alors, sans doute, renonçant au difficile travail qu'eût exigé le maintien d'un chenal creusé en pleine argile, sous deux escarpements importants, la Meurthe a préféré se couder doucement pour suivre le pied de la falaise oolithique et continuer ainsi, bientôt confondue avec la Moselle, jusqu'à Thionville, où se rencontraient d'autres conditions.

Ce n'est pas là du reste l'épisode le plus important de la formation du réseau lorrain. Un autre, encore plus instructif, est le détournement de la Moselle, autrefois tributaire de la Meuse.

La Moselle à Toul. — La Moselle, descendant des Vosges conformément à la pente générale du pays, se dirige vers l'ouest-nord-ouest, traversant le trias et les bandes successives du terrain jurassique, jusques et y compris les argiles oxfordiennes. Mais là, devant Toul (fig. 84), elle rebrousse chemin brusquement, après avoir décrit une boucle complète au milieu d'une plaine qui atteste un violent effort de déblaiement, n'ayant laissé subsister que de rares témoins, comme le Mont Saint-Michel. Elle se dirige alors au nord-est, par un couloir ouvert au milieu des calcaires, et dont les faibles dimensions sont hors de proportion avec l'ampleur qu'avait la vallée en amont. On dirait d'une dérivation artificielle, creusée pour amener la Moselle à angle droit dans la vallée de la Meurthe, parfaitement continue depuis Nancy.

Cependant, de Toul à Pagny où passe la Meuse, il n'y a en

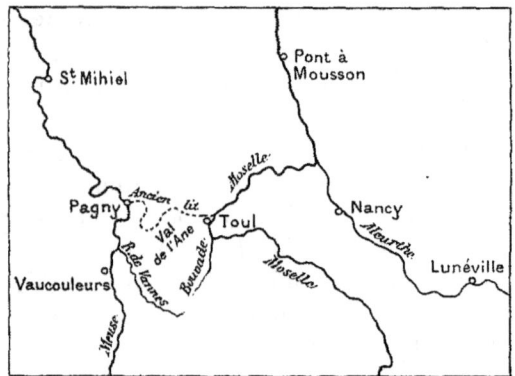

Fig. 84. — Carte de l'ancien confluent de la Meuse et de la Moselle.

ligne droite que douze kilomètres, et bien loin qu'il se présente dans l'intervalle une barrière infranchissable, on y peut suivre tout le temps une vallée sinueuse qui commence à Toul par le ruisseau de l'Ingressin, et continue par une boucle fortement repliée, dont la branche orientale porte le nom de Val de l'Ane, tandis que sa branche occidentale aboutit au marais de Pagny. Sauf un seul point, à l'extrémité convexe de la boucle, où un seuil s'élève à environ 16 mètres de hauteur, tout le fond de cette sinuosité est une vallée sèche de niveau avec la Meuse, qui coule à Pagny à 245 mètres d'altitude, et partout on y observe des alluvions anciennes, qui établissent clairement que la Moselle a passé par là.

D'un autre côté, les anciennes alluvions de la Meuse renferment en aval de Pagny beaucoup de cailloux d'origine vosgienne. Même Buvignier a fait depuis longtemps la remarque très intéressante [1], que les cailloux de grès bigarré montent jusqu'à 30 mètres au-dessus de l'étiage actuel, tandis que les fragments granitiques ne dépassent pas une hauteur de 10 à 20 mètres. Ainsi le creusement a été progressif et l'ancienne Moselle, tributaire de la Meuse à partir de Pagny, lui apportait les matériaux de son cours supérieur à mesure qu'elle-même l'approfondissait : de sorte que les cailloux granitiques n'ont apparu qu'au moment où le progrès de l'érosion avait mis le granite à découvert aux environs de Remiremont.

Enfin les anciennes alluvions de la boucle du Val de l'Ane renferment des ossements de mammouth, ce qui prouve que le changement de direction de la rivière est postérieur à la phase des alluvions anciennes à *Elephas primigenius*. C'est donc un événement relativement très récent. Il reste à démêler pour quelles causes ce détournement s'est accompli.

Causes probables de la capture. — On remarquera d'abord que la vallée de la Meurthe, distancé de Toul de moins de 20 kilomètres, a son fond, vers Frouard, à 197 mètres d'altitude. Ce devait donc être un voisinage dangereux pour une rivière qui déposait ses alluvions à Toul vers 245 mètres. Il suffisait qu'un affluent latéral aboutissant à Frouard, et profitant de la facilité de creusement que lui donnaient les calcaires oolithiques fissurés, poussât son thalweg en amont jusqu'au plateau de Toul, alors occupé par les argiles oxfordiennes.

Au contraire, de Toul à Pagny, par suite du relèvement des

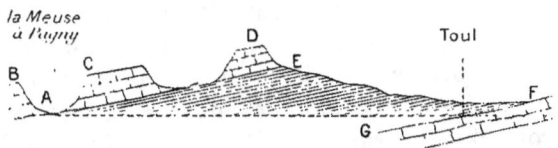

Fig. 85. — Coupe schématique du terrain entre Toul et la Meuse.

couches vers l'est (fig. 85), les circonstances paraissent avoir été, au fur et à mesure du creusement, de plus en plus défavorables au maintien d'une brèche allant jusqu'à la Moselle [2]. Dans le principe, quand les rivières coulaient encore très haut, l'approfondissement devait être facile à travers le massif calcaire BACDE. Mais quand la Meuse eut atteint en A le fond de ce massif, c'est-

---

1. *Statistique géologique de la Meuse.*
2. Wohlgemüth, *Assoc. française*, session de Paris, 1889.

à-dire l'argile oxfordienne, il a fallu qu'au delà de Toul la Moselle parvînt à creuser son lit au sein du massif argileux, devenu très épais entre E et F à cause du plongement.

Or on sait que, dans l'argile, le creusement ne peut s'opérer que par l'enlèvement progressif des matériaux du lit. Les versants doivent alors s'ébouler et produire de fréquentes obstructions, dont une rivière très puissante peut seule triompher. On s'explique que des obstacles de ce genre, souvent renouvelés, aient pu obliger la Moselle des temps glaciaires à tourbillonner plus d'une fois sur l'emplacement de Toul, et à s'y accumuler en lac tendant à déborder vers le nord-est. Il est vraisemblable aussi que la grande diminution de débit, survenue après l'époque du mammouth, a fini par rendre la lutte impossible: si bien que la Moselle, débordant vers Gondreville, a réussi à atteindre le calcaire bathonien, qui affleure vers Toul en G F. Elle se sera déversée par-dessus le seuil, marchant à la rencontre d'un petit affluent de la Meurthe, et ce chenal, une fois ouvert, aura été rapidement approfondi de l'aval à l'amont : ce qui explique qu'aujourd'hui la Moselle coule à Toul à 204 mètres, au fond d'une véritable tranchée, ouverte au milieu de la plaine des alluvions anciennes, sur laquelle elle avait longtemps stationné.

Conséquences diverses. — En tout cas, on conçoit sans peine l'effet qu'un détournement de ce genre a pu produire en privant la Meuse de l'important volume d'eau que lui amenait cet affluent, pour en faire profiter un autre bassin, dont la Moselle s'est d'ailleurs emparée en vertu de sa supériorité, et où l'énergie des eaux courantes a reçu une impulsion nouvelle. A partir de ce moment, divers cours d'eau qui, auparavant, se rendaient de la Woëvre à la Meuse par des cols du massif calcaire, ont mieux aimé établir leur pente en sens inverse, et sont devenus tributaires de la Moselle en aval de Frouard. En revanche la Bouvade, qui rejoint la Moselle à Toul, ayant son cours en majeure partie dans l'argile, n'a pu opérer en amont une conquête assez rapide pour atteindre le ruisseau de Vannes; de la sorte, ce cours d'eau, dont la source, très voisine de celle de la Bouvade, est située *sur le versant qui regarde la Moselle*, continue à se rendre comme autrefois dans la Meuse [1].

Les preuves des anciennes divagations de la Moselle sont d'ailleurs abondantes. Un col que traverse la route de Foug à Lay-

---

1. Wohlgemüth, *loc. cit.*

Saint-Remy, à la base même de la boucle, atteste un passage fluvial abandonné de bonne heure. A un moment, la rivière a dû chercher à s'échapper vers la Woëvre, comme en témoigne le curieux col de Troudes, qui fait si directement suite à la branche occidentale de la boucle. Du reste, en dehors des conditions générales du terrain, des mouvements particuliers du sol ont pu contribuer au résultat, et une faille, qui passe précisément à Toul, relevant le massif calcaire de l'est, a peut-être agi dans le même sens.

Réseau hydrographique rhénan. — Aux divers exemples qui viennent d'être passés en revue, il convient d'en ajouter un où se trouvent réalisées les conditions les plus multiples, celle d'un réseau à la fois *composé*, *composite* et *complexe*. Nous le trouverons dans le système hydrographique du Rhin.

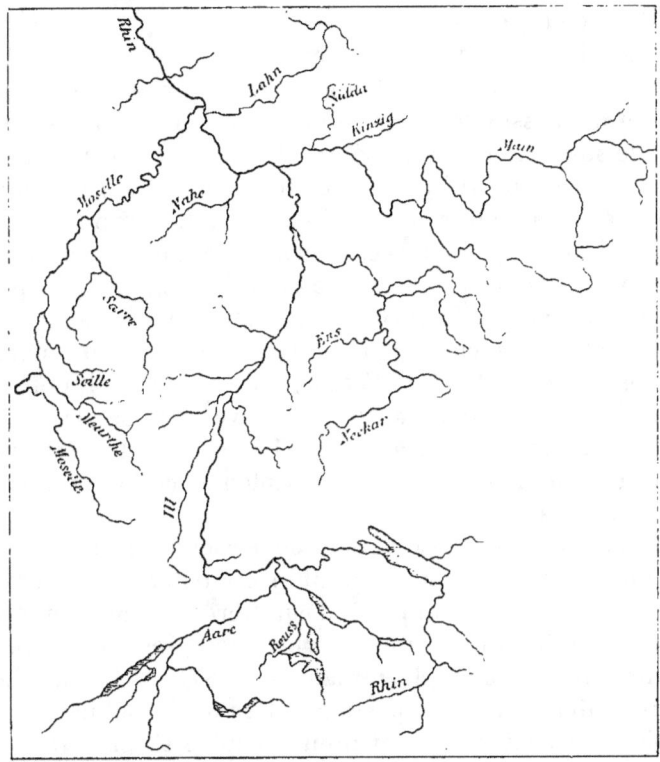

Fig. 86. — Le réseau hydrographique rhénan.

La seule inspection d'une carte des cours d'eau tributaires de ce fleuve (fig. 86) suffit à faire deviner la complication du bassin, comme structure et comme histoire. C'est ainsi qu'après avoir embrassé presque toute l'hydrographie de la Suisse, réunie en un seul tronc au débouché de l'Aare dans le Rhin, le réseau, jusque-là si épanoui, se rétrécit de telle sorte, qu'à Bâle sa largeur transversale, de la ligne séparative du Doubs à celle du Danube, tombe au-dessous de 100 kilomètres. Après quoi le fleuve ne reçoit plus, ni à droite ni à gauche, aucun affluent sérieux jusqu'au Neckar, tandis qu'un peu plus bas le Main et la Lahn à droite, la Moselle à gauche, lui apportent le tribut de régions largement étalées, dont tout le drainage s'est fait *parallèlement* au Rhin, avant de lui parvenir par des affluents qui ont tout recueilli au passage. Encore à considérer la façon dont le sillon de la Nahe prolonge celui du Main et de la Kinzig, mais surtout l'alignement remarquable de la Moselle inférieure et de la Lahn, est-il permis de soupçonner qu'une influence tectonique de premier ordre est intervenue dans la formation de cette partie du réseau.

La symétrie et le développement en éventail, qui éclatent si bien dans le dessin de certains réseaux, comme ceux de la Garonne et du bassin de Paris, font ici complètement défaut. On pressent de suite un territoire hétérogène, où des tronçons d'âge et d'histoire divers ont fini par se réunir en un tout compliqué. Et cette impression se confirme quand on constate, sur une carte orographique, que le Rhin traverse successivement : le pays des hautes montagnes suisses, la dépression de Constance, le plateau jurassien du pied de la Forêt Noire, le grand effondrement alsacien, le bassin plat de Mayence ; après quoi, au lieu de continuer par les trouées de la Fulda et du Weser, qui semblaient lui offrir une voie plus directe que toute autre, ce fleuve s'impose la rude traversée du haut plateau dit rhénan du Hunsrück et du Westerwald, pour arriver ainsi laborieusement aux plaines de la Westphalie et à celles des Pays-Bas.

Profil du Rhin. — La diversité de structure et d'histoire des régions tour à tour visitées par le Rhin est telle, que le fleuve n'a pas encore pu conquérir un profil d'équilibre. Au lieu d'une pente continue, se traduisant par une courbe régulièrement concave, le lit du Rhin offre une suite de ressauts (fig. 87). Au milieu de ces inégalités s'intercalent deux parties de très faible inclinaison, l'une entre le lac de Constance et Schaffouse, l'autre s'étendant de Spire à Mayence, dans cet ancien bassin que le fleuve a fortement affouillé, avant d'établir son lit dans le défilé de Bingen à Coblence. L'ensemble forme une ligne brisée dont les éléments se groupent bien autour d'une courbe, mais en dessinant une concavité beaucoup plus progressive que dans la plupart des rivières, où la courbure ne commence à se prononcer que dans les parties hautes du bassin. Aussi peut-on dire que le cours du Rhin, long de 1000 kilomètres, se compose de deux portions presque égales, l'une de 450 kilomètres, entre la source et Kehl, où la pente d'ensemble est supérieure à $\frac{1}{1000}$, l'autre de 550 kilomètres, de Kehl à l'embouchure, où la pente moyenne est de $0^m.24$ pour 1000. La première partie elle-même se divise en deux tronçons, séparés par le lac de Constance, et dont les pentes sont respectivement de 2 pour 1000 et de $0^m.9$ pour 1000. Si l'on réfléchit qu'une pente d'un mil-

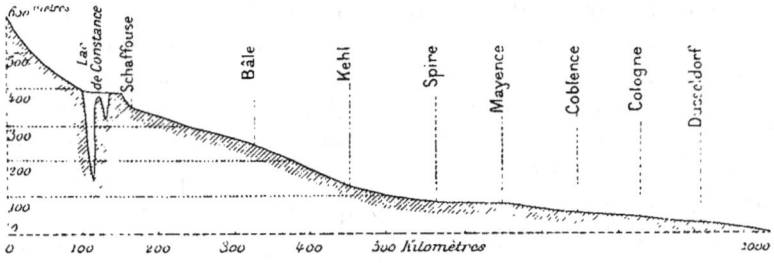

Fig. 87. — Profil du Rhin.

lième est en général la limite au delà de laquelle une rivière cesse d'être navigable, et que cette pente se retrouve par endroits entre Bâle et le Kaiserstuhl, on appréciera combien le Rhin est encore éloigné de son état d'équilibre définitif. C'est ce dont témoignent les nombreux changements, survenus de l'époque romaine au XVIᵉ siècle, dans la situation de Vieux-Brisach; et sans doute le travail mécanique du Rhin serait encore plus efficace, si l'homme ne s'était appliqué à en diminuer le danger par toutes sortes de travaux ayant pour objet de fixer le sol du territoire traversé par le fleuve et ses affluents.

Ce qui peut surprendre au premier abord, c'est de voir la pente de Bâle à Kehl si notablement supérieure à celle du tronçon précédent. Mais cette anomalie s'explique si l'on réfléchit que ce tronçon est établi sur le massif sédimentaire, à peu près horizontal et perméable, qui forme au pied de la Forêt Noire ce qu'on appelle le *Jura tabulaire (Tafeljura)*, de sorte que le fleuve, à partir de la chute que lui impose l'éperon granitique de Laufenburg, a trouvé de suite à descendre jusqu'au voisinage du niveau de base. Au contraire, au delà de Bâle, il lui a fallu s'accommoder de la dépression alsacienne, telle que l'avaient faite les effondrements de l'époque tertiaire, et sans doute aussi les apports des glaciers quaternaires.

Histoire du fleuve. — L'histoire du fleuve est d'ailleurs très complexe. D'abord la dépression alsacienne s'est produite au milieu des temps tertiaires, lors de l'époque oligocène, et elle a été occupée par une mer qui venait de la région de Cassel et du Weser. Après le départ de cette mer, il a dû y avoir un fleuve qui se vidait *à l'est*, du côté du Danube, si bien que les géologues suisses ont donné le nom d'*anti-Rhin* à ce précurseur du fleuve actuel. Pendant ce temps, les éruptions volcaniques du Vogelsgebirge venaient intercepter l'ancien golfe de la Hesse.

Après le soulèvement des Alpes, tandis que le Rhin supérieur continuait à se diriger vers Ulm, il y a eu en Suisse un fleuve qui passait par Sargans, Wallenstatt, Zurich et le lit de la Limmat, creusant une rigole au bord méridional de la Forêt Noire. Ensuite le Rhin a changé de route et s'est rendu dans la dépression de Constance, d'où il s'écoulait à l'ouest, d'abord par la branche d'Ueberlingen, puis par l'Untersee, empruntant au delà le sillon déjà creusé au sud de la Forêt Noire, mais en modifiant son cours d'aval après chaque extension des glaces.

De la plaine rhénane, le Rhin a passé dans la dépression de Mayence, qui à l'époque pleistocène a subi un affaissement marqué, pendant qu'au contraire le massif rhénan se soulevait peu à peu, comme nous l'avons vu antérieurement[1], ce qui fait que les anciennes alluvions du Rhin, d'origine nettement fluviale, atteignent 85 mètres d'épaisseur devant Bingen. Ce mouvement pourrait d'ailleurs n'être pas entièrement terminé, car les tremblements de terre qui se sont fait sentir à Darmstadt témoignent d'une certaine instabilité dans la plaine fluviale.

La traversée de Bingen à Coblence est loin d'être définitivement régularisée. Elle offrait autrefois plusieurs seuils dangereux. Le lit y perd par moments les 4/5 de sa largeur, et la profondeur de l'eau s'élève jusqu'à 27 mètres. Quant à la Moselle, nous avons déjà eu l'occasion de parler de son enfoncement progressif au sein du massif schisteux.

En résumé, la constitution du réseau hydrographique rhénan est à la fois compliquée et inachevée. Encore l'exposé qui précède n'en peut-il donner qu'une idée insuffisante; car nous n'y avons

---

1. Voir plus haut, p. 163.

pas envisagé les phénomènes glaciaires, dont l'influence fera l'objet d'un chapitre distinct. Néanmoins nous arrêtons ici cette rapide revue des différents types hydrographiques, laquelle n'avait qu'un but : faire bien saisir, par quelques applications concrètes, la valeur des considérations générales invoquées dans les chapitres précédents.

ONZIÈME LEÇON

LE MODELÉ GLACIAIRE

Définition et importance du modelé glaciaire. — Jusqu'ici nous n'avons considéré l'action des puissances extérieures que sous la forme des eaux courantes; mais il est une part importante des précipitations atmosphériques qui prend d'abord la forme de neige et qui, transformée ensuite en glace, devient pour la terre ferme un puissant agent de modelé.

A l'heure présente, selon M. Penck [1], la surface occupée par les glaciers dans les Alpes, le Caucase, l'Himalaya, la Cordillère des Andes et la Nouvelle-Zélande, serait d'environ 50 000 kilomètres carrés : c'est peu de chose relativement à la superficie continentale; mais ce peu de chose agit avec une grande énergie, précisément sur les régions où le relief est le plus heurté, produisant des modifications rapides et imposantes. Il y faut d'ailleurs ajouter l'espace considérable occupé par les glaces dans les régions polaires. Mais surtout, il convient de se souvenir qu'à une époque très voisine de la nôtre, l'empire de la glace a été incomparablement plus étendu; de sorte que les traces de son passage, partout nettement visibles, impriment à une fraction notable de la terre ferme une physionomie tout à fait particulière.

De là dérive le puissant intérêt géographique qui s'attache à l'étude du modelé glaciaire. Sous cette rubrique, nous comprendrons, avec les effets du froid et de la neige, ceux des glaces proprement dites. Nous nous occuperons d'abord des *glaciers de montagnes*, pour tourner ensuite notre attention vers les *calottes glaciaires*.

Désagrégation des roches par la gelée. — La gelée est une

---

[1]. *Morphologie*. I, p. 387.

des causes de désagrégation les plus puissantes pour les roches. En s'introduisant dans les joints, et en s'y congelant, l'eau agit comme un coin et débite les terrains les plus durs en blocs qui forment, au pied et même dès la cime de certains escarpements, des amas gigantesques (fig. 88). Ces *chaos de rochers*, en équilibre parfois si instable que le poids d'un homme les met en mouvement, sont caractéristiques de toutes les hautes régions. L'aspect particulièrement déchiqueté des aiguilles alpines tient à l'écroulement pro-

Fig. 88. — Granite débité par la gelée au sommet du pic d'Ardiden (Pyrénées)
(Photographie de M. J. Vallot).

gressif des rochers, déjà divisés en bancs par l'énergique laminage que le soulèvement de la chaîne leur avait fait subir.

Cette action s'exerce sur toutes les hautes cimes, où la chaleur que communique aux roches une énergique insolation contraste avec le froid intense des nuits. En général, les amoncellements ainsi produits ont une limite inférieure, qui est celle où les neiges et les eaux courantes commencent à pouvoir s'emparer des fragments débités. Mais quand ces agents font défaut, comme sur les hauts plateaux du Tibet, les blocs demeurent en place, s'accumulant en quantité croissante, si bien que les montagnes finissent, comme nous l'avons déjà dit [1], par être comme ensevelies sous leurs propres débris.

1. Voir plus haut, p. 83.

Action des glaciers. — D'ordinaire, les roches désagrégées par la gelée, et entraînées soit par leur poids, soit par les avalanches de neige, finissent par tomber sur la surface des glaciers, qui les transportent d'un mouvement lent, mais irrésistible, en même

Fig. 89. — Roches moutonnées, polies par un ancien glacier au lac d'Estom-Soubiron (Pyrénées) (Photographie de M. J. Vallot).

temps qu'ils s'en servent comme d'outils pour façonner les parois de la gorge qui les contient.

Tous les glaciers connus occupent des vallées encaissées [1], que l'activité des eaux courantes avait creusées antérieurement à l'établissement de la glace. Celle-ci, par la pression qu'elle exerce, chasse devant elle tous les matériaux meubles, aussi bien du fond

---

1. Nous ne nous occupons pas ici des glaciers suspendus, dont le rôle est négligeable au point de vue du modelé.

que des parois, dont elle rabote impitoyablement les aspérités. De cette manière, le profil transversal d'une gorge glaciaire, au lieu de dessiner un V, affecte la forme d'un U, ou plutôt celle d'une *auge* à fond courbe; car la largeur est généralement supérieure à la profondeur.

Si le glacier se retire, on voit apparaître des parois rocheuses abruptes, entièrement dressées et polies, souvent sillonnées de

Fig. 90. — La mer de glace du Mont-Blanc.

rayures ou de cannelures, engendrées par la pression des pierres dures que charriait la glace. Si ces rayures disparaissent rapidement à l'air, en revanche les surfaces polies persistent longtemps. Ces surfaces apparaissent aussi sur le lit même de l'ancien glacier, où elles représentent les protubérances dures que le frottement des matériaux transportés a peu à peu usées, au moins du côté d'amont, en leur donnant la forme de dos de moutons, d'où le nom de *roches moutonnées* (fig. 89).

Dans toutes les vallées alpines, la zone des *polis glaciaires* monte à plusieurs centaines de mètres au-dessus des glaciers actuels, attestant la hauteur à laquelle ceux-ci ont dû s'élever autrefois. Cette bande inférieure, dépourvue d'aspérités, se remarque d'autant mieux qu'immédiatement au-dessus s'aperçoivent les lignes capricieusement déchiquetées des aiguilles (fig. 90) dont les déchirures se profilent sur le ciel en zigzags souvent fantastiques.

Caractères des vallées glaciaires. — Un caractère distinctif des vallées glaciaires est la forte inclinaison du lit, qui est celle d'un torrent proprement dit. Mais il faut noter surtout la *discontinuité de la pente* du thalweg, dont certaines parties ont pu être excavées tandis que d'autres, demeurées en saillie, étaient simplement arrondies du côté d'amont. En effet, non seulement un glacier peut être inégalement épais en ses différents points, ce qui fait varier la pression sur le fond; mais, à la différence des cours d'eau, il est capable, sous l'influence de la poussée d'en haut, de remonter des contre-pentes en affouillant leur pied. De là des dépressions, qui en cas de recul abriteront des *lacs*. Le ruissellement abondant qui s'accomplit dans les régions montagneuses s'emploie activement à régulariser les inégalités du lit abandonné. Pourtant il est des pays où ce travail est peu avancé, et c'est ainsi qu'on pourrait expliquer, au moins en partie, le profil des vallées qui débouchent dans les *fjords* de Norvège. La plupart consistent en une série de lacs étagés, qui se vident les uns dans les autres par des cascades ou des rapides; et si, pour quelques-uns de ces lacs, l'eau est retenue par des barrages morainiques, les plus nombreux sont entaillés dans la roche vive. Mais il ne faut pas oublier non plus que des influences tectoniques ont pu contribuer à faire prévaloir cette disposition.

La forte inclinaison des parois, la fréquence des escarpements rocheux dépourvus d'aspérités, sont aussi des caractères propres aux vallées glaciaires. Les versants des *fjords* de la Norvège les présentent au plus haut degré; et cela tient à ce que toutes ces échancrures n'ont été abandonnées que depuis quelques milliers d'années par la glace, qui en avait balayé tous les matériaux meubles. Certaines portions des lacs de Suisse, comme la branche de Fluelen dans le lac des Quatre-Cantons, méritent d'être rangées dans la même catégorie.

Quand un glacier disparaît, les vallées latérales, dont le débouché avait été créé, avant l'occupation par les glaces, en raison du niveau de base déterminé par le torrent que le glacier a remplacé, peuvent, une fois ce dernier parti, ne plus offrir d'embouchures concordantes. Les chutes d'eau et les rapides y seront donc, pendant longtemps, en plus grand nombre que dans un district de même relief, que la glace n'aurait pas autrefois occupé. Tous ces caractères sont particulièrement nets en Norvège.

Dépôts glaciaires. — Les matériaux charriés par le glacier forment des *moraines latérales*, constituées surtout de blocs, qui finissent par se verser dans la *moraine frontale* ou *terminale*, où ils se mélangent avec la boue et les cailloux rayés de la *moraine profonde*. Le tout engendre un remblai en forme de demi-cercle, d'autant plus large que l'extrémité du glacier oscille davantage autour de sa position moyenne. Le versant concave de cette digue supporte l'extrémité du glacier, tandis que la partie convexe, équivalent du cône de déjection des torrents, est sillonnée par les eaux provenant de la fonte des glaces. Ces eaux remanient les matériaux de la moraine et les transforment, par l'enlèvement des boues, en un *cailloutis fluvio-glaciaire*, de sorte qu'on passe progressivement du chaos de la moraine proprement dite à la stratification partielle des alluvions torrentielles.

Lorsqu'un glacier recule, ses moraines latérales subsistent, et des blocs parfois énormes apparaissent sur les flancs de la gorge mise à nu. Le ruissellement parvient à en entraîner la plus grande partie ; quelques-uns seulement demeurent, protégés par leur position sur des plates-formes qui assurent leur équilibre. L'ancienne paroi finit par perdre son poli et ses stries ; puis la végétation l'envahit ; alors l'état de choses primitif ne se révèle plus que par de gros *blocs erratiques*, surgissant au milieu des bois ou des prairies, et faciles à reconnaître à leur nature, qui trahit presque toujours une origine lointaine.

Dans un glacier dont le recul a été saccadé, chaque arrêt donne lieu à la construction d'une moraine terminale, qui fait dans la vallée un barrage plus ou moins continu ; si complètement que cette digue puisse avoir été conquise par la végétation ou la culture, il est toujours aisé de la reconnaître à sa surface inégale, à ses formes mamelonnées et indécises, comme à l'enchevêtrement confus de ses matériaux.

Amphithéâtres morainiques. — Le long stationnement de l'extrémité libre des glaciers alpins, lors de leur dernière grande extension, a eu pour conséquence le dépôt d'une moraine frontale considérable. En arrière de cette digue, qui formait comme nous l'avons dit un arc convexe vers l'aval, le glacier employait une partie de sa force vive à affouiller son lit. La retraite des glaces s'étant opérée rapidement et sans phases d'arrêt sérieux, il n'est resté, en amont de la moraine finale, que des accumulations de peu d'importance, facilement enlevées ou modelées plus tard par les eaux courantes.

L'ancienne dépression glaciaire a donc subsisté en arrière de la digue, devenue un *amphithéâtre morainique*, et son fond s'est le plus souvent converti en un lac (fig. 91). Telle est, selon M. du

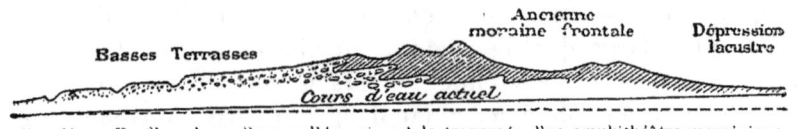

Fig. 91. — Profil en long d'une vallée suisse à la traversée d'un amphithéâtre morainique (d'après M. du Pasquier).

Pasquier [1], l'origine des lacs de Sempach et d'Hallwyl. D'autres lacs, comme celui de Zurich, résultent de la combinaison d'un affaissement tectonique avec un barrage morainique. La même accumulation de produits glaciaires s'est faite devant les lacs tectoniques de Garde, de Côme, etc., contribuant à relever considérablement leur niveau. Enfin le lac de Constance subirait un abaissement notable, si le Rhin pouvait retrouver son ancien chenal préglaciaire du Klettgau, aujourd'hui obstrué par les moraines de la grande extension.

L'un des amphithéâtres morainiques les plus remarquables est celui d'Ivrée. Le lac d'arrière a presque entièrement disparu, ou du moins il n'en subsiste qu'un lambeau (lac de Viverone); mais deux puissants remparts de moraines, prenant leur origine à 900 mètres d'altitude, au débouché de l'étroite vallée de la Dora Baltea, s'écartent l'un de l'autre sous un angle de près de 90 degrés, tout en s'abaissant progressivement jusqu'à 500 mètres, et sont ensuite reliés par un arc de même nature, que coupe la Doire [2]. Cette immense circonvallation entoure une plaine de 230 mètres d'altitude moyenne, où se remarquent, avec le lac déjà mentionné, des roches nettement moutonnées. La croupe de la Serra, longue de 20 kilomètres, est le trait le plus saillant de ce rempart glaciaire.

Lac de Constance. — Le lac de Constance est un remarquable exemple des dépressions nées en arrière d'une moraine terminale. Ce lac est un legs de la dernière extension des glaces en Suisse [3]. Lors de cette extension, la glace, occupant toute la dépression

---

1. *Matér. pour la carte géologique suisse*, 1892.
2. Penck, Brückner et du Pasquier, *le Système glaciaire des Alpes*, 1804.
3. Sieger in *Petermann's Mitteilungen*, 1894, II.

actuelle, s'épanouissait en éventail à l'ouest, semant ses moraines au-devant de cet épanouissement. Quand elle commença son mouvement de retraite, les eaux arrêtées par les moraines formèrent deux lacs indépendants : l'un, sur l'emplacement de la branche d'Ueberlingen, à 45 ou 50 mètres au-dessus de son niveau d'aujourd'hui ; l'autre sur l'Untersee, à 30 mètres seulement au-dessus de ce niveau, cette branche trouvant un écoulement du côté de Stein.

Les progrès de la retraite amenèrent la réunion des deux lacs en un seul, abaissé au niveau de l'Untersee primitif. Ce lac se prolongea en amont, engendrant le lac supérieur actuel. Mais l'érosion de la gorge de Stiegen fit descendre peu à peu le niveau de la nappe, comme en témoignent les terrasses étagées sur ses bords : deux surtout, situées respectivement à 23 et 18 mètres de hauteur, attestent qu'il y a eu deux pauses principales durant ce mouvement de descente.

Lacs glaciaires divers. — Quand un glacier recule, il arrive quelquefois que la digue morainique latérale, abandonnée par lui, soit assez forte pour former, en travers des vallées affluentes, un barrage étanche, en arrière duquel un lac s'établit. Ces *lacs de barrages morainiques* doivent donc être ajoutés à ceux des amphithéâtres terminaux dont il a déjà été question. Sur le versant italien des Alpes, les lacs de cette espèce, toujours peu profonds, ont une surface comprise entre 50 et 500 hectares. Plusieurs occupent des vallées que le cours d'eau a depuis lors abandonnées : ainsi le lac Cavazzo, situé sur l'ancien parcours du Tagliamento, le lac San Croce e Morto, dans une vallée délaissée par l'Adige [1], etc.

Enfin une troisième catégorie comprend les *lacs de glaciers*, qui se forment dans les hautes vallées adjacentes, pendant que la glace elle-même fait barrage. Ces lacs sont très dangereux, parce que leurs eaux réussissent souvent à s'ouvrir un passage sous la glace, et il en résulte des débâcles qui peuvent occasionner de grands désastres en jonchant une vallée de boue et de blocs.

Quand un lac se forme à la faveur d'un haut barrage glaciaire qu'il ne peut dépasser, son niveau s'élève jusqu'à ce qu'il trouve un déversoir sur le côté, par un col de ses versants. A ce moment, la surface est fixée et stationne longtemps à la même altitude ; alors les affluents torrentiels construisent des *terrasses* qui aideront plus tard à deviner l'existence du lac disparu. Ces terrasses

---

[1]. Marinelli. *Boll. soc. geogr. ital.*, 1891.

sont fréquentes en Scandinavie, où la concordance de leur altitude avec celle d'un col voisin permet de reconnaître leur véritable nature.

Le District des Lacs, en Angleterre, abonde en petites cavités lacustres, dites *tarns*, et que l'on a regardées souvent comme des excavations creusées en pleine roche par la glace elle-même. Mais d'après les coupes données par M. Marr, un grand nombre de ces *tarns* sont de simples lacs de barrages morainiques, dont l'émissaire, n'ayant pas retrouvé l'ancien thalweg, bloqué par la moraine ou par des avalanches, s'est créé une issue latérale dans la roche vive. De la sorte, le cours d'eau qui draine ces petits lacs n'a pas le même tracé que le thalweg obstrué de la vallée primitive, dans lequel il finit par venir déboucher. De telles cuvettes, toujours peu profondes, ne peuvent avoir qu'une existence éphémère, et il en est un grand nombre qui sont aujourd'hui transformées en tourbières.

Changements de lit des fleuves. Seuils post-glaciaires. — Les glaciers suisses, au moment de leur grande extension, ont accumulé sur leur périphérie des amas morainiques considérables, qui ont beaucoup modifié la topographie de cette région. Plus d'un fleuve a trouvé son lit ainsi barré, après le départ des glaces, et a dû s'ouvrir un nouveau chemin. Quelquefois, en approfondissant sa vallée à travers les moraines et les cailloutis, il a réussi à retrouver l'ancien chenal. Mais il est d'autres circonstances où, au cours de l'approfondissement, il a rencontré sous les alluvions la roche en place et a dû la creuser. S'il s'y trouvait des massifs durs, des *seuils* en seront résultés, avec des rapides. De ce nombre est, selon M. du Pasquier [1], le rapide que forme le Rhône à Vernier, à 7 kilomètres en aval du lac de Genève. Cette explication paraît très plausible, si l'on réfléchit qu'avant la dernière extension des glaces, les vallées alpines étaient creusées au moins jusqu'à leur profondeur actuelle. Si donc aujourd'hui des seuils se rencontrent près du débouché des lacs, c'est qu'il y a eu déplacement du cours d'eau, qui n'a pas encore disposé d'un temps suffisant pour achever le nouveau creusement, là où il avait autre chose que des matériaux meubles à affouiller.

Ce déplacement est évident pour le Rhin, qui, avant de se diriger vers Schaffouse, passait autrefois par ce qui forme aujourd'hui la vallée sèche du Klettgau. Une fois cette vallée obstruée par les moraines, le fleuve, après le départ des glaces, a cherché un chemin

---

[1]. *Archives de Genève*, XXVI, p. 55 (1891).

en débordant, par une cascade, sur un plateau jurassique. Encore s'écoulait-il de là dans le Rafzerfeld. Mais ce débouché s'étant trouvé obstrué lors de la dernière extension des glaces, il a fallu que, par-dessous ces dernières, un fleuve sous-glaciaire réussît à se faire un lit dans la mollasse, entre l'Irchel et le Buchberg. C'est ce chenal que le fleuve a gardé en l'approfondissant, mais sans l'avoir encore complètement régularisé [1].

Lacs de cirques. — Une structure qui paraît étroitement liée à l'action glaciaire du temps passé est celle d'où dérivent les petits *cirques de montagnes* (*Kare* des Alpes allemandes).

Ces cirques se présentent toujours à une altitude voisine de la limite des neiges persistantes. Ils ne se prolongent pas sous la forme de vallées, et leur fond, creusé en roche dure, est souvent occupé par un lac, comme le lac Blanc, dans les Vosges, et le lac d'Oo, près de Luchon. On a émis l'idée que ces cirques avaient commencé par constituer, au flanc d'une crête escarpée, des couloirs où les névés s'entassaient, engendrant des glaciers suspendus qui auraient peu à peu usé et fait éclater leur fond, de manière à rendre les parois de plus en plus abruptes. La moraine terminale, de son côté, formait une digue, en arrière de laquelle les eaux ont pu s'accumuler.

Si la limite des neiges a reculé par saccades, on doit trouver plusieurs étages de cirques superposés. C'est ce qui a lieu, selon M. Penck [2], non seulement pour les Pyrénées, mais pour tous les massifs montagneux, où les cirques successifs apparaissent avec des altitudes concordantes, dans la zone, haute de 1000 mètres environ, qui sépare la limite actuelle des neiges de la position qu'elle occupait lors de la grande extension des glaces. Ils sont d'ailleurs plus fréquents à l'exposition du nord et de l'est, où l'action ultérieure du ruissellement a eu moins de chances d'en atrophier les caractères.

La dimension des lacs qui occupent le fond de ces cirques est généralement faible. Le plus grand, le lac Blanc des Vosges, couvre 29 hectares, tandis que le lac Noir en a 14. Ceux des Alpes se tiennent entre 2 et 17 hectares, et dépassent rarement 10. En revanche, la profondeur est assez grande, atteignant 60 mètres au lac Noir et 39 dans un lac des Tauern [3].

---

1. Kollbrunner, *Zur Morphologie der Thalbildung*; du Pasquier, *Matériaux pour la carte géol. suisse*. 1892.
2. *Morphologie*, II, p. 309.
3. Penck, *Morphologie*, II, p. 310, 311.

Importance relative de l'érosion par les glaciers. — L'énormité des accumulations morainiques dues aux anciens glaciers a pu quelquefois faire illusion, au point d'accréditer l'idée que les fleuves de glace avaient eux-mêmes entièrement creusé leur lit. Mais il est aisé de s'assurer que le volume des matériaux d'origine glaciaire est généralement infime en comparaison du vide survenu dans les massifs correspondants. Ainsi M. Penck a calculé [1] que tout le terrain glaciaire de la haute plaine bavaroise, entre l'Iller et l'Inn, représentait seulement une ablation de 36 mètres pour les 15 000 kilomètres carrés que comprend le bassin. Encore pourrait-on prétendre qu'une partie notable, enlevée par les fleuves à l'état de vase ou de sable, échappe à cette évaluation. Mais il n'en est pas de même pour les anciens glaciers qui, en Amérique, descendaient sur le flanc oriental de la Sierra Nevada ; car les produits de cette érosion ont été forcés de demeurer en entier dans la dépression du Grand Bassin. Or, M. Russell a constaté que ces matériaux ne représentaient pas la soixante-quinzième partie du vide des vallées correspondantes.

Calottes glaciaires. — Si importante que soit l'action topographique des glaciers de montagnes, elle ne s'exerce que sur une surface très limitée ; mais quand les glaces couvrent de vastes territoires, au point de les masquer presque complètement sous une masse dont les mouvements généraux peuvent n'avoir aucun rapport avec l'état du terrain sous-jacent, il en résulte un mode spécial de modelé, applicable à de grandes étendues. Ce modelé par les *calottes glaciaires* est d'autant plus important à étudier, qu'on en retrouve la trace, encore parfaitement nette, sur une vingtaine de millions de kilomètres carrés dans l'hémisphère boréal.

Le type actuel des calottes glaciaires se trouve au Groenland, où l'*inlandsis* couvre tout le pays d'un manteau uniforme, à peine ondulé et ne présentant de crevasses que sur ses bords. Sa surface, y compris les calottes des terres arctiques avoisinantes, a été évaluée à 2 500 000 kilomètres carrés [2]. A quelque distance de la côte, on voit encore surgir des pics rocheux ou *nunataks*, qui pointent au-dessus de la plaine glacée ; mais plus loin tout disparaît, et la glace, dont M. Nansen estime l'épaisseur entre 1600 et 1900 mètres, atteint des altitudes de 2700 mètres.

Seulement sur le rivage occidental, l'*inlandsis* laisse une bande de terre habitable de 20 ou 25 kilomètres. Tantôt cette bande est

---

1. *Vergletscherung der deutschen Alpen*, 1882, p. 330.
2. Penck, *Morphologie*, I, p. 387.

encombrée de matériaux morainiques meubles ; tantôt elle montre la roche à nu, striée, polie et moutonnée par le récent passage de la glace, en même temps que balayée par les eaux qui s'échappent du front de cette dernière. D'un rocher à l'autre s'étendent des flaques d'eau et de tourbe, et l'ensemble constitue un paysage spécial, dit *paysage morainique*.

Topographie glaciaire. Zone centrale. — Les effets topographiques des glaces largement étalées doivent être étudiés de préférence dans les régions que les glaces boréales ont recouvertes au début de l'ère actuelle. Il convient d'y distinguer deux zones : la zone *centrale*, où la glace a longtemps stationné, agissant surtout par érosion, et la zone *périphérique*, où se sont fait sentir principalement les effets de transport et de dépôt.

Dans la zone centrale, le paysage revêt l'aspect caractéristique que nous avons déjà vu se manifester au voisinage immédiat de l'*inlandsis* groenlandais. La puissante action de la glace a poli toutes les aspérités. Çà et là surgissent des *roches moutonnées*, particulièrement fréquentes dans les districts de granite et de gneiss, où l'inégale cohésion des roches a engendré, ici des protubérances bientôt arrondies et rayées, là des dépressions, d'où la glace a fini par éliminer les matériaux meubles, et qui se sont transformées en lacs ou étangs tourbeux à fond de rocher. Les surfaces rocheuses abondent, la glace ayant pour ainsi dire *décapé* tout ce qui faisait saillie sur son passage. Tels sont les *barren grounds* (*fonds stériles*) du Canada.

En dehors des montagnes, les territoires de la zone centrale n'offrent pas de vallées proprement dites ; les cours d'eau affectent des tracés tout à fait capricieux, et sur le sol gisent des blocs erratiques de toutes dimensions. Partout se révèle une puissante érosion glaciaire, qui s'est exercée sans aucun souci de la topographie préexistante, impuissante à lutter contre une pareille force. La Scandinavie, la Finlande, les alentours de la baie d'Hudson, offrent le type de ce genre de paysage ; et la direction des stries, sur les roches en place, montre que la glace a souvent cheminé en sens inverse des pentes locales. Aussi, pesant de tout son poids sur certaines crêtes secondaires, a-t-elle réussi par endroits à les abaisser en créant des *cols glaciaires*.

Ce qui rend plus frappante encore l'uniformité de ces parages, c'est que toute la zone centrale, du Canada à la Finlande, présente à peu près la même constitution géologique, avec prédominance des schistes cristallins et du granite ; de sorte que la même action s'y est exercée sur un même fond, et, on peut aussi ajouter, sous des influences météorologiques à peu près identiques.

Les cavités lacustres, quand elles ne résultent pas d'actions tectoniques, témoignent, avons-nous dit, d'une moindre résistance de la roche au sein de laquelle elles sont ouvertes. Il en est plusieurs en Scandinavie, dont la place était originairement occupée par des lambeaux de terrains sédimentaires, pincés au milieu des plis des schistes cristallins. Ces paquets étant moins résistants, l'érosion glaciaire les a débités et entraînés, mettant à nu leur substratum et semant leurs débris en aval. Les lacs Wetter, Hjelmar, Mälar et Wener auraient été formés de cette façon [1].

C'est aussi à l'affouillement par la glace qu'on a attribué les cavités en roche vive ou *rock-basins*, aujourd'hui transformées en étangs, qui se rencontrent dans certains districts du nord de l'Angleterre. Mais nous avons déjà vu que beaucoup de ces étangs ou *tarns* pouvaient être de simples lacs de barrages morainiques.

Zone périphérique. Topographie morainique. — La topographie glaciaire revêt un caractère différent dans la zone *périphérique*, celle où les grands glaciers ont accumulé et dispersé les matériaux qu'ils chassaient devant eux dans leurs périodes d'avancement. C'est là surtout, en raison de la prédominance des moraines, que règne le *paysage morainique*, caractérisé par le relief peu considérable, mais absolument capricieux, d'une surface parsemée de mares, d'étangs ou de petits lacs, avec blocs erratiques disséminés, et isolés à la suite de l'entraînement des boues. La figure 92 donne un excellent type de ce genre de modelé, tel qu'il apparaît dans l'île de Skye, à la jonction entre la région centrale et la zone périphérique. Le profil accentué des cimes, souvent travaillées par la gelée, contraste avec les formes doucement arrondies que le poli glaciaire a imprimées aux premières hauteurs, tandis qu'en avant s'étend l'ancienne moraine, affouillée par les cours d'eau.

Lors de leur formation, ces moraines, dues au stationnement prolongé du bord des grands lobes glaciaires, consistaient en un enchevêtrement confus d'amas de boues et de pierres plus ou moins volumineuses. Ces monticules interféraient les uns avec les autres, chacun d'eux correspondant à une des nombreuses oscillations de la glace autour de sa position d'équilibre relatif; de telle sorte qu'un jour le glacier jetait sa moraine en travers du talus formé par les amas antérieurs, laissant dans l'intervalle des creux

---

[1]. Holm, Nathorst et Brögger, *in* Penck, *Morphologie*, II, p. 261.

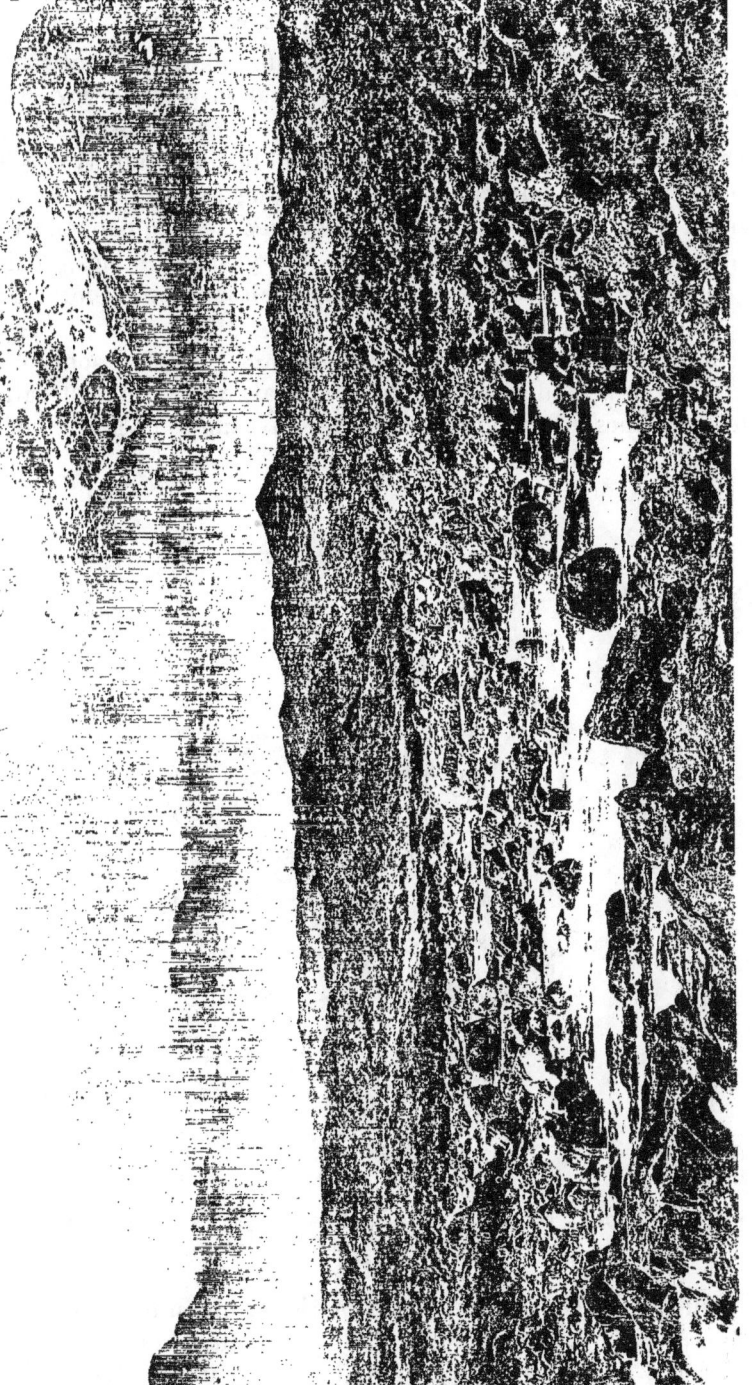

Fig. 92. — Paysage moraïnique de l'île de Skye. (Photographie de la maison Wilson et Cⁱᵉ, à Aberdeen.)

sans écoulement. En outre d'autres entonnoirs devaient se creuser tout naturellement dans la moraine, par la fonte de gros blocs de glace qui pouvaient y avoir été emprisonnés. L'ensemble finissait par former une plaine hérissée d'inégalités de détail, avec d'innombrables cavités superficielles. De là une topographie essentiellement confuse, non sans analogie avec celle qu'engendrent les monticules de sable à la surface des grandes dunes, mais plus capricieuse encore ; car les dunes subissent en général l'action directrice du vent dominant.

Exemples de topographie morainique. — La topographie que nous venons de décrire s'est conservée avec très peu d'altération sur les moraines de la plus récente des invasions glaciaires. Ainsi au

Fig. 93. — Topographie morainique. Environs de Plainfield (États-Unis). Échelle $\frac{1}{10\,000}$ Équidistance des courbes, 1ᵐ,50.

voisinage des Grands Lacs, en Amérique, notamment sur les bords de la Rivière Rouge du Nord, le drainage du sol occupé par le *drift* ou dépôt erratique est tout à fait dans l'enfance. Les croupes de partage s'y garnissent de petits lacs pendant la saison des pluies.

Ailleurs les mares encaissées ou les entonnoirs à sec subsistent en grand nombre. Aussi leur ressemblance avec des *chaudrons* ou *Kettles* a-t-elle fait donner le nom de *Kettle-range* à la ligne de collines qui manifeste cette structure, bien mise en évidence par la figure 93, empruntée à un travail de M. R. Salisbury [1].

En avant de la chaîne à topographie superficielle confuse, marquant la place où l'extrémité des lobes glaciaires a dû stationner le plus longtemps, se déploie aux États-Unis une plaine de gravier, de sable et de limon, due à l'accumulation des matériaux, charriés par les eaux qui s'échappaient sans vitesse appréciable du front de la glace. C'est l'*overwash plain* ou *plaine de lavage superficiel* de M. Salisbury. Le parallélisme des courbes de niveau y contraste avec l'allure tourmentée des lignes hypsométriques de la région précédente.

Le même genre de paysage prévaut dans la Prusse orientale, sur la ligne de hauteurs qui finit à Dantzig, formant une arête de partage entre les eaux qui vont directement à la Baltique et celles que reçoivent au sud l'Oder et la Vistule. M. Keilhack [2] a bien fait ressortir les caractères de cette bande, longue de 300 kilomètres, d'une largeur comprise entre 200 et 3000 mètres, où, sur un fond d'*argile à blocaux*, abondent les cavités sans écoulement, occupées par de la vase, de la tourbe et de l'eau. Ces cavités sont arrondies et de très petites dimensions. Le pays, fortement ondulé, est fertile et la population y est dense.

Par contraste, au sud de cette bande s'étend une zone infertile, dépourvue d'ondulations, avec faible inclinaison vers le sud, et où dominent les graviers ou les sables de bruyères. Là, les cavités lacustres sont allongées et étroites, souvent réunies en chapelets. Tandis que la première bande trahit le stationnement prolongé des moraines frontales de la dernière extension glaciaire, la seconde représente, comme l'*overwash plain* des États-Unis, le remaniement opéré, par suite des mouvements oscillatoires de l'extrémité libre des lobes glaciaires, dans les amas d'alluvions qu'engendraient les courants d'eau issus de cette extrémité. Par suite de ces remaniements, nombre de rigoles qui avaient commencé à se former se sont trouvées plus tard interceptées et changées en lacs allongés, lesquels ont réussi plus tard à se réunir en chapelets.

Sous cette double influence s'est formé le *plateau des lacs* (Seen-

---

1. *Geol. survey of New Jersey*, Report for 1891.
2. *Petermann's Mitteilungen*, 1891.

platte) de la région baltique, complètement analogue au Kettle-range de l'Amérique. Mais au nord, où les eaux trouvaient un facile écoulement vers la mer, le niveau de base de la Baltique a déjà tout régularisé. On voit d'abord une bande de collines, où des vallées assez profondément découpées traversent le dépôt erratique et atteignent parfois le terrain tertiaire sous-jacent ; puis une zone côtière d'environ 40 kilomètres de largeur, où le terrain, plat et fertile, est arrosé par des cours d'eau à faible pente, dont les vallées sont marécageuses ; après quoi on arrive à la zone des lagunes littorales.

De l'autre côté de la bande morainique culminante, le dépôt glaciaire s'étend encore jusqu'à une certaine distance au sud, et sa surface a conservé une multitude de petits lacs capricieusement découpés, mais déjà réunis en un réseau par des ruisseaux au parcours indécis. Les quelques milliers d'années qui paraissent avoir passé sur cette surface ont à peine suffi pour en altérer le caractère originel.

En revanche, la nappe de dépôts glaciaires provenant d'une extension plus ancienne, et qui s'est fait sentir beaucoup plus loin vers le sud, est déjà si bien modelée qu'on en reconnaît difficilement les caractères primitifs. Les lacs ont entièrement disparu, les éléments du terrain sont oxydés, le ruissellement a partout fait son œuvre et façonné des pentes continues. Il suffit de jeter les yeux sur une carte de la Russie, où cette nappe ancienne occupe le centre du pays, ainsi que tout le nord à l'est du lac Ladoga, pour y constater, avec un aplanissement presque parfait, un drainage exactement défini, en contraste absolu avec les circonstances hydrographiques de la Finlande, et notamment du *Pays aux mille Lacs*.

Particularités de la topographie morainique. Œsar. Drumlins. — Une particularité du paysage morainique, qui se manifeste surtout près de la limite inférieure de ce que nous avons appelé la région centrale, consiste dans le développement de traînées de sable et de cailloux, dessinant sur la surface de longues collines, connues en Scandinavie sous le nom d'*œsar*, en Écosse sous celui de *kames*, en Irlande sous la dénomination d'*eskers*.

Les *œsar*, très étroits et toujours dirigés suivant le sens dans lequel se mouvait la glace, ont de 15 à 50, parfois 68 mètres de hauteur, et leurs talus se tiennent, en moyenne, sous un angle de 30 degrés. Ces traînées se poursuivent sur des longueurs de 30 à 40, parfois de plus de 100 et même 110 kilomètres, et on voit plusieurs de ces digues longitudinales et légèrement sinueuses traverser à angle droit le lac Mälar. En Écosse, où les *kames* ont habituellement de 10 à 20 mètres de hauteur, la teinte verte des mousses et des herbes qui les recouvrent tranchent sur la couleur brune des marécages tourbeux au-dessus desquels ils surgissent.

On est aujourd'hui d'accord pour considérer ces accidents de la surface comme des traînées d'alluvions, dessinant le lit de torrents qui sillonnaient autrefois les lobes de glace au voisinage de leur extrémité libre. Ce qui justifie cette hypothèse, c'est le fait que les principaux *osar* sont rejoints sur le côté par d'autres, exactement dans les conditions où une rivière est rencontrée par ses affluents

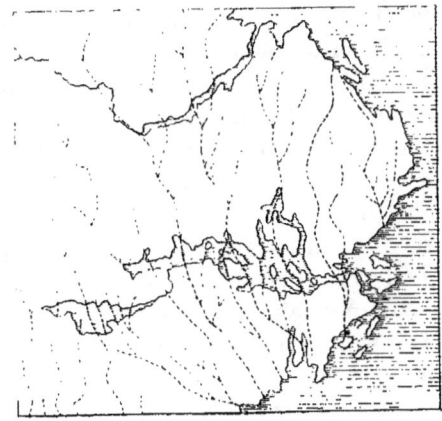

Fig. 94. — Œsar de la région du lac Mälar (d'après M. Törnebohm).

(fig. 94). À l'époque où ces graviers se sont formés, ils occupaient le fond de sillons creusés dans la masse de la glace. Le départ de celle-ci les a laissés en saillie; de sorte que, par un renversement du relief comme nous en avons déjà rencontré plus d'un exemple, c'est sous la forme de bourrelets saillants que se révèlent aujourd'hui les thalwegs des torrents de l'époque glaciaire.

Dans certains pays, notamment dans l'Amérique du Nord, la zone périphérique présente une catégorie toute spéciale d'accidents topographiques. Ce sont des collines elliptiques, dites *drumlins*, qui s'étendent, les unes à côté des autres, dans une même direction, perpendiculaire à la chaîne des moraines terminales. Ces collines atteignent rarement 100 mètres de hauteur, et offrent, entre les deux axes de leur ellipse, un rapport qui ne dépasse jamais 6. Leurs contours sont parfaitement arrondis, et la masse des éminences est constituée par une argile glaciaire tenace, qui porte les traces d'une énergique compression.

Il y a lieu de les considérer comme des portions de moraines, qui ont dû rester emprisonnées sous la calotte glaciaire, à la manière des lentilles d'alluvions surgissant dans le lit d'une puissante rivière, de sorte qu'elles ont subi l'effet du poids de la glace. Des collines analogues, avec petits étangs parsemés tout autour, ont été signalées dans la Haute-Bavière, ainsi qu'au-devant du lac de Constance, entre l'Untersee et Ueberlingen [1], là précisément où le dépôt des moraines glaciaires est venu intercepter l'ancien cours du Rhin.

Altération des moraines. Loess. — En dehors du modelé proprement dit, les dépôts glaciaires subissent, par le fait de l'action subaérienne, des modifications qu'il est très intéressant d'étudier, parce qu'elles réagissent sur le paysage comme sur la culture.

Les dépôts provenant de la dernière extension des glaces gardent encore presque toute leur fraîcheur originelle. La couche externe, altérée par les agents atmosphériques, a rarement, au nord des Alpes, plus de $0^m,30$ à $0^m,50$ d'épaisseur. Elle est un peu plus puissante au sud, où le climat se prête mieux à l'attaque du terrain.

Les moraines de l'avant-dernière extension laissent voir dans leurs cailloux un commencement d'altération bien accusé. Les éléments calcaires ont disparu, et les matériaux cristallins, kaolinisés, se laissent couper au couteau. La boue s'est oxydée, donnant en Italie le manteau ferrugineux rouge-brique des anciennes moraines, connu sous le nom typique de *ferretto*, et capable d'atteindre plusieurs mètres d'épaisseur. Tel est aussi le *drift atténué* des États-Unis, où les cailloux granitiques ont déjà si bien perdu leur cohésion qu'ils se brisent entre les doigts.

L'altération est encore mieux marquée avec les dépôts glaciaires de la plus ancienne extension. Sur le plateau de Lannemezan [2], ces formations paraissent exclusivement argileuses : mais, dans des tranchées fraîches, on distingue encore le contour des cailloux, aujourd'hui complètement décomposés, qui s'y trouvaient contenus. En Suisse, le cailloutis des plateaux ou *Deckenschotter*, qui appartient à la même époque, se montre criblé de trous qui lui avaient fait donner le nom de *nagelfluh trouée* (*löcherige nagelfluh*). En revanche, ce même dépôt a subi, par l'intervention d'eaux agglu-

---

[1]. Sieger, *Richthofen's Festschrift*, 1893, p. 55.
[2]. Boule, *Soc. géol. de France*, 3 déc. 1894.

tinantes, une consolidation qui a préservé ses cailloux de la destruction.

A cet ordre d'altérations se rattache la production des nappes de limon fin ou *loess*, qui accompagnent souvent le bord des nappes glaciaires largement étendues, et résultent de l'entraînement, par les eaux de ruissellement, de vases fines que le contact de l'air et de la lumière ont portées au plus haut degré d'altération. Ainsi se forment, sur les parties plates et dans les remous, d'excellentes terres de culture, contrastant avec la stérilité des bruyères qui marquent le bord des principales moraines terminales.

Modifications géographiques produites par les extensions glaciaires. — La grande étendue des surfaces que les glaces boréales ont couvertes, et l'épaisseur parfois considérable du dépôt morainique, capable de dépasser 200 mètres, ont eu pour conséquence d'introduire, dans la géographie des pays du nord, des modifications d'une sérieuse importance. Nulle part ces changements ne sont mieux accusés que dans la région des Grands Lacs de l'Amérique septentrionale. Cette série de mers intérieures, qui joue un si grand rôle dans les destinées de la contrée, est tout entière un héritage des temps glaciaires, et loin qu'elle dérive, comme les lacs alpins, de causes tectoniques profondes, elle doit son existence à des modifications essentiellement superficielles, dont le peu d'ampleur contraste avec l'énorme étendue des nappes lacustres ainsi engendrées.

Avant l'invasion des glaces, la région des Grands Lacs formait un ensemble de vallées, dont les détails ont pu être reconstitués avec assez d'approximation, grâce aux nombreux sondages pour recherches de pétrole dont on peut dire que le terrain a été criblé. M. Spencer[1] a montré qu'alors deux rivières, partant l'une du nord, l'autre du sud de la contrée du lac Michigan, venaient se réunir sur l'emplacement du lac Huron et, par ce qui forme aujourd'hui la baie de Géorgie, traversaient le territoire de l'Ontario pour suivre enfin le cours actuel du Saint-Laurent.

Durant les invasions des glaces, toute la contrée aurait subi une dépression considérable, que M. Spencer évalue à 500 mètres. Elle était alors noyée sous les eaux douces, dont la calotte glaciaire arrêtait l'écoulement vers le nord. Quand cette calotte eut disparu, en même temps que les accumulations morainiques dont elle avait provoqué le dépôt interceptaient en certains points le cours des

---

[1]. *Quarterly Journal of the geol Soc. of London.* XLVI. p. 524.

anciennes rivières, il se produisit une déformation en masse du sol canadien. Cette déformation, consistant en un relèvement nord-est, se trouve attestée par la situation présente d'anciennes plages marines, dont l'altitude croit constamment dans la direction indiquée.

Le mouvement survenu faisant barrage au-devant des eaux, la nappe lacustre de l'époque glaciaire dut subsister en partie, et il en resta les grands lacs actuels, qui sont de larges vallées submergées et partiellement barrées par des moraines. A la place du lac Érié se trouvait autrefois une rivière, aboutissant à l'extrémité occidentale de l'Ontario, après avoir traversé par un véritable canon, la gorge de Dundas, l'escarpement formé par le calcaire du Niagara. Ce chenal ayant été obstrué par les dépôts morainiques, le lac Érié, engendré par l'inondation de la vallée primitive, dut chercher un émissaire, lequel s'établit à la pointe de Buffalo, et alla se déverser par-dessus l'escarpement de Queenstown. De là est née la chute du Niagara.

Il est à remarquer qu'ici l'action glaciaire proprement dite n'a pas été seule en jeu, et qu'une part des modifications survenues dans la topographie serait imputable au mouvement qui a relevé la région canadienne après le départ des glaces. Mais si, comme plusieurs inclinent à le croire, il y a une relation de cause à effet entre la disparition des glaces et le relèvement survenu, c'est bien au modelé glaciaire que devrait être attribuée, en totalité, la création des Grands Lacs.

L'un des premiers effets de l'invasion des glaces boréales en Amérique a été de renverser le sens de plusieurs rivières qui coulaient auparavant vers le nord. C'est ainsi que la rivière Nelson, au lieu d'envoyer ses eaux dans la baie d'Hudson, a dû les diriger vers le Mississipi. Un peu plus tard, les eaux des lacs Supérieur et Michigan ont été contraintes pendant quelque temps de prendre la même direction. A partir de Fort-Snelling, immédiatement en amont de Saint-Paul, le Mississipi actuel occupe un chenal récent, de date post-glaciaire. La vraie continuation du fleuve serait le chenal du Minnesota, où le fond de roche n'est atteint qu'à 45 mètres au-dessous du thalweg actuel. Le Minnesota était alors continu avec la Rivière Rouge du Nord, dont le sépare aujourd'hui un col insignifiant, occupé par les lacs Big Stone et Travers. Et ce sont des différences de niveau presque négligeables dans le dépôt erratique qui déterminent le partage entre le bassin du Mississipi et celui du lac Michigan, tributaire du Saint-Laurent.

Des changements analogues se sont fait sentir bien au sud du lac Érié. Les nombreux sondages entrepris pour la recherche de l'huile minérale ont montré que, dans toute la partie nord-ouest de l'État d'Ohio, les dépôts glaciaires avaient modifié la topographie, moins par la création de nouvelles éminences que par le comblement des vallées. Ces sondages ont permis de reconnaître un très grand nombre d'anciens lits fluviaux, ensevelis aujourd'hui sous des épaisseurs de 45 à 50 mètres de dépôts glaciaires. Les chutes de l'Ohio résultent de ce que la rivière n'a plus retrouvé son ancien chenal, ce qui l'a amenée à couler sur un seuil résistant[1]. Les chutes de Saint-Anthony, à Minneapolis, et de Minnehaha, ont la même origine.

En Pensylvanie, M. J.-C. White a décrit 23 lits fluviaux aujourd'hui comblés par le terrain erratique. Le plus remarquable est celui de la crique de Wallenpaupack, en amont de laquelle un ancien chenal est enseveli sous 100 mètres de dépôts.

Toundras. — Une des conséquences de l'action du froid, là où les glaciers proprement dits ne peuvent pas se développer, est la formation de plaines glacées, où la seule végétation est celle des herbes, des mousses et des lichens. Ainsi les côtes sibériennes de l'Océan glacial sont bornées par une zone de *toundras*, plaines ondulées, couvertes de mousses, où l'on ne voit guère que deux teintes : la teinte jaune-sale du *polytrichum* et la couleur blanc-fané de la mousse des rennes.

Le froid empêche le développement des essences forestières ; d'autre part il fait obstacle à l'écoulement régulier des rivières. Le sol reste constamment gelé dans la profondeur, et il ne s'accomplit pas de modelé proprement dit; le terrain gardant la forme qui lui avait été imprimée à l'époque où l'action du froid était moins intense.

---

1. Newberry *in* F. Wright. *The Ice age in north America*, 1890.

DOUZIÈME LEÇON

I

LE MODELÉ PAR LES INFLUENCES SOUTERRAINES

Définition des influences souterraines. — Un certain nombre de territoires doivent à leur constitution propre de subir, outre le modelé extérieur, dépendant du ruissellement et des eaux courantes à l'air libre, un autre mode de façonnement de la surface, ayant pour principe l'action des eaux souterraines.

Cette action se fait sentir de diverses manières : 1° par une infiltration longtemps prolongée, qui délaye une couche peu cohérente, exposée au flanc d'une vallée, et l'oblige à céder sous le poids qu'elle supporte; 2° par le pouvoir mécanique des eaux qui circulent, à l'abri du jour, dans les crevasses du terrain; 3° par l'action chimique de l'eau chargée d'acide carbonique, qui élargit les fentes d'un calcaire en dissolvant la roche, et peut ainsi, par l'agrandissement des vides souterrains, provoquer des éboulements se faisant sentir jusqu'à la surface.

Les deux derniers de ces effets s'exercent d'ordinaire ensemble et ne doivent pas être étudiés séparément.

Éboulements provoqués par les infiltrations. — Le délayage des assises meubles provoque, sur le flanc des montagnes, des éboulements qui affectent parfois des proportions énormes. Presque toujours il s'agit d'un massif relativement solide, qui a pour support une couche argileuse. Si par surcroît celle-ci est inclinée vers le versant où elle affleure, le danger est particulièrement grave. On voit d'abord la paroi solide qu'elle supporte se crevasser, et les fentes s'élargir, jusqu'à ce que, tout d'un coup, un quartier de montagne s'écroule en masse, engloutissant tout sous son passage.

Le plus célèbre de ces éboulements est celui de Flims, dans la vallée du Rhin antérieur, qui a formé, à l'époque glaciaire, un amoncellement s'élevant jusqu'à 400 mètres de hauteur, et dont M. Heim évalue l'importance à 15 kilomètres cubes. L'éboulement du Rossberg, sous lequel la vallée de Goldau a été engloutie en 1806, ne représentait que 15 millions de mètres cubes ; celui d'Elm, survenu en 1881, en a donné 10 millions, et il en est tombé 50 des Diablerets, tant en 1714 qu'en 1749.

Le frottement auquel les matériaux sont soumis, lors de ces débâcles instantanées, suffit pour engendrer des cailloux striés, qui pourraient parfois faire confondre ces accumulations avec des moraines, dont les rapproche aussi leur surface nécessairement confuse.

Le détournement des cours d'eau, le barrage des vallées avec formation de lacs en arrière, l'apport d'alluvions dans les vallées basses, sont les conséquences habituelles de ces éboulements. La paroi d'arrachement, qui subsiste dans le voisinage immédiat des masses éboulées, permet généralement de reconnaître la cause qui les a engendrées.

L'Italie a particulièrement à souffrir des glissements en masse du terrain (*frane*), provoqués par la nature argileuse et meuble des sédiments tertiaires, qui forment la plus grande partie du sol de ce pays. C'est dans la chaîne des Apennins que les désastres sont le plus marqués ; mais ils se font sentir aussi en Sicile et dans les Abruzzes. En 1881, la catastrophe de Castelfrentano a été produite par l'éboulement de plus de 9 millions de mètres cubes de marnes sableuses et salifères, appartenant au terrain pliocène [1].

Effets de la circulation souterraine. — L'influence, mécanique et chimique, de la circulation souterraine des eaux, s'exerce surtout dans les pays de calcaire compact, dont le type se trouve dans le *Karst* ou *Carso* de l'Illyrie. Aussi le nom de *paysage du Karst* ou *carsique* est-il devenu habituel pour désigner le genre de modelé correspondant, qui s'y manifeste dans toute son ampleur, parce que là l'épaisseur des couches de calcaire perméable n'est pas inférieure à 300 mètres.

Toutefois les influences tectoniques ont aussi joué leur rôle dans le Karst, et c'est pourquoi l'action propre des cours d'eau souterrains demande à être étudiée d'abord dans des terrains très peu disloqués, comme sont, par exemple, les Causses du Midi de la

[1] Th. Fischer, *Länderkunde von Europa*, II. 2.

France[1]. Là, grâce à la perméabilité d'un terrain riche de crevasses et impropre au ruissellement, l'eau, cherchant de suite son niveau de base, file au fond des fissures, et y forme des rivières intérieures, qui ne viennent au jour qu'après un long parcours. C'est l'action de cette circulation souterraine sur la surface qu'il convient ici d'étudier.

D'abord, lors même que la surface serait un plateau, il y a toujours des points où s'engouffrent de préférence les eaux des fortes averses, en élargissant le débouché d'une fissure naturelle. Ensuite l'action mécanique ou *érosion* des eaux intérieures, jointe à la dissolution chimique ou *corrosion* des parois, ne peut manquer de déranger à la longue l'équilibre du terrain, en y provoquant des effondrements. Ces derniers finissent toujours par atteindre l'extérieur, et ainsi l'on peut dire que l'effet normal de la circulation souterraine est d'imprimer à la surface une topographie spéciale, caractérisée par l'*indécision du modelé*. Au lieu d'offrir des pentes continues, cette surface est fréquemment accidentée par des cavités en forme d'*entonnoirs*, qui servent d'origine à un réseau de *galeries*, dont les plus larges deviennent des *grottes*.

Formation des dépressions de la surface. — Les dépressions de la surface affectent des formes très diverses. Les unes sont de larges cavités en forme d'entonnoirs débouchant à ciel ouvert (*dolines* du Karst, *cloups* du Lot, *creux* ou *emposieux* du Jura); d'autres sont des *gouffres* étroits et profonds, véritables *abîmes* ou *puits* (*avens*, *igues*, *tindouls* du Midi, *aiguigeois* de Belgique); ou bien des *pertes* impénétrables, se faisant par minces fissures (*bétoires* de Normandie, *suçoirs*); des *pertes de rivières* dont on peut entreprendre l'exploration souterraine (*goules*, *catavothres* des Grecs); de simples marécages ou des lacs (*Jessero* en Carniole); enfin des vallées fermées (*vallées-chaudrons* ou *Kesselthäler* des Allemands)[2].

Quelle qu'en soit la variété, il est évident que la plupart de ces dépressions résultent de l'*effondrement* de cavités sous-jacentes. Tantôt c'est la voûte d'une galerie souterraine qui s'est écroulée (fig. 95); tantôt, comme l'a bien fait voir M. Martel[3], c'est un effondrement latéral qui s'est produit, par suite du *décollement* successif d'assises stratifiées (fig. 96). Ce phénomène est surtout fréquent dans les pays à stratification inclinée. Il suffit, en effet, que quelques joints, tels que F,F′, favorisent la descente en zigzag

---

1. Voir les ouvrages de M. Martel, *les Cévennes* et *les Abîmes*.
2. Martel, *les Abîmes*, p. 433.
3. *Op. cit.*, p. 449.

de l'eau des pluies ; et alors celle-ci, s'insinuant entre les lits de stratification, décolle le calcaire tranche par tranche, parfois même

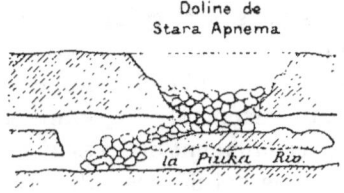

Fig. 95. — Relation des creux de la surface avec les galeries souterraines (d'après M. Martel.)

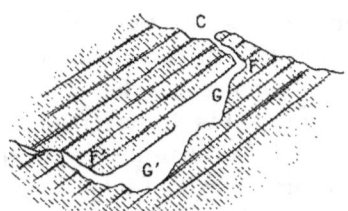

Fig. 96. — Formation des grottes par décollement (d'après M. Martel).

le dissout, ce qui produit des *grottes* en descente comme GG'. Que l'entrée G vienne à s'écrouler, et un creux en entonnoir se formera à la surface en C.

Grottes. Réseaux souterrains. — Le mode de formation de cavités par décollement est remarquablement net dans certaines

Fig. 97. — La perte de la Lesse au trou de Belvaux (d'après une photographie de M. de Launay, communiquée par M. Martel).

grottes où viennent se perdre des rivières, notamment en Belgique au trou de Belvaux (fig. 97), origine du cours souterrain de la Lesse à travers les célèbres grottes du Han. Il y a des pays où l'on peut constater que, par suite des progrès de l'écoulement des strates, les grottes se déplacent peu à peu latéralement dans la direction de leur toit.

Les cavernes de la Belgique, grottes de Rochefort, du Han, etc., comme celles des Causses et de tous les pays à circulation souterraine, offrent constamment la combinaison de galeries suivant la direction des couches avec d'autres empruntant celle des diaclases ou joints transversaux. L'œil suit aisément, au sommet des grandes salles, une fente, qui par l'écroulement progressif de ses parois accroît le talus incliné formant le sol de ces salles, et que revêtent les planchers stalagmitiques. D'ailleurs, comme le décollement tend de préférence à se faire suivant les lits de stratification, on comprend qu'en résumé les grottes, principe de la circulation souterraine, seront d'autant plus nombreuses et mieux ouvertes : 1° que l'inclinaison des strates sera plus prononcée; 2° que le nombre des fentes transversales, résultat de la dislocation du terrain, sera plus considérable.

D'autre part, des dislocations très énergiques, en faisant trop souvent varier le sens de la stratification ou celui des fentes, mettraient obstacle à l'établissement d'un réseau souterrain bien défini. De là vient que les pays à plissements réguliers, comme l'Ardenne, se montrent plus favorables à cette structure que les régions calcaires des Alpes. Le maximum de conditions propices se trouve réalisé au Karst, parce qu'une grande épaisseur de calcaires compacts, bien stratifiés, s'y joint à un système parfaitement ordonné de dislocations modérées, par plis et cassures parallèles. Aussi prendrons-nous, de préférence, nos exemples dans ce pays.

Particularités du Karst. Rivières souterraines. — Le *Karst* ou *Carso*, parfois qualifié d'*Arabie pétrée de l'Autriche* [1], est à la surface un chaos de pierres, de roches fendues et de gouffres. Les circonstances météorologiques extérieures ne sont pour rien dans cet état de choses, qui amène si facilement la transformation en déserts des surfaces déboisées: car il tombe sur la région de 130 à 150 centimètres de pluie, c'est-à-dire plus du double de la moyenne de l'Europe; mais presque toute cette eau, qui sur un territoire ordinaire exercerait de si puissantes actions de modelé, est immédiatement absorbée par les crevasses d'un terrain où les influences tectoniques ont disposé d'une épaisseur exceptionnelle de couches favorables.

Plus de vingt rivières se perdent dans les gouffres de la contrée,

[1]. Les auteurs font dériver le mot de Carso d'un nom celtique, qui signifierait *le pays des Pierres*.

notamment la Réka et la Piuka. Celle-ci s'engouffre dans une fissure des calcaires crétacés, inclinés en cet endroit sous un angle

Fig. 98. — La source de la Buna (Herzégovine). — Photographie communiquée par M. Martel.

de 45 degrés (exactement comme pour la Lesse en Belgique), et parcourt ensuite la fameuse grotte d'Adelsberg. Sous terre, les rétrécissements des canaux, les dépressions, les barrages résultant de l'éboulement des galeries, déterminent de place en place la formation de siphons. Ceux-ci, en retardant l'écoulement des eaux souterraines, constituent les réservoirs des sources pérennes, comme celle de la Buna (fig. 98), en Herzégovine, qui jaillit au pied d'une gigantesque falaise, alimentant de suite un moulin, en amont duquel on se heurte immédiatement à la paroi du siphon [1]. D'autres fois le mauvais fonctionnement des siphons et leurs dérivations latérales provoquent, tantôt des inondations, tantôt des sécheresses désastreuses [2].

Relation des dolines avec les cours d'eau souterrains. — C'est sur le parcours de la Réka que s'accuse le mieux la relation qui existe entre les rivières souterraines et les effondrements de la surface. Ainsi, après avoir disparu pendant quelque temps, la rivière se montre à ciel ouvert au fond de la *petite doline* de Saint-Canzian, entonnoir profond de 110 à 130 mètres. Ensuite elle perce par une arcade une étroite barrière de rocher, et se montre de nouveau au fond de la *grande doline*, dominée à l'ouest par un mur vertical de 160 mètres de haut. Les deux cavités ensemble ayant 400 mètres de diamètre, l'arête qui les sépare, et dont la largeur au sommet se réduit à 2 mètres, reste à 60 mètres plus bas que le rebord extrême des deux dolines réunies. Sur les parois de l'entonnoir, le travail des eaux souterraines, combiné avec l'action des eaux de surface sur les joints, a fait glisser d'énormes plaques de rochers [3].

De même, une série de dolines jalonne à la surface le bras occidental de la grotte de Planina, et chacune d'elles correspond exactement à un amoncellement de débris dans la grotte.

Les dolines de Pola, entre Lavarigo et Marsana, font de la surface une véritable écumoire. Dans ces trous (*inglutidors* des Frioulans), où s'absorbent les eaux de pluie, il se fait souvent des mares temporaires, et le ruissellement y entraîne un peu de limon, fourni par la terre rouge (*terra rossa*) qu'engendre l'altération superficielle des calcaires.

Aussi, tandis qu'à la surface, quand on a eu l'imprudence de la déboiser, il n'y a que des pierres sur lesquelles souffle un vent de désert, les dolines forment-elles souvent de véritables oasis, où se blottissent les villages, avec leurs jardins et leurs champs. La même chose a lieu en Grèce, où plus d'une fois les seules parties cultivables se réduisent au fond des cavités d'effondrement.

1. Renseignement de M. Martel.
2. Martel, *les Abîmes*, p. 477.
3. Martel, *op. cit.*

La plupart des dolines ordinaires ont un diamètre moyen de 50 mètres, avec 7 ou 8 mètres de profondeur. Mais, en dehors de celles que nous avons mentionnées sur le parcours de la Réka, il s'en trouve de beaucoup plus considérables.

Lacs temporaires. — Bien souvent plusieurs dolines s'alignent à la suite les unes des autres, dessinant une vallée sèche au fond inégal, qui trahit dans la profondeur l'existence d'un cours d'eau caché. Du reste, en temps de crues, il n'est pas rare de voir l'eau souterraine se manifester au jour, en remplissant plus ou moins, de bas en haut, les entonnoirs qu'elle transforme en lacs temporaires. On peut s'assurer, comme l'a fait M. Martel, que la communication des creux avec le fleuve souterrain s'opère par un réseau de fissures ou *suçoirs*. D'ailleurs, il n'est pas nécessaire que l'eau vienne du fond. Quand les pluies sont très abondantes, les suçoirs, qui en temps ordinaire les conduiraient au cours d'eau inférieur, deviennent impuissants à en absorber le produit; et des lacs temporaires peuvent alors se former, dont le niveau s'élève jusqu'à ce qu'ils trouvent, sur les bords de l'entonnoir qui les contient, quelques fentes ou gouffres propres à leur servir de déversoirs.

Le lac de Zirknitz se forme de cette façon. Il couvre, suivant les cas, de 2000 à 5600 hectares; on l'a vu s'emplir en 3 jours et mettre ensuite 3 semaines à se vider. La doline lacustre de Karloutza, en Carniole, peut alimenter, suivant la hauteur des eaux, deux étages aquifères superposés. Quand les suçoirs fonctionnent, le fond du lac devient une plaine fertile, aux riches cultures entretenues par les pluies abondantes de l'équinoxe [1].

Les mêmes circonstances se reproduisent dans le haut massif calcaire de l'Épire, où les rivières sujettes à éclipses, les lacs à drainage souterrain, rappellent les paysages du Karst et de l'Herzégovine. Il en est de même en Grèce, dans les îles Ioniennes et l'île de Crète, toujours en raison de la prédominance des calcaires. Quand les gouffres ou *catavothres* s'encombrent d'alluvions, l'écoulement des eaux peut devenir difficile, et il se crée des marécages qui répandent des miasmes malsains. L'art des ingénieurs en peut triompher en déblayant les orifices ou en faisant sauter certains obstacles souterrains.

Le lac de Janina, en Épire, ne possède, au moment de l'étiage, qu'un seul émissaire fourni par un gouffre. En hautes eaux, quatre

---

1. Martel, *les Abîmes*, p. 457.

autres *avaloirs* digèrent le surplus. Au voisinage sont des étangs avec lesquels le lac communique par d'étroites fissures, et dont les émanations deviennent dangereuses en été. Le lac lui-même, qui a toutes les apparences d'une cavité d'effondrement tectonique, se resserre dans la saison chaude, et l'on cultive du maïs sur la partie de son fond mise à sec.

Conditions particulières de la contrée du Karst. — Le travail des eaux souterraines, dans les pays riverains de l'Adriatique, est assez actif pour provoquer des changements appréciables durant un laps de temps relativement court. Ainsi des émigrants croates, revenant dans leur patrie après une absence de quelques dizaines d'années, ont eu de la peine à reconnaître les lieux témoins de leur jeunesse, tant la formation de nouveaux entonnoirs en avait modifié l'aspect, entraînant la destruction des maisons, l'effondrement des jardins, l'abandon des anciens sentiers, remplacés par de nouveaux [1].

Dans une contrée aussi bouleversée, les tremblements de terre sont fréquents, et il en est, parmi ceux qui n'ont qu'un caractère local, dont la cause n'a pas besoin d'être cherchée ailleurs que dans les effondrements survenus. Mais plusieurs de ces séismes, comme celui qui en 1895 a ravagé Laibach, embrassent des étendues telles, qu'il convient de les rattacher aux mouvements tectoniques par lesquels le relief des contrées adriatiques a été déterminé. Ces mouvements sont de date récente, et il est probable qu'ils n'ont pas dit leur dernier mot. L'équilibre du sud-est de l'Europe est particulièrement instable, et quand les mouvements, au lieu d'affecter un terrain doué de quelque élasticité, se font sentir dans un épais massif de calcaires très compacts, toutes les conditions sont réunies pour que leur effet soit particulièrement puissant.

De cette manière, l'état si remarquable du Karst tient à la fois à des influences structurales, qui ont imprimé une certaine indécision à la surface originelle après le plissement des Alpes dinariques; à l'impuissance où les eaux superficielles, attirées de suite dans la profondeur, ont été de régulariser ces inégalités par un modelé général; aux effondrements que l'érosion souterraine et la corrosion chimique ont provoqués et provoquent encore; enfin aux mouvements qui, même de nos jours, agitent le sol de la contrée; et parce que, nulle part, ces diverses circonstances ne se trouvent

---

1. Pilar *in* Supan, *Kirchhoff's Länderkunde*, I (2), p. 288.

réunies au même degré; que de plus le terrain accessible à leur influence s'y présente avec une ampleur exceptionnelle, le Karst a justement mérité de devenir le type d'un ensemble de particularités géographiques, dont tous les affleurements calcaires reproduisent au moins quelques traits.

Territoires divers d'érosion souterraine. — Les cavités en entonnoir sont fréquentes à la surface des affleurements de gypse et de sel gemme, où elles résultent évidemment de l'enlèvement, par les eaux, des parties solubles du terrain. Parfois c'est l'inverse, et la transformation de l'anhydrite en gypse ou sulfate de chaux hydraté a pour conséquence un gonflement qui disloque les assises superposées. Mais il est aussi des cas où ces intumescences gypseuses viennent à crever au centre, engendrant ce que, dans le Mansfeld, on appelle des *trous de nains*.

Les calcaires du Jura sont fréquemment sillonnés de creux semblables à ceux du Karst. Mais, à côté de ces entonnoirs proprement dits, il y a aussi, sur les affleurements calcaires, des *bassins fermés* qui tiennent à une cause un peu différente. Le type en existe dans la forêt de Chailluz, près de Besançon. Cette forêt correspond [1] à un pli synclinal, dont la surface est formée par les calcaires de la grande oolithe. On voit s'y succéder une série de dépressions ou bétoires, dont une a 2 kilomètres de long sur 400 à 500 mètres de largeur, avec 20 ou 25 mètres de profondeur au plus. De nombreux trous circulaires s'y observent. Il est clair que les eaux, appelées par la pente du synclinal, ont filtré à travers le calcaire. Arrêtées à sa base par une couche argileuse, elles ont, tant par entraînement de celle-ci que par dissolution de l'oolithe, réussi à se frayer un lit caché, grâce au niveau de base très inférieur qui les sollicitait, et les effondrements du calcaire, privé de support, ont causé les irrégularités de la surface. MM. de la Noë et de Margerie ont fait remarquer que ces effondrements étaient postérieurs à l'érosion qui a fait disparaître de la contrée les couches supérieures à l'oolithe. Il s'agit donc là d'un fait d'érosion souterraine, facilité par une influence tectonique. On doit encore citer le bassin fermé de Sancey, au sud de la chaîne du Lomont. De tels affaissements peuvent se produire ou s'accentuer de nos jours, et donner lieu à des tremblements de terre locaux.

Infiltrations dans les districts volcaniques. — Il est un mode de circulation souterraine dont il est nécessaire de dire un mot, à

---

1. *Les Formes du terrain*, p. 157.

cause de l'application qui s'en trouve faite, en particulier, dans certaines régions de l'Amérique du Nord.

C'est ainsi que, dans la partie méridionale des plateaux du Colorado, l'action volcanique a été très intense durant la fin des temps tertiaires, édifiant de grands volcans, et faisant naître des accumulations étendues de laves, de cendres et de débris. Bien que, sur ce plateau, il tombe annuellement plus de 50 centimètres de pluie, la surface n'en profite pas, toute l'eau trouvant à s'infiltrer de suite, grâce à la porosité des matériaux volcaniques. L'eau ainsi infiltrée parvient à retrouver les anciens lits fluviaux qui existaient avant la période des éruptions. Souvent, ces cours d'eau souterrains font naître sur leur cours des cavernes importantes, et quand le toit de ces dernières s'écroule, il en résulte à la surface des cavités d'effondrement [1].

La même chose a lieu autour du Mont Shasta, où de nombreux cônes de cendres absorbent les eaux, qui reparaissent beaucoup plus bas en donnant naissance à des sources puissantes.

Dans le Nevada, les fentes qui limitent les blocs, entre lesquels le pays s'est trouvé divisé lors de son écroulement, facilitent la perte des eaux, qui reparaissent à de très grandes distances, ayant parfois gagné, dans ce parcours souterrain, une assez haute température, qui les rend capables de dissoudre une forte quantité de substances sur leur passage. Ces dernières se traduisent par des incrustations salines quand les eaux s'évaporent [2]. Plus d'un point, dans le Nevada, serait inhabitable en été, sans ces sources dont l'origine première est si lointaine qu'il est impossible de l'indiquer.

II

LE MODELÉ PAR LES INFLUENCES ÉOLIENNES

Caractères généraux du modelé par les influences éoliennes. — La caractéristique commune des divers genres de modelé que nous avons considérés jusqu'ici est que le travail à accomplir y est toujours nettement déterminé, du moins tant que la marche nor-

1. Powell, *National geographic Monographs*, I, p. 94.
2. Russell, *National geographic Monographs*, I, p. 104.

male du cycle ne subit aucune perturbation de la part des actions internes. Ce travail peut être, dans certains cas, plus ou moins gêné ou retardé ; mais il n'y a pas de doute sur le résultat final ; car, pour les eaux souterraines comme pour les glaciers et les eaux courantes, c'est toujours un niveau de base invariable qui préside à la régularisation des contours du terrain.

Il en est tout autrement lorsque les circonstances laissent prédominer l'action du vent, c'est-à-dire les *influences éoliennes*. Dans ce cas, la mobilité des particules devient, à la vérité, plus grande que jamais ; seulement, au lieu de tomber sous l'empire d'un mode de transport qui agisse toujours dans le sens de la pesanteur, ces particules deviennent le jouet d'une puissance capricieuse, assez forte pour triompher souvent du pouvoir de la gravité. De plus, nous verrons que, dans la plupart des cas, il n'existe pas de point d'appui fixe, auquel puisse se rattacher l'effort de façonnement de la surface. Au lieu de se concentrer sur un réseau bien déterminé de canaux, entre lesquels subsiste une véritable hiérarchie, l'érosion, ou pour mieux dire la dégradation, s'accomplit partout à la fois ; mais elle est accompagnée d'un transport de matériaux, par lequel le travail d'un jour peut défaire celui de la veille. En outre ces matériaux, quand ils viennent se jeter en travers du chemin que les eaux courantes essayaient de se créer, rendent encore plus inefficace une action déjà fort amoindrie. Pour toutes ces causes, il n'y a pas de cycle défini, et *le modelé demeure essentiellement indécis*.

Conditions d'exercice de l'action du vent. — La condition pour que les actions éoliennes puissent être prépondérantes est que le sol ne soit pas protégé par la végétation, qui fixe le terrain par ses racines, en même temps qu'elle concentre autour d'elles une humidité capable de donner de la cohésion même aux sols les plus meubles. Or avant tout la végétation a besoin d'eau. C'est donc la quantité de pluie reçue en chaque lieu qui limite l'exercice de l'action éolienne. L'expérience enseigne que cette action devient bien caractérisée quand la moyenne annuelle de pluie descend au-dessous de 20 à 25 centimètres. Si cette circonstance est réalisée, et que de plus la température moyenne soit assez élevée pour que l'insolation devienne active, la contrée se transforme inévitablement en un *désert*.

Il y a cependant des cas où l'influence désertique peut se manifester avec une moyenne annuelle de pluie très supérieure au minimum indiqué. C'est quand le terrain est assez perméable et en même temps assez haut placé pour appeler de suite, à un niveau très inférieur, l'eau qui avait pu tomber à la surface. Ainsi se comportent certains territoires couverts de laves poreuses et de nappes de cendres volcaniques, comme aussi quelques régions de calcaire compact, où l'infiltration absorbe immédiatement la pluie qui tombe. C'est de cette façon que plusieurs parties du Karst illyrien, où d'ailleurs la température atteint parfois 50° à l'ombre, sont devenues des *déserts de pierres* (ce que rappelle le nom même de la contrée). Toutefois ce mode de développement de l'action éolienne est relativement exceptionnel; et de plus il est très souvent imputable à l'intervention de l'homme, qui a maladroitement déboisé des plateaux où une végétation forestière un peu maigre, mais suffisante, avait réussi à s'établir. Aussi ne nous occuperons-nous ici que des pays, infiniment plus nombreux, où le régime désertique est manifestement dû à l'insuffisance des pluies.

Effets de l'insolation. — Dans les pays dépourvus de végétation, l'agent par excellence de la désagrégation des éléments de la surface est l'*insolation*. La pureté de l'air, exempt de vapeur d'eau, occasionne un rayonnement intense; aussi le froid est-il très vif pendant la nuit. Dès que le soleil apparaît et frappe le terrain de ses rayons, il en résulte une dilatation brusque, capable, comme on l'observe souvent au Texas, de faire éclater de gros blocs de rochers.

Tous les déserts se font ainsi remarquer par leurs écarts de température. Le Gobi, qui par ses froids appartient à la Sibérie, ressemble aux Indes par ses chaleurs [1]. Un intervalle d'une demi-journée suffit pour que le thermomètre subisse une variation de 40 degrés centigrades. L'écart est encore plus grand au Sahara, où de 60 à 70 degrés qu'il marquait à la lumière du soleil, le thermomètre peut s'abaisser pendant la nuit à 2 ou 3 degrés au-dessous de zéro.

On comprend l'effet que d'aussi brusques différences de température peuvent produire sur des terrains que rien ne protège. La désagrégation se manifeste d'une façon particulièrement intense avec les roches granitiques et, en général, avec toutes celles qui, étant pourvues d'un grain appréciable, sont en même temps constituées par une association de minéraux aux couleurs contrastantes; car les grains juxtaposés subissent une insolation tout à fait inégale [2]. On le voit bien au Sinaï, où le granite a si complè-

---

[1]. E. Reclus, *l'Asie orientale*, p. 185.
[2]. Joh. Walther, *Die Denudation in der Wüste; 10ter Geographentag*, Berlin, 1893.

tement perdu sa cohésion qu'il est fort difficile d'en détacher au marteau des morceaux ne s'effritant pas sous le choc.

C'est aussi l'insolation qui, agissant sur les sables des plages découvertes à marée basse, les dessèche et les rend aptes à obéir à l'action du moindre vent. Mais il s'agit là d'un phénomène où la sécheresse de l'air n'intervient pas, et dont nous réserverons la mention pour le chapitre du modelé des rivages maritimes.

Influence de la répartition des pluies. Insuffisance du régime hydrographique. — L'insolation étant surtout active durant la saison chaude, son effet sera d'autant plus puissant que les pluies seront moins abondantes à ce moment de l'année. C'est pourquoi la répartition de la pluie, suivant les saisons, n'est guère moins à considérer que son intensité moyenne.

Par exemple, dans le Nevada, aux États-Unis, la moyenne annuelle de pluie étant inférieure à 25 centimètres pour l'ensemble du pays, à 13 centimètres même pour la partie centrale [1], il se trouve que la plus grande fraction tombe au printemps, si bien qu'en été la chute se tient entre 2,5 et 8 centimètres. Des mois entiers se passent sans une goutte de pluie; des semaines s'écoulent sans qu'on aperçoive un nuage au ciel. Dans de telles conditions, le régime désertique sévit avec toute son intensité.

Dans le Sahara septentrional, jusqu'au parallèle de Mourzouk, il n'y a pas de pluies d'été. Du reste, la répartition suivant les années est très inégale, et les Touaregs ont vu des périodes de neuf ans pendant lesquelles il ne tombait pas une goutte d'eau [2]. Dans le Sahara algérien, la moyenne annuelle de pluie paraît être de 120 millimètres [3].

L'effet de la sécheresse de l'air est de réduire considérablement l'importance des cours d'eau. Même ceux qui descendent des montagnes du Sahara meurent après 100 ou 120 kilomètres de parcours. Leur vallée se poursuit sous la forme d'*oued* ou *ouadi*, c'est-à-dire d'un thalweg de sables et de graviers, où l'eau ne coule à ciel ouvert que par moments, mais garde un certain écoulement souterrain à travers la masse, alimentant ainsi le plus grand nombre des *oasis*.

Lors des averses, les oueds sont occupés parfois par une assez forte masse d'eau, qui en se retirant laisse une *daya*, c'est-à-dire

---

1. 1. Russell, *National geographic Monographs*, I, p. 103.
2. Schirmer, *le Sahara*, 1893.
3. C'est le chiffre de M. Teisserenc de Bort. De 1889 à 1891, M. G. Rolland a mesuré 135 millimètres en moyenne.

une grande mare de limon et de sable. La rapide dessiccation de ces matériaux fournit à l'action éolienne de nouveaux aliments. Il en résulte de fréquentes obstructions dans les thalwegs, ce qui s'ajoute à l'insuffisance des eaux courantes pour accentuer l'indécision de la topographie. Non seulement les influences désertiques sont impuissantes à produire un modelé défini, mais, par l'accumulation capricieuse des dépôts éoliens, elles atrophient peu à peu le modelé préexistant.

Transport de matériaux. Érosion éolienne. — Lorsque les circonstances du climat sont telles que l'insolation puisse agir, sans être combattue par l'humidité, sur de grandes surfaces dépourvues de végétation, les matériaux désagrégés deviennent la proie du vent. On s'est assuré que des grains de sable, ayant de 1 millimètre à 1/4 de millimètre de diamètre, étaient facilement entraînés, sur un terrain horizontal, par un vent parcourant $7^m,50$ à la seconde [1]. Les ouragans déplacent des pierres d'un kilogramme, et dans l'Aube, le 6 juin 1891, on a vu tomber des pierres de 25 à 35 millimètres, qui avaient accompli un parcours de 150 kilomètres [2].

Le quartz étant seul capable de résister à un transport souvent répété, ce sont surtout des grains quartzeux que le vent déplace. Ils agissent donc sur les surfaces qu'ils balayent à la façon des poudres dures qu'on emploie pour le polissage. Les roches homogènes finissent par prendre le poli du marbre, comme les calcaires qui affleurent dans les plateaux ou *Hamada* du Sahara et de l'Arabie. Celles dont la dureté varie selon les points attaqués sont usées de telle façon que les parties dures demeurent en relief, entourées de sillons creusés par le sable quartzeux dans les portions tendres. Les rochers exposés à cette action prennent ainsi les formes les plus capricieuses, et s'accidentent de vermiculures qui font de leur surface une véritable dentelle, comme s'ils avaient été corrodés par un acide.

La figure 99 donne bien l'idée de l'action érosive que le sable exerce sur les rochers stratifiés dans le Pamir, par une altitude de 4380 mètres, la plus forte où l'action éolienne ait encore été observée dans sa plénitude.

Cette dénudation par le vent, qui donne un aspect si caractéristique au paysage des déserts rocheux, est la *corrasion* de M. de

---

[1]. Sokolow *in* Penck. *Morphologie*, I, p. 248.
[2]. Stanislas Meunier. *Comptes rendus*. 1891, p. 100.

Richthofen [1]. M. J. Walther a compris l'ensemble des phénomènes éoliens sous le nom de *déflation*.

C'est au Colorado que se montrent les plus beaux exemples de l'érosion éolienne. De véritables colonnes de roche, avec chapiteaux, ont été ainsi isolées sur une grande hauteur. D'autres massifs ont pris des formes architecturales qui les ont fait qualifier de *monuments*. Plusieurs des *cols* utilisés pour la traversée des chaînes californiennes sont dus à l'action du vent, qui les a creusés à la longue. Mais il convient de rappeler que cette action

Fig. 99. — Dunes et Rochers façonnés par le sable au Pamir, au sud du Grand Karakoul.
(Photographie de M. E. de Poncins.)

n'a pas été seule en jeu. Toujours elle se combine avec celle des *averses violentes, mais rares*, qui sont une des caractéristiques du climat de la contrée.

Formation des dunes. — Les matériaux désagrégés, à force d'être ballottés, finissent par subir une sorte de préparation mécanique. Tandis que les plus gros restent sur place, formant sur le sol des accumulations de cailloux et de blocs, véritables mers de pierres, les grains de 1 à 2 millimètres, trop gros pour s'élever notablement dans l'air, assez petits pour être mis en mouvement à chaque recrudescence du vent, subissent un déplacement continuel. Mais le moindre obstacle, que ce soit un rocher, une pierre, une broussaille, les arrête et donne naissance à de petites éminences, qui peu à peu deviennent des *dunes*.

1. *Führer für Forschungsreisende*.

Naturellement les dunes continentales abondent, dans les régions désertiques, soit au voisinage des affleurements de grès quartzeux, soit autour des dépôts d'anciennes alluvions, qui en fournissent aisément la matière première. Chaque dune a la forme d'un croissant tournant son côté convexe du côté du vent. Les dunes s'allongent souvent en traînées, parfois de 60 kilomètres et plus, et remarquablement parallèles entre elles, comme dans l'Erg saharien. Leur hauteur est le plus souvent de 20 à 30 mètres; mais au Sahara, elle atteint 150 à 200 mètres. Par exception, on a cité une dune de 500 mètres [1]. En tout cas, l'influence du terrain sous-jacent sur la formation du phénomène est très visible, et

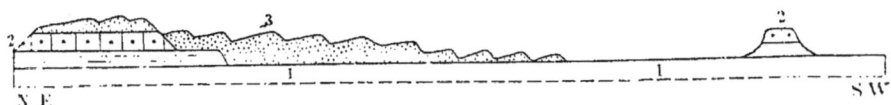

Fig. 100. — Les dunes des environs d'El Goléa (d'après M. G. Rolland). 1, calcaires compacts, polis à la surface comme un miroir; 2, calcaires saccharoïdes; 3, grande chaîne de dunes.

c'est contre les rides du désert que s'accumulent les grandes dunes (fig. 100).

Dans l'Afrique australe, à l'est d'Angra Pequena, le terrain, sur 90 kilomètres à partir de la côte, est formé par une série d'ondulations parallèles, où le gneiss, qui constitue à lui seul le pays, s'élève progressivement jusqu'à 1500 mètres d'altitude. La sécheresse de l'air fait que le sol est presque entièrement dépourvu de végétation. Aussi l'influence éolienne a-t-elle créé, aux dépens du quartz du gneiss, une mer de sable qui remplit toutes les dépressions entre les plis successifs. Le voyageur, qui regarde du haut de l'une des crêtes, perçoit la même impression que si, monté sur une cime alpine ou pyrénéenne, il dominait une mer de nuages masquant toutes les vallées [2].

Paysage de dunes. — Le *paysage de dunes*, caractéristique des grands déserts, règne sur un dixième, peut-être même un neuvième, de la surface du Sahara, notamment dans l'Erg, l'Igidi et le désert libyque. Il occupe le territoire de Nefud en Arabie, le Turkestan, le bassin du Tarim, le désert de Gobi, une grande partie de la Perse, du Baloutchistan, de l'Australie, le désert de Kalahari en Afrique Il est beaucoup plus rare en Amérique.

1. Penck, *Morphologie*. II, p. 40.
2. Schenck, *10ᵉʳ Geographentag*, Berlin, 1893.

M. de Tillo estime que les sept centièmes de la surface de la terre ferme appartiennent au paysage éolien [1].

Toutefois, il faut se garder de croire que ce paysage soit identique partout. L'extrême chaleur du Sahara, et son relief si peu accidenté, qui permet au vent de le balayer sans obstacles, donnent à cette contrée, au point de vue de l'importance des dunes continentales, une supériorité marquée. Ailleurs, notamment au Turkestan, la hauteur des dunes dépasse rarement 18 à 20 mètres. C'est qu'ici le climat est beaucoup moins sec qu'au Sahara. Mais surtout, le Turkestan, ainsi que plusieurs des déserts de l'Asie centrale, subit des hivers rigoureux : si bien que ses dunes sont, pendant une partie de l'année, recouvertes de neige. Celle-ci, en fondant, leur départit une dose d'humidité qui les rend moins impropres à la végétation, et l'eau qui s'infiltre au pied des sables contribue à diminuer beaucoup la mobilité des dunes [2].

Particularités diverses du phénomène éolien. — Une circonstance assez curieuse est offerte par les dunes de l'Amérique méridionale. Dans ce pays, sur les confins de la Bolivie et de la République Argentine, s'étend, par 4000 mètres d'altitude, le désert d'Atacama, haute dépression où règne un climat extraordinairement sec. Le vent y édifie des dunes de plusieurs centaines de mètres et, quand il souffle de l'ouest, il pousse le sable sur le versant oriental des Andes, de sorte que, dans les vallées de Tinogasta et de Belen, on voit descendre de vrais fleuves de sable, produisant par leur passage des effets analogues à ceux des glaciers [3].

Ces dunes ou *medranos* sont poussées assez loin dans la direction de la Sierra de Cordoba, par les vents d'ouest que leur descente le long des Andes rend particulièrement desséchants. Leur origine occidentale est attestée par la composition des sables, où dominent les fragments de roches volcaniques andines.

Les dunes, grâce à leur porosité, constituent de précieux réservoirs d'eau. La pluie y gagne de suite le fond, s'accumule dans les dépressions ou alimente des nappes qui s'écoulent en sources par la lisière des grandes dunes. Aussi a-t-on pu dire que ces montagnes de sable, « résultat le plus caractéristique de la sécheresse du climat saharien, contribuent le plus à corriger, dans une certaine mesure, les effets de cette sécheresse, en protégeant et

---

1. Voir Penck, *Morphologie*, II, p. 43.
2. Edouard Blanc, *Annales de géographie*, IV (1895), p. 331.
3. Brackebusch, *Petermann's Mitteilungen*, 1893.

conservant précieusement l'eau que le ciel envoie au désert avec parcimonie [1] ».

Un effet très remarquable du passage des grains de sable sur les blocs durs isolés est la production de *pierres à facettes*, terminées par des arêtes vives (*Kanter-geschiebe* des Allemands). Par exemple, les plaines du Brandebourg sont formées d'une argile glaciaire plus ou moins sableuse, avec blocs disséminés. Le vent qui balaye librement ces plaines a fini par isoler de l'argile une quantité de sable suffisante pour édifier même de petites dunes. Ce sable, en passant sur les blocs de grès dur, tend à les aplanir ; et comme cette action s'exerce dans certaines directions privilégiées, qui sont celles des vents dominants, les facettes ainsi produites marchent à la rencontre les unes des autres, demeurant séparées par des arêtes vives, ordinairement au nombre de deux ou trois. En France, sur les plaines sableuses de la Brenne, cet effet se produit même avec des cailloux de quartz originairement plats. Des cailloux à facettes s'observent également près des dunes qui descendent de la Bolivie dans les vallées argentines [2].

Question du lœss. — Une question encore assez controversée est celle de la destinée des menues poussières engendrées par la désagrégation dans les déserts. Les sables quartzeux contribuent seuls à l'édification des dunes ; mais les matériaux plus fins, provenant de l'attaque des terrains non exclusivement siliceux, demeurent en suspension dans l'air, qu'ils peuvent troubler longtemps, et sont parfois entraînés à de grandes distances. On signale des pluies de poussière, d'origine saharienne, qui se font sentir jusqu'à 2400 kilomètres du désert. En 1873, les îles Canaries ont reçu une pluie de ce genre, dont l'importance a été évaluée à près de 4 millions de mètres cubes.

Une opinion assez généralement répandue, et que M. de Richthofen a tout particulièrement cherché à faire prévaloir, est que ces poussières alimentent les alentours des déserts, où, reprises par la pluie, elles engendrent le *lœss*, c'est-à-dire le limon jaune, qui tapisse d'abord le fond des *steppes*, forçant la végétation à s'élever à mesure que le sol s'exhausse par ce constant dépôt, et forme ensuite de grandes accumulations dans le voisinage des fleuves importants, comme en Chine.

Cependant cette théorie ne paraît pas devoir être admise d'une façon absolue, le lœss ou terre jaune étant surtout un produit de

1. Rolland, *Hydrologie du Sahara algérien* (1894), p. 240.
2. Brackebusch, *loc. cit.*

ruissellement, qui n'a pas besoin d'être alimenté, au préalable, par l'action éolienne, et qui, presque toujours, paraît s'être formé à une époque où les contrées voisines n'étaient pas soumises au régime désertique.

Relation du climat désertique avec le relief. — Le climat désertique, dépendant avant toute chose de la sécheresse de l'air, peut se manifester en terrain accidenté. On en a la preuve au Pamir, où de vrais déserts de sable se montrent en pleine montagne, par plus de 4000 mètres d'altitude, en Bolivie, où le désert d'Atacama se présente dans les mêmes conditions, enfin au Sahara, dont certaines parties sont véritablement montagneuses.

Cependant, pour peu que les lignes de relief aient une certaine importance, elles contrarient le phénomène désertique par le refroidissement qu'elles infligent aux courants d'air, et d'où résulte une précipitation de la vapeur d'eau. Aussi la plupart des déserts sont-ils des plaines, ou complètement de niveau, ou faiblement accidentées.

Les éminences qui surgissent au sein des régions désertiques se distinguent en général par la façon brusque dont se fait le passage de versants raides et pierreux à des plaines horizontales de sables et de cailloux. C'est ce qui arrive pour les ou *oueds ouadis* de l'Afrique et aussi pour le Texas [1]. Si le ruissellement s'y accomplissait comme dans les pays d'humidité normale, un talus doucement incliné de matériaux meubles relierait les versants avec la plaine. Mais la pluie du désert affecte presque toujours la forme d'orages locaux et très passagers, dont la violence égale la brièveté. En s'abattant sur des pentes rocheuses, que nulle végétation ne protège, les trombes d'eau les dégradent et les ravinent; aussitôt le flot s'étale, abandonnant sa charge après un très court trajet. De là vient que les *ouadis* de l'Arabie, notamment ceux des environs du Sinaï, ont l'aspect de larges fleuves de pierres et de sable, baignant le pied de collines aux flancs raides et déchirés.

Relation des déserts avec les dépressions. — A part ce cas particulier, toutes les considérations qui viennent d'être développées concordent pour faire comprendre comment, dans les régions où prédomine l'action éolienne, le modelé de la surface est condamné à demeurer indécis.

Mais il est une autre circonstance qui contribue non moins efficacement au même résultat. Nous avons déjà dit [2], et un simple

1. J. Walther, *op. cit.*
2. Voir plus haut, p. 64.

coup d'œil sur la figure 3 de la planche jointe à l'ouvrage suffit à le montrer, combien est grande, d'une façon générale, la concordance entre les régions de climat désertique et les territoires privés d'écoulement vers la mer. Il suffit de nommer le Sahara, l'Arabie, la Perse, la dépression aralo-caspienne, le désert de Gobi, l'intérieur de l'Australie, le bassin du Grand Lac Salé, celui de la Cordillère bolivienne, pour faire apprécier l'importance de cette coïncidence. Nous rappellerons aussi que, loin d'être fortuite, elle s'impose, en quelque sorte, d'une façon générale : puisqu'une dépression ne peut recevoir les courants d'air qu'après que ceux-ci ont franchi les hauteurs qui enferment le bassin, perdant par ce travail la plus grande partie de leur humidité.

D'autre part, en traitant des influences tectoniques passives[1], nous n'avons pas manqué de faire ressortir combien la condition d'une dépression est peu favorable à l'accomplissement régulier du travail des eaux courantes, à cause de l'incertitude du niveau de base et de l'indécision originelle d'une surface, où l'évaporation lutte avec avantage contre la constitution de grands réservoirs intérieurs.

Tout se réunit donc pour condamner les territoires désertiques du globe à ne posséder qu'une topographie plus ou moins confuse. Cela est manifeste partout, notamment au Gobi, ainsi que dans le Grand Bassin des États-Unis, où l'on compte actuellement une centaine de cuvettes indépendantes. Chacune de ces cavités a possédé ou possède encore un lac, le plus souvent réduit à une *playa*, c'est-à-dire à une nappe saline, que les variations du climat humectent ou dessèchent, augmentent ou diminuent[2].

Nous remarquerons en outre que l'action éolienne tend nécessairement à prévaloir autour des fonds de mer en voie de dessication; car le sel qui les imprègne les rend moins propres que d'autres à la végétation, et alors rien ne les protège contre le soleil et le vent. C'est ainsi que le Gobi abonde en creux remplis d'eau saline ou tapissés d'efflorescences, reposant sur un sol de graviers rougeâtres, à cailloux quartzeux.

Destinée des déserts. — Ainsi que nous l'avons précédemment exposé[3], la condition d'un désert tend toujours à s'aggraver, puisque l'évaporation, certainement supérieure à l'alimentation en pluie, s'opère aux dépens des réserves d'eau existantes. Le défaut de modelé des pays désertiques doit donc s'accentuer avec le temps.

1. Voir plus haut, p. 136.
2. E. Reclus, *Les États-Unis*, p. 580.
3. Voir plus haut, p. 67.

Il n'y aura d'exception que si le territoire considéré traverse momentanément une période de grande humidité. C'est ainsi que le bassin du Lac Salé de l'Utah, qui a pu bénéficier du régime des grandes pluies pleistocènes, a vu s'accomplir à sa surface d'importants travaux de comblement. Seulement, à partir du jour où le lac Bonneville, prédécesseur du Lac Salé, a cessé de posséder un déversoir, tous les produits de ce comblement sont demeurés sur place. De là vient l'aspect tout spécial du pays, où les restes des anciennes chaînes de hauteurs émergent du sein de grandes plaines, constituées par l'accumulation sur place des matériaux provenant de leur dégradation, et où l'action éolienne s'exerce aujourd'hui grâce à l'assèchement du climat.

En disant que, dans une région donnée, les conditions désertiques tendent d'elles-mêmes à s'aggraver, nous ne prétendons pas que cette extension puisse être indéfinie. En effet un pays où l'insolation règne sans partage devient forcément le siège d'une aspiration d'air qui fait naître un minimum barométrique, et provoque l'afflux des vents destinés à rétablir l'équilibre. Parmi ces derniers il y en a qui apportent de la vapeur, et ainsi peut se produire un conflit qui limite l'invasion de la sécheresse vers la mer.

Régions de steppes. — Le long des régions où règne le climat désertique s'étendent en général des *steppes*, c'est-à-dire des territoires plats, occupés par de hautes herbes qui peuvent mourir durant la saison chaude, pour renaître avec le retour de l'humidité. Insuffisante pour nourrir une végétation forestière, la quantité d'eau qui tombe permet cependant au sol de ne pas rester à découvert, ce qui supprime l'action éolienne. La plupart de ces territoires mixtes voient se succéder des étés très chauds et des hivers froids, des journées de grande chaleur et des nuits très fraîches.

Sur la lisière du Sahara, au nord du Bornou, s'étend le long du désert la steppe herbeuse qui, par l'intermédiaire des bouquets de mimosées, passe progressivement aux régions de forêts et de cultures entretenues par les pluies équatoriales. De même, les immenses steppes des Kirghizes marquent le bord septentrional de la dépression aralo-caspienne, au fond occupé par les déserts du Turkestan. La Mongolie, que les Chinois appellent Tsaoti ou « Terre des Herbes », est aussi une steppe gigantesque, préparant la transition du désert de Gobi aux forêts de la Sibérie méridionale.

On comprend ainsi que la plupart des steppes soient localisées sur le bord des dépressions privées d'écoulement maritime, ou dans l'intérieur des bassins déprimés qui n'ont trouvé que tardivement une issue.

La *Pampa* de la République Argentine, si abondante en lagunes salines, est une steppe où l'humidité suffit pour permettre, par endroits, le développement de bois maigres, au feuillage fin. Ces bois sont de même essence que ceux qui arrivent à prédominer sur la contrée voisine, mieux arrosée, du Grand *Chaco*[1].

C'est encore parmi les steppes qu'il convient de ranger le bassin hongrois, que le Danube et la Theiss arrosent avant d'avoir forcé le défilé des Balkans. Les lacs Balaton et de Neusiedl, restes de la nappe lacustre qui a longtemps occupé cette dépression, n'ont pas toujours d'écoulement naturel ; et le remarquable parallélisme des petits cours d'eau atteste une influence directrice. Selon les uns, cette influence devrait être cherchée dans le brusque appel qui s'est produit vers le sud-est, quand le lac hongrois s'est vidé par l'ouverture des Portes de Fer. Selon d'autres, notamment M. Penck[2], cet alignement aurait été commandé par de nombreuses petites collines, encore bien visibles dans la région si plate qui s'étend à l'ouest de la Theiss. Ces collines sont d'anciennes dunes, édifiées lors de la mise à sec du fond du lac, avant que les herbes eussent réussi à s'y installer. Aujourd'hui encore, dans la partie méridionale du bassin, il y a conflit entre l'action éolienne et la végétation qui cherche à s'emparer du sol.

Ce qui est certain, c'est que l'*Alföld* ou pays plat de la Hongrie, aussi nommé la *puzta*, offre tous les caractères d'une steppe ou d'une savane. Seulement, ici comme pour beaucoup de savanes américaines, l'intervention de l'homme a exagéré ce que le climat seul aurait produit ; et c'est surtout par la destruction inconsidérée des forêts que ces pays sont devenus des steppes : que l'homme ait abattu les arbres pour s'en servir ou qu'à l'exemple des Indiens, il ait incendié les bois en mettant le feu aux herbes. La civilisation atténue cet effet ; et c'est ainsi qu'en Amérique, nombre de plaines herbeuses ont pu se repeupler d'arbres depuis l'arrivée des Européens. De même, la culture et les plantations font chaque jour de nouveaux progrès dans les plaines de la Pannonie.

Pour être moins indécis que dans les déserts, le modelé du sol reste toujours assez imparfait sur les steppes, où le défaut de pente s'ajoute à l'insuffisance des eaux courantes.

1. Brackebusch, *loc. cit.*
2. *Morphologie*, II, p. 44.

TREIZIÈME LEÇON

LE MODELÉ DES RIVAGES MARITIMES

Conditions générales du modelé des rivages. Puissance mécanique des vagues. — La forme des côtes dépend, en chaque point, de la puissance que la mer déploie contre la terre ferme, et des circonstances dans lesquelles cette dernière subit l'assaut des vagues ; c'est-à-dire de la structure antérieurement acquise par le littoral, et des mouvements dont son équilibre peut être affecté. Nous nous placerons d'abord dans le cas le plus simple, celui où la structure du rivage n'exerce sur l'attaque aucune action directrice.

La force érosive de la mer a son principe, d'abord dans la marée, qui imprime aux particules une oscillation susceptible à la fois d'une composante verticale et d'une composante horizontale ; ensuite et surtout dans l'action du vent qui, soufflant de préférence de la mer, où il ne rencontre aucun obstacle, vers la terre ferme, pousse les vagues contre le rivage avec une violence parfois extraordinaire. Ce choc désagrège les roches tant soit peu meubles, en même temps que l'eau, projetée dans les fentes du terrain, y fait l'office d'un coin. Les matériaux désagrégés sont repris par la vague, qui s'en sert comme d'une mitraille et en reçoit une nouvelle puissance mécanique.

Si la marée agissait seule, l'action érosive marine serait concentrée entre le niveau de la haute et celui de la basse mer. Mais il y faut ajouter, d'un côté la hauteur des plus hautes vagues de tempêtes, de l'autre la profondeur à laquelle l'agitation des flots se fait encore sentir autrement que sous forme de simples vibrations. Cette profondeur ne dépasse pas 20 mètres et d'ordinaire en atteint à peine 10 [1].

Formation des falaises. — Cela posé, imaginons une côte dont le profil originel ACD (fig. 101) présenterait une inclinaison de quelques degrés, et qui viendrait tout d'un coup à être soumise à l'attaque des vagues. Celles-ci créeront par sapement, quelle que soit la nature de la roche, une entaille CBA, le point C marquant

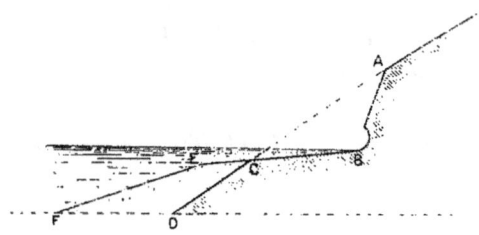

Fig. 101. — Formation d'une falaise.

la profondeur à laquelle l'érosion cesse d'être efficace. Le talus BA, constamment rafraîchi, se maintient raide et voisin de la verticale, parfois même en surplomb si les roches au-dessus de la rainure ordinairement creusée en B ont assez de tenue pour résister pendant quelque temps au défaut de support. Ainsi se forme une *falaise*, et cet effet est indépendant de la nature des matériaux de la côte : car on observe non seulement des falaises de granite, de schiste, de calcaire dur ou de craie, mais aussi des falaises d'argile, comme celles de la côte normande de Trouville à Dives, dont la raideur se conserve grâce à la chute continuelle de nouvelles tranches.

Plates-formes littorales. — Le point C et le pied de la falaise se raccordent, surtout quand il s'agit de roches consistantes, par une véritable plate-forme CB, partiellement émergée à mer basse, et contre laquelle les débris arrachés à la falaise viennent constituer un remblai sous-marin DCEF. Cette plate-forme d'abrasion est particulièrement nette au pied du promontoire crayeux du cap Blanc-Nez, entre le Boulonnais et Calais.

Si le niveau de la mer est stable, une limite s'impose à la largeur de la plate-forme. En effet, l'eau peu profonde qui la submerge à haute mer n'éprouve, par le fait de la marée, que de

---

[1]. Il s'agit ici des vagues poussées contre une côte et non des courants marins, dont quelques-uns peuvent opérer un creusement en roches dures à la profondeur de 100 mètres.

faibles oscillations. De plus, le frottement ralentit le mouvement des vagues poussées par le vent. Bientôt presque toute la force vive de l'eau n'est plus employée qu'à amener sur cette terrasse des sables ou des galets. Parfois même il s'y établit une végétation protectrice d'herbes marines. Aussi, lorsque les courants de marée et les vents n'ont pas une intensité exceptionnelle, la largeur des plates-formes d'érosion se réduit-elle d'ordinaire à un petit nombre de centaines de mètres. Quand le socle d'érosion a pris assez de développement pour pouvoir supprimer l'assaut direct des vagues contre la falaise, un cordon de galets et de graviers se forme au pied de celle-ci, et l'escarpement, qui n'est plus rafraîchi, s'adoucit peu à peu sous l'effort des agents atmosphériques, en même temps que l'herbe parvient à s'y fixer.

L'observation géologique a permis de constater, aux environs de Vienne, l'existence d'une ancienne falaise atrophiée de calcaire miocène (*calcaire de la Leitha*), en avant de laquelle s'étend une plate-forme d'abrasion large d'un kilomètre. Contre le bord extérieur de cette terrasse s'appuie le *conglomérat de la Leitha*, que sa richesse en fossiles et sa stratification oblique font reconnaître comme un remblai, où les vagues ont accumulé les matériaux arrachés à la falaise [1].

Accidents d'un rivage en falaise. — Sur une côte absolument homogène, et qui ne serait pas échancrée par des vallées, il n'y a pas de raisons pour que le tracé d'un rivage en falaise ne reste point rectiligne.

Mais la plus petite différence dans la résistance ou l'état de fendillement des roches introduit des inégalités, par suite desquelles certaines parties se creusent plus rapidement que les autres, engendrant des *criques* ou des *anses* plus ou moins découpées, en forme d'arcs de cercle dont la flèche est rarement supérieure à 200 ou 300 mètres, avec une corde environ trois fois plus grande.

La côte occidentale de Jersey, où se fait sentir dans toute sa force le choc des vagues aidées par des marées puissantes, donne le moyen d'apprécier combien sont faibles les échancrures produites par la rencontre de roches moins résistantes, partout où il n'y a pas de cours d'eau débouchant sur le rivage. Aux deux extrémités de la côte en question apparaissent, formant de hautes falaises, deux bandes granitiques, celle du nord, qui donne les promontoires de Plémont, de Gros-Nez et de l'Étacq; celle du sud,

[1] Penck, *Morphologie*, II, p. 176.

qui s'avance jusqu'aux rochers de Corbière. Entre les deux s'étend, comme un arc de cercle concave à très grand rayon, la baie de Saint-Ouen, creusée dans l'affleurement des schistes tendres précambriens, et occupée par une plage de sable avec dunes en arrière. La flèche de la concavité de cette baie est à peine égale au

Fig. 102. — Aiguille de vieux grès rouge, isolée par la mer aux îles Orcades.

sixième de son ouverture. Encore reçoit-elle quelques petits cours d'eau.

En revanche, sur la même île, on voit la mer creuser, à la place des filons tendres de porphyrite qui parcourent le granite, des sillons, parfois des tunnels. En s'y engouffrant, la vague comprime l'air avec violence. Sur certaines côtes, comme aux Canaries, l'air lancé dans de tels sillons réussit à se faire jour au dehors en crevant le toit des galeries.

Entre deux criques d'une falaise, la mer, pénétrant dans les fissures du promontoire, le découpe en *aiguilles*, en *pyramides*, en *piliers* (fig. 102), et quelquefois y creuse des *arcades*, comme celles d'Étretat. Tous ces accidents surgissent directement du niveau de la basse mer, et les sables de la plage s'accumulent à leur pied.

Iles d'érosion. — Les progrès de l'érosion marine, favorisés par l'inégale résistance des roches, peuvent à la longue amener la formation d'*îles* en avant des côtes. C'est ainsi que les îles anglo-normandes ont été peu à peu isolées du Cotentin, auquel elles se reliaient dans l'origine. C'est à la dureté particulière des roches cristallines qui les composent qu'elles ont dû d'être partiellement respectées. De la même façon, les vagues, en déblayant les terrains schisteux de l'estuaire de la Sélune, n'ont pas pu faire disparaître le culot granitique du mont Saint-Michel.

Du moins ce dernier continue-t-il, à marée basse, à faire partie du domaine continental. Mais, à mesure que progressait la destruction des isthmes, qui autrefois rattachaient les îles anglo-normandes au continent, des courants marins se sont établis, et ont acquis assez de vitesse pour approfondir les passes où la mer ne s'avançait qu'au moment du flux; si bien que la séparation a fini par être complète.

Ce phénomène sera évidemment facilité par un déplacement positif du niveau de la mer, tandis qu'il serait empêché par un déplacement contraire. Mais il importe de remarquer que le premier de ces mouvements n'est pas indispensable à la formation des îles, et que le pouvoir d'érosion des courants de marée, dans les parages où ce facteur acquiert une grande intensité, suffit à expliquer l'isolement définitif d'anciens promontoires, particulièrement exposés à l'assaut des vagues de tempêtes.

Quand les îles ainsi formées gardent encore quelque étendue, les caractères de la surface, par leur identité avec ce qu'on observe sur le continent voisin, laissent deviner la séparation accomplie. On se rend compte aisément qu'il ne s'agit pas de territoires indépendants, modelés en conformité de leur situation actuelle, mais de districts dont le façonnement avait commencé sous l'empire de tout autres conditions.

Ce morcellement des côtes s'est accompli avec une énergie particulière sur le littoral océanique de l'Europe, depuis le Portugal jusqu'au nord de l'Écosse. Toutes les îles de cette bande sont des ruines, autrefois rattachées au continent, et dont l'isolement a été facilité par les crevasses et les mouvements tectoniques dont la formation de l'Atlantique nord a dû être accompagnée. Presque partout, la faible profondeur des détroits qui séparent ces îles de la terre ferme pourrait, à la rigueur, être expliquée par le jeu exclusif de l'érosion. Cependant il serait téméraire de prétendre que le déplacement du niveau de la mer n'y ait pas en partie contribué; car, sur plus d'un point, la réalité de ce déplacement, du moins dans une mesure restreinte, ne peut pas faire de doute.

Détails divers sur les falaises. — Quand les matériaux d'une falaise présentent, du haut en bas, la même compacité, l'escarpement a son pied peu encombré de matériaux, les blocs tombant en quelque sorte un à un et pouvant être rapidement débités par la vague. Mais si des formations meubles, argileuses par exemple, constituent la partie supérieure d'une falaise, elles sont exposées à des glissements en masse qui accumulent, tout d'un coup, une grande quantité d'éboulis au pied de l'escarpement. Ainsi, près de la Hève, l'eau qui circule à travers les fentes nombreuses du couronnement crayeux délaye les sables et argiles sous-jacents, et ceux-ci, glissant sur les calcaires jurassiques, entraînent toute une bande de terrain qui, tombant par paquets énormes, vient former une *basse falaise* en avant de l'escarpement principal. La mer met plusieurs années à débiter ce placage, avant de pouvoir reprendre l'attaque directe de la falaise. Plus fréquents et localisés, mais aussi plus faciles à emporter, sont les éboulements argileux de la falaise des Vaches-Noires, dans le Calvados.

Certaines falaises, comme celles de la Normandie, sont exposées à perdre annuellement une bande de 20 à 30 centimètres de largeur. En reculant ainsi, leur crête entame tour à tour les divers ravinements dont la surface du plateau est accidentée. Si ces ravinements, œuvre de l'érosion pluviale, sont inclinés vers la mer, il en résulte des couloirs à pente rapide ou *valleuses*, qui permettent l'escalade de la falaise. Mais quelquefois le progrès du recul amène la crête à traverser des vallonnements inclinés en sens inverse, et allant aboutir à quelque rivière voisine. Il en peut encore résulter, avec un abaissement de la crête en ce point, la formation d'une petite anse, l'érosion ayant plus de facilité à accomplir son œuvre là où la tranche à débiter est moins épaisse.

La hauteur d'une falaise est généralement de quelques dizaines de mètres et en atteint très rarement 150. Cela se comprend; car supposons un pays qui plonge sous la mer avec une inclinaison de 20 pour 100, chiffre considérable, puisque la plus forte déclivité de la côte de Ligurie, entre Vintimille et Port-Maurice, est à peine supérieure à 10 pour 100. Une falaise de 150 mètres supposerait une plate-forme littorale de plus de 700 mètres de largeur.

Sur cette distance, l'action érosive des vagues serait le plus souvent amortie.

Débouché des vallées. Estuaires. — Le propre de tous les accidents de détail qui ont été décrits, et par lesquels peut se trouver interrompu le tracé généralement linéaire d'une falaise, est que nulle part les anses, criques, baies ou autres échancrures, dues à la seule érosion marine, n'ont une profondeur appréciable. Cela se comprend, puisque l'action mécanique des vagues cesse d'être efficace à partir de 10 ou 20 mètres de fond.

De même, si un cours d'eau ordinaire débouche à la côte, son action propre cessant à la rencontre du niveau de base, l'échancrure résultante ne peut non plus descendre au-dessous du niveau de la basse mer. Il en est autrement pour un cours d'eau important, qui non seulement amène une masse d'eau notable, animée d'une certaine vitesse, mais que la marée est susceptible de remonter jusqu'à une grande distance en amont, apportant un volume d'eau qui, souvent, est égal à cinquante fois le débit normal du fleuve. Dans ce cas, les courants ascendants ou descendants maintiennent une profondeur d'eau appréciable dans le chenal, qui devient un *estuaire*. Tels sont ceux de la Tamise, de la Seine, de la Loire, de la Gironde, etc.

La profondeur des estuaires normaux dépasse rarement 20 ou 30 mètres. Encore ne se maintient-elle que dans les chenaux qui correspondent au flot montant ainsi qu'au flot descendant. Partout ailleurs les troubles apportés par le fleuve, et ceux que la marée montante y amène du large, s'élèvent jusqu'au voisinage de la surface, et encombrent la plus grande partie de l'estuaire, mais seulement au-dessous du niveau de la haute mer.

Cas d'un rivage hétérogène et vallonné. — Un pays hétérogène, formé de bandes successives, qui diffèrent par leur relief et par leur dureté, offrira des conditions particulières à l'attaque des vagues, s'il se trouve que le rivage soit transversal à la direction générale des bandes parallèles. En effet, d'une part, les zones tendres ont déjà bien des chances d'être parcourues suivant leur longueur par des cours d'eau, qui échancrent le littoral, et d'autre part, l'inégale destruction des bandes de roches dures est de nature à engendrer des promontoires et des chaînes d'îles, de part et d'autre des dépressions qui correspondent aux terrains moins résistants.

C'est de cette façon que l'extrémité occidentale de la Bretagne se montre si particulièrement découpée, entre les deux bandes extrêmes de schistes cristallins durs qui forment, l'une le promontoire au nord de la pointe Saint-Mathieu, prolongé par l'île d'Ouessant, l'autre la pointe du Raz avec les îles de Sein. Entre les deux, la bande de quartzite des Montagnes-Noires a servi d'appui à la presqu'île de Crozon, tandis que l'Aune établissait son lit dans les schistes tendres du carbonifèrien.

Ces profondes échancrures, entièrement déterminées par la structure rubanée de la Bretagne, font contraste avec l'allure beaucoup plus régulière des côtes nord et sud, qui sont à peu près parallèles à la direction des plis. De même, la côte espagnole, depuis la Bidassoa jusqu'à Gijon, est parallèle à la direction des couches relevées par le soulèvement des monts Cantabriques, ce qui fait qu'il ne s'y est pas formé de cours d'eau transversaux. Aussi le rivage, presque partout entaillé dans la même nature de roches, est-il exempt d'échancrures. Au contraire, entre Gijon et l'embouchure du Minho, des terrains différents viennent tour à tour buter contre le littoral, tantôt déprimés et vallonnés, tantôt restés en saillie. Dès lors la côte est accidentée de nombreuses découpures, d'autant mieux qu'ici les vents dominants lancent les vagues droit contre la direction du littoral.

Appréciation du travail de l'érosion. — Lorsque l'érosion marine a disposé d'un temps assez long pour imprimer à une côte très hétérogène un recul notable, il est des cas où il peut être assez difficile de se représenter ce que devait être l'état de choses initial. En effet, ce sont des différences locales de dureté qui ont préservé les îles et îlots demeurés en avant du littoral et depuis lors très morcelés. Le dessin superficiel qui résulte, au moment considéré, de la ligne de rencontre de la terre avec la mer, peut alors ne plus offrir qu'un rapport très éloigné avec la structure originelle de la côte.

Dans ce cas, on peut se servir avec avantage d'un critérium indiqué par M. Vidal de la Blache [1]. Si l'on examine une carte hydrographique détaillée de la côte du Cotentin, on remarque que, jusqu'à 20 mètres de profondeur, les courbes bathymétriques ont une allure tourmentée et indécise, tandis que, pour les fonds de plus de 20 mètres, elles se succèdent de plus en plus régulièrement. Il est donc naturel de regarder les inégalités de la plateforme immergée à moins de 20 mètres comme la marque du travail variable de l'érosion superficielle, et de prendre la courbe qui

---

[1]. *Annales de Géographie*, IVᵉ année (1895), p. 375.

limite cette plate-forme (fig. 103) comme celle qui exprime le mieux le contour aujourd'hui submergé de l'ancien continent. Alors, au lieu du tracé presque rectiligne de la côte du Cotentin, tracé qui ne paraît offrir aucun rapport avec la structure habituelle du massif armoricain, on voit les écueils et les îles se souder ensemble pour former des promontoires, entre lesquels se creusent des golfes, rattachés à des échancrures à peine discernables de la falaise actuelle, et le tout accuse, suivant l'expression de M. Vidal de la Blache, « un air de parenté avec la Bretagne ».

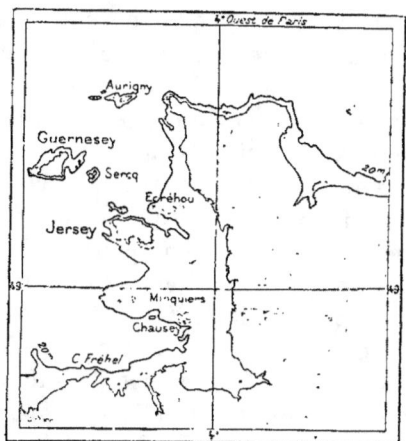

Fig. 103. — La côte du Cotentin, d'après M. Vidal de la Blache.

Ce même critérium peut être appliqué, selon les cas, pour des profondeurs très différentes. Mais quand il faut aller chercher l'allure régulière des courbes successives par beaucoup plus de 20 mètres de fond, cela signifie qu'il a dû y avoir un changement dans le niveau de la mer; car l'érosion normale descend rarement plus bas.

Vallées submergées. Sillons de fracture. — D'après ce qui vient d'être dit, l'activité propre de la mer est impuissante à creuser, perpendiculairement à une côte, des sillons d'une profondeur notablement supérieure à 20 mètres. Des courants rapides peuvent opérer un creusement jusqu'à 100 mètres; mais alors ils agissent *parallèlement à la côte*. Toutes les fois donc qu'on rencontrera, sur un rivage, des échancrures dépassant la proportion indiquée, et se prolongeant en mer sous la forme de sillons immergés, on peut affirmer qu'il s'agit de vallées, autrefois creusées l'air libre par les eaux courantes, et depuis lors submergées par suite d'un déplacement positif du niveau de base. Ce phénomène est fréquent sur la côte septentrionale de la Bretagne. Ainsi la rivière de Portrieux se poursuit au large, sous la forme d'un sillon de 9 kilomètres de long, dont les parois sont de rocher, et dont le fond est recouvert par 35 mètres d'eau.

Les types de rivières submergées sont nombreux, et méritent d'être analysés suivant les conditions probables de leur genèse. Nous allons passer en revue les principaux. Mais auparavant nous tenons à signaler une distinction qui s'impose. Pour qu'on ait affaire à une vallée submergée, il ne suffit pas qu'un sillon défini se prolonge sous la mer, et que l'allure des courbes sous-marines trahisse une sorte de thalweg. C'est ainsi que l'estuaire du Congo se prolonge en mer sur une grande distance. A l'embouchure même, le creux produit a 609 mètres de profondeur et 5500 mètres de largeur. A 65 kilomètres de la côte, point où cesse l'échancrure et où commence la brusque déclivité de l'Atlantique, le creux a 1047 mètres de profondeur pour 11 kilomètres de largeur [1]. Or si l'on songe qu'à 40 kilomètres en amont de l'embouchure, le fleuve du Congo a déjà 275 mètres de profondeur, et qu'au Stanley-Pool on en compte au moins deux fois autant; si de plus on réfléchit qu'au lieu de signes de submersion, le continent africain offre au contraire des indices d'émersion, il paraîtra évident que le sillon sous-marin du Congo n'est pas un estuaire envahi par la mer, mais bien le résultat d'une grande dislocation, par laquelle le bassin intérieur a trouvé un écoulement maritime.

Cette réserve posée, nous revenons à l'étude des structures auxquelles l'explication qui vient d'être donnée ne convient pas.

Rias. — Il est des côtes relativement escarpées qui offrent un genre particulier d'échancrures, dont le type se trouve en Espagne, sur le littoral de la Galice, où on les connaît sous le nom de *rias*, que M. de Richthofen a introduit dans la terminologie géographique.

Ce sont des baies entaillées dans la terre ferme sur 10 à 20 kilomètres, au plus sur 50, qui ne se ramifient pas sensiblement dans les terres, et dont la largeur ainsi que la profondeur vont en augmentant régulièrement dans la direction de la pleine mer, de sorte que la forme générale, en plan, est celle d'un coin. La profondeur à l'entrée est rarement de plus de 100 mètres, ordinaire-

---

1. Buchanan, *Scott. geog. Mag.*, III, 1887, p. 247.

ment voisine de 40 à 60, et le thalweg se prolonge un peu sous la mer avec une très faible inclinaison (3 à 6 minutes de degré). Les baies de Vigo, de la Corogne, du Ferrol, en sont les meilleurs exemples. De petits cours d'eau débouchent au fond de ces baies, où la plage prolonge exactement le sol alluvial. Mais la puissance de ces rivières est tout à fait hors de proportion avec l'importance de ces sortes d'estuaires et surtout avec la profondeur qu'ils affectent. On échappe donc difficilement à l'idée que ce doivent être d'anciennes vallées torrentielles et courtes, partiellement submergées par suite d'un déplacement positif du niveau de base. C'est surtout sur les côtes granitiques, comme celles de la Bretagne, que ces découpures abondent, et on peut l'attribuer à ce que l'inégalité de résistance des différentes veines du granite et des roches associées est propre à y faire naître des sillons d'érosion plus nombreux et mieux accusés que dans d'autres terrains durs.

Les rias exigeant l'existence préalable d'une vallée, ce genre de formes se développe mal sur les côtes dont la direction est parallèle à celle des terrains redressés. En revanche, les sillons se creusent aisément quand les plis sont tranchés à angle droit par le littoral. C'est la raison pour laquelle les rias abondent sur la côte de Galice, tandis qu'on n'en voit pas à l'est du cap de Penas.

Notons aussi que les véritables rias s'observent seulement dans les mers à marées notables : ce qui prouve que l'invasion répétée du flot montant, si elle ne crée pas ces sillons, contribue du moins à les maintenir ouverts.

Il convient de rapprocher des rias, comme accusant aussi un mouvement positif du niveau de base, deux autres modes d'échancrure des côtes, que M. Penck décrit sous les noms de *calas* et de *scherm* [1]. Les *calas* des îles Baléares forment de petites anses très rapprochées, pénétrant seulement d'un kilomètre environ dans une terre de relief notable, et profondes au plus de 20 mètres. Ce peut être l'effet de la submersion partielle d'un versant parcouru seulement par des ravins torrentiels: les *scherm* de la mer Rouge sont des échancrures plus étroites, plus espacées, qui pénètrent perpendiculairement à la côte dans le plateau de l'Arabie, où elles sont brusquement tronquées à l'amont. Là aussi il y aurait eu submersion de vallées, mais au bord d'un plateau peu modelé, à cause de la grande sécheresse du climat.

---

1. *Morphologie*, II, p. 568.

Fjords. — Si les rias paraissent accuser une submersion, le fait est encore plus incontestable pour les *fjords*. Ce sont des échancrures étroites, aux flancs escarpés, s'avançant dans les terres jusqu'à plus de 100 kilomètres, et s'y ramifiant de mille manières. D'un fjord à l'autre s'étendent des dépressions transversales qui font naître des cols dans la crête séparative. La submersion des moins élevés de ces cols (*eiden* de Norvège) engendre les détroits par lesquels deux fjords voisins peuvent communiquer, et qui isolent des îles du continent, en créant des lignes intérieures de navigation, bien connues en Norvège ainsi qu'en Patagonie.

La profondeur des fjords est souvent considérable, dépassant parfois 200 et même 300 mètres. Il y en a qui, pour un petit nombre de kilomètres de largeur, ont jusqu'à 1000 mètres d'eau sur leur fond. La sonde accuse 1244 mètres à l'entrée du Sogne fjord, et descend jusqu'à 550 mètres dans le Hardangerfjord.

Du reste, le fond est d'ordinaire très loin de plonger d'une façon régulière, et plusieurs fjords sont sensiblement plus profonds en leur milieu qu'au débouché sous la mer. Tous d'ailleurs se prolongent au large par des vallées sous-marines, tandis qu'en amont les vallées qui s'y déversent abondent en lacs échelonnés.

Ce ne sont donc pas seulement des vallées submergées. Parmi les seuils sous-marins qui les séparent en cuvettes distinctes, les uns sont des accumulations morainiques, attestant la présence d'anciens glaciers : d'autres sont rocheux et font penser aux effondrements qui ont fait naître les lacs de la bordure alpine [1]; supposition d'autant plus admissible pour les fjords de Norvège, qu'ils accidentent le revers escarpé d'un haut massif montagneux, et qu'une fosse sous-marine, profonde et étroite, sépare le bord de la montagne du fond plat de la mer du Nord. De plus, cette mer n'a généralement pas de fonds supérieurs à 200 mètres, alors que, dans certains fjords qui y débouchent, on a mesuré jusqu'à 1342 mètres. De même, les *lochs* d'Écosse et d'Irlande, dont les profondeurs vont à 140 et 180 mètres, débouchent dans une zone littorale où il n'y a que de 50 à 80 mètres d'eau [2]. Ainsi l'influence tectonique a dû se combiner avec le mouvement de submersion pour engendrer ces échancrures, en formant de véritables ombilics. Mais les glaciers, qui certainement les ont toutes occupées, ont aussi joué un rôle important dans leur conservation, d'abord en éliminant tous les matériaux meubles qui en auraient plus

---

1. Voir plus haut, p. 167.
2. Dinse, *Zeitschrift der Gesellschaft für Erdkunde*, Berlin, 1894.

tard opéré le comblement, ensuite en s'y maintenant durant une période de submersion plus considérable, pendant laquelle l'érosion pluviale n'a pas pu s'employer à en dégrader les parois.

On comprend de cette façon que le phénomène des vrais fjords soit exclusivement propre aux contrées voisines des cercles polaires, où non seulement les grands glaciers, mais les mouvements du sol concomitants de leurs oscillations, ont été plus

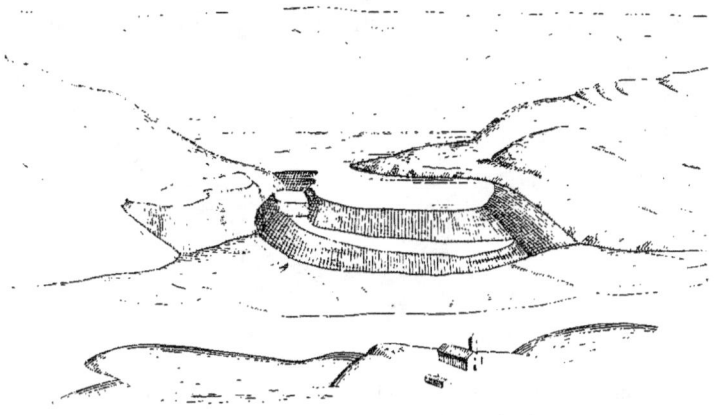

Fig. 104. — Les Terrasses de l'Alten fjord.

développés que partout ailleurs. Une preuve de ces mouvements en sens contraires est attestée par les *lignes de plages* (*strandlinien*) et les *terrasses* littorales marines (fig. 104) échelonnées sur les flancs extérieurs de beaucoup de fjords norvégiens, où ces terrasses ont de 20 à 50 mètres de largeur.

Détails divers sur les fjords. — Le Sogne fjord, le plus long de tous, a 180 kilomètres, pour une largeur moyenne de 4800 mètres. Le Sor fjord, long de 38 kil. 6, a une largeur variable entre 600 et 1800 mètres [1]. Il en est de même des *inlets* ou fjords de la Colombie, qui, pour des longueurs de 62 à 82 kilomètres, ont une largeur de 2000 à 3000 mètres.

Ce qui caractérise surtout la partie immédiatement visible des fjords, c'est la raideur des versants (fig. 103). Quelquefois les parois sont verticales, par moments même surplombantes, et s'élèvent d'un jet jusqu'à 700 ou 800 mètres.

Mais d'ordinaire la plus forte inclinaison ne dépasse guère 53 à 54 degrés, et le maximum se tient plus souvent entre 30 et 40.

[1]. Dinse, *op. cit.*

Ces versants émergés sont d'ailleurs continus avec les parois sous-marines, pour lesquelles on a mesuré les inclinaisons suivantes : au Lyse fjord, 37 degrés et demi pour 428 mètres de profondeur; au Hardanger fjord, 25 degrés pour 800 mètres; au Sogne fjord, de 28 à 34 degrés [1]. Quant au fond, sa section est plate, de sorte que la coupe transversale est celle d'une auge aux flancs raides.

Les figures 106 et 107 font connaître, l'une le dessin avec répartition des profondeurs, l'autre la coupe longitudinale, d'un

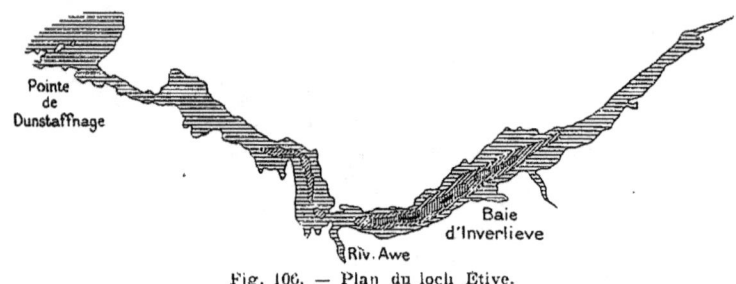

Fig. 106. — Plan du loch Etive.

fjord d'Écosse, le loch Etive. On voit que ce loch est constitué

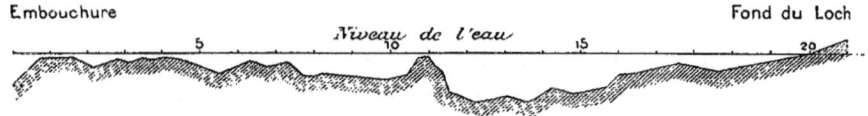

Fig. 107. — Coupe longitudinale du loch Etive.

par une série de bassins que séparent des seuils. La profondeur des premiers varie entre 22 et 139 mètres, et sur les seuils il reste de 6 à 117 mètres d'eau.

Il y a du reste une différence sensible entre les fjords de Norvège et les lacs d'Écosse. En effet les vallées qui aboutissent aux premiers sont des chapelets de cavités lacustres, parfois très profondes, qui servent de purificateurs pour les eaux et empêchent le comblement des fjords. Il n'en est pas de même en Écosse, non plus que pour les *loughs* irlandais et les découpures de la côte du Maine en Amérique. Aussi ces échancrures se comblent-elles assez rapidement. En 1862, le fjord Robin Hood Cove avait des bassins de 48 mètres de profondeur; aujourd'hui on n'y mesure pas plus de 2 mètres de fond. Dans la même période, le détroit-fjord du

---

1. Dinse, *op. cit.*

Fig. 105. — Le Hardanger fjord, d'après une photographie de la maison Valentine et Sons, à Dundee.

Back River a perdu plus de 50 mètres de profondeur. Le Sligo Harbour d'Irlande était autrefois un fjord typique, long de 11 kilomètres, large de 500 à 2500 mètres, et assez profond. Aujourd'hui, sauf un seul chenal étroit, tout est à 1 m. 50 ou 2 mètres au-dessus de la basse mer [1].

Ainsi d'abondantes précipitations atmosphériques, en activant le travail d'une érosion dont les produits ne s'emmagasinent pas dans des lacs, entraînent la rapide disparition des fjords. C'est ainsi qu'ont dû se combler les étroites et sinueuses vallées à fond plat qui débouchent sur la côte occidentale du Pays de Galles.

Éléments tectoniques des fjords. Action glaciaire. Types subordonnés. — Dans tout ce qui précède, nous avons cru devoir, à l'exemple de MM. de Richthofen et Dinse, restreindre la dénomination de *fjord*, dont on a souvent fait le plus grand abus, l'appliquant à toutes les découpures profondes des côtes. En conservant cette signification restreinte, qui implique à la fois une grande longueur, des parois raides et un fond partagé en cuvettes inégales, nous pouvons ajouter quelques autres particularités. D'abord les vrais fjords vont toujours par séries et accompagnent

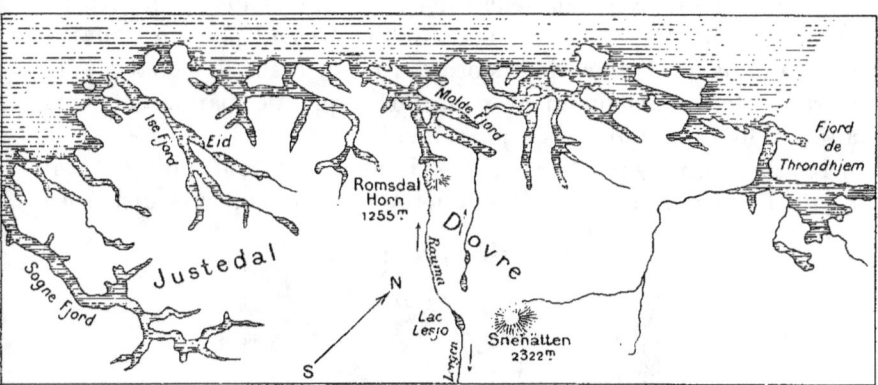

Fig. 108. — Fragment de la côte norvégienne.

les côtes montagneuses. Ensuite un parallélisme évident se manifeste (fig. 108), non dans la direction générale des fjords eux-mêmes, mais dans celle des nombreux éléments entre lesquels ces découpures se décomposent tout naturellement.

Aussi peut-on dire que deux influences éclatent surtout dans les fjords : l'influence tectonique, c'est-à-dire la dislocation qui a morcelé la côte, et l'action glaciaire qui a préservé ces échan-

[1]. Dinse, *op. cit.*

crures, en même temps qu'elle a dû causer en partie leur submersion, par l'abaissement infligé à la contrée (peut-être à cause de la contraction du territoire refroidi par la glace, et insuffisamment réchauffé depuis sa disparition).

D'après cela, c'est la mer elle-même qui paraît avoir le moins de part à la formation de cette structure, qu'elle se contente d'accuser en envahissant les creux produits.

Quand des causes analogues à celles qui produisaient les vrais fjords ont agi sur des rivages peu élevés, quoique appartenant toujours à d'anciens plateaux, la forme des échancrures se modifie. Les *fjärd* de Suède, golfes fermés à éléments non parallèles, et les *schären* de Finlande, qui se résolvent en un enchevêtrement complet de baies, de falaises et d'îles, peuvent être considérés comme répondant à ce cas particulier.

On vient de voir que les fjords proprement dits trahissent par leur allure des dislocations qui tendaient à morceler un territoire de grande altitude. Si ce morcellement s'est exercé sur une plus vaste échelle, mais dans des pays pourvus d'un moindre relief, on obtient les archipels extrêmement découpés des terres circumpolaires, avec leurs détroits ou *sunds* (*sounds*), larges de 40 à 50 kilomètres et profonds de 360 mètres au plus. Ici comme en Scandinavie, l'effort de dislocation a porté sur des districts de terrains très anciennement consolidés, qui ne paraissent plus aujourd'hui susceptibles de plissement.

Rivages du type dalmate. — L'effet sera tout différent s'il s'agit d'une région d'abord régulièrement plissée, puis disloquée

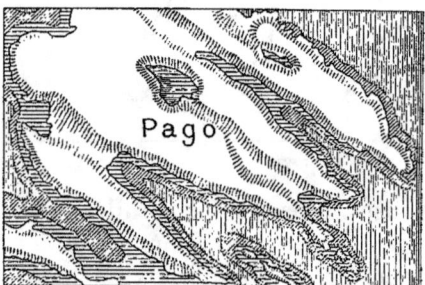

Fig. 109. — Fragment de la côte de Dalmatie.
Les zones de profondeur sont indiquées par des hachures de moins en moins espacées.

par des fractures parallèles à la direction des plis, et, par surcroît, formée de calcaires compacts de grande épaisseur. Ce cas est celui de la côte orientale de l'Adriatique, où le morcellement des Alpes Dinariques a fait naître un type particulier de côtes découpées, qu'on a justement qualifié de *type dalmate*. La mer y pénètre profondément, soit dans les synclinaux, soit dans les cassures, en donnant naissance à des golfes très étroits et encaissés (fig. 109), mais qu'on aurait grand tort de qualifier de fjords : car ils ne ser-

Fig. 110. — La falaise de l'Ombla, près de Raguse.

pentent pas à de grandes distances au milieu du massif, s'élargissent assez progressivement de l'amont à l'aval, et offrent dans la distribution des profondeurs une régularité qu'on ne trouve jamais dans les fjords. D'anciennes dolines, rencontrées par les cassures, peuvent provoquer des élargissements des golfes, et si le débouché marin de ces cavités d'effondrement vient à être obstrué par des alluvions, elles se transformeront en lacs salés. Ce sont, au moins pour partie, les *relikten seen* de M. R. Credner, au nombre desquels on doit ranger le lac de Scutari d'Albanie.

Les cassures le long desquelles se sont faits les glissements de paquets disloqués se révèlent quelquefois de la manière la plus nette par de hautes falaises, comme celle de l'Ombla près de Raguse (fig. 110). Un escarpement vertical d'environ 200 mètres y forme un premier gradin, précédant une falaise intérieure d'égale hauteur. Du pied du premier s'échappe une source puissante, qui se déverse directement dans la mer.

Remarquons seulement, avec M. de Richthofen [1], que la netteté des découpures de la côte dalmate tient surtout à ce que la mer qui les baigne, dépourvue de marées, n'exerce qu'un très faible effort d'érosion. Sur les rivages de l'océan Atlantique, de telles structures apparaîtraient avec beaucoup moins de netteté.

Côtes d'effondrement. — Dans les échancrures de la côte dalmate, les dislocations qui ont déterminé le modelé du rivage étaient concordantes avec l'allure préalable du terrain. Mais cette concordance fait le plus souvent défaut, et alors apparaissent d'autres types de côtes, dont la Méditerranée nous offre de bons exemples. Cette mer, dans sa forme actuelle, résulte d'une série d'effondrements, qui ont fait tomber au-dessous du niveau de la mer des compartiments plus ou moins étendus de la terre ferme. Bien des fois la rupture s'est produite suivant des fractures légèrement arquées, dont le côté interne s'est affaissé, tandis que le massif resté en place dessine le bord d'une cuvette submergée (*kesselbruch* des auteurs allemands). C'est ainsi que, de Gibraltar à l'extrémité de la Catalogne, la côte d'Espagne se compose de quatre arcs concaves successifs, à faible courbure, qui marquent la limite occidentale des cuves d'effondrement. La même chose a lieu de Naples à l'Etna par la Calabre, et ici, mieux encore que dans le cas précédent, tout le bord externe de la cassure est jalonné par des appareils volcaniques.

Quand ces phénomènes de cassure et d'effondrement atteignent leur plus haut degré de complication, sans doute parce qu'ils affectent des terrains offrant eux-mêmes une structure moins simple, les côtes s'accidentent de très longs promontoires, séparés par des golfes particulièrement profonds. Ce sont les *côtes à grands lobes* ou *gelappten küsten* de M. Penck [2]. Le Péloponèse, avec ses trois golfes de Nauplie, de Marathonisi et de Coron; la péninsule Chalcidique, qui étend dans la mer Égée comme une main à trois doigts, dont l'un porte le mont Athos; enfin l'île de Célèbes, avec son curieux aspect de roue sans jante, à quatre

---

1. *Führer für Forschungsreisende*, p. 308.
2. *Morphologie*, II, p. 583.

rayons proéminents et contournés, offrent les plus remarquables exemples de cette structure.

Les golfes, d'ordinaire plus longs que larges, ont jusqu'à 2000 mètres de profondeur et en moyenne on y mesure plus de 500 mètres d'eau. Parfois ils aboutissent, à plusieurs ensemble, sur un même petit bras de mer, qui sépare les promontoires d'une île située en avant. Tels sont les *nadas* du Japon, ce pays où les cassures qui ont déterminé le morcellement de l'archipel sont si nettes et si bien marquées par des volcans actifs.

Du reste, partout où règnent ces structures, si caractéristiques de dislocations violentes et récentes, la fréquence des tremblements de terre démontre à quel point l'équilibre de ces parties de l'écorce est encore incertain.

Question des plaines d'abrasion marine. — Lorsqu'un rivage taillé en falaise subit un déplacement positif, la formation de la falaise doit être entravée; car la mer pénètre dans les vallées, et c'est une côte découpée, à la façon des rias ou des fjords, qui se substitue à la côte primitive. Si au contraire le mouvement est négatif, la plate-forme littorale émerge et devient une protection pour la côte située en arrière, à cause de la diminution qu'elle inflige à la puissance des vagues. Il suit de là que, en dehors des cas où le déplacement du niveau de base se ferait juste avec la même vitesse que l'attaque du rivage, une côte en falaise continue n'a de chance d'exister que là où la terre ferme et la mer gardent la même situation relative [1].

Cette considération enlève beaucoup de probabilité à la formation des *plaines d'abrasion* ou de *dénudation marine*, admises par divers auteurs, surtout en Angleterre. Dans cette hypothèse, on considère une falaise qui recule sans cesse, par suite d'une submersion progressive du terrain, tandis que la plate-forme littorale fait des progrès continuels, de sorte qu'à la longue elle se transformerait en une grande plaine sous-marine. Beaucoup de géologues ont cherché à expliquer de cette manière l'aplanissement, d'ailleurs incontestable, de certains pays, tels que l'Ardenne, le Plateau Central (avant l'établissement des volcans) et les plaines crayeuses du nord de la France ou du sud de l'Angleterre.

Il est très possible que les choses se soient passées de cette façon dans quelques cas particuliers. Ainsi M. Barrois a signalé, sur la côte des Asturies, l'existence, entre la mer et la montagne,

---

1. Penck, *Morphologie*, II, p. 556.

d'une plate-forme absolument plane, qui se serait constituée par abrasion marine à l'époque miocène. Mais nous doutons que cette explication convienne aux plaines si régulières que dessinent la surface de l'Ardenne et celle du Plateau Central. Il est beaucoup plus simple d'attribuer le résultat à l'érosion subaérienne, dont on sait que l'aplanissement est le terme inévitable. L'action marine ne doit être invoquée en pareil cas que si l'on a des preuves directes de son intervention. C'est justement ce qui manque pour les plaines en question, où la géologie établit que l'aplanissement constaté a été consécutif d'une période continentale prolongée.

Pour l'Ardenne et le Plateau Central, il est certain que la mer les a depuis très longtemps abandonnés. Tout au plus pourrait-on être tenté de faire appel à l'abrasion marine pour rendre compte de la surface remarquablement plane, parfois même presque polie, que présentent dans le Boulonnais, à leur contact avec le terrain jurassique, les couches primaires disloquées; car la couverture de dépôts secondaires qu'elles portent atteste le retour de la mer après une longue émersion. Or, comme par un fait exprès, entre les calcaires marins du jurassique et leur socle primaire, se montrent des sables et argiles à lignites, qui n'ont pu se former que dans des estuaires tranquilles. Le mouvement de transgression a été si lent, que la mer, dans son retour, a respecté ces couches essentiellement meubles. Ce n'est donc pas elle qui a produit l'aplanissement de leur support.

Côtes plates. — Lorsque l'inclinaison du terrain aboutissant à la mer est moindre que celle de la plage immergée, la vague ne peut plus attaquer le rivage. Au contraire, elle y rejette, sous la forme d'un *cordon littoral*, les graviers, sables et limons que le courant longeant la côte peut charrier. Cette provision de matériaux fait d'autant moins défaut qu'une côte très plate est le plus souvent formée par une plaine alluviale, due aux anciens débordements d'une rivière. Le cas d'une pénéplaine aboutissant directement à la mer est fort rare, et en France on n'en pourrait guère citer d'autre exemple que celui de la côte plate de la Vendée auprès des Sables-d'Olonne. Le plus souvent donc, les fleuves arrosant la côte plate apportent des alluvions, dont les courants marins s'emparent, formant le long du rivage des traînées régulières, qui poursuivent leur route sans avoir égard aux sinuosités du littoral, si celui-ci en présente. Ainsi le long de la Hollande, on estime qu'il circule sur le fond de la mer, au moment du flot, jusqu'à 50 ou 60 kilogrammes de sable et de vase par mètre cube d'eau, ce qui représente la charge d'un fleuve de montagne en crue [1].

Les courants littoraux contribuent par eux-mêmes, en dehors de la charge qu'ils portent, à la régularisation du contour des rivages. En effet, ils évitent les parties concaves, lesquelles deviennent des régions tranquilles, et se serrant contre les promontoires, ils les rongent en donnant à la côte, en ces points, un tracé convexe. Peu à peu les conditions se rapprochent de celles d'un contour d'équilibre, d'autant mieux que plus elles se simplifient, et plus le dépôt des matériaux charriés par le courant intervient efficacement pour activer cette régularisation. En effet, c'est avec ces matériaux que les vagues édifient le cordon littoral, et comme leur force s'amortit à la moindre anfractuosité, le cordon n'atteint pas le fond des anses. Il se dépose à leur entrée, à partir des promontoires qui les limitent, sous la forme de levées qui tendent à se rejoindre et finiront un jour par y parvenir, rectifiant toutes les inégalités du tracé primitif. L'ampleur de cette barrière s'accroît d'ailleurs des *dunes*, parfois très hautes, que le vent ne peut manquer d'y superposer, en soulevant le sable de plage que les rayons du soleil ont desséché et rendu incohérent à l'heure de la marée basse. Aussi le cordon littoral finit-il par former une digue, séparant de la mer, tantôt des *lagunes* qui communiquent encore avec elle par quelque ouverture, tantôt de vrais lacs isolés (*haff*) qui, dans les climats humides, cessent bientôt d'être salés et se comblent par l'apport du ruissellement.

Ces lagunes ou ces étangs, appartenant à une côte plate, ont toujours une faible profondeur, 10 mètres au plus. Souvent, plusieurs étangs communiquent les uns avec les autres par un chapelet de cours d'eau parallèles au cordon littoral. C'est le cas pour les landes de Gascogne. De la même façon, un certain nombre de lagunes maritimes peuvent se trouver reliées ensemble et constituer une ligne de navigation intérieure, soustraite aux agitations de l'océan.

Régime variable des côtes plates. — Les conditions des côtes plates peuvent être fort différentes, suivant le régime de la mer qui les baigne et l'importance des fleuves qui viennent y déboucher.

Si la marée est forte, le cordon littoral est souvent rompu, et la mer, au moins dans les grandes marées, prend possession du

---

1. Penck, *Morphologie*, II, p. 480.

territoire situé en arrière, en y apportant de la vase. Ainsi se forment des territoires bas et humides, dont la culture peut s'emparer avec profit, en défendant la côte par des digues et en procurant par de nombreux canaux l'assainissement du sol. Ce sont les *watten* ou *watteringhes*, si développés le long de la mer du Nord, depuis Calais jusqu'au Danemark. En outre, les grands fleuves, chargés de limon, qui aboutissent à cette mer, sont susceptibles d'inonder leur cours inférieur sur de larges étendues. De cette manière naissent, en arrière des watten, de grandes plaines d'alluvions limoneuses, humides et fertiles, qu'on désigne en Allemagne sous le nom de *marches*.

Quand la marée est insensible, les dunes maintiennent généralement leur intégrité. Il n'y a plus de territoire inondable en arrière. C'est le cas du rivage allemand de la Baltique, à l'ouest du golfe de Dantzig. Mais, à l'est, la côte prend une direction qui l'expose davantage à l'effort des vents d'ouest ; aussi le cordon littoral est-il interrompu par des ouvertures, donnant accès à des lagunes. Comme, d'autre part, la Vistule, qui débouche à Dantzig, vient des Carpathes et est assez chargée de limon, on voit se reconstituer, en arrière de la côte, une marche ou ligne de terres marécageuses [1].

Échancrures des côtes plates. — Nous avons vu que, sur une côte plate, le jeu normal de l'action marine devait tendre à rectifier le contour du rivage. Partout donc où il n'y a pas de marées excessives qui, aidées par les vents, puissent rompre fréquemment le cordon littoral, si la côte est découpée, c'est que les échancrures existaient au préalable.

C'est ce qu'on peut affirmer, en particulier, des *förden* de la côte baltique du Schleswig-Holstein. Ce sont des échancrures étroites, mais très capricieusement ramifiées, qui pénètrent au loin dans la terre et en facilitent l'accès par navires. En même temps ces échancrures, protégées par leur situation contre le vent de mer, participent au régime des lacs, et de beaux bois de hêtres se développent sur leurs bords. Leur analogie avec les chapelets de lacs de la Poméranie montre qu'il s'agit d'une bande d'anciens lacs morainiques, que la mer a partiellement envahie par suite d'un léger affaissement du sol [2].

D'une autre nature sont les *bodden* ou côtes échancrées, avec un grand nombre d'îles disséminées en face, qu'on observe entre

---

1. Penck, *Das deutsche Reich*, p. 514.
2. Penck, *Das deutsche Reich*, p. 491.

le Mecklembourg et l'Oder. Là aussi les hêtres arrivent jusqu'à la côte; mais la roche solide apparaît parfois sur le rivage; ainsi la craie dans les falaises de Rügen. En arrière, il y a mélange presque intime des lacs d'eau douce et des golfes marins ramifiés, en même temps que le relief est très capricieux. Il s'agit là d'un morcellement tectonique, tout à fait analogue à celui des détroits danois, et par lequel a été rompu le pont qui unissait l'Allemagne du Nord à la Scandinavie.

Deltas, limans. — Si, dans les mers à marées sensibles, les grands cours d'eau forment généralement des estuaires, ce sont des *deltas* qui prennent naissance aux embouchures, soit dans les mers sans marées, comme la Méditerranée, soit dans les parages où un fleuve très puissant, tel que le Gange, amène en temps de crues une quantité de troubles que la vague est impuissante à disperser.

L'estuaire commence par se combler, sous la protection du cordon littoral qui n'a pu manquer de s'établir en travers. Puis le fleuve parvient à pousser ses sédiments au delà du cordon, les déposant sur ses bords en forme de digues instables, que les divagations de la branche principale étendent à droite et à gauche. Ainsi les sédiments arrivent à conquérir sur la mer un territoire auquel une végétation spontanée donne bientôt assez de fixité.

L'exemple du Nil, du Pô, du Rhône, du Danube, prouve que les deltas se forment de préférence sur les côtes stables. Une légère tendance à un déplacement positif du niveau de base pourrait faciliter leur formation en amortissant la vitesse du fleuve à l'embouchure. Au contraire, cette formation serait entravée par un déplacement négatif accentué.

L'irrégularité avec laquelle s'accomplit le dépôt des troubles dans les deltas a souvent pour conséquence la formation de lacs, une portion de l'ancien estuaire se trouvant enfermée entre les alluvions qui résultent de plusieurs divagations successives du fleuve. Quand ces formations s'étendent, il en résulte des *limans*, comme ceux de la Bessarabie, lesquels sont, pour la plupart, des estuaires isolés de la mer par un cordon littoral que l'homme s'est appliqué à consolider.

Côtes coralliennes. — A tous les types de côtes précédemment énumérés, il faut maintenant en ajouter un, qui dépend d'un facteur absolument nouveau, l'intervention des êtres organisés. Nous voulons parler des constructions coralliennes, que les polypiers et autres organismes similaires édifient dans la zone torride, et qui, appuyées contre un rivage ou s'élevant au-dessus d'un socle immergé à moins de 70 ou 80 mètres de profondeur, se répartissent en *récifs-bordures* ou *frangeants*, *récifs-barrières* et *atolls*.

Ce n'est pas ici le lieu d'indiquer les conditions dans lesquelles se construisent les récifs, et de montrer comment de simples *brisants*, immergés à haute mer, finissent par constituer des îles où la végétation peut s'implanter. Ce qu'il importe de dire, c'est que les récifs, pour la prospérité desquels le choc violent des vagues semble être une condition nécessaire, contribuent d'une façon très efficace à la préservation d'îlots qui, sans cette ceinture protectrice, seraient voués à une rapide destruction. Cette circonstance est surtout remarquable dans le Pacifique, où les îlots de la Polynésie sont d'origine volcanique.

Ce qui est tout à fait remarquable dans les récifs coralliens, c'est qu'ils font face à la haute mer par une paroi très abrupte, offrant des inclinaisons capables de s'élever à 60 ou 70 degrés. Parfois même cette paroi forme, comme à l'île Clermont-Tonnerre, un mur vertical de 400 mètres de haut. Si l'on songe que les constructions coralliennes, aujourd'hui reléguées dans la zone torride, ont pu, jusqu'au milieu de l'époque secondaire, prospérer sous presque toutes les latitudes, on comprendra l'influence considérable que ce facteur a dû exercer autrefois : d'abord sur l'érosion marine, qu'il combattait avec efficacité ; ensuite sur le relief du fond des mers ; enfin, après émersion, sur le relief de la terre ferme, où ces calcaires compacts étaient destinés à résister mieux que d'autres natures de roches.

Détails statistiques sur les rivages maritimes. — D'après M. Penck [1], la longueur totale des rivages maritimes serait de 261 700 kilomètres, dont 108 300 pour les mers qui pénètrent, comme la Méditerranée, dans l'intérieur des continents. Or ces dernières n'atteignent pas, en superficie, la dixième partie du total des surfaces maritimes. La proportion de la longueur des côtes à la superficie est donc beaucoup plus forte pour les mers intérieures, ce qui s'accorde avec leur mode de formation, où les effondrements, accusés par les grandes échancrures, ont eu une part considérable.

Sur 96 000 kilomètres de côtes découpées (et représentant 37 p. 100 du contour des continents), M. Penck en compte 31 000 qui appartiennent à la catégorie des fjords et 45 000 à celle des rias. 2000 n'offrent que de minimes découpures [2].

---

[1]. *Morphologie*, I, p. 128.
[2]. *Morphologie*, II, p. 580.

L'ensemble des côtes à grands lobes forme, selon le même auteur, 52 000 kilomètres ou 20 p. 100 du contour des continents. De ces 20 p. 100, 13 appartiennent au type des sunds et 7 à celui des grands golfes.

Enfin M. Penck évalue à 77 000 kilomètres le développement des côtes plates à la surface du globe. Cela fait près de 30 p. 100 de l'étendue des rivages terrestres. A part le cas des tempêtes, qui parfois entament et ravinent le cordon littoral, sur presque toute cette étendue l'œuvre de l'érosion marine est inférieure en activité à celle des phénomènes de dépôt. De plus, la constitution du cordon littoral détermine un abri, facilitant le colmatage par les fleuves des lagunes qui ont pu subsister en arrière. Les côtes mixtes, qui ne sont ni complètement plates ni franchement escarpées (côtes *indifférentes*, ou *ausgleichküsten* de M. de Richthofen) forment 35 000 kil., soit 33 p. 100 du total.

En résumé, les rivages qui doivent à peu près exclusivement leur forme à l'érosion marine ne représentent pas beaucoup plus du dixième de la longueur des côtes, tandis qu'il y en a de cinq à six fois autant où se trahissent surtout l'influence des dislocations et celle des changements positifs du niveau de base.

Importance de l'érosion marine. — M. Marchal [1] a évalué à 5 424 000 mètres cubes la quantité de matériaux que l'érosion marine fait perdre chaque année aux 338 kilomètres de côtes qui s'étendent de l'estuaire de la Somme à celui de la Vire, ce qui donnerait à peu près 16 mètres cubes par mètre courant. Les 250 kilomètres de la côte hollandaise, entre Cadzant et Ameland, auraient perdu 1500 kilomètres carrés dans les temps historiques [2], d'où résulte une proportion de 2 à 3 mètres carrés par mètre courant.

En revanche, la côte septentrionale de l'Algérie, malgré la violence des vagues, n'aurait perdu qu'une bande de 10 mètres en 12 siècles, soit 8 millimètres par an.

En résumé, si l'on tient compte de l'énorme étendue des côtes plates, où la mer apporte plus qu'elle n'enlève, il paraîtra certainement exagéré d'appliquer à l'étendue totale des rivages terrestres un taux annuel d'érosion égal au quart de celui qui prévaut pour les rivages de la Manche, soit 4 mètres cubes par mètre courant. Il en résulterait une perte totale de *un kilomètre cube*, c'est-à-dire à peu près *quinze ou vingt fois moins* que le résultat de l'érosion par les eaux pluviales.

1. *Ann. des ponts et chaussées* (3), VII, 1863, p. 167.
2. Hartog Heys van Zonteveen *in* Penck, *Morphologie*. II, p. 488.

QUATORZIÈME LEÇON

RÉSUMÉ GÉNÉRAL DES PÉRIODES GÉOLOGIQUES

Objet de ce résumé. — L'état géographique actuel, en chaque lieu du globe, est la résultante des effets, plus ou moins compliqués, produits par deux ordres de phénomènes : d'abord les influences, génétiques ou tectoniques, qui ont constitué ou modifié le relief structural; ensuite les actions extérieures sous l'empire desquelles s'est poursuivie l'évolution du modelé. L'intelligence des formes de la surface réclame donc la connaissance de ces deux sortes de facteurs, autrement dit une notion suffisante des conditions de genèse de l'écorce terrestre, jointe à une reconstitution, au moins approchée, des états géographiques successifs.

L'histoire de la formation de la croûte du globe est du ressort de la géologie. Nous pourrions nous contenter d'emprunter à cette science l'énumération pure et simple des résultats qu'elle a réussi à mettre en lumière. Mais, d'une part, les notions géologiques sont loin d'être communément répandues, ce qui fait que, pour beaucoup d'esprits, une telle énumération ne serait pas intelligible du premier coup; et, d'autre part, le peu qu'il est nécessaire d'en connaître ici ne saurait que gagner à être encadré dans une sorte d'exposition dogmatique, réduite à ses termes les plus simples.

Sédimentation contemporaine. — A cet égard, il y a tout avantage à partir des phénomènes qui s'accomplissent sous nos yeux. Partout nous voyons les agents d'érosion à l'œuvre, pour débiter la surface terrestre, et en emporter les débris, soit dans les lacs intérieurs des continents, soit dans le grand réservoir de la mer. Si, pour plus de simplicité, nous négligeons le premier ordre de dépôts, considérablement moins important que le second, nous aurons seulement à nous préoccuper de ce que deviennent les matériaux amenés à la mer par les fleuves, ou arrachés aux rivages par les vagues.

Ces matériaux, pour n'envisager que les principaux, sont de trois sortes : il y a les produits de la trituration des minéraux durs, presque exclusivement *siliceux*, et ne descendant pas, en général, au-dessous d'un certain degré de division, qui en fait des *sables* plus ou moins fins, tandis que, plus près du rivage, dans la zone agitée par les vagues, se déposent des *graviers*, parfois même de gros cailloux ou *galets*. Ensuite viennent les matières fines en suspension, toujours de nature argileuse [1], qui ne se déposent que dans les eaux tranquilles, et engendrent des *vases*. Enfin il faut tenir compte des matières empruntées par dissolution à la terre ferme, et dont la plus importante est le *calcaire* ou *carbonate de chaux*. La quantité de cette substance contenue dans la mer irait toujours en augmentant, si précisément cet excès ne provoquait le développement d'êtres inférieurs, *polypiers*, *protozoaires*, *algues* spéciales, qui fixent le carbonate dans leurs tissus, et engendrent, par l'accumulation de leurs dépouilles, des masses calcaires, dont la forme la plus connue est celle des récifs de polypiers.

C'est surtout aux sables et argiles que convient la qualification de *sédiments*, parce que les particules descendent au sein de l'eau, conformément aux exigences de la pesanteur, pour trouver le repos sur le fond.

Stratification. Localisation des sédiments. — D'après ce qu'on vient de voir, le fond de la mer se garnit, à la longue, de dépôts, dont la surface supérieure, à tout moment, est très voisine de l'horizontale, et qui seraient continus si les courants qui les distribuent n'éprouvaient de variations ni dans leur allure, ni dans leur teneur en particules charriées. Mais les changements qui surviennent ont pour effet d'accélérer à certains moments, de retarder à d'autres, la formation des sédiments. En même temps l'attaque de la terre ferme par les eaux courantes ne fournit pas, à tout instant, les mêmes produits. De cette manière, la sédimentation subit des interruptions, dont chacune se traduit par une moindre cohésion de la masse suivant le plan horizontal correspondant. Ainsi naît la *stratification* des sédiments, c'est-à-dire leur division habituelle en couches superposées. Et cette division

---

1. L'argile est une combinaison de silice, d'alumine et d'eau.

devient encore plus nette quand les variations portent sur la nature même des matières déposées, de sorte qu'une couche de vase succède à une couche de sable, ou inversement.

Enfin comme le fond de la mer, où ces dépôts s'accumulent lentement, est habité par toutes sortes d'êtres vivants, les dépouilles de ces êtres, après leur mort, restent enfouies dans les sédiments, où leur présence servira à témoigner du caractère de la population organique contemporaine, variable suivant la profondeur des eaux, la constitution du fond, la distance au rivage, la température, les courants, etc.

En chaque point, la nature des dépôts sédimentaires varie en raison de l'origine des détritus amenés à la mer, c'est-à-dire suivant la composition des côtes voisines et celle des territoires drainés par les fleuves. Donc, à un moment donné, le fond des mers se tapisse de matières très diverses, qui ne demeurent homogènes que sur une étendue limitée. Ces placages, caractérisés chacun par l'espèce et le grain de leurs matériaux, constituent autant d'épisodes contemporains. En s'ajoutant, avec le temps, les uns au-dessus des autres, ils engendrent des *masses minérales*, qui deviendront des *terrains* si une émersion les amène à faire partie de la terre ferme.

Frange sédimentaire. Vitesse de formation. — Il importe d'ajouter que, loin de se disséminer uniformément sur tout le fond des océans, les dépôts sédimentaires ne constituent, de nos jours, qu'une sorte de frange, de 250 à 300 kilomètres de largeur moyenne, qui suit les contours des rivages, et ne reçoit d'extension plus considérable qu'au large de l'embouchure des grands fleuves. Partout ailleurs, ou bien il ne se fait aucun dépôt sérieux sur le fond de la mer, ou les accumulations qui s'y produisent, généralement peu épaisses, sont exclusivement de nature organique. Quant aux sédiments proprement dits, résultat du dépôt de débris ou matériaux *détritiques* charriés par les eaux, on peut juger de la vitesse relative avec laquelle ils se forment, par le temps qu'ils emploient à enfouir dans leur masse les dents de requins ou les os de cétacés tombés à leur surface. Si l'on promène la drague sur le fond de la mer, on constate que la rencontre de ces ossements, assez fréquente vers la limite extrême des vases du côté du large, est beaucoup plus rare en approchant de la côte et ne se produit jamais dans la zone des sables et graviers. Ainsi la sédimentation, cause de l'enfouissement des os disséminés, est de moins en moins rapide à mesure qu'on s'écarte du rivage; et là encore la vitesse d'accumulation est très faible, dépassant rarement une petite fraction de millimètre par an.

Vicissitudes de l'histoire sédimentaire. — L'œuvre de la sédimentation, conséquence du travail de l'érosion, a commencé aussitôt que l'écorce terrestre a été suffisamment refroidie pour que l'eau pût se condenser à sa surface et en occuper toutes les cavités. A ce moment, il ne pouvait y avoir d'émergé que des roches cristallines, résultat de la consolidation primitive.

Si donc la croûte du globe avait été parfaitement stable, les produits de sa désagrégation, c'est-à-dire les sédiments, n'auraient cessé de rester enfouis sous la mer. Même celle-ci, obligée d'élever son niveau à mesure que de nouveaux dépôts venaient se loger sur son fond, aurait de plus en plus envahi la terre ferme. Enfin comme, depuis l'origine, il n'y aurait eu qu'un seul cycle d'érosion, si cette origine était très lointaine, toute la surface des continents devrait être voisine de ce que nous avons appelé une *pénéplaine*[1].

Or il est évident que les choses ne se sont point passées avec cette simplicité. D'abord le relief de la terre ferme est actuellement très varié et comporte un grand nombre de saillies, qui certainement n'ont pas eu à lutter avec une érosion de très longue durée. En outre, au lieu d'être exclusivement constituée par des terrains cristallins, la plus grande partie de la surface actuelle des continents nous laisse voir d'anciens dépôts sédimentaires, d'origine marine, simplement durcis pour la plupart, soit par pression et dessiccation, soit parce que la circulation d'eaux chimiquement actives a aggluttiné leurs éléments; de sorte que les sables sont devenus des *grès*, parfois même des *quartzites* compacts, tandis que les vases se changeaient en *argiles*, les unes massives, les autres feuilletées ou schisteuses, ou encore en *marnes*, quand l'élément calcaire y était présent.

Ces *terrains stratifiés* ne s'observent que parce que le fond de la mer où ils s'étaient formés a subi un relèvement. D'ailleurs, dans la plupart des cas, ce mouvement n'a pas respecté l'horizontalité primitive des assises. Parfois même la perturbation a été si violente, que les couches se montrent maintes fois plissées, renversées, fracturées. D'énormes paquets de terrain sont tombés le long de *failles*, tandis que d'autres étaient violemment poussés par-dessus les paquets voisins.

---

1. Voir plus haut, p. 148.

Ainsi l'écorce terrestre a subi de fréquentes ruptures d'équilibre, grâce auxquelles l'œuvre de l'érosion et de la sédimentation, constamment obligée de parcourir de nouveaux cycles, a subi, au moins par saccades, un rajeunissement perpétuel. Chaque fois, des sédiments sont venus s'appliquer sur ceux du cycle précédent, tantôt en *concordance*, lorsque les assises antérieures étaient demeurées horizontales, tantôt en *discordance*, quand les nouvelles couches ont dû recouvrir horizontalement des dépôts déjà inclinés. Et comme, à moins de renversement, une couche sédimentaire est nécessairement plus jeune que celle qui lui sert d'appui, on a pu, par les études de *stratigraphie*, reconstituer toute la série des *épisodes sédimentaires*; série d'ailleurs variable en chaque lieu; car, pas plus autrefois qu'aujourd'hui, les mêmes dépôts n'ont dû se former, avec la même composition, sur toute la surface terrestre à la fois. Tel dépôt manque donc ici, qui ailleurs se trouve remarquablement développé; et telle couche est à l'état calcaire en un point, tandis qu'ailleurs on la trouve représentée par des grès ou de l'argile.

Complication de l'histoire géologique. Fossiles. — La richesse et la complication de l'histoire qu'embrassent ces divers épisodes ressortira clairement, si nous disons que la série des sédiments successifs, pris avec leurs plus grandes épaisseurs, représente environ *cinquante mille mètres*. Or les continents de nos jours, si on les supposait entièrement nivelés par une érosion qui, au taux actuel, demanderait au moins quelques millions d'années pour s'accomplir, ne fourniraient, nulle part, plus de *trois mille* mètres de sédiments accumulés.

Aussi ne sera-t-on pas surpris d'entendre dire que, durant les longues périodes qui correspondent à cette succession de dépôts, la population organique des mers a eu le temps de se renouveler bien des fois. Ce renouvellement s'est fait, non d'une manière capricieuse et avec des retours en arrière, mais suivant un ordre déterminé, attestant la variation, également ordonnée, qui est survenue depuis l'origine dans l'ensemble des conditions physiques. A toute époque, il s'est rencontré dans les mers certains types, par exemple parmi les animaux nageurs, qui étaient répandus à peu près partout, et dont chacun n'a eu qu'une durée limitée, de sorte qu'il peut servir à fixer la date relative de l'époque correspondante. Il suit de là que l'étude des *fossiles*, c'est-à-dire des débris organiques enfouis dans les terrains de sédiment, vient apporter au stratigraphe de précieux éléments d'information, en lui permettant de démêler avec certitude, d'après la *faune*, marine ou terrestre, et aussi parfois d'après la *flore*, l'âge d'un dépôt, si bien isolé par l'érosion, que son passage à d'autres assises d'âge connu ne peut pas être directement observé.

C'est de cette façon que la série des épisodes sédimentaires a pu être reconstituée, autant du moins que le permet l'état d'avancement des explorations, qui sont loin d'être complètes, bien que le progrès en ait été considérable depuis une vingtaine d'années. Mais s'il reste encore beaucoup de points de détail à élucider (15 centièmes de la terre ferme sont encore absolument inexplorés même au seul point de vue géographique, et 35 autres centièmes n'ont été l'objet que de reconnaissances et d'itinéraires tout à fait sommaires), les données générales ressortent de ce qui est connu avec une netteté suffisante pour qu'on n'hésite plus aujourd'hui à les formuler.

Terrain archéen. — Entre ces résultats d'ensemble, l'un des plus remarquables est le fait que la série sédimentaire possède une *base cristalline*. Dans les pays où la suite des assises a été bouleversée par d'énergiques soulèvements, on voit les couches sortir successivement les unes de dessous les autres, pour se montrer au jour par leurs tranches, et on observe toujours que les plus anciennes, celles où se rencontrent les premières traces reconnaissables de la vie organique, reposent sur un substratum très différent des terrains stratifiés normaux.

Ce qui caractérise cette *formation fondamentale*, c'est qu'elle ne paraît pas constituée par des débris minéraux empruntés à des roches préexistantes. Tous ses éléments ont *cristallisé* les uns à côté des autres, comme cela arrive dans les roches éruptives. Seulement la plupart de ces cristaux ont une tendance à se disposer en lits parallèles, d'où résulte pour la roche une *schistosité*, c'est-à-dire une faculté de se débiter en plaques ou en feuillets. Aussi le terrain fondamental est-il souvent désigné sous le nom de terrain de *schistes cristallins*.

Les roches dominantes de cette formation sont toujours le *gneiss* et les *micaschistes*. Le gneiss n'est autre chose qu'un *granite* devenu rubané par suite de l'orientation des lamelles de *mica*[1]. Les micaschistes résultent d'une association de grains

---

1. Le granite se compose de cristaux juxtaposés de *quartz* (silice), de *feldspath* (silicate d'alumine, de potasse, de soude et de chaux) et de *mica* (silicate d'alumine de fer et de magnésie avec un peu d'alcalis). On peut donc le considérer comme une écume siliceuse, légère et réfractaire, qui a dû tout naturellement se séparer, à titre de *scorie*, à la surface d'un bain de matières métalliques comme celui qui, selon toute vraisemblance, constitue la plus grande masse du noyau terrestre.

cristallins de quartz avec des lamelles de mica disposées en lits, ce qui donne à la roche une grande schistosité. Plus on descend dans la masse du terrain fondamental, et moins l'orientation des éléments est distincte. Le gneiss devient granitoïde, et finit par ne plus se distinguer du granite, c'est-à-dire du produit de la consolidation des magmas qui, dans l'hypothèse de la fluidité primitive du globe, ont dû constituer le fond sur lequel s'est appuyée la première écorce.

Maintenant le terrain fondamental, tel que nous venons de le décrire, représente-t-il cette *écorce primitive*? Ou bien cette dernière a-t-elle disparu avec le temps, refondue et altérée par cristallisation, sous l'influence des pâtes granitiques sous-jacentes? Les schistes cristallins ne sont-ils pas des sédiments plus anciens que les autres, où le *métamorphisme*, c'est-à-dire l'action physique et chimique des magmas internes, aurait provoqué une recristallisation totale, effaçant les caractères sédimentaires et faisant disparaître, s'il y en avait, toutes traces de fossiles? Il est douteux que cette difficulté puisse être jamais levée d'une façon complète; car en plus d'un point, on a la preuve que le métamorphisme seul a suffi pour engendrer des roches qui ne peuvent se distinguer des gneiss ou des schistes cristallins.

Mais si la question offre une grande importance pour les géologues, elle est ici tout à fait secondaire. Il nous suffit de savoir que la série des sédiments fossilifères repose toujours sur une base entièrement cristalline, à laquelle le nom de *terrain archéen* a été donné par ceux qui ne veulent rien préjuger quant à son mode de formation. De toutes manières, ce terrain doit sa constitution spéciale à la profondeur qu'il occupait dans l'origine, et il ne peut apparaître au jour que grâce à l'enlèvement ultérieur de la pellicule stratifiée qui le recouvrait; nous disons *pellicule*, car c'est bien peu de chose que ce chiffre maximum de *cinquante* kilomètres pour son épaisseur, quand on se rappelle que le rayon terrestre en mesure plus de *six mille*.

Le passage du terrain archéen aux sédiments fossilifères se fait d'ailleurs progressivement, par l'intermédiaire de schistes de moins en moins cristallins, ordinairement satinés et luisants, et que l'absence complète de traces organiques a souvent fait qualifier d'*azoïques*.

Divisions principales des temps géologiques. — A partir de là, les divisions de la série sédimentaire ont été établies, en tenant compte à la fois de la stratigraphie et de la *paléontologie*, c'est-à-dire des enseignements fournis par l'étude des restes fossiles. C'est ainsi qu'on a été conduit à distinguer, dans l'histoire de l'écorce, trois grandes ères, dont chacune embrasse une notable épaisseur de sédiments : l'ère *primaire* ou *paléozoïque*, l'ère *secondaire* ou *mésozoïque*, l'ère *tertiaire* ou *néozoïque*. Après quoi peut venir l'ère moderne ou *quaternaire*, caractérisée par l'apparition de l'homme.

Durant les temps primaires, la population organique du globe se composait de types dont la plupart n'avaient que des rapports lointains avec ceux de la nature présente, ce qu'exprime le mot de *paléozoïque*. Les crustacés de la famille des *trilobites* sont spéciaux à ces premiers âges. Pendant longtemps, l'embranchement des vertébrés n'y a été représenté que par des poissons. Les amphibies apparurent ensuite, et c'est à peine si quelques reptiles véritables se sont montrés tout à fait à la fin. La végétation terrestre, très puissante mais très uniforme, était surtout constituée par des végétaux d'apparence cryptogamique, mais offrant aussi des caractères aujourd'hui réservés à des types plus élevés.

Les temps secondaires ont été marqués par la grande prépondérance et la dimension souvent excessive des reptiles, marins ou terrestres. Dans les mers a régné une très intéressante famille de mollusques céphalopodes, celle des *ammonites*, d'autant plus caractéristique de l'ère secondaire que, née avec elle, elle ne devait pas lui survivre. Les mammifères sont demeurés constamment frappés d'une sorte d'arrêt de développement, et c'est seulement au milieu de cette division des temps géologiques que se sont montrés les végétaux *dicotylédones angiospermes*, auxquels appartiennent les plantes à fleurs et les arbres à feuillage caduc, indices certains du jeu des saisons. Leur apparition coïncide avec le moment où les mers des latitudes moyennes ont cessé de renfermer des archipels de coraux constructeurs.

Aux temps tertiaires correspond le grand épanouissement des mammifères, ainsi que celui d'une végétation luxuriante, de plus en plus semblable à celle du temps présent. En même temps la différenciation des latitudes s'accentue, les provinces zoologiques se dessinent, et l'ère s'achève par d'imposantes manifestations glaciaires.

Divisions de second ordre. — Chacune des ères géologiques a été partagée en divisions de deuxième ordre, dont il importe que les noms soient ici mentionnés, parce qu'ils pourront revenir plus d'une fois au cours des descriptions régionales, où il faudra caractériser les masses minérales d'où dépend la physionomie d'un paysage. Ces noms s'appliquent à des *systèmes*, formés chacun par une réunion d'*étages*, qui embrasse une *période* et comprend toute une succession d'assises ayant ensemble des caractères paléontologiques communs. Les limites des systèmes et celles des étages ont été choisies de manière à correspondre, autant que possible, à d'importantes modifications, soit dans les faunes, soit dans le relief général.

Au-dessus du terrain archéen vient le système *précambrien*, presque toujours schisteux, et où les traces organiques sont indistinctes, sans doute parce que le métamorphisme les a oblitérées. Il est surmonté par le système *silurien* (divisé lui-même en étages *cambrien*, *ordovicien* et *gothlandien*), où apparaît presque tout d'un coup une riche faune de crustacés et de mollusques. Ensuite vient le système *dévonien*, où les massifs calcaires, généralement devenus des marbres, prennent par places une grande importance, et qui sert de base au *carboniférien*, comprenant le *terrain houiller*, avec les grands gisements de charbon de terre de l'Europe et des États-Unis atlantiques. Enfin l'ère primaire se termine avec le système *permien* ou *dyas*, marqué par la première apparition des reptiles.

La succession des couches secondaires débute par le *trias*, où abondent dans certaines régions les gisements de sel et de gypse [1], tandis que dans les Alpes ce système offre des masses puissantes de calcaires et de *dolomies* [2] compactes. Le système *jurassique*, ainsi nommé de son développement dans les monts Jura, lui succède, divisé lui-même en trois séries : la série *liasique* (débutant dans les Alpes par un étage *rhétien* qui se lie intimement au trias); la série *médiojurassique*; enfin la série *suprajurassique*, à laquelle correspondent, dans les latitudes tempérées, des massifs calcaires édifiés par les polypiers qui pouvaient alors y prospérer. Ces calcaires, comme ceux de la série sous-jacente, sont souvent *oolithiques*, c'est-à-dire formés de petits grains qui ressemblent à des œufs de poissons. Après le jurassique vient le système *crétacé* ou *crétacique*, lui-même composé de deux séries, *infracrétacée* et *supracrétacée*. La *craie* en est la roche caractéristique dans les lati-

---

[1]. Dans les pays où le trias n'est pas franchement marin, on y distingue trois termes : l'inférieur, *arénacé*, c'est-à-dire gréseux, doit à sa variété de couleurs le nom de *grès bigarré*; le terme moyen est un calcaire gris, coquillier, appelé *muschelkalk*; et le supérieur se compose d'argiles bariolées, appelées *marnes irisées* ou aussi *keuper*.

[2]. La *dolomie* est un carbonate double de chaux et de magnésie.

tudes moyennes, tandis que, plus au sud, règnent des calcaires construits par une famille d'animaux aujourd'hui éteinte, celle des *rudistes*, spécialement des *hippurites*. Les premiers oiseaux, ainsi que les premières plantes dicotylédones angiospermes, apparaissent avec le crétacé, qui voit aussi mourir les derniers représentants des *ammonites* ainsi que des *bélemnites*.

Le tertiaire ne comprend que deux systèmes : 1° l'*éogène*, divisé en série *éocène* et série *oligocène*, et remarquable par le développement des foraminifères appelés *nummulites* (d'où le nom, fréquemment employé, de *terrain nummulitique*); 2° le *néogène*, lui-même partagé en série *miocène* et série *pliocène*, ces divers noms étant destinés à caractériser la proportion croissante de types modernes que renferment les faunes de ces séries. Le miocène a vu l'apogée des herbivores, et c'est avec le pliocène que se multiplient les éléphants.

Enfin, les premiers temps de l'ère moderne ou quaternaire sont souvent qualifiés de *pleistocènes*. C'est à cette phase que correspondent la plupart des dépôts glaciaires, ainsi que les *alluvions anciennes* ou *diluvium* des auteurs de la première moitié de ce siècle.

Appréciation de l'importance des temps géologiques. — Il est aisé de se rendre compte, *a priori*, de la durée et de la complication des événements successifs qui ont été nécessaires pour engendrer une série sédimentaire aussi variée.

D'abord, il n'y a pas de raisons pour croire que la dissémination des dépôts ait obéi autrefois à des lois différentes de celles qui la régissent aujourd'hui. Les sédiments ont donc dû former, à chaque époque, une frange de 250 à 300 kilomètres de largeur autour de la terre ferme. De nos jours, pour 260 000 kilomètres de côtes, cela donnerait une surface sédimentaire inférieure à *huit millions de kilomètres carrés*. Or, sans parler de tout ce que l'érosion a fait disparaître, sans même chercher à attribuer à la série sédimentaire la partie des schistes cristallins qui peut lui appartenir, on constate que les terrains stratifiés de divers âges couvrent, sur la terre ferme, plus de 70 millions de kilomètres carrés [1]. Encore ce chiffre ne se rapporte-t-il qu'aux régions explorées, c'est-à-dire tout au plus aux trois quarts de la surface des continents. Ainsi l'ensemble de ce qu'on peut appeler les *aires sédimentaires* du passé couvre près de dix fois l'espace occupé par les produits de l'érosion con-

---

1. De Tillo, *Comptes rendus*, 1892, n° 5.

temporaine. Cette seule indication suffit à faire apprécier combien ont dû être étendues et répétées les incursions de la mer sur ce qui forme aujourd'hui le domaine continental.

En outre, si l'on évalue à *dix kilomètres* l'épaisseur *moyenne* des sédiments en chaque point (et cette hypothèse ne semble vraiment pas exagérée), ce chiffre, appliqué à 70 millions de kilomètres carrés, donnerait *700 millions de kilomètres cubes*, c'est-à-dire *sept fois* le cube des continents actuels. Cela veut dire que, pour justifier de la succession des dépôts telle qu'on l'observe, il faudrait, puisque tout sédiment résulte de la destruction d'une roche émergée, qu'un relief semblable à celui du temps présent eût été anéanti et rétabli au moins sept fois, avec remaniement des rivages à chaque reprise.

Il va de soi que de telles données ne peuvent prétendre à aucune précision; mais leur valeur subsiste tout entière, si l'on se borne aux conséquences générales que nous en tirons pour établir l'importance et la variété des phénomènes, par lesquels les cycles d'érosion ont dû être tant de fois renouvelés.

Dislocations de l'écorce terrestre. — Ces phénomènes, l'écorce terrestre en porte la trace bien reconnaissable, dans les dislocations de toutes sortes dont se trouvent aujourd'hui affectés des terrains primitivement déposés en assises horizontales. Non seulement leur inclinaison actuelle atteste le dérangement survenu; mais souvent les circonstances permettent de dater cette dislocation. C'est ce qui arrive toutes les fois que deux terrains en contact présentent une *discordance de stratification*. Dans l'exemple de la

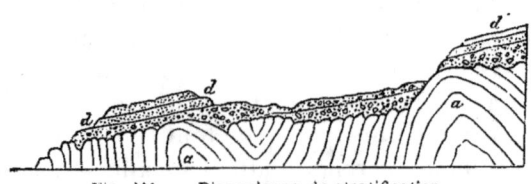

Fig. 111. — Discordance de stratification.

figure 111, on peut affirmer, d'abord qu'un mouvement orogénique avait disloqué les couches siluriennes *a*, quand, après une période d'érosion, le grès dévonien *d* est venu s'appliquer horizontalement sur leurs tranches redressées; ensuite que, par un déplacement ultérieur, le grès a été relevé vers la droite, pouvant servir à son tour, en cas de submersion, de fond incliné à de nouveaux sédiments horizontaux.

Les mouvements de l'écorce terrestre se sont effectués avec lenteur, et il est probable qu'à aucune époque la croûte n'a été complètement exempte d'efforts de plissement. Cependant, il y a eu, suivant les régions, des phases de dislocation particulièrement énergiques, qui ont fait naître, à de certains moments, de véritables chaînes de montagnes, en apportant une modification notable aux contours de la terre ferme. La plupart des chaînes anciennes ont été rabotées avec le temps, par le jeu normal du modelé, et les seules qui subsistent aujourd'hui sont celles dont la formation est assez récente, ou dont le relief a été assez récemment rafraîchi, pour que les agents d'érosion n'aient pas encore eu le temps d'en triompher.

Caractère des dislocations. — Nous ne donnerons pas ici l'énumération de ces efforts orogéniques successifs, parce qu'elle trouvera plus naturellement sa place dans la leçon suivante, consacrée à l'évolution géographique générale. Il suffira de rappeler que le caractère des déformations de l'écorce terrestre, vraisemblablement provoquées par l'excès d'ampleur que fait naître dans la croûte le refroidissement d'un noyau en voie de contraction, est le *gauchissement* de cette croûte, engendrant ici des dômes aplatis, là de grandes cuvettes. Dans ces deux ordres de formes, la direction dominante des efforts se traduit par des *plis*, dont l'alignement est déterminé par celui des obstacles résistants. Certaines parties de la croûte, plus anciennement consolidées que les autres, résistent mieux aux efforts de gauchissement. Alors les sédiments du voisinage, toujours plus plastiques, sont comprimés contre ces obstacles, ce qui fait naître des ondulations; tantôt régulières comme celles du Jura, tantôt violemment pressées les unes contre les autres, comme dans les Alpes. Les couches les plus rigides se brisent dans ces mouvements, la limite de leur élasticité étant dépassée par l'effort de courbure, et alors le terrain peut se diviser en paquets, limités par des cassures ou des failles. Même quelques-uns de ces paquets sont parfois poussés presque horizontalement par-dessus d'autres, de sorte qu'il en résulte une grande complication.

Enfin, tout soulèvement en masse d'une portion de l'écorce est accompagné, soit d'un tassement, qui fait naître des dépressions sur une certaine étendue du dôme, qui souvent même détermine l'écroulement d'une clef de voûte; soit d'une rupture au bord du compartiment soulevé; auquel cas la partie voisine glisse le long de cette cassure et s'effondre. Alors les brisures résultantes offrent une voie facile pour la sortie des matières ignées internes, lesquelles s'épanchent au dehors sous la forme de *roches éruptives*. C'est ainsi qu'à travers les âges géologiques, les divers mouvements orogéniques ont été accompagnés d'éruptions, se produisant en général sur le bord interne des dislocations, c'est-à-dire le long des cassures qui limitaient les compartiments affaissés.

En même temps, toutes les fois qu'il se formait un grand dôme ou pli saillant, le vide survenu à la base de l'écorce stratifiée devait tendre à se combler par l'ascension des matières ignées internes sous la voûte *anticlinale*. Mais ces matières, emprisonnées dans une grande épaisseur de couches, ont dû se consolider lentement, sous une forte pression, ce qui leur a imprimé une structure beaucoup plus cristalline que celle des roches épanchées à l'air libre. D'ailleurs elles sont demeurées longtemps cachées, et les progrès de l'érosion ont seuls réussi à mettre à découvert un certain nombre de ces noyaux.

Manifestations éruptives. — A toute époque, les manifestations éruptives ont dû comporter, comme aujourd'hui, des projections violentes, des épanchements de laves, et des injections de matières fondues dans les fentes ou les vides de l'écorce. Les amas coniques de projections ont été les premiers dispersés, et seuls, les cônes de débris de l'époque pleistocène ont pu se maintenir intégralement. En remontant aux époques plus anciennes, on constate la rareté de plus en plus grande des *appareils volcaniques* reconnaissables, la plupart réduits à leurs noyaux.

Aussi les anciens produits de projection n'ont-ils été conservés que quand, après avoir formé, par leur accumulation au fond de la mer ou dans des lacs, des *tufs* stratifiés ou des *cinérites*, ils avaient été ensuite recouverts par des nappes de laves, et placés par quelques mouvements de l'écorce dans une situation qui les protégeait contre la dispersion. C'est ainsi qu'on peut reconnaître aujourd'hui, en Angleterre comme en Bretagne, des tufs et des cinérites des époques précambrienne et silurienne. Encore a-t-il fallu assez longtemps pour que leur véritable caractère ne fût plus contesté, à cause des transformations que le cours des siècles avait fait subir à ces roches.

En définitive, la plupart des anciens épanchements de surface ont disparu, en sorte que l'activité éruptive des premiers âges géologiques se révèle surtout à nous par des injections profondes, mais que l'érosion a fini par rendre superficielles en enlevant peu à peu ce qui les masquait.

Composition des roches éruptives. — Du reste, quel que soit leur état, ces roches éruptives sont, comme celles du temps présent, exclusivement composées de *silicates*. La silice (élément du cristal de roche) s'y montre unie à l'alumine ainsi qu'aux oxydes du potassium, du sodium, du calcium, du magnésium et du fer. Ces roches sont donc absolument comparables aux *scories* et aux *laitiers* des hauts fourneaux, c'est-à-dire aux éléments légers et réfractaires qui viennent surnager à la surface d'un bain de fonte, lorsqu'on affine ce dernier sous l'influence d'un courant d'air. Elles correspondent parfaitement à l'idée qu'il est convenable de se faire de l'intérieur du globe, énorme bain de métal, surtout de fer, à une très haute température. Il est clair que, dès le début, toutes les influences oxydantes ont dû se porter à la surface, opérant une *scorification* de la partie externe du noyau métallique. Et alors, suivant que la scorie produite était plus ou moins voisine du noyau, elle a donné, tantôt les *roches lourdes* ou *basiques*, pauvres en silice, riches en fer, calcium et magnésium, tantôt les *roches légères* ou *acides*, riches en silice, en alumine et en alcalis ou oxydes des métaux légers.

Ainsi que nous l'avons expliqué, les roches éruptives doivent se montrer d'autant plus cristallines qu'elles se sont consolidées plus loin de la surface, et en perdant moins rapidement les matières dissolvantes, gaz ou vapeurs, qu'elles pouvaient contenir. De là vient que les roches éruptives des anciennes périodes sont, en général, à plus gros éléments cristallins que celles des temps modernes. En effet, comme nous venons de le dire, une longue érosion a eu, presque partout, le temps de faire disparaître les produits superficiels des premiers âges, atteignant les parties profondes et les mettant à découvert. De sorte qu'aujourd'hui la plupart des massifs anciennement injectés nous montrent leurs racines; tandis que les éruptions modernes sont, en grande majorité, des épanchements de surface, dont la base plus cristalline demeure enfouie et invisible.

On remarque enfin que la part des roches légères ou riches en silice tend à diminuer avec le temps. Ainsi les roches véritablement caractéristiques des éruptions anciennes sont celles de la famille granitique, tandis que le basalte et ses dérivés dominent parmi les produits modernes. Entre diverses raisons propres à expliquer cette différence, il en est une qui se présente tout naturellement à l'esprit; c'est que la provision des écumes légères et voisines de la surface a dû s'épuiser la première, tandis que le volcanisme actuel serait obligé de puiser à des foyers plus profonds.

Principales roches éruptives. — Le *granite* se présente en grande abondance parmi les massifs éruptifs des temps primaires; il larde, pour ainsi dire, les gneiss et les schistes cristallins archéens; il traverse le silurien, le dévonien et même le carboniférien, en leur faisant subir au contact de grandes modifications. Avec lui on observe une sorte de granite sans quartz, dit *syénite*. Ces roches ont agi sur les terrains encaissants à la manière d'un acide qui troue une étoffe; elles les ont refondus ou plus exactement *redissous*. En effet, aussi bien dans la constitution des roches granitiques que dans les changements qu'elles ont imposés aux terrains traversés, c'est l'influence *chimique* qui se montre presque seule, tandis que l'action *calorifique* ne se révèle pas. Ainsi, dans le granite, les minéraux les moins fusibles sont précisément ceux qui se sont isolés les derniers. Ce n'était donc pas un simple bain igné, dont les minéraux se seraient individualisés par refroidissement; c'était un magma chimique, qui a commencé par se débarrasser par cristallisation de ses éléments les plus basiques, tels que le mica; après quoi le feldspath, ou silicate d'alumine et de potasse, s'est isolé à son tour, et l'excès de silice que contenait le magma a dû se précipiter en dernier lieu sous la forme de quartz.

Un tel ensemble de réactions n'a pu s'accomplir que grâce à des *dissolvants* spéciaux, que la pression maintenait au sein de la pâte granitique, et qui, en se répandant parmi les terrains encaissants, ont été la cause principale de leurs transformations.

Quand les pâtes granitiques sont parvenues au voisinage de la surface, en *filons* ou en *coulées* sous-marines, elles ont donné des *porphyres*, où de grands cristaux nagent au sein d'une pâte qui a cristallisé plus tard et plus vite, avec un grain beaucoup plus fin.

Les roches basiques des temps anciens, cristallisées à plus petits grains que les granites, sont en général de teinte foncée et verdâtre [1], et assez riches en fer oxydulé ou magnétique. Suivant leur composition et leur texture, on y distingue des *diabases*, des *diorites*, des *gabbros*, des *porphyrites*, etc., toutes roches que nous nous contentons d'énumérer ici à leur place, renvoyant pour leur détermination aux ouvrages spéciaux.

C'est surtout avec la période carboniférienne que l'on commence à trouver des nappes assez analogues à nos coulées actuelles de basalte. Plusieurs des roches appelées *trapps* appartiennent à cette catégorie.

---

1. D'où les noms de *grünstein* en allemand, *greenstone* en anglais.

Les roches légères des volcans modernes se sont refroidies trop près de la surface pour pouvoir jamais reproduire le grain largement cristallin des granites et même celui des porphyres. Aussi les *liparites* et les *rhyolites*, comme on les appelle, ont-elles une pâte assez compacte. C'est seulement dans certains *trachytes* (ainsi nommés de leur rudesse au toucher) que l'on retrouve une grande cristallinité, mais avec des signes qui font voir que l'action du feu s'est exercée beaucoup plus que pour les vrais granites. Les *andésites*, si répandues dans les Andes, sont des trachytes basiques, de couleur plus foncée, et qui font la transition avec les roches lourdes modernes ou *basaltes*, de teinte noire et de forte densité. C'est surtout aux basaltes qu'appartient, grâce à leur grande fluidité, la propriété de s'étaler sur des espaces considérables, en juxtaposant leurs coulées comme cela a eu lieu, entre autres pays, à l'ouest des Montagnes Rocheuses en Amérique.

Phénomènes explosifs. Émanations gazeuses. — Dans les foyers éruptifs où le basalte prédomine, les épanchements sont en général assez tranquilles; mais là où les produits rejetés sont plus acides, comme les andésites, et par conséquent moins fluides, il se fait dans les cheminées d'ascension des obstructions fréquentes, dont les gaz, accumulés par-dessous, finissent par triompher en provoquant de violentes explosions.

Enfin on remarque partout que les explosions et les épanchements de laves sont accompagnés par des émanations gazeuses, où dominent la vapeur d'eau et les gaz sulfureux. Ces émanations subsistent longtemps après que les paroxysmes éruptifs ont cessé. Aussi tous les districts où l'activité volcanique est éteinte depuis peu de temps ou au moins en décadence, se font-ils remarquer par le grand nombre des *solfatares* et des *geysers*. Des sulfures métalliques accompagnent ces émissions chaudes, et nous renseignent sur la façon dont les filons métallifères ont pu se constituer dans les fentes de l'écorce. Quand les solfatares s'éteignent à leur tour, longtemps encore il subsiste des *mofettes* ou émanations d'acide carbonique.

Terrains métamorphiques. — Il convient maintenant de dire un mot d'une catégorie spéciale de terrains, dont la part semble devenir de jour en jour plus grande, à mesure que la connaissance de l'écorce se précise : nous voulons parler des terrains *métamorphiques* ou transformés par recristallisation de leurs éléments.

Nous avons déjà dit un mot de l'action de contact, essentiellement corrosive, que les pâtes très cristallines, comme les granites, ont exercée sur les roches traversées. Il semble que, sous l'influence des vapeurs émanées du granite, les éléments de ces roches aient été remis en mouvement, ce qui leur a permis de prendre un état plus ou moins cristallin, en oblitérant leur structure *détritique*.

Or cette transformation s'est souvent exercée sur une très grande échelle, et à une distance considérable de toute masse éruptive visible. Le fait s'observe, dans les montagnes très disloquées, où l'on peut faire, dans la transformation produite, une grande part au *dynamométamorphisme*, c'est-à-dire au métamorphisme résultant de la chaleur et de la pression développées lors des mouvements orogéniques. Il s'observe aussi sur des paquets de terrains sédimentaires, aujourd'hui redressés sur le bord des continents, notamment le long des rivages orientaux du Pacifique, mais qui, dans l'origine, devaient être assez profondément enfouis, et dès lors plus accessibles à l'action des masses ignées internes. La modification survenue dans ces dépôts a beaucoup d'analogie avec celle qui caractérise certains blocs cristallins, autrefois rejetés par le volcan de la Somma, prédécesseur du Vésuve, et très évidemment empruntés aux terrains stratifiés sur lesquels le volcan était venu s'implanter.

L'effet de ce métamorphisme, qu'on appelle *régional* parce qu'il s'étend sur des contrées entières, est de donner un aspect tout à fait *archéen* à des terrains dont, pourtant, il est possible de suivre, de proche en proche, le passage graduel à des sédiments fossilifères, quelquefois d'âge jurassique ou même crétacé. Cette considération est importante à retenir, pour empêcher de confondre les parties véritablement anciennes de l'écorce avec celles qui ont pu prendre tardivement le même aspect.

Variation des conditions physiques avec le temps. — Depuis le moment où l'eau des océans a pu se condenser à la surface d'une écorce suffisamment refroidie, et où les mers sont devenues habitables pour des êtres analogues à ceux du temps présent (c'est-à-dire au moins depuis le début des temps siluriens), il est naturel de penser que le travail de l'érosion a dû se poursuivre à peu près dans les mêmes conditions qu'aujourd'hui.

Cependant cette similitude générale n'implique en aucune façon la constante *identité* des phénomènes. En premier lieu, l'épaisseur de l'écorce n'a fait que s'accroître avec les progrès du refroidissement; non seulement parce que de nouvelles parties solides venaient s'y ajouter par le bas; mais parce que de grandes masses de matières ignées, une fois épanchées au dehors, étaient attaquées par les eaux courantes et fournissaient la matière de sédiments. Donc, à l'origine, la croûte, moins épaisse, devait être plus flexible. Son relief variait plus vite et les cycles d'érosion pouvaient y être plus fréquemment interrompus.

En outre, la pluie est la source à laquelle s'alimentent les eaux courantes. Or sa quantité et sa répartition varient de telle manière avec le relief, la température et les conditions géographiques, que vu les vicissitudes de ces dernières, sur une portion donnée de la terre, le modelé extérieur a dû traverser des phases de très inégale activité.

Il y a plus. Tout porte à croire que les conditions physiques *extérieures au globe*, celles d'où dépend, dans son principe, le travail des forces externes, ne sont pas demeurées constantes. En effet, l'un des plus remarquables enseignements de la paléontologie est que, dans les âges primaires, la faune et la flore paraissent avoir été partout indépendantes de la latitude. Ainsi à l'époque carbonifèrienne, qui marque à peu près la fin de l'ère primaire, les mêmes végétaux peuplaient la terre ferme sous le cercle polaire et sous les tropiques. Chose encore plus frappante, les polypiers constructeurs prospéraient alors au Spitzberg et à la terre de Grinnel; et même au milieu des temps jurassiques, de vrais récifs coralliens s'édifiaient dans le bassin de Paris. Or, de nos jours, ces constructions sont exclusivement concentrées dans la zone torride, là où la température de la surface de la mer ne s'abaisse jamais, même dans le mois le plus froid, au-dessous de + 20 degrés centigrades. Ajoutons que, au début de l'ère tertiaire, il y avait encore au voisinage des pôles une végétation terrestre qui exigeait une température supérieure d'*au moins vingt degrés* à la moyenne actuelle.

Il est donc certain que la distribution de la chaleur et de la lumière n'étaient pas autrefois ce qu'elles sont aujourd'hui. Avec le soleil tel qu'il est, des causes purement géographiques, quelque favorables qu'on les imagine, ne supprimeraient jamais les longues nuits des régions circumpolaires, et toujours la croissance des espèces tropicales y resterait impossible. Si d'ailleurs on réfléchit que le jeu des saisons se traduit dans les arbres à feuillage caduc, c'est-à-dire appartenant à la famille des *dicotylédones angiospermes*, et que d'autre part cette famille n'a fait son apparition, dans l'Europe méridionale, que vers la fin des temps jurassiques, il paraîtra tout à fait raisonnable d'admettre qu'auparavant, et pour des raisons évidemment extérieures au globe, la différence des saisons ne se faisait pas sentir.

Enfin c'est encore un fait bien remarquable que, jusqu'ici, on n'ait pas recueilli de débris de vertébrés à respiration aérienne qui datent d'une époque antérieure à la fin des temps carbonifériens. Il est peu probable que de tels êtres eussent fait défaut auparavant si l'atmosphère avait été respirable.

Mais laissons de côté ce dernier argument, pour nous en tenir à l'uniformité constatée des conditions thermiques durant l'ère primaire : conditions qui comportaient, non une exagération de la température aujourd'hui régnante sous l'équateur, mais une extension du bénéfice de cette température à toutes les zones de latitude. Quelle que soit la cause d'une telle uniformité (et pour notre part, à l'exemple de MM. Blandet et de Saporta, nous l'attribuons à ce que le soleil des temps primaires devait être une nébuleuse très dilatée), le fait en lui-même n'est pas contestable. D'un côté cela semble exclure la possibilité que des glaciers étendus aient existé avant l'ère tertiaire ; de l'autre il est nécessaire d'admettre que l'humidité atmosphérique ne devait pas être répartie comme elle l'est aujourd'hui.

Par conséquent, sans cesser de prendre les phénomènes actuels comme base de nos appréciations en ce qui concerne l'histoire géologique, nous devons nous garder d'une assimilation trop absolue. Depuis la consolidation de la première écorce jusqu'à nos jours, c'est une *évolution* que la planète terrestre a subie ; et cette évolution, qui s'accuse si bien par les transformations ordonnées du monde organique, a dû porter non seulement sur les conditions internes du globe, mais sur celles de l'astre dont notre terre n'est qu'un satellite. De la sorte, toute la série des phénomènes gouvernés par la chaleur et la lumière solaire n'a pu manquer d'en ressentir le contre-coup.

QUINZIÈME LEÇON

I

PRINCIPES DE LA PALÉOGÉOGRAPHIE

Importance et difficultés de la paléogéographie. — Le rapide résumé que nous avons donné de l'histoire des périodes géologiques était destiné à rendre facilement intelligible l'exposé, que nous ferons également succinct, d'un autre ordre de recherches; celui qui a trait à la reconstitution des états géographiques successifs de notre globe. Il importe essentiellement à la géographie qu'on soit en état de rétablir, dans la mesure du possible, les phases principales de l'évolution des continents et des mers, c'est-à-dire les divers chapitres de ce qu'on peut appeler la *paléogéographie*; car là seulement on puisera des indications sur les cycles d'érosion que la terre ferme a traversés, ainsi que sur les causes plus ou moins complexes des structures qu'elle présente aujourd'hui.

Une telle recherche, on le comprend sans peine, est hérissée de difficultés. En effet, elle repose exclusivement sur la connaissance des dépôts, marins et terrestres, que chaque époque sédimentaire a légués à la croûte solide en souvenir de son passage. A supposer que toutes les incertitudes relatives à la détermination de l'âge des terrains fussent levées, et que l'on connût en chaque point du globe tous les dépôts existants, comme, en général, l'érosion a enlevé de chaque affleurement plus qu'il n'en subsiste, c'est toujours à l'aide de débris plus ou moins incomplets qu'il faudrait conclure, par induction, à la place occupée par les anciens océans. Le problème est presque aussi difficile que celui de la reconstitution d'un livre dont les feuillets seraient en majeure partie perdus.

C'est pourquoi si la présence en un point d'un sédiment marin, exactement daté par la stratigraphie ou par les fossiles, permet d'affirmer que la mer de l'époque correspondante occupait la place, l'absence de tout témoin de ce genre ne suffit pas pour autoriser une conclusion négative ; d'autant mieux qu'il y a souvent, sur le fond des océans actuels, des parages où il ne se fait aucun dépôt ; de sorte qu'on doit admettre que la même circonstance ait pu se reproduire bien des fois dans le passé.

Intervention de la paléontologie. — La difficulté provenant de ces lacunes serait parfois insurmontable, si la paléontologie ne venait encore au secours du paléogéographe, en lui permettant, dans bien des cas, de baser des conclusions rationnelles sur des migrations d'espèces, qui n'ont pu se faire que par certaines voies déterminées.

L'apparition subite, à un niveau défini, d'animaux marins tels, qu'on ne saurait les faire descendre de ceux qui habitaient auparavant la mer de la région, atteste un changement géographique, par lequel s'est trouvée ouverte la communication avec une province voisine, où ces types existaient déjà. En appliquant ce criterium avec discernement, on arrive à reconnaître, tantôt que tel bassin de sédimentation a dû être isolé d'un autre, assez voisin, par une barrière dont on peut approximativement indiquer la place ; tantôt que deux aires sédimentaires aujourd'hui isolées ont dû être reliées ensemble par un bras de mer, dont les traces auront été enlevées plus tard par l'érosion. L'application de ce procédé devient chaque jour plus féconde, à mesure que les explorations géologiques se complètent et que les connaissances paléontologiques gagnent en précision.

Caractère provisoire des essais de paléogéographie. — Il n'en est pas moins vrai que les tentatives de représentation des mers anciennes se heurtent à des difficultés considérables. On peut dire que l'heure est à peine venue d'y songer. Tout essai de ce genre eût été absolument prématuré il y a quelques années, alors qu'on savait si peu de chose sur la géologie des pays en dehors de l'Europe. Même aujourd'hui on ne peut encore tracer que de simples ébauches. D'abord, sur tout l'espace occupé par les océans, lesquels couvrent près des trois quarts de la surface terrestre, on en est réduit à de pures conjectures. De plus il est à remarquer que le problème ne serait vraiment résolu que si les cartes paléogéographiques pouvaient être *instantanées*, c'est-à-dire s'appliquer à un *moment* bien déterminé de l'histoire géologique. Or, dans l'état actuel de nos connaissances, c'est déjà beaucoup de pouvoir affirmer de deux dépôts que, d'après leurs fossiles, ils sont *synchroniques* en gros. Mais quant à prétendre qu'ils correspondent rigoureusement à la même date, et que plusieurs milliers d'années ne se sont pas écoulés entre la formation de l'un et celle de l'autre, c'est ce que personne n'oserait faire. Tout au plus peut-on nourrir, de nos jours, l'ambition de représenter la disposition des terres et des mers rapportée à un certain *étage* géologique. Mais un étage comprend d'ordinaire plusieurs zones paléontologiques, dont les différences sont assez grandes pour que chacune corresponde, à coup sûr, à un très grand nombre de milliers d'années, pendant lesquelles divers changements géographiques n'ont pas manqué de s'accomplir.

Ces réserves étaient nécessaires pour établir que les essais de paléogéographie ne sont nullement comparables aux cartes qui figurent l'état actuel du globe. Néanmoins, malgré leur inévitable imperfection, ces ébauches peuvent, quand on les rapproche les unes des autres, fournir de précieuses indications sur l'évolution de la terre ferme. Nous n'en voulons pour preuve, entre autres, que le livre si intéressant où M. Jukes Browne a essayé de reconstituer les phases principales de la formation du sol britannique[1]. Le nombre augmente chaque jour des points où l'on est en mesure, non seulement d'affirmer le passage antérieur de telle ou telle mer, mais de dire, jusqu'à un certain point, grâce à la nature des fossiles rencontrés, s'il s'agissait d'une mer ouverte ou fermée, d'un régime littoral ou d'un faciès pélagique, d'une eau de surface ou d'un grand fond.

En même temps que de notables portions des aires maritimes peuvent ainsi être reconstituées points par points, la découverte de dépôts lacustres ou fluviaux, de formations semblables à celles des dépressions intérieures, etc., autorisent aussi quelques inductions positives relativement aux aires continentales. Seulement ces preuves directes sont beaucoup plus rares, les dépôts opérés sur la terre ferme ayant généralement peu d'épaisseur et occupant une situation superficielle, ce qui rend leur conservation très problématique, à cause de la facilité avec laquelle les érosions ultérieures ont pu les disperser.

Signification des massifs archéens. — En revanche, pour ce qui concerne ce qu'il est permis d'appeler les *noyaux des continents*,

---

1. *The building of the british isles*, 2ᵉ édition, 1892.

la géologie fournit un criterium d'assez haute valeur : c'est celui qui est offert par les affleurements du terrain archéen.

Il est évident que dans l'hypothèse, aujourd'hui communément acceptée, de la fluidité primitive du globe, les premières protubérances de la croûte ont été faites de terrains cristallisés par refroidissement ; car les océans, et par conséquent les sédiments, n'ont pu exister que quand l'écorce avait cessé d'être assez chaude pour ne pas tolérer le contact de l'eau liquide. Sans doute ces protubérances originelles ont dû disparaître par la suite ; mais les points où elles s'étaient produites n'en accusaient pas moins une plus grande résistance locale de l'écorce, et il est naturel de penser qu'ils ont, de préférence, offert un appui aux plus anciens essais de la sédimentation.

D'ailleurs la base des terrains stratifiés, toujours cristalline, qu'elle doive ou non cet état au métamorphisme, ne peut apparaître au jour que si elle a été découverte dès l'origine, ou si l'érosion a enlevé ce qu'elle supportait. Ce travail de dégagement a été le plus facile là où la couverture sédimentaire était le moins épaisse, c'est-à-dire vers les points qui avaient le plus de tendance à émerger. Donc la plupart des affleurements notables de terrain archéen doivent correspondre aux aires continentales les plus anciennes. Il n'y a d'exception que pour les noyaux cristallins qu'une violente poussée orogénique peut avoir portés jusqu'au jour en crevant leur couverture. Ce cas mis à part, lorsque l'archéen se voit à découvert sur de grands espaces peu accidentés, comme en Finlande, en Scandinavie, en Écosse, au Canada, etc., tout porte à croire qu'on a réellement affaire aux plus anciens noyaux de la terre ferme ; et cette conclusion devient presque certaine, si l'on peut établir que les premiers sédiments sont venus s'y appuyer sous la forme de dépôts grossiers et par conséquent littoraux. C'est précisément le cas pour l'Écosse et la région des grands lacs américains.

La certitude est moindre pour des noyaux archéens d'étendue plus restreinte, tels que, par exemple, le Plateau Central de la France ; car les eaux courantes en ont raboté la surface pendant de longs siècles, et il est possible qu'elles n'aient laissé subsister aucun vestige de certains sédiments qui autrefois l'avaient couverte. C'est pourquoi une prudence particulière s'impose à l'égard de leur histoire. Il n'en est pas moins vrai que, si l'érosion les a complètement débarrassés de toute couverture, c'est que l'œuvre présentait moins de difficultés qu'ailleurs. Par conséquent, que le

Plateau Central ait été constamment émergé ou qu'il ait, par intervalles, subi une submersion partielle ou totale, ce n'en est pas moins, à coup sûr, un des éléments les plus stables du sol européen, un de ces noyaux autour desquels la terre ferme a dû se constituer par une addition progressive de nouvelles bandes.

Massifs d'ancienne consolidation. — En résumé, l'un des principaux éléments de la paléogéographie est la détermination des *massifs d'ancienne consolidation*, c'est-à-dire des territoires qui, devenus stables avant les autres, et constitués par des terrains très peu flexibles, ont su maintenir leur individualité à travers de longues périodes. Il faut seulement s'attendre à ce que les plus anciens de ces massifs, quand ils confinent à l'océan, ne se montrent plus à nous qu'en lambeaux; car, précisément à cause de leur manque de souplesse, les divers mouvements de l'écorce ont dû tendre à s'y traduire par des cassures et, l'érosion aidant, ces fractures auront déterminé le morcellement plus ou moins avancé des territoires en question.

De ces massifs, nous aurons le droit de considérer comme les plus anciens ceux où l'archéen affleure seul; ensuite viendront les noyaux formés de terrains paléozoïques pincés en plis serrés au milieu de bandes archéennes, et entrecoupés d'injections granitiques, comme c'est le cas de la Bretagne; enfin une dernière catégorie comprendra les terrains paléozoïques plissés, mais sans injections granitiques ni intercalations archéennes, comme c'est le cas pour l'Ardenne.

Recherche des anciens rivages. — La recherche des anciens rivages doit être fondée principalement sur la nature propre des sédiments, en particulier sur la connaissance de ces dépôts grossiers, sables à grain notable, graviers, conglomérats ou poudingues à gros galets, qui n'ont pu, nous le savons par l'expérience contemporaine, se former qu'au voisinage immédiat de la côte. Ce caractère, contrôlé par le genre des animaux fossiles (pourvu que ces derniers aient vécu *in situ*), enfin corroboré, quand il y a lieu, par la rencontre de formations d'estuaires, qui attestent le débouché d'un fleuve, permet, lorsqu'il est applicable, d'imprimer une certaine précision aux tracés.

Introduisons seulement cette réserve, que les déformations de l'écorce terrestre ont souvent modifié, avec le temps, la place *géographique* des dépôts. Il est des pays où les plissements orogéniques ont réduit certains ensembles d'assises stratifiées au tiers de l'espace que les couches devaient occuper lorsqu'elles s'étalaient horizontalement. La latitude et la longitude qui définissent aujourd'hui leurs affleurements ne correspondent donc pas rigoureusement aux coordonnées primitives. C'est, pour beaucoup de tracés, une cause d'incertitude qu'il sera probablement toujours impossible de lever. Heureusement elle porte d'habitude sur des détails du même ordre que les erreurs inhérentes à ce genre de reconstitution des éléments du passé.

Reconstitution du relief. — La tâche de la paléogéographie n'est pas achevée, quand on a réussi à reconstituer à peu près les contours des anciens rivages. Il faut encore donner une idée de ce que pouvait être le relief aux principales époques de l'histoire terrestre; entreprise particulièrement délicate, car il ne s'agit plus seulement de restaurer des ensembles dont il subsiste d'assez nombreux témoins, mais bien de faire revivre, par induction, des formes depuis longtemps disparues.

D'une manière générale, les parages où de grandes épaisseurs de sédiments ont pu s'accumuler longtemps sans discordances sensibles marquent des portions de la croûte qui ont dû être en voie de constant affaissement aux époques correspondantes; tandis que, sur les aires qui sont demeurées franchement continentales à travers bien des périodes successives, on a le droit de penser que le relief originel devait être assez prononcé, puisqu'il a su faire face durant un aussi long intervalle aux efforts d'une érosion qui tend à tout ramener au niveau de la mer.

Anciennes montagnes. — Mais à côté de ces indications, il faut avoir des données plus précises, qui permettent d'affirmer la présence, sur tel ou tel point, d'une chaîne de montagnes aujourd'hui réduite à son socle. C'est ce que réalisent les grandes discordances de stratification. Lorsqu'on voit, comme dans la figure 111, un sédiment s'appliquer sur les tranches d'un système de couches affecté de dislocations nombreuses, il n'y a pas à hésiter sur la conclusion à en tirer : le système disloqué a évidemment fait partie d'une chaîne de montagnes, dont il représente les racines. Toute la partie supérieure de cette chaîne a été enlevée durant le cycle d'érosion qui a suivi le mouvement orogénique; après quoi une submersion du territoire aplani a permis la reprise de la sédimentation.

Cette affirmation est légitime partout où des couches stratifiées se montrent affectées de dislocations notables, et principalement quand elles sont plissées, renversées sur elles-mêmes, ou divisées en paquets par des cassures avec dénivellation des parois. Si les assises sont simplement très inclinées et exemptes de plis, il peut se faire que la dislocation ait consisté dans un mouvement *épéirogénique*, comme disent les Américains, c'est-à-dire dans le gauchissement en masse d'un territoire. Mais s'il existe des plis pressés, il n'y a pas de doute sur l'existence d'une ancienne chaîne, et même il est probable que les accidents de stratification qui la dénoncent ne donnent qu'une faible mesure de ce que pouvait être la dislocation originelle.

Complication des accidents de surface. — En effet l'observation prouve que, dans les montagnes du temps présent, le maximum de la complication stratigraphique se produit toujours au voisinage de la surface. Ainsi dans les parties profondes des Alpes, dans celles qui avoisinent l'axe cristallin de la chaîne, les accidents de stratification n'ont rien d'excessif ni surtout de désordonné. On voit se succéder des plis, parfois des dômes, de grande amplitude, sur les versants desquels les couches plongent assez doucement et sont très peu disloquées par des fractures. Au contraire, les parties extérieures abondent en plis aigus et renversés, ainsi qu'en failles, et c'est là que se produisent les accidents remarquables qui amènent parfois de si étranges superpositions.

Par exemple, toute la cime de la Dent du Midi est un fragment d'un pli couché, dont la charnière a disparu. C'était autrefois un bourrelet de roches sédimentaires, d'âge crétacé, qu'une poussée orogénique a d'abord relevées en un pli aigu; après quoi le pli s'est complètement renversé, subissant une rotation de 90 degrés.

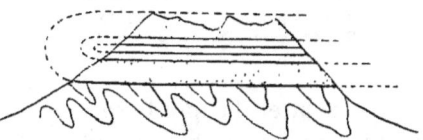

Fig. 112. — Pli couché horizontal à charnière démantelée.

qui a rendu les couches horizontales, et a été jeté en masse sur des terrains plus anciens. Enfin l'érosion a fait son œuvre, profitant des cassures dont le paquet charrié n'avait pu manquer de s'accidenter, et elle n'en a plus laissé subsister que des lambeaux, enlevant de préférence les parties où le recourbement restait visible, parce que justement celles-là devaient être le plus fortement fissurées (fig. 112).

La cime de la montagne est un de ces lambeaux, et comme la

charnière ne s'y voit pas, aujourd'hui, sans le secours de la géologie, qui fait ressortir des superpositions et des répétitions anomales, on ne soupçonnerait aucun dérangement dans ces strates horizontales, empilées avec régularité sur une grande hauteur. Que l'érosion fasse encore des progrès, et quand tout le couronnement crétacé de la montagne aura disparu, rien ne trahira plus l'ancienne existence de ce lambeau, bien propre à faire apprécier l'énergie des refoulements alpins.

Exemple de la Dent de Morcles. — Encore la Dent du Midi ne revèle-t-elle sa structure qu'aux seuls géologues. Mais il est des montagnes où, grâce à la raideur des escarpements et au contraste des teintes, la netteté des dislocations est telle que l'œil le moins exercé en saisit immédiatement l'allure. De ce nombre est la Dent de Morcles. Cette cime offre des circonstances extrêmement compliquées, dont la figure 113 donne l'idée. Là encore, lorsque

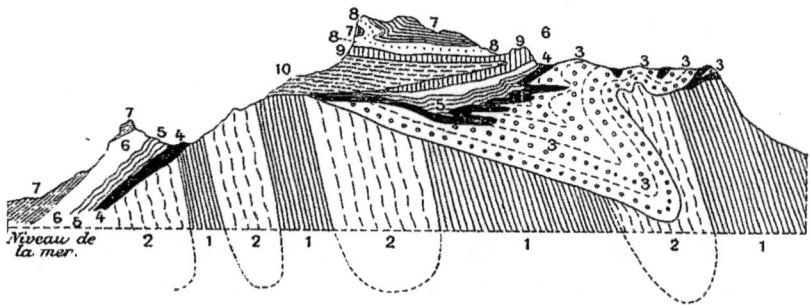

Fig. 113. — Coupe des Dents de Morcles (d'après MM. Renevier et Golliez). — Echelle $\frac{1}{100\,000}$. — 1, schistes micacés; 2, schistes verts (cornes); 3, carbonifèrien; 4, trias; 5, lias et médiojurassique; 6, suprajurassique; 7, néocomien; 8, barrémien; 9, nummulitique; 10, flysch.

l'érosion, continuant à débiter la montagne, après avoir dispersé le paquet des couches renversées du crétacé et du tertiaire, aura atteint la racine du pli aigu que les assises carbonifériennes forment au milieu des schistes cristallins, l'allure régulière de ces derniers ne donnera plus aucune idée de la complication primitive de la cime.

Cette coupe des Dents de Morcles est particulièrement instructive, en ce qu'elle laisse reconnaître la trace d'au moins trois poussées orogéniques d'âge différent. La plus ancienne avait déjà déterminé le plissement des schistes cristallins, lorsque, sur la tranche de ce dernier, les couches carbonifériennes sont venues se déposer, à la suite d'un cycle d'érosion qui, après avoir raboté les montagnes et fait disparaître tous les accidents voisins de la surface, avait dû réduire la contrée à la condition de pénéplaine. Plus tard, en conséquence d'une nouvelle dislocation, les assises du carboniférien se sont trouvées pincées en plis aigus au sein des schistes, chez lesquels les effets de ce dérangement ont dû se superposer aux accidents antérieurs; puis un second cycle d'érosion a plus ou moins aplani la chaîne post-carboniférienne, en attendant que la mer vînt recouvrir la contrée et y déposer les sédiments épais du secondaire et du tertiaire. Enfin les dernières poussées alpines, en même temps qu'elles modifiaient l'allure du substratum déjà disloqué, provoquaient la formation d'une dernière chaîne, assez récente pour que la plupart des accidents compliqués de la surface demeurent encore visibles; car l'érosion n'a pu commencer à s'y attaquer que vers la fin des temps tertiaires. Au contraire, dans la région pyrénéenne ainsi qu'en Provence, où le soulèvement est de date plus ancienne, ce genre de dislocations a laissé si peu de traces que pendant longtemps elles ont complètement échappé à l'attention.

Ainsi, dans les montagnes de fraîche date, l'allure tourmentée de la topographie marche de pair avec une structure stratigraphique également troublée; ce qui se conçoit, puisque l'effort orogénique ne peut produire tout son effet que là où le terrain est libre de céder, c'est-à-dire à la superficie. En revanche, tous les accidents se simplifient dans la profondeur. C'est pourquoi, quand l'érosion a pénétré assez bas pour atteindre les racines d'un massif montagneux, l'état de dislocation des assises ne donne plus qu'une idée très incomplète de ce que devait être le dérangement des parties qui ont disparu.

Signification des injections granitiques. — Dans les exemples que nous venons de citer, il subsiste des traces de ce qui devait former la base des montagnes depuis lors aplanies. Mais il est des cas où cette base elle-même peut avoir été tout entière enlevée. Cependant la place et la direction de l'ancienne chaîne peuvent quelquefois se deviner, lorsque, dans l'axe des plis saillants ou anticlinaux, un magma granitique sous-jacent s'était trouvé sollicité à monter, pour se consolider ensuite sous la pression de quelques milliers de mètres de couches.

C'est ainsi que de longues traînées granitiques marquent souvent l'axe des anciens plissements de la Bretagne, et la façon dont plongent, à droite et à gauche, les sédiments primaires conservés, indique que le granite a dû être injecté au centre des bombements anticlinaux, après quoi, peu à peu, toute sa couverture a été rabotée. La présence de telles traînées suffit donc à faire discerner la place où s'élevaient alors des montagnes, ainsi que le sens général des plissements.

Seulement, si l'alignement des injections granitiques est très net au voisinage du sommet des plis, il doit l'être de moins en moins quand on se rapproche de la nappe interne d'où partaient ces injections. Alors celles-ci s'étalent, et peuvent même se souder ensemble. Telle est sans doute la raison pour laquelle les alignements granitiques sont beaucoup moins nets dans le Plateau Central qu'en Bretagne. Tandis que, dans ce dernier pays, il subsiste encore de nombreux lambeaux des assises du silurien, du dévonien et du carboniférien, le Plateau Central est réduit à son substratum cristallin ; s'il a porté originairement une couverture sédimentaire, l'érosion l'a entièrement balayée. On n'y voit donc plus que le socle profond des montagnes qui ont dû accidenter sa surface. Par endroits, ce socle plonge dans le réservoir même qui alimentait les éruptions de granite, et pour cette cause la direction que devaient affecter les parties culminantes de ces épanchements demeure beaucoup moins distincte. Ainsi, comme il était naturel de s'y attendre, les signes d'après lesquels on peut essayer de reconstituer les montagnes du temps passé sont de moins en moins nets à mesure que l'époque du soulèvement est plus lointaine.

II

TRAITS GÉNÉRAUX DE L'ÉVOLUTION GÉOGRAPHIQUE

Application des principes posés. Massifs archéens. — L'application raisonnée des principes qui viennent d'être posés a permis, dans ces derniers temps, aux géologues, d'esquisser les traits généraux de l'évolution géographique[1]. Nous allons essayer d'en donner ici un court résumé[2].

[1]. Voir notamment : Neumayr, *Erdgeschichte*; Ed. Suess, *Antlitz der Erde*; Marcel Bertrand, *Bull. Soc. géol. de France*, 3ᵉ série, XVI, p. 576 ; de Lapparent, *Traité de géologie*, 3ᵉ édit., p. 1559, etc.

[2]. Pour suivre plus facilement cet exposé, il convient de se reporter à quelque planisphère géologique, tel que celui qui figure sous le numéro 7/8 dans la section *Géologie* de l'Atlas physique de Berghaus.

Nous remarquerons tout d'abord qu'aucun essai de paléogéographie ne peut prétendre à remonter au delà de la période précambrienne. En effet, quand même les schistes cristallins du terrain archéen, qui servent de base aux dépôts stratifiés de cette période, seraient d'anciens sédiments devenus méconnaissables par l'effet du métamorphisme, il n'existerait, dans l'état actuel de la science, aucun moyen d'y établir une chronologie; encore moins pourrait-on entreprendre d'y reconnaître d'anciens rivages. Ce n'est qu'avec les dépôts précambriens, dont le caractère détritique est visible, que cette recherche peut être abordée.

Cela posé, les dépôts en question ayant dû venir s'appuyer contre des massifs de terre ferme que baignaient les océans de la période, c'est surtout autour des régions où l'archéen apparaît seul à la surface du sol qu'on peut espérer de rencontrer la trace des rivages des mers précambriennes.

La figure 114 représente tous les affleurements archéens de quelque importance. Il s'en faut de beaucoup que la totalité de ces noyaux doive être considérée comme ayant appartenu à la terre ferme dès l'époque précambrienne. En effet, non seulement il est très probable que plus d'un affleurement, aujourd'hui regardé comme archéen, pourra être, un jour ou l'autre, rattaché à la série des sédiments métamorphiques de divers âges; mais une partie notable de l'espace couvert par les noyaux en question portait autrefois des sédiments précambriens, qu'une érosion longtemps prolongée en a fait disparaître. Partout les effets de cette érosion ont dû être considérables; car il n'est pas de massif archéen où le granite n'occupe de grandes étendues, et l'on sait que cette roche a dû être originairement injectée sous une couverture assez épaisse, qui l'empêchait d'arriver au jour; de sorte que sa mise à nu suppose l'enlèvement de bien des centaines, sinon des milliers, de mètres d'écorce.

Dès lors, on peut dire que, pour ce qui correspond aux continents actuels, l'ensemble des surfaces occupées par les massifs archéens visibles est très supérieur à ce que pouvait être alors la surface émergée.

Cette conclusion serait en défaut si de tels massifs, primitivement découverts, avaient été submergés par la suite lors de quelque transgression marine. Mais la géologie montre que ce cas s'est très rarement produit (toujours en se bornant à la considération des continents actuels; car nos mers peuvent cacher des noyaux archéens effondrés).

Continents précambriens. — Il ressort de là un enseignement précieux; car en constatant combien est peu considérable, aujourd'hui, la surface embrassée par les affleurements archéens, on a le droit d'en conclure qu'au début le domaine de la terre ferme devait être très peu étendu.

Ce domaine ne paraît avoir été nettement caractérisé que dans les latitudes tempérées-froides de l'hémisphère boréal. Là seulement l'archéen occupe des espaces assez grands pour qu'il soit légitime de penser qu'une bonne partie au moins devait être à découvert dans l'origine. Ainsi cette formation embrasse à peu près tout le Canada et le Groenland, s'étendant en latitude depuis les grands lacs américains jusque vers le 70° parallèle, et complètement entourée, sauf sur les deux bords du détroit de Davis, par une ceinture de sédiments marins de l'époque paléozoïque.

De l'autre côté de l'Atlantique, l'archéen reparaît, formant le nord de l'Irlande, l'Écosse, les deux tiers de la Scandinavie, la Finlande, le nord-ouest du Spitzberg. Et comme le noyau de schistes cristallins de l'Amérique septentrionale était tranché à pic par l'Atlantique, ainsi celui du nord de l'Europe confine directement au même océan. Pour compléter l'analogie, en Irlande, en Angleterre, en Suède et en Russie, une bande paléozoïque ininterrompue borde le massif archéen et, se recourbant vers l'ouest, reparaît au cap Nord, ainsi qu'au Spitzberg et dans la Nouvelle-Zemble. A supposer qu'on puisse considérer l'Atlantique septentrional comme une brèche ouverte au milieu d'un territoire autrefois continu, ce qui paraît *a priori* légitime et ce que la géologie confirme, il en résulte que l'hémisphère boréal a dû posséder autrefois, à peu près sur 100 degrés de longitude, avec un maximum de 30 degrés en latitude, une bande de terre ferme qu'entouraient de tous côtés les mers de l'époque primaire.

Traces de dépôts littoraux précambriens. — Cependant comme, ainsi que nous l'avons souvent rappelé, l'apparition au jour des roches archéennes pourrait tenir simplement à ce qu'une érosion longtemps prolongée, combinée avec un exhaussement graduel du sol, en a dégagé la surface, la conclusion que nous venons de tirer, pour être justifiée, réclame une preuve positive. Cette preuve sera fournie si l'on peut montrer, sur la bordure du massif en question, des traces incontestables de dépôts littoraux, appartenant à la plus ancienne des époques géologiques.

Tel est précisément le cas. Sur le bord des grands lacs américains, on voit s'appuyer, contre la surface du terrain archéen disloqué, une puissante série de grès grossiers, et même de *conglomérats*, autrement dit de dépôts de rivage avec gros galets, qui

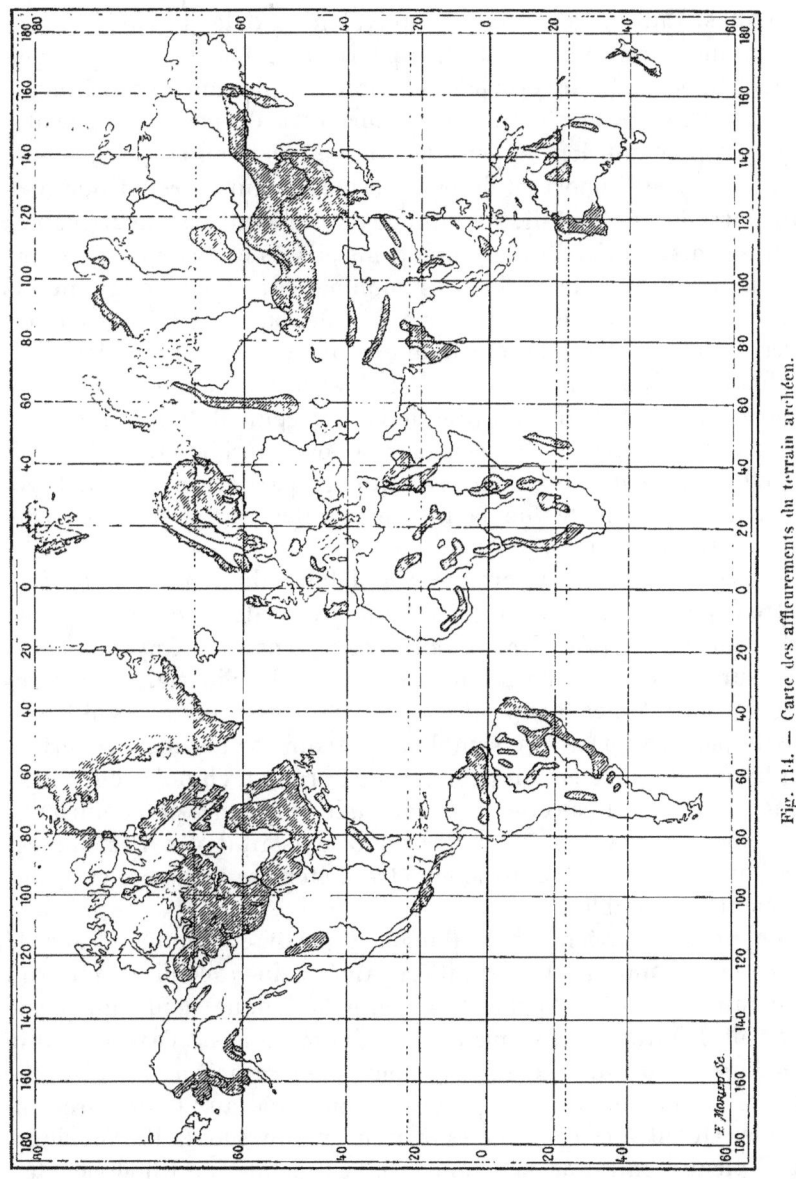

Fig. 114. — Carte des affleurements du terrain archéen.

sont d'âge *précambrien*, c'est-à-dire représentent la base des premières formations fossilifères. Une observation semblable vient d'être faite au Labrador. De même, en Écosse, aux abords du Loch Torridon, un grès à grain grossier, exactement du même âge, repose en couches à peine dérangées sur les gneiss et micaschistes disloqués. Enfin une formation équivalente existe en Norvège.

La bande archéenne de l'hémisphère boréal n'est donc pas seulement la base, découverte par l'érosion, des plus anciens sédiments connus. Une grande partie de sa surface a dû être émergée dès l'époque précambrienne ; cette bande, de forme elliptique, a été le premier massif important de terre ferme. Quant au relief que pouvait posséder ce massif, certainement il n'était pas négligeable ; car les schistes cristallins s'y montrent plissés et disloqués, comme cela n'arrive qu'à la racine des montagnes ; et les conglomérats précambriens laissent soupçonner, soit de hautes falaises, soit des torrents débouchant à la mer le long d'une côte escarpée. Aussi les géologues admettent-ils qu'une chaîne de montagnes (dite *huronienne* parce qu'elle passait près de l'emplacement du lac Huron) se dressait dès les temps archéens sur le bord méridional du massif.

Cette chaîne était d'ailleurs en majeure partie rabotée par l'érosion, quand les dépôts de la mer précambrienne sont venus s'appuyer sur son flanc.

Noyaux archéens divers. — En dehors du massif qui vient d'être décrit, on ne trouve plus d'affleurements archéens de quelque importance qu'au Brésil (en y comprenant la Guyane), ainsi que sur les confins de la Mongolie et de la Sibérie. Encore ces noyaux sont-ils beaucoup plus intimement associés à des affleurements paléozoïques, qui semblent y avoir formé une couverture continue ; et à l'exception peut-être de la région chinoise du Wutaïchan, on n'y peut pas citer avec certitude de bordure précambrienne à éléments grossiers ; peut-être donc existait-il des îles sur ces territoires ; mais elles devaient être d'étendue médiocre et probablement peu stables.

Le noyau archéen qui s'allonge, à partir du Montana, sur le flanc occidental de la Cordillère américaine ; celui qu'on voit apparaître dans les Appalaches ; enfin la longue bande qui forme l'axe de l'Oural, sont venus au jour, comme aussi l'axe cristallin des Alpes, par suite de soulèvements bien caractérisés, et rien ne prouve qu'aucune de leurs parties fût émergée aux temps précambriens. Quant aux petits massifs archéens du sud de l'Armorique, du Plateau Central de la France, de la Bohême, du Rhodope, etc., les probabilités sont pour que, de très bonne heure, ils aient formé des îlots. Mais si cette condition insulaire était certainement acquise dès le silurien, il est possible qu'elle ne fût pas encore bien dessinée dès la période précédente.

En Afrique, depuis le tropique du Cancer jusqu'au Cap, l'archéen n'est jamais bien loin du jour; mais il n'occupe pas de territoires étendus sans mélange de sédiments paléozoïques, et il en est de même pour l'Australie. On en peut conclure que si, dès les commencements de l'ère primaire, ces contrées pouvaient avoir une tendance marquée à l'émersion, rien n'autorise la supposition qu'il y existât alors des îles stables et de notable superficie. D'ailleurs la complète similitude des faunes marines primaires de l'Afrique et de l'Amérique du Sud avec celles de l'Amérique du Nord prouve que, de l'un à l'autre de ces pays, la libre communication des mers était largement assurée.

En résumé, la paléogéographie de l'ère primaire semble avoir comporté dès le début : 1° une bande de terre ferme, bien dessinée en longitude sur près de la moitié de l'hémisphère boréal, peut-être avec un appendice isolé sur la Chine et la Sibérie; 2° au sud de cette bande, une zone de sédimentation active, s'étendant en moyenne jusqu'au tropique du Cancer, et où des îlots étaient seuls émergés; 3° sur l'équateur et dans l'hémisphère austral, des mers largement étendues, mais ne déposant nulle part une épaisseur de sédiments assez grande pour rendre un jour difficile l'apparition à la surface du substratum archéen.

Modifications géographiques de l'ère primaire — Cet état de choses s'est modifié, durant les temps primaires, d'abord par l'affermissement définitif de certains noyaux qui n'ont plus été sujets à submersion, ensuite par la naissance de plusieurs chaînes de montagnes qui, tour à tour, sont venues se dresser contre le bord méridional du continent boréal, ajoutant chaque fois à son étendue une bande d'ondulations bientôt rabotées par l'érosion.

C'est ainsi qu'à la fin de l'époque silurienne, les dépôts marins qui s'étaient accumulés contre le bord du continent précambrien ont été refoulés vers le nord, formant par leur émersion la chaîne *calédonienne* de M. Suess. Cette chaîne s'étendait de l'Écosse à la Norvège, et son flanc sud, battu par les flots de la mer dévonienne, voyait se former à ses dépens les conglomérats et les graviers du *vieux grès rouge* des Orcades. Plus tard encore, après le dépôt de la majeure partie du terrain houiller, alors que les vrais reptiles, jusqu'alors inconnus, allaient faire leur apparition, les sédiments précambriens, siluriens, dévoniens et carbonifériens subirent une énergique poussée, qui les releva en une chaîne large et importante, dont on retrouve les traces depuis l'Armorique par l'Ardenne, jusqu'à la Saxe et à la Bohême ; c'est la chaîne *armoricaine et variscique* de M. Suess, la chaîne *hercynienne*[1] de M. Marcel Bertrand. Juste au même instant le bourrelet des Appalaches se dressait en Amérique contre le bord de l'ancien noyau archéen, tandis que la région située à l'ouest de l'emplacement actuel des Montagnes Rocheuses continuait à demeurer presque tout entière sous les eaux marines.

Continents carbonifériens. — A ce moment l'étendue des terres émergées, sur l'hémisphère boréal, s'est trouvée plus considérable qu'elle n'avait jamais été (fig. 115). En Europe, à part quelques lagunes difficiles à délimiter, la mer était absolument reléguée dans la région méditerranéenne, et elle ne s'épanouissait qu'à l'est, où un bras assez large dans le nord allait du Caucase à la mer Blanche. Toute l'Asie au nord de la Perse et de l'Himalaya a dû former alors un continent, que la mer contournait à l'est[2], sans s'écarter beaucoup des limites actuelles de l'océan Pacifique. Le rivage de cette mer, par le Kamtschatka et la pointe de l'Alaska, devait venir rejoindre, en Amérique, à peu près l'intersection du 55° parallèle avec le 120° méridien ; puis descendant vers le confluent du Missouri et du Mississipi, il allait toucher la nouvelle chaîne appalachienne, pour se trouver rejeté au sud-sud-ouest, vers la Floride, les Antilles et la Guyane.

Continent austral. — Mais le changement le plus remarquable est celui qui venait de s'accomplir dans les régions méridionales et australes. De l'Amérique du Sud, il n'y avait alors sous les eaux que la dépression des Amazones, le Pérou et une partie de la Bolivie. Si en Afrique la mer pouvait passer du Maroc au delta égyptien, et de là à la Perse, tout le reste du continent noir était émergé, et cette émersion s'étendait à l'Arabie, à l'Hindoustan, à la presque totalité de l'Australie. D'ailleurs, la similitude des flores contemporaines autorise à croire qu'aucune mer ne passait alors entre l'Afrique et le Brésil. Ainsi non seulement l'ancienne bande continentale de l'hémisphère boréal s'était accrue au midi, et avait vu naître sur son prolongement la grande terre asiatique ; mais un nouveau continent venait de s'individualiser au sud, embras-

---

1. Il importe de rappeler que le mot *hercynien* est souvent employé avec des acceptions très différentes. Beaucoup d'auteurs allemands le restreignent aux directions orographiques qui sont parallèles au Hartz.
2. Cette indication est donnée sous la réserve des modifications que pourra nécessiter l'étude géologique, aujourd'hui à peine commencée, de l'Asie septentrionale.

sant près de *deux cents degrés* en longitude et capable de s'étendre en latitude sur 60 degrés. Séparé des terres boréales par un fossé

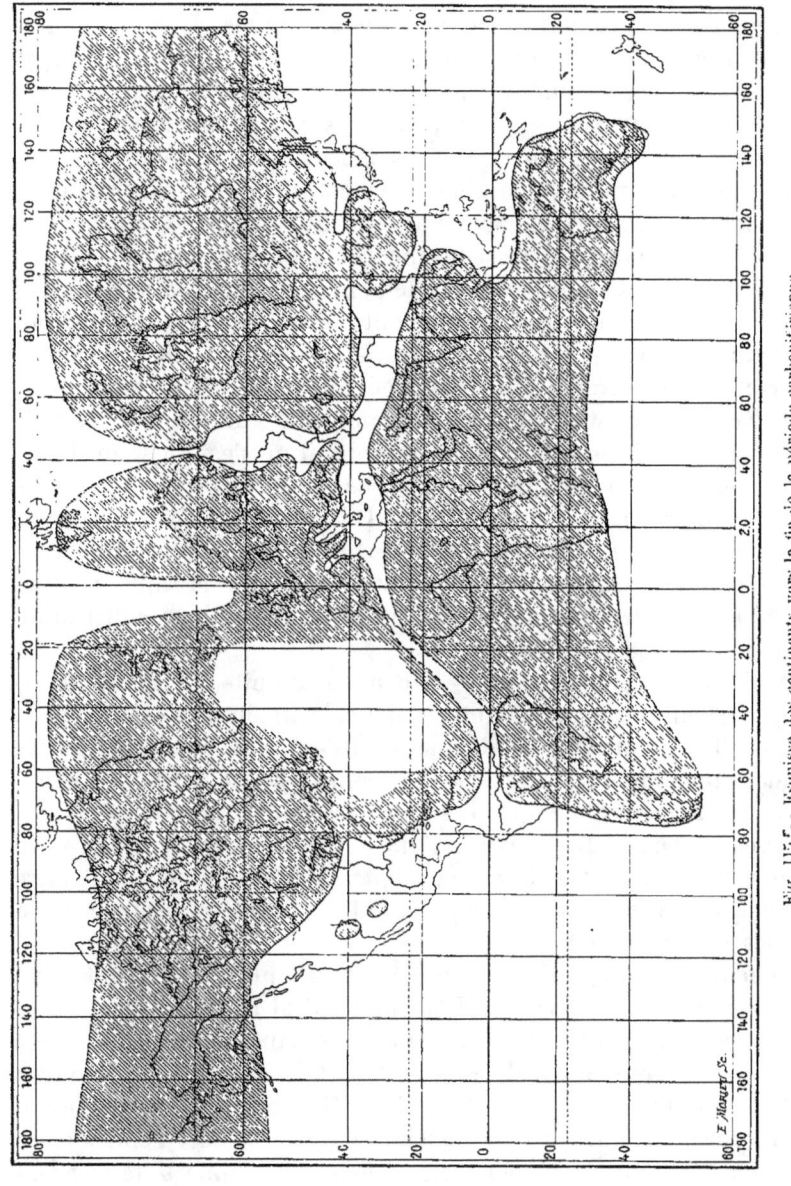

Fig. 115. — Esquisse des continents vers la fin de la période carbonifèrienne.

maritime sinon continu, du moins ne laissant s'établir que des communications temporaires ou précaires, fossé qui ne devait se fermer à l'Orient que beaucoup plus tard; enfin placé à cheval sur l'équateur et les tropiques, ce continent était destiné à demeurer bien distinct, par sa faune et sa flore, des terres septentrionales, où régnaient de tout autres conditions physiques.

A cela ne s'est pas bornée la différence entre les deux groupes de terres. Le continent boréal s'était surtout formé par adjonction de nouvelles bandes, venant sans cesse s'appliquer, comme des ondes successives, contre le bord méridional, de plus en plus élargi, de l'ancien noyau archéen. Au contraire, dès sa naissance, le continent *indo-africain* soudé avec le Brésil (terre *brésilio-éthiopienne* de Neumayr) a possédé une remarquable stabilité, qui l'a rendu tout à fait impropre au ridement. Aucune chaîne de montagnes ne s'y est dressée. Seulement contre son bord occidental, la chaîne des Andes a fini par faire naître un puissant mais étroit bourrelet, pendant qu'un autre s'appuyait, en Australie et en Nouvelle-Zélande, contre son bord oriental. Sur tout ce qui reste de sa surface, au Brésil comme en Afrique, il ne s'est plus développé depuis lors que des sédiments *d'origine continentale*, au dépôt desquels la mer n'a pris aucune part. L'horizontalité de ces dépôts terrestres a été à peine troublée avec le temps, et l'érosion qui, à la longue, les a découpés en compartiments, a presque partout réussi à atteindre, sur les bords des lambeaux, leur substratum primaire ou cristallin.

Continents jurassiques. — Cependant l'unité du grand territoire austral ne devait pas être pour cela indéfiniment respectée. S'il n'est pas prouvé qu'aucune atteinte grave y ait été portée pendant les temps triasiques et la première partie des temps jurassiques, du moins, lorsque ces derniers ont pris fin, de larges brèches venaient de s'ouvrir, l'une entre le delta égyptien et la pointe de Madagascar (*golfe éthiopien* de Neumayr), une autre entre l'Arabie et l'Hindoustan (fig. 116). C'était le prélude de la dislocation du massif.

Pendant ce temps, la mer ne respectait plus en Europe que l'Écosse, la Scandinavie, le Plateau Central et divers îlots échelonnés entre le Portugal, la Bohême et le Caucase; après quoi elle s'étendait largement sur la Russie orientale et la Perse, couvrant le Tibet, tandis qu'elle évitait la Chine et la Sibérie, sauf quelques échancrures marines aux embouchures de l'Ob, de l'Yeniséi et de la Léna. En somme, la dépression méditerranéenne s'était reconstituée et élargie, et au même moment une dépression analogue séparait les deux Amériques, entre le Mexique central et le Vénézuéla; tandis que le continent boréal continuait à s'étendre à travers l'Atlantique, de la Floride à la pointe de la Bretagne. La

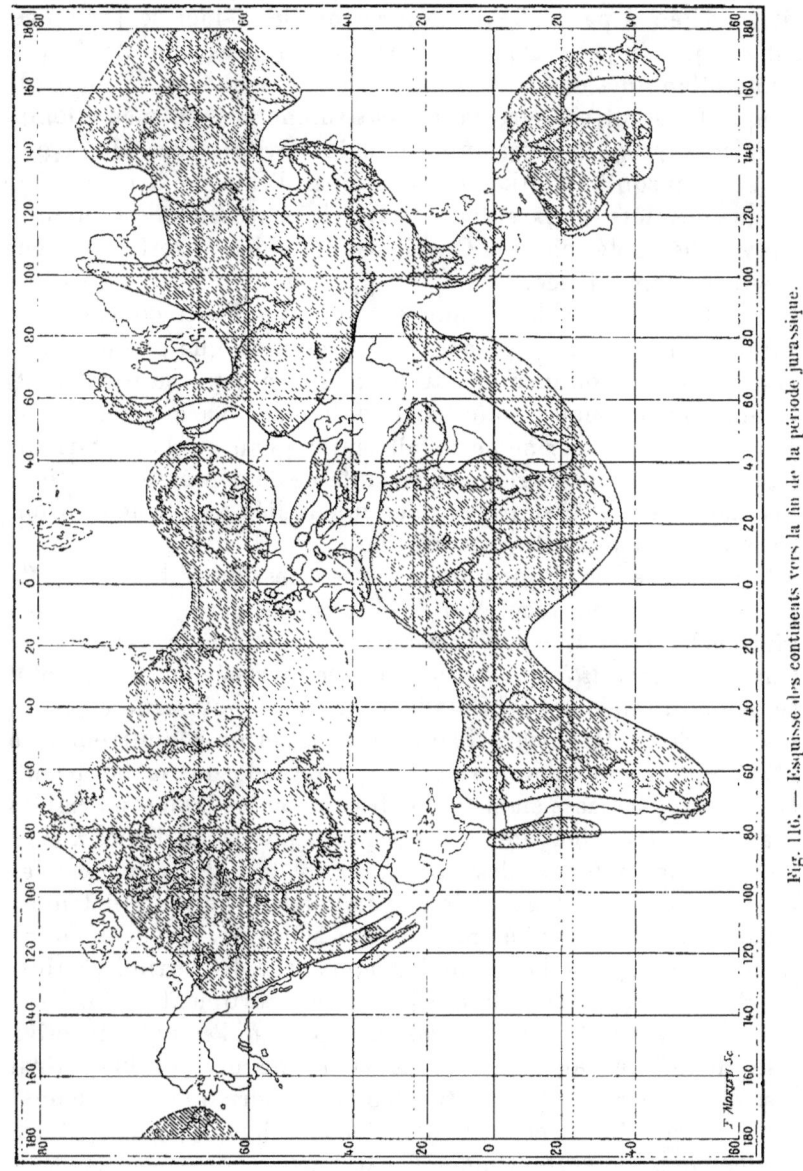

Fig. 116. — Esquisse des continents vers la fin de la période jurassique.

fosse méditerranéenne gardait seule le privilège du régime pélagique, c'est-à-dire de la haute mer; et c'est par des dépôts d'eau peu profonde que se comblaient les cavités de l'archipel européen.

Dernières périodes géologiques. — Alors arrivent les temps crétacés. Peu à peu, une lente invasion de la mer se prononce, dont chaque étape marque un nouveau progrès. En Amérique, la côte atlantique des États-Unis et tous les abords du golfe du Mexique finissent par être largement submergés, en même temps que la mer prend possession de tout le territoire des Montagnes Rocheuses jusqu'à l'Alaska. De l'archipel d'Europe, il ne subsiste plus que des îlots ; mais, si toute la Russie méridionale est inondée, en revanche le détroit de l'Oural, naguère bien ouvert, subit une fermeture momentanée.

Rien de pareil ne se produit sur ce qui subsiste du continent austral. L'époque crétacée n'y est représentée que par des sédiments d'origine continentale. A peine si, en deux ou trois points du littoral actuel, une étroite bande de crétacé marin a réussi à se coller. L'invasion marine ne se fait sentir qu'au nord de l'Afrique, c'est-à-dire dans une région dépendante de la dépression méditerranéenne, et dont l'histoire est bien mieux liée à celle de l'Europe qu'aux annales du continent africain.

C'est dans ces conditions que s'ouvrent les temps tertiaires. La mer est partout en recul. La Méditerranée perd bien vite son régime pélagique. Elle se partage en sillons, où s'accumule la formation *nummulitique*, que la poussée pyrénéenne fait bientôt émerger en grande partie. Puis la même mer, qui naguère passait librement de la Hongrie à l'Himalaya, se ferme définitivement à l'est. Même un moment arrive où les régions qui la bordaient, serrées entre la masse stable indo-africaine et les lambeaux rigides de l'ancienne terre boréale, se dressent en plis et en dômes gigantesques, sous la forme des Alpes, de l'Atlas, du Caucase, des chaînes iraniennes et de l'Himalaya. Pendant un certain temps, la Méditerranée n'est plus guère qu'un souvenir. Mais son soulèvement avait dépassé la mesure, et une partie des territoires ainsi émergés se met à s'effondrer. Chaque compartiment s'affaisse à son tour, glissant le long de cassures par où l'activité éruptive va se manifester au dehors sous la forme de volcans. Ainsi naissent une série de fosses, tyrrhénienne, adriatique, sicilienne, jusqu'à la mer Égée, créée la dernière aux dépens d'un territoire où s'étendaient de vastes nappes d'eau douce.

Tandis que ces choses s'accomplissent en Europe, la rupture définitive du continent, qui jusqu'alors avait fermé l'Atlantique au nord, permet pour la première fois le mélange des eaux boréales avec celles des mers subtropicales. Aussi, pendant que l'effondrement de l'Atlantique, accompagné d'une abondante sortie de laves, morcelle les terres britanniques et la Scandinavie, un grand trouble s'introduit dans les climats. A plusieurs reprises, les glaces s'emparent d'immenses surfaces en Amérique et en Europe, s'avançant dans le premier de ces pays jusqu'au 40ᵉ parallèle. Puis l'équilibre se rétablit, et l'homme, dernier venu sur la terre, après avoir assisté à la plus récente de ces invasions, remonte peu à peu vers le nord, à mesure que les glaces se retirent.

Traits généraux du dessin paléogéographique. Unités stables. — A travers ces vicissitudes si variées, il est un certain nombre de traits qui méritent particulièrement de fixer l'attention.

Le premier est la permanence de l'océan Pacifique. Les contours actuels de cet océan ne diffèrent pas beaucoup de ce qu'ils étaient à la fin des temps primaires. Ils n'ont, dans l'intervalle, subi que de faibles variations, et rien n'autorise à croire qu'une partie quelconque de l'espace recouvert par cette vaste nappe d'eau ait jamais été émergée. C'est donc une unité très homogène et très stable, dont le caractère est encore accusé par le bourrelet continu qui l'enserre, à l'est sous la forme des Cordillères américaines, à l'ouest dans les longues chaînes d'îles, si bien alignées, qui vont de la Sibérie à l'Australie.

Tout autre est la destinée de l'océan Atlantique, dont aucune chaîne côtière ne dessine les bords, et qui ne doit son dessin actuel qu'à deux événements tardifs : d'un côté l'écroulement du barrage boréal, de l'autre la rupture du lien qui unissait le Brésil à l'Afrique équatoriale.

On remarquera de plus que les terres comprises, de part et d'autre de l'Atlantique, entre l'Alaska et l'Oural, forment un ensemble très homogène par sa constitution comme par sa structure. Aujourd'hui très morcelée, mais autrefois continue, cette bande s'est consolidée de très bonne heure, et seules les additions faites à son bord méridional ont affecté la condition de plissements.

Moins ancienne, mais tout aussi homogène et aussi stable depuis les temps primaires, est cette terre indo-brésilienne, que des fractures nord-sud ont maintes fois morcelée, et que menacent encore les effondrements linéaires, de même direction, au fond desquels s'alignent les grands lacs de l'Afrique.

Dépression médiane. Zone de plissements. — C'est entre ces deux unités stables du nord et du sud que s'étend la zone faible de l'ancien monde, celle où les profondeurs maritimes se sont le mieux maintenues et où a persisté le plus longtemps le régime pélagique. Dans ce grand fossé s'est concentrée la sédimentation marine des temps secondaires et tertiaires, à peine représentée en dehors de cette zone. Mais le dépôt des couches a été interrompu par des ruptures d'équilibre, pendant lesquelles les assises déjà formées, obéissant à une violente poussée, émergeaient tour à tour, pour se dresser en plis entre les deux étaux qui les comprimaient, l'un au nord, l'autre au sud. La compression a reçu des formes très diverses selon les obstacles rigides, d'ancienne consolidation, qui pouvaient se trouver en travers du mouvement. En Europe, ces obstacles étaient peu étendus, et leur présence n'a que peu altéré la direction générale des plis, demeurée parallèle à l'axe de la fosse méditerranéenne. Néanmoins, dans le détail, l'influence des massifs rigides s'est traduite par de nombreuses déviations ; nous citerons : le changement de direction des plis espagnols, lorsqu'à l'extrémité de l'Andalousie ils se recourbent brusquement au nord-est, pour se conformer au bord de l'ancien plateau ibérique ; la bifurcation des Alpes orientales, lorsqu'à la rencontre du massif hongrois (aujourd'hui presque totalement effondré) elles se partagent en deux branches, dont l'une, par les Carpathes, fait tout le tour du massif, tandis que l'autre, la chaîne dinarique, se dirige au sud-est. Puis, c'est l'obstacle archéen du Rhodope, qui, d'un côté, ramène le Balkan dans sa direction primitive, pour le rejeter (sauf l'interruption de la mer Noire) vers la Crimée méridionale et le Caucase ; tandis que, de l'autre côté, il maintient l'alignement dinarique jusqu'au Pinde ; après quoi la direction tourne brusquement à l'est et rejoint les plis de l'Asie Mineure, sauf la lacune produite par le tardif effondrement de la mer Égée.

En Asie, l'influence des massifs anciens sur les montagnes de récente formation s'accuse d'une façon encore plus visible. Contre le Pamir viennent buter à la fois l'angle du massif ancien du Tibet et celui du noyau archéen de la Mongolie. Aussi, à partir de là, les plis de récente formation s'épanouissent-ils en éventail, engendrant : au sud la chaîne himalayenne, qui, serrée par l'Hindoustan, se rejette brusquement au sud-sud-est après le golfe du Bengale, par suite de la résistance offerte par l'ancien massif de la Chine ; au centre, le Kouen-Lun et le Nan-Chan ; au nord, le Thian-Chan et cette chaîne sibérienne, dont la Lena suit longtemps le pied avant de se couder vers la mer glaciale.

Divisions naturelles de la terre ferme. — Depuis qu'il a été reconnu que l'Arabie, l'Hindoustan et l'Australie se rattachaient, par leur structure, à l'Afrique équatoriale et australe, de sorte que c'étaient en quelque sorte des appendices *parasites*, artificiellement soudés au continent asiatique, les géographes ont pris coutume de partager l'ancien monde en deux parties : au nord l'*Eurasie*, dont tout le bord méridional (comprenant l'Atlas) est une zone de grands plissements modernes ; et au sud l'*Indo-Afrique*.

Il nous paraît qu'il serait plus légitime de distinguer trois parties : au nord, les restes depuis longtemps aplanis de l'ancien continent boréal ou *paléarctique*, comprenant le nord des Iles Britanniques, la Scandinavie, toute la Russie et la majeure partie de la Sibérie ; au centre, la zone des grands plissements pyrénéens et alpins, qui est en même temps celle des effondrements que nous appellerons méditerranéens ; au sud, les restes morcelés du vieux plateau indo-africain.

De même, en Amérique, nous distinguerons l'ancien massif canadien, homologue de la Scandinavie, et qui, à toutes les époques géologiques, s'est avancé comme un coin vers le sud ; puis, la zone plissée, aux sédiments secondaires et tertiaires, qui fait tout le tour de ce massif, depuis l'Alaska jusqu'aux Appalaches ; zone dont le centre effondré comprend les Antilles, tandis que sa limite sud est formée par les chaînes vénézuéliennes, prolongement des Andes, recourbé autour du noyau de la Guyane pour aller rejoindre, sous l'Atlantique, l'Atlas marocain ; enfin le massif stable du Brésil, ancienne dépendance de l'Afrique, contre lequel le bourrelet des Andes s'est collé, exactement comme les montagnes de la Nouvelle-Galles du Sud et de la Nouvelle-Zélande sont venues s'appliquer contre l'extrémité australienne du plateau indo-africain.

Plissements américains. — Il reste à justifier la continuité que nous admettons ici entre les Montagnes Rocheuses et les Appalaches, continuité que semble démentir la topographie si uniforme des plaines du Texas, par lesquelles s'ouvre comme une énorme brèche entre les chaînes atlantiques et la Cordillère des États-Unis.

Or il est aujourd'hui prouvé que la condition montagneuse actuelle des Appalaches, en Amérique, tient à une série de cassures peu anciennes, qui ont, par le jeu mutuel des compartiments voisins, restitué en partie, sous forme de gradins successifs, le relief d'une très ancienne chaîne de même direction. Cette chaîne était née à l'époque carbonifèrienne et avait été complètement rabotée depuis lors. Aujourd'hui, la saillie des Appalaches s'atténue peu à peu au sud-ouest, et la montagne semble s'enfoncer progressivement sous les plaines de l'Alabama, sans qu'on puisse comprendre quelle raison détermine cette disparition.

Mais si, au lieu de s'attacher à la saillie orographique, on suit les plis que dessinent les couches primaires disloquées, dont les tranches apparaissent, sous les dépôts superficiels, comme formant le fond de ces plaines, on voit que les plis ne s'interrompent pas avec la fin de la montagne. Ils s'infléchissent peu à peu vers l'ouest, et on les retrouve encore bien marqués, dans le territoire indien, allant rejoindre, sans doute possible, les anciennes rides des Montagnes Rocheuses, rides qu'un effort orogénique récent a en partie ressuscitées. Et ainsi renaît aux yeux du géologue la chaîne de montagnes qui, vers la fin des temps primaires, encadrait la grande pointe continentale que formait déjà la terre américaine, au temps où presque tout ce qui dépasse les Montagnes Rocheuses vers l'ouest était pour longtemps encore sous les eaux marines.

Dans cette conception, la région des Antilles jouerait, par rapport aux deux Amériques, le même rôle que la grande fosse méditerranéenne entre l'ancien continent boréal et la terre indo-africaine. Pour compléter cette analogie, on revoit, sur le bord de la dépression des Antilles, les mêmes calcaires crétacés à rudistes que dans la Méditerranée européenne, et tout récemment on vient de retrouver au Mexique cette formation nummulitique qui, des Pyrénées à l'Indo-Chine, est la forme méditerranéenne du tertiaire inférieur.

Nous n'avons fait, dans tout ce qui précède, qu'effleurer en passant les grandes questions de la paléogéographie. Néanmoins nous croyons en avoir dit assez, d'abord pour montrer le puissant intérêt de ces études, ensuite pour fournir un cadre général aux considérations qui vont trouver leur développement dans la description de chaque région.

SEIZIÈME LEÇON

L'EUROPE. — LES ILES BRITANNIQUES

I

APERÇU GÉNÉRAL SUR L'EUROPE

Forme des côtes européennes; caractères de l'Europe septentrionale. — De toutes les divisions de la terre ferme [1], l'Europe est celle dont le contour offre les plus profondes découpures. A l'exception de sa limite orientale, la mer trouve partout un facile accès vers l'intérieur. Cette circonstance est le mieux marquée dans la région méditerranéenne où, jointe à la douceur du climat, elle a puissamment contribué au rapide développement de la civilisation dans ces parages.

Il y a du reste, entre le nord et le sud de l'Europe, une différence fondamentale en ce qui regarde le mode de morcellement de la terre ferme. Si découpées que soient les côtes des Iles Britanniques et de la Scandinavie, nulle part elles ne bornent ni n'encadrent de grandes profondeurs maritimes. Au large de l'Irlande, des Hébrides et même des Shetland, s'étend un plateau sous-marin qui va se souder, d'une part, au fond du golfe de Biscaye, de l'autre à la Norvège méridionale, et où l'épaisseur de

---

[1]. Nous nous faisons ici un devoir de reconnaître à quel point la partie descriptive de notre tâche a été facilitée par des ouvrages tels que la *Länderkunde* de Kirchhoff (à laquelle MM. Penck et Th. Fischer, entre autres, ont donné de si importantes contributions) et les livres récents de M. Sievers sur l'Asie, l'Afrique et l'Amérique. D'autre part, nous avons fait de nombreux emprunts à l'*Antlitz der Erde*, où M. Ed. Suess a semé, avec les trésors de son incomparable érudition, tant d'aperçus originaux de la plus haute portée.

la nappe d'eau est partout inférieure à 200 mètres. Ce même plateau longe la Norvège et s'épanouit un peu devant les îles Lofoten. Enfin la Baltique appartient tout entière à cette zone de bas-fonds. En réalité, la séparation de la Finlande et de la Suède n'est guère qu'une apparence, et les Iles Britanniques sont un véritable appendice du continent européen, appendice à l'isolement duquel l'érosion marine, si puissante dans cette région, a certainement contribué pour une bonne part.

D'ailleurs, si loin qu'on aille entre les Shetland et l'Islande, on n'y rencontre pas de profondeurs supérieures à 2000 mètres, et le long de la Norvège, jusqu'au cercle polaire, ce chiffre n'est atteint qu'à une grande distance de la côte.

Différences avec la zone méditerranéenne. — Au contraire, dans la Méditerranée, la zone des fonds de moins de 200 mètres n'occupe une surface appréciable que dans l'Adriatique. Partout la courbe bathymétrique ou *isobathe* de 2000 mètres longe les rivages à faible distance, et quatre fosses importantes offrent des profondeurs comprises entre 3 et 4 kilomètres. La première est située entre les Baléares et la Sardaigne; la seconde s'ouvre sous la mer Tyrrhénienne; la troisième, encore plus étendue, se trouve entre la Sicile et la Crète; enfin la quatrième est rencontrée par la sonde quand on va de l'île de Crète à la côte égyptienne. Les découpures de cette mer appartiennent donc à un tout autre type que celles du nord. Elles rentrent dans la catégorie des *côtes à grands lobes* [1], résultat de mouvements tectoniques avec effondrements, tandis qu'un léger gauchissement, combiné avec une active érosion par les vagues, peut suffire à rendre compte de l'état des côtes septentrionales, du moins si l'on en excepte la partie qui borde immédiatement l'Atlantique. En effet, cette dernière abonde en *fjords*, où nous savons [2] qu'il y a lieu de rechercher l'influence exercée par l'état de crevassement d'un terrain qui a subi un grand effort de rupture.

D'autre part, toutes les hautes montagnes de l'Europe appartiennent à la région méditerranéenne. Il y a un rapport étroit entre la cause qui les a fait surgir et celle qui a déterminé les fosses marines du midi. Dans le nord, en Écosse comme en Norvège, il existe assurément des contrées *montueuses*, mais il n'y a pas de *chaînes* de montagnes. Le terrain se relève assez

---

1. Voir plus haut, p. 270.
2. Voir plus haut, p. 128, 262.

régulièrement de l'est à l'ouest, si bien que les plus fortes altitudes font directement face à l'Atlantique, par lequel on les voit brusquement tranchées. De là cette sensation de montagnes que les rivages scandinaves, par exemple, éveillent chez le navigateur qui les aborde. Mais l'impression s'évanouit quand, après avoir gravi les pentes abruptes du versant occidental, on se trouve sur de hautes terres d'où, parfois, toute cime est absente aussi loin que la vue puisse porter.

Enfin, autant la partie méridionale de l'Europe présente de variété, autant la bande septentrionale est homogène et uniforme, depuis le nord de l'Irlande jusqu'à la Finlande. Partout domine, comme fond, le terrain archéen, façonné en une pénéplaine, qui a été disloquée sur son bord par des cassures récentes, ou accidentée par des massifs de nature éruptive. De plus, toute la partie montueuse de la bande porte des traces manifestes d'une action glaciaire de fraîche date, telle qu'il doit s'en produire dans la *zone centrale* [1]; et au delà règne dans toute sa netteté le paysage morainique de la *zone périphérique*. Enfin le bord extrême de la bande, sur les rives de la mer du Nord et de la Baltique, est constitué par une zone de *pays-bas*, où les dépôts des moraines terminales venues du nord s'enchevêtrent avec les alluvions de l'embouchure des fleuves coulant en sens inverse.

Zone médiane. — Entre la zone septentrionale de l'Europe et les pays méditerranéens s'étend, limitée au sud par la chaîne alpine et ses dépendances, une bande médiane, que caractérisent la variété et l'apparente indécision de son orographie. Une série de massifs s'y succèdent comme en chapelet, et les cours supérieurs des rivières s'y enchevêtrent, en quelque sorte, les uns dans les autres. La géologie révèle la cause de cette confusion dans les obstacles que les mouvements orogéniques de date tertiaire ont éprouvés de la part d'une suite de noyaux archéens rigides, semés en travers de la poussée. En plus d'un point, cette résistance a fait naître des espèces de bassins, enfermés dans une ceinture de bourrelets montagneux, d'où les cours d'eau s'échappent en forçant des brèches. La variété est grande parmi les sédiments secondaires et tertiaires dont cette zone médiane est surtout composée, et qui tous, formés non loin des rivages, dans des bassins assez limités, contrastent avec le caractère pélagique des dépôts plus méridionaux.

1. Voir plus haut. p. 217.

Massif russe. — Tout ce qui vient d'être dit s'applique à la partie de l'Europe située à l'ouest de la Russie. Mais l'immense territoire compris entre la mer Glaciale et la mer Noire se détache du reste comme une unité à part. Le relief y est insignifiant et d'une remarquable uniformité. Cependant le système hydrographique ne laisse voir aucune indécision. On pressent qu'une très longue érosion a eu le temps d'aplanir le terrain et d'y régulariser l'écoulement des eaux, sans qu'aucun plissement vînt interrompre l'œuvre de nivellement.

Et de fait, la géologie nous apprend à y reconnaître un territoire où les plus anciens sédiments siluriens sont demeurés horizontaux, tous les efforts orogéniques étant venus mourir contre le bord occidental et méridional de ce môle gigantesque. Tandis qu'au sud des incursions marines toujours tranquilles ont largement étalé leurs dépôts, la grande nappe glaciaire a recouvert, au nord-ouest, les deux tiers de la superficie du massif russe. Encore les accumulations morainiques ont-elles été assez longtemps exposées à l'érosion pour que toute indécision ait disparu de leur surface.

Caractères du réseau hydrographique de l'Europe. — Un fait remarquable est l'indépendance presque complète du réseau hydrographique européen vis-à-vis de l'océan Atlantique. Aucune rivière digne de ce nom n'arrose le versant occidental de la Norvège. La Grande-Bretagne n'en envoie pas non plus dans la même direction. Des deux fleuves français qui s'y rendent, l'un, la Loire, ne le fait qu'après avoir, en quelque sorte, essayé de trouver une issue vers le nord, et encore ne se dirige-t-il vers l'ouest que parce que, durant la fin des temps tertiaires, la mer est venue là à sa rencontre jusqu'aux approches de Blois. Quant aux rivières de la péninsule ibérique, à l'exception du Guadalquivir, elles n'arrivent à l'Océan que par des gorges étroites, accusant un travail qui ne peut pas être de bien ancienne date.

Pendant ce temps, les fleuves de beaucoup les plus considérables de l'Europe, Èbre, Rhône, Pô, Danube, Dniepr, Don, Volga, se rendent au sud, dans la dépression méditerranéenne ou ses annexes. Et de leur côté, la mer du Nord et la Baltique reçoivent l'important tribut de la Tamise, de la Meuse, du Rhin, du Weser, de l'Elbe, de l'Oder, de la Vistule, qui tous s'y dirigent sans indécision. Comme si, dans ces deux sens, il y avait eu, de longue date, appel des eaux courantes, tandis que l'issue vers l'Atlantique aurait été tardivement ouverte.

Or justement la géologie nous enseigne que le pays de Galles, la Cornouaille anglaise, l'Armorique, la *Meseta* ibérique, sont de véritables ruines, restes de massifs autrefois bien plus étendus vers l'ouest, et d'où s'échappaient, à de certaines époques, notamment au début de la période crétacée, de puissants fleuves comme celui qui, arrosant l'Angleterre, venait déboucher sur l'emplacement des Pays-Bas. L'érosion marine a peu à peu rongé ces territoires, et pour tout ce qui dépasse le 55° degré de latitude, les flots de la mer ont pénétré assez tard dans ces parages, trouvant d'ailleurs des côtes trop escarpées pour qu'un réseau de cours d'eau tributaires ait pu faire autre chose que de s'ébaucher.

Au contraire, une grande dépression a toujours existé, longtemps même avec le régime de haute mer, là où se trouve aujourd'hui la Méditerranée; et lorsqu'aux temps tertiaires presque toute la zone médiane de l'Europe était définitivement émergée, les eaux marines occupaient la place de la bande des Pays-Bas septentrionaux, passant entre la Suède et les collines de l'Allemagne. Le réseau hydrographique créé de ce dernier côté n'a eu qu'à s'allonger vers le nord, à mesure que diminuait le domaine maritime. De là vient la régularité visible qu'il a su garder. Mais dans la zone méditerranéenne, les plissements alpins, venant se dresser en travers des artères fluviales, ont amené plus d'une déviation, déterminant parfois des parcours compliqués et semés d'obstacles, comme celui du Danube.

Rôle historique des divisions de l'Europe. Zone méditerranéenne. — La division de l'Europe en trois zones bien distinctes a exercé une grande influence sur l'histoire de la civilisation dans ces contrées. Favorisées par le soleil et le climat, libres de communiquer les unes avec les autres le long de rivages bien découpés, bordant une mer tranquille et qui n'exigeait pas de longues traversées, les populations méditerranéennes sont rapidement arrivées à un état de culture avancé. Vives comme la lumière qui les éclaire, habituées à contempler des paysages aux éclatantes couleurs, elles ont eu les premières le sentiment des arts. En même temps les volcans, qu'elles côtoyaient, et les tremblements de terre, dont elles ont eu plus d'une fois à souffrir, leur ont donné des forces de la nature une notion plus complète qu'à tout autre groupe humain.

Pourtant la zone méditerranéenne n'a pas joui tout entière de ce rapide et complet développement. Le privilège en a été réservé aux rivages maritimes, ainsi qu'aux pays peu accidentés du voisinage.

Mais les montagnes, Apennins, Alpes dinariques, Balkans, et les massifs anciens, *meseta* ibérique, Rhodope, etc., respectés par les dislocations qui, en créant les fosses de la Méditerranée, avaient isolé les péninsules du midi, sont demeurés étrangers au mouvement. Et parce que ces pays, au sol inégal et difficile, n'étaient traversés par aucun fleuve important, ils ont gardé, à côté de la civilisation exubérante de leur entourage, un caractère plus primitif que n'importe quelle région de l'Europe du nord.

Zone médiane. — Dans la zone médiane, la chaîne alpine a longtemps opposé un obstacle difficilement franchissable aux migrations vers le midi; obstacle d'autant plus sérieux qu'après une première occupation de ces contrées par l'homme, le retour final des grands glaciers a dû rendre, pour de longs siècles, inabordables et redoutés, non seulement la chaîne montagneuse, mais ses alentours immédiats. De plus la division naturelle de cette zone en bassins ou massifs indépendants, presque aussi fermés au nord qu'au sud, a favorisé la constitution de peuplades défiantes, rudes et sévères dans leur genre de vie, attachées à leur sol comme à leurs coutumes, et peu disposées à l'expansion.

Toutefois ces territoires n'ont pas été fermés à la civilisation. D'abord, si quelques-uns constituaient des massifs saillants, d'accès difficile et de sol rude, d'autres étaient de véritables bassins, au terrain fertile, formés par effondrement au centre d'une ceinture montagneuse. De plus, les uns comme les autres livraient passage à de grands cours d'eau, Rhin, Elbe, Danube, etc., par où s'accomplissait forcément l'échange avec le dehors. Aussi l'histoire de ces régions diffère-t-elle grandement de celle des noyaux anciens de la bande méditerranéenne.

Zone septentrionale. Région française. — Quant à la zone septentrionale, abandonnée la dernière par les glaces, et soumise à des conditions physiques peu clémentes, elle n'offrait du moins, grâce à la bande des pays bas riverains de la Baltique et de la mer du Nord, aucune barrière aux incursions vers l'ouest. Endurcis contre les intempéries et habitués à lutter contre une mer souvent déchaînée, que les vents dominants et les grandes marées poussaient avec violence contre leurs rivages, les *hommes du Nord*, tout en gardant une nature froide et une imagination tranquille, sont devenus de hardis pirates, aimant à se jeter sur les pays de l'Occident, qu'ils pouvaient aborder par terre comme par mer.

Enfin la région française, intermédiaire par sa situation, comme par son relief et son climat, entre les diverses zones de l'Europe, à cheval sur l'Océan et la Méditerranée, bien ouverte à la fois au nord, à l'ouest et au sud-est, était le terrain de rencontre désigné des races les plus différentes. La fusion de ces éléments, jointe à l'extrême variété d'un sol généralement facile, a fixé les destinées d'un pays qui devait tenir une grande place dans l'histoire et se montrer, avec son rare mélange de qualités et de défauts, le plus attirant de tous ceux qui aient place au soleil.

Ordre à suivre dans les descriptions. — Une description méthodique de l'Europe, entièrement fondée sur les conditions de genèse de la terre ferme, comporte l'examen successif des zones suivantes : 1° la zone septentrionale, allant de l'Irlande à l'extrémité de la Russie, avec son appendice de Pays-Bas; 2° la zone des *massifs anciens*, dont M. Suess a le premier[1] signalé l'homogénéité, et qui se poursuit depuis la pointe méridionale de l'Espagne jusqu'au contact de la Bohême avec la plate-forme russe; 3° la chaîne des Alpes avec ses prolongements orientaux; 4° la zone méditerranéenne.

Dans la première de ces divisions, il n'y a pas de chaînes de montagnes proprement dites, et c'est là que se trouvent les plus anciennes terres de l'Europe. Dans la seconde, où la terre ferme a gagné surtout aux dépens des mers secondaires, l'influence des plissements survenus avant le milieu de l'époque tertiaire, lors de la fin des temps éocènes, se combine avec les ruptures provoquées par la rigidité des massifs d'ancienne consolidation. La troisième division embrasse presque toutes les hautes chaînes plissées du continent, et son relief date principalement de la fin des temps tertiaires. Quant à la quatrième, elle doit sa forme actuelle à des dislocations encore plus récentes, dont les effondrements méditerranéens sont la forme la plus typique.

Nous commencerons par l'étude de la zone septentrionale, en l'abordant à partir des Iles Britanniques. Seulement, pour ne pas scinder en deux la description de ces îles, nous y rattacherons l'examen de l'Angleterre méridionale, bien qu'à proprement parler cette région appartienne plutôt à la zone des massifs anciens.

1. *Antlitz der Erde.*

II

LES ILES BRITANNIQUES

Aperçu général. Massif ancien. — Les Iles Britanniques portent, au plus haut degré, l'empreinte du morcellement par lequel un territoire homogène a fini par être divisé en compartiments distincts. L'ensemble de ces îles est partagé en deux sections, d'ailleurs fort inégales, par une ligne à peu près nord-sud, allant de Newcastle sur la mer du Nord à Exeter sur la Manche. A l'ouest de cette ligne, tout le pays est accidenté, montueux et surtout fortement découpé. Le climat en est rude, et le sol se relève constamment vers l'ouest, où il touche à l'Océan par des falaises capricieusement déchiquetées, contre lesquelles s'acharnent les vagues de l'Atlantique. A l'est au contraire s'étend un pays de faible relief, aboutissant à la mer du Nord par des côtes plates et de contour régulier, au sol fertile et partout bien cultivé.

Cette limite orographique est en même temps une frontière géologique de première importance. Elle marque le bord extérieur d'un massif continental, dont l'Océan n'a laissé subsister que des ruines, et qui s'étendait autrefois bien loin vers l'ouest, tandis que sa rive orientale était constamment baignée par les mers secondaires. Le massif ancien lui-même avait pour noyau fondamental un territoire archéen, dont les Hébrides, les Highlands du nord de l'Écosse et une partie du comté de Donegal en Irlande représentent les derniers lambeaux, et qui aujourd'hui encore forme la région la plus accidentée des Iles Britanniques. Contre ce noyau sont venues se coller des bandes successives de terrains primaires, chaque fois relevées en bourrelets montagneux et injectées de diverses roches éruptives ainsi que de filons métallifères, puis rabotées par l'impitoyable érosion. Ainsi se sont formés peu à peu les divers districts de l'Irlande et, en Angleterre, le Cumberland, le Pays de Galles, la Cornouaille, avec les trésors de minerais et de combustible minéral qu'ils renferment.

Dislocation et façonnement du massif. — Ce massif ancien, tant de fois disloqué, et ressoudé par des injections internes, avait fini par devenir rigide, et ne pouvait plus se prêter à des efforts de plissement. Abandonné au jeu régulier des puissances extérieures, il serait devenu une pénéplaine à peu près uniforme. Et de fait, il a dû passer au moins trois fois par cette condition, durant les temps primaires et après leur achèvement. Mais les dislocations qui, dès le début de l'ère tertiaire, préparaient l'ouverture définitive de l'Atlantique nord, ont modifié le niveau du territoire en le relevant, d'une façon générale, vers le bord de la fosse qui allait se former, en même temps qu'elles divisaient profondément sa masse et en préparaient l'émiettement par des cassures quelquefois tout à fait rectilignes.

Alors les différences de dureté des roches se sont fait jour, mettant les plus résistantes en saillie notable; et comme, d'autre part, les actions volcaniques accumulaient leurs produits, de l'Irlande aux Hébrides, sur le bord de la fente atlantique; comme, le long des cassures, les compartiments sollicités à s'effondrer jouaient les uns par rapport aux autres, les restes émergés du grand district ancien sont redevenus des pays montueux. On n'y voit pas de chaînes proprement dites; l'orographie en est confuse au dernier degré; mais le sol n'en est pas moins très accidenté, et produit souvent l'impression caractéristique des montagnes; ce qui se comprend si l'on réfléchit que le relief moyen, pour être peu considérable en lui-même, a cependant, relativement à la superficie du groupe insulaire, la même valeur qu'ont les Alpes par rapport à la surface de l'Europe médiane, ou l'Atlas vis-à-vis du nord de l'Afrique [1].

Dans ces districts, l'existence des hommes, véritables *montagnards*, est restée rude comme le climat, excepté pour les parties où les richesses minérales du sol ont fini par déterminer l'éclosion d'une vie industrielle intense. Ajoutons que les glaces y ont partout fait sentir leur action, adoucissant les contours des éminences et parsemant le pays de produits morainiques qui, formant barrage en travers des cours d'eau, ont engendré de nombreux marécages, bientôt envahis par la tourbe en raison de l'humidité du climat.

Divisions de l'Écosse, Highlands. — L'Écosse se divise naturellement en trois parties : au nord sont les *Highlands* ou *Hautes terres*, que sépare en deux la remarquable dépression rectiligne du Canal Calédonien, au sud de laquelle le pays prend le

---

[1]. J. Hahn, *Kirchhoff's Länderkunde*, Europa.

nom de *Monts Grampians*. Au milieu viennent les *Basses terres* (*lowlands*), c'est-à-dire l'isthme relativement bas qui s'étend d'Édimbourg au delà de Glascow. Enfin le sud appartient à ce que sir Archibald Geikie a nommé les *Southern uplands* ou *Hautes terres du midi*. A cet ensemble se rattachent trois archipels fortement déchiquetés, les *Hébrides*, les *Orcades* et les îles *Shetland*.

Les Highlands, dont le point culminant, le Ben Nevis, atteint 1260 mètres, n'offrent dans l'intérieur ni chaînes de montagnes ni murailles dominantes. C'est un enchevêtrement de cimes, entre lesquelles courent de nombreuses vallées, et surtout de longs sillons remarquablement alignés ou *Glens*. Le plus curieux est le *Grand Glen* ou Canal Calédonien, dont nous avons déjà parlé[1], qui traverse le pays de part en part, et sur lequel se trouve ce lac étroit, aux bords escarpés, le Loch Ness, dont le fond descend à 210 mètres au-dessous du niveau de la mer.

Le Grand Glen est exactement parallèle au rivage si rectiligne qui s'étend du Forth à Peterhead, comme aussi au détroit qui sépare l'Écosse des Hébrides. La même direction est bien marquée d'Inverary à la pointe de Cantyre, comme entre Staffa et l'île de Skye. Il n'y a pas le moindre doute que ces sillons ne soient des fentes de dislocation, qui partagent les Highlands en compartiments et semblent en préparer la disparition définitive. Sur le bord atlantique, ces fentes ont donné passage à des laves diverses dont la sortie, concomitante de l'écroulement qui a fait place à la mer, a édifié les massifs éruptifs, avec paysages volcaniques caractéristiques, des îles de Mull, de Skye, d'Arran, etc.

Fjords et lacs. Cours d'eau. — La côte occidentale d'Écosse est bordée de *fjords* absolument identiques avec ceux de la Scandinavie. Comme ces derniers, ils ont des profondeurs très variables, offrent souvent des seuils près de leur embouchure, et se partagent en fosses distinctes; de telle sorte que, si le niveau de la mer s'abaissait de 100 mètres, plusieurs lacs subsisteraient sur le fond émergé de la partie inférieure des fjords.

Tous ont eu leurs parois dressées par le frottement des glaciers qui les occupaient encore il y a quelques milliers d'années, et par lesquels ont été arrondies et *moutonnées* toutes les saillies rocheuses, en dehors de quelques cimes culminantes, demeurées abruptes parce que la glace en respectait le sommet. Ces mêmes glaciers ont couvert la plus grande portion des Highlands d'accu-

---

1. Voir plus haut, p. 127.

mulations morainiques, dont beaucoup servent de digues à de petits étangs ou *tarns*, à l'eau brune, bien distincts des grands *lochs* d'origine tectonique. Autour de ces marais tourbeux s'étendent d'infertiles bruyères, et les bois sont d'une excessive rareté.

A travers les surfaces morainiques de teinte grise, on voit parfois courir, reconnaissables à la couleur verte de l'herbe qui les couvre, les traînées de graviers connues sous le nom de *kames*, et dont l'origine a été antérieurement expliquée[1]. En outre, les traces de l'abaissement progressif du niveau des lacs, pendant la retraite des glaces, se révèlent par des terrasses étagées de cailloux, comme les *parallel roads* du Glen Roy.

Le relief de la contrée, résultat d'influences multiples, dont quelques-unes très anciennes (la fente du Grand Glen, le long de laquelle le sol tremble encore quelquefois, était déjà dessinée à l'époque dévonienne), offre toutes sortes de combinaisons, où se traduisent à la fois les accidents tectoniques, les différences de dureté, les accumulations volcaniques ou morainiques, enfin l'érosion glaciaire. Telle montagne élevée, comme le Ben Lawers (1140 mètres), est en réalité le fond, respecté à cause de la résistance de la roche, d'un ancien pli *concave*, tandis qu'à côté un pli anticlinal démantelé a fait place à une vallée[2]. Enfin les laves relativement récentes, par exemple les obélisques de basalte de l'île de Skye, impriment à certains points de la côte occidentale une physionomie tout à fait indépendante de la nature du substratum archéen.

Un fait très important est la constance de la direction des cours d'eau, qui tous s'écoulent vers la mer du Nord. On sent que le drainage de la région s'est toujours fait de ce côté, et cette disposition n'a pu être qu'accentuée par le mouvement qui relevait la côte occidentale, comme contre-partie de l'écroulement atlantique.

Golfe de Caithness. Différences des côtes écossaises. — Les Highlands proprement dits, sauf leur pointe nord-est, sont constitués par le terrain archéen, et la région des Grampians offre un mélange de schistes cristallins archéens et de terrains primaires très métamorphiques. Mais le promontoire de Caithness, où le sol s'abaisse sensiblement, est formé de *vieux grès rouges*[3] dévonien,

---

1. Voir plus haut, p. 223.
2. Hahn, *op. cit.*
3. *Old red sandstone* des Anglais.

qui est venu autrefois s'appuyer, comme un dépôt de rivage, contre le pied de la chaîne calédonienne; et cette même formation, accompagnée de *nouveau grès rouge* triasique, garnit les bords de la grande échancrure où se logent les *firths* de Dornoch et de Moray.

Ainsi l'angle rentrant si curieux que forme la côte écossaise, entre les caps Dunscamby et Kinnaird, n'est pas un accident récent ou fortuit. Il était préparé dès les plus anciennes périodes géologiques. C'était un golfe par où les lagunes de la mer dévonienne et celles du trias pénétraient dans l'intérieur du massif archéen. Ce golfe n'est d'ailleurs que l'origine du grand Glen d'Inverness; et la preuve qu'il y a toujours eu là une ligne faible du sol écossais est fournie par la présence, sur la côte de Sutherland, de lambeaux déposés par la mer jurassique. Des témoins semblables subsistent autour de l'île de Skye, trahissant un ancien détroit. Ainsi le morcellement des Highlands aurait emprunté de très vieilles lignes de moindre résistance du massif.

La différence qui vient d'être signalée, entre les rivages occidentaux de la pointe écossaise et ceux qui regardent vers l'orient, suffirait à expliquer pourquoi les derniers sont infiniment moins découpés et moins riches en fjords que les premiers; car il est évident que la dislocation et l'érosion n'ont pas pu agir dans la même mesure sur les schistes cristallins des bords du Minch et sur les conglomérats du grès rouge de Caithness et d'Elgin. A cette cause s'en ajoute une autre, peut-être encore plus décisive.

Nous avons dit que les Highlands pouvaient être considérés comme un ancien plateau qui, lors de l'effondrement atlantique, avait dû basculer en se relevant à l'ouest. C'est donc le bord occidental, formant falaise, qui a subi le principal effort de cassure et s'est accidenté ensuite des vallées les plus profondes. En outre les glaciers qui, s'ils n'ont pas créé les fjords, ont tant contribué par l'occupation de ces sillons à la conservation de leurs caractères topographiques, ont persisté plus longtemps à l'ouest qu'à l'est; d'abord à cause de l'altitude plus forte, ensuite parce que l'alimentation en neige devait être plus abondante là où se dressait le plus haut obstacle en face des vents d'ouest. Toutes les conditions étaient donc réunies pour accentuer la profonde différence de contours qui existe entre les rivages atlantiques de l'Écosse et ceux que baigne la mer du Nord; différence qui, pour ces mêmes causes, ne se borne pas à la pointe des Highlands et se poursuit tout le long de l'Écosse.

Lowlands. Hautes terres du sud. — D'Aberdeen à Greenock, la géologie révèle l'existence d'une dislocation qui traverse toute l'Écosse, et peut même se suivre au delà, dans l'île d'Arran. C'est là que se fait le passage des hautes aux basses terres ou *lowlands*. Le long de cette cassure, un ruban de terrain carbonifèrien commence, qui s'étend jusqu'à Glasgow, entre les Grampians d'un côté, les montagnes méridionales de l'autre. Non seulement ce bassin atteste une dépression d'âge primaire, où les dépôts dévoniens et carbonifèriens étaient venus tour à tour se loger; mais la faible résistance des sédiments qui remplissent la dépression y a facilité l'œuvre de la dénudation. Celle-ci eût été plus complète encore, si diverses masses éruptives, injectées à travers les assises sédimentaires vers la fin des temps primaires, n'avaient mieux résisté à l'érosion que les couches encaissantes: de sorte que les débris de ces injections volcaniques demeurent aujourd'hui en saillie, formant les collines de Pentland et, en particulier, la célèbre éminence de l'*Arthur's seat*, qui domine Édimbourg.

Les *Hautes terres du sud*, entre le Mont Merrick et les collines de Lammermuir, sont une répétition affaiblie des Grampians. De nombreux plis, alignés du nord-ouest au sud-est (c'est-à-dire transversalement à l'axe orographique apparent de la région), disloquent les terrains primaires, mélangés par places d'archéen. Ces plis de date très ancienne, appartenant sans doute aux racines de la vieille chaîne calédonienne rabotée, sont sans influence sensible sur le relief actuel, déterminé surtout par la dureté des roches et l'action combinée des eaux et des glaciers. Néanmoins, le fait que plusieurs rivières coulent dans la même direction, du nord-ouest au sud-est, en traversant tout le pays, indique que la structure tectonique devait commander le réseau hydrographique antérieurement au dernier affaissement des *lowlands*[1]. En plus d'un point d'ailleurs, le terrain des montagnes disparaît entièrement sous les bruyères et les herbes qui garnissent le manteau glaciaire répandu sur le pays.

Hébrides, Orcades, Shetland. — C'est dans les *Hébrides* que le terrain archéen de l'Écosse, autrefois bien plus étendu vers le nord-ouest, s'est le mieux conservé. Là s'observe le *gneiss* dit *fondamental*, sur lequel le grès précambrien de Torridon est venu s'appliquer de l'autre côté du détroit de Minch. Ces îles, dont les cimes culminantes sont toutes collées contre le bord atlantique, ont des

---

1. Hahn, *op. cit.*

rivages découpés mais avec quelques alignements dominants. Leur intérieur est plat, et porte des lacs ou des marécages. Leur aspect, très analogue à celui des îles Lofoten, est essentiellement scandinave. C'est le bord, relevé vers l'ouest, d'une bande en partie effondrée au devant de la côte des Highlands. La profondeur très irrégulière du Minch, où se trouve une fosse de 278 mètres, justifie cette hypothèse. Là encore, il y a influence combinée des dislocations et de l'érosion marine, cette dernière agissant sur une terre déjà démembrée.

Les Orcades sont les restes très déchiquetés d'un massif de vieux grès rouge, qui se reliait autrefois à celui de Caithness, s'appuyant au nord-ouest contre un noyau archéen aujourd'hui disparu. Comme toutes les terres écossaises, les Orcades sont plus hautes à l'ouest qu'à l'est et se montrent accidentées de menus lacs glaciaires. Déchirées par une foule de petits *fjords* et de *sunds*, ne laissant voir absolument aucun dessin dans leurs contours, elles mettent surtout en évidence l'action des vagues, qui découpe le grès rouge en falaises, et parfois en aiguilles caractéristiques[1], où s'accusent à la fois la stratification presque horizontale du grès et sa division par des fissures verticales.

Les Shetland diffèrent beaucoup des Orcades. Autant les contours de ces dernières sont capricieux, autant ceux des Shetland sont réguliers dans l'ensemble, laissant prédominer une direction presque nord-sud, qui fait, de la plus grande partie de ces îles, d'étroites arêtes rectilignes. Ces falaises sont exceptionnellement abruptes, plongeant du pied dans une eau profonde, et, dans la petite île de Foul, qui est comme le poste avancé du groupe, elles sont coupées à pic sur une hauteur de 300 mètres[2]. La tourbe domine dans l'intérieur, où des surfaces moutonnées se montrent à une grande hauteur, et la nature y est essentiellement septentrionale, comme aussi la population, d'origine franchement scandinave.

On sent, rien qu'au dessin, que ce groupe d'îles ne doit pas appartenir à la même formation que les Orcades ; et en effet, si un peu de vieux grès rouge dévonien se montre dans la partie orientale, tout le reste est constitué de schistes anciens fortement comprimés, débris des racines de la chaîne calédonienne, qui se poursuivait de l'Écosse au cap Nord. Dans ce massif de très antique consolidation, l'écoulement atlantique a produit des cassures franches, qui expliquent l'allure rectiligne des rivages.

1. Voir fig. 102, p. 254.
2. Reclus, *Nouvelle géographie universelle*.

Angleterre. District des Lacs. — C'est à l'Angleterre proprement dite qu'est exclusivement réservé le contraste de la région occidentale, montueuse et de sol ancien, avec les plaines tournées vers l'orient, et presque en totalité tributaires de la mer du Nord.

Trois unités doivent être distinguées dans le massif paléozoïque de l'ouest : 1° le *District des Lacs*, surtout silurien, appartenant à la fois au Cumberland et au Westmoreland, et que borde à l'est la chaîne Pennine, avec ses larges affleurements de carboniférien inférieur, et son ruban de terrain houiller qui s'étend de Newcastle au Derbyshire ; 2° le *Pays de Galles*, principalement précambrien et silurien, avec la bande de même âge du Shropshire et le terrain houiller du Midland et de Cardiff ; 3° le pays de la *Cornouaille*, où le granite occupe une grande place, au milieu d'un fond de schistes surtout dévoniens.

Le District des Lacs, séparé de l'Écosse par la profonde coupure du Forth de Solvay, est un massif montagneux ancien, dont la principale cime, le Scafell, approche de 1000 mètres, et que l'érosion, complétant l'œuvre des dislocations, a depuis longtemps divisé en lambeaux. Son trait principal est une ligne de dépression centrale, alignée au nord-nord-ouest, et sur laquelle se succèdent, en un double sillon : à gauche et au nord, les lacs Bassenthwaite, Derwentwater, la vallée de Borrowdale et ses prolongements ; à droite et au sud, le Thirlmere et, au delà d'un seuil qui n'a que 240 mètres d'altitude, le Grasmere et le long Windermere. D'ailleurs les vallées transversales du grand et du petit Langdale accusent, au cœur même du massif, une dislocation à peu près perpendiculaire à la première.

Les lacs, bien connus maintenant depuis la description si précise qu'en a donnée M. Mill[1], sont tous remarquablement allongés, et du même type que les *lochs* d'Écosse. Ce sont essentiellement des lacs de vallées de fracture, aux flancs raides, où la partie sous-lacustre est souvent le prolongement exact du versant émergé et parfois même affecte une pente plus forte, jusqu'à un raccordement avec un fond plat. A l'exception d'un seul, dont le niveau est à 211 mètres au-dessus de la mer, tous les lacs ont des altitudes faibles, comprises entre 40 et 145 mètres ; leurs plus grandes profondeurs variant de 21 à 79 mètres, il en est trois dont le lit descend plus bas que la surface de l'océan, notamment le Windermere, le plus extérieur de tous, dont la fosse d'amont a son maximum

---

1. *Geographical Journal*, juillet et août 1895.

de profondeur à la cote — 30. Nulle part les eaux ne sont retenues à l'aval par des barrages morainiques, et le profil en long de la partie sous-lacustre fait ressortir des fosses indépendantes, exactement comme dans les fjords.

Origine des lacs. Relief du pays. — En somme, la seule différence qu'il y ait entre ces lacs et les lochs d'Écosse, c'est qu'un climat plus doux a chassé les glaciers du Cumberland plus tôt que des Highlands. L'œuvre du comblement des dépressions et de l'adoucissement des pentes y est donc plus avancée, et c'est ainsi qu'ont déjà disparu sous les alluvions les anciens lacs d'Ennerdale, de Borrowdale, de Langdale, etc.; c'est ainsi également que s'est opérée la séparation du Derwentwater et du Bassenthwaite, grâce à l'apport continuel des rivières affluentes, pendant que presque partout les versants perdaient leur raideur originelle et que des deltas fluviaux diminuaient l'ampleur des lacs. Ce travail atténue la sévérité primitive de la région, et, avec l'aide de la riche végétation entretenue par le climat, le District des Lacs a conquis le charme particulier qu'on s'accorde à lui reconnaître. Mais l'origine première des cavités lacustres est la même qu'en Écosse, et doit être avant tout cherchée dans la dislocation d'un massif ancien, sculpté par les eaux courantes et ultérieurement envahi par les glaciers. A l'époque où le comblement des lacs n'avait pas encore commencé, la réunion en une seule nappe de Thirlmere, Grasmere, Rydal-Water, Langdale, Coniston, Esthwaite et Windermere, devait engendrer quelque chose de très analogue au lac suisse des Quatre-Cantons.

Le relief de la région résulte à la fois des cassures qui l'ont morcelée, des différences de résistance à l'érosion offertes par les sédiments primaires, mélangés en ce pays de nappes éruptives et de tufs, enfin de l'action glaciaire. A cette dernière doivent être attribués la plupart des *tarns* ou petits lacs sans profondeur, retenus d'ordinaire par des accumulations morainiques, et presque tous envahis par la tourbe, dont la croissance est favorisée par l'extrême humidité du climat.

M. Mill a fait remarquer que la disposition des vallées du massif était essentiellement rayonnante. Cela donne à penser que le réseau hydrographique pourrait être l'héritage d'un très ancien passé, remontant à l'époque où les cimes, aujourd'hui très isolées, du Scafell, de l'Helvellyn et du Fairfield, auraient fait partie d'un même dôme, plus tard démantelé par dislocation et érosion.

Sur le flanc oriental du District des Lacs, et à titre de dépendance du massif ancien de l'ouest de l'Angleterre, s'étend la *chaîne Pennine*, où les formations carbonifériennes redressées engendrent un territoire montagneux (d'où le nom de *mountain limestone* ou *calcaire de montagne*, originairement donné au calcaire carbonifère). Ce territoire, bien plus élevé dans l'origine, a réussi à garder encore un relief notable. Il s'étend jusqu'aux Monts Cheviots du Northumberland, et les roches tendres du terrain houiller, qui viennent s'y superposer dès Newcastle, adoucissent la topographie de son bord extérieur.

Pays de Galles. — Le Pays de Galles offre une constitution très analogue à celle du Cumberland. Plus encore que dans ce dernier district, les influences atmosphériques et glaciaires y ont adouci une topographie qui devait être assez heurtée et dont les traits, bien indiqués par l'alignement de diverses hauteurs, surtout par la direction du promontoire de Caernarvon, concordent absolument avec ceux des Highlands. Les fjords et les lacs ont été comblés, et ne font plus aujourd'hui que des vallées sinueuses à fond très plat.

Mais l'état de dislocation du terrain a moins contribué à déterminer son relief actuel que la très grande variété des roches qui s'y rencontrent. Aux époques anciennes, le Pays de Galles a été un centre remarquable d'activité éruptive. Les tufs et les laves avaient édifié d'énormes massifs, dont quelques-uns subsistent encore, en partie, à l'état de cimes culminantes, tels que le Cader Idris et le Snowdon (1094 mètres). La résistance offerte par des laves d'âge silurien a déterminé la direction et la forme de plusieurs vallées, en faisant naître, notamment aux environs de Tremadoc, des paysages très semblables à ceux qu'on peut observer dans les districts volcaniques modernes.

D'ailleurs, si le relief de cette région fort ancienne est encore aussi accentué, c'est qu'il a été rajeuni par le mouvement de bascule qui a dû, lors de la formation de l'Atlantique, relever toutes les terres britanniques vers l'ouest.

Depuis le nord de l'Angleterre jusqu'au Pays de Galles, les couches primaires se montrent accidentées de plis, qui marquent les racines des montagnes dressées à cette place vers la fin des temps carbonifériens. Or ces plis, très visibles dans le Pays de Galles, en raison de l'érosion qui a mis en saillie les bandes les plus dures, s'infléchissent progressivement de telle sorte que leur direction, d'abord à peu près méridienne, est devenue est-ouest en arrivant au cap de Saint-David.

D'un autre côté, dans la Cornouaille, qui va nous occuper, et dans le Devonshire, on retrouve les plis primaires alignés à l'est avec légère tendance au sud. On peut donc dire que l'embouchure de la Severn marque un point de rebroussement, à partir duquel les ondulations de la chaîne carbonifèrienne se déployaient en éventail. Cet éventail s'ouvre à l'est, et il est à présumer qu'entre ses branches extrêmes devait se trouver une région déprimée. En effet, c'est là que la mer est revenue dès l'époque du trias, et depuis lors cette région du bassin de Londres, de la mer du Nord et de la Baltique a été presque constamment une aire de sédimentation marine. Ainsi son rôle était esquissé de longue date.

Cornouaille. — Le promontoire de la Cornouaille est beaucoup moins varié comme composition que le pays de Galles; aussi offre-t-il une surface bien plus uniforme, et très analogue à celle de la Bretagne française; d'autant plus que le granite y est abondant. De plus, recevant le premier choc des vagues atlantiques poussées par les vents d'ouest, il est remarquablement découpé par l'érosion marine, surtout aux abords du cap Lizard. En avant du Land's End, les îles Scilly donnent une idée de l'extension que devait avoir autrefois, vers l'ouest, ce massif aujourd'hui si réduit.

Une protubérance, s'élevant jusqu'à près de 600 mètres, le domine à l'est; c'est le noyau granitique de Dartmoor, masse injectée à travers les schistes primaires. La séparation entre ce territoire et la Cornouaille est très nette, grâce à la vallée rectiligne du Tamer qui, naissant presque à la pointe de Hartland, sur le canal de Bristol, vient aboutir à Plymouth, accusant bien l'absence de toute arête orographique longitudinale dans le promontoire qu'elle traverse.

Région orientale. Allure générale. — La Région anglaise orientale se détache d'autant mieux, comme topographie, de la bande des terrains primaires, que la jonction des deux territoires se fait par un ruban de roches facilement altérables, appartenant aux systèmes permien et triasique. L'affleurement de ces roches, grès et marnes généralement rougeâtres (d'où le nom de *new red sandstone* ou *nouveau grès rouge*, par opposition au *vieux grès rouge* dévonien), se traduit par une zone de terres basses.

Au delà de cette bande, où se sont établis la Severn, la Mersey et le cours supérieur du Trent, les divers étages secondaires plongent avec régularité les uns sous les autres, de sorte que leurs affleurements se succèdent en bandes parallèles, en même temps que les différences de dureté font naître une structure en gradins [1]. Aux zones basses, engendrées par l'apparition au jour des couches faiblement résistantes, succèdent des escarpements, au front tourné vers l'ouest, où se montre la tranche des assises dures. Ces dernières sont surtout constituées par les calcaires oolithiques du système jurassique et par la craie blanche.

A partir des crêtes des escarpements s'étendent, descendant doucement vers la mer, et appuyées sur la plate-forme résistante, des plaines remarquablement uniformes, qui se poursuivent, les unes à travers les comtés d'York, de Lincoln, d'Oxford, les autres dans le Surrey et le Kent. Cet ensemble est accidenté, à l'est, par les deux dépressions de l'Humber et du Wash, en même temps qu'au sud son allure est un peu troublée par le dôme wealdien, dont il sera question plus loin. Enfin, jusqu'à une ligne qui, de la pointe sud-ouest du pays de Galles, remonte à Birmingham pour redescendre jusqu'à la limite des pays de Suffolk et d'Essex, les traces du passage des anciens glaciers sont visibles à la surface sous la forme de l'*argile à blocaux* (*boulder-clay*), d'autant plus épaisse et d'autant mieux caractérisée qu'on remonte davantage au nord-ouest.

Histoire de la région. — Pour l'intelligence du réseau hydrographique de l'Angleterre orientale, il convient de se souvenir que le pays, dont l'histoire géologique est très simple à dater de la fin de l'ère primaire, a dû traverser au moins trois cycles d'érosion bien marqués [2].

D'abord, après les temps carbonifériens, toute la Grande-Bretagne, ou à peu près, était émergée, et il s'y dressait des montagnes importantes, dont la chaîne Pennine est un reste. Une assez longue érosion les avait fait disparaître en grande partie, avant que la mer s'avançât de nouveau jusqu'à la lisière actuelle du massif paléozoïque. Cette transgression marine a d'abord été lente et indécise, ne donnant lieu qu'à des lagunes saumâtres; mais elle est devenue franche après le trias, et depuis lors le régime marin a persisté, sans jamais perdre d'ailleurs le caractère sublittoral, jusqu'à la fin des temps jurassiques. Alors la contrée a traversé une nouvelle phase d'émersion. La mer n'y subsistait plus qu'au nord, sur un coin du comté d'York. Un fleuve important, né dans les montagnes de l'ouest, et suivant à peu près la direction de la

---

1. Voir plus haut, p. 111.
2. Voir Davis, *The development of english rivers, Geographic Journal*: 1895, p. 127.

Tamise, venait jeter dans la mer septentrionale, entre le Sussex et le Kent, des sédiments d'estuaire ainsi que des débris de grands reptiles terrestres.

Avec l'inauguration de la série crétacée supérieure, une nouvelle transgression marine s'est manifestée, et la mer de la craie a réussi à s'avancer, au nord pour le moins jusqu'au Wash, au sud-ouest jusque tout près du dôme granitique de Dartmoor. Après la craie a commencé un mouvement de régression, qui a localisé les dépôts tertiaires, plutôt saumâtres que marins, dans deux sillons, le premier vers l'embouchure de la Tamise, le second dans le bassin du Hampshire. Puis, tandis que la mer oligocène envahissait plusieurs régions de l'Europe, elle respectait l'Angleterre, où depuis lors il n'y a guère eu qu'une tentative de submersion très partielle, se traduisant par l'adjonction d'un mince ruban pliocène au littoral du Norfolk et du Suffolk, ainsi que par quelques retours marins sur le bord de la Manche.

Développement du réseau hydrographique. — Les rivières qui avaient dû s'établir pendant le cycle post-primaire ont donc vu leur cours inférieur envahi par la mer lors de l'époque jurassique, après laquelle elles se sont allongées de nouveau dans la même direction, pour subir encore un raccourcissement avec les temps crétacés, puis un nouvel allongement quand la mer s'est retirée. Dans chaque période d'extension des lits, des affluents *subséquents*[1], se sont développés, perpendiculairement au tronc principal, en suivant les affleurements des assises peu résistantes, c'est-à-dire, en général, du nord au sud ; et l'activité de ces affluents, variable selon les vicissitudes du tronc qui les recevait, a entraîné tous les phénomènes de capture habituels en pareil cas.

Ainsi l'Humber, qui d'abord venait d'Halifax, en suivant le cours actuel de l'Ouse, a vu s'établir, sur l'affleurement des argiles liasiques qu'il traversait, deux tributaires subséquents, l'un, le Derwent, qui a réussi à pousser sa tête au nord presque jusqu'au rivage actuel, près de Whitby ; l'autre, le Trent, d'autant plus important qu'il a su capturer la tête d'un tronc plus méridional, lequel, dans l'origine, débouchait au Wash par la Witham. De là l'importance prise, mais aujourd'hui localisée sur un petit parcours, par l'émissaire définitif.

De cette façon, bien que le drainage de la contrée ait toujours été déterminé par un appel venant de l'est, les cours d'eau coulant

---

[1]. Voir plus haut, p. 111.

de l'ouest à l'est, souvent gênés par le recul de leurs embouchures, sont aujourd'hui dépassés en importance par ceux qui coulent suivant l'affleurement des bandes successives. La seule exception notable est formée par la Tamise, et cela parce que la rivière a son cours défini par le fond d'un pli concave très net, dans lequel était venu se loger le bassin tertiaire de Londres. Encore le vrai cours de la Tamise doit-il être cherché, en amont de Reading, dans son tributaire la Kennet. De Reading à Oxford, le fleuve a emprunté un affluent subséquent, et au delà de la dernière de ces villes, il compose son cours supérieur avec la tête d'un ancien cours d'eau ouest-est, aujourd'hui brisé en plusieurs tronçons isolés [1].

C'est par l'escarpement des calcaires oolithiques, qui se poursuit vers le nord-nord-est, en faisant face à l'ouest, que le bassin de la Severn est séparé de celui de la Tamise. Or cet escarpement, sous l'effort de l'érosion, n'a cessé de reculer vers l'est, ce qui a constamment accru le domaine du fleuve aboutissant au canal de Bristol. De la sorte, la Tamise a perdu autant de terrain du côté de sa source qu'elle en perdait dans la direction opposée par l'érosion marine, qui élargissait sans cesse son estuaire [2], et l'Avon, poussant ses affluents vers l'escarpement en voie de recul, a dû capturer ainsi l'ancienne tête de la Kennet.

Une mention particulière est due au Wash, cette Néerlande anglaise, où les tourbières (*fens*) occupent 3000 kilomètres carrés. C'est un ancien estuaire marin, où plusieurs cours d'eau, Ouse, Nen, Welland, Witham, aux embouchures sans cesse changeantes, viennent converger.

Émersion pleistocène. — Ce rapide aperçu ne saurait avoir la prétention d'épuiser, même en se tenant aux traits les plus généraux, l'histoire des cours d'eau anglais. En effet, les dernières phases de cette évolution hydrographique ont dû être traversées par plusieurs vicissitudes, au nombre desquelles il faut sans doute compter une émersion momentanée du lit de la mer du Nord.

En effet, à un certain moment de l'époque pleistocène, l'Angleterre était en libre communication avec le continent, non seulement parce que l'isthme calaisien n'était pas rompu, mais aussi parce que le niveau des terres septentrionales s'était un peu relevé. M. Jukes Browne [3] a fait remarquer qu'un soulèvement de moins

---

1. Davis, *loc. cit.*
2. Hahn, Kirchhoff's *Länderkunde*.
3. *The building of the british isles*, p. 402.

de 74 mètres, qui unirait le nord de l'Irlande à l'Écosse, transformerait du même coup la mer du Nord en une plaine, dont le rivage irait du sud de l'Écosse à la pointe du Jutland, et où le Rhin trouverait son embouchure vers la latitude de Newcastle, après avoir reçu le tribut de toutes les rivières anglaises.

L'idée de cette émersion n'est pas une hypothèse gratuite ; car bien au large de Newcastle, au milieu de la mer du Nord, s'étend le banc sous-marin dit *Dogger*, où la profondeur d'eau, partout inférieure à 40 mètres, et en moyenne de 25, s'abaisse parfois à 13. La drague en a rapporté par centaines des ossements de mammouth, de rhinocéros laineux, de renne, etc., qui semblent bien prouver que cette plate-forme était émergée au milieu des temps pleistocènes. De plus, en avant de la côte orientale d'Écosse s'étend, par quarante brasses de profondeur, le banc dit *les Longs Quarante*, dont le fond est surtout de gravier et de coquilles brisées. Or au nombre de ces dernières sont *Purpura lapillus* et *Littorina rudis*, espèces qui ne vivent que dans la zone du balancement des marées [1].

Ainsi, à une époque relativement très récente, le lit des fleuves anglais a pu se trouver démesurément allongé, et tous sont aujourd'hui dans la condition de cours d'eau *tronqués*.

Dôme wealdien. — Il nous reste à parler d'un accident fort remarquable, qui, dans le sud-est de l'Angleterre, fait naître, au milieu de plaines à fond de craie, une large dépression verdoyante et bien arrosée, au sol d'argile et de sable, encadrée entre deux lignes d'escarpements crayeux. Ces escarpements sont les *North Downs*, tranchés par la mer à Folkestone, et les *South Downs*, qui aboutissent au cap Beachy Head. De l'un à l'autre s'étend le *Weald*, dôme de sédiments infracrétacés qui, vers la fin des temps tertiaires, ont été poussés à travers leur couverture de craie.

Cependant les petits fleuves du sud de l'Angleterre, Itching, Arun, Ouse, au lieu de couler parallèlement au bourrelet des South Downs, le traversent à angle droit et ont leurs sources dans les sables argileux du Weald. Il en est de même, relativement aux North Downs, du Greater Stour, de la Medway et du Darent.

C'est la preuve que ces cours d'eau ont dû prendre naissance, en qualité de conséquents, dès l'origine du bombement, par divergence à partir d'un axe anticlinal, qui envoyait les uns au sud, les

---

1. Jukes Browne, *loc. cit.*

autres au nord. Bientôt l'axe de la voûte s'est crevé, l'exhaussement faisant des progrès, et l'érosion, élargissant la crevasse, a peu à peu éloigné l'une de l'autre ses deux lèvres, dont l'ensemble dessine aujourd'hui une véritable boutonnière se refermant à l'ouest vers Petersfield. Ce recul progressif n'a rien changé à la direction des rivières, qui se sont contentées de faire descendre leurs lits en créant des échancrures dans l'escarpement des downs. L'œuvre de descente à travers ces derniers devait leur être facilitée au fur et à mesure, par la mise à découvert, au centre du dôme, de terrains imperméables, qui leur assuraient une plus abondante alimentation.

Cependant, vers la fin, quelques branches subséquentes ont pris naissance parallèlement à la direction même du bombement, en suivant les affleurements qui s'échelonnaient le long des lèvres de la boutonnière; ainsi les deux cours d'eau, opposés bout à bout, qui se réunissent à Ashford pour former le Greater Stour; ainsi encore les affluents supérieurs de la Medway entre Tunbridge, Tunbridge Wells et Reigate.

La boutonnière wealdienne ne se referme pas à l'est. Elle est tranchée net par la côte de la Manche, et c'est en France, dans le Boulonnais, qu'il en faut chercher la terminaison. Les escarpement crayeux qui la limitent, façonnés d'abord par les grandes pluies quaternaires, ont vu ensuite leurs versants s'adoucir peu à peu pour prendre le profil arrondi et convexe qui caractérise les *downs*[1].

Bassin de l'île de Wight. — Le dôme du Weald n'est pas le seul accident récent du sud de l'Angleterre. Entre la pointe de Portland et les South Downs débouchent, depuis Poole jusqu'à Portsmouth, une série de cours d'eau à larges estuaires, qui tous semblent converger vers l'île de Wight, entourant au centre un district spécial, arrosé de nombreux ruisseaux, et appelé *New Forest*.

Cette convergence tient à ce qu'un bassin tertiaire, aux eaux saumâtres, et de forme elliptique allongée, a justement occupé cette place jusqu'à la fin de la période éocène, appelant ainsi les eaux vers son centre. La terminaison méridionale de ce bassin est remarquablement indiquée par une ligne étroite de hauteurs, qui s'étend de Weymouth au sud de Poole Harbour et qui, interrompue par la mer, se retrouve en travers de l'île de Wight, où elle

---

1. Voir plus haut, pp. 91, 92.

explique les deux protubérances extrêmes de cette île, The Needles et Culver Cliff.

C'est un véritable bourrelet, où le terrain crétacé, brusquement soulevé, détermine un plongement rapide du tertiaire sur son flanc nord, et qui témoigne d'un effort de plissement, contemporain de celui du Weald. D'ailleurs, entre ce bourrelet et les South Downs apparaît, au nord de Portsmouth, à titre de pli saillant de second ordre, une autre crête étroite, portant les forts qui défendent la rade, et où la craie a réussi à percer sa couverture tertiaire ; de sorte que la position du canal de Spithead, comme de celui de Solent, est nettement déterminée par ce pli concave intermédiaire entre les deux bourrelets.

Ainsi, malgré la régularité générale de ses affleurements secondaires, l'Angleterre a ressenti, dans sa partie méridionale, l'effet des mouvements orogéniques qui ont marqué l'ère tertiaire ; et les dislocations résultantes n'ont pas dû être sans influence sur l'ouverture définitive de la Manche, dont les fosses profondes s'alignent parallèlement à cette direction.

Quant au Pas de Calais proprement dit, c'est une simple tranchée, ouverte par les vagues à travers un massif dont les assises se correspondent exactement d'une rive à l'autre, et qui, lors des premiers temps quaternaires, formait un isthme, à la faveur duquel les animaux passaient librement du continent en Angleterre.

Structure de l'Irlande. — L'Irlande se compose d'une plaine centrale basse, de moins de 73 mètres d'altitude, semée de lacs et de tourbières, et d'une ceinture de régions montueuses, qui cependant laissent la plaine arriver jusqu'à la mer, d'un côté entre Dublin et Dundalk, de l'autre autour de Galway.

Cette structure est fort ancienne, car la plaine centrale représente une dépression, où le terrain carboniférien était venu se loger, comme la bande des *lowlands* d'Écosse, entre deux massifs, antérieurement plissés et disloqués, de terrains résistants ; celui du nord, embrassant les pays de Connaught et d'Ulster ; celui du sud, ou de Munster et de Leinster.

Comme d'ailleurs les roches du terrain houiller proprement dit, qui garnissaient la partie supérieure du bassin déprimé, étaient relativement tendres, l'érosion les a presque complètement fait disparaître, atteignant leur base, formée de calcaire, de grès et de schistes.

Le terrain glaciaire a d'ailleurs recouvert la totalité de l'Irlande, si bien que, dans la dépression centrale, on voit rarement à nu les roches carbonifériennes, qui dans ce cas se montrent arrondies et moutonnées. La moraine est parsemée de lacs à l'eau brune et d'étangs tourbeux. La multitude des petites flaques d'eau et des tourbières est telle, à la jonction de la plaine avec le massif de l'Ulster, qu'elle suffirait à elle seule pour faire deviner qu'il s'agit d'un dépôt glaciaire. De distance en distance s'observent les *eskers* ou traînées de graviers, déposées par les torrents qui sillonnaient l'extrémité des lobes de glace. Même au sud, les barrages glaciaires ont suffi pour engendrer des nappes lacustres étendues, comme le charmant lac de Killarney.

Réseau hydrographique. — Le réseau hydrographique de l'Irlande présente, au premier abord, d'assez grandes singularités. Ainsi on peut se demander comment il se fait que le Shannon, la principale rivière d'Irlande, au lieu de se jeter à l'ouest, par un pays entièrement plat, dans la baie de Galway, s'engage au sud dans un massif montagneux, à l'entrée duquel il lui faut stationner en un lac allongé et sinueux, le Lough Derg, avant de trouver une issue vers le long estuaire de Limerick. De même on s'étonne de voir la rivière Barrow prendre sa source dans la dépression centrale, pour se frayer ensuite un chemin difficile vers le sud à travers les montagnes de Leinster. Tout cela tient, sans doute, à ce que le réseau hydrographique était dessiné à une époque où la bande carbonifère, plus haute ou moins encaissée, offrait une surface suffisamment inclinée pour déterminer le sens de l'écoulement vers le sud[1].

Les côtes irlandaises. — Le contraste est profond entre la côte occidentale d'Irlande et celle qui fait face à la Grande-Bretagne. La seconde est aussi droite que la première est découpée. Encore faut-il distinguer entre les larges échancrures, qui marquent la rencontre par l'Atlantique de la bande centrale, depuis le Shannon jusqu'à la baie de Galway, et les multiples découpures, aux flancs escarpés et aux éléments bien alignés, que présentent, soit les rivages de Donegal, de Mayo et de Connemara, au nord-ouest, soit ceux de Kerry et de Kork au sud-ouest. On devine que la côte occidentale d'Irlande, plus haute en moyenne que celle de l'est, a subi, comme le littoral écossais, l'influence des dislocations atlantiques. Là aussi, il s'agit d'un territoire qui a fait la bascule en s'inclinant à l'est, de sorte que son bord extérieur, relevé et

---

1. Hahn, *Länderkunde*.

fracturé, a été découpé en fjords là où le terrain était suffisamment dur, en golfes profonds sur l'emplacement des roches tendres.

Du reste, la côte de Donegal est, par son allure comme par sa constitution géologique, la continuation directe du rivage des Highlands d'Écosse, et le pays est traversé par des *glens*, ou coupures rectilignes aussi bien caractérisées que celles de la péninsule calédonienne. Des traits analogues, sous la forme d'une série de fjords parallèles, se retrouvent sur la pointe sud-ouest de l'île, notamment à Valentia. Seulement là, comme dans le pays de Galles, l'érosion atmosphérique a eu le temps d'atrophier en partie les structures primitives, sous l'influence du climat exceptionnellement humide qui entretient la végétation de la « verte Erin ».

Deux particularités distinguent la côte orientale de l'Ulster : d'abord la saillie (plus de 700 mètres) que forme le massif des Monts Mourne, constitué par un granite qui paraît être assez récent ; ensuite l'aspect exceptionnel des falaises d'Antrim, où de puissantes nappes de basalte ont recouvert un lambeau de craie, complètement isolé de tout autre affleurement de même âge. C'est ce basalte qui, sur le rivage du nord, engendre, par l'affleurement de ses colonnes prismatiques, la célèbre *Chaussée des Géants*.

C'est aussi à une série de roches éruptives, mais plus anciennes, que les montagnes de Wicklow doivent leur relief.

Circonstances de l'isolement de l'Irlande. — Au point de vue de la constitution géologique comme à celui de la topographie, l'Irlande n'est rien autre chose que la continuation vers le sud-est du massif écossais. Le comté de Donegal prolonge directement les Highlands ; la plaine centrale irlandaise fait suite à la dépression des *lowlands*. Enfin la bande méridionale de Munster et de Leinster reproduit divers caractères des *southern uplands*. La continuité originelle de ces divers districts primaires ne peut donc faire aucun doute.

A quel moment la jonction a-t-elle été rompue ? Ce doit être à une époque tardive ; car, en dehors du lambeau crétacé d'Antrim, aucun vestige des mers secondaires et tertiaires ne se montre, ni sur les côtes d'Irlande, ni sur les rivages occidentaux de la Grande-Bretagne. De plus, la mer qui sépare les deux îles n'a nulle part plus de 170 mètres de profondeur (110 même entre l'Irlande et l'Écosse), et toutes deux reposent sur un large socle sous-marin, embrassant les Hébrides, les Shetland, la Manche et la mer du Nord, sans que jamais, sauf une ou deux fosses exceptionnelles et très limitées, la sonde y accuse 200 mètres d'eau.

Il semble donc légitime de penser que, non seulement le morcellement du territoire britannique, mais son isolement d'avec le continent, doivent avoir été occasionnés par un ensemble de dislocations, de mouvements généraux du sol, et d'érosions marines, dont l'action se serait fait sentir après les temps tertiaires.

Cette conclusion reçoit une grande force de la répartition actuelle des animaux terrestres dans ces parages.

Conditions déduites de la répartition des animaux. — On doit à M. Wallace[1] cette observation que, l'Allemagne possédant 90 espèces de mammifères, la Grande-Bretagne n'en compte que 40 et l'Irlande seulement 22. De même, le nombre des reptiles et des amphibies, qui est de 22 en Belgique, s'abaisse à 13 dans la Grande-Bretagne et à 4 en Irlande. Ainsi la migration s'est certainement faite de l'est à l'ouest, rencontrant de plus en plus d'obstacles à mesure qu'on s'avance dans cette direction. Mais elle était encore facile au début des temps pleistocènes, puisque le mammouth a laissé ses débris en Irlande.

D'ailleurs, la preuve qu'à la fin de l'ère tertiaire cette île devait être rattachée à l'Angleterre, c'est que les poissons actuels des lacs irlandais se retrouvent dans la faune lacustre du Cumberland, du Westmoreland et du Lancashire[2]. Cette similitude implique une communauté d'origine, qui doit être cherchée dans un lac d'eau douce ayant occupé la place de la mer d'Irlande. Or, ainsi que l'a remarqué M. Jukes Browne[3], un exhaussement de moins de 93 mètres ferait naître un isthme entre l'Irlande et le Pays de Galles, et au nord de cet isthme subsisterait un lac allongé, dont un bras septentrional s'étendrait entre les terres écossaises de Cantyre et de Jura, tandis qu'un autre isthme relierait directement le Donegal avec la partie haute des Highlands.

Telle devait donc être la condition du pays au début de l'ère quaternaire. Lors de la dernière des invasions glaciaires, il est probable que l'Irlande, presque entièrement couverte par les glaces, était inabordable. Cela expliquerait suffisamment pourquoi ni le lion, ni l'ours des cavernes, ni l'hyène tachetée, ni les animaux des toundras, alors répandus en Angleterre, n'ont laissé leurs débris dans l'île sœur. Pour la même raison, les restes de ces animaux sont absents de l'Écosse.

La dernière extension glaciaire s'étant partout terminée par une

---

1. *Island life*, p. 319.
2. Scharff. *Proceedings of the royal irish Academy*. 3. III, n° 3.
3. *The building of the british isles*, p. 396.

submersion, localisée du reste dans les pays que la glace avait couverts, l'ancien lac de la mer d'Irlande a pu devenir un golfe marin, tout en restant barré au nord par un isthme calédonien, que laisserait apparaître aujourd'hui un soulèvement de 74 mètres d'amplitude. Cet isthme aurait suffi pour permettre le peuplement de l'Irlande par les mammifères d'Écosse (car tous, sauf l'ours gris, sont communs aux deux pays). En revanche les mollusques terrestres avaient été plus lents à se propager. Aussi tandis que certaines espèces du genre *Helix* avaient pu passer du continent par l'Angleterre en Irlande, d'autres n'ont pas réussi à arriver jusque-là[1], le canal de Saint-Georges étant déjà ouvert lors de leur apparition dans le sud-est de l'Angleterre, et l'accès de l'isthme du nord étant trop difficile pour elles. D'autre part, la rupture de cet isthme est évidemment postérieure à l'occupation par l'homme du sol britannique ; et si l'on admet que l'érosion marine seule en ait fait disparaître une vingtaine de mètres, cela réduit à bien peu de chose le changement de niveau qui aurait suffi pour en déterminer la submersion.

1. Scharff, *loc. cit.*

DIX-SEPTIÈME LEÇON

I

LA PÉNINSULE SCANDINAVE

Structure générale de la Scandinavie. — Au premier abord, la structure de la péninsule scandinave paraît très simple. Il semble que ce soit un territoire presque exclusivement archéen, se relevant en pente douce à partir du golfe de Bothnie, tandis que, contre son bord atlantique, serait venu se coller un bourrelet montagneux, souvent désigné sous le nom d'*Alpes scandinaves*. De nombreux fjords découpent le versant extérieur de cette chaîne qui, vue de la mer, revêt un aspect tout à fait imposant.

Cependant cette conception n'est pas exacte, et l'apparence de chaîne, qu'offre le littoral atlantique, tient à ce que l'érosion, en découpant les crêtes séparatives des fjords, a mis en jeu les différences de dureté des roches, ce qui a fait naître des cimes isolées. Mais quand on a gravi ce versant, on atteint de hauts plateaux, sur lesquels la vue s'étend au loin sans obstacles, et dont plusieurs disparaissent sous une couverture neigeuse, qui en fait de véritables champs de névé. On reconnaît alors que la péninsule scandinave est une voûte à grand rayon, ou mieux encore une sorte de toit formé de deux versants très inégaux, l'un qui plonge brusquement vers l'Atlantique, l'autre doucement incliné en sens inverse. Si l'on fait abstraction des vallées qui les découpent, les surfaces de ces deux versants sont des pénéplaines, et la rupture des pentes s'y opère le long d'une ligne de faîte, que rien ne dessine d'une façon particulière dans la topographie.

Interruptions de la ligne de faîte. Dislocations atlantiques. — Même cette ligne est interrompue, en certains points, par de profondes incisions, qui vont d'un bout à l'autre de la contrée, suivant une direction nord-ouest-sud-est, et rappellent absolument les *glens* de l'Écosse. La plus remarquable est celle qui court du Molde fjord au Skager-Rak, et dont le point culminant est à moins de 590 mètres d'altitude. Là, sur le seuil de partage, se trouve le lac de Lesjö, dont les eaux s'écoulent indifféremment, au nord-ouest par la Rouma dans l'Atlantique, au sud-est par le Gudbrandsdale et le Vormen dans le Mjösen et de là dans la Baltique. Tout à côté, sur un glen parallèle, s'alignent l'Orka au nord, le Glommen au sud, mais avec une petite interruption entre les deux.

Ainsi, en gros, la presqu'île scandinave est un très ancien plateau, relevé vers l'ouest et faisant face à l'Atlantique par un escarpement que disloquent de nombreuses cassures, en rapport avec l'effondrement qui a créé l'océan. L'analogie de ce flanc norvégien avec les Highlands du nord de l'Écosse est complète sous tous les rapports, et les îles Lofoten y correspondent exactement aux Hébrides.

M. Reusch a signalé [1], au pied de la côte norvégienne, une bande de terrain plat, souvent morcelée en îles, qu'il appelle la *plaine côtière*, et sur laquelle sont établies les villes de Stavanger, Bergen, Tromsoë, etc. La surface n'est pas formée de matériaux meubles ; c'est une vraie plaine de dénudation, s'élevant un peu vers l'intérieur, mais sans dépasser cent mètres d'altitude. Il se pourrait que ce fût un lambeau de la grande pénéplaine primitive, tombé par faille au pied du bord atlantique de la Norvège, et montrant, presque au niveau de la mer, un fragment de cette même surface qui porte les champs de névé.

Conditions géologiques du faîte scandinave. — L'endroit où s'accomplit la rupture de la pente ne forme pas une arête saillante. C'est plutôt un dôme très plat, ondulé, constituant ce qu'on appelle le *Fjeld* et le *Kjölen*. Le premier de ces noms, en accusant la prépondérance des grandes surfaces peu accidentées, concorde avec l'idée que ce sont des portions de la pénéplaine primitive, montrant ce qu'elle devait être avant la dislocation atlantique qui l'a morcelée.

Cependant le passage de ce dôme de faîte au versant occidental si brusque n'est pas arbitraire, et l'on peut dire que l'emplacement en est bien déterminé par la géologie. En effet, il coïncide à peu près exactement avec la limite qui sépare le territoire archéen

---

1. Annuaire du service géologique de Norvège, 1892-1893.

littoral d'une large bande de terrains primaires, alignée suivant l'axe de la péninsule, entre Christiania et le cap Nord. Le long de cette bande se montrent par endroits des massifs éruptifs, de nature basique, que leur plus grande dureté a laissés en saillie sur le voisinage, et qui déterminent les plus hautes cimes du pays, telles que l'Ymesfjeld (2600 mètres).

La bande primaire, où affleurent le précambrien et le silurien, offre une largeur moyenne de 150 à 200 kilomètres, diminuant vers le nord, et comprend justement toute la partie du versant oriental où la topographie se maintient assez accidentée. A l'est apparaît l'archéen des bords du golfe de Bothnie, d'allure beaucoup plus uniforme, avec ses nombreux fleuves parallèles, tous conformes à l'inclinaison moyenne du massif.

Les couches de la bande primaire sont généralement peu inclinées. Mais on y aperçoit par places, sur les hauts plateaux, des lambeaux très disloqués. En outre, au voisinage du cap Nord se prononce, sur le côté intérieur, un ruban de vieux grès rouge, semblable à celui des Orcades. Tout porte donc à croire que le bord oriental de la bande primaire marque la place d'une ancienne chaîne, prolongement de la chaîne calédonienne, que l'érosion aurait rabotée jusqu'à son socle, n'en laissant subsister que d'insignifiants lambeaux [1]. De la sorte, les parties culminantes du sol scandinave se seraient trouvées, dans l'origine, à l'est de la ligne de faîte actuelle, laquelle marque une brisure en rapport avec l'écroulement atlantique.

Fjords. Vallées du versant oriental. — Les détails que nous avons donnés antérieurement, à propos des fjords [2], nous dispensent d'insister à nouveau sur cette remarquable particularité de la côte norvégienne, qui procure un développement total de plus de 27 000 kilomètres à un rivage où, en ligne droite, on n'en mesure que 4500. Rappelons seulement que ce sont des vallées sinueuses et profondes, au fond inégal, en relation évidente avec les dislocations de la côte, et trop fraîchement abandonnées par les glaciers pour que la raideur des parois ait eu le temps de s'adoucir partout ailleurs que dans le sud, où règne un climat plus favorable. Le grand nombre des cascades et des lacs étagés sur leurs bords atteste la jeunesse relative du réseau hydrographique. C'est du

---

1. Cette conception, que nous devons à une indication de M. Suess, ne peut être présentée qu'avec une grande réserve, nécessitée par l'imperfection actuelle de nos connaissances sur la géologie de la Scandinavie.
2. Voir plus haut, pp. 128, 262.

reste un fait général pour toute la péninsule que cet état inachevé des vallées d'érosion. On est là, par excellence, dans le pays des rapides et des cascades. Les chutes offrent jusqu'à 100 mètres et plus de hauteur, et au lieu d'être confinées dans le cours supérieur des rivières, elles se produisent parfois dès le débouché à la mer.

Pour être de quatre à cinq fois moins raide que le versant atlantique, la pente orientale du Kjölen n'en est pas moins sillonnée par un grand nombre de vallées, toutes parallèles entre elles, et contenant, dans leur partie haute, de nombreux lacs allongés. Tous sont assez fortement encaissés pour qu'on ne puisse hésiter à y reconnaître une structure semblable à celle des fjords, mais atténuée par les progrès de l'érosion, les glaces ayant quitté ce versant plus tôt que l'autre.

En revanche, la plaine où débouchent toutes ces vallées orientales a été encombrée de dépôts morainiques, d'âge encore trop récent pour que la surface en soit entièrement régularisée. De là le grand nombre des petits lacs sans écoulement et l'indécision des lignes de partage secondaires, qui fait naître quelquefois des bifurcations de cours d'eau. Ce phénomène est surtout fréquent dans le nord, où l'on voit s'enchevêtrer littéralement ensemble les rivières Tornea, Kalix, Lainio et Muonio.

Traces de l'action glaciaire. — L'action glaciaire est fortement empreinte sur la Scandinavie entière .Aujourd'hui encore, toutes les parties plates, voisines de la ligne de faîte, portent des champs de névés, dont quelques-uns, comme le Justedal, couvrent jusqu'à 900 kilomètres carrés. Mais, à la différence des névés alpins, enfermés dans de véritables cirques qui les dirigent vers un petit nombre d'émissaires, les neiges scandinaves sont de simples amoncellements sur des portions élevées et plates de l'ancienne pénéplaine, d'où elles s'échappent en divergeant. Aussi, la plupart du temps, les glaciers qui en résultent, faute de concentration, sont-ils de dimensions relativement restreintes. Par exemple, il n'y a pas de glaciers, émanés du Justedal, qui atteignent la septième partie du glacier d'Aletsch en Suisse.

Il en était autrement à l'époque pleistocène. A deux reprises, la Scandinavie s'est trouvée enfouie sous les glaces. Lors de la dernière extension, la moins considérable, il paraît, selon M. de Geer, que la plus grande accumulation de glaces avait lieu le long d'une ligne située un peu à l'est du faîte actuel, et cette fois une seule partie du territoire, la Suède méridionale, échappait en entier à l'invasion. Pesant de tout son poids sur le pays, sans égard aux vallées déjà dessinées par-dessous, la glace rabotait toutes les aspérités, de sorte que le paysage glaciaire des roches moutonnées et striées, avec blocs erratiques disséminés, prévaut dans toute la contrée. Seulement, dans la partie montagneuse, ce paysage offre surtout les caractères de la zone centrale, tandis que ceux de la zone périphérique ou *morainique* dominent en Suède, près du golfe de Bothnie et de la Baltique, se trahissant par la multitude des lacs aux contours capricieux. De longues traînées de graviers ou *æsar*[1] y marquent la place des anciens fleuves glaciaires.

Tous les lacs de la Suède méridionale ne sont pas exclusivement d'origine glaciaire, et nous verrons dans un instant que les plus importants, Venern et Mälar, sont les débris d'un ancien détroit marin. Parmi les autres, beaucoup sont essentiellement des cavités morainiques, barrées par des accumulations glaciaires. Mais il en est où la cuvette est le résultat de l'érosion, la glace ayant balayé, sur son passage, des formations peu résistantes qui s'étaient maintenues dans les dépressions de l'archéen. Plus d'un lambeau de calcaire silurien de la Suède méridionale a été ainsi enlevé, dont les débris se retrouvent aujourd'hui disséminés dans le terrain erratique de l'Allemagne du Nord.

Terrasses, lignes de rivage. — Le développement du paysage morainique n'est pas la seule trace visible qu'ait laissée en Scandinavie le passage des grands glaciers. Ce passage a été accompagné de mouvements généraux du sol, provoquant des alternatives de submersion et d'émersion, pendant lesquelles les eaux, marines ou lacustres, ont dû stationner assez longtemps à de certains niveaux. Le stationnement, en obligeant les eaux affluentes à se décharger sur ces horizons des troubles qu'elles charriaient, a fait naître des *terrasses* de cailloux, de graviers, parfois de sables de plage, dont l'abondance est un des traits caractéristiques de la Norvège. D'autres terrasses résultent seulement de ce que la glace, en voie de retraite, barrant le cours supérieur de quelque vallée, la transformait en un lac, sur le bord duquel les torrents voisins jetaient leur charge de cailloux à un niveau assez longtemps stationnaire, puis décroissant par étapes.

Les alternatives de submersion et d'émersion sont attestées par d'anciennes *lignes de rivage*, avec coquilles marines arctiques

---

1. Voir plus haut, p. 222.

rejetées par le flot. Quelques-uns de ces dépôts s'observent, dessinant de vraies banquettes, jusqu'à 180 mètres d'altitude. Un tel phénomène jette une vive lumière sur l'allure présente des fjords; car il atteste que ces incisions, préparées par dislocation et achevées par l'érosion, à la fin des temps tertiaires, puis occupées par les glaciers, ont été envahies par la mer, jusqu'à la hauteur indiquée par les restes de plages, au moment où les glaces allaient rentrer dans leurs limites actuelles. Ensuite le sol s'est relevé, mais pas assez pour ramener à leur niveau primitif les embouchures des vallées, dont la partie inférieure, disloquée du reste par les suites de l'effondrement atlantique, est encore enfouie sous les eaux marines.

Vicissitudes de la Baltique. — Au moment de la dernière grande submersion, marquée par la présence sur le sol des restes du mollusque arctique appelé *Yoldia arctica*, un bras de mer s'étendait à travers la Suède, du Skager-Rak à la Baltique, noyant, avec ce qui forme aujourd'hui les lacs Venern, Yelmar et Mälar, une bonne partie du littoral jusqu'au fond du golfe de Bothnie. Grâce à cette communication, la Baltique septentrionale était alors assez salée pour nourrir des huîtres. Elles ont cessé d'y vivre depuis que, la jonction avec l'océan ne s'opérant plus que par les détroits danois, cette mer a reçu constamment un excès d'eau douce par les fleuves. Mais, entre temps, un certain nombre de poissons et de crustacés d'eau salée froide, même de phoques, avaient réussi à s'acclimater dans les lacs suédois et norvégiens, où ils témoignent de leur ancienne condition marine. Le caractère arctique de ces animaux a quelquefois fait supposer qu'un détroit septentrional faisait alors communiquer la Baltique, par la Finlande, avec la mer Glaciale; mais cela ne paraît pas indispensable, vu les conditions arctiques qui régnaient alors dans la mer du Nord.

Postérieurement à cet état de choses, un soulèvement a fait émerger la contrée, et pendant quelque temps la Baltique, complètement isolée, est devenue un lac d'eau douce, sur les bords duquel vivaient le mollusque *Ancylus fluviatilis* et des limnées, comme le prouvent de nombreux restes recueillis dans des argiles entre 40 et 45 mètres d'altitude. Plus tard, un affaissement a, non seulement établi la jonction avec la mer par les détroits danois, mais rendu à la Baltique assez de salure pour qu'elle pût nourrir *Cardium edule* et *Littorina littorea*.

A cette époque, le golfe de Bothnie devait s'être plus fortement affaissé que la Baltique proprement dite; car les dépôts de cet âge s'observent à 100 mètres de hauteur près d'Hernösand, tandis qu'ils ne se voient qu'à 25 mètres dans les parages de Gothland[1]. C'est seulement après cette submersion qu'un relèvement du fond des détroits a dû rendre plus difficile l'accès de l'eau salée, et que la Baltique, recevant plus d'eau douce qu'elle n'en laissait évaporer, est arrivée à son régime actuel. On comprend sans peine l'effet qu'a dû produire, sur le réseau hydrographique, cette suite de vicissitudes où, d'après la comparaison des niveaux, il est absolument nécessaire de faire intervenir des mouvements propres du sol, d'amplitude inégale suivant les régions.

Les mouvements généraux de l'écorce n'ont d'ailleurs pas pris fin dans la contrée. M. Sieger[2] a tracé, pour la Suède et la Finlande, d'après un ensemble d'observations soigneusement discutées, des lignes d'égal soulèvement séculaire du sol ou *isobases*. L'allure de ces lignes indique que le mouvement actuel, à peu près nul dans l'axe de la Baltique et celui du golfe de Finlande, augmente d'amplitude à la fois au nord, dans le fond du golfe de Bothnie, et dans la direction de l'arête du massif suédois méridional. A Stockholm on constaterait un soulèvement de 0 m. 47 par siècle.

Scanie. — En regardant une carte de Suède, on ne peut manquer d'être frappé de l'éperon saillant que forme la pointe sud-ouest de ce pays, en face de Copenhague. Limité par des contours assez rectilignes, et presque exempt de lacs sur sa surface, cet éperon isole, sous le nom de Scanie, un territoire tout à fait à part, où affleurent des terrains qui n'existent nulle part ailleurs en Scandinavie : c'est d'abord la craie, bien marquée à la pointe de Malmö; c'est ensuite la base du système jurassique, représentée par les grès et schistes à lignites de Hör et d'Höganæs.

La craie de Malmö se retrouve en face, dans l'île de Faxe, attestant que l'ouverture du Sund est due à la dislocation tardive d'un massif homogène; et de petits lambeaux de basalte, disséminés sur la lisière orientale de la Scanie, donnent à penser qu'il doit y avoir une certaine analogie entre l'histoire de ce cap crayeux et celle de la côte d'Antrim en Irlande. Naturellement la surface de la Scanie porte, comme le reste du pays, les marques de l'action glaciaire. L'île de Bornholm est une dépendance étroite de son bord oriental, de sorte que le granite y affleure au nord-est.

---

1. Nathorst, *Sveriges Geologi*, p. 269.
2. *Zeitschrift der Gesellschaft für Erdkunde*, Berlin, 1893.

II

LA PLATE-FORME RUSSE

Caractères généraux de la contrée. — La Russie d'Europe constitue, dans le monde, une exception absolument unique. C'est le seul territoire connu qui, sans avoir traversé de très longues phases d'émersion, se soit, depuis le début des temps siluriens, montré, sur toute son étendue, constamment réfractaire aux efforts de plissement comme à ceux de morcellement. Une plate-forme archéenne, qui affleure largement en Finlande, pour se retrouver à 200 mètres sous Saint-Pétersbourg, que le soulèvement de l'Oural ramène au jour, et que les vallées de l'Ukraine laissent voir sur leur fond, y supporte une série sédimentaire variée, mais exclusivement composée de couches horizontales et exemptes de tout métamorphisme. Tantôt la mer s'est avancée en transgression sur cette plate-forme, tantôt elle s'en est retirée ; cependant aucune de ces alternatives n'a dérangé sensiblement l'assiette des sédiments. D'ailleurs la totalité des temps tertiaires a passé sur la Russie (sauf dans le sud) sans interrompre le régime continental, ce qui a encore facilité l'aplanissement de la contrée, et la grande moraine glaciaire, qui en a recouvert au moins les deux tiers, n'a rien changé à cet état de choses.

Telles sont les causes du relief insignifiant de la Russie, qui n'en comporte pas moins un dessin hydrographique exempt d'indécision. Le caractère le plus net de ce dessin, c'est la prédominance de l'alignement au nord-ouest, accusée aussi bien par la direction des hauteurs (collines de la Finlande, hauteurs culminantes entre Saint-Pétersbourg et le Donetz), que par celle des cours d'eau (rivières de la Finlande, de la Livonie et de la Courlande, cours moyen de la Vistule et du Dniepr, cours supérieur du Don, partie inférieure du Volga).

Cet alignement, à peu près parallèle à celui des Sudètes et des Carpathes de Transylvanie, paraît caractériser aussi le bord sud-occidental de la plate-forme archéenne, qui reparaît dans les vallées affluentes du Boug et du Dniepr, sans empiéter sur le bassin du

Dniester. C'était évidemment une ligne de résistance, qui n'a pu manquer de se faire sentir lors des poussées orogéniques.

Conditions de pente. Rôle historique du massif. — Sur un territoire aussi plat, peu de chose a dû suffire pour déterminer le sens de l'écoulement des eaux dans la partie médiane. Or il est à remarquer que la limite méridionale du terrain glaciaire, laquelle passe non loin de Kiev pour remonter vers le golfe Tcheskaïa, se tient tout le temps à une distance relativement faible de la ligne de partage entre les eaux septentrionales et le bassin de la mer Noire. Le dépôt des moraines terminales a donc dû exercer une influence sur le tracé de cette ligne.

Du reste, la notion de partage des eaux n'a pour ainsi dire pas de signification dans un pays où, d'une mer à l'autre, sur près de 26 degrés de latitude, on peut circuler sans rencontrer un seul point qui s'élève à 300 mètres au-dessus de la mer. La pente moyenne du Volga, de la source à l'embouchure, n'atteint pas $\frac{1}{10.000}$. Un des affluents de ce fleuve, la rivière Mologa, reçoit un tributaire dont la source n'est distante que de 140 kilomètres environ du lac Ladoga, avec lequel on l'a fait communiquer par un canal où l'altitude du seuil est inférieure à 180 mètres. Le même enchevêtrement a lieu, dans les marais de la Podlésie, pour les affluents du Dniepr et ceux de la Vistule.

C'était donc un pays particulièrement prédestiné à l'unité que cette immense terre, où aucun obstacle n'empêche la libre circulation dans tous les sens, où l'on passe par transitions insensibles des conditions physiques de la Crimée à celles des toundras de la mer Glaciale, en même temps que le caractère continental du climat fait connaître à chaque zone, d'un bout à l'autre de l'année, de grands écarts de température. D'autre part, quelle disposition naturelle à la stabilité ne devait pas ressentir cette population, dont le sol, si uniforme et si peu fait pour provoquer le désir des voyages ou le goût des aventures, est le moins exposé aux tremblements de terre qu'il y ait sur le globe ; d'où les volcans et les sources thermales sont absents; où rien, dans le terrain, ne trahit ni désordre, ni dislocation, même aux approches de l'Oural, dont le versant occidental est aussi doux et exempt de roches éruptives que la pente opposée est riche en accidents?

Distinction de deux territoires glaciaires. — Malgré l'uniformité générale du relief, le sol russe offre deux divisions bien tranchées, que la seule inspection d'une carte suffit à faire reconnaître, et que sépare une ligne partant de la frontière prussienne de la

Pologne pour atteindre Arkhangelsk en passant par le lac Ilmen et un peu à l'est du lac Onega. A l'occident de cette ligne, les marais et les cavités lacustres abondent, et les cours d'eau sont tout ce qu'il y a de plus irrégulier. A l'est, on ne voit pas un seul lac, et le parcours des rivières est bien défini.

Cela tient à ce que la ligne en question marque précisément la limite que la dernière invasion glaciaire n'a pas dépassée. Assez de siècles s'étaient écoulés, depuis le temps où la précédente, de beaucoup la plus étendue, avait étalé ses moraines en Russie, pour que la topographie de ces dernières eût eu le temps de se régulariser. Les creux s'étaient comblés, la pluie avait transformé une partie de l'argile glaciaire en limon de ruissellement. Mais quand les glaces sont revenues, il y a quelques milliers d'années seulement, ne couvrant plus cette fois que la Laponie, la Finlande, le gouvernement d'Olonetz et l'Esthonie, elles ont déposé sur ces territoires un nouveau terrain erratique, et l'empreinte en est restée d'autant plus fraîche, que sur ce fond exclusivement archéen et granitique, la pression de la glace agissait plus nettement qu'elle n'avait pu faire sur les sédiments en couches horizontales de la région de l'est.

Le maintien de ce régime hydrographique indécis n'a dû être que facilité par les phénomènes de submersion temporaire qui ont suivi le départ des glaces, et qui paraissent avoir établi momentanément une communication entre la Baltique et la mer Blanche.

Finlande. Paysage morainique. — La Finlande, qui est la partie caractéristique du territoire occidental, n'est autre chose que la continuation de la grande plate-forme archéenne de la Suède, allant s'enfoncer doucement sous les plaines russes, dont elle forme le fond. Elle est si bien aplanie que son altitude moyenne se tient à 150 mètres, un centième seulement de la superficie s'élevant au-dessus de 600[1]. Encore les hauteurs sont-elles reléguées dans le nord du pays, dont toute la partie centrale n'offre aucun point plus élevé que 240 mètres. Mais ce qui imprime à ce territoire sa physionomie particulière, c'est la multitude des flaques d'eau, telle que le milieu de la péninsule comprise entre le golfe de Bothnie et le Ladoga a mérité de s'appeler le *pays aux mille lacs*.

Ces nappes ont des contours infiniment déchiquetés, et engendrent un véritable labyrinthe d'eau et de terre ferme, au milieu

---

[1]. Rein, *Kirchoff's Länderkunde*.

duquel courent des rivières dont les vallées sont à peine ébauchées, sujettes à de fréquents élargissements et à des rapides. Un œil tant soit peu exercé ne peut manquer d'y reconnaître une topographie glaciaire. Et en effet, le paysage morainique règne sans partage, avec les roches striées et les gros blocs erratiques, dont la Finlande est la patrie par excellence, les amas morainiques, les traînées étroites de cailloutis glaciaires. On sent que la topographie est encore dans l'enfance, le pays ayant subi en entier l'influence de la dernière invasion des glaces. Les bois sont nombreux, ainsi que les marais et les tourbières. Les lacs paraissent logés de préférence dans le granite, sur lequel sont également assises les principales villes de la région. Déjà plus d'un lac supérieur a trouvé à se vider dans ceux du dessous ; mais ce travail de régularisation est lent, à cause de la dureté du terrain et de la faible inclinaison des surfaces[1].

Une grande indécision règne dans les contours de l'angle sud-ouest du pays, qu'une multitude prodigieuse d'îlots réunit presque à l'île d'Aland. C'est le même régime qu'en face de Stockholm, attestant la submersion partielle d'une bande littorale où les petits lacs abondaient.

Cette submersion a été par moments plus complète. En effet, les cartes de M. de Geer[2] montrent qu'après le départ des glaces, et alors que la Norvège avait, à très peu de chose près, ses contours actuels, le grand lac d'eau douce à *Ancylus*, auquel la Baltique avait fait place, couvrait près de 570 000 kilomètres carrés, englobant le lac Ladoga et une bonne partie du littoral finlandais.

Alignements finlandais. — Malgré l'apparent enchevêtrement de l'eau et de la terre ferme sur le territoire de la Finlande, on n'en remarque pas moins, dans la topographie, quelques traits frappants de parallélisme. Ainsi les vallées qui aboutissent au golfe de Bothnie ont exactement le même alignement, du nord-ouest au sud-est, que celles qui descendent du Kjölen de Norvège. La même direction s'observe dans les étangs et les tourbières de la Finlande méridionale, et après le labyrinthe du Pays aux Mille Lacs, on est tout surpris de voir des lambeaux de fleuves rectilignes, Borgo, Wuoxen, etc., qui drainent la contrée dans le sens indiqué, traversant (et le dernier par la cascade d'Imatra) une ride de terrain bien marquée.

1. Reclus, *l'Europe scandinave et russe*.
2. Voir Nathorst, *Sveriges Geologi*, Stockholm, 1894.

Or si l'on pouvait penser que le sens de l'écoulement des eaux, en Suède, ait été déterminé seulement par la pente, cette explication ne saurait convenir au sol si plat de la Finlande. Il est donc nécessaire d'admettre qu'un phénomène de dislocation, commun à toute la Scandinavie, a fait naître ces sillons alignés au nord-ouest, et parallèles d'ailleurs aux glens de la Norvège méridionale. Nous avons déjà dit que cette direction diagonale était nettement empreinte sur toute la Russie, et qu'elle semblait coïncider avec celle de la limite souterraine de la grande plate-forme stable, contre laquelle sont venus échouer les efforts des plissements alpins.

Plate-forme russe. Ses divisions. — Quant à cette plate-forme elle-même, en dehors de la Finlande et du territoire d'Olonetz, il n'y a guère lieu d'y reconnaître que trois régions naturelles : contre la mer Glaciale, la bande des *toundras* ou marécages glacés; puis, l'immense étendue que recouvre le terrain erratique ancien, terrain dont l'épaisseur atteint jusqu'à 200 mètres en Pologne. Cette nappe, tant par sa nature propre que par l'uniformité de son relief, favorise la stagnation des eaux, engendrant les grands marais de la Podlésie et ceux de Minsk, qui se poursuivent jusqu'aux approches de Moscou. Enfin, au sud, vient la zone des grandes herbes, limitrophe de la mer Noire et de la Caspienne.

C'est à la limite méridionale du terrain glaciaire que se produit ce remarquable changement dans la nature et les productions du sol. On entre ici dans le domaine des *steppes* ou prairies herbeuses, qui se sont développées grâce à la nature du sol, enrichi en sable par le lessivage du bord des moraines, au peu de relief du terrain et à la faible humidité du climat[1]. Mais cette région de steppes se divise en deux zones nettement distinctes : au nord celle du *tchernozom* ou de la terre noire; au sud celle des *steppes* proprement dites, au sol de plus en plus salin à mesure qu'on s'approche de la mer Noire.

Régions de la terre noire et des steppes. Leur réseau hydrographique. — Il ne s'agit pas là d'une simple différence de climat. La vraie steppe, avec les marécages qui l'accompagnent, occupe l'ancienne dépression qui, à la fin de l'époque tertiaire, était noyée sous une grande nappe d'eau d'abord saumâtre, puis tendant à se dessaler de plus en plus; de là l'infertilité du sol. Mais au nord, dans la partie émergée depuis le départ des mers de la

---

1. Voir plus haut, p. 249.

craie et du tertiaire moyen, le rapide développement des herbes, sur un terrain bien pourvu des principes nécessaires, a amené, par décomposition des couches successives de végétation, la formation de cette *terre noire* justement renommée pour sa fécondité.

La disposition du réseau hydrographique de la Russie méridionale est très intéressante. Ce n'est qu'en arrivant au pays du Tchernozom que les cours d'eau prennent une direction bien définie. Jusque-là, ils descendaient du nord avec une indécision assez évidente. Mais alors on les voit tous se diriger en ligne presque droite vers le sud-ouest. Cet alignement, qui est celui du Prout, du Dniester et du Boug, est adopté par le Dniepr entre Kiev et Iékatérinoslaw, par le Donetz depuis Kharkov, par le Don entre Pavlovsk et les collines Erguéni.

En revanche, une fois entrés dans la bande des steppes, le Dniepr ainsi que le Don, grossi du Donetz, se coudent brusquement au sud-ouest. De plus, les nouveaux tronçons ainsi déviés se logent exactement dans un large sillon, bien dessiné par les bords de la mer d'Azov comme par le rivage nord-ouest de la Crimée et le bord occidental du golfe d'Odessa ; enfin le prolongement de ce sillon coïncide précisément avec l'axe de la dépression que suit le Danube entre la Bulgarie et la Valachie.

Explication des particularités des cours d'eau. — Ces circonstances s'éclairent d'une vive lumière, quand on les rapproche de l'histoire géologique du pays. Le drainage de la Russie méridionale a dû se constituer à l'époque où les Carpathes venaient de surgir, se dressant en bourrelet contre le bord résistant de la plate-forme russe. La poussée exercée contre ce môle résistant était de nature à y faire naître par rupture des sillons parallèles, suivant lesquels les eaux russes devaient tendre à s'écouler dans la mer dite *Sarmatienne*[1] qui, après le soulèvement alpin, couvrait toute la bande des steppes, s'avançant jusque dans l'Asie centrale (fig. 117).

Ces sillons commençaient peut-être assez loin dans le nord ; mais le terrain glaciaire, qui est venu recouvrir ultérieurement leurs points de départ, a dû atrophier cette structure, ne laissant l'alignement en évidence qu'au sud, dans la région respectée par les glaces, c'est-à-dire dans le pays des terres noires.

Plus tard, quand la mer eut reculé, et que les steppes méridionales se furent asséchées[2], un nouvel accident s'était formé, ou

---

1. Le nom de *sarmatien* a été donné par les géologues à l'un des derniers étages de la série miocène.
2. A l'époque du pliocène supérieur, les fleuves de la Russie méridionale étaient

tout au moins accentué : il s'agit du bourrelet montagneux, en partie rompu aujourd'hui, qui dessine un arc convexe vers le nord, depuis les Balkans, par les hauteurs de la Crimée, jusqu'au bout du Caucase, et où les dépôts de la mer Sarmatienne se montrent nettement disloqués. Derrière ce bourrelet, et formant sa contrepartie, il existait, comme l'a fait remarquer en 1888 M. Androusoff, une dépression continue, allant de la Bulgarie à la Caspienne. Dans la branche occidentale de ce sillon, le Danube, enfermé entre le Balkan et les Alpes de Transylvanie, *s'écoulait vers la Caspienne*, ou plus exactement vers la mer aralo-caspienne, dont le Pont-Euxin, encore séparé de la Méditerranée, formait à partir de Kertch un golfe occidental, relié à la nappe principale de l'est par la dépression encore si manifeste du Manytsch [1].

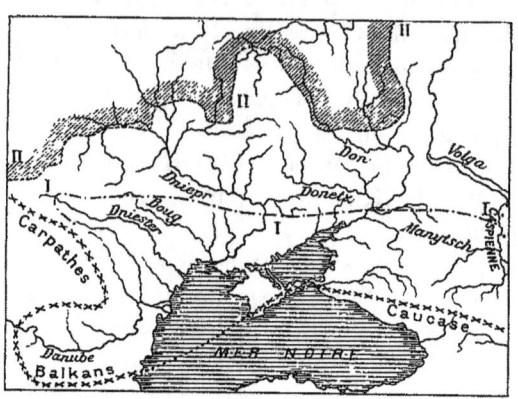

Fig. 117. — L'hydrographie de la Russie méridionale.
I, rivage sarmatien; II, limite des glaces.

Bientôt survinrent des effondrements : savoir celui qui, faisant écrouler la chaîne Caucasienne entre Bakou et le Kara-bogaz, créa la Caspienne méridionale, avec ses grandes profondeurs; et un autre qui rompit la jonction des Balkans avec la Crimée, inclinant le terrain de telle sorte, que le Danube aurait vu son cours brisé, et la pente de sa partie russe renversée. A ce moment, tandis que le Dniepr et le Donetz, jusqu'alors affluents de cette partie, se jetaient vivement au sud-ouest dans l'ancien sillon danubien, pour rejoindre la mer Noire, bientôt mise en communication avec la

---

dessinés et déposaient des alluvions, avec restes de grands mammifères terrestres; mais un bassin saumâtre persistait à l'extrême sud, atteignant la Bessarabie méridionale et Odessa (Androusoff, *Soc. géogr. de Russie*, XXIV).

1. M. Suess, qui admet (*Antlitz der Erde*, I, p. 438) l'ancienne dépendance du Danube vis-à-vis de la Caspienne, rappelle que Filippi a depuis longtemps signalé l'analogie des poissons de cette mer avec ceux du grand fleuve européen. Nous ajouterons que les mêmes poissons ont pu exister dans le Pont-Euxin, d'où la tardive irruption de la Méditerranée plus salée les aurait chassés, comme elle a tué l'ancienne faune caspique du Pont (voir Androusoff, *Mém. de l'Acad. imp. de Saint-Pétersbourg*, 1893).

Méditerranée, le Don se voyait séparé du bas Volga, qui le prolonge exactement, et capturé au profit de la mer d'Azov.

Oural. — Il nous reste à dire un mot des montagnes auxquelles confine le territoire russe. Mais, laissant de côté le Caucase, qui est en réalité une chaîne asiatique, nous ne nous occuperons ici que de l'Oural.

L'Oural est une chaîne de montagnes d'un type peu ordinaire. Un axe archéen s'y trouve flanqué d'une bande de terrains primaires qui, très largement développée sur le côté occidental, disparaît au pied du versant opposé, cachée par les alluvions quaternaires. Les terrains secondaires ne prennent aucune part à la composition de la chaîne, où les plis paléozoïques se développent en diminuant d'amplitude du côté de la Russie, avec une régularité qui atteste que la montagne et la plate-forme russe font un tout continu [1]. Au contraire, la chute est brusque vers la Sibérie, où sont concentrées, sous la forme de filons métallifères, les preuves de l'activité éruptive que cette dislocation a dû provoquer.

L'Oural se perd en s'épanouissant au sud. Sa plus haute cime n'atteint pas 1700 mètres, et d'énormes masses d'alluvions, fruit de sa dégradation progressive, garnissent le pied de ses versants, attestant une érosion depuis longtemps poursuivie. Du reste l'horizontalité que conservent à son approche les dépôts du crétacé et même ceux du jurassique supérieur oblige à rejeter la surrection de la chaîne à une époque très lointaine, quoique postérieure aux débuts des temps carbonifériens. Mais, du côté sibérien, le relief a dû être rajeuni dès l'époque éocène, par un affaissement qui a permis à la mer de longer toute la chaîne, de pousser une pointe jusqu'à la Caspienne et de revenir même en Europe jusqu'à Kazan [2].

Un trait remarquable est la brusque inflexion de l'Oural septentrional dans les monts Païkhoï, qui par l'île de Waïgat se prolongent dans la Nouvelle-Zemble. M. Stuckenberg [3] a fait remarquer que les monts Timan, contrefort détaché de l'Oural à l'ouest de la Pestchora, et de même constitution que la chaîne, se recourbent d'une façon identique sur le golfe Tcheskaïa, pour trouver leur continuation à travers la presqu'île Kanine. De cette façon, on pourrait dire que les traces de la poussée ouralienne tendent à encadrer complètement le grand massif stable de la Russie et de la Scandinavie.

1. Suess, *Antlitz*, I, p. 643.
2. C'est ce qu'établissent les cartes paléogéographiques de M. Karpinsky.
3. Voir Suess, *Antlitz*, I, p. 646

III

LES PAYS-BAS DE L'EUROPE SEPTENTRIONALE.

Définition des Pays-Bas. — Depuis le Pas de Calais jusqu'à la Finlande s'étend, en bordure de la mer du Nord et de la Baltique, un ruban de terres basses, qui constituent ce que nous appellerons les *Pays-Bas de l'Europe septentrionale*. L'homogénéité de cette zone tient à ce que, logée dans une dépression que les mers ont longtemps occupée, et qu'elles recouvrent encore en partie, elle correspond à la fois aux points où sont venus expirer les derniers efforts de la grande extension glaciaire, et à ceux où les cours d'eau du versant européen septentrional ne cessaient de verser leurs alluvions.

En beaucoup de ses parties, elle représente une conquête très récente de la terre ferme, conquête chèrement disputée à l'attaque des flots de la mer du Nord. Dans d'autres, elle laisse voir une invasion tardive des eaux marines; et en chaque point, son allure se ressent de la part relative prise à sa constitution par chacun des différents facteurs, relief préexistant, eaux courantes, glaces, vagues de la mer, action du vent, mouvements du sol, qui ont concouru à la former.

Section occidentale. — La première section de cette bande est celle qui comprend les rivages de la mer du Nord, depuis Calais jusqu'à l'embouchure de l'Elbe. Nulle part l'apport des rivières n'y est aussi efficace; mais nulle part aussi le contour du littoral n'est moins stable; d'abord parce que la marée et le vent s'y font sentir avec énergie; ensuite parce que le régime de ces parages est de très fraîche date.

En effet, l'ouverture du Pas de Calais, certainement postérieure à l'apparition de l'homme et au départ des dernières glaces, a troublé profondément les conditions de la mer du Nord, en provoquant un conflit entre ses marées propres et celles qui viennent de l'Atlantique central. C'est très probablement aux effets de ce conflit que doivent être attribuées les importantes modifications éprouvées, depuis les temps historiques, par le littoral néerlandais, modifications qui, très fréquentes et très considérables par moments jusqu'au xiii⁰ siècle, paraissent avoir beaucoup perdu de leur intensité ; sans doute parce que l'équilibre définitif est en voie de s'établir.

La bande des Pays-Bas s'appuie, à l'ouest, contre l'éperon que forme le bourrelet crayeux du Bas-Boulonnais, et qui se révèle si bien dans la saillie verticale du cap Blanc-Nez. A partir de cette protubérance, qui marque le dernier effort septentrional des poussées orogéniques venues du sud-ouest, la craie plonge au nord avec rapidité, disparaissant, dès les approches de Calais, sous un manteau de terres plates, où les vases marines et même les galets s'entremêlent avec la tourbe, en témoignage des fréquentes variations du rivage au début des temps actuels.

Le sol des Flandres, en France comme en Belgique, est formé d'alluvions, qui reposent directement sur les argiles et les sables argileux du tertiaire. Le terrain s'incline doucement vers la mer, où le vent a édifié un cordon de dunes, par lequel les inégalités primitives de la côte ont été rectifiées. L'absence de cours d'eau importants fait que cette rectification n'a pas isolé d'anciens estuaires, lesquels seraient devenus des lagunes. Néanmoins, le terrain en arrière du cordon littoral est assez plat pour demeurer constamment humide, ce qui oblige à l'assainir par de nombreuses rigoles. De là cette bande de *watten* ou *watteringhes*, qui partout borde la côte à distance. Au delà des watten le sol se relève peu à peu, et l'épaisseur du limon quaternaire n'est pas telle qu'on ne voie apparaître en plus d'un point les couches tertiaires sous-jacentes. Suivant que ces dernières sont plus ou moins argileuses ou sableuses, le paysage et la fertilité du sol s'en ressentent : de là, par exemple, le contraste entre les riches plaines des environs d'Ypres et les zones de sable qu'on traverse entre Gand et Bruges.

Pays-Bas néerlandais. Cordon littoral et Marches. — Un grand changement s'introduit dès l'embouchure de l'Escaut. Là commencent les Pays-Bas néerlandais, où s'enchevêtrent les embouchures de l'Escaut, de la Meuse, du Rhin, de l'Ems. Ce serait cependant une erreur de considérer cette région comme résultant exclusivement d'une conquête récente, opérée par l'alluvionnement des fleuves sur le domaine maritime. Le rivage de la mer du Nord a éprouvé là bien des vicissitudes, et le temps n'est pas éloigné, sans doute, où à l'époque du mammouth, contemporain des premiers hommes, le Rhin devait s'avancer d'au moins trois degrés vers le nord, avant de trouver une embouchure entre le bas-fond du Dogger et le Danemark. C'est la mer qui, après les derniers temps glaciaires, dont cette région n'a pas ressenti l'influence directe, a repris possession de son ancien domaine, en même temps qu'elle emportait l'obstacle du Pas de Calais.

Depuis lors, une lutte constante s'est engagée sur ces rivages entre les fleuves et la mer. L'épisode le plus considérable de cette lutte a été la rupture du cordon de dunes et l'invasion de la mer dans le Zuyderzée, au XIIIe siècle. Auparavant, en revenant au sud, sans aucun doute à la faveur d'un abaissement du sol, la mer avait balayé la contrée, détruisant les bois, dont les restes se trouvent à la base des argiles qui portent les marais du littoral. Plus d'une fois depuis un effet analogue s'est produit; ainsi s'expliquent la destruction d'une partie de l'île de Walcheren et la submersion définitive de parties basses où des bois, protégés dans l'origine par des dunes, avaient réussi à s'établir.

Aujourd'hui, en avant de la côte découpée par le Zuyderzée, le golfe de Groningue et le Dollart, la mer a reconstruit à l'aide des dunes une digue convexe, de contour très régulier, mais fréquemment interrompue par des ouvertures. C'est la chaîne qui commence vers Scheveningen, atteint cinq kilomètres de largeur près de Harlem, puis devient insulaire au Texel et se poursuit par les îles Frisonnes.

Au delà des dunes, et séparées d'elles à mer basse par une bande de *watten*, s'étendent les *Marches*, qui atteignent quarante kilomètres de largeur, accompagnant tout le cours inférieur du Rhin et formant le principal noyau de la Hollande [1]. C'est le produit des débordements du fleuve, terre extrêmement fertile, mais basse, surtout depuis que par des digues on s'efforce de contenir toujours les eaux fluviales dans un lit invariable. Aussi, tandis que, sur les bords immédiats des fleuves, par le dépôt des anciens troubles, la surface s'élève à des altitudes d'une dizaine de mètres, partout ailleurs elle demeure au-dessous du niveau de l'eau courante. Les deux tiers de la surface des Marches hollandaises ne sont pas à 1 mètre au-dessus du zéro d'Amsterdam, et beaucoup de parties tombent à 3 et même 5 mètres au-dessous. Ce sont les *polders*, dont on épuise l'eau avec des pompes, en la recueillant dans des canaux; de sorte que, dans ce pays, les seules inégalités du terrain sont créées par les digues [2].

C'est à l'invasion du pays des Marches par la mer, lors des rup-

---

[1]. Penck, *Niederlande*, *Kirchhoff's Länderkunde*.
[2]. Penck, *loc. cit.*

tures du cordon littoral, qu'on peut attribuer la formation des *watten*.

Campine, Geest. — Autour des Marches, en remontant vers l'intérieur, s'étend une zone d'un caractère bien différent : c'est la *Campine* de Belgique, se soudant à la Lande ou *Geest*[1] de Hollande, bien marquée dans la Véluwe, entre le Rhin et l'Yssel. Le pays est aride, sableux, sans bois, sans prairies, dépourvu de cultures comme d'habitations. Des bruyères à la teinte brune couvrent le sol, interrompues par de petits monticules de sable blanc. L'altitude, en moyenne de 25 mètres dans l'est du Geest, atteint 100 et même 105 mètres dans la Véluwe. Le contraste est complet entre cette bande aride et les Marches qu'elle borde.

La zone sableuse qui vient d'être décrite résulte du mélange opéré à cette place entre les matériaux des moraines glaciaires et les alluvions des fleuves. Lors de la grande extension glaciaire, au début des temps pleistocènes, les lobes de glace s'avançaient jusqu'à une ligne définie par l'embouchure du Vaal, près de La Haye, et Wesel sur le Rhin. Sur cette ligne, les torrents issus de ces lobes étalaient des graviers et des cailloux de provenance scandinave. A leur rencontre arrivaient les eaux du Rhin et de la Meuse, gonflées par les grandes pluies de l'époque et chargées d'alluvions qu'elles jetaient contre le barrage morainique.

Ainsi se sont formées d'énormes masses de cailloux roulés, dépassant 150 mètres d'épaisseur sur la Véluwe, et mélangées de sable, qui affleurent dans la Campine et le Geest. On a estimé[2] à 1500 kilomètres cubes la part prise à ces accumulations par les apports originaires du massif ardennais et rhénan, dont les vallées devaient être alors en plein approfondissement, par suite de la surrection du terrain[3]. Les matériaux d'origine glaciaire formeraient à peu près la moitié de ce chiffre.

Au nord-est, dans ses parties les plus déprimées, le Geest est parsemé de hauts marais tourbeux, bien distincts des basses tourbières qui occupent une portion des Marches.

Oldenbourg et environs. — Les Pays-Bas néerlandais se soudent à ceux du Hanovre et de l'Oldenbourg, où se retrouvent identiquement les mêmes caractères. Au delà des dunes et des watten s'étendent les Marches, formées par les alluvions de l'Ems et du

---

1. M. E. Reclus rapproche le nom de *geest* ou *gast* de celui de *gâtine*, usité en France pour les terres rebelles à la culture.
2. Penck, *loc. cit.*
3. Voir plus haut, pp. 161 à 163.

Weser, puis la zone des bruyères et des landes, mais celle-ci beaucoup moins haute qu'en Hollande, parce que les fleuves qui ont contribué à l'édifier étaient très inférieurs en débit au système du Rhin. Aussi le sol, entièrement dépourvu de relief, est-il, malgré son fond de sable, couvert de marais tourbeux, entre lesquels s'observent quelques taches plus hautes, de bruyères et de pins. L'ampleur des tourbières croît à mesure qu'on se rapproche de la mer, et ainsi se forment, couvrant des centaines de mille kilomètres carrés, les immenses marécages tourbeux, parfois au sol flottant, de Bourtange, d'Arenberg, du Saterland et de la Hamme.

Région de l'Elbe. Lande de Lunebourg. — A mesure qu'on se rapproche de l'est, les caractères glaciaires s'accentuent dans la zone des Pays-Bas; non seulement parce qu'on pénètre de plus en plus dans l'intérieur de la bande morainique, mais parce que, à partir de l'Elbe, le terrain a gardé, toute fraîche encore, la trace du passage de la dernière invasion des glaces, qui ne paraît pas avoir dépassé ce point vers l'ouest[1].

Sur la limite, et appartenant encore au régime occidental, est la grande *Lande de Lunebourg*, longue de 270 kilomètres sur 70 de largeur, la partie la plus infertile et la plus déserte de toute l'Allemagne. Le sable y est mélangé en abondance de blocs erratiques d'assez grosses dimensions, ce qui explique le grand nombre des monuments mégalithiques dans ce pays, où quelques bouquets d'arbres se montrent dans les fonds les plus humides, au milieu de vastes landes exclusivement livrées à la pâture des petits moutons. En un mot, cette lande est un facies plus nettement erratique du geest néerlandais, et l'influence septentrionale s'y montre prépondérante, bien que rien encore, dans l'allure de la topographie, ne trahisse une moraine proprement dite.

Schleswig-Holstein. — Il en est autrement dès qu'on a franchi l'Elbe. Presque immédiatement, depuis la pointe nord du Danemark jusqu'à la Lusace, le sol se montre parsemé de ces flaques d'eau irrégulières, avec cours d'eau indécis, qui toujours accusent un amas morainique fraîchement abandonné.

Dans la péninsule danoise, ce caractère n'apparaît que sur le bord oriental; et en effet, la dernière invasion n'avait pas dépassé l'axe du Schleswig-Holstein; de sorte que la côte de l'ouest offre seulement les échancrures et les dunes qu'on doit s'attendre à voir sur un rivage plat et sableux, exposé à toute la violence des vents

---

1. Voir les cartes de M. de Geer dans Nathorst, *Sveriges Geologi*, pp. 220, 222.

d'ouest. Là aussi, l'Elbe a dû remanier bien souvent les éléments de la moraine ancienne. C'est pourquoi, après une chaîne de dunes et d'îles rongées par le flot, prolongement direct de celles de la Frise, on voit se dessiner des *watten* envahies à marée haute, puis une bande de *marches* fertiles ; enfin l'*ahl* aux nombreuses bruyères, équivalent du geest, et également accidenté par des tourbières.

Mais l'allure est bien différente du côté de la Baltique. Laissant à dessein, pour un moment, toute la région des îles danoises, occupons-nous seulement de la bande côtière comprise entre le Schleswig oriental et la Courlande.

Nous n'y trouverons plus, comme devant la Frise, de nombreuses chaînes d'îles allongées, débris d'un cordon littoral disloqué. Mais, du Schleswig ou golfe de Neustadt, la côte va se montrer très capricieusement découpée, avec de grandes échancrures dites *förde* ou *föhrde*, qui donnent accès à la mer bien avant dans l'intérieur. Ce ne sont pas des fjords : il n'y faut chercher ni bords escarpés ni grandes profondeurs, et il suffit de regarder les lacs qui les entourent, de constater la nature du sol, formé d'argile glaciaire à blocaux, pour reconnaître d'où viennent ces découpures. C'est la Baltique qui a envahi en partie la bande morainique récente, mais simplement par l'effet d'un mouvement du sol, car la belle végétation des rives dit assez qu'on n'a point à redouter les vents violents ni l'assaut des marées.

Côte de Rügen. — L'aspect change à partir du golfe de Neustadt. De là jusqu'à l'embouchure de l'Oder, s'observent les *bodden* ou échancrures ramifiées, accompagnées d'un grand nombre d'îles aux contours capricieux. Le sol, à la surface, est encore glaciaire ; mais les côtes ne sont pas plates ; de véritables falaises de craie se montrent à Rügen, découpant à pic une terre où les bois de hêtres arrivent jusqu'à la crête de l'escarpement. Alors, comparant cette structure à celle de la côte de Scanie, on comprend qu'il s'agit ici d'un phénomène de dislocation, qui a ouvert les détroits à travers un isthme, par lequel la Suède était soudée à la fois au Danemark et à la Poméranie.

Jylland. Iles danoises. — C'est ce qui nous autorise à rattacher, à la description des Pays-Bas septentrionaux, celle des îles danoises et du Jutland ou Jylland. En considérant que, dans cette langue de terre, aucun point n'est à plus de 60 kilomètres de la mer ni ne dépasse 70 mètres d'altitude, on pourrait être tenté de croire qu'il s'agit d'un sol de sable et d'alluvions, peu à peu rongé par les flots ; et cependant c'est surtout un territoire de dislocations. Là, sous une couverture de limon glaciaire qui, par places, dépasse 125 mètres d'épaisseur, existe un fond de craie, recouvert dans presque tout le Jylland par les couches lignitifères du tertiaire supérieur. Cette craie apparaît en falaises sur les îles danoises, comme à Rügen, où elle accuse les secousses tardives, et certainement postglaciaires, qui ont ouvert les détroits, en restituant à la Baltique la communication marine perdue par l'émersion du détroit suédois Venern-Mälar.

Quand on voit, dans le nord du Jylland, les découpures du Liimfjord courir à travers la limite du crétacé et du tertiaire, il paraît bien difficile d'échapper à l'idée que ce lac intérieur est un reflet des mêmes dislocations, tout en reconnaissant que les dunes, édifiées par le vent sur la côte de la mer du Nord, ont aussi contribué à sa formation.

En tout cas, le récif d'Helgoland, où le grès bigarré du trias apparaît si inopinément, servant d'appui à un lambeau de craie, dit assez que la structure du fond de la mer du Nord pourrait, en cas d'émersion, ménager plus d'une surprise. Déjà du reste le massif de sel, qui surgit à Lunebourg du sein de la lande, montre qu'une réelle complication doit régner sous le sol en apparence si uniforme de l'Allemagne du Nord.

Sur un pays aussi plat que le Danemark, toute accumulation qui fait saillie mérite d'attirer l'attention. C'est ainsi que, sur les côtes du Jylland et des îles danoises, le regard est souvent sollicité par des tertres d'environ 3 mètres de hauteur, sur 30 à 60 mètres de base, qui parfois se prolongent sur 300 mètres. Ce sont des amoncellements de coquilles, surtout d'huîtres, avec arêtes de poissons et autres restes qui permettent d'y reconnaître des *déchets de cuisine*[1] préhistoriques. Tout à fait à la fin de l'âge *paléolithique*, peu avant l'apparition de la pierre polie et du bronze, les hommes qui venaient de s'installer sur ces plages, à peine abandonnées par les glaces, rejetaient ainsi sur le rivage les coquilles des animaux qui avaient servi à leur nourriture.

Or, les détroits danois ne nourrissent plus d'huîtres de nos jours, et de plus, bon nombre de ces tertres de déchets culinaires sont à une distance notable du rivage. Il y a donc eu, depuis leur formation, diminution de la salure de la mer avoisinante et, en outre, un certain degré d'émersion du sol.

Littoral baltique. Plate-forme des lacs. — Revenons main-

---

1. En danois, *Kjœkkenmöddinger.*

tenant au littoral poméranien. A partir de l'Oder, il n'y a plus une seule découpure de la côte jusqu'au golfe de Dantzig, où la Vistule, par ses alluvions, ramène sur ses bords une bande de *marches*. Alors le rivage s'échancre par les estuaires de la Vistule, du Pregel et du Memel. Seulement, dans cette mer sans marées, où le cordon littoral a moins de peine à se défendre, le vent d'ouest, qui agit plus efficacement à partir du coude de la Baltique, a suffi pour édifier une ligne continue de dunes, à la faveur de laquelle se sont isolées de la mer les deux grandes lagunes dites *Frische Haff* et *Kurische Haff*.

Parallèlement au rivage s'étend, sur une largeur moyenne de 180 kilomètres, un territoire très homogène, celui de la Poméranie et de la Pomérélie, caractérisé par l'extrême abondance des lacs d'origine glaciaire, tous assis sur l'argile à blocaux déposée lors de la dernière invasion. Mais ce qui est surtout remarquable, c'est la bande centrale, où ces cavités lacustres, alignées sur un faîte entre la Baltique et la Netze d'un côté, la Narev de l'autre, engendrent la *plate-forme baltique des lacs* ou *Seenplatte*, dont les caractères ont été précédemment indiqués [1].

La position de cette bande culminante n'est point arbitraire. Non seulement elle marque le point où les moraines terminales de la dernière extension ont le plus longtemps stationné, mais si ce stationnement s'est produit, et a fait naître une ligne de hauteurs, c'est que justement, en cet endroit, un bombement du terrain tertiaire avait eu lieu, qui relevait l'oligocène plus que partout ailleurs [2]. En un autre point, à Rüdersdorf près de Berlin, ce sont les calcaires du trias qui forment tout d'un coup une protubérance surgissant au milieu du glaciaire. Dans ces deux cas encore, nous constatons que l'une des caractéristiques des Pays-Bas de l'Europe septentrionale est, qu'à la différence du glaciaire de la Russie, superposé à un sol complètement exempt de dislocations, les dépôts erratiques de l'Allemagne recouvrent une région qui a ressenti, d'une façon marquée, le contre-coup des mouvements orogéniques tertiaires; de sorte que cette nappe monotone recouvre un sous-sol assez tourmenté.

Les sondages, qui ont permis de reconstituer l'allure de ce sous-sol [3], le montrent partagé en longues bandes, alignées du nord-ouest au sud-est, et où tous les terrains secondaires sont plissés

---

1. Voir plus haut, p. 221.
2. Penck, *Kirchhoff's Länderkunde: norddeutsche Tiefebene*, p. 503.
3. Voir la carte que M. Penck en a donnée dans la *Länderkunde* de Kirchhoff.

parallèlement à cette direction. Or cette allure se répercute à la surface, d'une façon évidente, dans le parcours de toutes les rivières. L'Auer et la partie du Weser qui lui fait suite; l'Elbe en aval du Brandebourg et en amont de Magdebourg; le haut Oder, qui par la Sprée prolonge si bien l'Elbe inférieur, absolument comme le haut Elbe prolonge l'Auer, sont autant de sillons nettement parallèles, dont la concordance avec les plis du sous-sol est d'autant plus frappante, que presque tous ces sillons correspondent à des synclinaux ou plis concaves que dessine le crétacé sous-jacent. Ainsi ce sont les efforts orogéniques de la période tertiaire qui ont préparé le réseau hydrographique des plaines de l'Allemagne septentrionale, et le dépôt du terrain glaciaire n'en a pas sensiblement altéré le dessin.

Versant méridional de la plate-forme. — Nous avons dit, d'après M. Keilhack[1], comment, de cette plate-forme lacustre fertile et boisée, les eaux descendaient régulièrement au nord, par des vallées bien marquées, que l'appel de la Baltique a suffi à façonner; tandis que, sur son versant sud, il subsistait des lacs généralement étroits, réunis en chapelets par des ruisseaux au parcours mal défini. Ce versant méridional, constitué par les sables et graviers que les torrents glaciaires emportaient de la moraine terminale, est infertile et couvert de landes de bruyères. Son bord est marqué par une dépression, où s'alignent exactement la Netze, puis la Warthe jusqu'à son confluent avec l'Oder.

Sur toute cette large bande, exempte d'accidents topographiques importants, le vent, remaniant les matériaux de la moraine, en soulève le sable et l'accumule en petites dunes, tandis que son passage sur les blocs erratiques use quelquefois ces derniers en y faisant naître des facettes à arêtes vives[2]. Grâce aux communications qui se sont établies entre les cavités lacustres du Brandebourg et du Mecklembourg, il s'est formé des lignes intérieures de navigation, comme celles de la Sprée et du Havel. Le promeneur qui chemine en pleine campagne dans ces parages est parfois tout surpris d'apercevoir, gonflées par le vent, les voiles d'un bateau, alors que rien ne lui avait encore fait soupçonner l'existence d'un cours d'eau.

Zone des grandes rivières. — Contre la Netze et la Warthe commence une nouvelle bande, celle-là très plate, et parcourue par

---

1. Voir plus haut, p. 222.
2. Voir plus haut, p. 246.

de grandes rivières, qui ont une tendance marquée à en épouser quelque temps la direction longitudinale, comme la Vistule après Varsovie, la Warthe en amont puis en aval de Posen, l'Oder avant le coude de Francfort. Cette large zone, qui s'étend au sud jusqu'à Glogau et Kalicz, et vient se coincer tout près de l'Oder, à l'ouest de Spandau, après avoir embrassé la Cujavie, la Posnanie et le Neumark, marque précisément la partie du dépôt glaciaire ancien qui n'a pas été recouverte lors de la dernière extension, et dont la surface a eu le temps de se régulariser entièrement, se couvrant par places de limon de ruissellement. Mais le fond est resté sableux, de sorte qu'on y remarque le contraste de vallées au sol maigre, tantôt tourbeuses, tantôt envahies par les bruyères, avec des plateaux de partage couverts d'un limon fertile. Dans ce pays, les terres de culture occupent les hauteurs (qui ont rarement plus de 150 mètres d'altitude), tandis que les bois s'observent dans les vallées [1].

Landes méridionales. — Le dépôt glaciaire ancien, à sa limite méridionale, devient nécessairement moins argileux, et le remaniement que sa surface a pu subir n'empêche pas qu'il ne soit reconnaissable, sous la forme d'une lisière infertile, au terrain de sable et de bruyères. En outre, sa surface est plus inégale, et comme il s'appuie sur les premières collines de la bande médiane de l'Europe, son apparition se traduit par des lignes de hauteurs, les *Grenzrücken* de M. Penck. Cette bande se prononce d'abord en Silésie, dans les *collines de Trebnitz*, qui montent à 311 mètres d'altitude, se poursuit avec 229 mètres de hauteur maximum, dans les collines de la *Basse Lusace*, avec leurs bois de conifères; après quoi elle s'élargit aux approches du Weser dans le pays sableux du *Fläming*. Ce dernier vient se souder à la Lande de Lunebourg en remontant tout contre la zone des lacs du Mecklembourg; ce qui était à prévoir, puisqu'au delà va bientôt cesser le terrain erratique supérieur, et que les collines subhercyniennes ont arrêté en ce point la propagation du plus ancien.

1. Penck, *op. cit.*

DIX-HUITIÈME LEÇON

ZONE DES MASSIFS ANCIENS. — BASSIN DE PARIS

Aperçu général sur la région française. — Nous arrivons maintenant à la zone formée par les massifs anciens qui, en servant de noyaux à la sédimentation durant les temps secondaires, ont provoqué la construction d'une bande importante de terre ferme en avant du vieux continent septentrional.

La France et l'Espagne appartiennent à peu près tout entières à cette zone ; et comme, de ces deux régions, la première est celle dont l'examen est le plus instructif, c'est par elle que nous commencerons.

La région française est à la fois très variée dans sa constitution, et très simple dans son dessin général. Un massif central, où domine l'archéen [1], a de très bonne heure offert à la sédimentation un point d'appui solide. Bientôt, sur la moitié de sa périphérie, d'autres massifs se sont dressés à quelque distance, formés de terrains primaires que de violentes compressions avaient serrés les uns contre les autres et façonnés en blocs résistants. A l'abri de ces îles, un véritable bassin a pu se constituer, que des dépôts de caractère sublittoral ont fini par combler, en le laissant, pendant longtemps, communiquer avec le dehors par des détroits. Durant ce comblement, une mer largement ouverte baignait au sud le pied du noyau central et se poursuivait au loin vers l'orient, imposant de ce côté, à la sédimentation marine, un caractère essentiellement pélagique. Mais un jour est venu où la surrection des

---

[1]. Les indications géologiques données sur la région française peuvent être aisément suivies, soit sur la belle *Carte d'assemblage au millionième*, publiée par le service de la carte géologique de France, soit même sur la petite réduction de ce tableau qui accompagne notre *Abrégé de Géologie*.

Pyrénées, accompagnée de la formation d'un isthme entre la nouvelle chaîne et le noyau central, a isolé vers l'ouest un golfe, celui de l'Aquitaine. Plus tard, les mouvements alpins mettaient fin au régime pélagique de l'est, en dressant sur le bord de la fosse rhodanienne une haute chaîne, quelque temps séparée de l'isthme languedocien par un golfe étroit, que la mer ne tardait pas à abandonner. Sous cet effort, le massif du centre était disloqué par des fractures, livrant passage à des épanchements volcaniques, et par là sa surface a pu reconquérir en son milieu un relief qu'une longue érosion lui avait fait perdre. Il est ainsi devenu ce remarquable pôle de divergence, dont les auteurs de l'*Explication de la carte géologique de France* ont si magistralement décrit le rôle, en faisant ressortir son contraste avec l'influence attractive de la cuvette parisienne, vers le centre de laquelle tout converge naturellement, et que la nature a aussi richement dotée qu'elle avait été avare de ses faveurs envers le pôle opposé.

De cette série de phénomènes découle le partage de la région française en un certain nombre de divisions de premier ordre. Occupons-nous d'abord de celles qui intéressent la partie septentrionale, c'est-à-dire le *Bassin de Paris*, entendu dans son acception la plus large.

Divisions naturelles du Bassin de Paris. — La première est le noyau initial du sol français, justement qualifié de *Plateau Central*, parce que les additions tardives que le volcanisme a jetées sur sa surface n'altèrent pas son caractère fondamental de plate-forme. De figure triangulaire, tournant sa pointe au sud, ce massif envoie au nord-est un éperon sous la forme du *Morvan*.

Ensuite viennent les *massifs périphériques* du bassin, lesquels, énumérés de l'ouest à l'est, sont : l'*Armorique* ou *Bretagne*, avec ses deux prolongements, le *Poitou* au sud, le *Cotentin* au nord; l'*Ardenne*, comprise de manière à embrasser d'un côté le *Brabant*, de l'autre l'*Eifel*, par lequel l'Ardenne se soude au *Massif rhénan*; puis, après un abaissement notable du terrain, l'ensemble des *Vosges* et de la *Forêt-Noire*, dont la continuité originelle n'a été rompue que tardivement, par l'effondrement qui a donné naissance à la profonde coupure de l'*Alsace*; enfin, sur le bord du Jura, et participant déjà à son régime, l'îlot archéen ou primaire de la *Serre*, qui surgit entre les Vosges et le Morvan, comme pour attester que la jonction souterraine de ces deux pays s'opère à une faible profondeur sous les couches jurassiques qui la dissimulent.

L'ordre dans lequel ces massifs viennent d'être énumérés est aussi celui de leur individualisation dans le temps.

L'Armorique, appuyée contre une bande archéenne que l'Atlantique a fortement rongée, est un faisceau de couches primaires disloquées, avec de nombreuses injections granitiques qui apparaissent au jour en traînées. L'Ardenne, également primaire et non moins disloquée, ne laisse nulle part affleurer ni schistes archéens ni roches éruptives de profondeur. Elle est donc, dans sa forme actuelle, plus jeune que l'Armorique. Quant au massif alsacien, si un noyau très ancien est visible en son centre, toute la périphérie est composée de sédiments triasiques à peine dérangés. A l'origine, ces dépôts couvraient, sans doute possible, la totalité du territoire, et c'est la résurrection tardive de l'ancien relief sous-jacent qui, en dérangeant l'horizontalité primitive de ces couches secondaires, les a soulevées en un dôme, dont le sommet distendu a fini par crever. Enfin, tandis que la forme présente du soulèvement alsacien date des temps oligocènes, c'est seulement avec les Alpes miocènes que le petit dôme jurassien de la Serre a dû arriver au jour.

Les massifs précédemment énumérés enferment dans leur enceinte la cuvette régulière et remarquablement symétrique du *Bassin de Paris*, laquelle s'ouvre : au nord-ouest, du côté de l'Angleterre, où se trouve le prolongement direct du bord occidental de la cuvette; au sud-ouest, par le *détroit du Poitou*, vers le golfe de l'Aquitaine; à l'est, par le *détroit de la Côte d'Or*, vers le bassin méditerranéen; au nord-nord-est enfin, entre l'Artois et l'Ardenne, par le *détroit du Hainaut*, qui emprunte assez exactement le sillon de l'Oise et de la Sambre.

Ces diverses ouvertures sont parfaitement marquées dans la topographie, et chacune d'elles correspond à l'une des voies naturelles de communication qui relient le centre du bassin aux régions de l'extérieur.

Nous allons maintenant passer en revue, d'une manière rapide, les massifs périphériques et l'intérieur du territoire qu'ils délimitent.

Massif Central. Caractères généraux. — Pour bien apprécier le caractère du Massif Central de la France, il convient de l'aborder par le nord, par exemple dans la région de Montluçon. On l'aperçoit de loin, fermant l'horizon par une ligne continue, qui semble la crête horizontale d'une falaise à une altitude voisine de 500 mètres. Quand on en a gravi le versant, voyant s'ouvrir sous ses pieds les gorges profondes du Cher et de la Tardes, si différentes de la vallée large et plate qu'on remontait depuis Saint-Amand, on se trouve sur un immense plateau, au sol peu fertile, où la vue s'étend sans limites vers le sud, en même temps que le terrain se relève dans cette direction par une pente insensible. Cette surface n'est autre qu'une pénéplaine, au fond presque exclusivement archéen, avec quelques bandes carbonifériennes et de grandes traînées granitiques, racines profondes de la chaîne des montagnes primitives, aujourd'hui entièrement rabotée.

Nous avons antérieurement [1] dit de quelle façon la pénéplaine centrale était devenue un haut plateau, par suite d'un tardif mouvement de bascule, qui l'avait relevée au sud et à l'est en forçant les rivières à s'y encaisser. Pour constater l'effet de ce mouvement, il suffit de faire abstraction des massifs volcaniques qui, dans l'*Auvergne*, se sont superposés au terrain archéen, et de déterminer l'allure topographique de la surface terminale de ce dernier, soit sur ses parties culminantes si elle est à découvert, soit partout où l'on observe son contact avec les formations éruptives de recouvrement. On s'assure alors que cette surface est peu différente d'un plan, et n'offre de protubérances que là où une roche plus dure, un granite par exemple, a mieux résisté à l'érosion que le reste. De plus, cette surface monte toujours vers le sud-est, atteignant sa plus grande hauteur dans les *Cévennes*, qui en sont le bord extrême ; enfin, de temps à autre, elle est accidentée par des cassures, qui la divisent en voussoirs à très large courbure, dernier écho des poussées alpines. Au contraire, du côté de l'ouest, le pays s'incline très doucement sous le Limousin et le Périgord.

Partout l'uniformité du terrain lui assigne les mêmes caractères extérieurs. C'est le pays des landes, des bruyères et des bois maigres, semés de blocs sur les affleurements granitiques, et n'offrant de différences que selon l'altitude et l'exposition.

D'autre part, de grandes brèches se sont ouvertes dans le Massif Central. Les vallées de l'Allier et de la Loire y ont été préparées par les effondrements à peu près linéaires qui, à l'époque tertiaire, abritaient les lacs de la *Limagne* et du *Forez*. Chose remarquable, l'emplacement de ces dépressions coïncide avec l'endroit où les plis de la chaîne carbonifériennne, tels qu'on peut les reconnaître à l'alignement des traînées granitiques, changent brusquement de direction. Dans le Limousin, ces plis couraient de l'ouest

---

1. Voir plus haut, pp. 150, 151, 161.

à l'est. A partir du méridien du Cantal et même un peu avant, ils sont très nettement déviés au nord-est, vers les Vosges, auxquelles les relie d'ailleurs le petit pointement archéen de la Serre en Franche-Comté.

Ainsi, dès l'époque carboniférienne, une dislocation importante obligeait les rides montagneuses à former la pointe d'un V sur l'emplacement des dépressions actuelles. Il y avait donc là une ligne faible du sol français. Cette faiblesse s'est accusée, vers la fin de l'époque houillère, par la formation d'un véritable chenal où, depuis Decize jusqu'à Mauriac (et même jusqu'à Decazeville), les petits bassins houillers se succédaient sans interruption. Plus tard, cette fente a rejoué, et les bassins s'y sont trouvés pincés, renversés même en plis aigus, de sorte qu'ils dessinent aujourd'hui une traînée absolument linéaire. Il n'est donc pas surprenant que, plus tard, les effondrements tertiaires aient choisi de préférence cette direction, comme aussi les manifestations volcaniques se sont plu à en jalonner les bords.

En résumé, une étude méthodique du Plateau Central comporte l'examen successif de la *pénéplaine archéenne*, des *dépressions lacustres* qui s'y sont logées à l'époque tertiaire, enfin des *massifs volcaniques* par lesquels le relief a été fortement modifié après l'assèchement des lacs [1].

Traces de la pénéplaine archéenne. — La pénéplaine, avons-nous dit, s'élève d'une façon continue vers le sud-est, atteignant son point culminant au Mont Lozère (1702 mètres). Ce dernier est une protubérance granitique, que l'érosion et les failles ont isolée au-dessus des schistes moins durs qui l'encaissaient et dont l'altitude, dans cette région méridionale, se tient entre 1000 et 1200 mètres. Le Mont Lozère domine la haute muraille des *Cévennes*, bord abrupt du plateau, se dressant en face de la dépression rhodanienne de façon à donner, de ce côté, l'impression d'une chaîne de montagnes.

Laissons de côté les prolongements méridionaux du Plateau Central, qui appartiennent vraiment à la région méditerranéenne, et à partir du pied du Mont Lozère, c'est-à-dire du plateau de Montbel, dirigeons-nous vers l'ouest. Le haut plateau granitique du *Gévaudan*, où un vent sauvage souffle sur d'âpres solitudes, est une portion disloquée de la pénéplaine, parfois accidentée de

---

[1]. Cette classification est conforme à celle qui a servi de base à M. Boule pour sa description si complète du *Massif Central*, insérée en 1895 au *Dictionnaire géogr. de la France*.

cimes comme le Truc de Randon (1554 mètres). Mais l'allure de plate-forme redevient bien nette entre la vallée de la Truyère et l'Aubrac, comme dans le plateau gneissique qui descend de Saint-Flour à l'Allier. L'Aubrac masque un instant la pénéplaine par ses coulées de laves ; mais elle reparaît à l'ouest dans la *Vialacelle*, pour se développer largement, avec des caractères très uniformes, au sud d'Aurillac, où les micaschistes forment la roche dominante. Là, elle s'enfonce doucement vers l'ouest, passant progressivement de 1000 à 500 mètres.

Ensuite la plate-forme archéenne, surtout composée de gneiss, se reconnaît aisément, dominant le golfe de l'Aquitaine, par une altitude comprise entre 500 et 600 mètres, jusqu'aux approches de Brive, où commence à s'épanouir le grand plateau du *Limousin*. Au delà de Meymac surgit une large protubérance, dont les formes très doucement arrondies trahissent le granite ; c'est le *plateau de Millevaches*, où la cime principale, le Mont Odouze (954 mètres), sert de centre de divergence à la Corrèze, à la Vienne et à la Creuse. Ensuite vient la *Marche limousine*, où des bosses granitiques, qui ont mieux résisté que les schistes cristallins encaissants, s'élèvent encore jusqu'à près de 700 mètres, mais pour faire place, dans le *plateau de Boussac*, à une large bande de micaschistes, dont le bord, haut d'environ 300 mètres, forme rempart en avant du Berry, et que la *Combrailles* réunit au *Haut Bourbonnais*, accidenté par des dépôts houillers.

De là, par les tristes plateaux du *Franc Alleud* et de la Sioule, on atteint le massif du *Mont Dore*, où les formations volcaniques qui caractérisent l'Auvergne ne laissent apparaître l'archéen que sur leurs bords, à une altitude variable de 900 à 1200 mètres. On retrouve la pénéplaine, au-dessous du basalte, sur la haute croupe du *Cézallier*, puis, en côtoyant le massif du Cantal, on la voit se rattacher par les Monts de la *Margeride* au nœud du Mont Lozère.

Régions disloquées du Massif Central. — Sur toute cette étendue (et toujours en faisant abstraction des produits volcaniques superposés), le noyau central garde bien le caractère de plate-forme exhaussée, et les dislocations n'y jouent qu'un rôle subordonné. Au contraire, ce rôle devient prépondérant dès qu'on se rapproche du sillon rectiligne où le Rhône a tracé son lit, tout contre le bord oriental du Massif. Il en résulte une division en compartiments, ou plutôt en larges voussoirs, dont quelques-uns ont été portés à une grande hauteur.

Sous cette influence, de hautes et longues croupes, produisant l'effet de chaînes, se détachent de la Lozère pour se diriger en éventail entre le nord-ouest et le nord-est. C'est d'abord la *Margeride*, qui aligne, sur une altitude presque constante de 1500 mètres, au-dessus d'un socle à 1200, ses cimes allongées et sévères, garnies de forêts et de pâturages. Puis, au delà de l'Allier qui en suit si régulièrement l'alignement, voici la traînée gneissique du *Velay*, rehaussée il est vrai par une large bande de laves et de cratères, mais où le socle archéen garde une altitude de 1000 à 1200 mètres [1]. Ce socle, qui monte très progressivement de 800 mètres à 1100 mètres depuis la vallée de la Loire, s'abaisse au contraire en une vraie falaise du côté de l'Allier, accusant ainsi l'influence évidente d'une dislocation, et le même fait se reproduit pour la Margeride à l'égard de la Truyère.

En arrivant aux sources de la Dore, la chaîne du Velay se bifurque. Elle envoie, entre la Dore et l'Allier, la croupe des *Monts du Livradois*, qui s'abaisse jusqu'à 500 mètres en vue de la Limagne, tandis qu'à droite, entre la Dore et la Loire, se détache l'arête, presque exclusivement granitique et porphyrique, du *Forez*.

Cette arête, disloquée par des failles d'une grande netteté, élève entre les deux dépressions de la Limagne et du Forez ses sombres crêtes, dépassant par endroits 1600 mètres d'altitude, et d'un aspect qui rappelle par plus d'un trait les pays de hautes montagnes. Ensuite, par les *Bois Noirs* et les *Monts de la Madeleine*, elle vient plonger par moins de 300 mètres sous les plaines du Bourbonnais.

Sur l'autre rive de la Loire, entre ce fleuve et la Saône, recommence une bande montagneuse, dépendance extrême du Plateau Central. Mais ici les formations sédimentaires, en traînées pincées dans les plis de l'archéen, introduisent une beaucoup plus grande variété. En outre, les anciens plis carbonifériens, maintenant dirigés au nord-est, s'accusent beaucoup plus nettement, et il s'y superpose une série de dislocations parallèles à la Saône en même temps qu'au Jura méridional. De là la grande complication de cette bande, où l'on voit se succéder, à partir du nœud commun d'où le Velay se détache aussi : le plateau du *Vivarais*, si brusquement tranché par le Rhône ; le massif archéen du *Pilat*, au pied duquel s'étend la dépression houillère de Saint-Étienne ; enfin les monts du *Lyonnais*, ceux du *Beaujolais*, et, tout au nord, la traînée granitique et porphyrique du *Charolais*.

---

1. Voir la restauration que M. Boule a donnée de la plate-forme archéenne dans sa *Description géologique du Velay*.

Il nous reste à dire un mot du *Morvan*, ce cap avancé du Plateau Central, séparé du Forez par la Limagne bourbonnaise et du Charolais par la dépression que longe le bassin houiller du Creusot. C'est un district de bois et de pâturages, infiniment disloqué, limité de tous côtés par des failles, et auquel son altitude (le point culminant est à 900 mètres), jointe à la nature du sol surtout granitique, prête un caractère particulièrement agreste. S'avançant en pointe entre les dépressions de la Loire et de la Saône, il offre aux vents humides un obstacle suffisant pour leur arracher plus de 1300 millimètres de pluie annuelle, c'est-à-dire autant qu'en reçoivent les Cévennes et le Mont Dore.

Anciennes dépressions lacustres. Limagne. — Les anciennes cavités lacustres du Plateau Central forment aujourd'hui deux groupes de dépressions : celui de la *Limagne*, ou de l'Allier, et celui de la *Loire*, qui viennent se réunir dans les plaines du *Bourbonnais*, après avoir été longtemps séparés par l'arête montagneuse du Forez.

Ces deux dépressions font partie de la série des accidents, alignés du nord au sud, dont le Massif Central porte l'empreinte bien marquée, et le fait que leur emplacement coïncide, d'une façon générale, avec le rebroussement des plis carbonifériens, donne à penser que l'effondrement d'où ils dérivent n'est que la répercussion d'un accident qui daterait des temps primaires. L'une et l'autre correspondent à de grands lacs, comblés durant l'époque oligocène par des sédiments dus à l'érosion du plateau encaissant, et dont le fond s'est affaissé lors des ruptures qui ont fait naître les volcans de la contrée. Mais ni leur aspect ni leur histoire ne sont identiques, les phénomènes volcaniques ayant agi avec beaucoup moins d'intensité dans la seconde dépression que dans la première.

La *Limagne* d'Auvergne, largement épanouie au confluent de l'Allier et de la Dore, dominée d'un côté par la chaîne des Puys, de l'autre par le Forez, a été recouverte à maintes reprises par des nappes de cendres, ainsi que par des alluvions de provenances très diverses. Aussi ce territoire unit-il à la fertilité de la Beauce le privilège d'une beaucoup plus grande variété de cultures, jointe à un climat plus chaud. Le cadre de cette grande plaine, avec les cônes volcaniques qui se profilent à l'ouest au-dessus de la falaise de granite, est particulièrement pittoresque aux environs de Clermont-Ferrand.

La plaine se rétrécit au sud, et un barrage granitique sépare le bassin de Clermont de celui d'Issoire, isolé lui-même du petit bassin de Brioude par un autre pointement de granite, qu'accompagne le terrain houiller de Brassac. Mais ces apparitions granitiques se bornent au fond de la vallée et n'empêchent pas de suivre sur les versants, sous la forme d'argiles rouges caractéristiques, les traces de la continuité de l'ancien lac. Aussi, quand on retrouve, sous les scories et les basaltes, un bassin analogue autour du Puy, avec de nombreux lambeaux disséminés à droite et à gauche de la Loire, où ils occupent de grandes hauteurs et sont disloqués par des failles, se rend-on bien compte qu'il y avait autrefois une dépression plus étendue. La nappe d'eau y devait affleurer jusqu'au bord de la pénéplaine centrale, quand celle-ci était sans volcans, et très peu élevée au-dessus de la mer.

Dépressions de la Loire. Bassin d'Aurillac. Bourbonnais. — Elle pouvait d'ailleurs être partagée par des seuils en bassins plus ou moins indépendants. Et c'est ainsi que, dans la vallée de la Loire, un barrage granitique sépare le *bassin du Puy* du *bassin d'Emblavès*, marqués tous deux par un notable élargissement de la vallée, le fleuve ayant facilement affouillé les marnes et argiles lacustres.

Par des lambeaux échelonnés entre le Puy et Monistrol, les fragments du lac d'Auvergne se relient aux dépôts de la grande dépression de la Loire, qu'un seuil divise en deux plaines, celle de Montbrison ou du *Forez* et celle du *Roannais*. D'autre part, les environs d'Aurillac montrent à découvert des portions d'un bassin semblable, aujourd'hui enfoui sous les amoncellements volcaniques du Cantal. De sorte que, considérant la faible distance qui sépare ces bassins tertiaires de celui du Gard, et les mollusques fossiles qu'ils ont en commun avec ce dernier, on est conduit à restituer, par la pensée, au-dessus des Cévennes, une ancienne communication continue du bassin parisien à celui du Languedoc. Étrange contraste avec l'état actuel du territoire intermédiaire, si violemment soulevé et disloqué depuis lors !

La plaine du *Bourbonnais* est loin d'avoir la fertilité de celle de la Limagne, qu'elle prolonge au nord. Du reste, la composition du terrain y est différente et surtout les éléments volcaniques font défaut.

Massifs volcaniques. Cantal. Cézallier. — Les accumulations que les volcans sont venus jeter en *Auvergne*, au-dessus de la pénéplaine disloquée du massif archéen, se répartissent entre plusieurs centres, distincts par leur âge comme par leurs formes.

Le plus important est le massif du *Cantal*, immense cône démantelé, auquel les eaux courantes et les glaces ont fait perdre au moins 1000 mètres de sa hauteur primitive, et dont le centre, marqué par le Puy de Griou, est entouré d'une ceinture de *pics* ou *puys*, qu'on prendrait aisément de loin pour des cônes volcaniques de projection. Ce ne sont pourtant que les débris des coulées et des brèches que vomissait tour à tour le cratère central. A travers les matériaux sans grande consistance des brèches de projection, qui dominent dans le massif, l'érosion a depuis lors creusé de profonds ravins divergents, dont quelques-uns, comme la coupure que domine le Puy Violent, produisent une impression saisissante. Mais cette divergence n'en laisse pas moins prédominer, dans l'hydrographie générale, la direction du nord-est au sud-ouest, qui est celle de la Truyère, du haut Alagnon, de la moyenne Dordogne et de la Cère en amont d'Aurillac, direction d'ailleurs parallèle à celle que les vieux plis carbonifériens affectent dès le méridien du Cantal, et manifestée avec évidence sur tous les petits cours d'eau secondaires compris entre l'Aubrac et l'Allier.

Des flancs du cône cantalien se sont épanchés de vrais déluges de basalte, et ces nappes, venant recouvrir la pénéplaine archéenne, ont engendré en plusieurs points de grands plateaux; celui du *Cézallier*, en dôme très surbaissé entre les deux cônes du Mont Dore et du Cantal, puis la *plaine de Mauriac*, et enfin la *Planèze de Saint-Flour*. Le contraste est grand entre la fertilité relative de ces nappes basaltiques, qui portent de nombreuses prairies, et la stérilité des landes archéennes qu'on voit sortir de dessous leurs bords.

Mont Dore, Monts Dômes, Velay, Aubrac. — Le *Mont Dore*, inférieur par sa masse au Cantal, est plus imposant parce qu'il a mieux gardé la forme de cime, grâce à la résistance des masses trachytiques de son noyau, comme celle qui forme le Pic de Sancy (1886 mètres), point culminant de la France en dehors des Alpes et des Pyrénées. La diversité des roches a permis à l'érosion d'y découper des protubérances parfois très originales, comme la Banne d'Ordanche, les roches Tuilière et Sanadoire, le rocher du Capucin, etc. Des coulées, en barrant certaines vallées, ont engendré des lacs, tels que le Chambon, tandis que d'autres cavités lacustres se formaient dans le massif, soit au fond de cratères, comme le charmant lac Pavin, soit par explosion. Le pays y est donc infiniment plus pittoresque et moins sauvage.

Les deux massifs dont nous venons de nous occuper ont été si fortement démantelés que, réduits à leurs noyaux profonds, ils laissent seulement deviner la place des anciens centres d'éruption. La *Chaîne des Puys* ou des *Monts Dômes*, sensiblement plus jeune, offre au contraire dans toute leur fraîcheur la plupart de ses appareils volcaniques. Le nid de la Poule et le Puy de Pariou en témoignent suffisamment, comme aussi ces coulées ou cheires à surface déchiquetée, hérissée de blocs qu'on croirait figés de la veille, et qui descendent dans le thalweg de vallées à peine modifiées depuis l'épanchement de ces laves.

Le paysage volcanique ainsi engendré est aussi caractéristique que varié aux environs de Clermont, où l'on voit alterner les cônes de débris, les cratères, les anciens culots comme le Puy de Dôme, les plates-formes de lave comme le plateau de Gergovie, et les rochers de basalte découpés par l'érosion dans les plus anciennes coulées du massif.

Moins nette, mais encore bien reconnaissable à ses cônes, déjà beaucoup plus aplatis, est la chaîne des *volcans du Velay*, qui se poursuit sur plus de 50 kilomètres. Cet appareil volcanique engendre aux environs du Puy un paysage très spécial, avec ses colonnades basaltiques et surtout les rochers en forme d'obélisques, si curieusement dressés au milieu de la ville. Ce sont sans doute d'anciennes cheminées remplies par des débris projetés, que l'injection de la lave a cimentés, et que plus tard la dispersion des marnes tertiaires encaissantes a dû laisser en saillie[1].

De l'autre côté de la Loire, le Velay a pour pendant l'ensemble des *massifs du Mégal et du Mézenc*. Ce groupe de montagnes volcaniques, superposées à un socle archéen de 1000 à 1100 mètres, doit son aspect très particulier à l'abondance d'une lave particulière, appelée phonolite. Cette lave donne des coulées et aussi des culots isolés, comme celui qui forme la cime du Mézenc (1754 m.).

Le Mézenc domine le massif archéen du Vivarais, au-dessus duquel il se relie d'une façon à peu près continue au promontoire basaltique des *Coirons*, dressé comme un cap en travers de la dépression du Rhône, mais où le basalte repose sur le terrain jurassique.

Enfin l'*Aubrac* consiste en un épais amoncellement de coulées basaltiques, lancées dans une direction parallèle au Velay, isolées de tous côtés, sur leur socle archéen, par la Truyère, le Lot et leurs affluents.

Régime hydrographique du Plateau Central. — Cette superpo-

---

1. Boule, *Desc. géol. du Velay.*

sition d'éléments nouveaux a profondément modifié l'aspect de la pénéplaine centrale, en même temps que la surrection de cette dernière obligeait les cours d'eau à y creuser des gorges d'une grande profondeur. Mais les lits des rivières, dont le soulèvement modifiait l'altitude plutôt que le tracé, ont été influencés, par l'addition des massifs volcaniques, à un degré beaucoup moindre qu'on ne pourrait le supposer.

C'est ainsi que le cône du Cantal, avec ses profondes vallées divergentes, entaillées à travers l'énorme masse des brèches volcaniques, fait au premier abord l'impression d'un pôle duquel tout s'écarte. En le rattachant à son voisin le Mont Dore, qui garde le privilège de posséder la plus haute cime du Massif Central, on serait tenté, dans un examen sommaire, d'en faire le nœud du réseau hydrographique français. Cependant rien n'est moins exact, et l'influence que ces accumulations volcaniques ont exercée sur les cours d'eau est purement locale.

Le vrai nœud du réseau français, c'est ce Mont Lozère, où la plate-forme archéenne et granitique, celle qui ne dépasse guère 1100 mètres au Mont Dore, s'élève jusqu'à 1702. C'est de là, ou du voisinage immédiat, que partent l'Ardèche, la Loire, l'Allier, le Tarn, l'Aveyron, le Lot; c'est-à-dire que les trois grands bassins français, bassin de Paris, golfe de l'Aquitaine, dépression du Rhône, viennent simultanément puiser à ce réservoir.

Au fond, l'hydrographie du Plateau Central ne comporte que deux directions d'écoulement : l'une, au nord, de la Loire à la Creuse, vers le bassin de Paris; l'autre, à l'ouest, du Tarn à la Dronne, vers le golfe de l'Aquitaine. C'est le résultat de l'appel qui a toujours eu lieu dans ces deux sens; de sorte que la surrection du plateau n'a eu d'autre résultat que d'allonger les cours d'eau vers l'amont, tandis que l'émersion des bords les allongeait vers l'aval.

Seulement il est à croire que la Vienne (qui trouverait si bien sa continuation dans la Charente), la Corrèze et la Gartempe, appartenaient dans l'origine au système est-ouest, et qu'elles ont été capturées au profit de la Loire, soit par la dislocation du détroit poitevin, soit par suite de la flexion qui a déterminé l'irruption de la mer miocène sur la Touraine et le Blaisois.

Traces glaciaires. — A l'exception des Monts Dômes, qui ont échappé aux rigueurs de l'extension principale des glaciers, les massifs volcaniques du Plateau Central portent de nombreuses traces de l'action glaciaire. Tantôt ce sont des amas morainiques de boue et de cailloux, comme ceux qui abondent au Cantal ; tantôt des traînées de blocs, aujourd'hui isolés de toute gangue, et très différents des roches du voisinage immédiat (*cimetières des enragés*); tantôt enfin des formes moutonnées, très sensibles sur les arêtes séparatives de certaines vallées qui débouchent du Mont Dore, et où l'on voit les protubérances granitiques aussi arrondies du côté d'amont qu'elles sont anguleuses et abruptes vers l'aval.

Massif armoricain. Caractères généraux. — Dans son ensemble, l'Armorique est, comme le Plateau Central, une pénéplaine. Mais son niveau est demeuré assez stable pour n'y pas entraîner la formation de gorges profondes, et sa composition beaucoup moins homogène comporte des différences assez notables de dureté, que la topographie générale ne peut manquer de traduire.

Ce qui caractérise essentiellement le grand massif armoricain, c'est sa tendance à se relever vers l'ouest, de manière à présenter ses parties culminantes du côté de l'océan. On voit ainsi que ce doit être une ruine, en grande partie démolie par les flots de l'Atlantique, comme l'attestent d'ailleurs les îlots détachés de l'île d'Yeu, de Noirmoutier, de Belle-Isle, des îles anglo-normandes, etc. Un second caractère est la tendance marquée des lignes de hauteurs latérales à se rapprocher de plus en plus à l'ouest, comme si elles allaient converger vers quelque point situé au large du Finistère.

Ainsi, quand on part de Brest, on voit se dessiner une bande septentrionale culminante, le *pays de Léon*, sur le bord de laquelle se dressent les *Montagnes d'Arrée*, qui trouvent leur prolongement naturel dans les monts granitiques du Menez et se répercutent parallèlement dans la haute traînée d'Avranches à Mortain. Au pied de cette bande se remarque une dépression bien accusée, que suivent la rivière de l'Aune et le canal de Pontivy. Étroite dans l'ouest, cette dépression s'élargit notablement aux environs de Rennes. Enfin, du côté du sud, elle est bornée par la haute bande de la *Cornouaille* bretonne, précédée par la chaîne des *Montagnes Noires*. Or la direction de ces hauteurs méridionales s'infléchit de plus en plus au sud-ouest, comme on le voit dans les *Landes de Lanvaux*, puis dans le *Sillon de Bretagne*, et mieux encore, à l'extrémité vendéenne du massif, dans les *Hauteurs de Gâtine*. C'est comme un épanouissement progressif du faisceau breton, à mesure qu'on se rapproche du bassin parisien.

Disposition des plis armoricains. — Cette structure a sa raison d'être dans la géologie. Les terrains primaires très variés, dont l'Armorique se compose, après s'être déposés, pour la plupart, dans de larges concavités du massif, ont été un jour refoulés, en plis à peu près parallèles, dans le sillon que limitaient la bande archéenne du sud et les traînées précambriennes ou granitiques du nord. Étranglés entre la Cornouaille et le Léon, les plis ont pu se dilater en éventail du côté de l'ouest. Tous, et en particulier les longs alignements de granite, accusent les racines d'une ancienne chaîne de montagnes [1], dont la surface rabotée est devenue une pénéplaine. De la sorte, les divers terrains y affleurent en bandes longitudinales étroites, qui donnent à une carte géologique un aspect rubané, et c'est de la dureté plus ou moins grande de ces affleurements que dépendent surtout le relief du sol comme le dessin des rivages.

Ainsi la dépression médiane du Finistère, celle de Carhaix, correspond aux schistes tendres du terrain houiller. La saillie si visible des Montagnes Noires tient à la dureté de la bande de grès compacts qui apparaît dans son axe, et les Monts d'Arrée sont une chaîne granitique. Le granite domine dans les Hauteurs de Gâtine, où son affleurement s'élargit de plus en plus vers le sud, allant rejoindre, sous le détroit de Poitiers, les larges traînées de même nature qui courent à travers le Plateau Central. Les surfaces occupées par le grès dit *armoricain* forment des bandes élevées, prédestinées à la stérilité; et comme les granites, ainsi que certaines variétés de schistes, ne sont pas mieux favorisés au point de vue agricole, il en résulte que la Bretagne est, par excellence, le pays des *landes* alignées.

Là où les schistes sont tendres et se prêtent à la formation des prairies, le pays revêt un tout autre caractère, et les nombreuses haies d'arbres qui limitent les pâtures lui donnent un aspect verdoyant et boisé qui justifie le nom de *Bocage*, applicable surtout aux parties orientales du massif armoricain, c'est-à-dire à la lisière normande et au bord poitevin.

Quant aux rivages, la façon dont les bandes de duretés diverses y aboutissent entraîne le développement plus ou moins accentué de la structure des *rias* [2].

Dépressions du massif. Effets de l'érosion. — Un sillon oblique vient rompre l'homogénéité orographique du massif armoricain. C'est la coupure profonde par laquelle la Loire l'entame à partir d'Angers. Pour en comprendre l'existence, il faut savoir recon-

1. Voir plus haut, p. 305.
2. Voir plus haut, p. 261.

naître sur ses bords les traces, aujourd'hui bien morcelées, de diverses invasions marines, dont la plus remarquable, datant de la fin de l'époque miocène, s'est fait sentir jusqu'aux portes de Blois. Par moments, la mer, submergeant toute la dépression de Rennes, a dû faire de la Bretagne une île. La Vilaine, l'Ille et la Rance marquent la place de ce détroit miocène.

De la même façon, la grande échancrure de Carentan, dans le Cotentin, depuis Valognes jusqu'à Isigny, est la trace d'un ancien golfe marin qui, dès l'époque jurassique, pénétrait dans le massif ancien, et que les mers crétacées ou tertiaires ont bien souvent réoccupé depuis lors.

Très longtemps exposée à l'érosion marine, l'Armorique a perdu une grande partie de son étendue primitive. Les *îles anglo-normandes*, Jersey, Guernesey, Serck, Aurigny, avec les îles Chausey et le plateau des Minquiers, montrent tout ce que le Cotentin a dû perdre, en même temps que l'examen de la courbe isobathe de 20 mètres donne une idée de ce que pouvait être le contour primitif [1]. Ce qui a préservé ces îles, c'est la dureté plus grande des terrains qui les composent, granites, porphyres, schistes injectés de filons granitiques, comparée à la facile désagrégation des schistes précambriens. De la même façon, les protubérances de granite du Mont Saint-Michel et de Tombelaine se sont conservées au milieu de l'éparpillement des schistes encaissants.

Souvent d'ailleurs, dans le Cotentin, le maintien d'une arête saillante, comme celle d'Avranches à Mortain, tient à ce qu'une injection granitique a durci les schistes sur une certaine épaisseur ; de sorte que ceux-ci, devenus compacts, ont formé des murailles protectrices le long du filon de granite, le défendant lui-même contre la transformation en arène.

Régime hydrographique. — En considérant que l'Armorique a longtemps formé le rivage contre lequel s'arrêtaient les mers jurassiques et crétacées, on peut être surpris de n'y trouver aujourd'hui aucun cours d'eau se dirigeant vers l'est. Au contraire, l'Orne d'un côté, la Sarthe de l'autre, l'encadrent en quelque sorte suivant une direction perpendiculaire.

Déjà, pour ce qui concerne la région occidentale, nous venons de donner la raison de cet état de choses, en rappelant le passage assez récent de la mer dans le bassin de Rennes. Pour le reste, il convient d'observer que le massif armoricain ne s'enfonce pas

---

1. Voir plus haut, p. 259.

doucement à l'ouest sous le bassin de Paris. Sa limite orientale, qui court en ligne droite de la Loire aux sources de l'Orne et de la Rille, trahit une ligne de dislocations, accusée du reste par plusieurs accidents sur son bord. D'autre part, un mouvement orogénique assez récent a fait naître, en travers de cette limite, la protubérance des *collines de Normandie*, qui atteint 417 mètres au mont des Écouves, et qui est prolongée jusque dans la cuvette parisienne par le bombement du *Perche*. La production de ce dôme, jointe à l'appel déterminé par la coupure de la Loire, a dû entraîner une déviation des cours d'eau qui, dans l'origine, coulaient sans doute parallèlement aux anciens plis armoricains.

Mais la trace de la direction primitive *conséquente* des cours d'eau est restée visible dans plus d'un tronçon : ainsi le cours supérieur de la Mayenne, celui de la Vilaine entre Vitré et Rennes, de ses affluents le Semnan, le Don, l'Isac, surtout des deux rivières, l'Arz et la Claie, qui encadrent la Lande de Lanvaux, et, au nord, les rivières de la Sélune et de la Sée, etc.

Massif ardennais. Caractères généraux. — L'*Ardenne* est un massif composé de schistes, de grès et de calcaires primaires (siluriens, dévoniens et carboniférens) qu'une violente poussée avait refoulés les uns sur les autres, en plis alignés du sud-ouest au nord-est, lors de la surrection de la grande chaîne carbonifériene. Ensuite une longue période continentale, embrassant plus de la moitié des temps secondaires, a amené la disparition totale du relief avec la transformation en pénéplaine, non seulement de l'Ardenne actuelle, mais de son prolongement sous le *Brabant* et la *Flandre*.

Ce prolongement est aujourd'hui bien connu, grâce aux nombreux sondages qui l'ont exploré. Or c'est un fait remarquable que l'allure de sa surface demeure la même, qu'elle soit recouverte directement par les sables tertiaires comme au Brabant, par la craie comme dans la Flandre, par le terrain jurassique comme dans la région du Pas-de-Calais occidental. C'est bien la preuve que la mer n'est pour rien dans cet aplanissement, œuvre des eaux courantes pendant une longue émersion du territoire.

La pénéplaine, qui s'incline doucement au nord-ouest, se relève peu à peu dans la direction opposée et vient présenter à la France un véritable front de falaise, où les parties voisines de la crête atteignent par places tout près de 500 mètres. Aussi, dans cette région, c'est-à-dire dans l'*Ardenne* proprement dite, le massif affecte-t-il l'allure d'un véritable plateau, entaillé par des vallées profondes.

Nous savons [1] que cette allure est de date récente, et résulte d'un lent mouvement de bascule du terrain. Avant l'époque quaternaire, le district était plus bas que le cours d'amont de la Meuse, qui circulait paresseusement à sa surface, et qui a dû s'y enfoncer ensuite à mesure que le massif se relevait, encaissant de plus en plus ses méandres originels.

Aujourd'hui le contraste est profond entre le caractère éminemment montagneux des versants de la Meuse, de la Semoy et de leurs affluents, d'une part, et l'absolue monotonie du plateau supérieur, le plus souvent schisteux et fangeux (d'où le nom de *fagnes*), d'autre part. C'est la dureté du terrain qui seule introduit quelques différences dans la topographie de cette pénéplaine surélevée, mettant en évidence, tantôt des bandes de grès dur, comme à Monthermé, tantôt des rubans de calcaire-marbre, comme ceux qui se poursuivent à travers la *Famenne*, et qu'accentuent les nombreuses exploitations par lesquelles les affleurements sont jalonnés.

Divisions du massif. — La transition n'est pas continue entre le *Brabant*, où la pénéplaine abaissée ne porte que des sables tertiaires, et l'*Ardenne*. A la jonction des deux territoires se trouve le sillon rectiligne que dessinent, d'abord la Sambre, puis la Meuse entre Namur et Liège. Ce sillon est de bien ancienne date; car c'est là qu'est venue tomber autrefois la grande bande des dépôts houillers, et plus tard la mer de la craie y a pénétré assez loin par le golfe du *Hainaut*. A peine l'a-t-on dépassé qu'on doit gravir la haute crête du *Condroz*, dont l'altitude, jointe au changement complet dans la nature du terrain sur la rive droite de la Meuse, accuse une grande fracture. Au delà se déploient les *Fagnes*, qui au nord-est s'élèvent peu à peu vers l'*Eifel*, où l'altitude finit par atteindre 700 mètres; de sorte que la rudesse du climat accentue de plus en plus l'infertilité du sol. Les schistes engendrent par leur décomposition de l'argile, et le défaut de pente sur les hauteurs, joint à l'humidité du climat, détermine en temps de pluie la formation de véritables fondrières.

Golfe du Luxembourg. Plateau rhénan. Palatinat. — Un district de sables et de grès en couches horizontales interrompt, dès le Luxembourg, le massif schisteux ardennais. Il y a là un golfe, peut-être un détroit, où pénétraient largement les mers du trias et du jurassique inférieur, et dont la Moselle a profité pour préparer sa

---

1. Voir plus haut, p. 161.

trouée vers le nord[1]. Mais, un peu avant Trèves, apparaît le *massif rhénan*, suite directe de l'Eifel et, comme lui, pénéplaine tardivement relevée.

Le plateau entre Trèves et le Rhin est un des meilleurs exemples d'une pénéplaine soulevée. La surface, faiblement ondulée, a une allure indépendante de celle des roches constituantes. Les médiocres éminences qui la surmontent, comme l'Idar Wald et le Soon Wald, sont dues à la résistance offerte par des couches de quartzite[2].

Sur le flanc sud-est du massif rhénan s'est logée, parallèlement aux anciens plis hercyniens, la dépression du *Palatinat*, où se sont accumulés, avec les schistes houillers du bassin de la Sarre, des tufs et des roches éruptives diverses. Au delà, le terrain se relève dans la *Hardt*, prolongement septentrional du dôme alsacien, territoire surtout triasique, à partir duquel on s'élève jusqu'aux Vosges.

Massif alsacien. Caractères généraux. — Le massif *alsacien* est un dôme, que l'effondrement de la clef de voûte a divisé en deux, en faisant naître au milieu la grande plaine où coule le Rhin. Les lèvres de l'énorme cassure dessinent ainsi, par leurs crêtes, des apparences de chaînes culminantes, les *Vosges* d'un côté, la *Forêt Noire* de l'autre. Mais ce ne sont pas des montagnes tectoniques au sens habituel du mot; leurs cimes ne s'alignent pas sur la direction d'un pli, et l'impression qu'elles produisent tient surtout à la profondeur de la tranchée dont elles définissent les bords.

D'autre part, la surrection du dôme a eu pour effet de ramener au jour, en son milieu, un noyau archéen et granitique qui occupait la place à l'époque carbonifèrienne, et qui, après avoir crevé sa couverture de trias et de jurassique inférieur, en est arrivé à former aujourd'hui les plus hauts sommets de la contrée. Vu de la France, par exemple des environs de Saint-Dié, ce noyau est remarquable par sa forme de longue croupe à peine mamelonnée, absolument exempte de ces contours heurtés qui d'ordinaire abondent dans les montagnes. En outre, quand on gravit cette croupe, on constate que les divers terrains dont elle est composée dessinent des bandes alignées au nord-est, c'est-à-dire obliquement à la ligne de faîte, et dont les plus dures, demeurées en saillie, forment comme autant de petits chaînons dans le même sens.

---

1. Voir, pour cette pénétration, les détails donnés plus haut, p. 161.
2. Davis, *Annales de géographie*, octobre 1895.

Ce sont les racines d'une portion de la grande chaîne primaire, qui se dressait en ce point lors des temps carbonifériens, et que l'érosion avait déjà transformée en pénéplaine quand la mer triasique est venue la recouvrir. Exhumé aujourd'hui par suite de l'effort qui a créé le dôme alsacien, ce socle a vu son ancien relief renaître en partie, non en vertu d'un nouveau plissement, mais à cause de la résistance inégale que ses éléments opposaient à l'œuvre des eaux courantes. Les cimes qui ont pu être ainsi isolées, c'est-à-dire les *Ballons*, gardent en général des formes très adoucies. Mais autour d'elles, l'impression dominante est celle de l'aplanissement qui avait fait de ce massif une pénéplaine; impression bien traduite par le mot de *Hautes Chaumes*[1], appliqué à la plaine granitique du sommet des Vosges, comme par celui de *Feldberg* ou *montagne des champs*, désignant le principal sommet de la Forêt Noire.

A ces causes fondamentales est venue s'ajouter, au début du quaternaire, l'action des glaciers, dont les moraines, en barrant certaines vallées, au point d'obliger des rivières à détourner leurs cours par des cascades, ont créé des lacs, comme celui de Gérardmer, tandis que, vers la crête, du côté de l'Alsace, la glace contribuait à la formation, ou tout au moins à la conservation, de petits lacs de cirques[2], tels que le Lac Blanc et le Lac Noir.

Vallée du Rhin. Revêtement triasique. — Par sa grande largeur, la vallée du Rhin s'éloigne du type habituel des vallées de fracture. A la vérité, sur ses bords, les preuves abondent des dislocations qui l'ont engendrée, et l'on y voit apparaître de nombreux paquets, tombés entre deux cassures, qui impriment au paysage une grande variété. Mais le large fond de la vallée porte les traces d'invasions marines remontant au milieu de l'ère tertiaire, et après lesquelles il a subi de nouveaux dérangements, en attendant qu'il fût remanié par les glaces et les grands cours d'eau quaternaires. De plus, un massif volcanique, le *Kaiserstuhl*, a surgi en travers de la dépression, apportant au cours du fleuve un obstacle dont l'influence n'est pas encore totalement éteinte.

Sur le versant occidental des Vosges, le manteau triasique s'incline vers l'extérieur, et les bancs caractéristiques du grès vosgien, si propre à former des escarpements ruiniformes, de 1000 mètres

---

1. C'est Élie de Beaumont qui, dans sa mémorable description des Vosges, modèle achevé d'une explication rationnelle des formes du sol, a exprimé cette idée, que les Hautes Chaumes étaient aux Vosges ce que les Hautes Fagnes sont à l'Ardenne.
2. Voir plus haut, p. 215.

d'altitude qu'ils atteignent au Donon, plongent, en dessinant un plan incliné très régulier, dans ce qu'on appelle la région des *Monts Faucilles*. Au pied de cette plate-forme en pente commencent les plaines de la *Lorraine*, où l'érosion a eu beau jeu pour disperser et aplanir les sédiments sans consistance du trias supérieur.

Au sud du Donon, là où les grès vosgiens n'atteignent plus la crête, comme auprès de Saales, les derniers efforts de leur affleurement se traduisent par des montagnes au contour géométrique, semblables à des terrassements artificiels, qui contrastent d'une façon remarquable avec les formes arrondies du massif archéen, culminant au *Champ de feu* et dans les *Hautes Chaumes*.

Au grès rouge succèdent, dans la direction de la Lorraine, les affleurements des divers étages du trias et du jurassique, tous disloqués par des failles longitudinales et ainsi divisés en bandes, dont chacune est descendue vers l'ouest relativement à la précédente. Le petit îlot basaltique de la *côte d'Essey*, non loin de Nancy, indique que ces cassures n'ont pas dû s'accomplir sans amener des manifestations éruptives.

Bassin de Paris. Sa préparation historique. — Arrivons maintenant à la partie centrale, c'est-à-dire au Bassin de Paris proprement dit.

Pour en bien comprendre la disposition topographique, en amphithéâtre très régulièrement relevé, par gradins étagés, vers l'Ardenne, les Vosges, le Morvan et le Plateau Central, il est nécessaire de se reporter à l'histoire de ce bassin. Le territoire qu'il embrasse résulte en effet du comblement, opéré par les sédiments secondaires et tertiaires, d'une sorte de cuvette dont le pourtour était défini par les massifs anciens précédemment décrits. Et ce sont ces massifs qui, perdant par érosion de leur substance, ont fourni la matière des sédiments par lesquels la cuvette a pu se remplir peu à peu.

L'histoire du bassin ne commence qu'avec les temps secondaires. Son territoire paraît avoir été émergé à la fin de l'époque carbonifèrienne, lorsque s'est dressée, de l'Armorique à la Bohême, la haute chaîne de montagnes dont il a été plus d'une fois parlé. Seulement l'emplacement du bassin semble avoir été, dès cette époque, esquissé par quelque dépression au milieu du massif montagneux, exactement comme nous avons vu que l'aire de sédimentation de la mer du Nord se trouvait indiquée par l'allure des anciens plis du sol anglais.

En effet, les plis armoricains divergent à partir de la pointe du

Finistère, ceux du nord courant vers l'est, ce qui leur permet de rejoindre souterrainement les plis de l'Ardenne ; tandis que ceux du sud s'infléchissent constamment au sud-est, à travers le Morbihan et la Vendée, pour se raccorder sous le détroit du Poitou avec les anciennes dislocations du Plateau Central. Et comme, dans l'intervalle, il y a certainement en Armorique une zone déprimée, on est autorisé à penser qu'il a pu se produire, lors de la surrection de la chaîne carbonifériennne, quelque chose d'analogue à ce qu'on voit souvent en Asie ; c'est-à-dire une bifurcation des arêtes montagneuses, se séparant pour encadrer, comme entre deux murailles, un bassin plus ou moins affaissé. Tels le Thian-Chan et le Kouenlun autour du Tarim.

S'il en a été ainsi pour la région française, on conçoit que, même émergée, la portion entourée par les chaînes du sud et celles de l'Ardenne ait pu être une zone faible, destinée à se laisser plus facilement envahir par la mer. Lors donc que le relief carbonifériennn a été suffisamment aplani, et que l'Océan, longtemps rejeté au sud-est, a pu agrandir son domaine, il a peu à peu repris possession de ce district central ; si bien que, dès l'origine des temps jurassiques, les massifs anciens qui l'entourent ne formaient déjà plus qu'un archipel.

Épisodes sédimentaires. — Alors a commencé le comblement de la cuvette parisienne par des dépôts marins, tour à tour argileux et calcaires, plus rarement sableux. L'œuvre était si complète à la fin de la période jurassique, que les détroits du Poitou et de la Côte d'Or avaient fait place à des isthmes, le golfe parisien, très réduit, ne communiquant plus qu'à grand'peine avec le nord. Les temps crétacés ramenèrent une nouvelle submersion, dont le maximum fut acquis avec la mer de la craie. Cette fois encore, les massifs anciens n'étaient plus que des îles. Même la mer empiétait sensiblement sur l'Ardenne, le Morvan et le Cotentin.

Avant l'inauguration des temps tertiaires, le domaine maritime était de nouveau redevenu insignifiant, et la craie exondée devait former une plaine basse sur la plus grande partie de la cuvette, quand sa surface s'affaissa au centre suivant une direction nord-est, exactement parallèle au bord oriental du massif armoricain. Cette large fosse fut envahie par les mers tertiaires, mais celles-ci, venues du nord, ne s'avancèrent jamais dans l'est au delà de la Champagne, dans le sud plus loin que le milieu de la Beauce. Constamment, du reste, elles étaient en lutte avec le régime continental, et de temps à autre la fosse parisienne se transformait en lagunes, même en lacs d'eau douce.

Influence du lac de Beauce. — Le mieux caractérisé de ces lacs fut le dernier, le lac dit de la Beauce, qui, à la fin de l'époque oligocène, s'étendait au moins jusqu'au Soissonnais, sans s'avancer à l'ouest beaucoup au delà de Paris, mais se poursuivait largement au sud, en communiquant avec les lacs du Plateau Central. Son niveau différait peu de celui de la mer, qui certainement y fit au début quelques excursions temporaires.

C'est alors que s'est constituée, dans ses traits généraux, l'hydrographie actuelle du bassin de Paris, dont nous avons déjà indiqué les principales particularités[1]. Sur les bords du lac de Beauce, surtout à l'orient et au sud, les assises sédimentaires, relevées à l'extérieur par la flexion du centre, affleuraient en bandes concentriques, comme autant de cuvettes emboîtées, de diamètre décroissant. Des cours d'eau *conséquents*[2], c'est-à-dire convergeant comme le terrain vers le lac, durent traverser ces diverses bandes, recevant au passage de chacune d'elles des affluents *subséquents*, établis sur les affleurements des strates favorables; et ainsi commença à se dessiner la classique *structure en gradins*[3].

Dernières dislocations. — Probablement, à cette époque, le lac trouvait un écoulement à l'ouest, par un cours d'eau sans pente appréciable, décrivant des méandres sur la surface du massif crayeux, autour d'une direction moyenne nord-ouest, qui coïncidait justement avec une ligne de dislocations en profondeur. C'était le précurseur de la Seine. Mais bientôt le lac de Beauce se vida, et son fond, s'inclinant au sud-ouest, fut porté dans la direction opposée à une telle hauteur, que, dans la forêt de Villers-Cotterets, on en trouve des lambeaux à 260 mètres d'altitude. Du même coup la pénéplaine crayeuse de Normandie se relevait d'environ 150 mètres.

Par suite de ce changement survenu dans le niveau de base, les cours d'eau déjà dessinés, dans le secteur compris entre l'Oise et l'Yonne, furent obligés non seulement d'allonger leurs lits, mais de les faire descendre à travers le massif tertiaire exondé, à mesure que s'accentuait la surrection de ce dernier. De là le morcellement de ce massif, plus ou moins avancé selon l'importance

---

1. Voir plus haut, p. 191 et suivantes.
2. Voir plus haut, p. 110.
3. Voir plus haut, p. 111.

des rivières; de là aussi la netteté avec laquelle le bloc tertiaire se détache en général de ce qui l'entoure.

Enfin, là où s'opérait la convergence des rivières, l'érosion, plus efficace que partout ailleurs, amenait un déblaiement presque complet, faisant naître la grande plaine parisienne au milieu d'un hémicycle de collines, toutes couronnées par des lambeaux ou des promontoires du plateau presque horizontal de la Beauce.

Le mouvement qui s'était produit ayant accentué la dislocation de la Seine, en même temps qu'il mettait en évidence une série d'accidents parallèles, comme celui du Pays de Bray, l'émissaire du bassin de Paris a approfondi ses méandres le long de cette dislocation, avec d'autant plus de facilité qu'il y rencontrait une craie fissurée; de la sorte, il coule aujourd'hui, presque sans pente, au fond d'une tranchée qui serpente, mais dont les sinuosités ne s'écartent jamais sensiblement de la ligne de faille ou de plissement, visible en plus d'un point entre Vernon et Rouen.

Quant à la partie méridionale du bassin, longtemps elle est restée tributaire du fond de la cuvette. La vallée du Loing, qui continue exactement le sillon de la Loire, dont aucun seuil ne la sépare, semble bien indiquer de quel côté ont dû s'écouler primitivement les eaux venant de l'Auvergne et du Forez; et il est difficile d'attribuer à autre chose qu'à des courants issus du Plateau Central cette nappe des sables de la Sologne, dont les derniers écarts ont atteint la région de Paris. Mais lorsqu'au milieu des temps miocènes la mer a fait irruption dans l'ouest jusqu'aux portes de Blois, sans doute à la faveur de quelque rupture en rapport avec les prémisses des mouvements alpins, la Loire, attirée par cette coupure, aurait été capturée au profit de l'Atlantique.

Constitution de la topographie du bassin. — La constitution du réseau hydrographique parisien s'est poursuivie depuis l'émersion du terrain de craie. Elle a traversé des cycles très divers, suivant les mouvements du sol survenus durant les temps tertiaires et même quaternaires, chaque phase de stationnement du niveau de base devant déterminer la formation d'une pénéplaine plus ou moins achevée. Ces pénéplaines successives ne peuvent plus aujourd'hui se présenter que par lambeaux, et la mieux reconnaissable est celle qui correspond à l'ancien niveau du lac de la Beauce.

La topographie actuelle se ressent à la fois de la structure en gradins, commandée par la succession des divers affleurements secondaires en auréoles concentriques, et de la composition très variable du massif tertiaire, dont les assises ont offert une résistance fort inégale à l'érosion. D'autre part, tandis que le golfe tertiaire ne s'est jamais étendu vers l'est plus loin que la Champagne, il demeurait généralement ouvert au nord et trouvait de temps à autre une communication avec l'ouest. De là vient que l'ordonnance concentrique des zones similaires et la convergence des cours d'eau n'ont été réalisées, sans changement de dessin, que sur le demi-cercle oriental, limité à peu près par l'Oise d'un côté, par le Loing de l'autre.

C'est donc surtout dans cette partie que se développe l'allure en gradins, chaque plate-forme de terrain résistant se relevant doucement du centre du bassin vers les bords, pour se terminer par un escarpement qui fait face à l'extérieur. Ces falaises, à travers lesquelles les rivières ont dû descendre par des brèches progressivement approfondies, forment pour la région du centre autant de lignes de défense successives. Chacune d'elles est d'ailleurs plus ou moins découpée, et parfois, en avant de l'escarpement principal, des témoins de son ancienne extension subsistent comme autant de postes détachés; ainsi la *montagne de Laon*, et les collines qui dominent Reims à l'est.

Auréoles et falaises successives. — On distingue, en marchant toujours vers l'extérieur : la *falaise de l'Ile de France*, où se montrent les tranches des assises tertiaires, et qui domine tour à tour les plaines du *Vexin*, de la *Picardie* et de la *Champagne pouilleuse*; la *falaise crayeuse de Champagne*, au pied de laquelle commence le pays aplati et argileux de la *Champagne humide*; la *falaise de l'Argonne*, moins étendue, faite d'un escarpement de *gaize* crétacée qui domine le plan incliné des grès verts surmontant les calcaires jurassiques; la *falaise corallienne*, où le rempart des calcaires souvent appelés coralliens commande les plaines argileuses des *Woëvres*; la *falaise des Crêtes de Poix*, où une roche dure, inférieure à ces calcaires et dominant des argiles, vient relayer topographiquement le rempart de l'Argonne là où celui-ci s'efface; la *falaise du jurassique inférieur*, si nette dans l'*Auxois*, où la muraille ruiniforme du calcaire à entroques[1] couronne les grands talus des marnes liasiques.

Le dernier de ces escarpements revêt une ampleur particulière sur le bord externe du *Plateau de Langres*, qui ferme le bassin

---

1. On appelle ainsi un calcaire pétri de fragments d'articles de crinoïdes et de radioles d'oursins.

parisien à l'est, en opérant la jonction des Faucilles avec le Morvan. Ce plateau est en réalité un dôme, de part et d'autre duquel les assises plongent en sens inverse, ici vers la dépression parisienne, là vers celle de la Saône. On peut dire que, contre son axe, un véritable combat est en train de se livrer entre les affluents de la Seine et ceux de la Saône, lesquels ont poussé leurs sources à la rencontre les unes des autres, au point de ne plus laisser entre elles qu'un massif de moins de quatre kilomètres. Ici, grâce à une chute beaucoup plus rapide, les petits cours d'eau qui descendent à la Saône se sont montrés aussi actifs que les grandes rivières coulant au nord; et il semble qu'il leur reste peu de chose à faire pour arriver à décapiter ces dernières.

Très nette dans le secteur oriental, la structure en gradins s'atrophie à l'ouest : du côté de la Normandie, à cause de la hauteur acquise par la grande plaque de craie sur laquelle le lac de Beauce se déversait originairement; vers le sud-ouest, parce que c'est de ce côté que le fond du lac s'est incliné, protégeant les auréoles secondaires que le soulèvement oriental exposait, au contraire, à tout l'effort de l'érosion. Cependant, quand on s'éloigne du sud-ouest sur le bord occidental, pour arriver dans des régions où il n'existe pas de dépôts tertiaires épais, on retrouve la structure en gradins; et c'est ainsi que la plate-forme crayeuse de la *Haute-Normandie*, couronnant les talus argileux du *Pays d'Auge*, domine de très haut les plaines calcaires de la *Campagne de Caen*, relevées peu à peu vers le pays argileux du *Bessin*.

Pays du bassin; auréoles crétacées. — Les divisions de second ordre ou *pays* du Bassin de Paris[1] se groupent, autour du massif tertiaire, par séries concentriques, dont chacune embrasse les modalités particulières que la composition et le relief du terrain imposent à la plate-forme de chaque gradin crétacé ou jurassique. On voit ainsi se succéder :

1° Sur l'auréole du crétacé supérieur : le *Gâtinais* méridional, très encombré de silex, et le *Sénonais* avec la falaise du *Pays d'Othe* en avant; la *Champagne pouilleuse*, allant de la Seine à l'Aisne; le *Rethelois*, où la craie est beaucoup moins souvent à nu; enfin le *Vermandois* qui, situé sur le détroit tertiaire du nord-est, a conservé sur sa surface un assez grand nombre de lambeaux de sables et argiles éocènes;

---

1. Voir, dans notre *Géologie en chemin de fer*, la description plus détaillée de ces unités, ainsi que la carte qui figure leur disposition.

2° Sur l'épanouissement que la précédente auréole éprouve dans le nord-ouest, les plaines de *Picardie*, avec îlots tertiaires ; le *Santerre*, l'*Amiénois*, et le *Ponthieu*, où l'argile à silex joue un plus grand rôle ; puis le plateau de la *Haute-Normandie*, dont la partie la plus caractéristique est le *Pays de Caux*, avec sa couverture de limon et d'argile à silex, et ses vallons rapidement approfondis dans la craie. Au delà de la Seine, la *Campagne du Neubourg*, très analogue au pays de Caux, mais masquant de plus grandes dislocations en profondeur ; enfin, plus près du massif tertiaire, le *Vexin normand*, qui en supporte quelques écarts ;

3° Sur la partie occidentale de l'auréole : le *Perche*, où le mélange des sables, des argiles et d'un peu de calcaire, joint à un relief de soulèvement, engendre un pays bien arrosé ; le *Maine*, où les dépôts de la craie prennent à peu près exclusivement le faciès sableux ; les *Vaux du Loir*, où la craie reprend de l'importance, accusée aux yeux du voyageur par le grand nombre d'anciennes carrières transformées en habitations ;

4° Sur l'auréole du crétacé inférieur : les collines de sables et marnes du *Sancerrois* ; la *Puisaye*, avec ses sables ferrugineux et ses ocres ; la *Champagne humide*, si dépourvue de relief et si riche en thalwegs ; le *Perthuis* et le *Vallage*, où s'entremêlent sur les argiles crétacées les alluvions de la Blaise, de la Marne, de la Saulx et de l'Ornain ; l'*Argonne*, avec ses crêtes escarpées, assises sur la gaize ; la *Rivière d'Aisne* ; enfin la fertile *Thiérache*, dont les pâturages confinent à la région, mi-partie crayeuse et mi-partie marneuse, de l'*Arrouaise* et du *Cambrésis*. C'est aussi la réapparition du crétacé inférieur qui, devant le détroit du Poitou, donne au *Mirebalais* sa physionomie particulière.

Auréoles jurassiques. — 5° Sur l'auréole des calcaires jurassiques : la *Champagne berrichonne*, si plate, aux petits cailloux lithographiques jonchant le sol, mais le plus souvent sans masses calcaires compactes ; les plateaux de la *Bourgogne* ; notamment l'*Auxerrois*, le *Duesmois*, le *Plateau de Langres*, le *Bassigny*, où s'accuse si bien la résistance des grands massifs calcaires profondément entamés par les vallées, le *Barrois* aux cailloux d'aspect lithographique. A partir de Toul, la grande zone marneuse de la *Woëvre* s'y intercale, séparant la falaise corallienne de Verdun du pays de *Haye* et du *Jarnisy*. Dans l'ouest, une intercalation analogue donne naissance au grand versant du *Pays d'Auge*, dominant la campagne de Caen, tandis qu'il sert lui-même de support à la plate-forme en partie crayeuse du *Lieuvin*. Puis le *Saosnois* et la *Campagne du Maine* reconstituent les plaines calcaires, interrompues ensuite, jusqu'au *Loudunois*, par le débordement vers l'ouest des dépôts crétacés, mais destinées à reprendre une grande ampleur dans le *Poitou*, à la vérité sous une couverture de dépôts argilo-sableux tertiaires;

6° Sur l'auréole liasique, là où elle s'élargit suffisamment, le fertile *Auxois*, dominé par de nombreuses plaques calcaires, le *Pays Messin*, le golfe en grande partie sableux et gréseux du *Luxembourg*; enfin, entre la *Plaine de Caen* et le *Bocage normand*, la bande argileuse du *Bessin*.

Pays du massif tertiaire. — Il reste à parler des subdivisions du massif tertiaire.

Or à cet égard il importe de faire une distinction entre l'ancienne fosse où la mer a si souvent pénétré, et les parties périphériques de l'ouest et du sud, qui n'ont connu le tertiaire que sous la forme lacustre ou continentale.

A ces dernières appartiennent le *Gâtinais orléanais*; la *Sologne* au sol imperméable et difficile à drainer; la *Brenne* aux nombreux étangs; la *Gâtine de Touraine*, le *Thimerais* et le *Pays d'Ouche*, avec un fond d'argile à silex assez épais pour masquer presque complètement la craie sous-jacente.

Quant à la fosse sédimentaire proprement dite, sa division résulte de ce que l'inclinaison générale et régulière du terrain vers le sud-ouest fait apparaître dans la direction opposée des paliers successifs, tous constitués par l'affleurement d'une assise dure qui sort de dessous les précédentes.

Ainsi des sables de la Sologne émerge la grande plate-forme de la *Beauce*, type achevé des hautes plaines, et quand celle-ci commence à se morceler vers son bord extérieur, laissant apparaître dans les vallées des dépôts tout différents du calcaire lacustre, c'est le *Gâtinais français* et le *Hurepoix* qui prennent sa place. Au-dessous, de l'autre côté de la Seine, se dégage le palier de la *Brie française*, prolongé par la *Brie champenoise* ou *pouilleuse*, qui devient culminante, mais très découpée, dans le *Tardenois* et la *Montagne de Reims*.

Au delà de la Marne, l'apparition au jour d'un nouveau palier calcaire engendre les plaines du *Valois*, prolongées à l'ouest par le plateau plus morcelé du *Vexin français*. Enfin quand l'argile plastique, sortant de dessous la plate-forme du calcaire grossier, prend une part notable à la constitution du paysage, un nouveau pays s'individualise, bien arrosé et découpé; c'est le *Soissonnais*, se terminant d'un côté par le *Laonnois*, de l'autre par le *Noyonnais* et le *Beauvaisis*.

Pays de dislocations. — A ces accidents réguliers, œuvre combinée de l'érosion et d'une structure tectonique générale, viennent se superposer ceux qui résultent surtout de dislocations locales, pour la plupart de date tertiaire, dont l'énergie a suffi pour troubler par places l'assiette des auréoles successives.

Tels sont le *Bazois*, disloqué par les failles latérales du Morvan ; le *Sancerrois*, où le jurassique est relevé à la hauteur de la craie ; le *Belinois*, petite boutonnière jurassique ouverte au milieu du crétacé du Maine ; puis la série des soulèvements orientés au nord-ouest, c'est-à-dire le dôme du *Perche*, avec l'axe du *Merlerault* ; le *Pays de Bray*, dont il a été antérieurement question [1], qui, en faisant arriver au jour une série de couches d'argiles et de sables, introduit une oasis de frais pâturages au milieu d'un pays voué aux terres de labour ; le *Pays de Thelle*, véritable palier incliné s'appuyant sur le bord méridional du Bray ; l'*Artois*, où la résurrection d'une très vieille dislocation parvient à faire pointer, par endroits, les grès primaires au milieu de la craie ; enfin le *Bas-Boulonnais*, où un lambeau de la pénéplaine primaire a réussi à se faire jour au milieu d'un bourrelet jurassique et crétacé, engendrant un îlot de verdure, avec quelques rochers pittoresques, entre les plaines de la *Flandre* et les collines de l'*Artois*.

Notons d'ailleurs que, depuis la vallée de la Seine jusqu'au Boulonnais, le parallélisme des dislocations commande d'une manière évidente la direction de tous les cours d'eau.

Le lambeau du *Boulonnais* est particulièrement instructif, en ce qu'il fait voir en pleine lumière ce qu'enseignait déjà l'allure souterraine de la surface du terrain houiller dans le Pas-de-Calais ; à savoir que, au moins depuis le détroit, les plis primaires, bien accusés par une succession de bandes parallèles de calcaires-marbres, de schistes et de grès, sont dirigés au nord-ouest.

Les exploitations houillères montrent que cette allure se poursuit jusqu'auprès de Valenciennes, où une inflexion assez brusque ramène les plis à l'est-nord-est. C'est le même changement que nous avons constaté dans le Plateau Central, vers le méridien du Plomb du Cantal. Or en joignant ces deux points de rebroussement, on obtient une ligne qui diffère très peu de l'axe de la fosse tertiaire du bassin parisien ; comme si cette dernière résultait seu-

---

1. Voir plus haut, p. 126.

lement de la réouverture d'une dislocation de date très ancienne et en même temps très étendue du nord au sud.

Particularités hydrographiques. — Les péripéties qui ont marqué la formation du sol, dans le bassin de Paris, n'ont pas pu se poursuivre sans que, même dans le secteur le plus régulier de l'entonnoir, celui de l'orient, le réseau hydrographique primitif ne vînt à subir plus d'une modification, résultant de l'avance que pouvait prendre, à un moment donné, tel ou tel cours d'eau. Nous en avons antérieurement donné des exemples [1]. Contentons-nous ici d'ajouter quelques détails sur la situation particulière faite à la Meuse par suite de ces conflits. Cette situation a été bien mise en évidence par un récent travail de M. Davis [2].

Quiconque examine une carte du bassin de Paris ne peut manquer d'être frappé en voyant combien la haute Meuse est en quelque sorte serrée, depuis sa source jusqu'à sa sortie de France, entre la Moselle et les affluents de la Seine, qui ne lui laissent arriver, avant la Chiers, aucun cours d'eau sérieux. Un moment même, à Toul, la Moselle s'en approche jusqu'à la toucher presque et, du côté opposé, 18 kilomètres seulement séparent la Meuse de l'Aire, affluent de l'Aisne. Enfin, de Commercy au delà de Verdun, le fleuve coule dans une vallée disporportionnée avec son débit actuel, et d'une pente si faible qu'il n'a dû s'en accommoder autrefois qu'à la faveur d'un volume d'eau plus considérable.

Il n'en faut pas davantage pour faire comprendre que la Meuse doit être un cours d'eau *appauvri* par la perte d'un certain nombre de ses tributaires. Déjà nous avons montré [3] comment la Moselle lui avait été enlevée entre Pagny et Toul. M. Davis a fait voir aussi que l'Aire était autrefois tributaire de la Meuse, avec laquelle elle se relie topographiquement, d'une façon très nette, par le sillon rectiligne où coulent, d'une part l'Agron et le Briquenay, affluents de l'Aire et représentant la partie de son cours devenue *obséquente* [4], d'autre part la rivière de la Bar, tout à fait remarquable par l'insignifiance actuelle de son débit, comparée à la largeur de sa vallée, et aux sinuosités de son cours indécis.

L'infériorité dont la Meuse a fait preuve, dans sa lutte contre les cours d'eau voisins, tient à ce que son lit, pendant longtemps assis sur les argiles du jurassique moyen, n'a pas pu s'approfondir,

---

1. Voir plus haut, pp. 195 à 200.
2. *Annales de géographie*, octobre 1895.
3. Voir plus haut, p. 197.
4. Voir plus haut, p. 113.

de telle sorte qu'il s'est trouvé encadré entre des rivières qui coulaient à un niveau sensiblement plus bas, et avaient par conséquent toutes chances de faire reculer à leur profit les lignes de partage. Ainsi l'Aisne, au confluent de l'Aire, n'était qu'à 113 mètres d'altitude, tandis que la Meuse, à l'endroit où elle reçoit la Bar, est encore à 153.

La direction nord-nord-ouest que suivent les affluents orientaux de la Seine n'est donc pas seulement un effet de l'alignement des bandes concentriques du bassin : il y a eu certainement capture, au profit du fleuve parisien, de cours d'eau primitivement destinés à la Meuse.

DIX-NEUVIÈME LEÇON

SUITE DE LA ZONE DES MASSIFS ANCIENS

I

FRANCE MÉRIDIONALE. — PYRÉNÉES

Partie méridionale du Massif Central. — La partie méridionale de la région française s'appuie, comme celle du nord, contre le Plateau Central. Mais ce dernier envoie, à la rencontre des Corbières, un éperon très prononcé, qui joue un rôle important; car c'est juste à sa pointe que se place le seuil de partage entre l'Atlantique et la Méditerranée. De plus, cet éperon est interrompu en son milieu par une bande de plateaux calcaires absolument caractéristiques, qui tout en s'élevant à la même hauteur que la pénéplaine primaire avoisinante, en diffèrent du tout au tout. C'est l'effet d'un golfe profond, par lequel les mers jurassiques ont largement pénétré dans la région des *Cévennes* et du *Rouergue*, accumulant leurs dépôts sur une épaisseur considérable.

À l'est de ce golfe est le promontoire archéen ou primaire des *Hautes Cévennes*, que le Mont Lozère domine au nord, comme la cime granitique de l'Aigoual le domine au sud. Faisant face à la dépression du Rhône par une haute falaise, où les affluents du fleuve ont entaillé de nombreux et profonds ravins, ce lambeau de la pénéplaine primaire se profile au sud-est avec les apparences d'une vraie chaîne; mais le plateau redevient très net entre l'Aigoual et le Mont Lozère, tous deux isolés des schistes cristallins en raison de leur plus grande dureté.

L'éperon occidental, beaucoup plus important, tient au plateau du

Cantal par un isthme étroit, où vient se placer le bassin houiller de Decazeville. Il s'épanouit ensuite largement dans le *Rouergue*, où sa surface aplanie forme les plateaux du *Ségala* et de *Lévezou*, exclusivement composés de gneiss et de micaschistes. Alors se prononce un district plus accidenté, celui des *Monts de Lacaune*, où le développement des calcaires-marbres, d'âge primaire, donne au paysage une physionomie très particulière, et qui, par le haut plateau archéen de l'*Espinouse*, au bord méridional si nettement tranché, se soude à la *Montagne Noire*. De celle-ci jusqu'à l'Hérault, une bande de terrains primaires, avec calcaires compacts, accidentée de plis nord-est, descend rapidement vers la Méditerranée par ce qu'on appelle les *Monts du Minervois*, moins profondément découpés que les Cévennes du Mont Lozère.

Golfe des Causses. — C'est entre la pointe de l'Espinouse et les contreforts de l'Aigoual que s'ouvre le golfe jurassique des *Causses* et qu'apparaît, sur le bord des Cévennes, la tranche du grand massif calcaire par lequel le golfe a été rempli. Son bord extrême, sensiblement relevé, à une altitude moyenne de 900 mètres, forme la terrasse étroite de *La Séranne*; et celle-ci descend à l'Hérault sous la forme d'un versant découpé qui engendre les *Monts Garrigues*, bien différents par leur allure des pentes archéennes ou primaires au milieu desquelles ils sont encadrés.

Avant le relèvement qui a créé les Cévennes, la surface du massif calcaire, qui est aujourd'hui à environ 1000 mètres d'altitude moyenne, occupait un niveau peu différent de celui de la mer, et était à peu près continue avec la pénéplaine de l'Aigoual, dont elle recevait les eaux. La surrection du bord méridional a mis les rivières dans la nécessité d'approfondir sur place leurs lits sinueux [1], et ainsi se sont créés les célèbres *cañons* de la région (celui du Tarn atteint 500 mètres de profondeur). Quant à la surface demeurée presque horizontale, parce qu'elle s'appuie sur une plate-forme résistante, elle est devenue ce désert de pierres qu'on appelle le plateau des *Causses*. Son aplanissement absolu contraste avec l'allure au moins mamelonnée de la pénéplaine voisine, comme aussi le réseau serré des thalwegs, sur le territoire imperméable des schistes cristallins, tranche sur la rareté des cours d'eau dans ces plateaux fissurés où les eaux se perdent.

Les quelques rivières qui sillonnent le bloc calcaire, Tarn, Dourbie, Lot, Aveyron, le découpent en compartiments aux parois

---

1. Voir plus haut, p. 157.

verticales, et ainsi l'on distingue : le *Causse du Larzac*, le *Causse Noir*, le *Causse Méjan*, le *Causse de Sauveterre*, le *Causse de Rodez*, etc., presque tous aussi difficilement abordables que leur surface est inhospitalière. En même temps leurs profondeurs recèlent le réseau de canaux souterrains, de grottes et de puits naturels, que M. Martel a si bien étudié [1].

Les relations du bloc calcaire avec son encadrement archéen ont été troublées par diverses dislocations, et non seulement autour du Mont Lozère, mais jusque dans les montagnes du Gévaudan, on observe, éparses sur le micaschiste, des plaques jurassiques, véritables causses en miniature, qui attestent à la fois l'ancienne étendue du golfe et l'ampleur des mouvements survenus.

Il importe de remarquer que, le long du Lot, au bord de la plate-forme archéenne de l'Aubrac, comme sur la rive nord du massif du Rouergue, on voit se succéder de petits bassins houillers, en deux traînées qui encadrent la langue jurassique formée par les causses de Séverac et de Rodez. Ainsi la mer qui a déposé les calcaires, en s'avançant dans cette direction, n'a fait que remplir une dépression déjà dessinée à la fin des temps primaires.

D'un autre côté, la façon brusque dont le plateau de l'Espinouse se termine à l'est doit être mise en rapport avec l'apparition, en ce point, d'une traînée de basaltes qu'on suit, presque sans discontinuité, depuis le district nord de Lodève jusqu'au petit volcan d'Agde. Le prolongement septentrional de cette traînée marque exactement l'axe du golfe des Causses, accusant encore la signification tectonique de ce curieux accident. Mais ce qui la rend encore plus catégorique, c'est que la même ligne coïncide avec l'axe de la Limagne d'Allier.

Golfe de l'Aquitaine. Aperçu général. — Sur le revers sud-ouest du Massif Central s'étend, limité au sud par les Pyrénées, au nord par le seuil du Poitou et les hauteurs de la Vendée, le grand *golfe de l'Aquitaine*, composé des bassins de la Garonne, de l'Adour et de la Charente. Vers la fin de l'époque éocène, la mer en couvrait la superficie. Les Pyrénées n'existaient pas encore, et les eaux qui nourrissaient les *nummulites* passaient sans obstacle de l'Atlantique dans la Méditerranée, entre le Plateau Central et la *meseta* ibérique. Mais la surrection de la grande chaîne pyrénéenne, se produisant à l'aurore des temps oligocènes, eut pour effet de faire émerger le seuil de Naurouze, et si peu élevée que fût cette barrière

---

1. Voir plus haut, pp. 87, 88, 230.

du *Lauraguais*, au sol fangeux, elle a suffi depuis lors à séparer complètement les deux mers.

Dans l'Aquitaine, devenue un golfe, l'océan a tenté plus d'un retour offensif, et par moments il s'est avancé jusqu'à l'Agenais, plus tard encore jusque dans l'Armagnac. Mais les eaux descendant du Plateau Central et des Pyrénées lui livraient une guerre incessante, et de grands dépôts d'eau douce ou saumâtre en comblaient peu à peu le fond. Ainsi la mer a dû se retirer dans l'ouest, où le dépôt des sables et cailloutis des Landes ne lui a plus laissé que les estuaires de la Gironde et de l'Adour. En outre, à plusieurs reprises, les glaciers, envahissant le pied des plaines sous-pyrénéennes, y accumulaient de grandes masses de matériaux morainiques, cause principale de la disposition rayonnante des cours d'eau entre la Garonne et le Gave de Pau.

Bordure secondaire du golfe. — Avant l'époque tertiaire, le *Détroit du Poitou* avait mis plusieurs fois la mer de l'Aquitaine en communication avec celle du bassin de Paris, d'abord pendant la presque totalité des temps jurassiques, ensuite depuis le commencement de la période de la craie. Comme d'ailleurs les mers tertiaires se sont toujours tenues à une certaine distance du Plateau Central, on voit se dessiner, depuis le *Rouergue* jusqu'à la *Saintonge*, une assez large bande, divisée comme les bords du bassin parisien en auréoles distinctes.

L'auréole jurassique apparaît seule entre le Lot et la Dordogne, où se dessine un véritable causse, dont le symétrique existe, de l'autre côté du Lot, entre Cahors et Villefranche du Rouergue. Tous deux portent le nom de *Causses du Quercy*, et attestent que le régime à la faveur duquel se déposaient les calcaires compacts n'était pas exclusivement spécial au golfe des Cévennes. C'est à ce district qu'appartiennent les célèbres falaises de Rocamadour.

Au delà, les affleurements jurassiques se restreignent considérablement, et après le *Sarladais* ou *Périgord noir*, qui leur appartient encore, le *Haut Périgord* ou *Périgord blanc* est occupé presque exclusivement par la craie, avec son manteau d'argile à silex, préparant la *Champagne charentaise*, qui arrive jusqu'à la mer. Seulement, à partir de Nontron, le ruban jurassique reprend de l'importance et, dans le *Confolennais*, ses calcaires introduisent une bande de *Terres chaudes*, en avant des *Terres froides* de la même région, assises sur les micaschistes anciens.

Cette auréole s'épanouit enfin dans le détroit de Poitiers, rempli par de belles masses calcaires, dont la surface est toujours garnie de sables et d'argiles. Au pied de ces masses, dans le fond de quelques vallées, le granite apparaît, supportant sans intermédiaire les couches du lias. Alors la *Plaine de Niort*, plate-forme jurassique aux grands horizons découverts, au sol exempt de dépôts superficiels, vient s'étendre devant le détroit, interrompue dans l'*Aunis* par le *Marais poitevin*, cet ancien estuaire que les alluvions vaseuses de la Gironde et de la Charente, toujours rejetées au nord, ont progressivement comblé.

Pays de l'Aquitaine. — Le golfe aquitanien proprement dit, celui où a eu lieu la lutte des eaux douces et de la mer, offre un relief très insignifiant et d'ailleurs très bien régularisé. Sa surface est extrêmement monotone, et les variétés que présente le sol dépendent de la prépondérance relative des *mollasses*, tantôt marines, tantôt d'eau douce, des calcaires, marneux ou compacts, et des alluvions. Les calcaires dominent dans le *Bas Quercy*, tandis que la mollasse, mélangée de calcaire, abonde dans l'*Agenais* et que le *Bazadais* laisse voir des faluns ou sables marins coquilliers, visibles aussi par places dans le *Bordelais*. Les calcaires reparaissent dans l'*Armagnac*, mais assez intimement associés à des marnes et à de larges traînées d'alluvions pour que le pays, semé de petits bouquets de bois et sillonné par une multitude de vallées qui divergent de la montagne, garde la plupart des caractères d'un terrain imperméable. Le centre de cette divergence est le *Plateau de Lannemezan*, cône de déjection argileux et caillouteux, d'origine glaciaire.

Tout cet ensemble confine aux *Landes*, ancien golfe comblé par les alluvions pliocènes, et dont les dunes ont régularisé le contour. Celles-ci, comme les Landes, finissent brusquement à l'Adour, en correspondance directe avec l'accident sous-marin qui engendre la fosse du cap Breton. Au delà, entre l'Adour et le Gave de Pau, s'étend la *Chalosse*. C'est un territoire où les dépôts tertiaires marins laissent apercevoir par-dessous les couches crétacées, relevées à la faveur d'un pli parallèle aux Pyrénées, et dont les prolongements sont masqués par des dépôts plus récents.

Quand on a dépassé le Gave, l'influence de la montagne voisine suffit à faire apparaître le terrain crétacé, sans couverture tertiaire, dans le *Béarn*, confinant au *Pays Basque*, divisé lui-même en *Navarre* et *Labourd*, régions de dislocations avec noyau archéen; après quoi on arrive à la chaîne pyrénéenne. Mais avant de nous tourner de ce côté, étudions la partie de la région française qui longe à l'est le **Massif Central**.

Dépression de la Saône. — Cette partie se présente sous la forme d'une grande dépression, qui s'étend en ligne droite depuis la Côte-d'Or jusqu'à la Méditerranée, limitée à l'est d'abord par le Jura, ensuite par les Alpes.

Il est clair qu'elle doit son origine à une dislocation importante, ou plutôt à un ensemble de dislocations de divers âges, dont la trace est partout facile à suivre sur ses bords ; ainsi dans les failles étagées de la Côte-d'Or, de la *côte Chalonnaise* et du Mâconnais, comme dans ce petit massif du *Mont d'Or lyonnais*, si étrangement collé à la Saône. Le dessin de cette dépression a dû être esquissé au moins dès l'époque oligocène, c'est-à-dire en même temps que la fosse alsacienne : car des dépôts lacustres de cet âge s'observent entre Vesoul et Dijon. Mais c'est surtout à l'époque pliocène que sa forme a été précisée, alors que le grand lac de la *Bresse* s'étendait du Dijonnais jusqu'à Lyon. La pente négligeable de la Saône tient à ce qu'elle suit le fond de cet ancien lac, dont la partie inférieure est occupée, à partir de Mâcon, par la région des *Dombes*, où abondent les petits étangs, dispersés sur un immense cône de déjection très aplati. Ce cône marque la place où venaient fondre, lors de leur principale extension, les grands glaciers alpins.

Dépression du Rhône. Provence. — A partir de Lyon, ou plutôt de Vienne, la dépression rhodanienne prend un autre caractère.

D'abord son dessin (et par conséquent celui du sillon de la Saône en amont) doit être de fort ancienne date ; car, ainsi que l'a fait remarquer M. Depéret[1], les plis d'âge carboniférien, qu'on observe sur le bord des Cévennes, s'infléchissent progressivement du nord-est au nord. De la sorte, depuis la mer jusqu'à Vienne, la dépression rhodanienne n'est traversée par aucun pli carboniférien. Ce n'est donc pas une cluse recouvrant les ondulations de la chaîne primaire ; c'est une vallée longitudinale, à peu près parallèle à ces ondulations.

C'est à l'époque éocène, cependant, que la dépression a commencé à former une véritable vallée tributaire de la Méditerranée, vallée bientôt envahie par la mer nummulitique, puis transformée en lagunes et de nouveau inondée ; car c'est par cette voie que sur le *Valentinois* et le *Viennois*, la mer miocène pénétrait en Suisse ; et la mer pliocène elle-même s'est avancée en un golfe étroit au delà du *Comtat*, jusqu'aux portes de Lyon.

D'autre part, l'étranglement que la vallée du Rhône subit

---

1. *Annales de géographie*, juillet 1895.

devant le *Vivarais*, et les massifs calcaires qui se dressent sur sa route autour d'Avignon et d'Arles, font pressentir que, dans cette traversée, les mers tertiaires ont eu à s'ouvrir un chemin à travers un massif disloqué. En effet, les plis et les cassures abondent dans la *Provence*, où ces actions, antérieures aux dépôts oligocènes de la région, engendrent toute une série d'accidents dirigés en majorité de l'ouest à l'est. Beaucoup ne sont plus guère reconnaissables que par l'étude géologique; mais d'autres, comme la *Montagne de Lure* et le *Mont Ventoux*, avec son arête dénudée et blanchâtre, longue de 20 kilomètres, la chaîne du *Luberon*, celles de *Sainte-Victoire*, de *la Sainte-Beaume* et des *Alpilles*, le *Faron* de Toulon, etc., se dessinent nettement dans la topographie, grâce à la résistance des calcaires qui en forment le fond.

La plupart du temps, on rapporte ces chaînons aux Alpes à titre de contreforts occidentaux; mais c'est bien à tort, car ils en diffèrent à tous égards. Ainsi c'est un fait remarquable que la façon brusque dont ces plis, orientés à l'est, vont buter contre les plis à peu près nord-sud des Alpes occidentales. Cela tient à ce qu'il y a là rencontre de deux chaînes de montagnes d'âge différent, dont l'une, née en même temps que les Pyrénées, était à moitié rabotée quand la seconde est venue se jeter contre elle, à angle droit.

Parmi ces chaînons, la *Montagne de Lure* mérite une mention spéciale, parce que c'est elle qui établit vraiment la séparation entre la topographie du Dauphiné et celle de la Drôme. Là, dit M. Kilian[1], « le régime des vallées et des montagnes tourmentées de la Drôme fait brusquement place à un plateau, et c'est petit à petit qu'on passe des pâturages arides et élevés de Lure, parfumés de thym et de lavande, aux coteaux fertiles et aux campagnes riantes de la Provence ». On y distingue diverses catégories de dislocations, les unes antérieures, les autres postérieures au dépôt de la mollasse miocène.

C'est précisément la rencontre de ces deux sortes d'accidents, les uns pyrénéens et les autres alpins, c'est-à-dire très postérieurs, qui engendre la complication toute particulière que présente le Dauphiné entre Digne et Gap[2].

Massif des Maures. Bande des Cévennes. — La cause qui a dirigé à l'est les anciens plis de la Provence est d'ailleurs facile à apercevoir dans le petit massif archéen des *Maures* et de l'*Esterel*, aux

---

1. *Description géol. de la Montagne de Lure*, 188
2. Haug, *Les chaînes subalpines*, 1891.

contours arrondis et pleins de douceur, avec sa couverture de forêts d'arbres verts, et les belles injections de porphyre qui rendent son extrémité orientale si pittoresque. C'était évidemment le bord d'un noyau résistant, contre lequel se sont empilés les sédiments secondaires, refoulés à l'époque du soulèvement pyrénéen. D'autre part, ces plis sont tranchés à l'ouest par la mer, produisant les remarquables accidents du rivage entre le cap Sicié et le cap Couronne. Au delà, l'ancien delta de la Durance, marqué par les plaines cailouteuses de la *Crau*, et le delta du Rhône, avec les plaines de la *Camargue*, rendent difficile la poursuite de ces accidents. Mais si l'on prolonge à l'ouest l'alignement des chaînes de la région marseillaise, on s'assure qu'elles vont rejoindre, à travers le golfe du Lion, une série de plis qui se dessine au sud de Narbonne, pour se recourber peu à peu entre le massif primaire des Corbières et le bourrelet central des Pyrénées. Il se manifeste donc ici une influence spéciale, sur laquelle il conviendra de revenir quand nous aurons étudié la chaîne pyrénéenne, qui va bientôt nous occuper.

Auparavant, il nous reste à dire un mot de la bande qui, du *Vivarais* au *Minervois*, accompagne constamment le pied de la falaise des Cévennes. Elle est formée de sédiments secondaires, disloqués par de nombreuses cassures et divisés à l'infini en paquets. Ces lambeaux, où les calcaires blancs, souvent ruiniformes, jouent un grand rôle, attestent par leur complication l'importance de l'accident qui a créé le rempart cévenol, en élevant à plus de 1000 mètres d'altitude, du côté de l'ouest, un massif sédimentaire qui, dans la dépression, descendait au niveau de la mer. La variété des formes et du paysage est nécessairement grande dans cette bande, par contraste avec l'uniformité des caractères du versant archéen qui la domine.

M. Depéret a fait remarquer [1] que les plis provençaux, déviés au sud-ouest contre le pied des Cévennes, sont séparés du massif cristallin central par une bande de plateaux jurassiques non plissés, mais hachés de failles, qui est précisément celle dont nous venons de parler. Cette bande se suit depuis Saint-Hippolyte-du-Gard jusqu'à La Voulte, et doit être reliée aux plateaux de Saint-Quentin et de Morestel, eux-mêmes prolongés au nord par les plateaux jurassiens, tandis que le *Mont d'Or* lyonnais serait l'origine d'une bande semblable, accompagnant le bord du Plateau Central jusqu'à

---

[1]. *Annales de géographie*, juillet 1895.

la Côte-d'Or. Cela fait présumer que la partie sous-jacente à la Bresse participe de la même constitution. Elle formerait la bande la plus affaissée de ce système de plaques disloquées.

Chaîne des Pyrénées. Aperçu général. — En face des plaines de l'Aquitaine, la chaîne des Pyrénées se dresse comme une immense muraille dont la crête est à peine échancrée, tandis que, du côté de l'Espagne, elle s'abaisse d'une façon beaucoup plus progressive, laissant même s'établir par endroits quelques vallées longitudinales, ainsi celle de l'Aragon, qui en isole comme un chaînon latéral.

Pourtant, dans son ensemble, la chaîne est un grand bourrelet anticlinal, formé par une bande de terrains anciens, contre laquelle s'appuient, des deux côtés, des assises secondaires, redressées et disloquées. Mais, si la structure générale est la même, la composition des deux versants n'est pas identique. La surrection des Pyrénées ne s'est pas faite au hasard. La direction de la chaîne coïncide avec un notable changement dans la nature des dépôts crétacés et tertiaires, où les masses calcaires prennent rapidement, du côté de l'Espagne, un développement qu'elles n'avaient pas en France. Cela suffit pour produire une dyssymétrie des versants.

La chaîne des Pyrénées est assez ancienne : elle a surgi à la fin de l'époque éocène, et si elle a éprouvé des mouvements ultérieurs, du moins ceux-ci n'ont pas sensiblement dérangé l'allure des couches oligocènes déposées au pied de la nouvelle chaîne. L'érosion a donc eu le temps de faire disparaître ce qu'il pouvait y avoir de heurté dans les formes originelles de la montagne. Du côté français, cette érosion a eu peu de peine à atteindre le noyau résistant, qu'elle a façonné en une crête légèrement dentelée. Et maintenant les torrents de la chaîne, pour la plupart établis sur le roc solide, ont des lits assez stables et n'accomplissent qu'un travail de transport restreint. L'absence complète des lacs de plaines [1], depuis longtemps comblés, et la rareté des lacs de montagnes, plaident encore en faveur de l'ancienneté des Pyrénées relativement aux Alpes.

Mais le régime était différent aux époques antérieures, et les énormes masses de conglomérats ou d'alluvions qui couvrent les premières pentes, et d'où tant de cours d'eau s'échappent en divergeant, indiquent ce qu'était alors la puissance des glaciers et des

---

[1]. M. Boule en a retrouvé aux environs de Montréjeau les traces atrophiées par comblement.

torrents, comme aussi elles permettent de mesurer tout ce que la chaîne primitive a dû perdre.

Divisions de la chaîne. Versant français. — Cherchons maintenant à nous rendre compte des éléments naturels dans lesquels se décompose la grande chaîne.

Du côté français, on peut distinguer [1] :

1° La *zone centrale* ou haute chaîne, formée de terrains primaires, entourant de grands massifs granitiques ;

2° La *zone de l'Ariège*, avec quelques massifs granitiques, et où les terrains jurassique et crétacé supérieur affleurent seuls ;

3° La zone des *Petites-Pyrénées*, qui commence à la Garonne, formant un chaînon facile à suivre jusqu'aux Corbières, et ne montrant que le crétacé supérieur et l'éocène. Cette zone subit un décrochement remarquable au point où son extrémité est rencontrée par la Garonne. Sur neuf kilomètres, il y a torsion et amincissement graduel des assises, par suite de quoi le prolongement oriental de la voûte de Saint-Martory est rejeté au nord-est jusqu'à Boussens. Cet accident paraît suffire à expliquer la traversée des Petites-Pyrénées par la Garonne, sans recourir à l'hypothèse d'un creusement progressif à travers un pli en voie de formation [2] ;

4° La zone des *Corbières*, où l'éocène et le crétacé sont relevés contre le noyau primaire de Mouthoumet, îlot très longtemps émergé au milieu des mers secondaires, et qui vient ainsi raccourcir la distance entre l'axe ancien des Pyrénées et l'extrémité sud de la Montagne-Noire. C'est un pays très disloqué, remarquable par la variété du relief, où les masses calcaires de teinte blanche sont dépourvues de végétation et pauvres en eaux vives.

Les trois dernières zones ne sont développées qu'à l'est de la Garonne. Encore celle de l'Ariège ne dépasse-t-elle pas la Neste et celle des Corbières s'arrête à l'Aude.

Versant espagnol. — La disposition est différente du côté espagnol, où les bandes successives ne s'accusent bien qu'au centre, du Nogueras au Rio Aragon. Là, contre la zone centrale archéenne et primaire, à laquelle appartient la Maladetta, s'appuient : 1° la *zone du Mont Perdu*, où l'éocène est porté, avec le crétacé supérieur, à des hauteurs considérables ; 2° la *zone de l'Aragon*, formée par un large ruban éocène qui va de Pampelune à la Catalogne ; 3° la *zone des Sierras*, chaîne étroite où le trias,

---

1. De Margerie et Schrader, *Club alpin français*, 1891, p. 577.
2. Voir plus haut, p. 167.

le crétacé et l'éocène sont disloqués, confinant directement à la plaine miocène de l'Èbre.

Les diverses zones ne se correspondent nullement d'un versant à l'autre, et celle du Mont Perdu est sans doute en rapport avec l'énorme développement que prennent, en Espagne, les calcaires du crétacé supérieur et de l'éocène, comme compensation à la réduction éprouvée du même côté par les assises jurassiques.

Noyau ancien des Pyrénées. — Le trait le plus remarquable de la constitution des Pyrénées est que les terrains anciens forment un véritable coin, dont la pointe se trouve sous le méridien d'Oloron, et qui atteint sa plus grande largeur entre Foix et l'extrémité sud de la Cerdagne. Mais si, de là au rivage méditerranéen, la bande est un peu moins large, en revanche le granite et les schistes cristallins y prennent une part de plus en plus notable. C'est comme l'extrémité occidentale d'un territoire résistant, dont la partie principale aurait sombré depuis sous la Méditerranée, hypothèse que justifient les effondrements visibles qui, des deux côtés du cap Creus, ont donné naissance aux dépressions du *Roussillon* et de l'*Ampurdan*.

En confirmation de cette manière de voir, on constate que, le long de la Méditerranée, les plis qui suivaient de l'est à l'ouest le pied méridional des Corbières s'infléchissent graduellement, près de Narbonne, en chaînons nord-est, de même direction que ceux du pied des Cévennes. Or ce sont ces chaînons qui vont tout naturellement se rattacher à ceux du littoral marseillais. Dès lors il ne s'agirait plus seulement d'un territoire résistant qui, à la fin de l'époque éocène, aurait occupé les Pyrénées orientales, mais bien d'un massif, aujourd'hui effondré, qui devait s'étendre des Pyrénées aux Maures et peut-être, de là, à la Corse et à la Sardaigne.

Monts Cantabriques. Asturies. — Il y a continuité absolue entre les Pyrénées et les *Monts Cantabriques*. Si cette continuité semble voilée, dans le Pays Basque, par une notable diminution de l'effort vertical qui a fait surgir la chaîne actuelle, les couches n'en continuent pas moins à être plissées sans interruption jusqu'à la région primaire des *Asturies*. Dans cette contrée se produit une pénétration réciproque des plis anciens de la *Meseta* par ceux du soulèvement pyrénéen[1]. Naturellement cette pénétration cesse juste au point où les couches sédimentaires du carboniférien des Asturies cèdent la place au substratum archéen. Ainsi s'expliquent

---

1. De Margerie et Schrader, *loc. cit.*

le haut relief des Peñas de Europa, marquant la place où se fait la rencontre, et la déviation au sud-ouest que les hauteurs culminantes éprouvent, lorsqu'au lieu des plis d'origine pyrénéenne, on suit, des environs d'Oviedo jusqu'au Douro, les crêtes formées par les parties les plus résistantes du massif ibérique ancien.

En tout cas, la rapidité avec laquelle la chaîne cantabrique tombe vers la mer a déterminé une puissante érosion, si bien que, dans les Asturies, on trouverait difficilement une surface plane d'un kilomètre carré pour y asseoir une base de triangulation[1].

II

PÉNINSULE IBÉRIQUE

Aperçu général. — S'il est un pays qui mérite d'être décrit avec la zone des anciens massifs, c'est assurément la péninsule ibérique[2]; car presque toute sa surface représente un noyau continental, individualisé dès la fin des temps primaires, et qui n'a laissé les mers secondaires arriver que sur ses bords extrêmes. Sa résistance a imposé une limite occidentale à l'action des poussées orogéniques de l'époque tertiaire; si bien que ce qui appartient en propre aux grands plissements alpins se trouve rejeté en Andalousie, sous la forme d'un appendice qui, pour être collé à l'Espagne, n'en fait pas moins réellement partie du grand système de l'Atlas africain.

Façonné en un triangle à peu près isocèle, dont la base s'appuie à l'Atlantique, tandis que sa pointe touche presque la Méditerranée près du cap Saint-Antoine, le massif ibérique se présente aujourd'hui sous la forme d'un grand plateau ou *Meseta*, de 700 mètres d'altitude moyenne. Ce n'est rien autre chose qu'une pénéplaine, d'où l'érosion avait déjà fait disparaître, au début de l'ère secondaire, les montagnes qui s'y étaient dressées avant la fin des temps carbonifériens.

Depuis lors, les dislocations tertiaires en ont un peu modifié l'allure. Tandis qu'au nord-est et à l'est les couches secondaires y subissaient un relèvement, conséquence de la flexion du bassin de l'Èbre, des dépressions naissaient dans la partie orientale de la

---

1. Fischer, *Kirchhoff's Länderkunde*.
2. Nous avons largement utilisé, pour ce résumé de la géographie de l'Espagne, le chapitre si complet et si remarquable que M. Theobald Fischer a consacré à ce pays dans la *Länderkunde* de Kirchhoff.

Meseta, et devenaient de grands lacs d'eau douce. Sans doute aussi un exhaussement de la partie atlantique contribuait à cet état de choses. Car, en moyenne, les régions les plus élevées du massif ancien sont celles de l'ouest.

Partie occidentale du massif ibérique. — La plus typique d'entre elles est la *Galice*, pays granitique, aux paysages alpestres, dont les caractères se retrouvent dans le haut Portugal, avec sa végétation fraîche et la richesse des eaux qui le parcourent. Ces territoires portent les traces d'un travail de dénudation subaérienne longtemps poursuivi. Les côtes abondent en *rias* [1], du Minho au cap de Peñas.

Cette bande montueuse se prolonge presque jusqu'au Guadalquivir, laissant seulement un ruban de terrain peu accidenté suivre la côte, depuis Oporto jusqu'à l'*Algarve*. Il semble qu'une sorte de barrière ait ainsi cherché à se dresser entre l'Atlantique et le plateau ibérique, et cet obstacle correspond justement à une large traînée archéenne et granitique, tandis que les terrains primaires dominent à l'est.

D'un autre côté, le drainage du plateau s'opère par une série de fleuves parallèles qui, après avoir coulé longtemps suivant de très larges vallées dans la direction de l'est à l'ouest, achèvent tous leur cours par des gorges profondes, semées de rapides et de cascades. Il est donc vraisemblable que la *Meseta* a dû être relevée vers l'ouest, peut-être par le mouvement même qui créait les dépressions lacustres, et la rapidité avec laquelle les fonds sous-marins s'abaissent au large, jointe au contour rectiligne de la côte, est plutôt de nature à appuyer cette hypothèse. Seulement, l'exhaussement aurait été assez lent pour respecter le sens de l'écoulement des fleuves, qui n'auraient eu qu'à approfondir leurs lits dans le territoire portugais en voie de surrection ; ce qui les oblige à couler souvent dans des défilés étroits, comme ceux qui caractérisent le cours inférieur du Tage et ont motivé le nom du fleuve.

D'autre part, l'embouchure si profonde de ce fleuve n'a rien à voir avec cette structure ; elle marque la place d'un ancien golfe pliocène.

Partie orientale. Sierras castillanes. — Dans l'est, la *Meseta* est peu accidentée, à cause de l'horizontalité des dépôts lacustres tertiaires, qui forment 24 p. 0/0 de la surface de la péninsule [2]. Ailleurs,

---

1. Voir plus haut, p. 260.
2. Fischer, *Kirchhoff's Länderkunde*.

les principales différences de niveau sont le résultat de l'érosion, qui a mis en saillie les roches les plus dures. C'est surtout à cela qu'est dû le relief de la chaîne castillane. Le déboisement a accru cet effet, et l'altitude aidant, le plateau ancien abonde en solitudes sauvages, avec des vallées encombrées de cailloux.

Les hauteurs castillanes divisent la *Meseta* en deux bassins, celui du nord ou *Vieille-Castille*, et celui du sud ou de la *Nouvelle-Castille*. La chaîne séparative comprend les Sierras de Gata, de Gredos et de Guadarrama, surtout archéennes, plus raides au sud qu'au nord, et dessinant une série de chaînons en escalier, tous alignés au nord-est. Elle s'atrophie peu à peu vers l'est, et passe insensiblement sous le plateau triasique, en couches presque horizontales, qui forme, entre 1200 et 1300 mètres d'altitude, l'extrémité des hauteurs par lesquelles la dépression de l'Èbre est dominée.

Les *Sierras de la Castille* sont la mise en évidence des anciens accidents nord-est du massif primaire. Or, à partir de la rencontre du Tage, il y a changement de direction des plis, bien accusés par les traînées archéennes qui s'intercalent entre les sédiments primaires, et mis en évidence dans la topographie grâce aux différences de dureté. Dans l'Estremadure, on voit cette direction tourner au sud-ouest, expliquant ainsi le coude que fait la Guadiana en aval de Ciudad-Real; coude remarquablement répercuté dans la pointe brusque dessinée par le cours du Tage à sa sortie de la Castille, au nord de la Sierra de Guadalupe. Il y a donc, en ce point, ouverture en éventail des plis, ce qui rend facile à comprendre la production par affaissement, dans l'intervalle, du bassin de la Nouvelle-Castille.

Plaines castillanes. — La *Haute Castille* est un bassin plat, enfermé entre la chaîne castillane et les Monts Cantabriques. Les hauteurs qui le dominent à l'ouest empêchent l'humidité de lui parvenir en quantité suffisante, et il y tombe par an moins de 400 millimètres d'eau. Aussi le pays est-il généralement une steppe désolée, justifiant le proverbe « qu'une alouette qui veut aller en Castille doit y emporter ses provisions ». Les vallées ont découpé des terrasses de 10 à 20 mètres de hauteur au milieu de sédiments lacustres horizontaux; les lignes de partage secondaires sont à peine visibles: seules, quelques buttes dans le centre parviennent à 150 ou 200 mètres de hauteur au-dessus des vallées.

La haute plaine de la *Nouvelle-Castille*, territoire central de la péninsule, mesure 54 000 kilomètres carrés. Entre le Tage et la

Guadiana, l'érosion seule a façonné une ligne de partage à travers les sédiments lacustres du tertiaire. La partie méridionale ou *Manche* est dépourvue de ruisseaux et d'éminences. Le gypse, très répandu parmi les sédiments de la contrée, rend les eaux souvent impossibles à boire, et des sécheresses terribles désolent ce pays sans ombre, où l'on ne voit émerger que quelques rochers nus, d'un brun rouge. Plusieurs des cours d'eau du bassin de la Guadiana se perdent dans les graviers tertiaires du sous-sol. La population n'acquiert un peu de densité qu'auprès du massif volcanique de Calatrava, où le basalte forme quelques cimes.

Bord oriental du massif. — Entre les sources du Tage et l'extrémité de l'Andalousie, la *Meseta* touche presque la Méditerranée. Elle en est séparée par le haut bassin tertiaire de Teruel, devant lequel se dresse un massif montagneux où la principale cime, le Javalambre, dépasse 2000 mètres, tandis que de l'autre côté apparaissent, avec une moindre altitude, les monts dits *Universales* parce qu'ils envoient les eaux de tous les côtés. Ce sont des districts de terrains secondaires, où dominent le jurassique et le crétacé, avec prépondérance des calcaires ; de sorte que le terrain, sec et compact, forme de hauts plateaux ou *paramos*, coupés, du côté méditerranéen, par des vallées profondes. Les fleuves de ce versant, ayant une pente rapide, opèrent un actif transport de débris, qui a suffi pour remplir les échancrures primitives du littoral autour de Valence.

Du Jucar à la mer, les terrains secondaires viennent s'appuyer, en couches horizontales, sur le bord du plateau ibérique, et il en est ainsi jusqu'à la Sierra Morena, tandis que plus loin, après la cassure du Guadalquivir, tout est violemment redressé contre la chaîne bétique.

La faible distance qui sépare l'embouchure du Jucar de l'extrémité du grand plateau a permis au fleuve, qui débouche à la mer par un cañon de 300 mètres de profondeur, de pousser sa partie haute en plein territoire de la Manche. Il a pu ainsi atteindre le revers atlantique de ce nœud de la Serrania de Cuenca, d'où s'échappent en sens opposé le Tage et les affluents de la Guadiana.

Andalousie. Sierra Morena. — L'*Andalousie* est une dépression, d'âge fort ancien, qui court entre le bord de la *Meseta* et la *Cordillère bétique*. On a donné le nom de *Sierra Morena* aux hauteurs qui la limitent au nord, et dont le Guadalquivir suit le pied ; mais ce n'est pas une chaîne de montagnes ; c'est seulement le bord, tranché par une importante dislocation, du plateau ibérique. L'érosion, en découpant cette falaise, lui a imprimé le caractère montagneux ; mais ce caractère s'atténue beaucoup sur les hauteurs auxquelles l'escarpement donne accès, et dont l'aspect sauvage et désolé fait un si grand contraste avec la richesse de la dépression voisine. De plus, on constate que le versant qui descend très doucement à la Guadiana comprend toute une série de rides parallèles, de direction nord-ouest. Ce sont simplement des traînées d'affleurements durs, notamment de quartzites, que l'érosion a fait apparaître sur la pénéplaine.

Cette direction commande si bien le parcours des rivières, qu'elle est adoptée non seulement par tous les affluents de la Guadiana, mais même par ceux du Guadalquivir, qui arrivent à la rencontre de leur collecteur *sous un angle aigu*, à peine atténué par un coude au confluent. Ici donc c'est une structure tectonique passive très ancienne qui gouverne l'hydrographie.

La falaise de la Sierra Morena se prolonge dans le Portugal, où elle forme la Sierra primaire de *Monchique*, qui domine l'*Algarve* et explique le promontoire du cap Saint-Vincent.

C'est à la résistance particulière d'une roche éruptive (la foyaïte) que la Sierra de Monchique doit de se dessiner aussi bien. Dans l'Algarve même, la plate-forme archéenne existe encore ; mais elle porte une couverture de sédiments secondaires et tertiaires, qui la transforme en un véritable jardin.

Dépression d'Andalousie. — Au pied de la dislocation qui engendre la Sierra Morena, s'étend l'ancien *détroit bétique*, par lequel l'Océan a communiqué avec la Méditerranée jusqu'à l'heure des grands mouvements alpins.

La *Campina* ou partie plate de l'Andalousie, qui occupe la dépression, est une plaine ondulée, au sol fertile et merveilleusement arrosé. Non seulement par son altitude, inférieure de 500 mètres à celle de la *Meseta*, mais par la nature du terrain, où les marnes prennent la place des roches schisteuses et quartzeuses du plateau, elle se différencie absolument du territoire qui la domine. Elle passe au sud à une région de collines, où les couches secondaires ont été disloquées en plis parallèles, courant à l'est-nord-est, en complet désaccord avec les directions qui régnaient dans la Meseta voisine.

Les chaînes andalouses prennent de plus en plus de développement au nord-est, où, de la Sierra de Alcaraz à la Sierra Espuna, elles dessinent une série de crêtes, commandant la direction des affluents du Guadalquivir et de la Segura.

Le terrain, très calcaire et très sec, est peu fertile, et sujet à des inondations terribles. Enfin l'ensemble se termine au contact de l'angle de la *Meseta*, où l'on voit les grès rouges plissés, d'âge triasique, des chaînes andalouses, monter comme une vague à 800 mètres au-dessus du plateau non plissé, terminaison orientale de la Sierra Morena, qui porte le nom de *Campo de Montiel*.

Au delà de cet ensemble de chaînes apparaît une dislocation qui, prolongeant le cours inférieur de la Segura, vient passer par Lorca, Guadix et Grenade. Cet accident est jalonné par de petits bassins d'effondrement tertiaires, qui forment de hautes plaines comme la Vega de Grenade, et ce district de Guadix, où une espèce de grès rouge de très récente formation est découpé en pyramides fantastiques.

Sierra Nevada. Basse-Andalousie. Baléares. — Au nord de la dislocation de Lorca à Grenade, les chaînes secondaires plissées couraient au nord-est, conformément au bord de la *Meseta*. Il n'en est plus de même au sud. Là commence un système de dislocations est-ouest, parallèle au rivage entre Malaga et le cap de Gata. C'est la *Sierra Nevada*, immense voûte de schistes primaires, dont les cimes (dépassant 3500 mètres au Mulehacen) ne sont qu'à 35 kilomètres de la mer. La voûte s'étendait autrefois jusqu'au Maroc, et c'est seulement à l'époque pliocène que son axe s'est effondré, donnant naissance au détroit de Gibraltar. Ce morceau du sol espagnol est donc, en réalité, par sa nature comme par ses directions tectoniques, un appendice africain.

Au delà de Malaga, les plis se recourbent et deviennent nord-sud, traversant le détroit pour s'infléchir de nouveau au sud-est, puis à l'ouest, dans le Maroc.

La Basse-Andalousie offre un assez bon sol qui, à Huelva, date seulement des derniers temps tertiaires. Cependant des steppes s'étendent sur les parties où l'eau est rare et où le terrain est resté salé, comme au voisinage du Genil.

Au point où les chaînes de l'Andalousie viennent buter contre l'angle oriental de la *Meseta*, un trouble s'introduit, qui permet à la Segura de découper son chemin en échelons à travers le massif; mais les plis de même direction se retrouvent au cap Saint-Vincent et se prolongent en ligne droite par les Pituyses dans les *Baléares*. Le rivage rectiligne de Majorque est formé par un débris d'une chaîne plissée, que les effondrements méditerranéens ont morcelée et qui, dressée après le dépôt du terrain nummulitique, sans préjudice de quelques dislocations ultérieures, devait s'étendre jusqu'en Corse et en Sardaigne [1].

Bassin de l'Èbre. — Le bassin de l'Èbre est une espèce d'auge triangulaire d'une altitude moyenne de 250 à 300 mètres, d'où l'on ne peut sortir qu'en franchissant, par des pentes très raides, de hautes murailles. Il faut monter de 1000 mètres pour arriver dans les provinces de Castille ou de Valence, de 2000 pour traverser les Pyrénées, et l'accès de la mer est fermé par les monts de la *Catalogne*, muraille de 60 kilomètres, que l'Èbre force dans une gorge sinueuse et escarpée.

Ce bassin résulte d'un effondrement, par suite duquel les terrains secondaires, qui s'étaient appuyés contre le bord nord-ouest de la Meseta, ont fléchi au milieu, tandis que leurs tranches, relevées au contact du plateau par une série de cassures, ont engendré le bourrelet qui accompagne si bien la rive droite de l'Èbre, de sa source à son embouchure, et où plusieurs cimes dépassent 2300 mètres. Une nappe de sédiments lacustres ou saumâtres, d'âge miocène, remplit le fond de cette dépression, c'est-à-dire l'Aragon, par un mélange de marnes, de mollasses et d'argiles avec gypse et gisements de sel.

C'est dans le bassin de l'Èbre que sont réalisées les plus fortes différences de niveau relatif que présente la péninsule. La crête qui domine la rive droite de l'Èbre se maintient, en moyenne, à 1500 mètres sur plus de 15 000 kilomètres carrés [2].

Favorisé par cette grande différence d'altitude, l'Èbre a pu pousser son affluent le Jalon jusque par delà les hauteurs qui dominent la *Meseta*, et capturer, sur le territoire de cette dernière, le Jiloca et quelques autres cours d'eau, à quelques pas des sources du Tage et du Douro.

Catalogne. — La raison d'être des montagnes de la *Catalogne* se trouve dans le petit massif archéen de Gérone, qui joue ici un rôle analogue à celui des Maures en Provence. Un cirque d'effondrement, celui de l'*Ampurdan*, signalé par les volcans d'Olot, le sépare du noyau archéen des Pyrénées orientales ; mais l'un et l'autre ne peuvent guère être considérés que comme des fragments de la terre qui a dû exister en avant du golfe du Lion [3]. On s'explique ainsi l'allure du bassin de l'Èbre, qui n'a pu s'affaisser sur place sans que ses bords, comprimés par la *Meseta*, l'axe pyrénéen

---

1. Nolan, *Bull. soc. géol. de France*, [3], XXIII, p. 76.
2. Th. Fischer, *op. cit.*
3. Voir plus haut, p. 414.

et l'obstacle de Gerone, se relevassent en plis ou en paquets fracturés le long des massifs résistants.

En tout cas, le relief du massif côtier de la Catalogne paraît être le plus récent de tous ceux de l'Espagne, et avoir subi des modifications même dans les temps quaternaires [1]. Il est à remarquer que l'archéen ne s'y trouve pas amené, comme dans les Pyrénées, par une poussée montagneuse. On le trouve réellement à la base des autres formations, ce qui complète l'analogie du territoire avec les Maures.

Les rivages de la péninsule ibérique. — La forme des côtes espagnoles mérite d'attirer l'attention. Au nord, entre la France et la Galice, le rivage est rectiligne, correspondant à la chute brusque du versant cantabrique, chute qui se poursuit sous la mer, où les fonds de 3000 mètres sont rapidement atteints. C'est là surtout une structure de plissement brusque ou de fracture, qui aurait agi suivant la direction même des strates.

A partir du point où le rivage entame l'ancienne plate-forme de la *Meseta*, la côte demeure rectiligne dans l'ensemble; mais elle laisse apparaître des *rias* et des échancrures qui témoignent, les unes d'un mouvement vertical, les autres d'une érosion marine ayant eu le temps de mettre en évidence les différences de dureté, sur un massif que le rivage tranchait obliquement à la direction des bandes de terrain.

Les mêmes caractères se retrouvent, encore plus prononcés, du cap Finisterre au Minho. Ensuite la côte devient rectiligne, toujours accompagnée, à peu de distance, par les fonds de 3000 mètres. Mais les accidents anciens qui ont déterminé cette structure sont masqués par une bande de terrains tertiaires récents, accolés au bord de la *Meseta*, dont ils ont régularisé les aspérités, ne laissant d'échancrures que pour les estuaires.

La courbe qui correspond à l'embouchure du Guadalquivir accuse bien l'ancien détroit bétique, encore accentué par un golfe à l'époque pliocène.

Mais l'allure des rivages est bien différente au delà de Gibraltar. Sur une direction dominante du sud-ouest au nord-est, s'alignent quatre arcs concaves, qui n'offrent pas une seule découpure sérieuse, et où le rivage ne cesse d'être en falaise que là où les fleuves ont édifié des atterrissements.

Le premier de ces arcs va de Gibraltar au cap de Gata; l'effon-

---

1. Th. Fischer, *op. cit.*

drement qu'il limite est manifeste, et les roches éruptives du dernier cap en attestent encore la réalité. Le second arc va de Gata au cap Palos, où apparaît encore un pointement volcanique, et le troisième se poursuit de Palos à la pointe de Nao. Enfin le dernier, de beaucoup le plus considérable, s'étend devant le bord oriental de la *Meseta* et la Catalogne jusqu'aux Pyrénées, et devant lui se dresse au large l'îlot volcanique de Columbretes.

Si, de la forme de ces arcs, et des manifestations éruptives qui les accompagnent, on rapproche le rapide approfondissement de la mer au-devant de chacun d'eux, tel que les cartes hydrographiques le mettent en évidence, il paraîtra légitime de les considérer comme les bords d'autant de cirques d'effondrement, aux contours adoucis par les apports des fleuves. L'ensemble se coordonnerait à une grande ligne de fractures récentes, jalonnée par les éruptions de Gata, de Palos, de Columbretes, d'Olot et d'Agde.

III

MASSIFS ALLEMANDS

Aperçu général. — La bande des anciens massifs prend une netteté particulière en Allemagne, entre l'Ardenne et le Plateau russe. Là, elle correspond nettement aux parties de la vieille chaîne carbonifériennne qui, après leur aplanissement, avaient réussi à subsister à l'état d'îles au milieu des mers secondaires. Le massif rhénan, la Bohème et le Hartz représentent ces îles. Autour d'elles, les mers avaient peu à peu rempli les intervalles de leurs dépôts, de façon à constituer, après les temps crétacés, un territoire continu en avant du futur sillon préalpin.

Vers la fin de l'époque éocène, lorsque se dressaient les Pyrénées, ce territoire subit une poussée, qui le plissa dans une direction très voisine de celle de cette chaîne. Vers le même temps, lors de l'oligocène, des brèches s'y ouvrirent, permettant l'arrivée des eaux marines qui venaient du nord. Plus tard enfin, des mouvements compliqués du sol fermèrent ces brèches. Mais leur formation avait été accompagnée d'affaissements, accentués par le développement de l'activité volcanique. C'est la superposition de ces éléments si divers, relief primitif, soulèvements tertiaires, affaissements locaux, épanchements éruptifs, qui donne à cette bande sa physionomie essentiellement variable.

L'ordonnance générale des massifs et des dépressions intermédiaires est très simple. L'ensemble des plateaux schisteux rhénans forme un grand territoire, allongé du sud-ouest au nord-est, et à la rencontre duquel marchent dans la direction opposée, c'est-à-dire du sud-est au nord-ouest, la forêt de Franconie et la forêt de Thuringe. Ces territoires, qui prolongent exactement le bord du massif bohémien, sont flanqués extérieurement par le Mansfeld et le Hartz. Dans l'angle compris entre les deux grands remparts rhénan et thuringien se trouve la dépression hessoise, reliée à celle du Rhin. De même, entre le Hartz et la forêt de Thuringe s'ouvre au nord-ouest la dépression thuringienne.

Par le Fichtelgebirge, le rempart franconien se soude à la Bohême, losange de hautes murailles avec un bassin dans l'intérieur. Ce losange dessine au nord un angle symétrique de celui de la Hesse, et à travers lequel les eaux du bassin trouvent leur écoulement. Il est à remarquer que, dans la zone et sur son pourtour, les plissements tertiaires suivent presque tous la direction nord-ouest[1], tandis que les dislocations qui ont créé les bassins intérieurs vont à peu près du nord au sud.

Massif rhénan. — Le *massif schisteux rhénan* se soude à l'*Ardenne*, dont nous avons déjà parlé, ainsi qu'à l'*Eifel*, où les manifestations volcaniques de date très récente n'ont modifié la topographie que dans une minime proportion, par la formation de cratères et de lacs d'explosion.

Le massif schisteux lui-même est un énorme bloc de sédiments, d'âge surtout dévonien, fortement plissés suivant la direction est-nord-est, et dont la surface est une pénéplaine modifiée par diverses influences.

Son altitude varie de 400 à 800 mètres, et est en moyenne de 500. Le relèvement récent qui l'a déterminée a entraîné l'approfondissement des vallées sinueuses qui le sillonnaient dans l'origine; aussi, la rudesse du climat aidant, ce plateau soulevé fait-il l'effet d'un massif montagneux. C'est surtout dans sa partie méridionale, celle qui comprend le *Hunsrück* d'un côté, le *Taunus* de l'autre, que cette allure montueuse est le mieux caractérisée, parce que la grande différence de dureté des roches a fait apparaître des rides saillantes de quartzites, alignées suivant cette direction générale que mettent également bien en évidence les sillons de la Moselle et de la Lahn [2]. Seulement, tandis que le

---

1. Les géographes allemands l'appellent direction *hercynienne*, parce qu'elle est celle du Hartz.
2. Voir plus haut, p. 202.

Taunus bute au sud contre une dépression qui lui donne l'apparence d'une vraie chaîne, le Hunsrück ne se détache pas de la même façon, servant d'appui comme il fait au bassin houiller du *Palatinat* et aux hauteurs triasiques de la *Hardt*, prélude des Vosges.

Au nord de la Lahn, dans le *Westerwald*, la superposition aux grès et schistes dévoniens d'un grand nombre de cimes basaltiques, lambeaux de coulées autrefois plus étendues, altère sensiblement l'uniformité du plateau, que les vallées débouchant au nord entament beaucoup de ce côté.

Dépression hessoise. — A l'est du massif rhénan s'étend, marquée par le Weser et la Fulda, la *dépression hessoise*, très importante en ce qu'elle prolonge exactement le sillon que suit le Rhin de Bâle à Mayence, entre les Vosges et la Hardt, d'un côté, l'Odenwald et le Spessart, de l'autre. C'est par cette dépression qu'aux temps oligocènes, la mer, arrivant du nord, a pu envahir la fosse alsacienne, qui venait de se creuser définitivement, et rejoindre à Bâle les eaux marines du midi, pendant que, du côté des Pays-Bas, la même mer s'avançait jusqu'à Bonn.

Mais en même temps qu'avait lieu cette invasion, l'activité volcanique commençait à se faire jour. Bientôt un seuil se dressait, sur la *Wettéravie*, entre la mer septentrionale, reléguée au nord du massif schisteux, et le bassin déprimé de la Hesse et du Rhin, lui-même privé de communication avec les eaux alpines de la mollasse. Dans les estuaires de la mer du Nord il se faisait des accumulations de lignites, par transport de débris végétaux venant du sud. En même temps les éruptions volcaniques se mettaient à bouleverser la topographie, édifiant en pleine dépression hessoise les importants massifs du *Vogelsberg* et du *Rhön*, devenus des centres de divergence des cours d'eau, et, dans le golfe de Bonn, le groupe des *Sept Montagnes*.

Des mouvements du sol accompagnaient ces émissions et faisaient naître, au milieu du massif rhénan en voie de surrection, de petits bassins d'effondrement, comme ceux de Neuwied, de Limburg, de Bonn, de Münster; alors l'érosion commençait à balayer les sables et argiles tertiaires, les tufs et les cendres, ne laissant subsister que des culots basaltiques, épars çà et là.

L'indécision qui est résultée de tous ces mouvements se traduit, entre autres faits, dans la topographie confuse de l'*Odenwald* et du *Spessart*, territoires de grès rouges, et surtout dans cette circonstance que le Neckar, guidé par quelque cassure, est venu couper l'Odenwald à deux pas du chemin, beaucoup plus facile, que lui ouvrait vers le Rhin la dépression du *Kraichgau*.

Au cours de ces modifications, quand le large *Bassin de Mayence* a dû chercher au nord un écoulement que, dans le principe, il trouvait vraisemblablement au sud, le massif rhénan, alors moins haut, lui a offert une issue. Le chemin une fois dessiné, la surrection ultérieure du bloc schisteux, jointe à l'affaissement de la vallée rhénane en amont, n'a eu d'autre résultat que d'obliger le Rhin à descendre peu à peu, en creusant la gorge profonde de Bingen à Coblence, pour aller rejoindre l'ancien golfe de Bonn [1].

La dépression hessoise de l'époque tertiaire avait été précédée, longtemps auparavant, par une large extension des mers du trias, dont les dépôts forment le fond de la contrée. Le grès bigarré, que l'érosion a atteint sur les bords, donne aux collines de la Hesse leur caractère, qui est celui de croupes plates, doucement ondulées, avec de larges vallées dans les intervalles.

En somme, il y a dans le pays deux anciennes surfaces de pénéplaines : l'une, antérieure à l'irruption des eaux tertiaires, l'autre, de date miocène, et qui est encore reconnaissable là où les épanchements basaltiques l'ont préservée [2].

Thuringe. — A l'époque où la mer avait envahi les golfes de Bonn et de Cassel, un autre estuaire s'était formé qui, par la vallée de la Saale, avait réussi à pénétrer assez profondément dans la *Thuringe*. Les dépôts oligocènes y ont recouvert un territoire dont le fond était formé de couches triasiques. Dispersés ensuite par l'érosion, ils ont laissé, en beaucoup de points, apparaître le sous-sol, qui montre tantôt les surfaces nues du muschelkalk, tantôt les ondulations douces des marnes du trias supérieur. Sur les bords, la région plate s'appuie contre la *Forêt de Thuringe*.

Ce district est une sorte de muraille de 100 kilomètres de longueur, élevée de 400 à 500 mètres au-dessus de la dépression thuringienne, et découpée par des vallées profondes, qui lui donnent l'aspect d'une chaîne et non celui d'un plateau. C'est un petit pays alpestre, auquel ses superbes bois et la variété de ses formes prêtent un charme particulier. Cette variété tient au mélange de porphyres, de grès rouges, de tufs et de bancs de conglomérats, qui détermine la physionomie changeante des vallées, tantôt élargies et tantôt resserrées [3]. Les assises triasiques s'appuient contre

---

1. Voir plus haut, p. 163.
2. Penck, *Mitteldeutsche Gebirgschwelle*, p. 322 (*Kirchhoff's Länderkunde*).
3. Penck, *op. cit.*

un noyau archéen et primaire, dont la haute Werra suit le pied en contournant le Rhön.

Par la *Forêt de Franconie*, la Forêt de Thuringe vient se souder au *Fichtelgebirge*, où apparaissent cinq massifs granitiques, débarrassés aujourd'hui des schistes primaires qui les entouraient au début. L'alignement nord-ouest de ces hauteurs, concordant avec la direction de la plupart des rivières, Saale supérieure, Werra, etc., est l'effet de poussées récentes, *à angle droit* sur la direction des anciens plis carbonifériens; de sorte que, quand l'érosion, atteignant les couches primaires, met à nu ces derniers plis, il en résulte pour les cours d'eau une action directrice qui ne concorde plus avec leur précédente allure [1]. C'est ainsi, par exemple, que peut s'expliquer le décrochement de la Werra près d'Eisenach.

Forêt de Franconie. — Sur le bord extérieur du Fichtelgebirge et de la *Forêt de Franconie*, remarquable par sa direction parfaitement rectiligne, M. Gümbel [2] a constaté que la pression du massif ancien, contre le paquet sédimentaire franconien en voie d'affaissement, déterminait parfois, au contact immédiat, un renversement tout à fait local des assises secondaires. Le long de ce bord courent, dans l'intérieur de la Bavière, plusieurs cassures parallèles, chacune déterminant un nouvel abaissement du terrain. Ainsi la Franconie fait partie du grand champ de la dépression hessoise, dont le Rhön a modifié l'orographie par la superposition d'éléments volcaniques. Et les deux dépressions, réunies dans la vallée du Weser, se soudent à celle de la Saale, la forêt de Turinge apparaissant ici comme le môle solide à droite et à gauche duquel les affaissements s'étaient produits.

Hartz. Collines subhercyniennes. — Au nord, la dépression thuringienne bute contre un massif résistant de roches primaires; c'est le *Hartz*, haut plateau que les rivières ont dû creuser profondément, et où la seule érosion a mis en notable saillie le noyau granitique du Brocken. Mais, à l'ouest, elle s'ouvre largement sur les plaines de l'Allemagne du Nord, par où les anciens glaciers ont pu la recouvrir en entier.

A l'extérieur de la zone des massifs anciens se développent les *collines subhercyniennes*, dominant les Pays-Bas de l'Allemagne du Nord. C'est une bande fortement plissée, qui suit le pied du Hartz et s'étend à l'ouest au delà du Weser, dans le *Wiehen Gebirge* et la *Forêt de Teutobourg*. Seulement, à l'extrémité occi-

1. Voir plus haut, p. 123.
2. Voir Suess, *Antlitz*, I, p. 254.

dentale, entre ces collines et le nord du massif rhénan, s'intercale comme un coin la grande dépression de *Münster* ou de la *Westphalie*, résultat d'un affaissement d'énorme amplitude, de plus de mille mètres. La craie, non recouverte par le tertiaire, y est descendue plus bas que les bassins voisins, où les dépôts tertiaires subsistent encore, et il y a des raisons de croire que cette dislocation, de date très tardive, n'avait pas dit son dernier mot à l'époque pleistocène [1].

La dépression de la *Westphalie*, qui se prolonge en Hollande et en Belgique par le *Limbourg*, n'en fait que mieux valoir le soulèvement de la *Forêt de Teutobourg*, où la craie horizontale bute contre le trias, parfois relevé jusqu'à la verticale, et va même jusqu'à plonger par-dessous. Mais ce qui est surtout sensible, parce que l'allure tourmentée des couches s'y voit du premier coup, c'est la dislocation par laquelle le Weser, après avoir quelque temps suivi la direction des collines subhercyniennes, franchit brusquement le Wiehen-Gebirge par la cluse appelée *Porta Westphalica*. Cette cluse, sur les parois de laquelle on voit si bien les calcaires jurassiques plonger vers la plaine, paraît rentrer dans la catégorie des anciennes vallées transversales [2], qui ont réussi à se maintenir à travers un pli en voie de formation. Un exhaussement de 45 mètres, qui surviendrait tout d'un coup dans ce seuil, suffirait pour obliger le Weser à se jeter dans l'Ems par la Haase, qui suit le même sillon que ses affluents, la Werre d'abord, l'Else ensuite.

Une cluse semblable, mais aujourd'hui abandonnée par les eaux, existe à Bielefeld dans la forêt de Teutobourg. Ce serait un ancien lit fluvial, délaissé lors de l'affaissement du bassin de Münster, qui a produit un appel vers le sud.

Le nombre des terrains qui, relevés contre le Hartz, affleurent dans les collines subhercyniennes, est très considérable, et la classique plaine d'Ocker, près de Goslar, y montre à nu, sur quelques centaines de mètres, les tranches d'une série presque verticale, qui commence au trias pour finir à la craie. Aussi comprend-on que l'érosion, mettant en saillie les assises résistantes, ait introduit dans le paysage de ces collines une grande variété, encore accrue par le nombre considérable des fractures courant à travers les plis. Parmi les plus extérieures des collines ainsi isolées, il faut citer la bande de grès crétacé du *Deister*, qui domine la plaine de Hanovre.

Il convient d'ajouter que toute la zone subhercynienne porte les

1. Penck, *Kirchhoff's Länderkunde*.
2. Voir plus haut, p. 167.

traces de la plus grande extension des glaciers septentrionaux.

Bohême. Aperçu général. — La *Bohême* a été le noyau du sol allemand, comme le Plateau Central formait celui du sol français. Individualisé de bonne heure, ce massif de terrains archéens et primaires ne s'est pas laissé envahir par la mer carbonifèrienne, qui le longeait au nord comme au sud. Au moment où cette mer se retirait, un bourrelet montagneux s'est dressé le long de la pointe occidentale du district, envoyant deux chaînes divergentes, l'une où est aujourd'hui l'Erzgebirge, l'autre suivant ce qui constitue la Forêt de Bohême et la Forêt de Bavière. Ainsi, sans doute, se préparait, dans l'angle rentrant, le futur affaissement du terrain.

En effet, à partir de ce moment, la destinée de la Bohême a été fort différente de celle du Plateau Central. A la vérité, pendant longtemps, le massif est demeuré une île, obligeant les mers secondaires à le contourner. Mais au lieu de garder sa condition de pénéplaine et de subir un relèvement en masse, il a éprouvé un affaissement dans l'intérieur, ce qui a permis, par le nord, l'invasion de la mer crétacée. Puis l'époque oligocène a accentué cet affaissement, en faisant pénétrer jusqu'au cœur de la Bohême le sillon de l'Oder, après que des poussées orogéniques, ressuscitant l'ancienne chaîne du sud-ouest, eurent fait surgir le bombement de la *Forêt de Bohême*, auquel le *Riesengebirge* et les *Sudètes* faisaient pendant au nord-est. Le relief des *Monts Métalliques* ou *Erzgebirge* s'est rajeuni à son tour par un mouvement qui inclinait au nord-ouest la pénéplaine archéenne de Saxe, pour la relever en falaise vers la Bohême, le long d'une grande dislocation que les éruptions volcaniques ont alors jalonnée.

Par suite de ces événements, le territoire bohémien est devenu une sorte de cuvette en forme de losange. Cette cuvette est dominée de trois côtés par des murailles montagneuses, tandis que, sur le quatrième côté, le *plateau morave* représente, en avant des Carpathes, l'équivalent oriental de la zone préalpine extérieure, jouant un rôle analogue à celui du Jura souabe.

Forêt de Bohême. — Si maintenant nous faisons le tour du massif, en commençant par le point où il vient toucher le sillon préalpin du Danube, nous rencontrons d'abord la *Forêt de Bohême*, flanquée en avant par la *Forêt de Bavière*. Là, le fond archéen s'avance si loin au sud qu'il devient partie intégrante du sillon préalpin ; de sorte que le Danube, abandonnant la bande tertiaire, coule de Passau à Linz à travers le gneiss et le granite, d'où résulte l'aspect si pittoresque de cette section du fleuve.

La Forêt de Bohême est un grand bombement, où le granite dessine dans le schiste cristallin des traînées dont la direction, d'abord nord-ouest, tourne au nord pour préparer l'alignement de l'Erzgebirge. Très peu de points y dépassent 1000 mètres d'altitude. C'est le bord de la pénéplaine primitive, exhaussé par le même effort qui a créé les hauteurs de la Forêt de Thuringe, en contraignant le Jura franconien à se couder rapidement au nord-ouest. Seulement, au point même où passe le principal seuil de la Forêt de Bohême, celle de Bavière s'en écarte et livre passage à un coin de terrains secondaires.

Le pays est peu accidenté; les cimes y sont arrondies et de peu de hauteur. Mais quelques traînées de quartz, demeurant en saillie, dessinent des *murs du diable*. Une magnifique végétation, surtout de pins gigantesques, aux teintes sombres, garnit cette croupe, où abondent les rochers ruiniformes de granite, et dont presque tout le drainage se fait vers la cuvette bohémienne.

Erzgebirge. Suisse saxonne. — Nous avons dit que l'*Erzgebirge* était un fragment de la pénéplaine archéenne, doucement incliné vers la Saxe, et se relevant en plateau vers la Bohême. De ce côté il tourne un abrupt en gradins, d'environ 500 mètres de hauteur, dont le pied est exactement longé par le haut Eger et par la Biela. Le sillon que suivent ces rivières marque la place que les eaux oligocènes sont venues occuper, lorsqu'a eu lieu la dislocation d'où cette grande falaise est née. Mais cette dislocation a traversé des phases successives de mouvement, et les tremblements de terre de l'Erzgebirge laissent croire que l'équilibre n'y est pas encore définitivement acquis. Les sources thermales de Carlsbad, de Marienbad, de Teplitz, les culots de basalte et de phonolite du *Mittelgebirge*, sont les traces de l'activité éruptive contemporaine de ce grand mouvement du sol.

A 20 kilomètres à l'ouest de la gorge de l'Elbe, un changement complet se produit dans le paysage. C'est que là on entre dans le massif de sédiments crétacés qui occupe toute la partie nord-est de la cuvette bohémienne. Ces sédiments sont surtout des grès bien stratifiés, divisés par de nombreuses fissures, et la gorge que l'Elbe s'y est ouverte est un véritable cañon [1]. De là les caractères particuliers de la *Suisse saxonne*, avec ses mers de rochers, ses piliers isolés, ses colonnades et ses falaises; caractères qui se

---

[1]. Voir plus haut, p. 165.

poursuivent, pour la même raison, sur le flanc méridional du *Riesengebirge*.

Lusace. Sudètes. — L'angle nord du losange bohémien est marqué par un territoire moins élevé que ceux du cadre habituel de la Bohême, et qu'entourent deux dépressions, l'une où passe la vallée de l'Elbe, l'autre où la Neisse et le Queis, affluents de l'Oder, entremêlent presque leurs sources avec celle de l'Iser, tributaire de l'Elbe.

Ce territoire est la *Haute-Lusace*; c'est un petit lambeau archéen, qui a réussi à se maintenir au milieu des dépressions de l'angle bohémien, et que plus tard les dislocations survenues à cette pointe ont fait peser d'un tel poids sur le grès crétacé voisin que, dans la Suisse saxonne, à Hohnstein, le granite en est arrivé, sur son bord, à recouvrir le grès en surplomb. Du côté de la Neisse, la Lusace s'ouvre en un golfe, également garni de grès crétacé, mais affecté de dislocations qui ont livré passage à du basalte. Au pied s'étend la *Basse-Lusace*, et le tout a été recouvert par la grande extension des glaciers du nord.

Alors commence le bourrelet des *Sudètes*, qui limite la Bohême du côté de la Silésie et dont la partie occidentale, pourvue d'un relief plus accentué, a reçu le nom de *Riesengebirge*. Son flanc nord surtout est pittoresque avec ses cascades, ses ravins et ses cimes bien isolées, schisteuses ou granitiques. Entre les Carpathes et la Scandinavie, l'Allemagne n'offre nulle part de plus hauts sommets, ce qui explique les légendes locales et le nom de « Monts des Géants ». L'action glaciaire y est du reste demeurée très sensible. Dans ce massif de composition assez variée, quelques bandes de grès crétacé sont intercalées et ramènent les paysages de la Suisse saxonne, comme celle qui donne naissance à la célèbre *ville de rochers* du Heuscheuer.

Cette dernière chaîne, avec les rides parallèles de l'Eulengebirge, de l'Adlergebirge et de l'Altvater, accuse bien le caractère plissé des Sudètes. Mais les plis ont peu d'extension; les eaux courantes les tournent facilement; il ne s'y est pas établi de vallées longitudinales[1], et plusieurs brèches en permettent la traversée. On sent qu'il s'agit là d'un massif varié et disloqué. En effet, les Sudètes sont une vraie chaîne, formée à diverses reprises, notamment à l'époque oligocène, et parcourue par un réseau de fentes, le long desquelles se sont accomplis des mouvements très com-

1. Penck, *Kirchhoff's Länderkunde*.

pliqués. Des lambeaux de crétacé sont tombés entre le gneiss et le granite, et parfois, vers la Bohême, du grès rouge redressé forme gradin sur les flancs de l'archéen. Enfin, à l'est des Sudètes, il y a en quelque sorte alternance capricieuse des plis anciens, dirigés au nord-est, avec les accidents plus récents, alignés au nord-ouest. Néanmoins, jusqu'à la dépression qui va de Cracovie à Vienne, l'inclinaison et la direction des couches, qui se succèdent depuis l'archéen jusqu'à la craie, accuse, pour la fin des Sudètes, un alignement général conforme à celui du début.

Cours de l'Elbe. Oder. Silésie. — Ce qui caractérise essentiellement le réseau hydrographique de la Bohême, c'est que le tronc collecteur des eaux du bassin, l'Elbe, au lieu de chercher une issue du seul côté où la topographie soit adoucie, c'est-à-dire vers la Moravie, trouve son écoulement par une brèche au point même où se rencontrent les hautes murailles du nord-ouest et du nord-est. Il utilise ainsi justement pour sortir la coupure dont les eaux de la craie et du tertiaire avaient profité pour entrer. Mais la gorge qu'il traverse est de date assez récente, et très vraisemblablement quaternaire. Elle résulte d'un mouvement qui a relevé le massif crétacé, formant digue entre deux dépressions, pendant que la cuvette s'affaissait en arrière; et ce qui le prouve, c'est que l'Elbe coule à Tetschen sur la roche solide, tandis qu'en amont son lit repose sur d'épaisses alluvions[1]. C'est exactement le phénomène qui s'est produit pour la gorge du Rhin entre Bingen et Coblence.

La vallée de l'Oder suit très exactement, à distance, le pied des Sudètes, et la direction de la plus haute branche du fleuve, comme celle de son tributaire l'Oppa, indiquent bien l'influence exercée par les dislocations longitudinales, avant que les eaux aient pu passer au dehors en empruntant à angle droit le sillon pré-carpathique.

Avec l'Oder, on entre dans la grande dépression silésienne, le plus important des golfes que la mer oligocène ait envoyés vers le sud. Puis au delà, le pays change complètement, et le terrain s'élève doucement sur la rive gauche de la Vistule, jusqu'à ce qu'on atteigne en Pologne les hauteurs de Lysa Gora, où les terrains secondaires laissent apercevoir un morceau de la plate-forme primaire de la Russie. C'est donc un tout autre territoire, encore accusé par l'allure régulière du carboniférien, dont les couches, exemptes de plis, existent sous la plate-forme silésienne, ne subissant de dislocations que contre le fond de la Bohême.

---

1. Penck, *op. cit.*

VINGTIÈME LEÇON

LA CHAINE DES ALPES ET LES CARPATHES

Aperçu général. — La chaîne des Alpes est un immense bourrelet, qui s'est dressé, pendant la seconde moitié des temps tertiaires, entre les anciens massifs de l'Europe et cette zone méditerranéenne, où le régime de haute mer avait si longtemps prévalu. Sous l'influence d'une énergique poussée venant du sud, la puissante série sédimentaire qui s'était déposée à cette place a été relevée et disloquée en plis serrés. Son substratum archéen l'a crevée, réussissant à former l'axe culminant de la chaîne.

Mais la poussée n'était pas symétrique, et tandis que le revêtement du flanc méridional de l'axe s'écroulait en grande partie, les plis et les dislocations se succédaient nombreux sur l'autre versant, engendrant une série de zones parallèles, de hauteur progressivement décroissante. La dernière de ces zones consiste en un sillon *préalpin*, qui fait presque le tour entier de la chaîne, et dont le bord externe se relève parfois en ondulations régulières contre le bord des anciens massifs.

Les géographes ont coutume de faire commencer la chaîne des Alpes sur le golfe de Gênes, au col d'Altare (495 mètres), qui lui servirait de limite commune avec les Apennins. A partir de ce point, la chaîne se développe en un croissant continu où l'on distingue successivement : *Alpes liguriennes*, *Alpes maritimes*, *Alpes Cottiennes*, *Alpes Graies*, *Alpes Pennines*. Alors la direction cesse d'être courbe et tend à l'est-nord-est, par les *Alpes Bernoises* et *Glaronnaises* d'un côté de la coupure Rhône et Rhin, les *Alpes Lépontines* et celles *des Grisons*, de l'autre. Puis, tandis que l'Inn sépare les *Alpes bavaroises* du massif de l'Œtzthal et de l'Ortler, ce nœud devient l'origine des *Alpes orientales*, lesquelles s'épanouissent de plus en plus entre le Danube et la Save, venant buter contre la dépression hongroise. A Vienne, tout a disparu ; mais la chaîne orientale émerge bientôt dans les *Petits Carpathes*, puis dans les *Beskides*, par lesquels elle se soude au grand arc des *Carpathes* proprement dits, eux-mêmes continus avec les *Alpes de Transylvanie*, qu'une rapide inflexion ramène en sens opposé vers les *Balkans*.

Distinction des Alpes occidentales et des Alpes orientales. — Cet axe orographique de l'Europe a une histoire compliquée, et si sa dernière forme résulte surtout de mouvements survenus à l'époque miocène, plus d'un effort antérieur les avait précédés, dont la trace demeure plus ou moins distincte et trouble souvent l'ordonnance des plissements récents.

Tout d'abord, il importe d'établir une distinction fondamentale entre les Alpes orientales et le grand arc qui entoure l'effondrement piémontais. La coupure du Rhin, du lac de Constance au Splügen, prolongée au sud par la Maira et le lac de Côme, n'est pas seulement une ligne remarquable au point de vue topographique. Elle correspond à un changement considérable dans la nature des roches affectées par le soulèvement. Si, de part et d'autre, on voit bien se poursuivre une bande archéenne, qui fait le noyau culminant de la chaîne, à l'ouest de la coupure cet axe ancien apparaît seul en face du Piémont qu'il domine fièrement, tandis que, dans la partie orientale, il est flanqué au sud par une série sédimentaire suffisamment symétrique de celle qui se développe sur le flanc nord. En outre, alors que presque tous les sédiments plissés de l'occident appartiennent à des formations déposées non loin des rivages, ceux de la région orientale témoignent d'un régime de haute mer, et sont beaucoup plus uniformes sur de grandes étendues. Aussi, après le trouble qui s'introduit à la jonction des deux territoires, la chaîne de l'orient offre-t-elle une bien plus grande simplicité de structure que l'arc occidental. Ce résultat est dû d'abord au développement des assises du système triasique, dont le vrai type marin ne commence à se prononcer qu'à partir du Rhætikon d'un côté, du lac de Côme de l'autre ; ensuite à ce que le flanc nord des Alpes orientales ne présente nulle part de ces apparitions soudaines de massifs cristallins, qui sont la caractéristique des Alpes occidentales.

Alpes occidentales. Arc cristallin. Rôle des Alpes liguriennes. — La chaîne des *Alpes occidentales* fait face au Piémont par un croissant très homogène de hautes cimes, formées de terrain archéen depuis la base jusqu'au sommet. Ce n'est pas seulement l'arête médiane et le substratum cristallin d'un bourrelet sédimentaire, qu'une violente poussée aurait fait arriver au dehors en crevant la couverture du dôme dont toute la partie orientale, effondrée et ensevelie sous les alluvions, ne serait plus visible nulle part; c'est aussi une ancienne chaîne d'îlots, qui depuis longtemps étaient émergés à cette place et servaient de noyaux à la sédimentation. La superbe pyramide de serpentine du Mont Viso (3843 m.), le Grand Paradis (4061 m.), et le Mont Rose (4638 m.) sont les sommités principales de cet amphithéâtre, un peu abaissé en son milieu par la dépression du Mont Cenis, et qui, contemplé du Piémont ou de la Lombardie, produit, avec les neiges éternelles de ses sommets, un si merveilleux effet.

L'arc cristallin ne règne pas uniformément sur toute la longueur des Alpes occidentales. Il disparaît aux environs de Cuneo, et ne prend point part à la constitution des *Alpes liguriennes*. Ces dernières sont formées par un massif de roches permiennes (c'est-à-dire de la fin de l'ère primaire), d'ailleurs profondément modifiées, et flanquées des deux côtés de couches triasiques, tandis que sur le versant méridional affleurent le crétacé et le tertiaire inférieur. Ce qui est remarquable, c'est que les sommets de cette chaîne, les Monts Gioje (2625 m.) et Schiavo, formés de trias, correspondent à des *plis concaves*, tandis que les vallées sont ouvertes sur des *plis convexes* ou anticlinaux [1].

Or les Alpes liguriennes ne sont que l'épanouissement d'une bande sédimentaire qui, venant du nord, où elle est collée d'ordinaire contre la partie convexe du croissant archéen, s'était laminée à la rencontre du massif du Mont Viso, comme serrée entre cet obstacle et les Alpes maritimes. Il est donc permis de penser que, dans cette partie de la chaîne, l'arc cristallin a été interrompu par un effondrement, qui l'a suffisamment abaissé pour que les alluvions piémontaises le masquent entièrement.

Et alors on peut admettre que c'est ce prolongement souterrain qui, remontant au jour, devient visible dans le massif archéen littoral, compris entre le col d'Altare et celui de Giovi. A ce dernier col seulement, selon M. Sacco [2], devrait commencer l'Apennin. En effet, un changement radical s'introduit en ce point dans la composition du terrain, en même temps qu'il s'y produit une

---

1. Th. Fischer, *op. cit.*
2. *Bull. soc. belge de géologie*, IX (1895), p. 33.

dilatation notable du massif montagneux, lequel, après avoir formé depuis l'Altare une bande étroite, s'épanouit au nord, au point de venir presque toucher le Pô à Pavie.

Lacs de la bordure alpine. — Au pied du croissant archéen, dans sa partie orientale, s'étendent, pénétrant profondément à l'intérieur de la montagne, les beaux lacs qui font la gloire de l'Italie, c'est-à-dire le Verbano ou Lac Majeur, le Lac de Lugano, le Lac de Côme et plusieurs autres cavités plus petites dans l'intervalle. A l'origine, tous ces lacs communiquaient les uns avec les autres, et formaient un véritable *plexus* de vallées inondées, tout à fait identique avec le réseau des fjords de Norvège. Ainsi le Lac de Côme, dans la branche occidentale, qui n'a pas à subir les effets de l'alluvionnement par l'Adda, reste partagé par un seuil en deux cuvettes indépendantes, dont chacune a son fond inégal et sensiblement au-dessous du niveau de la mer.

Le rôle joué dans cette structure par les dislocations est indéniable, et nulle autre cause ne saurait expliquer, par exemple, la bifurcation qui, à Belaggio, divise le même lac en deux branches formant un angle aigu. Si le lac est en grande partie excavé dans les sédiments secondaires du versant méridional, le Lac Majeur est tout entier creusé dans l'archéen. Quelque part que les accumulations glaciaires aient prise à leur état actuel, il paraît bien vraisemblable que ces cavités allongées et ramifiées sont dues principalement à un affaissement du massif, ayant fait naître des ombilics dans des vallées antérieurement excavées le long de crevasses du sol [1].

Zone des massifs extérieurs. — Sur le flanc occidental de l'arc cristallin s'appuient les assises sédimentaires violemment redressées et disloquées, mais au milieu desquelles on voit encore apparaître, par places, des noyaux archéens faisant saillie comme autant de dômes au milieu de boutonnières crevées par leur surrection.

De là résulte un chapelet de hauts massifs cristallins, en forme d'amandes (d'où le nom de *massifs amygdaloïdes*), qui bordent à distance la chaîne principale, et dont la succession rapppelle celle des nœuds et des ventres dans une corde en vibration [2]. Ce sont : le massif des *Alpes maritimes* ou du *Mercantour*, dont la cime est au Pic de l'Argentière (2297 m.); le massif de l'*Oisans* ou du *Pelvoux* (4103 m.), dont les sommets, malgré leur altitude, se

---

1. Voir plus haut, p. 170.
2. Marcel Bertrand, *Comptes rendus*, CXVIII, p. 213.

détachent peu du haut socle qui les porte ; celui des *Grandes Rousses* (3478 m.) ; l'axe de la *chaîne de Belledonne*, qui rachète sa moindre élévation par la façon hardie dont se profile la noire silhouette de son pic culminant (2981 m.) ; le magnifique massif du *Mont Blanc* (4810 m.), au sommet duquel il subsiste encore quelques restes de son ancien manteau schisteux [1] ; enfin la chaîne de l'*Oberland bernois* et des *Alpes de Glaris*, finissant au Tödi (3623 m.).

Le laminage violent, que les noyaux archéens ont dû subir pour arriver à percer leur couverture de sédiments, les a prédisposés à se laisser débiter par la gelée en *aiguilles*, dessinant sur l'horizon des contours déchiquetés, comme ceux qui sont si caractéristiques des cimes du Mont Blanc. Quant à l'Oberland, l'énergie des dislocations a été telle que des portions de sédiments sont venues s'enfoncer comme des coins au cœur des schistes cristallins du noyau. C'est à la jonction de ce dernier avec son enveloppe stratifiée que l'érosion a découpé les pics si variés et si bien détachés de cette partie de la chaîne.

Tantôt une large bande de sédiments, accusant un ancien pli synclinal, s'intercale entre la zone archéenne extérieure et les massifs occidentaux ; ainsi le *Briançonnais*, la *Maurienne*, la *Vanoise* et la *Tarentaise* entre le Pelvoux et le Grand-Paradis. Tantôt la bande intermédiaire est réduite à peu de chose, comme sur le flanc nord-est des Alpes maritimes, sur le versant est du Mont Blanc, et mieux encore dans le pli de la Furca, où le Rhône et le Rhin ne s'en alignent pas moins dans le prolongement l'un de l'autre ; comme pour marquer qu'il s'agit bien là d'une coupure tectonique.

Chaînes subalpines. — A l'extérieur de la zone précédente se développent en France les *chaînes subalpines*[2]. Les assises crétacées et jurassiques, quelquefois aussi les couches tertiaires, y sont découpées en gradins abrupts et en longues crêtes, le plus souvent escarpées d'un seul côté. Des failles longitudinales, en isolant de puissants massifs calcaires, ont fait naître de grands escarpements, comme ceux de la Chartreuse et des Bauges, où les hautes murailles ainsi produites contrastent avec les pentes de prairies et de forêts qu'elles dominent.

La zone subalpine, dont font partie le *Dévoluy*, le *Vercors*, le

---

1. J. Vallot, *Comptes rendus*, 1894.
2. Cette dénomination a été créée par Ch. Lory.

bord occidental régulièrement plissé de l'*Oisans* et les *Bauges*, s'étend sans discontinuité des Alpes maritimes au *Faucigny*, séparée d'ordinaire de la haute chaîne par des dépressions profondes, linéaires et d'origine tectonique; ainsi la vallée du Drac, avec la haute muraille du Mont Aiguille, la vallée du Graisivaudan, coupure de 2000 mètres, la gorge d'Albertville au Mont Joli. La zone se prolonge ensuite par ce qu'on appelle les *Hautes-Alpes calcaires*, où les formations secondaires, déjà revêtues du faciès alpin ou pélagique qui leur manque plus au nord, se présentent en grandes masses continues, et se développent largement sur le côté extérieur de l'Oberland bernois. Elles sont sujettes à des dislocations multiples, dont la Dent du Midi et surtout la Dent de Morcles [1] portent la visible empreinte.

Zone préalpine. — Ce que nous appelons la *zone préalpine* est un sillon à bordures plissées, qui s'étend d'ordinaire à l'extérieur des Alpes. Cette zone ne se distingue pas, dans le sud de la France, par des caractères spéciaux. Cela tient sans doute à ce que la contrée avait été affectée, antérieurement aux refoulements alpins, par tout un système de plis est-ouest, lesquels devaient être en partie rabotés lorsque la poussée alpine est venue les heurter à angle droit, de sorte que cette interférence a gêné le développement normal de la chaîne la plus récente, en l'obligeant à comprendre dans la zone subalpine les anciens sillons où le tertiaire s'était déposé.

Il en est tout autrement à partir de la coupure où se loge le lac tectonique du Bourget. Là commence une zone déprimée, qui s'élargit en Suisse, où elle comprend toute la région des collines, et passe après le lac de Constance dans le bassin du Danube, qu'elle accompagne jusqu'à Vienne. C'est le sillon que les mers tertiaires ont suivi à l'extérieur des Alpes en voie de formation, et qui n'a été complètement asséché qu'après la surrection définitive de la chaîne. Pour nous borner ici à la partie occidentale de ce sillon, il est à remarquer que c'est là que les dépôts tertiaires inférieurs affectent le faciès spécial, de marnes schisteuses plus ou moins arénacées, qui a reçu le nom générique de *flysch*, tandis que le tertiaire supérieur s'y présente sous la forme de la *mollasse*, où dominent les grès tendres et quelquefois les conglomérats. Tout cela montre que les Alpes essayaient depuis longtemps de surgir, et que, détruites au fur et à mesure par l'érosion, elles

---

1. Voir plus haut, p. 304.

envoyaient leurs débris se stratifier dans le pli concave qui faisait la contre-partie du soulèvement naissant. Comme d'ailleurs, dans cette région, le tertiaire reposait sur une importante série d'assises secondaires très régulières, déposées elles aussi dans un ancien pli, entre les îlots archéens des Alpes et un haut-fond qui reliait le Plateau Central aux Vosges, un jour est venu où tout cet ensemble flexible s'est soulevé à la fois. Tandis que la partie centrale fléchissait, produisant la dépression où se logent les lacs de Neufchâtel et de Bienne avec la vallée de l'Aare, les deux bords se plissaient : celui du sud, violemment repoussé vers l'extérieur par les Alpes, engendrait les *Préalpes*; celui du nord, plus éloigné de tout obstacle rigide, se courbait en ondulations régulières, en donnant naissance au *Jura*.

Ainsi la zone préalpine comprend, de l'intérieur à l'extérieur : 1° les Préalpes, violemment disloquées ; 2° la fosse de la mollasse, où la flexion du terrain, jointe à sa nature peu consistante, a facilité le maintien d'une dépression : 3° les ondulations jurassiennes, qui ont monté comme des vagues successives sur le plan incliné étendu en profondeur devant les massifs anciens du milieu de l'Europe.

Préalpes. — C'est dans le *Chablais* que les *Préalpes* commencent à se bien dessiner. Il est à remarquer que l'allure des couches, comme celle de la topographie, y est très tourmentée, et que les plis subissent, au voisinage des vallées de l'Arve et du Rhône, une torsion visible, suffisant à justifier ces deux coupures transversales à la chaîne. De plus, on a parfois la surprise de voir surgir, en plein flysch, des lambeaux de terrains bien plus anciens, sans liaison avec le voisinage et qualifiés pour cela d'*exotiques*.

Les mêmes phénomènes se reproduisent, de l'autre côté du Rhône, dans les *Préalpes romandes*, entre l'Arve et l'Aare. Mais c'est dans les *Préalpes allemandes*, du lac de Thoune au lac de Lucerne, que ces anomalies arrivent à exercer une sérieuse influence sur le paysage, quand elles superposent aux surfaces doucement mamelonnées du flysch des masses plus anciennes et disloquées, aux contours pointus et heurtés, comme celles des Mythen de Schwytz. Aussi a-t-il paru nécessaire d'admettre que la place des Préalpes était occupée bien avant leur surrection par une chaîne de montagnes en partie rabotée depuis lors, et dont quelques lambeaux se seraient trouvés repris et pincés dans le dernier bouleversement.

Du reste, ce n'est pas à cette seule chaîne que se seraient bornés les efforts de plissement qui ont précédé le grand soulèvement alpin. L'étude détaillée de la distribution des terrains dans les Alpes fait ressortir, pour chacun d'eux, des changements de *facies* très rapides, dont la raison ne peut se trouver que si l'on admet, à de certaines époques, l'émersion de rides plus ou moins accusées. Les plissements ultérieurs ont dû se mouler sur chacune de ces rides et en refléter la disposition[1]. Il serait donc illusoire de prétendre expliquer par un seul mouvement des effets parfois très complexes, qui peuvent d'ailleurs se dissimuler sous les apparences d'une continuité orographique à peu près parfaite.

Le bord des Préalpes est occupé par une série de lacs, dont l'allure met en évidence, avec l'intervention des anciens glaciers, des phénomènes de dislocation et d'effondrement périphérique sur lesquels nous ne reviendrons pas, les ayant traités antérieurement avec des détails suffisants[2].

Région de la mollasse. — Contre les Préalpes, la mollasse se montre soulevée, disloquée, même renversée sur elle-même, et ainsi se constitue un ruban de petites montagnes dont le Rigi fait partie, et qui ont été fortement modifiées par les actions glaciaires subséquentes; à cette bande appartient le pays qui s'étend du lac de Thoune à Berne, comme celui qui borde sur toute sa longueur le lac de Zurich. Puis le relief s'atténue de plus en plus, formant les *collines suisses* et la *plaine suisse*, jusqu'au sillon au delà duquel surgit tout d'un coup la longue crête culminante du Jura.

Chaîne du Jura. — La chaîne du Jura commence dès Chambéry, peut-être même dans les chaînons extérieurs du Vercors, se poursuit, avec une direction sud-nord dans le Bugey, puis se courbe progressivement au nord-est, pour atteindre son terme extrême dans l'arête est-ouest des *Lägern* au nord de Zurich. Elle dessine donc un arc continu, et dans cette succession de rides courbes on devine aisément l'influence exercée par le voisinage de deux obstacles rigides; le bord du Plateau Central, dirigé du sud au nord, celui du môle alsacien, perpendiculaire au précédent.

L'ensemble du Jura français et du Jura suisse forme une région absolument exceptionnelle au point de vue de la régularité des ondulations. Les plis, tour à tour saillants et rentrants, se suivent comme autant de vagues déferlant sur une plage, avec diminution progressive de leur amplitude vers l'extérieur. Non seulement ils

---

1. Haug, *Archives des sciences physiques et naturelles*, Genève, 15 août 1894.
2. Voir plus haut, pp. 170 à 173.

s'accusent dans la topographie par une succession de longues crêtes et de vallées parallèles, mais la structure interne éclate aux yeux les moins prévenus, par les visibles inflexions des bancs calcaires dans les *cluses* ou vallées transversales.

Les argiles et les marnes des étages inférieurs de la série jurassique la plus élevée occupent presque partout le centre de grandes voûtes ouvertes, et la surface de ces *combes*, couverte de prairies ou de marécages, fait un contraste frappant avec l'allure des *crêts* ou murailles calcaires, plus ou moins boisées, qui les dominent de toutes parts. Les *vals* occupent des plis synclinaux, et sont généralement ouverts dans la base du système crétacé.

Le nombre des plis successifs s'élève jusqu'à 20 dans la région centrale du Jura. Du reste, cette circonstance s'explique, non seulement par le développement plus facile que les ondulations ont pu trouver dans l'angle entre le massif alsacien et le Plateau Central, mais aussi par la plus grande flexibilité des assises. En effet, les couches marneuses y sont partout mélangées aux couches calcaires, formant ainsi ce qu'on a appelé le *facies jurassien* du système jurassique; tandis que, au sud, l'ensemble revêt un autre facies dit *alpin*, où la prépondérance des calcaires le rend moins souple.

Quant à l'effet produit par la structure du Jura sur le réseau hydrographique, il en a été suffisamment question, à propos des régions plissées [1], pour qu'il soit superflu d'y revenir ici.

Particularités du Jura. — Dans le Jura français, la proximité croissante de la croupe archéenne, qui relie souterrainement le Plateau Central aux Vosges, introduit un élément de trouble, accusé par la dislocation qui a fait arriver jusqu'au jour le pointement gneissique de la Serre, en même temps qu'elle détermine l'apparition du lias et du trias sur le bord bressan de la chaîne. Cet accident, combiné avec l'effondrement qui a donné naissance à la grande vallée de la Saône, motive une division naturelle du Jura français en trois zones : la zone plissée, qui regarde la Suisse, une bande de hauts plateaux entrecoupés de failles, qui a son type aux environs de Champagnole; enfin une lisière occidentale disloquée, dominant la Bresse par un versant qui porte le *vignoble* de Franche-Comté.

Dans le Jura suisse oriental ou *argovien*, qui heurte beaucoup plus directement le massif de la *Forêt-Noire*, le conflit se traduit

---

[1]. Voir plus haut, p. 118.

par une ligne de dislocations, marquant le contact de la chaîne plissée avec un plateau, dit *Jura tabulaire* (*Tafeljura*). Dans ce plateau, qui s'étend de Delle vers Schaffouse, et que des failles divisent en paquets, il convient de voir le bord sédimentaire du dôme alsacien, descendant par degrés à la rencontre de la lisière préalpine. Celle-ci, par endroits, a réussi à monter en se disloquant par-dessus les paquets les plus extérieurs.

Cours du Rhône. — En traitant du réseau hydrographique rhénan, nous avons eu l'occasion de faire ressortir les particularités que présente, dans la zone alpine et préalpine, le cours du Rhin[1]. Il convient d'ajouter ici quelques mots sur le tracé du Rhône.

Le cours supérieur de ce fleuve est déterminé par un accident tectonique de première importance; car il est établi juste en prolongement de celui du Rhin, dans le pli synclinal qui sépare la zone cristalline de celle des Hautes Alpes romandes. Mais, à Martigny, ce synclinal se heurte contre le coin du massif du Mont Blanc. C'est alors qu'il dévie à angle droit, encadrant avec l'Arve le territoire éminemment disloqué du Chablais, dont les deux bords, par le changement marqué de direction que les plis y subissent, étaient prédestinés à céder plus facilement aux efforts de l'érosion.

Vient ensuite la profonde cavité du lac de Genève, dont l'allure ne nous a semblé justifiable[2] que par une combinaison d'effondrements et d'érosion. La position de la branche méridionale du lac est absolument indiquée par l'angle aigu que forment, en ce point, d'un côté le Jura, de l'autre le Salève, cet accident mi-partie alpin, mi-partie jurassien, qui témoigne d'une violente dislocation dans la vallée; car sur sa blanche paroi, on voit clairement les couches calcaires, horizontales au sommet, se courber en genou pour devenir verticales.

A partir de là, le Rhône franchit la chaîne jurassienne culminante, au point où elle se décroche nettement pour se réduire au chaînon du *Vuache*. Puis, après qu'il s'est un instant engouffré dans les fissures des calcaires crétacés qui déterminent la *Perte du Rhône*, son tracé épouse, dans l'ensemble, l'ancien détroit qui amenait en Suisse la mer de la mollasse.

Un moment il tente de continuer au sud, dans la coupure du

---

1. Voir plus haut, p. 201.
2. Voir plus haut, p. 171.

lac du Bourget, qu'il se contente d'utiliser comme réservoir et régulateur latéral pour ses crues. Mais il se décide à briser les chaînons pressés du Bugey, juste à l'endroit où ceux-ci éprouvent une torsion que l'orographie seule suffit à dévoiler, torsion qu'explique la nécessité de se souder au massif subalpin de la Chartreuse. Alors le fleuve, heurtant le plateau jurassique non plissé de Morestel, qu'il semble avoir essayé de franchir en deux endroits, se détourne au nord-est, en longeant le dernier chaînon du Bugey. La rencontre de l'Ain le repousse au sud-ouest, et il débouche ainsi au bord du grand cône de déjection des *Dombes*, qu'il contourne pour se jeter à Lyon dans le sillon rectiligne de la Saône, au pied même du massif central.

Ajoutons qu'il y a des raisons de croire que le Drac et l'Isère réunis se jetaient par la cluse de Chambéry dans le lac du Bourget, à l'époque où la vallée du Bas Graisivaudan était encombrée par des moraines[1]. C'est en affouillant ces dernières que l'Isère s'est créé son nouveau cours, qui à Grenoble reproduit exactement les particularités du cours du Rhône.

Alpes orientales. Axe cristallin. Prättigau. — Le noyau longitudinal des *Alpes orientales* consiste en une large zone de schistes cristallins, accompagnés de terrains primaires, où les différences locales de constitution permettent de distinguer successivement : le groupe rhétique ou du *Vorarlberg*, par lequel une pointe secondaire pénètre dans l'archéen ; le groupe de l'*Œtzthal* ; les *Hauts Tauern*, de gneiss central avec calotte schisteuse ; enfin le groupe plus abaissé du *Gurk* et du *Lawanthal*[2]. Le caractère de l'arête archéenne est de former une série culminante de hautes montagnes, presque dépourvue de cols, et entourée par deux zones de cimes primaires un peu moins élevées, où abondent les sources, les prairies et les bois.

A partir des Hauts Tauern, la zone cristalline des Alpes orientales ne cesse de s'élargir vers l'est, et au moment où elle va disparaître sous les terrains tertiaires de la plaine hongroise, elle embrasse plus de 220 kilomètres, s'étendant depuis les collines de la Leitha, tout près de Vienne, jusqu'à la Save. Nous reviendrons ultérieurement sur la signification de cet épanouissement.

Nous avons dit que la chaîne commençait à partir de la coupure où coule le Rhin entre Coire et le lac de Constance. Un phéno-

1. Falsan, *les Alpes françaises*, p. 144.
2. Supan, *Kirchhoff's Länderkunde*.

mène très particulier marque ce début; c'est l'effondrement du *Prättigau* au pied de l'arête du *Rhætikon*.

Cette dernière est le bord méridional d'une grande bande calcaire, celle du *Vorarlberg*, qui s'avance jusqu'au Rhône, en face du Sentis, étant soudée vers le sud au massif cristallin central. Mais, avant d'arriver au Rhône, ce massif s'interrompt tout d'un coup, et de la crête escarpée du Rhætikon, qui forme ainsi promontoire, on voit s'ouvrir sous ses pieds, jusqu'à Coire, la verdoyante dépression tertiaire du Prättigau, où le flysch est façonné en collines. De plus, autour de cette dépression, apparaît un ruban mince et continu de formations secondaires, exactement du même type que celles qui affleurent au Sentis, et qui plongent *sous* la masse plus ancienne du Rhætikon. Les choses se passent donc comme si une violente poussée avait fait chevaucher la chaîne orientale sur l'extrémité du massif helvétique [1].

Il est à remarquer que cette importante dislocation est située juste au point de croisement de la coupure du Rhin avec le sillon des lacs de Wallenstatt et de Zurich, sillon que le fleuve a suivi avant de prendre sa route actuelle.

De part et d'autre de la zone cristalline centrale se dresse la haute et large bande des Alpes calcaires, l'élément caractéristique de la chaîne orientale.

Alpes calcaires du nord. — La construction des *Alpes calcaires du nord* est très simple; c'est une véritable muraille, composée de chaînes parallèles, et séparée du noyau primaire par un grand sillon longitudinal, où se succèdent les cours supérieurs de l'Inn, de la Salzach, de l'Enns et de la Salsa. Tous les sédiments qui constituent ces chaînes sont d'âge secondaire. L'élément principal est le calcaire triasique en bancs épais, qui vus de la vallée de l'Inn, à la faveur d'une différence de niveau de 2000 mètres, produisent un effet des plus imposants.

Tandis que, tout contre le Rhin, les *Alpes de l'Allgau* ressemblent encore à la Suisse, les *Alpes bavaroises*, qui leur font suite, offrent l'idéal d'une chaîne à éléments parallèles, donnant, dit M. Penck, l'impression d'une mer dont les vagues auraient été congelées [2]. Un réseau de vallées longitudinales et de cluses les divise, rendant la circulation facile dans la région. Les lacs y sont fréquents, et la nature calcaire du terrain se prête au développe-

---

1. Suess, *Antlitz*, I, p. 182.
2. *Das Deutsche Reich*, p. 149.

ment des phénomènes du Karst[1]; même la contrée serait un désert, sans la présence de quelques bancs marneux et schisteux, qui motivent aussi certaines variations dans les pentes.

La chaîne bavaroise s'est assez bien prêtée au plissement, parce qu'elle offrait un certain nombre d'assises marneuses qui lui donnaient quelque flexibilité; au lieu que, dans le massif de Berchtesgaden, une plus grande compacité a entraîné la rupture en paquets distincts, se traduisant par des groupes montagneux isolés. Le creusement des vallées s'est opéré par l'élargissement des lignes que le plissement avait indiquées, tandis que l'érosion subaérienne a surtout mis en évidence les différences de dureté[2]. Quant à l'Allgau, c'est parce que le trias alpin vient s'y coincer que ce massif, où les roches d'inégale résistance sont mélangées, revêt le faciès suisse, caractérisé par une moindre homogénéité des éléments du relief.

La bande calcaire du nord se termine du côté de la dépression hongroise par un escarpement rectiligne, au delà duquel son prolongement, rejeté par une faille grandiose, devrait être cherché dans les profondeurs du bassin de Vienne. Une série de sources chaudes (Baden, Vöslau, etc.) accompagne cette dislocation.

Alpes calcaires du sud. — Sur le revers méridional des Alpes, la bande calcaire est plus variée, et on la voit s'épanouir au voisinage de la vallée de l'Adige, dans le massif du *Tyrol méridional*. L'énorme développement que prennent en certains endroits les *dolomies* en masses compactes, sans stratification ni fissures, en même temps que la rapidité avec laquelle la constitution des assises se modifie latéralement, impriment au paysage de cette contrée un aspect absolument exceptionnel. Cette variété, qui fait le charme de la vallée de Fassa, où l'on voit surgir à l'horizon, en face des glaciers de la Marmolata, les pyramides gigantesques, d'un jaune rosé, du Schlern et du Langkofl, est encore accrue par les masses éruptives et les tufs qu'une activité volcanique très ancienne a fait arriver au milieu des sédiments du trias.

Au delà de la région des dolomies, les Alpes calcaires se poursuivent, sous la forme d'ondes de soulèvement qui, au lieu de se briser à l'est, s'abaissent progressivement en un pays de collines et de plaines. Ainsi les *Alpes Carniques* passent aux *Karawanken*, tandis que les *Alpes Juliennes* s'infléchissent au sud-est, pour se

---

1. Voir plus haut, pp. 229 à 236.
2. Penck, *op. cit.*, p. 160.

souder aux chaînes dalmates du *Karst*, le pays par excellence des massifs calcaires fissurés. De grandes vallées longitudinales accusent cette direction générale : ainsi la Mur en plein noyau archéen; la Drave sur le bord méridional de ce dernier; la Gaïl, puis la Save, entre les Karawanken et les Alpes Juliennes.

Vallées transversales. — Deux grandes vallées transversales, l'Engadine et la vallée de l'Adige, celle-ci prolongée par l'Eisack, recoupent profondément la chaîne des Alpes orientales. Or l'une et l'autre sont dues à des accidents géologiques importants.

L'Engadine occupe un sillon où les couches secondaires ont pénétré jusqu'au cœur de la chaîne cristalline. Ce sillon ne s'arrête pas à la source de l'Inn ; il trouve sa continuation dans la Maira, affluent du lac de Côme ; si bien que M. Heim[1] a pu attribuer aux déprédations de cette dernière rivière la formation des petits lacs de la Haute-Engadine, qui marqueraient un commencement de capture du cours supérieur de l'Inn.

L'Adige et le lac de Garde paraissent être des répercussions latérales d'un accident encore plus important. En effet, du lac d'Idro au Brenner, sur plus de 128 kilomètres de longueur, on peut suivre, en ligne presque constamment droite, une dislocation que M. Suess[2] a nommée *faille des Judicaires*, du nom de la vallée où elle apparaît. Tandis qu'à l'ouest de cette cassure l'œil suit aisément les masses sombres des porphyres, tufs et grès de l'époque permienne, on reconnaît du côté opposé les calcaires aux couleurs pâles du trias supérieur, qui ont dû descendre, le long de la fente, d'*au moins 2000 mètres*. Plus loin, et jusqu'au delà de Meran, ce sont les schistes cristallins ou le granite que la faille met en contact direct, soit avec les porphyres permiens, soit avec les calcaires et schistes secondaires. Enfin l'accident se recourbe devant le Brenner, et suit le Puster-Thal, devenant longitudinal, de transversal qu'il avait été jusque-là.

Si le lac de Garde a conservé des dimensions aussi considérables, c'est parce que, lors de l'extension des glaces, l'Adige l'a abandonné pour s'ouvrir un lit à travers les calcaires du Trentin, de sorte que, retenu en aval par une grande moraine qui relève son niveau, il a, d'autre part, échappé aux dangers du comblement rapide par les alluvions d'une rivière importante.

Le coude si brusque par lequel la Mur, en aval de Leoben,

---

[1]. Voir Davis, *Annales de Géographie*, octobre 1895.
[2]. *Antlitz*, I, p. 319.

quitte son sillon parallèle à l'axe de la chaîne, en face de la Mürz, pour s'échapper transversalement vers Gratz, paraît devoir être attribué à l'influence des effondrements dont les environs de cette ville portent les traces manifestes.

Zone préalpine. Flysch. Plaines danubiennes. — Le bord interne de la zone préalpine, dans les Alpes orientales, consiste en un ruban de *flysch*, bien développé entre la Salzach et Vienne, et qui se compose de sédiments dont l'âge, tantôt crétacé, tantôt tertiaire, est masqué par un faciès très uniforme. De là résulte une chaîne de collines où dominent les grès (*grès de Vienne*), et qui s'élève jusqu'à 892 mètres à l'ouest de la capitale autrichienne.

A la différence de la partie suisse, qui était un pays de collines, la partie danubienne de la zone préalpine doit à sa grande largeur de paraître devant les Alpes comme une plaine. C'est seulement une ancienne moraine glaciaire qui, de la Forêt-Noire au lac de Constance, fait la limite entre le Danube et le Rhin, si bien que, de la haute plaine qui sépare les deux fleuves, *un trentième* seulement est drainé par le Rhin[1]. A partir de Ratisbonne, un prolongement septentrional de la zone vient s'intercaler entre le Jura franconien et la Forêt de Bohême.

Quand la mer tertiaire, qui occupait cette fosse le long des Alpes, se fut retirée, le régime hydrographique étant surtout influencé par les puissants cours d'eau qui descendaient de la haute chaîne, le fleuve collecteur dut se trouver rejeté au nord, contre les premières hauteurs de la Souabe et de la Franconie. Mais c'est principalement à la période glaciaire que la zone doit sa physionomie actuelle. En effet, des Alpes est descendue une nappe morainique où règne le paysage caractéristique de ce genre de formations, avec la topographie confuse qui lui est habituelle. En gênant l'écoulement des eaux, cette accumulation a engendré tantôt des lacs, tantôt de hauts marécages.

Devant la ligne des moraines, s'étend la grande plaine formée des graviers que déposaient les torrents issus du front de la glace lors de sa plus grande extension : c'est un plan incliné, d'une monotonie extrême, dont l'altitude décroît, du sud au nord, de 680 à 480 mètres[2]. Assez sèche au sud, où la porosité des cailloutis assure l'infiltration de la pluie, et où le sol se garnit de forêts, cette plaine est sillonnée de vallées assez profondes et

---

1. Penck, *Kirchhoff's Landerkunde, das Deutsche Reich*, p. 136.
2. Penck, *op. cit.*, p. 139.

souvent sans cours d'eau. Mais elle devient humide et tourbeuse au nord, aux points où sortent en de nombreuses sources les eaux absorbées en amont par les graviers, puis arrêtées par la base imperméable de ceux-ci. De là les grands marais des environs de Munich. Les brouillards, fréquents sur les parties basses, font que la température y est généralement moins élevée que sur la bande des hauteurs méridionales.

Enfin, en quittant cette plaine, on sort des cailloutis alpins pour arriver sur les affleurements tertiaires, relevés au bord du Jura souabe, et que l'extension glaciaire n'a pas touchés. Dans cette pénéplaine, qui garde le relief acquis antérieurement à la progression des glaces, les cours d'eau ont découpé leurs vallées, pour aboutir aux énormes masses d'alluvions du Danube; alluvions qui élèvent le lit du fleuve et le rendent marécageux entre Ulm et Ingolstadt.

Dans la partie autrichienne, la dépression préalpine se compose de collines basses, où affleurent les argiles plus ou moins sableuses du miocène, déposées dans la mer, en voie de retraite, qui arrosait encore le bassin de Vienne après la principale surrection des Alpes, alors que toute la partie occidentale de la zone était occupée par des lacs ou des fleuves.

Jura souabe et franconien. — Au delà du Danube, il ne faut plus chercher, comme lisière de la zone préalpine, la bande plissée qui se suivait si bien entre le Rhône et le Rhin. La grande distance qui sépare le massif de la Forêt-Noire de celui de la Bohême a permis à l'effort orogénique de s'épanouir en largeur, sans se résoudre en ondulations. Il en est résulté seulement la formation d'un haut territoire, et le gradin jurassique qui, plongeant vers le Danube, s'appuyait de l'autre côté contre le trias du dôme de la Forêt-Noire, symétriquement à ce qui se passe en Lorraine, s'est trouvé, de cette façon, notablement relevé au-dessus de la plate-forme triasique à laquelle il fait suite. Ainsi s'est formé le *Jura souabe*, que le *Randen* soude au Jura tabulaire de Bâle, et qui se prolonge par le *Jura franconien*. La croupe principale de ce plateau, caractérisée par une altitude moyenne de 900 mètres, a reçu le nom typique de *Rauhe Alp* ou « Apre Mont ». Le *Härtfeld* lui fait suite. Par places, la compacité des calcaires donne lieu aux phénomènes génériques du Karst, déserts de pierres, crevasses, grottes, cluses profondes, etc. Et comme des sources abondantes se font jour à la base du massif, il en résulte un pays pittoresque, qui a mérité le nom de *Suisse franconienne*.

Doucement inclinée vers le Danube, la plate-forme jurassique de la Souabe tombe en falaise d'environ 300 mètres vers le nord-ouest, en raison de la structure en gradins, exagérée par le soulèvement survenu.

L'élément caractéristique du Jura souabe et franconien est l'épais couronnement calcaire qui termine la série des assises jurassiques, et qui se dessine partout dans le paysage en murailles d'un blanc éclatant. C'est ce qui lui a fait donner par les géologues allemands le nom du *Jura blanc*. La puissance de cette plaque calcaire monte jusqu'à 200 mètres, imprimant à l'ensemble une rigidité qui, sans doute, l'a préservé des plissements en le disposant plutôt à se casser par paquets, comme on le constate sur tout le versant incliné vers les Alpes.

A la différence du Jura proprement dit, où aucune roche éruptive ne se fait jour, le Jura souabe, dans sa partie occidentale, laisse apparaître de nombreux pointements volcaniques, aujourd'hui réduits à des rochers comme celui qui porte le château de Hohenzollern. Tout contre la Franconie, la dépression circulaire du *Ries*, avec ses amas de débris projetés, montre que les forces éruptives ont souvent grondé dans ces parages à l'époque tertiaire. C'est évidemment un écho latéral et affaibli des dislocations qui, à la même époque, engendraient les dépressions de la Hesse et du Rhin.

Ces manifestations volcaniques se sont fait sentir jusqu'à l'extrémité du Jura souabe la plus voisine de la Forêt-Noire. Même, en ce point, elles empiètent sur la zone tertiaire préalpine dans le *Höhgau*, où plusieurs éminences de basalte et de phonolite se dressent au fond d'une dépression, prolongée au sud-est par le lac de Constance.

Chaîne des Carpathes. — Nous avons vu que les Alpes orientales se terminaient brusquement devant la dépression hongroise. La zone préalpine elle-même s'arrête à la Forêt de Vienne, et livre au Danube un assez facile passage.

Cependant, de l'autre côté du fleuve, on voit se dessiner une ligne de hauteurs, qui monte doucement vers le nord-ouest jusqu'au *Plateau morave*. La Morawa en suit le pied dans une dépression si marquée, que cette rivière en vient presque à toucher la source de l'Oder, qui depuis Titschein coule exactement en sens opposé.

A l'est de cette dépression surgit, heurtant brusquement le Danube à Pressbourg, le chaînon rectiligne des *Petits Carpathes*, lequel, par les *Beskides*, se courbe pour rejoindre les *Carpathes* proprement dits. Alors ceux-ci forment une chaîne ininterrompue jusqu'à la Moldavie, longés tout le temps, depuis la Galicie, par une dépression des mieux caractérisées, celle où coulent d'abord le haut Dniester, puis le Sereth, affluent du Danube. D'autre part, l'arc des Carpathes, prolongé presque à angle droit, mais d'une façon continue, par les *Alpes de Transylvanie*, enferme dans son intérieur le grand bassin plat de la Hongrie.

C'est donc, d'une manière frappante, la reproduction des traits caractéristiques de la chaîne occidentale. La Hongrie équivaut aux plaines du Pô. Les Alpes centrales paraissent trouver leur représentation dans les hauteurs carpathiques ; le sillon préalpin se prolonge exactement par ce qu'on peut appeler le *sillon précarpathique* ; il n'y a pas jusqu'aux hauteurs de Moravie qui ne soient l'équivalent du Jura souabe. Enfin, de même que la mollasse suisse est disloquée et renversée par les poussées alpines, ainsi les gisements néogènes de sel et d'ozocérite de Galicie (Wieliczka, Boryslaw) ont subi l'influence du plissement carpathique.

Effondrements carpathiques. — D'une façon générale, cette analogie est exacte, et la chaîne courbe des Carpathes est bien le prolongement de l'arc alpin. Mais l'effondrement qui a permis le passage du Danube à Vienne ne s'est pas borné à interrompre la continuité de la grande chaîne, et quelques-uns des éléments longitudinaux de cette dernière ont sombré par la même occasion.

On en est averti quand, entre la Raab et la Drave, on voit se dresser le relief rectiligne de la pittoresque *Forêt de Bakony*, qui se prolonge au nord par les *Monts Matra*, après avoir obligé le Danube à subir le coude rectangulaire de Gran. On sent mieux encore l'importance de cette apparition, en constatant que l'archéen y vient au jour en plus d'un point.

Mais ce qui est bien plus significatif, c'est le massif, également archéen pour la majeure partie, du *Tatra*, qui vient former, entre les Beskides et la Hongrie, une série d'arcs concentriques à la chaîne extérieure, et dont le plus haut, en même temps le plus voisin de cette chaîne, le Tatra proprement dit, offre des cimes granitiques de plus de 2600 mètres, altitude inconnue dans tout le reste de la chaîne carpathique. Enfin la même impression se confirme quand, au cœur même de la Transylvanie, on voit surgir jusqu'à 1850 mètres le massif des *Monts métallifères*, offrant un mélange de schistes archéens et de formations secondaires plissées avec pointements basaltiques.

Il est impossible de ne pas reconnaître, dans ces diverses apparitions, les tronçons d'une zone montagneuse centrale, disloquée par les effondrements qui ont produit la dépression hongroise, et qui ont été accompagnés, d'une façon constante, par des manifestations volcaniques imposantes ; nous voulons parler de ces grands épanchements trachytiques, semés à travers le Tatra et la Transylvanie par les volcans de l'époque néogène, qui par leurs solfatares ont engendré la richesse métallifère de ces contrées.

Grès carpathique. — D'ailleurs, si l'on étudie la composition des Beskides et des Carpathes jusqu'à la Bukovine, on les voit presque exclusivement formés de ce *grès carpathique*, mélangé de schistes marneux, et qui, comme le grès de Vienne dont il est la continuation, est un *flysch* crétacé et tertiaire. De là cette conclusion que, dans la portion carpathique des Alpes, la zone cristalline centrale est en grande partie effondrée. Ce qui est resté continu, c'est le prolongement du bord plissé intérieur de la *zone préalpine*, c'est-à-dire des *Préalpes*. Et si, entre cette zone et les restes de la précédente, on ne trouve pas de représentants des Hautes Alpes calcaires, ce n'est pas seulement parce que l'effondrement les a entraînés : c'est aussi parce que, sur l'emplacement de la Hongrie, il existait autrefois un territoire émergé, qui déviait les mers au sud comme au nord ou ne leur laissait qu'un étroit passage.

Pour la même raison, quand, en Bukovine, l'archéen prend part à la constitution de la chaîne proprement dite, comme il fait d'abord jusqu'aux sources du Maros, puis d'une façon continue dans les *Alpes transylvaines*, c'est à peine si un étroit ruban de calcaires secondaires vient s'intercaler entre les micaschistes et les grès tertiaires.

Particularités des Carpathes. — L'analogie que nous venons d'établir entre les Carpathes et les Préalpes se poursuit jusque dans les détails de la structure. En effet, depuis Neumarkt (Galicie) jusqu'à Zeben près Saros (Haute-Hongrie), on voit se poursuivre, dominant les plaines doucement ondulées du grès et du schiste, une suite d'îlots rocheux et calcaires, surgissant de la façon la plus inattendue, comme des récifs au milieu d'une mer. Ce sont les *Klippes* (*Klippen*), restes morcelés d'une chaîne de calcaires secondaires plissés, qui existait à cette place, probablement à la fin de l'éocène ; chaîne que l'érosion avait en grande partie aplanie, et que les dernières poussées orogéniques ont jetée par fragments au milieu des plis du flysch carpathique, exactement comme les blocs *exotiques* des Préalpes romandes et allemandes.

Les Carpathes proprement dits, depuis le Tatra jusqu'à la

Bukovine, offrent une grande régularité, précisément parce que le flysch y règne sans partage. On y distingue une foule de petits chaînons, laissant entre eux des vallées longitudinales, mais toujours assez courts pour permettre aux rivières tributaires de la Theiss ou du Dniester de les franchir aisément.

Les plis réguliers de la zone gréseuse et schisteuse donnent naissance, suivant la résistance des roches, à deux catégories enchevêtrées de paysages distincts. Le grès, dont la désagrégation fournit une terre peu fertile, est au contraire propice à la végétation forestière, et d'immenses étendues de bois, naguère sans clairières, garnissent la chaîne, s'avançant au loin dans l'intérieur comme vers le sud, où ces forêts justifient le nom de *Transylvanie*.

Au delà de la chaîne, dès qu'on a dépassé le sillon néogène pré-carpathique, les vallées, par exemple la haute vallée du Dniester, laissent voir sur leur fond les couches sensiblement horizontales des terrains primaires. Ainsi, dès la Galicie, c'est contre la plate-forme russe qu'est venu buter, sans l'entamer, l'effort du plissement carpathique.

Bukovine, Banat. — Un changement marqué se produit dans l'allure des Carpathes dès qu'on atteint la Bukovine. Les chaînons cessent d'être réguliers; le massif se dilate et la direction tourne au sud-sud-est. C'est qu'ici apparaît un massif archéen, et avec lui reviennent des représentants des terrains secondaires, qui se retrouvent encore dans les *Monts de Bihar* et dans le *Banat*.

Le *Banat* forme un massif orographique très compliqué, à fond de gneiss, avec des terrains secondaires en plis serrés. Son importance est grande, en ce qu'il marque le point où les Alpes transylvaines se courbent brusquement suivant une direction nord-sud. Or cet accident paraît avoir été préparé de longue date. Une faille de même alignement court, sur 78 kilomètres, à travers tout le Banat, isolant à l'ouest un massif archéen aux formes doucement arrondies, contre lequel viennent buter tour à tour, arrivant du nord-nord-est, les plis qui affectent le calcaire crétacé et le jurassique.

Sur tout ce parcours, la fente est jalonnée par les racines profondes de divers épanchements éruptifs, qui paraissent s'être produits aux temps tertiaires, et ont modifié les calcaires en les minéralisant. Le même fait se renouvelle au delà du Danube. Par conséquent, d'une part, le changement de direction des plis, au passage des Alpes transylvaines aux Balkans, est la répercussion d'un accident bien plus ancien; et d'autre part, l'existence de cette dislocation, combinée avec celles qu'a fait naître sa rencontre par le bourrelet carpathique, peut expliquer pourquoi le Danube a su franchir la chaîne dans ces parages, mieux préparés que d'autres, par leur morcellement, à laisser s'accomplir le travail de l'érosion.

Rapports des Carpathes avec les Alpes transylvaines. — En tout cas, l'existence des couches secondaires dans le Banat, et le fait, reconnu par M. Loczy [1], que le massif transylvanien de Bihar est contourné, au sud comme à l'est, par une bande de flysch avec *Klippes* calcaires, semble indiquer que la continuité de la chaîne carpathique, ou du moins d'un de ses rameaux, pourrait être cherchée au nord du Banat, après la coupure si nette où coule le Maros. Ce qui est certain, c'est que les *Alpes transylvaines*, où l'archéen affleure presque seul à l'ouest, ont une structure spéciale et très peu conforme à celle des chaînes alpines. Elles paraissent aussi affectées de dislocations importantes, à en juger par cette gorge transversale de la Tour-Rouge, que l'Olt ou Aluta réussit à s'ouvrir, juste au pied du Mont Negoï (2536 mètres), pour arriver au Danube après avoir drainé l'angle sud-est de la Transylvanie.

Du reste, il ne faut pas oublier non plus que l'histoire des Alpes transylvaines doit être très ancienne et que peut-être le cours de l'Olt était dessiné dès l'époque où une première chaîne se dressait au nord du Banat. Depuis lors, bien des mouvements se sont produits, et tandis que, dans les Alpes proprement dites, l'horizontalité des dépôts du miocène tout à fait supérieur n'a pas été dérangée, les dislocations des Carpathes du sud ont agi jusque pendant l'époque pliocène. Il est donc possible que la surrection définitive du bourrelet transylvain ait trouvé la vallée de l'Olt suffisamment indiquée pour que celle-ci ait pu maintenir son tracé par un approfondissement graduel.

Ce qui rend cette hypothèse assez vraisemblable, c'est que le défilé de l'Olt comprend, en réalité, deux gorges profondes, correspondant à la traversée de deux chaînes parallèles, entre lesquelles s'étend une région moins haute, avec petite vallée longitudinale, comme s'il y avait eu deux poussées distinctes, dont la dernière aurait ajouté une ride au sud de la précédente.

M. Uhlig [2] a d'ailleurs montré que les Carpathes portaient la trace d'au moins trois périodes de dislocation : la première, de

---

1. Voir Suess, *Antlitz*, I, p. 288.
2. *Jahrbuch der K. K. geol. Reichsanstalt*, 1888, p. 258.

date comprise entre le crétacé et le tertiaire; la seconde, la plus importante, contemporaine de la fin de l'oligocène; la troisième, datant des derniers temps néogènes. Ainsi l'apparente continuité du croissant carpathique, entre les Beskides et les portes de Fer, ne doit pas être interprétée dans ce sens, que la chaîne se serait dressée d'un seul coup avec cette courbure, et il y a là, comme dans les Alpes, superposition d'efforts qui se sont produits à diverses époques.

Plaine hongroise. — La *plaine hongroise* est le résultat d'un effondrement, au moins relatif, survenu au milieu de l'arc alpin oriental. Mais ce qui la distingue, c'est que la chaîne cristalline plissée, qu'elle a partiellement entraînée dans sa chute, ne devait pas être flanquée du côté de la dépression par une très puissante série sédimentaire. Elle formait probablement le bord disloqué d'un massif archéen qui, à en juger par ce qu'on observe à Fünfkirchen comme au Banat, ne se laissait pas envahir au milieu par les mers jurassiques.

Le cours de la Drave, de Varasdin à la Theiss, paraît dessiner très exactement le bord de ce massif ancien. En effet, au sud, dans ce qu'on appelle parfois la *Mésopotamie croate*, entre la Drave et la Save, plusieurs chaînons alignés se succèdent : ceux d'Ivancisa et de Cilo, de Pozega, enfin de Fruska Gora. Dans les premiers, les dolomies du trias et les calcaires secondaires apparaissent, associés au granite et à l'archéen. Dans le dernier, isolé au milieu d'une grande plaine de néogène et d'alluvions, les schistes micacés se montrent seuls avec des serpentines. On reconnaît donc ici la cause du changement de direction que les plis alpins ont éprouvé, en rencontrant l'angle de l'ancien massif. Tandis qu'un faisceau s'en allait au nord-est, par la forêt de Bakony, rejoindre le Tatra, un autre était dévié au sud-est et allait engendrer les chaînes dinariques, encore plus fortement déviées au sud à la rencontre du noyau archéen de la Serbie et des Balkans.

Les effondrements hongrois ne se sont d'ailleurs pas produits tout d'un coup. Le premier, en faisant naître le bassin de Vienne, laissait la mer miocène entrer dans la région; plus tard, c'est avec les dépressions orientales que la cuvette hongroise communiquait, et c'est au milieu des sédiments déposés durant cette période que s'est creusé, par un nouveau mouvement du sol, le bassin où les eaux, de plus en plus dessalées, ont subsisté jusqu'à la fin de l'ère tertiaire. La Basse-Hongrie, avec la Slavonie, a donc été un lac, jusqu'au jour où le Danube a réussi (probablement dans les temps quaternaires) à s'ouvrir par érosion le remarquable défilé des Portes de Fer, après avoir répandu en avant d'énormes quantités d'alluvions. Alors, sur le fond desséché et encore salin de l'ancienne cuvette, où la pente de la Theiss, pour les 260 kilomètres de son cours inférieur, est inférieure à 1 pour 15 000, s'est établie la steppe, entremêlée de sables mouvants, avec les nombreuses flaques d'eau qui signalent l'*Alföld* et ses abords.

Quant aux lacs Balaton et Neusiedl, ce sont évidemment des restes de l'ancienne couverture lacustre; mais l'alignement manifeste du premier au pied de la forêt de Bakony, les émanations salines qui s'y font jour, les débris volcaniques qu'on y recueille; enfin, pour le second, sa situation devant l'effrondrement viennois, donnent à penser que les dislocations ont été pour quelque chose dans le dessin de ces cavités.

La partie haute de la plaine hongroise ou *Feldföld* est un plateau de sables, grès et marnes néogènes en couches horizontales, où les rivières ont dû, par suite de la chute de la partie basse, découper leurs lits suivant une direction est-ouest. La pente rapide de ces rivières, descendant des Carpathes ou du massif intérieur transylvanien, leur a imprimé un régime torrentiel, par suite duquel elles ont peu à peu repoussé vers l'ouest la Theiss, qui recevait leur tribut [1].

1. Voir plus haut, p. 145.

VINGT ET UNIÈME LEÇON

LA RÉGION MÉDITERRANÉENNE

Définition de la région. — La *région méditerranéenne*, située au sud de la grande chaîne alpine, mais placée tout entière dans la zone d'influence des plissements qui ont dressé cette chaîne, est surtout remarquable par les dislocations, accompagnées d'effondrements, auxquelles est dû le dessin de ses péninsules. De l'Espagne jusque par delà le Caucase, elle forme un tout très homogène, auquel se rattache absolument la zone montagneuse de l'Atlas, et dont l'Asie Mineure fait également partie. C'est par excellence la région européenne des tremblements de terre. Sans qu'il soit besoin de faire appel à la géologie, l'histoire suffit pour prouver à quel point tout le territoire est instable. Voilà pourquoi, n'ayant pas égard ici à la division habituellement respectée de l'Europe, de l'Asie et de l'Afrique, nous décrirons ensemble et successivement : 1° la péninsule italienne; 2° la péninsule balkanique [1]; 3° le massif de l'Asie Mineure et du Caucase; 4° la chaîne de l'Atlas africain.

Péninsule italienne. Aperçu général. — La *péninsule italienne* constitue un territoire absolument différent de tous ceux que nous avons jusqu'à présent étudiés. Les anciens compartiments de l'écorce terrestre (la chaîne des Alpes étant mise à part) n'y apparaissent que dans une proportion presque insignifiante. Les terrains qui en forment la masse sont essentiellement jeunes. Ainsi les deux tiers de l'Italie, les quatre cinquièmes de la Sicile, montrent des formations postérieures au début du tertiaire. La colonne

---

1. Ici, comme auparavant pour l'Espagne, nous nous sommes servi avec grand profit des chapitres consacrés par M. Teobald Fischer à l'Italie et à la presqu'île des Balkans dans la *Länderkunde* de Kirchhoff.

vertébrale de la péninsule, la chaîne de l'Apennin, est peut-être la plus récente de toutes les arêtes hydrographiques du globe, du moins dans son relief actuel ; car le dernier des étages tertiaires, le pliocène, y est porté à des hauteurs de 1200 mètres, et tout porte à croire que ce relief est encore en voie de modification.

Comme d'ailleurs les terrains de l'Apennin sont, pour la plupart, de ceux qui n'ont pas eu le temps de se consolider par la lente circulation des dissolutions dans leur masse, cette chaîne offre aux eaux courantes une proie particulièrement facile. Les torrents délaient les argiles, provoquent d'énormes glissements, et sèment à leurs embouchures de grandes quantités d'alluvions ; de telle sorte que la jeunesse du territoire s'affirme aussi bien par la facilité avec laquelle il se dégrade que par le rapide accroissement des rivages où débouchent les cours d'eau. Les volcans viennent encore ajouter à cette instabilité par les accumulations qu'ils édifient et par les secousses dont leurs éruptions sont accompagnées.

A la différence de tant d'autres pays, où les plaines jouent un grand rôle, l'Italie est avant tout un pays de montagnes et de collines. On n'y trouve ni plateaux ni pénéplaines ; et les plaines basses, quand il y en a, sont de formation très récente, aboutissant toutes à des marécages littoraux ou à des lagunes.

Enfin le contour de cette grande langue de terre, les deux promontoires accentués qu'elle envoie de part et d'autre du golfe de Tarente, l'arc qu'elle décrit de Naples à la Sicile, les volcans actifs qui marquent le bord de cette courbe, et la profonde fosse maritime qui longe le rivage napolitain, attestent que l'Italie ne peut devoir son isolement qu'à d'importantes fractures, suivies d'effondrements.

Plaine du Pô. — Deux divisions se partagent la presqu'île italienne : la *région du Pô* et la *région de l'Apennin*.

La région du Pô est un ancien golfe de l'Adriatique, devenu terre ferme à la fois par soulèvement et par comblement. La mer le remplissait à l'époque pliocène, et les dépôts marins qu'elle a laissés s'y retrouvent, en débris non dérangés, au pied des Alpes, où ils forment de basses collines ne dépassant pas l'altitude de 500 mètres. Depuis leur soulèvement, les glaciers et les torrents se sont appliqués à combler la cuvette ; si bien que, dans le Modénais, à 9 kilomètres au sud du Pô, la sonde accuse plus de 200 mètres d'alluvions, *toutes d'origine alpine*. C'est qu'en effet, à l'époque glaciaire, les torrents issus des Alpes envoyaient dans la dépression des masses d'eau très chargées de débris ; tandis qu'aujourd'hui, les principales rivières du nord n'arrivant à la plaine qu'après s'être purifiées dans des lacs, les torrents de l'Apennin luttent contre elles avec avantage, repoussant peu à peu le fleuve dans la direction du nord.

En revanche, l'inverse se produit en Piémont, où les rivières alpines, de beaucoup les plus fortes, rejettent le Pô sur sa rive droite. En venant ainsi, près d'Alexandrie, à la rencontre du Tanaro, qui arrivait autrefois de l'Apennin, le Pô a donné à cette rivière un renouveau de force, qui lui a permis de pousser ses eaux de tête à travers les hauteurs du Montferrat, jusque vers les Alpes, en opérant la conquête du cours d'eau qui descendait de Mondovi à Turin. Déjà à Alba, le haut Tanaro coule à 90 mètres plus bas que l'ancien lit par où il se rendait primitivement au nord, en passant par Bra, Sommariva et Carmagnola [1].

La grande activité sédimentaire des fleuves alpins ne pouvait manquer de se traduire par une conquête sur le domaine maritime, et cette conquête se montre d'autant plus importante que l'endiguement des rivières ne leur permet plus de colmater leurs bords. C'est ainsi que, depuis les temps historiques, la côte de l'Adriatique a gagné, avec le delta actuel du Pô, tout l'espace où s'étendent aujourd'hui les lagunes du littoral, entre Ravenne et le golfe de Trieste. Au cours de ce travail, le tracé des lits fluviaux a subi de nombreuses modifications.

Le golfe du Pô lui-même est le résultat de l'effondrement qui s'est produit au bord du croissant alpin, et par suite duquel le revêtement méridional de la voûte cristalline est tombé si bas, qu'aucun vestige n'en est demeuré visible entre les Alpes maritimes et le lac Majeur. Seules, les collines de la Superga et de Moncalieri, près de Turin, où le miocène incliné affleure entre 653 et 716 mètres, peuvent représenter un lambeau de la partie extérieure de ce revêtement.

Quant au massif des collines du Montferrat, ce serait une sorte de prolongement de l'Apennin, égaré au milieu de la dépression piémontaise.

Ceinture de la plaine. Vicentin. — Le paysage des plaines du Pô passe à celui des montagnes environnantes par l'intermédiaire d'une ceinture de collines, édifiées au pied du croissant alpin par les anciens glaciers. Quelques-unes de ces accumulations gardent des proportions considérables, et engendrent de grands *amphi-*

---

1. Th. Fischer, *op. cit.*

théâtres morainiques [1], comme celui de la Doire Baltée près d'Ivrée, qui ne représente pas moins de 70 kilomètres cubes et atteint dans la Serra une puissance de 500 mètres. D'autres ont des formes plus adoucies, comme les collines de Solferino, qui entourent le lac de Garde.

En avant de ces moraines, toujours reconnaissables à leurs formes, s'étendent les cailloutis déposés par les torrents glaciaires. Maintes fois remaniés, ces cailloutis se sont de plus en plus étalés vers le sud, et c'est à cela qu'est due la pente transversale si progressive de la vallée du Pô. Du Tanaro au Tagliamento, on ne reconnaît pas moins de 28 cônes de déjection distincts, recouverts de loess [2] et où parfois les graviers se montrent fortement cimentés. Quelques rivières les franchissent par des rapides.

La surface de ces conglomérats étant perméable, les eaux s'y infiltrent jusqu'aux couches argileuses du fond. De là, elles vont sortir un peu plus au sud, engendrant un niveau de sources, bien marqué de Magenta, par Vérone, jusqu'à Udine. C'est la *ceinture des fontanili*, qui fournissent l'élément des irrigations dont bénéficient les plaines lombardes.

Dans le *Vicentin*, on voit surgir, au milieu de la plaine des alluvions vénitiennes, un élément topographique tout à fait adventif. Au pied des monts Lessini, comme dans les monts Berici et dans le massif des monts Euganéens, une grande activité éruptive s'est donné carrière au commencement de l'époque tertiaire, au voisinage immédiat de la cassure des Judicaires et au pied du massif des dolomies tyroliennes. Mais tout était fini avant le grand soulèvement alpin, si bien qu'il n'y a plus de cratères reconnaissables, et que seules quelques sources d'eau chaude font cortège aux ruines des anciennes coulées, qui se dressent sur une base de sédiments allant du jurassique à l'éocène. Ainsi ces éruptions ont dû accompagner la formation de quelque chaîne ancienne, par exemple de celle dont les débris auraient engendré les *klippes* des Préalpes suisses.

Apennin. Dessin général. — L'*Apennin* offre un dessin orographique assez simple, et dans cette chaîne, qui forme si exactement et avec tant de continuité la dorsale de la péninsule, on pourrait se croire fondé à soupçonner un anticlinal, de part et d'autre duquel les couches soulevées plongeraient en sens inverse.

---

1. Voir plus haut, p. 211.
2. Th. Fischer, *op. cit.*

Il n'en est rien pourtant, et la chaîne doit son allure actuelle à la superposition de deux genres d'efforts : un plissement relativement ancien, qui paraît être du même âge que celui des Pyrénées, c'est-à-dire de la fin des temps éocènes ; et des ruptures par suite desquelles des terrains très récents, tels que le pliocène, ont été soulevés jusqu'à 1000 et 1200 mètres, soit en demeurant horizontaux, soit en éprouvant un simple mouvement de bascule, en masse et sans plis.

Or, d'après ce que nous savons, tout plissement suppose un massif résistant contre lequel des sédiments plastiques sont refoulés. Où donc était ce massif en Italie?

Traces de l'ancienne Tyrrhénide. — Il n'en existe plus que des ruines, qui apparaissent sur la côte de Toscane, sous forme d'affleurements archéens et primaires, pour se retrouver en Calabre et dans le nord-est de la Sicile. L'île d'Elbe se relie à ces noyaux toscans, ainsi que les îlots qui l'entourent, et qui reposent comme elle sur un même socle, à moins de 200 mètres de profondeur. Capraja, qui appartient à ce groupe, n'est séparée que par une fosse très étroite du socle commun à la Corse et à la Sardaigne, l'une et l'autre presque exclusivement formées de terrains primaires très analogues à ceux de la Toscane. Ainsi se justifie l'hypothèse de MM. Savi et Suess, celle d'une *Tyrrhénide*, récemment effondrée en partie, après avoir servi de noyau au sol italien.

A quel point la séparation de ces territoires est de fraîche date, c'est ce dont témoigne la riche faune de mammifères quaternaires, ours, cerfs, antilopes, trouvée dans l'îlot de Pianosa, où le lapin subsiste aujourd'hui à grand'peine. Mais on sait qu'un seuil immergé relie la Sardaigne à l'Afrique, et que la Sicile s'y rattache bien mieux encore du côté de Tunis, par des fonds de moins de 500 mètres. Si de plus on observe, avec M. Forsyth Major [1], que la faune de Corse et de Sardaigne est bien plus africaine et espagnole qu'italienne ; que celle de la chaîne métallifère de Toscane, et même aussi sa flore, ont plus de rapports avec l'île d'Elbe et la Corse qu'avec l'Apennin ; enfin que les *pierres vertes*, formation bien caractéristique de l'archéen des Alpes, se trouvent à la fois dans les Alpes maritimes, la Corse, la Toscane, même la Calabre, l'hypothèse de la Tyrrhénide prendra de plus en plus de vraisemblance.

Détails sur les dislocations du sol italien. — La dislocation et

---

1. *In* Fischer, *op. cit.*

l'effondrement partiel de ce territoire auraient commencé vers la fin des temps secondaires, pour ne s'achever qu'avec l'ère quaternaire, engendrant deux fosses, ligurienne et tyrrhénienne, sans compter celle, si marquée, qui sépare la Sardaigne des Baléares ; et c'est parce que la Tyrrhénide s'affaissait et se morcelait peu à peu que les plis de l'Apennin ne se seraient pas dressés contre elle en rides comparables aux Pyrénées.

Une série de cirques d'affaissement ont mordu sur la côte italienne entre la Toscane et la Sicile, et le long des cassures qui les limitaient, des volcans se sont installés, Vésuve, Lipari, Etna, Pantelleria, etc. ; alors que, comme contre-partie de l'effondrement, quelques-uns des dépôts jetés par la mer pliocène à l'est de l'ancienne chaîne apennine, non seulement émergeaient, mais se voyaient portés à de grandes altitudes. En même temps la Sicile, déjà séparée de l'Italie par la cassure de Messine, était privée de toute liaison avec l'Afrique, dont s'isolaient aussi la Corse et la Sardaigne, perdant du même coup leur jonction avec la Toscane.

Des mouvements aussi récents ne peuvent avoir dit leur dernier mot ; aussi, pendant que les atterrissements des rivières, joints aux tufs volcaniques, comblaient plusieurs des anciens cirques, notamment celui de la *Campanie*, l'histoire n'a cessé d'enregistrer des tremblements de terre désastreux, surtout le long de la cassure circulaire allant du Vésuve à l'Etna : ainsi le séisme de 1688, qui fit 20 000 victimes dans la Campanie et la *Basilicate* ; celui de 1693, qui, autour de l'Etna, détruisit 49 agglomérations, en tuant 73 000 habitants ; le tremblement de terre de la *Calabre*, qui en 1783 anéantit 109 villes ou villages, en faisant 32 000 victimes ; celui de Potenza en Basilicate, survenu en 1857, et qui causa 10 000 morts, etc. Partout, c'est la mise en évidence de l'instabilité de cette pointe de la Calabre, où des cassures si visibles se croisent autour des noyaux archéens d'Aspromonte et de la Sila.

Le seul volcan, d'ailleurs éteint, qui soit à l'est des Apennins, est le Vultur. Quand il était actif, il se trouvait sur le bord du bras de mer pliocène longeant la plate-forme de la Pouille, et que marque une ligne de dislocation. Beaucoup plus au nord, les *salses* et les terrains ardents du Modénais sont aussi sur le côté extérieur de la chaîne, mais dans le domaine de l'effondrement alpin.

Apennin septentrional. — La chaîne des Apennins commence au col de Giovi, à l'extrémité d'un petit massif archéen, et débute par l'*Apennin ligurien*, suivi de l'*Apennin étrusque*. Tous deux abondent en serpentines, qui percent des sédiments surtout éocènes, ayant le même *facies* que le flysch du sillon préalpin.

Les plis sont très nets dans cette partie de la chaîne, et ils sont parallèles, mais décrochés en coulisse. On voit chaque crête principale perdre de sa hauteur, vers le sud-est, laissant le rôle de ligne de partage à une chaîne plus orientale. M. de Stefani [1] a compté 28 plis, se décrochant ainsi entre Pise et Florence. Le plus long a 95 kilomètres. Par ce décrochement, la ligne de partage, qui à Gênes se trouvait à 10 kilomètres de la côte ligurienne, est, aux sources du Tibre, éloignée de 150 kilomètres de la mer Tyrrhénienne.

Le côté extérieur de la chaîne, où le soulèvement tardif s'est seul manifesté, ne présente que des vallées conformes à la pente générale, et qui toutes aboutissent au Pô. Sur le versant opposé, ce sont les plis qui déterminent la direction des cours d'eau; ceux-ci coulent dans des vallées synclinales, qui autrefois formaient des lacs, et se déversent aujourd'hui dans la mer de Toscane [2].

A l'extrémité de l'Apennin ligurien vient se coller contre le rivage le petit massif des *Alpes Apuanes*, isolé de l'Apennin par un sillon que la mer pliocène a utilisé. C'est un district très disloqué, où se montrent des terrains fort anciens, mais dont la caractéristique, au point de vue topographique, est donnée par les belles masses calcaires du trias et du jurassique inférieur. Ces calcaires, devenus des marbres, forment les montagnes de Carrare et de Massa.

Les montagnes de Pise en sont le prolongement, mais bien différent comme nature de roches. Au devant de l'Apennin étrusque s'étend un assez vaste territoire montueux, parcouru par une dépression que l'Arno supérieur arrose, et où le Tibre coule en sens inverse. C'est par là que la mer pliocène a passé. Le lac de Trasimène y est logé. Ce bras de mer contournait la *Chaîne métallifère*, riche en minerais divers, et ses dépôts ont fini par souder entre eux, sur la terre toscane, un certain nombre d'îlots, où les sédiments sont de divers âges, mais ne remontent pas au delà du carbonifèrien.

Apennin moyen. — L'*Apennin moyen*, divisé en *romain* et *abruzze*, se fait remarquer par les hauts sommets de ses chaînes calcaires, à noyau triasique, dont les formes hardies et sauvages

---

1. *Le Pieghe delle Alpi Apuane.*
2. Th. Fischer, *Grundzüge zur Bodenplastik Italiens.* (*Verhandl. des 10ten. Geographentags,* Berlin, 1893.)

contrastent avec les profils adoucis des roches tendres du tertiaire. Les vallées y sont étroites et plusieurs des territoires calcaires offrent les particularités génériques du Karst [1].

L'Apennin romain est encore assez nettement plissé ; mais ce caractère s'atténue beaucoup dans la chaîne des *Abruzzes*, où l'on trouve surtout des failles, le long desquelles les compartiments ont joué. On voit encore un certain nombre de rivières y couler longitudinalement entre deux chaînons ; mais le nombre des cassures transversales augmente. Cela tient non seulement à la nature moins souple des assises, mais aussi à l'approche du territoire de grandes dislocations qui embrasse toute l'extrémité de la péninsule.

La haute terre plissée de l'*Ombrie* et le plateau montueux, difficile d'accès, des *Abruzzes*, où les calcaires crétacés dominent, et que prolongent à l'ouest les plis aplatis des *Monts de la Sabine*, séparent l'Apennin moyen du *Latium*, abondant en produits volcaniques. La *Campagne Romaine*, faite de tufs imperméables, est une steppe sans habitants, à cause des émanations marécageuses ; mais à côté se dresse l'oasis des *Monts Albains*, formant un grand cirque avec un cratère central, d'où les laves ont coulé, et près duquel s'ouvrent les lacs-cratères d'Albano et de Nemi. Les volcans du Latium, qui édifiaient encore des tufs aux premiers siècles de Rome, ont couvert, réunis à ceux de la Toscane méridionale, un espace énorme de leurs puissantes accumulations, aidant ainsi la terre ferme à conquérir un espace notable sur la mer. A la suite viennent les *Marais Pontins*, où les dunes empêchent l'écoulement des eaux d'un sol sans pente, que limitent les montagnes calcaires des Lepini.

Apennin méridional. — Tandis que, dans l'Apennin septentrional, les plis étaient toujours bien visibles, quoique souvent décrochés en escalier, la partie méridionale de la chaîne est caractérisée par son état de morcellement. Il n'y a plus de chaînons parallèles, et des massifs, les uns calcaires, les autres cristallins, surgissent, formant parfois de hautes surfaces. On sent qu'on approche d'un terrain essentiellement disloqué. Deux divisions s'y reconnaissent, séparées par la puissante coupure du Crati, trace d'un ancien golfe pliocène. Ce sont l'*Apennin napolitain* et l'*Apennin calabrais*.

Le premier est principalement calcaire, et les failles qui dislo-

---

[1]. Voir plus haut, p. 232.

quent le terrain se traduisent souvent par de blanches murailles, polies et miroitantes. La Basilicate, où le pliocène est parfois à 1000 mètres d'altitude, s'adosse à ce massif qui, après avoir atteint son point culminant au mont Polino (2212 m.), est coupé net par la cassure du Crati.

Dans l'Apennin calabrais, on voit surtout apparaître le granite et les schistes cristallins. Aussi le massif archéen de la Sila, avec ses formes arrondies et ses larges vallées, fait-il un contraste marqué avec les déserts calcaires de la région précédente. C'est là qu'éclate principalement l'absence de phénomènes de plissement; c'est là aussi que le pliocène a été soulevé jusqu'à 1200 mètres, parfois redressé, mais sans plis, jusqu'à la verticale.

Contre l'Apennin napolitain s'appuie la *Pouille*, reliée au promontoire du mont Gargano. C'est une plate-forme de calcaire crétacé compact, absorbant si bien les eaux que depuis l'Ofanto jusqu'à Otrante on n'y voit pas un seul fleuve. Cette plaque est limitée au sud-ouest par un ruban pliocène, trace d'un ancien détroit, contre lequel elle se relève sous un angle notable par des escarpements qui ont jusqu'à 200 mètres. Ce sillon est suivi par le Locone et le Basentiello.

Du côté opposé apparaît l'ancien cirque volcanique de la *Campanie*, entouré de calcaires coupés net en falaises, et se prolongeant jusqu'à Capri. Il y eut là à la fois soulèvement d'un golfe et remplissage par des dépôts volcaniques, qui donnent au pays une grande fertilité. Cette riche plaine, la plus étendue de l'Italie après celle du Pô, est séparée de Naples par les *Champs phlégréens*, abondants en manifestations volcaniques de date récente, et au delà desquels se dresse le Vésuve.

Sicile. — Ce qui caractérise la *Sicile*, c'est que son rivage septentrional représente très nettement, par la ligne de hauteurs qui le borde, une déviation de l'Apennin méridional dans la direction des plis de l'Atlas tunisien. Le massif Péloritain de Messine est intimement lié à l'archéen de la Calabre et, en dehors de l'Etna, toute l'île est un chaos de collines arrondies, où les formations sont de plus en plus récentes à mesure qu'on s'avance vers le sud.

Malte et Lampédouse en sont des appendices, offrant comme la Sicile, dans les fentes de leurs calcaires, les restes de nombreux mammifères, éléphants, hippopotames, etc., de la faune africaine. L'âge tout à fait récent des dislocations qui ont séparé ces îles de l'Afrique est prouvé par la situation qu'occupent en Sicile certains dépôts marins quaternaires, portés au mont Cicci, à près de 400 mètres d'altitude.

L'Etna occupe le centre d'un ancien golfe cratériforme, qu'il a entièrement rempli de ses projections, au-dessus desquelles il a peu à peu édifié, par un mélange de laves, de tufs et de scories, le gigantesque cône de 3 300 mètres qui s'y dresse aujourd'hui.

Péninsule balkanique. Aperçu général. — La péninsule balkanique[1], prise dans son acception la plus large, commence au point où les plis des Alpes orientales, rencontrant le massif ancien de la *Croatie*, ont été obligés de s'infléchir au sud-est pour former les *chaînes dinariques*. Dans ce parcours, ils sont venus se heurter contre un autre noyau archéen encore plus considérable, celui qui embrasse la Serbie, le Rhodope et le Despoto-Dagh. Alors ils ont dû se jeter au sud-sud-est, dans l'Albanie, l'Épire et la presqu'île hellénique. Pendant ce temps la poussée carpathique, déjà infléchie par le Banat et rencontrant le bord septentrional du Rhodope, se résolvait dans l'accident des *Balkans*.

D'un autre côté, tandis que les plissements dinariques et helléniques agissaient sur des sédiments calcaires en grandes masses, alternant avec des couches plus flexibles, la prédominance des terrains anciens assignait aux dislocations balkaniques un tout autre caractère, et les effondrements y devenaient la règle.

De là résulte une division naturelle du territoire en deux parties : l'une occidentale, essentiellement plissée et alignée du nord-nord-ouest au sud-sud-est, qui se poursuit de l'Illyrie à l'extrémité du Péloponèse; l'autre orientale, où les alignements, dirigés de l'ouest à l'est, sont souvent interrompus par des bassins affaissés. Les terrains secondaires dominent presque exclusivement dans la première moitié, ainsi que les calcaires, qui impriment à toute la bande une physionomie très uniforme. Les roches cristallines surtout abondent dans la partie orientale, à l'exception de la fosse danubienne, où la mer crétacée a fait une incursion avant l'invasion des eaux tertiaires.

Région du Karst. — La séparation de la région dinarique commence dès le Frioul, et se prononce avec beaucoup de netteté entre la Save et la pointe de l'Istrie. Sur toute cette étendue, que n'a pas touchée l'effondrement du Pô, apparaît le régime des calcaires compacts, qui a été la forme normale de la sédimentation méditerranéenne pendant les temps secondaires. Ainsi à partir de

---

1. Voir pour plus de détails Th. Fischer, *Kirchhoff's Länderkunde, Europa*, II, 2.

Laibach en Carniole, on voit se succéder les calcaires du trias, ceux du jurassique inférieur, enfin les grandes masses du calcaire compact crétacé du *Karst* ou Carso et de l'Istrie. Seulement, dans les plis synclinaux ou concaves de ce dernier s'intercalent des rubans du flysch tertiaire, qui a été disloqué avec lui; et cette association, qui va continuer à se produire dans toute la zone dinarique, sera la seule cause de variation du paysage. En effet le flysch, étant marneux et sableux, engendre des formes douces et des oasis arrosées au milieu des plateaux uniformes, fissurés et arides, de ce qu'on appelle à juste titre, par extension d'une désignation locale, la région *Karstique*.

Cette bande, dont la largeur atteint jusqu'à 180 kilomètres, s'étend avec les mêmes caractères sur la Carniole, l'Istrie, la Croatie, la Dalmatie, le bord de la Bosnie, l'Herzégovine et même le Monténégro, où commence la déviation des plis vers le sud. Sur toute cette longueur, elle se ressent à la fois du plissement régulier des assises, et des cassures qui, agissant plus tard suivant la même direction que le plissement, ont morcelé le massif calcaire. Le pays s'est ainsi trouvé divisé en bandes parallèles, dont chacune est abaissée relativement à la précédente. Les cassures sont absolument franches, parce que la masse calcaire était épaisse et compacte; et les dernières bandes viennent plonger, avec des bords en falaises souvent abruptes, sous les flots de l'Adriatique, dont la forme actuelle est précisément due à cette dislocation.

La simplicité de construction de la contrée dinarique comporte un grand développement des vallées longitudinales; mais le dessin de beaucoup d'entre elles est inachevé, à cause de la nature et de l'état de dislocation des calcaires, qui facilite la perte des eaux, la création de rivières souterraines, l'effondrement de grottes, ayant pour conséquence la production à l'extérieur d'entonnoirs ou *dolines* [1]. Heureusement le voisinage de la mer et la douceur du climat, malgré les rigueurs de la *bora* ou vent d'hiver, permettent à la végétation forestière de prendre possession même des plateaux; et sans le déboisement inconsidéré de la contrée, on n'y trouverait pas de ces déserts de pierres comme ceux qui aujourd'hui s'y rencontrent trop souvent.

Côte dalmate. Date de sa dislocation. — Par l'effet de la dislocation de la chaîne plissée des Alpes dinariques, la mer, pénétrant largement dans quelques-unes des vallées synclinales, n'a laissé

---

1. Voir plus haut, p. 234.

émerger que le bord relevé des compartiments. Ainsi la côte dalmate a été découpée en une infinité d'îles alignées et de promontoires longitudinaux, qui constituent le *type dalmate* des rivages maritimes [1], type dont l'estuaire de la Kerka, les bouches de Cattaro et les îles liburniennes offrent des exemples achevés.

Même il y a des auteurs [2] qui, se fondant sur l'analogie du plateau de la Pouille avec les gradins calcaires de la Dalmatie, admettent que cette partie de l'Italie, y compris l'éperon du mont Gargano, était, à l'époque pliocène, directement reliée à la côte dalmate, dont elle aurait été séparée depuis lors par l'effondrement adriatique.

En faveur de cette manière de voir, on peut alléguer que la plate-forme de la Pouille est longée, comme nous l'avons déjà dit, par un sillon très net et rectiligne où a passé la mer pliocène. Or ce détroit prolonge exactement la fosse sous-marine si accusée du golfe de Tarente; et il est parallèle à la direction que les plis dinariques, déviés par le Rhodope, affectent depuis l'Albanie jusqu'à l'extrémité du Péloponèse.

D'ailleurs aucune des îles de la Dalmatie ne porte de dépôts marins appartenant au tertiaire supérieur. De tels dépôts ne commencent à se rencontrer que sur l'île de Pelagosa, située au milieu même de l'Adriatique, et qui marquerait l'une des pointes méridionales de l'ancien continent dalmate.

La dislocation qui a produit cet état de choses est évidemment très peu ancienne; car dans l'île dalmate de Lesina, on a trouvé des brèches ossifères avec restes de cheval, de bison, de rhinocéros. Il en est de même pour le petit récif de Silo, qui pourtant est aujourd'hui submergé à haute mer, et le chacal existe encore sur beaucoup des îles de cet archipel.

En outre, la fréquence des tremblements de terre, sur le littoral oriental de l'Adriatique, montre que le sol y doit être encore en mouvement. Bellune en 1873, Agram en 1880 et Laibach en 1894 en ont fait la douloureuse expérience; et chaque fois, l'étendue embrassée par le phénomène était beaucoup trop grande pour qu'il fût permis de l'attribuer à une cause locale.

Bosnie. Albanie. — Le parallélisme si net des chaînons dinariques se trouble singulièrement dans l'intérieur de la *Bosnie*; c'est qu'ici un noyau primaire vient former le centre du massif. Mais,

---

1. Voir plus haut, p. 268.
2. Suess, *Antlitz der Erde.*

de l'autre côté, la symétrie se reconstitue, les montagnes calcaires reparaissent, puis les chaînes de flysch avec serpentines, enfin les collines néogènes, aboutissant aux plaines d'alluvions de la Save.

L'*Albanie* fait suite à la bande précédente, mais avec déviation méridionale des plis, repoussés par le massif ancien du Rhodope. Le pays se distingue par la netteté de ses bassins d'effondrement, compris entre les hautes chaînes calcaires, et dont nous avons déjà parlé à propos des *lacs dessarétiques* [1]. Aussi ce territoire rude, au sol pierreux de calcaire crétacé, pauvre en surfaces cultivables, au régime hydrographique capricieux, est-il divisé en vallées indépendantes et difficilement accessibles, même de la mer, le long de laquelle règne une bande plate insalubre. Mieux que toute autre, la région a pu se conserver intacte, n'ayant rien à offrir qui parût compenser les difficultés d'une conquête. Dans son district le plus fermé, le pays des Mirdites, véritable citadelle de la haute Albanie [2], des éruptions de serpentine, en dressant d'énormes rochers au milieu des calcaires, sont venues ajouter un nouvel élément à ce qu'on peut appeler la sauvagerie du paysage.

L'Albanie confine à l'Épire, qui participe des mêmes caractères. Mais avant de descendre aussi loin vers le sud, il convient d'achever l'examen des parties orientales de la péninsule balkanique.

Massifs anciens de la péninsule balkanique. — Ces parties orientales elles-mêmes comportent une double division : à savoir le massif ancien de la *Serbie*, de la *Macédoine* et de la *Thrace*, d'une part; la chaîne des *Balkans* avec la fosse danubienne, d'autre part. Le massif ancien, surtout archéen, est traversé par une dépression longitudinale, où coulent d'un côté la Morawa, de l'autre le Vardar, rivières que ne sépare aucun faîte, et dont le cours traverse plusieurs petits bassins d'effondrement, que des lacs tertiaires ont remplis. Il est impossible de ne pas rapprocher cette structure de l'affaissement qui a créé le golfe de Salonique avec la mer Égée, et dont nous parlerons un peu plus loin.

A l'est de la dépression du Vardar s'élève rapidement le massif du *Rhodope*, formé surtout de gneiss et de granite, qu'un trachyte tertiaire a brisés en y faisant naître de hautes cimes. Peu varié en lui-même, et dépourvu de formes tranchées, se maintenant (en dehors des sommets surajoutés) à une hauteur moyenne

---

1. Voir plus haut, p. 130.
2. Reclus, *l'Europe méridionale*, p. 178.

de 1000 mètres, il a, mieux que toute autre partie du noyau ancien de la péninsule, gardé les caractères d'une pénéplaine.

Balkans. — Mais les dislocations qui ont créé les Balkans et la mer Noire ont fortement modifié l'équilibre du massif. Une cassure est-ouest s'y est ouverte, le long de laquelle la partie septentrionale a fait la bascule, tournant au sud sa tranche fortement relevée, dont le bord constitue l'arête du *Balkan*, au nord de laquelle les sédiments sont fortement plissés. De l'autre côté de la cassure, c'est le massif du Rhodope qui a vu se relever son bord en un escarpement moins considérable de gneiss et de granite, celui de l'*Anti-Balkan*, faisant face à l'autre à 20 kilomètres de distance. Entre les deux arêtes, sur l'emplacement de la cassure, s'est dessinée une vallée longitudinale étroite, et qui est jalonnée par des éruptions volcaniques récentes, ainsi que par des sources thermales. La haute Toundja suit cette vallée, sans cesse rejetée contre l'Anti-Balkan par les torrents qui descendent de la haute crête opposée.

Le Balkan tombe à la mer au cap Eminé, au nord duquel apparaissent, autour de Varna, des dépôts tertiaires offrant de grandes analogies avec ceux de la Crimée [1], où les montagnes de la Tauride doivent être considérées comme la suite de l'accident balkanique.

Très abrupt au sud, le Balkan s'incline beaucoup plus doucement au nord, où l'archéen disparaît de suite sous une couverture de sédiments secondaires fortement plissés, dont l'élément principal est le calcaire crétacé. Cette formation redevient horizontale sous la plaine de *Bulgarie*, reposant sur un fond disloqué de trias et de jurassique. Elle descend au Danube par un versant assez raide, de 150 mètres de hauteur verticale, et à 40 ou 50 kilomètres du fleuve, tout disparaît sous le limon, non sans laisser percer, de temps à autre, quelque petit pointement basaltique [2], qui semble indiquer qu'entre la Bulgarie et la Roumanie, il y a autre chose qu'une simple vallée d'érosion.

La grande différence de niveau dont disposent les eaux, entre le Danube et la crête du Balkan, fait que les rivières descendant de cette chaîne sont de suite très encaissées. Même à Tirnova, la Jantra franchit dans le calcaire crétacé un défilé aux murailles verticales. Aussi les routes, ayant trop de difficultés à vaincre pour

1. Toula. *Eine geologische Reise in der Dobrudscha*, Wien, 1893.
2. M. Toula en a compté 8 sur 40 kilomètres.

suivre les vallées, se tiennent-elles de préférence sur les plateaux intermédiaires. Cependant l'Isker est la seule rivière qui, à la faveur d'un col, ait pu faire remonter son lit au delà de la crête, opérant à son profit la conquête d'une partie du bassin de Sofia.

Bassins d'effondrement. — Comme contre-partie du relèvement des Balkans, trois bassins d'effondrement se sont formés : au nord-ouest, sur le flanc du massif, à sa jonction avec la chaîne dérivée du Banat, le *bassin de Sofia*, avec ses sources chaudes ; entre l'Anti-Balkan et le Rhodope, le *bassin de la Haute Maritza* ou de Philippopoli ; enfin, vers l'extrémité de la Thrace, et sur le cours inférieur de la même Maritza, le *bassin d'Andrinople*, que deux petites chaînes bordières, dont l'une archéenne, isolent de la mer Noire comme de la mer de Marmara.

Les deux dernières cuvettes consistent en de grandes plaines d'alluvions, ne laissant apparaître le tertiaire que sur leurs bords. La première, dont le fond est parfois percé par son substratum cristallin, est un pays de *terre noire* ; la seconde est une vraie steppe, avec des bruyères recouvrant un terrain de sable et de cailloux [1].

Dobroudja. Roumanie. — Un très curieux territoire est celui de la Dobroudja, qui oblige le Danube à faire un double coude rectangulaire, avant de pouvoir édifier son delta. Au sortir des plaines d'alluvions, le fleuve heurte tout d'un coup le bord d'un plateau calcaire ; et quand il réussit à en sortir, c'est en contournant la petite montagne de Matschin, qui s'élève à 340 mètres. La Dobroudja consiste en un plateau de calcaire crétacé compact, recouvert d'une couche épaisse de loess, ce qui ne l'empêche pas d'être une véritable steppe, où les eaux s'infiltrent sans pouvoir ruisseler.

Cette plaque calcaire bute à Matschin contre un îlot disloqué d'archéen, de granite, de trias et de jurassique, couronné par du crétacé horizontal. M. Suess a fait observer que cet accident n'avait rien d'alpin ni de carpathique ; que la dislocation paraissait y avoir précédé le jurassique supérieur (circonstance également réalisée en Crimée), et que la direction générale était celle du Caucase.

En Roumanie, la *Valachie* présente un grand développement des derniers sédiments du miocène, notamment des couches sarmatiennes qui, redressées au bord des Alpes transylvaines,

---

[1]. Fischer, *op. cit.*

dépassent 800 mètres au Botana. En *Moldavie*, les couches du même âge sont parfois affectées d'inclinaisons de 15 et même 35 degrés[1]. Ces dislocations doivent être mises en rapport avec celles de la Crimée, qui ont créé le sillon du Danube antérieurement à l'effondrement central de la mer Noire et à sa jonction avec la Méditerranée[2].

Péninsule hellénique. Épire. Pinde. — Nous arrivons maintenant à la péninsule hellénique. Elle comprend une partie continentale, composée de l'Épire, de la Thessalie et de l'Hellade, et une partie presque insulaire, le Péloponèse ou Morée, à peine reliée à l'autre par l'isthme étroit de Corinthe.

La haute terre de l'*Épire*, prolongement direct de l'Albanie, a comme elle ses montagnes plissées de la chaîne dinarique, et son sol calcaire qui en fait un vrai Karst. Mais ce caractère est adouci par de grandes vallées longitudinales, qui à l'ouest sont ouvertes dans les schistes tendres du flysch, et par un climat beaucoup plus doux, combinant les influences méridionales avec celles du nord. Les étés sont moins secs qu'en Grèce, et grâce aux pluies d'orage, l'eau ne fait jamais défaut.

Le massif du *Pinde*, où se prolongent aussi les plis dinariques, est formé de calcaires bien stratifiés, fortement plissés, coupés de gorges dont la profondeur atteint parfois 1000 mètres ; nulle part il ne s'y trouve de fond plat.

Thessalie et régions voisines. — Les bourrelets du Pinde se sont dressés contre le territoire archéen de la *Thessalie*, assemblage, analogue à la Thrace, de petits bassins séparés par des chaînes basses, où les dépressions sont extrêmement fertiles ; mais la végétation y est contrariée par le contraste d'hivers froids avec des étés brûlants et secs. L'Olympe, l'Ossa et le Pélion se dressent sur sa côte orientale si rectiligne, accusant la cassure qui a entraîné le reste du massif sous les flots de la mer Égée. Toute cette partie de la Grèce se ressent de l'uniformité de son sol, et d'un contour extérieur qui la rend très peu accessible.

L'Othrys limite au sud la Thessalie ; c'est une chaîne est-ouest de sédiments, dont les plis, contournant le noyau archéen, se raccordent très progressivement avec la chaîne S.-S.-E. du Pinde[3]. Il y a là une véritable *virgation*, suivant le mot de M. Suess,

---

1. Lehmann. *Kirchhoff's Länderkunde*, II, 2.
2. Voir plus haut, p. 358.
3. Philippson, *Verhandlungen der Gesellschaft für Erdkunde*, Berlin, 1894.

virgation qui fait passer les bourrelets dinariques à ceux de l'Asie Mineure, où domine le régime est-ouest.

L'Acarnanie, l'Étolie et la Béotie, tout en partageant les caractères généraux des provinces précédentes, se ressentent de ce changement de direction. Mais, avec le Péloponèse, elles appartiennent à cette partie méridionale de la Grèce, dont le trait essentiel est un extrême morcellement, en rapport direct avec la structure du pays. Ainsi le golfe de Corinthe accuse la direction est-ouest, et les trois pointes du Péloponèse continuent l'alignement dinarique.

Morcellement des terres helléniques. — Ce morcellement est encore bien mieux marqué dans la façon dont l'*Eubée* s'isole de l'Attique, et surtout dans l'émiettement de l'archipel des *Cyclades*; ce qui n'empêche pas ces îles de s'aligner dans le prolongement de l'Eubée, comme Cerigo et Cérigotto prolongent l'une des pointes du Péloponèse. Mais avec cet alignement, elles en combinent un autre, de l'est à l'ouest, qui les relie, par les Sporades, aux chaînes de l'Asie Mineure. A leur extrémité, le volcan de Santorin accuse une cassure importante.

Ce qui est surtout caractéristique, c'est le mode de division des péninsules méridionales, aussi bien du *Péloponèse* ou *Morée* que de la *Chalcidique*, sous forme de promontoires conjugués, ressemblant aux doigts d'une main; de là vient le nom de *chiragratique*, appliqué par M. Suess à ce genre de contour, dont le trait essentiel est que les promontoires ainsi isolés ne sont pas de simples langues de terre, mais des arêtes montueuses aux bords très escarpés; ainsi celle qui, dans la Chalcidique, porte le célèbre couvent du Mont Athos.

De plus, le phénomène est indépendant de la nature des roches découpées. Par exemple les trois presqu'îles de la Chalcidique sont de constitution géologique absolument différente. C'est au premier chef une structure d'effondrement, engendrée par un effort assez puissant pour n'avoir pas à compter avec la résistance spéciale des terrains traversés.

Mer Égée. — La date de cette rupture est d'ailleurs très récente; car à la fin de l'époque tertiaire, le territoire de la *mer Égée* appartenait au continent, et était occupé par des lacs d'eau douce, dont les dépôts sont aujourd'hui tranchés à pic par les falaises de l'île de Cos.

L'effondrement de la région, le long de cassures marquées par la direction actuelle des rivages, et encore sujettes à des mouvements (témoin le tremblement de terre de la Locride en 1894), a eu pour résultat, d'abord la dislocation de tout le district, ensuite la pénétration de la Méditerranée dans le bassin de la Mer Noire, où vivait alors une faune caspique, que cette invasion a tuée. Le groupe éruptif de Santorin, et le petit îlot trachytique de Methana, dans le golfe d'Égine, où l'activité volcanique a duré jusqu'au IIIe siècle avant Jésus-Christ, se relient à ces dislocations, qui paraissent dater des temps pleistocènes, et par lesquelles les dépôts pliocènes ont été portés en certains points à 1800 mètres d'altitude. C'est aussi à cette époque que se place l'émersion de l'isthme de Corinthe.

Caractère des dépressions helléniques. — Tandis que les bassins d'effondrement des territoires calcaires du nord sont demeurés isolés et circonscrits, ceux de la Grèce ne le sont qu'en partie, et un grand nombre aboutissent directement à la mer en golfes profonds : tels le golfe de Volo, la dépression du Sperchius, les plaines du Céphise et du Copaïs, celles qui entourent le golfe saronique, etc. De plus, ces bassins, sous le chaud soleil du midi, avec leurs hivers doux et pluvieux, suivis d'étés brûlants, deviennent des territoires très fertiles. De sorte que la Grèce offre les contrastes les plus extrêmes dans le relief, le contour, le climat et les conditions de la vie. Des montagnes véritablement alpestres, des déserts de pierres difficilement accessibles, où les eaux se perdent après avoir formé des marécages aux exhalaisons pernicieuses, côtoient des districts de riches moissons, où s'étale la végétation du midi, et que découpent de nombreuses baies d'accès facile. En somme, comme le dit M. Philippson[1] : « une foule de districts séparés et de paysages contrastants, le tout inondé de lumière par un clair soleil, tel est le caractère de la Grèce méridionale et le principe de son développement ».

Asie Mineure. Alpes pontiques. — L'Asie Mineure est un plateau coupé de dépressions, dont plusieurs sans écoulement, et encadré de tous côtés par des hauteurs qui, à l'est comme à l'ouest, forment des massifs confus, tandis qu'au nord et au sud elles se réunissent en chaînes de plis bien caractérisées.

La chaîne du nord, haute en moyenne de 2000 mètres, est celle des *Alpes pontiques*, qui tombent brusquement vers la Mer Noire. Si l'arc convexe de la Paphlagonie, formé surtout de sédiments d'âge crétacé, peut être regardé comme le prolongement de la

---

1. *Verhandlungen der Ges. für Erdkunde*, Berlin, 1894.

chaîne hellénique de l'Othrys, l'arc concave de Trébizonde, plus élevé et plus raide, représente le bord d'un cirque d'effondrement, jalonné d'ailleurs par de nombreux pointements volcaniques.

A la faveur de la grande différence de niveau dont ils disposent, plusieurs fleuves échancrent la chaîne, tout en se conformant, pendant une partie de leur cours, aux plis longitudinaux, et parviennent ainsi à drainer la moitié du plateau.

Taurus. — La haute chaîne du *Taurus*, dessinant en Cilicie un arc concave vers le nord, joue, relativement à la Méditerranée, le même rôle que les Alpes pontiques par rapport à la Mer Noire. Arrivée sur le prolongement de la côte de Syrie, elle s'infléchit vers le nord-est, et, par le Karabel-dagh, va rejoindre la chaîne pontique en Arménie, enfermant ainsi, au centre de l'*Anatolie*, la dépression sans issue de la *Lycaonie*, steppe où des dépôts tertiaires, la plupart d'eau douce et très récents, recouvrent un fond presque exclusivement primaire.

Du côté opposé, c'est-à-dire en Phrygie, le Taurus semble se résoudre en chaînons d'apparence désordonnée, qui enferment entre eux un assez grand nombre de cavités d'effondrement. C'est qu'ici les dépôts tertiaires manquent le plus souvent, de sorte que la topographie est commandée par un fond primaire très disloqué, où les roches présentent d'assez grandes différences de dureté, et s'entremêlent de nombreux pointements éruptifs plus récents. Il en résulte pour les rivières un parcours sinueux, qui trouve son expression la plus nette dans le célèbre *Méandre*.

Ces caractères persistent sur toute la partie occidentale de la péninsule, et établissent son analogie avec la Thessalie et la Thrace. La *Propontide* ou Mer de Marmara est une de ces cavités d'effondrement, tardivement envahie par l'eau salée, à la suite des dislocations de l'archipel hellénique. Les nombreux tremblements de terre de la région de Smyrne indiquent combien le sol de ces pays est encore peu stable.

Après avoir dessiné une pointe au nord-ouest, la chaîne du Taurus se recourbe brusquement au sud-ouest en Lycie : de là, par l'île de Rhodes et une série de bas-fonds, elle se relie à la Crète, qui elle-même n'est que le prolongement recourbé des chaînes du Péloponèse ; comme si le tout ensemble, d'âge crétacé prédominant jusqu'à Rhodes, délimitait le contour de l'ancien massif des Cyclades, maintenant réduit à quelques ruines.

L'île de Chypre se fait remarquer par son bord septentrional montagneux, où les plis du crétacé et du flysch épousent absolument la courbure du Taurus cilicien. Elle se relie, par le long promontoire du cap Andreas, avec la chaîne d'Alexandrette, qui elle-même rejoint le prolongement du Taurus vers le Kourdistan. Ainsi se complète le bourrelet extérieur de l'ancien massif oriental, au sud duquel commence le régime orographique africain.

La même pointe que forme le Taurus en Lycie se reproduit en Cappadoce, là où cette chaîne voit se dresser en face d'elle, de l'autre côté d'une vallée longitudinale, l'arête de l'*Anti-Taurus*, prolongement de la côte de Syrie. Mais ici commence un tout autre régime, caractérisé par une dislocation presque linéaire, celle qui, par la dépression de l'Oronte, puis par celle du Jourdain et de la Mer Morte, se poursuit jusqu'à la Mer Rouge. C'est le *Ghor* ou *Syrie creuse*, véritable fossé, compris entre deux lignes de hauteurs, par exemple le *Liban* et l'*Anti-Liban*, et produit par un effondrement survenu sur l'emplacement d'une brusque inflexion. L'ouverture de cette dislocation a été accompagnée de divers phénomènes volcaniques. Mais elle fait partie d'un ensemble essentiellement africain, et nous y reviendrons ultérieurement.

Kourdistan, Arménie. — Le *Kourdistan* et l'*Arménie* forment un véritable nœud, où viennent se souder la chaîne bordière de la Mer Noire, le prolongement du Taurus, les chaînes de la Perse méridionale, enfin les montagnes de l'Elbours, qui sont à la Mer Caspienne ce que les chaînes septentrionales de l'Asie Mineure étaient au Pont-Euxin. Toutes ces arêtes divergentes enferment dans leur intérieur des bassins déprimés ; ainsi la *Lycaonie* en Asie Mineure, la *Mésopotamie* entre l'Anti-Taurus et les montagnes de Perse, avec une bordure septentrionale de cimes basaltiques, les cuvettes des lacs de Wan et d'Ourmiah dans le cœur même du nœud orographique où s'est déployée la grande activité volcanique dont l'Ararat marque le centre.

Par sa tendance à enfermer des dépressions elliptiques entre des arcs montagneux qui s'écartent d'un nœud commun pour se rapprocher ensuite, l'Asie Mineure est vraiment propre à servir de trait d'union entre l'Asie, où domine cette structure, et la péninsule balkanique, dont l'Anatolie reproduit les principales particularités.

Anti-Caucase, Caucase. — Au nord du centre éruptif si particulièrement disloqué de l'Arménie, où de véritables cirques enferment des lacs, comme le Sewanga, à 1800 mètres d'altitude, se dessine une chaîne, portant des volcans de 3000 mètres et plus, semés surtout à son extrémité occidentale ; c'est l'*Anti-Caucase*, au pied duquel apparaît la dépression si rectiligne de la *Géorgie*. Là deux fleuves, le Rion et le Kour, se dirigent en sens inverse l'un de l'autre, séparés par un seuil où l'altitude n'atteint pas 700 mètres.

Une telle dépression n'en fait que mieux ressortir la magnificence de la muraille qui apparaît de l'autre côté, celle du *Caucase*, avec ses cimes dont cinq dépassent l'altitude de 5000 mètres (l'Elbrouz a 5646 et le Kazbek 5045 mètres). Sur 1200 kilomètres, ce formidable rempart dresse en ligne droite sa crête dentelée comme une scie, où nombre de cols sont à plus de 3000 mètres au-dessus de la mer. A voir cette arête se profiler ainsi, et en constatant sur une carte géologique que son noyau culminant, archéen et primaire, est entouré sur les deux versants par des auréoles allongées de sédiments jurassiques, crétacés et tertiaires, on pourrait se croire fondé à penser qu'on a devant soi le type d'un bourrelet anticlinal de plissement.

Cependant la seule inspection d'une bonne carte topographique, en montrant combien le versant méridional est plus raide que l'autre, suffit à faire deviner une dyssymétrie notable. De plus la structure de la chaîne est moins simple qu'elle ne paraît au premier abord. Son tiers oriental n'a pas d'axe archéen. Les assises secondaires s'y développent en plis nombreux sur le versant nord, avec une altitude progressivement croissante, en s'appuyant sur un axe dévonien. Mais le versant sud tombe brusquement vers la Géorgie par une série de grandes cassures. Ainsi la dépression du Kour est une vallée de fracture.

A l'ouest, un peu avant le Kazbek, le noyau archéen et primaire apparaît pour devenir bientôt culminant. Mais d'une part il est *renversé sur les sédiments secondaires* de son auréole méridionale, et de l'autre ses cimes principales, l'Elbrouz et le Kazbek, sont d'anciens volcans, nés après la surrection de la chaîne, quand celle-ci était déjà découpée par des vallées. Leur production est évidemment en rapport avec l'immense faille de la Géorgie, faille sur le caractère de laquelle les sources thermales, les émanations d'huile minérale et les tremblements de terre ne permettent pas de se méprendre. Cela seul suffit pour établir une différence capitale entre le Caucase et les Alpes.

Flanc nord du Caucase. Caspienne. — D'autres circonstances méritent encore d'attirer l'attention. Sur le flanc nord du Caucase, l'orographie, d'accord avec la stratigraphie, fait ressortir deux épanouissements triangulaires du massif montagneux, qui se touchent à Vladicaucase et ont leurs sommets, le premier vers Piatigorsk, le second dans le Daghestan, vers le coude du Soulak. Les affleurements du terrain tertiaire contournent ces triangles, dessinant comme le revêtement de deux marches d'escalier ; et c'est sur le flanc oriental du second épanouissement que les dépôts du miocène supérieur, c'est-à-dire de l'ancienne mer sarmatienne, ont été relevés à plus de 2000 mètres, par un mouvement dont la faille de la Géorgie formait évidemment la contre-partie.

On sait que la portion méridionale de la *Mer Caspienne* est sensiblement plus profonde que le reste. Deux fosses y existent, descendant à 770 mètres au-dessous de zéro ; l'une en face de Derbent, l'autre, plus considérable, devant le delta du Kour et de l'Araxe. Cette dernière est la suite de l'effondrement géorgien, comprise entre la chaîne de l'Elbours, d'une part, et le prolongement affaissé du Caucase, de la presqu'île d'Apchéron au grand Balkan. Le volcan du Demavend se dresse au bord de cette cassure, comme les cratères d'Arménie accompagnent la dislocation géorgienne, et le tremblement de terre de 1895 a prouvé que l'équilibre de cette portion de l'écorce terrestre était encore très instable.

Chaînes africaines. Atlas tellien. — La région de l'Atlas est la seule partie de l'Afrique où l'on ait affaire à des plis de date relativement récente. Brusquement tranchée à l'est par la côte de la Tunisie, elle forme, relativement au continent africain, une sorte de hors-d'œuvre, que tous ses caractères rattachent à l'Europe méridionale.

On distingue le *petit Atlas* ou *région du Tell* (d'où le nom d'*Atlas tellien*), qui longe la Méditerranée, et le *grand Atlas* ou *Atlas saharien*, que borde immédiatement le grand désert. Entre les deux s'étend un haut plateau accidenté de dépressions avec lacs salés ou *chotts*.

Sur le rivage méditerranéen, depuis la frontière de Tunisie jusqu'aux colonnes d'Hercule, on voit affleurer en maint endroit le terrain archéen, le plus souvent sous la forme de promontoires, et bien des fois interrompu par des dépôts tertiaires. C'est dans le massif gneissique de la Kabylie que cette formation est le mieux développée.

Au delà s'étend un ruban de grès rouges et de conglomérats, de la fin des temps primaires. Puis viennent les hautes crêtes calcaires de l'Atlas tellien, c'est-à-dire une bande très régulièrement plissée, où apparaissent surtout les terrains tertiaires, crétacés et jurassiques. En arrivant au Maroc, ce bourrelet contourne nettement la bande archéenne et primaire du littoral, et, se recourbant au nord, va rejoindre les plis de l'Andalousie.

L'Atlas tellien s'explique donc par la résistance d'un massif ancien, aujourd'hui effondré, entre l'Algérie d'un côté, l'Espagne et les Baléares de l'autre; massif dont il ne reste plus que quelques ruines sur le rivage, et dont l'écroulement aurait déterminé les épanchements de nature volcanique disséminés sur la côte africaine, notamment à l'île de la Galite, à Dellys, près d'Oran et aux îles Chaffarines.

De cette façon, comme l'a remarqué M. Suess[1], les conditions de l'Atlas sont très analogues à celles de l'Apennin, où une bande secondaire et tertiaire appuie ses plis contre les ruines de l'ancienne Tyrrhénide.

Atlas saharien. — Dans l'*Atlas saharien* on voit surtout affleurer les terrains crétacés, sans qu'aucune des assises plissées soit antérieure à la fin du jurassique. De plus, sur la bordure saharienne, les couches sont disloquées par mille cassures, bien nettes, au pied du massif culminant de l'Aurès. En dehors du plissement proprement dit, qui est de l'âge des Alpes, il s'est produit une dislocation, affectant les dépôts pliocènes, et le long de laquelle le bord du désert s'est effondré relativement à l'Atlas.

Du reste, la direction de l'Atlas saharien n'est pas identique avec celle de l'Atlas tellien. Les deux chaînes se rapprochent dans l'est et finissent par se toucher en Tunisie. Là les massifs du Djebel Serdj et du Zaghouan se dressent comme de hautes murailles, relevées par une cassure nord-est qui, au Zaghouan, met les calcaires marbres du jurassique en contact avec l'éocène, avec un rejet au sud-ouest, dont l'amplitude ne serait pas inférieure par places à 1500 mètres[2]. Ainsi s'expliqueraient du même coup l'échancrure du golfe de Tunis, la saillie du cap Bon et le changement de direction de la côte africaine en ce point. D'ailleurs le prolongement de l'arête du Zaghouan va rejoindre les hauteurs de la Sicile, complétant ainsi l'arc que nous avons décrit en parlant de l'Apennin.

Région des plateaux. — Entre les deux chaînes de l'Atlas s'étend la *Région de l'alfa*, suite de hauts plateaux, d'une altitude voisine de 1000 mètres, où les terrains jurassiques et crétacés ne sont affectés que de très larges ondulations. Les creux de ces pla-

---

1. *Antlitz*, I, p. 297.
2. G. Rolland, *Bull. soc. géol. de France* [3], XVII, p. 29.

teaux ont été en partie remblayés par de puissantes alluvions avant l'époque actuelle, et les cuvettes qui subsistent, entourées de steppes, abritent des *chotts*, c'est-à-dire des lacs salés d'où l'eau disparaît en été.

Cependant il s'en faut de beaucoup que toute la région soit privée d'écoulement. Si plusieurs rivières s'y perdent dans les chotts, d'autres, comme le Chéliff, ou comme la Mellègue de Tunisie, franchissent l'Atlas tellien par des gorges, après avoir drainé une grande étendue de la région. Même on remarque que, dans ce cas, la ligne de partage entre la Méditerranée et le désert est rejetée contre l'Atlas saharien, tandis que ce dernier est à peine dépassé vers le nord par les cours d'eau qui descendent au désert. Cela tient à ce que les rivières méditerranéennes, favorisées d'une plus grande quantité de pluie, ont eu sur les autres un avantage notable, qui leur a permis de pousser leurs eaux de tête beaucoup plus loin.

Atlas marocain. — Le *Grand Atlas* ou *Atlas marocain* est encore très mal connu. On sait cependant qu'il se divise en plusieurs chaînes distinctes et que, si la plus méridionale d'entre elles, l'*Anti-Atlas*, est bien dans le prolongement de l'Atlas saharien, les autres ont des directions un peu différentes et correspondent plutôt à la région des plateaux algériens. Celle qui porte plus particulièrement le nom de *Grand Atlas* offre une cime de 4500 mètres, et non loin de la mer on y trouve encore des sommités de plus de 2600 mètres.

Un pareil relief, d'après ce que nous savons de la puissance habituelle des agents d'érosion, ne devrait appartenir qu'à des montagnes de récente formation.

Cependant on ne signale dans cette chaîne, en fait de terrains plissés, que des sédiments primaires, traversés par des roches éruptives anciennes, et contre lesquelles le crétacé s'appuie au nord en discordance. Il est donc vraisemblable que le relief de ce district a dû être ressuscité par quelque dislocation récente. À voir la façon brusque dont la chaîne se termine au cap Ghir, et la régularité avec laquelle les îles volcaniques des *Canaries* s'alignent sur son prolongement, on est porté à soupçonner qu'une ancienne terre, peut-être l'*Atlantide* de la tradition, existait au-devant du Maroc, et qu'en s'écroulant elle a ouvert des fissures par où l'activité éruptive s'est fait jour.

VINGT-DEUXIÈME LEÇON

LES TERRES ASIATIQUES

Coup d'œil général. — Il n'y a pas de partie du monde qui exige plus de réserve que l'Asie dans l'application des considérations géomorphogéniques. La moitié de cet immense territoire est à peine connue au seul point de vue de la géographie; et à l'exception de l'Inde, du Turkestan russe, d'une petite portion de la Chine, et du Japon, les géologues n'y ont encore tracé que des itinéraires. Des années s'écouleront avant que la Sibérie, la Mongolie, l'Asie centrale, aient livré leurs principaux secrets; et d'ici là tout essai de coordination ne peut être considéré que comme une ébauche provisoire.

Avec cette restriction, voici, semble-t-il, ce qu'on peut dire sur les traits généraux du continent asiatique.

Si quelque géographe de l'ancienne école, étranger aux notions fondamentales de l'évolution des formes terrestres, avait à interpréter une carte d'Asie, il est fort probable que la bande de hautes cimes, qui va du Pamir aux rivages chinois et indo-chinois, lui apparaîtrait, avec ses montagnes gigantesques, comme le noyau primitif et l'arête essentielle du continent. Dans les plaines sibériennes, avec leur sol uniforme et leurs grands fleuves si régulièrement dirigés vers le nord, comme dans les péninsules méridionales de l'Arabie et de l'Inde, il serait sans doute tenté de voir des terres plus jeunes, ajoutées par un alluvionnement progressif au noyau central, et soudées peu à peu entre elles à mesure de la retraite de la mer. Enfin les rivages du Pacifique, avec les nombreuses chaînes d'îles qui les bordent et les hauteurs qui viennent y buter, seraient peut-être à ses yeux les restes d'une terre autrefois bien plus étendue vers l'est, et aujourd'hui morcelée par l'attaque constamment renouvelée des vagues.

Interprétation des structures asiatiques. — Tout autre sera l'interprétation, si l'on fait appel aux enseignements de la géomorphogénie. Par cela seul que les chaînes asiatiques offrent un relief considérable, force est de les regarder comme des territoires relativement jeunes dans leur forme actuelle. Au contraire, le sol aplani et l'hydrographie régulière de la Sibérie laissent deviner une érosion longtemps poursuivie, qui dénonce cette contrée comme très ancienne dans son ensemble. L'Arabie et l'Hindoustan, avec leur allure de plateaux brusquement tranchés par la mer, apparaissent comme des appendices, étrangers au continent contre lequel ils sont venus se coller. Enfin le littoral du Pacifique, par l'abondance des volcans actifs et la fréquence des tremblements de terre dans les chaînes d'îles qui le précèdent, accuse une région de grandes dislocations, où des bandes de terre ferme s'effondrent tandis que d'autres surgissent. C'est le bord, nettement marqué, d'une fosse maritime immense, et devenant de suite trop profonde pour que l'érosion par les vagues ait une part principale au dessin de son contour.

En effet, si l'on interroge la géologie, elle montre que la région sibérienne est bien, dans l'ensemble, un territoire extrêmement ancien, sur lequel les mers secondaires ont à peine mordu, et dont les mers tertiaires n'ont visité qu'un coin. Les dépressions de l'Asie centrale se font remarquer par l'absence presque absolue de dépôts de l'époque secondaire, ce qui les désigne aussi comme des parties très anciennes, où les eaux tertiaires n'ont fait que passer, sans même qu'on puisse encore affirmer que ce fussent des eaux marines. Au contraire, dans l'énorme bourrelet montagneux du sud, on voit presque partout, dressées à de grandes altitudes, des couches avec fossiles secondaires et tertiaires. Enfin l'identité de l'Arabie et de l'Inde, même de l'Australie, avec le grand plateau africain, oblige à les regarder comme des lambeaux d'une grande terre tropicale, autrefois séparée de l'Asie par une fosse marine, dont le fond, sous les énergiques poussées de la fin du tertiaire, s'est soulevé en énormes bourrelets, opérant la soudure des terres du nord avec les débris du plateau méridional.

Abondance des dépressions. — Naturellement, la surrection d'un aussi vaste territoire n'a pas pu s'accomplir sans qu'il en résultât un gauchissement de la surface. Telle est la raison pour laquelle la bande médiane de l'Asie abonde en dépressions privées d'écoulement maritime. Ces dépressions, encadrées entre de hautes chaînes, occupent un tiers de la superficie du continent, et s'il s'y trouve quelques points descendus au-dessous du niveau de la mer, la plupart ont une altitude supérieure à celle qui caractérise la moyenne de la terre ferme. On peut dire qu'elles reproduisent, sur une échelle beaucoup plus grandiose, les circonstances de la zone médiane de l'Europe, avec cette différence que, dans cette dernière contrée, les bassins enfermés entre les dépendances septentrionales des plissements alpins étaient de très petites dimensions, et tous voisins de la source occidentale des pluies abondantes. Aussi les eaux courantes les ont-elles rapidement façonnés, réussissant toujours à en assurer le drainage. Au contraire, l'immensité des dépressions de l'Asie, et leur situation géographique, qui les condamnait au régime des vents secs, en ont fait des déserts ou des steppes, quelle que fût d'ailleurs leur altitude, et leur situation ne cesse de s'aggraver, parce que l'évaporation y enlève plus d'eau que la pluie n'en apporte [1].

Ces régions inhospitalières occupent la presque totalité du bloc auquel sont collées, d'un côté les péninsules indiennes, de l'autre la Chine orientale. Le continent asiatique était donc prédestiné à voir éclore, dans ses parties les mieux favorisées, des civilisations qui devaient, pendant une longue suite de siècles, rester absolument ignorées les unes des autres.

Définition des terres asiatiques. — Tout ce qui s'étend au nord des chaînes plissées, depuis l'extrémité occidentale de la Perse jusqu'à la pointe de l'Indochine, participe à ce régime général qu'on peut essentiellement qualifier d'asiatique, et auquel s'associe la région morcelée de la Malaisie. Au contraire, l'Arabie, l'Hindoustan et l'Australie sont construites de tout autre façon, et leur régime est foncièrement africain. C'est pourquoi, réservant la mention de ces derniers territoires pour les réunir avec l'Afrique dans un même examen, nous envisagerons seulement ici, sous la rubrique de *terres asiatiques*, la partie que limite au sud le faisceau des chaînes persanes et himalayennes.

Nous commencerons par examiner la zone septentrionale de cet ensemble; puis, nous transportant au nœud orographique de l'Asie centrale, nous étudierons les chaînes qui en divergent et les bassins qu'elles enferment; après quoi il restera à jeter un coup d'œil sur la région du sud-est, qui forme vraiment un massif à part.

Sibérie occidentale. — La *Sibérie occidentale*, depuis l'Oural

---

1. Voir plus haut, pp. 248, 249.

jusqu'au Yeniséi, se distingue par l'absolue uniformité du terrain. Sur plus de 25 degrés en latitude, et autant en longitude, on ne rencontre pour ainsi dire pas un seul point qui soit à 200 mètres au-dessus de la mer. L'immense bassin de l'Ob occupe à lui seul ce vaste territoire, et sa haute branche, de beaucoup la plus longue, l'Irtich, prend sa source tout près d'un lac dont l'altitude n'atteint pas 500 mètres; de ce bassin à la dépression aralocaspienne, à partir des sources du Tobol, on passe sans rencontrer quoi que ce soit qui indique un faîte.

D'un autre côté, ce n'est pas à une émersion de date récente que la région doit son uniformité. Mais, ayant échappé à toute couverture marine depuis le milieu des temps carbonifériens jusqu'au début de l'ère tertiaire, elle avait dû être absolument nivelée par les eaux courantes. Le retour de la mer, qui a persisté jusqu'à la fin de l'époque oligocène, n'a pu que l'aplanir encore davantage. Enfin après son assèchement, nul soulèvement ne l'a bouleversée, et c'est seulement à l'embouchure de l'Ob que la mer paraît y avoir pénétré de nouveau, à l'époque quaternaire, en formant un golfe profond.

Enfin, par un singulier contraste avec la Russie d'Europe, aucune couverture glaciaire ne s'est étendue sur la Sibérie. Le régime des grandes chutes de neige s'arrêtait au pied occidental de l'Oural sans l'atteindre; au delà, quelle que fût la température, la sécheresse de l'air ne permettait pas la formation d'une calotte de glace. Aussi nul dépôt erratique n'est-il venu troubler la topographie de cette portion de la Sibérie, ni déranger tant soit peu l'aplanissement acquis.

Ce qui vient encore augmenter, dans le nord, l'indécision des lignes de partage entre les rivières aboutissant au golfe de l'Ob, c'est que ces dernières ont des lits variables, le dégel qui se fait nécessairement au midi, c'est-à-dire par l'amont, jetant au printemps, sur le cours inférieur encore gelé, des eaux qui cherchent à s'écouler sur le côté, plus ou moins à l'aventure.

Par suite de ces diverses circonstances, la Sibérie occidentale consiste exclusivement en plaines et en marécages.

Sibérie centrale. — Tout autres sont les conditions du pays à l'est du Yeniséi. Il y a bien toujours, sur le bord septentrional, une bande plate de *toundras* ou marécages glacés. Mais, en arrière, le sol s'élève assez vite et, en moyenne, l'altitude de 300 mètres est acquise dès le 70e parallèle. De plus, le cours supérieur de la Léna à partir du Baïkal, celui de ses affluents le Wilyui, le haut Wittin, l'Aldan, etc., indiquent nettement des sillons alignés au nord-est, parallèlement aux montagnes de la Transbaïkalie et à cette chaîne des monts Stanovoï, qui semble se poursuivre jusqu'au détroit de Bering. Ce sont donc des directions d'apparence essentiellement tectonique.

Néanmoins cette influence directrice du sol paraît due à des phénomènes de très ancienne date. Les mers tertiaires n'ont jamais recouvert le territoire. L'ensemble des formes superficielles est assez égalisé. Nulle part les hauteurs ne dépassent 600 mètres d'altitude, si ce n'est en approchant de la région disloquée du lac Baïkal. On sent que ce pays de vallées et de collines a déjà subi une longue érosion.

On sait encore bien peu de chose sur la structure géologique de la contrée. Du moins est-il certain que le sol en est extrêmement ancien, que les terrains paléozoïques y dominent, et que dans leurs plis étaient venus se loger des terrains plus récents, d'âge secondaire, mais de formation plutôt continentale que marine, et où la Léna semble couler de préférence. Tout cela est compliqué par des épanchements volcaniques, d'autant plus nombreux qu'on se rapproche du Pacifique.

Nordenskjoeld a constaté que, dans le voisinage de l'embouchure, les bords du Yéniséi, hauts de 10 à 20 mètres, se découpaient en une infinité de cônes réguliers à pente raide, comme il s'en fait par la fusion d'un mélange de terre et de glace. On y trouve d'ailleurs de nombreuses coquilles des mers glaciales. Ainsi cette partie du territoire serait d'émersion récente.

Région du lac Baïkal. — Un territoire tout particulièrement intéressant est celui du lac Baïkal. Cette cavité trahit, par sa forme comme par ses profondeurs, un lac tectonique bien caractérisé. Allongé, dans le même sens que les monts Jablonoï et Stanovoï, sur 640 kilomètres, avec une largeur qui en atteint 40, il a sa surface à 469 mètres d'altitude, et son fond descend à environ *huit cents mètres au-dessous de la mer* [1]. C'est donc la plus profonde de toutes les dépressions continentales et celle qui, après la Mer Morte, descend le plus bas. Ses bords, très abrupts, s'élèvent parfois d'un seul bond à 400 mètres. De plus, une arête longitudinale, arrivant à 60 mètres de la surface, le partage en deux sillons inégaux. Une telle allure, jointe à l'existence de sources chaudes, ainsi qu'à l'en-

---

[1]. Ces chiffres sont ceux de M. Sievers (*Asien*). M. E. Reclus donne 390 mètres pour l'altitude et 1000 mètres pour la dépression au-dessous du niveau de la mer.

chevêtrement véritable du lac et de l'Angara supérieur au milieu même du réseau des hauts affluents de la Léna, témoigne de l'importance des fractures qui ont disloqué le plateau archéen de la Sibérie méridionale à sa jonction avec la Mongolie.

Aussi ne peut-on s'étonner de voir, à faible distance du Baïkal, et plus près encore du Koso-gol à la rive si rectiligne, les cratères volcaniques ou *tasses* des sources de l'Oka, dont une coulée a près de 20 kilomètres de longueur [1]. D'ailleurs, cette région est une de celles où les tremblements de terre ont le plus de fréquence et d'intensité. Tout cela concorde avec ce qu'on doit attendre d'un sol de très ancienne consolidation. Les efforts orogéniques récents n'ont pu que le rompre, sans réussir à le plisser en bourrelets.

Nouvelle-Sibérie. Sibérie orientale. — Les îles de la *Nouvelle-Sibérie*, situées en avant de la côte, à l'est de l'estuaire de la Léna, offrent une particularité très intéressante [2], qui d'ailleurs se retrouve sur le littoral septentrional de l'Alaska. Une véritable *glace fossile* y prend part à la constitution de la côte, formant autour de certaines îles une ceinture de falaises, dont la surface est couverte par des graviers et limons où abondent les ossements de mammouth. On sait du reste que, depuis longtemps, les Tongouses récoltent, sur la côte sibérienne, de grandes quantités d'ivoire fossile provenant de ces animaux.

La *Sibérie orientale* paraît être surtout formée de terrains anciens. Les montagnes n'y dépassent pas 1500 mètres, et au sud la région prend surtout l'aspect de plateaux (Witim, Aldan), découpés en vallées parallèles, que séparent des lignes de hauteurs très peu dominantes. C'est toujours l'allure d'un pays longtemps exposé à l'érosion, mais où les dislocations d'ensemble, liées au voisinage du Pacifique, commencent à jouer un rôle.

Ainsi la côte, remarquablement rectiligne, qui se poursuit parallèlement aux monts Stanovoï, au sud-est d'Okhotsk, et sur laquelle, presque partout, l'altitude s'abaisse brusquement d'un millier de mètres à zéro, ne peut être regardée que comme la lèvre d'une fracture, limitant un compartiment de l'écorce terrestre qui s'est abîmé sous l'Océan [3].

Kamtchatka. — La presqu'île du *Kamtchatka* fait partie d'un grand arc remarquablement régulier, qui, tournant sa convexité

---

1. Kropotkin *in* Reclus, *l'Asie Russe*, p. 732.
2. Bunge et von Toll, *Petermann's Mitteilungen*, 1888.
3. Suess, *Antlitz*.

vers le Pacifique, se poursuit sur près de 20 degrés de latitude, jusqu'à la jonction des îles Kouriles avec le Japon.

Tandis que le contour occidental de la presqu'île, où un peu de tertiaire s'appuie contre un arc archéen et primaire, est d'une remarquable régularité, la côte orientale, entièrement volcanique, est accidentée de nombreuses découpures et bordée par une véritable chaîne de volcans. (On en compte 38, dont 12 actifs.) L'un d'eux, le Klioutchewskoï, s'élève d'un jet à la hauteur du Mont Blanc (4804 m.) On remarque que cette activité volcanique commence seulement au point où la courbe des Aléoutiennes vient toucher la péninsule, dont la partie nord est exempte de ce genre de manifestations. D'ailleurs des fosses maritimes exceptionnelles ne cessent pas d'accompagner ces chaînes de volcans, notamment celle des îles *Kouriles*, au pied desquelles la sonde descend plus bas que partout ailleurs dans le Pacifique. Nous verrons que cette allure se poursuit bien loin vers le sud, et qu'ainsi tout le bord occidental de ce grand océan est marqué par des écroulements de premier ordre.

Les îles qui jalonnent les cassures forment en avant du massif asiatique une véritable cordillère en grande partie submergée; et il est actuellement impossible de dire si c'est le prélude d'un effondrement partiel de la côte orientale du continent, ou si au contraire c'est un mouvement provisoire de bascule, devant aboutir à la surrection d'une chaîne côtière. Auquel cas les mers d'Okhotsk, du Japon et de la Corée se transformeraient un jour en bassins déprimés, comme ceux que nous verrons bientôt si développés en Mongolie.

Bassin de l'Amour. Mandchourie. — Nous ne saurions séparer de ces régions la partie de l'Asie qui comprend le bassin du fleuve Amour et la *Mandchourie*, précisément parce qu'on voit s'y accentuer cette même structure de plateaux disloqués, descendant au Pacifique par des plis brusques, plutôt que par des cassures. De cette façon, tandis que d'un côté ces compartiments de l'écorce terrestre apparaissent avec le caractère de plateaux, sur le versant du pli, où l'érosion les a découpés, ils prennent l'aspect de montagnes [1]. De ce genre sont les monts Jablonoï, Chingan, Stanovoï, etc.

Mais, en outre, des fragments déprimés se montrent dans l'intervalle des crêtes relevées; tels sont : le petit bassin lacustre où se perd l'Ouldcha, entre l'Argoun et la Chilka; le territoire abaissé

---

1. Sievers, *Asien*, p. 187.

de la Mandchourie, entre les monts Chingan et la chaîne de Boureja ; le lac Chanka, encore plus voisin de la mer. Du même ordre est la dépression de la Mandchourie méridionale, avec les petits lacs Tschachan et Tansoutou. Il y a là un pays incomplètement modelé, parce que les vents du sud-est, abandonnant leur humidité sur les hauteurs de la Corée, arrivent trop secs en Mandchourie pour favoriser le travail de l'érosion. Mais ce travail progresse aux deux extrémités, d'un côté par l'Oussouri, de l'autre par les affluents du golfe de Liautoung, et un jour viendra où tout le pays trouvera ainsi son écoulement régulier vers la mer [1].

En résumé, les régions voisines des mers d'Okhotsk et du Japon accusent le morcellement d'un terrain ancien, et il faudrait bien peu de chose pour que la mer pénétrât dans le bassin de l'Amour, changeant la chaîne bordière de Tatarie en une chaîne d'îles analogue au Japon. De même, une submersion de moins de 300 mètres isolerait complètement la Corée de l'Asie continentale. Le cours, si souvent décroché, de l'Amour et de ses affluents, montre l'influence que les dislocations ont exercée sur le tracé des rivières.

Pamir. — Quittons maintenant les régions septentrionales, et essayons de nous faire une idée de l'orographie du massif asiatique. Pour cela il nous faut nécessairement partir du *Pamir*, ce « toit du monde », qui est comme le nœud commun d'où divergent toutes les hautes chaînes du continent.

Le Pamir est une sorte de plan incliné montagneux de 90 000 kilomètres carrés de surface, encadré entre l'*Alaï* au nord, l'*Hindoukouch* au sud, et qui est divisé, par une série d'ondulations parallèles à grand rayon, en sillons où descendent l'Oxus (Amou-Daria) et ses affluents. Mais avant de pouvoir s'échapper à l'ouest, ces sillons viennent se heurter contre un bourrelet transversal, qui domine comme une muraille le pays de Badakchan, et oblige le haut Oxus à se rejeter au nord avant de pouvoir s'ouvrir la gorge profonde du Darwaz, par où il trouve accès dans la grande plaine des Turcmènes.

Du côté opposé, toutes les vallées pamiriennes viennent aboutir par l'amont à la crête du *Sarykol*, qui, dans le sud, se relie à la fois, par 5000 mètres d'altitude, à l'Hindoukouch à l'ouest, au Karakorum à l'est ; tandis que, dans le nord, elle rejoint le Transalaï contre le pic Kaufmann (7000 mètres), de manière à se relier au Thian-Chan. Enfin, en arrière du Sarykol, une autre crête

---

1. Sievers, *Asien*, p. 188.

encore plus importante, dont le centre porte le Moustag-ata (7864 mètres), et dont deux autres sommets dépassent 7000 mètres, descend d'un seul bond à 1300 mètres dans la fosse de la *Kachgarie*, laissant passer par des brèches immenses le Yarkand-Daria et le Kachgar-Daria, en même temps qu'elle envoie au Tarim une foule de torrents, que les sables du désert absorbent rapidement.

Tout ce qui est connu du Pamir appartient aux terrains primaires et à l'archéen. Les formations plus jeunes y font complètement défaut, sauf des dépôts tertiaires ou quaternaires localisés sur les bords des fleuves et des lacs. C'est donc un territoire de très ancienne consolidation, qui a dû avoir le temps d'être façonné en pénéplaine, et qui sans doute avait atteint cette condition lorsque son équilibre a été troublé par de nouvelles dislocations.

C'est très probablement à cette cause que la région doit le profil en dos d'âne des croupes séparant les larges vallées ou *pamirs* qui lui ont valu son nom. La constitution du terrain, généralement exempt de roches dures, y a aussi contribué. Enfin l'aspect des versants, encombrés d'éboulis à faible pente, semblables à ceux qui d'ordinaire accompagnent le pied des glaciers suspendus, donne à penser que la contrée a dû être récemment façonnée par les glaces, lesquelles se seraient ensuite retirées sur les hauteurs, faute d'une suffisante humidité. Cette conclusion concorde avec tout ce qu'on sait de la diminution progressive des chutes de pluie dans l'Asie occidentale, où tant de déserts ont définitivement pris la place de l'ancienne nappe d'eau aralo-caspienne.

Les vallées pamiriennes ont leur cours principal entre 3800 et 4300 mètres d'altitude. Par leur végétation, ce sont de véritables steppes: mais il est des parties où la sécheresse engendre des déserts avec dunes de sable, et cela même aux alentours du lac Karakoul, par 4380 mètres au-dessus de la mer [1].

Hydrographie pamirienne. — Quand le Pamir s'est trouvé porté à la hauteur qu'il atteint aujourd'hui, des effondrements locaux y ont fait naître plus d'une cavité lacustre. Mais la dislocation capitale du massif est la fente orientale qui le limite et le long de laquelle s'est effondré le bassin du Tarim; de sorte que la chaîne de la Kachgarie, qui couronne la lèvre soulevée de cette cassure, domine de cinq à six mille mètres les bords du bassin plat adja-

---

[1]. Voir plus haut, p. 242 et fig. 99.

cent. Une pareille différence de niveau, se produisant d'un seul jet, ne pouvait manquer d'exercer une grande influence sur l'activité des cours d'eau.

En effet, quand on remarque la façon dont le Yarkand Daria parvient à recueillir, par des gorges profondes, des rivières longitudinales qui, coulant bien en arrière de la crête de Kachgarie, semblaient destinées au bassin de l'Oxus, on se rend compte que c'est l'excès de la pente vers l'est qui a dû donner à l'érosion, de ce côté, un pouvoir suffisant pour repousser la ligne de partage vers l'intérieur du Pamir, parfois même au delà du Sarykol.

Chaînes divergentes. Thian-Chan. — Du Pamir s'échappent, vers l'est, trois arêtes principales : à l'angle nord-est, c'est le *Thian-Chan*, qui, par une série de chaînes, se rattache aux monts de Sibérie, et atteint le cap Oriental contre le détroit de Bering ; au sud-est c'est le *Kouenlun*, qui se dirige vers l'Orient et se poursuit jusqu'au cœur de la Chine ; enfin l'ensemble du *Karakorum* et de l'*Himalaya*, se prolongeant en Indochine. L'immense éventail ainsi défini, qui ne comprend que des montagnes et de hautes plaines, a pu être comparé à un gigantesque camp retranché, formé de deux parties inégalement élevées, et dont le Pamir serait la citadelle.

Tandis que le Pamir se présentait comme un cap au devant des mers de l'époque secondaire, celles-ci ont pu passer au nord et y déposer leurs sédiments, que les poussées orogéniques ont ensuite relevés, avec les terrains primaires sous-jacents, en longues et hautes chaînes dirigées à l'est-nord-est. Ainsi s'est constituée la région du *Thian-Chan* ou des Monts Célestes. C'est une suite, parfois large de 300 kilomètres, d'arêtes grossièrement parallèles, que séparent des vallées longitudinales, et qui s'abaissent par degrés depuis la crête méridionale dominant le Tarim, avec ses pics de plus de 7000 mètres comme le Chan-Tengri, jusqu'à la chaîne de l'*Alataou*, située dans l'axe de la dépression de *Dzoungarie*, où l'altitude devient inférieure à 250 mètres.

Le tertiaire est développé dans les vallées et sur le bord méridional du Thian-Chan, où il affecte surtout la forme de grès et de conglomérats, fournissant une proie facile au vent qui souffle sur les déserts du voisinage. Souvent aussi la chaleur y détermine l'inflammation spontanée de gisements de combustible d'âge jurassique [1].

---

1. Suess, *Antlitz*, p. 601.

Zone d'effondrements. — Le Thian-Chan n'est pas seulement une zone qui a été plissée à différentes reprises; les effondrements y ont joué un rôle considérable, faisant naître, soit des vallées longitudinales presque rectilignes, soit des fosses sans écoulement. La plus remarquable de ces vallées est le profond sillon qui sépare le *Transalaï* de l'Alaï, et que dominent des crêtes de plus de 5000 mètres d'altitude. Cette coupure, qui ne laisse pas à la chaîne orientale du Pamir la possibilité d'arriver comme telle au Thian-Chan, envoie à Kachgar le Kyzyl-Sou, et à l'Oxus le Surchab. Plus loin, c'est l'Ili, qui va se perdre dans le lac Balkasch. Quant aux bassins d'effondrement, le plus remarquable est celui qui abrite le grand lac Issyk-Koul.

Cette allure continue au nord-est, quand au delà du Thian-Chan on rencontre successivement les monts *Tarbagataï*, avec les lacs Saisan et Kysylbasch, la chaîne de l'*Altaï*, masquant en arrière des dépressions semblables, comme celle du lac Oubsa, enfin les monts *Sayan*, reliés aux crêtes du lac Baïkal. C'est toujours cette zone de crevasses que nous avons vue en Sibérie, et qui se poursuit au travers de l'Asie entière, jusqu'au Turkestan et même au delà. Elle paraît s'expliquer par ce fait, que de l'Alataou à la Sibérie orientale tout le terrain est formé d'assises très anciennes, qui ont dû être beaucoup plus disposées à se rompre qu'à se plisser sous les efforts orogéniques.

Bassins du Tarim et du Gobi. — Entre le Thian-Chan et ses prolongements sibériens, d'une part, le Kouenlun et sa continuation chinoise d'autre part, s'étend sur près de 45 degrés de longitude une large bande de plaines sans écoulement maritime, qu'un seuil, formé par des arcs intérieurs subordonnés aux chaînes en question, divise en deux bassins : celui du *Tarim* à l'ouest, celui du *Gobi* à l'est.

Le Tarim est un immense désert au fond de sable, où des rivières considérables, descendant des plus hautes montagnes du globe, finissent par se perdre dans les marécages du Lob-Nor, à moins de 800 mètres d'altitude. Au nord le Thian-Chan, à l'ouest la gigantesque muraille de la Kachgarie, au sud le Kouenlun et l'Altyn-Tagh, tels sont les remparts qui limitent ce bassin d'effondrement, presque complètement fermé du côté de la Mongolie, grâce aux nombreuses chaînes secondaires que le Thian-Chan envoie à l'est-sud-est. Si, du côté méridional, la chute se fait tout d'un coup, de sorte que moins de 100 kilomètres suffisent pour passer du Lob-Nor à la crête de l'Altyn-Tagh (6000 mètres), au nord il se produit comme une série de sillons parallèles sur près de 3 degrés de latitude. Mais les plus affaissés de ces sillons ne sont pas ceux de l'intérieur. C'est tout contre le Thian-Chan, au pied d'une arête de 4000 mètres, entre Lionktchoun et Tourfan, que se trouve la fosse la plus profonde, descendant à *160 mètres au dessous de la mer*; et à peine a-t-on franchi l'arête du Bogdo-Ola qu'on retombe dans la Dzoungarie, sur un fond plat de 600 à 700 mètres d'altitude, avec un ombilic au lac Ebinor, à 210 mètres seulement.

Tout cela dénote d'importantes fractures de l'écorce, qui font comprendre la présence de volcans et de champs de laves sur le bord méridional de la Dzoungarie.

Nous avons déjà dit comment, grâce à cette énorme chute, le Yarkand-Daria avait repoussé la crête de partage au delà de la muraille de Kachgarie. C'est de la même façon que son affluent le Karakach, dépassant la crête du Kouenlun, est parvenu à étendre son domaine en arrière jusqu'au lac tibétain Thaldat, à 5000 mètres d'altitude.

Si le bassin du Tarim, grâce aux cours d'eau que lui envoient ses hautes murailles, peut garder quelques espaces cultivables, de sorte qu'on y voit les oasis alterner avec les sables, le Gobi, avec son fond d'argile et de cailloux, favorisé d'un climat un peu moins sec, est plutôt, surtout dans le nord, c'est-à-dire dans la Mongolie, une steppe qu'un désert.

Les deux dépressions correspondent à la *mer desséchée* ou *Han-haï* des Chinois. Les eaux tertiaires paraissent s'y être élevées jusqu'à 1200 et même 1500 mètres; mais, dans les dépôts qu'elles ont laissés, on n'a encore trouvé aucun fossile marin. En tout cas, le fond sur lequel reposent ces couches paraît exclusivement archéen et primaire.

Kouenlun et ses prolongements. — Le Kouenlun occidental, entièrement composé de terrains primaires, forme une chaîne gigantesque, couronnée de neige, s'élevant de 6300 à 7800 mètres sur la frontière du Tibet, et s'abaissant par terrasses successives vers le bassin du Tarim. Plus loin vers l'est, l'orographie devient plus complexe, et comporte une série de chaînes plus ou moins parallèles.

La sécheresse de l'air fait que la limite des neiges, qui est de 5200 à 5520 mètres sur le versant septentrional, monte au delà de 6000 mètres sur le flanc opposé. Aussi, sur 1200 kilomètres, M. Bogdanowitch n'a-t-il constaté que quatre glaciers, tous de second ordre et localisés sur le versant nord.

De même qu'au delà du Pamir les grandes chaînes asiatiques divergent en éventail, ainsi, un peu avant le méridien du Lob-Nor, le Kouenlun se sépare en plusieurs branches. La plus extérieure, l'*Altyn-Tagh*, se dirige d'abord au nord-est, puis se recourbe à l'E.-S.-E. sous la forme des monts *Nan-Chan*, dont la chaîne principale a reçu de M. Obroutcheff[1] le nom de Monts Richthofen. Cette chaîne se poursuit jusqu'au fleuve Jaune, passant de 4000 ou 4300 mètres d'altitude à 2100 ou 2400.

Cette région, aujourd'hui si haute, doit son relief à un phénomène orogénique récent. Selon M. Obroutcheff, le desséchement du Han-haï aurait été suivi par la formation d'un pli de 3350 mètres d'amplitude verticale, et c'est ainsi que le lac Koukounor se serait trouvé isolé.

Tibet. — On croyait autrefois que le Kouenlun était simplement l'arête d'un haut plateau désert, le *Tibet*, que limitait de l'autre côté la chaîne encore plus haute de l'Himalaya. Les voyages de MM. Przewalsky, Bonvalot, le prince Henri d'Orléans et Bogdanowitch, ont complètement modifié cette conception. C'est toute une série de chaînes divergentes qui vont s'écartant du nœud pamirien, autour de la masse imposante du Dapsang (8619 m.), cime culminante du Karakorum. Plusieurs de ces chaînes conservent, sur plus de dix degrés de longitude, une hauteur de 6000 à 8000 mètres, et si le Tibet a passé longtemps pour un plateau, c'est que généralement, à l'ouest comme à l'est, la sécheresse du climat y a empêché le jeu naturel de l'érosion. Dans le Kouenlun occidental aussi bien que dans son prolongement mongolien, le Bajan-kara-Oula, on a souvent de la peine à voir la roche en place. Le principal élément du relief consiste en de petites chaînes aux arêtes vives, ne dominant le terrain que de quelques centaines de mètres, et à demi enterrées sous les produits de leur démolition séculaire[2]. Gelés une grande partie de l'année, ne dégelant d'ailleurs en été que durant la journée, les fleuves n'ont guère la force de creuser leur lit ni de transporter des débris. Et la contrée, haute en moyenne de 4800 à 5500 mètres, demeure un désert de pierres, presque absolument dépourvu de toute population animale.

Au contraire, dans la partie orientale du Tibet, les eaux courantes, grâce à la diminution de l'altitude de leurs vallées, acquièrent une grande puissance, et la vie apparaît de tous côtés. Mal-

---

1. *Peterm. Mitteilungen*, 1894.
2. Bogdanowitch, *Bull. soc. géol. de France*, [3], XIX, p. 700.

heureusement ces vallées sont très étroites, ne laissent pas se développer de plaines d'alluvions sur leur fond, et les versants en demeurent trop raides. Le passage de l'une à l'autre est très difficile et s'effectue par des cols situés entre 4000 et 5000 mètres. Le pays, quoique beaucoup plus riche, demeure donc essentiellement fermé.

Non seulement tout le Tibet est ainsi un territoire plissé, dans la partie méridionale duquel les terrains secondaires atteignent un grand développement; mais c'est aussi un district disloqué par de nombreuses fractures, sur le bord desquelles l'activité volcanique s'est fait jour par des altitudes de 5000 et même 6000 mètres. C'est ce dont témoignent les volcans Ruysbroeck et Reclus, trouvés par M. Bonvalot entre le Kouen-Lun et le Tengri-Nor, ainsi que les sources thermales qui, en hiver, donnent au centre de la région, par 5300 mètres d'altitude, le curieux spectacle de geysers gelés. De la même façon, des sources chaudes et des dépôts de borax existent près du lac Tengri-Nor, et parmi les nombreuses cavités lacustres du Tibet méridional, il en est probablement plus d'une qui doit son origine à un effondrement, tandis que d'autres résulteraient simplement de l'insuffisance du modelé, causée par l'impuissance des eaux courantes.

Karakorum, Himalaya. — Au point où l'*Hindoukouch* se soude au Pamir, le *Karakorum* s'en détache vers le sud-est; mais cette chaîne, malgré les cimes de 7600 à 8600 mètres qu'elle porte, ne se relie pas à l'Himalaya. Elle va se perdre au loin dans le Tibet, ne contribuant même que pour une petite part à l'alimentation de l'Indus. Ce fleuve, qui vient des profondeurs de la lisière tibétaine, est contenu entre une chaîne détachée du même nœud que le Karakorum, la chaîne de Leh, et la puissante muraille de l'*Himalaya*, commençant à la brèche de l'Indus pour se poursuivre en arc convexe vers le sud jusqu'à la coupure du Brahmapoutra. Débutant par le Nangal (8115 m.), et interrompu un moment par la brèche où le Satledj se fait jour entre des cimes de 6500 mètres, l'Himalaya acquiert ses plus grandes hauteurs (8840 et 8585 m.) sous le méridien du Lob Nor, après avoir subi un abaissement assez notable, au passage de cette vallée du Kurnalli, dont l'origine vient toucher les sources presque confondues du Brahmapoutra et de l'Indus. Dans l'ensemble, sa ligne de crête se tient aux environs de 5000 à 5500 mètres.

Précédée, du côté de l'Hindoustan, par le ruban des *collines de*

Siwalik, qui appartiennent au tertiaire le plus récent, et jouent par rapport à la grande chaîne un rôle analogue à celui de la mollasse alpine, la série de l'Himalaya laisse ensuite apercevoir une bande peu épaisse de terrains paléozoïques. Ceux-ci s'appuient contre une large zone archéenne, qui porte toutes les cimes culminantes, et en arrière de laquelle, du côté tibétain, apparaît une série sédimentaire, très variée, comprenant même du tertiaire marin.

Himalaya central. — Comme exemple de cette constitution si régulière, on peut donner la coupe de l'Himalaya central.

Si de la plaine de l'Hindoustan, on s'élève vers les sources du Gange, situées dans cette région, on traverse successivement : la chaîne des collines Siwalik, puis en arrière la dépression dite *Dun*, à 600 ou 700 mètres d'altitude, après quoi on atteint une zone, large de 100 à 130 kilomètres, qu'on rappelle le *Bas Himalaya*, et qui est entièrement formée de roches métamorphiques. L'altitude moyenne de cette bande, morcelée par de nombreuses vallées, est de 1800 à 2400 mètres.

Au delà de ce premier gradin s'élève d'un seul jet l'axe archéen de la chaîne, avec ses montagnes grandioses, comme le Nanda-Devi (7820 m.), d'où descendent en rayonnant de superbes glaciers, quelques-uns longs de 19 kilomètres [1], et offrant un remarquable contraste avec la végétation subtropicale des vallées.

Régime hydrographique. — Dans cette rangée de cimes géantes, on devrait s'attendre à trouver la ligne séparative entre les eaux de l'Hindoustan et celles du Tibet. Il n'en est rien. Les deux hautes branches du Gange, le Gori, et le Girthi qui aboutit au Dhauli, entourent complètement le Nanda-Devi. C'est en arrière qu'il faut chercher le faîte de partage, dans une chaîne dont aucun sommet ne dépasse 6000 mètres, et qui appartient à une grande zone calcaire d'âge triasique, précédant les schistes jurassiques de Spiti. Au delà de ce faîte secondaire coule le Satledj, affluent de l'Indus.

Cette circonstance s'explique par la grande supériorité que donnent au travail de l'érosion, sur le versant méridional, d'abord la rapidité de la chute, ensuite l'abondance des précipitations. Ainsi favorisés, les cours d'eau qui arrosent ce versant ont fait reculer la ligne de partage, découpant le massif culminant dans ces vallées profondément encaissées, aux pentes exceptionnelle-

---

[1]. Diener, *Verhandlungen der Gesellschaft für Erdkunde*, Berlin, 1893.

ment raides, qui en sont le trait caractéristique. Au contraire, les sommets de la chaîne secondaire, où l'air est plus sec, portent peu de neige; la contrée qu'ils dominent est un vrai désert, et les débris provenant de leur destruction la recouvrent comme d'un manteau, si bien qu'on ne parvient à distinguer la roche en place que sur les cimes ou dans les ravins [1]. Ces caractères, qui sont exactement ceux du Kouenlun, prouvent que d'un bout à l'autre du Tibet occidental règnent les mêmes conditions.

Il y a longtemps du reste que M. Oldham a expliqué de cette façon [2] la capture, opérée par les cours d'eau indiens, d'aires de drainage qui auparavant appartenaient aux rivières sans issue du plateau tibétain. C'est ainsi, sans doute, que le haut Indus et le haut Brahmapoutra sont devenus tributaires de la mer des Indes.

En général, on observe que les rivières longitudinales sont établies suivant l'affleurement des terrains peu résistants, et que les cluses transversales ou *tangi* s'ouvrent dans les chaînes anticlinales de calcaires durs. Selon M. Oldham [3], plusieurs de ces cluses sont très anciennes, et ont dû se former par creusement continu pendant la surrection du pli.

La grande quantité d'eau qui s'abat sur le flanc méridional de l'Himalaya fait que les cimes, abondamment couvertes de neige, se détachent au-dessus de pentes magnifiques, couvertes de forêts. Les rivières y coulent toutes dans des gorges extrêmement profondes, et l'absence de lacs, ainsi que la rareté des cascades, témoignent de l'activité exceptionnelle que les eaux courantes ont su déployer. C'est un contraste complet avec le versant nord, où la sécheresse n'a pas permis l'enlèvement des débris provenant de la destruction des sommets.

Hindoukouch et ses prolongements. — En sens inverse du Karakorum et de l'Himalaya, l'*Hindoukouch* dirige sa crête vers l'ouest. Très différent du Pamir, il se distingue par un relief extrêmement accusé, conséquence d'une plus grande activité des cours d'eau, mieux alimentés. La chaîne s'abaisse progressivement jusqu'au col de Hadochikak (3715 m.), où elle se soude à une suite de chaînes parallèles, dessinant un arc convexe vers le sud entre Kaboul et la Caspienne. C'est le *Paropamise* des anciens, duquel s'écartent trois séries de rides, l'une, remarquablement rectiligne et continue, qui suit le bord de la steppe des Turcmènes et aboutit

---

1. Diener, *loc. cit.*
2. Citation de M. Davis, *Annales de géographie*, octobre 1895.
3. *Geology of India.*

par le mont dit Grand Balkan sur la Caspienne au sud du golfe de Karabogaz ; une seconde qui, parallèle à la première, en est séparée par un sillon où coule l'Atrek ; enfin un ensemble moins continu de plissements, formant la partie nord du *Khorassan* et se terminant contre un plateau ondulé, au delà duquel commence la grande chaîne de l'Elbours. Celle-ci entoure d'un rempart concave et abrupt l'extrémité de la Mer Caspienne, avant d'aller rejoindre le nœud volcanique de l'Ararat. On peut donc dire qu'une barrière continue de montagnes plissées règne au nord de l'Afghanistan et de la Perse.

D'autre part, entre l'Hindoukouch et l'Indus, mais surtout au delà de Peshawer, on voit se détacher en éventail toute une suite de chaînons, qui s'épanouissent dans l'Afghanistan, et dont le plus accentué est une ligne de hauteurs nord-sud, les monts Soliman (cimes de 2000 à 3500 mètres), que l'Indus ne cesse pas de longer jusqu'à son embouchure. Comme au contraire, sur la rive gauche du fleuve, depuis le Penjab, le pays est absolument plat, sauf dans le haut massif de Cachemire, où des cimes de plus de 5000 mètres entourent une dépression ovale avec un lac à moins de 1600 mètres d'altitude, il est évident qu'il se produit en avant du Karakorum un rebroussement et en même temps un épanouissement de l'arc himalayen, et que l'Indus marque une ligne de grande dislocation. C'est sans doute le bord de la plate-forme résistante de l'Hindoustan, que l'effort orogénique a dû contourner.

Du reste, l'état actuel du bassin de Cachemire ne peut s'expliquer que par l'assèchement d'une ancienne cavité lacustre, créée d'abord, et vidée ensuite, par des phénomènes d'ordre tectonique. Les tremblements de terre sont fréquents dans la contrée, et il est clair que ce coin, où se fait le brusque changement de direction des chaînes, correspond à une rencontre de fractures importantes.

Chaînes iraniennes. — Dès le rivage du Beloutchistan, la direction redevient est-ouest, puis nord-ouest, et la série des *chaînes iraniennes*, traversant toute la Perse, va rejoindre dans le Kourdistan, d'un côté le nœud de l'Ararat, de l'autre les dernières chaînes du Taurus. Ainsi, entre les montagnes iraniennes du sud et les prolongements de l'Hindoukouch, se trouve enfermé un grand territoire triangulaire, où abondent les dépressions sans écoulement, et au centre duquel le terrain s'infléchit par endroits jusqu'à 400 et même seulement 300 mètres d'altitude.

Autour de ces dépressions règnent des déserts et des steppes. Mais le territoire ainsi enfermé est loin d'être plat. D'abord, à côté de dépressions à 300 mètres d'altitude, on y voit de hautes plaines entre 1100 et 1300 mètres. En outre il y surgit presque partout au moins des fragments de chaînes plissées, la plupart formées de terrains secondaires, mais avec apparition d'archéen. Ces plis sont parallèles aux montagnes principales des bords de la contrée, et l'on constate que les alluvions, les éboulis et les dunes ont eu une grande part à l'aplanissement des sillons compris entre ces hauteurs. A cet égard, le territoire, malgré une beaucoup moindre altitude, ne serait pas sans analogie avec le Tibet. Seulement, dans ce dernier, l'œuvre du modelé a été paralysée par une température trop basse pour permettre le travail régulier des rivières ; tandis qu'en Perse les cours d'eau, plus actifs avant l'ère actuelle, et le vent, ont pu s'employer au comblement des dépressions depuis l'émersion du pays, c'est-à-dire depuis le milieu des temps tertiaires. Après quoi la sécheresse est venue, qui a installé et progressivement aggravé le régime désertique, faisant de l'intérieur de la Perse une des contrées les plus désolées qu'il y ait au monde.

A partir de la mer et du Golfe Persique se montre partout un ruban de terrain plat, où règne une chaleur extrême, qui rend toute végétation impossible. Au delà s'élèvent rapidement les premières chaînes iraniennes, en ondes successives laissant entre elles de nombreuses vallées longitudinales, dont la fertilité contraste avec l'aridité des montagnes. Des rivières les parcourent, qui trouvent à s'échapper par des cluses.

Intérieur de la Perse. — Dès qu'on atteint les hautes crêtes, à partir desquelles le terrain commence à s'abaisser vers l'intérieur, les bassins sans écoulement deviennent la règle. Ce sont d'abord des cavités lacustres, comme celles des lacs Niris et Mahluja, à de grandes altitudes (plus de 1500 mètres). Puis les rivières se perdent au milieu des pierres et du sable. Enfin on arrive aux steppes et aux déserts intérieurs, notamment celui de *Lout*, et plus au nord le *Grand Désert Salé*, ou tout au moins la steppe salée, qui vient presque toucher la chaîne de l'Elbours près de l'endroit où s'élève le Demavend (5900 mètres), magnifique volcan aujourd'hui réduit à la condition de solfatare.

Une dernière dépression, la plus haute de toutes, est le bassin tertiaire, avec fond secondaire plissé, au centre duquel se trouve le lac Ourmiah (1350 m.). Mais une partie du territoire a déjà été

DE LAPPARENT. — Leçons de géogr. phys.

conquise au profit du bassin de la Mer Caspienne. La rivière Safid-rud a profité de la grande hauteur de chute que lui offrait le versant nord de l'Elbours, pour y ouvrir une brèche, à la faveur de laquelle elle a pu capturer la vallée longitudinale du Kyzyl-ousen, dont un affluent s'avance bien loin dans l'intérieur, jusqu'à plus de 2000 mètres d'altitude.

Dépression aralocaspienne. — Il nous reste à parler du grand territoire déprimé dit *aralocaspien*, qui s'étend entre la Caspienne et les contreforts occidentaux du Pamir. Réduite aujourd'hui aux deux grands lacs de la Caspienne et d'Aral, la nappe d'eau qui couvrait cette dépression à la fin de l'époque tertiaire s'étendait à l'ouest jusqu'à la Mer Noire, au nord jusqu'à Kazan, au sud jusqu'au Khorassan. Seulement, dès l'époque quaternaire, le plateau de l'Oust-Ourt, formé de terrain tertiaire, s'y avançait comme un coin entre les deux dépressions lacustres principales, dont l'une, la Caspienne, a maintenant sa surface à 26 mètres au-dessous de la mer (sa plus grande profondeur étant à — 772 mètres), tandis que le lac d'Aral est resté à la cote + 48 (l'un des points de son fond descend à — 68).

Sous l'influence de la sécheresse croissante, cette immense étendue s'est transformée en un ensemble de steppes et de déserts. Les déserts de sable sont le *Kara-Koum* ou Kharizm au sud de l'Amou; le *Kyzyl-Koum*, entre ce fleuve et le Syr-Daria, le *Moujoun-Koum* au nord du Ferghana. Dans ces déserts se perdent de nombreux cours d'eau, tandis que d'autres n'atteignent l'Aral qu'après d'incessantes modifications de leur cours. Les *steppes des Kirghises* bordent la dépression au nord.

Chaînes aralocaspiennes. — La dépression aralocaspienne n'est pas une cuvette au fond plat. Les marnes et les sables qui la garnissent masquent certainement un substratum plissé. Mais l'effondrement survenu, et les dépôts qui se sont faits depuis lors, empêchent de voir, sinon par endroits, le prolongement des chaînes détachées du Pamir vers l'ouest.

Ces chaînes sont d'ailleurs nombreuses. Ainsi, tandis qu'une suite d'affleurements primaires prolongent le Tarbagataï dans la direction de l'Oural méridional, et que deux arêtes détachées du Thian-Chan vont mourir, l'une entre le lac Balkasch et le Tchou, l'autre entre cette rivière et le Syr-Daria, un épanouissement de ce dernier rameau, combiné avec l'Alaï, enferme le pays montueux du *Ferghana*. La haute chaîne du Zarafchan, avec ses beaux glaciers, sépare de cette manière le Syr-Daria de l'Amou-Daria, faisant sentir son influence jusqu'aux approches du lac d'Aral ; peut-être est-ce un écart de cette ligne de hauteurs qui, reparaissant après la traversée de l'Amou, vient former sur la Caspienne le promontoire si accentué de Mangischlak.

Dislocations du Turkestan. — Le trait le plus marqué du territoire aralocaspien, celui qui accuse le mieux sa structure spéciale, est la chaîne de hauteurs exactement rectiligne qui, sous le nom de Kopet-dagh, en accompagne constamment le bord méridional. Le pied de cette chaîne, commencement de la steppe des Turcmènes, garde une altitude de 150 à 300 mètres ; et il est immédiatement dominé par une haute muraille de sédiments plissés, dont une cime dépasse 3000 mètres, plusieurs autres s'élevant à plus de 2500.

Cette falaise, dont l'alignement si net est parallèle à celui de l'Oxus, ne peut manquer de trahir une grande dislocation. En effet, c'est à un effondrement, survenu le long de cette ligne, que la steppe doit d'être si déprimée. En 1895, pendant qu'un tremblement de terre détruisait la ville de Koutchan, située dans le Khorassan, sur le cours de l'Atrek, au sud du Kopet-dagh, un autre, longeant cette chaîne au nord, dérangeait en de nombreux points l'assiette du chemin de fer transcaspien, et se faisait sentir fortement dans la partie méridionale de la mer Caspienne [1].

Du reste, la mobilité du sol s'étend à toute la dépression aralocaspienne. L'état singulier dans lequel se présentent aujourd'hui les ruines des anciennes constructions de Samarkande, dont les murs sont si fortement déviés de la verticale, tient à un tremblement de terre qui a précédé de peu la prise de possession de cette ville par les Russes. En 1887, une catastrophe de ce genre a sévi à Viernoié, au nord du lac d'Issyk-Koul [2], que sa situation et sa grande profondeur désignent comme une cavité d'effondrement.

Ainsi, du Caucase à l'extrémité de la Sibérie, une ligne de vibrations séismiques traverse le massif de l'Asie. Nous avons déjà mentionné les traces de volcans échelonnées sur cette ligne en territoire sibérien. Ajoutons que des gisements de soufre natif s'observent en plein désert de Kara-Koum, enfin que des émanations de naphte et de pétrole, prolongement de celles de la Caspienne, se font jour le long de la faille méridionale du Turkestan [3].

Changement de direction des chaînes asiatiques au voisinage du massif chinois. — Après avoir décrit sommairement tout ce

---

1. Renseignement donné par M. Édouard Blanc.
2. Éd. Blanc, *Bull. soc. de Géographie*, [3], XIII, p. 285.
3. Éd. Blanc, *loc. cit.*

qui constitue le grand massif asiatique, nous devons nous occuper maintenant du territoire qui vient s'y accoler au sud-est, et auquel sa configuration, comme la facilité de ses débouchés à la mer, ont préparé de tout autres destinées. Cet ensemble constitue les régions de la *Chine* proprement dite et de l'*Indochine*, avec les chaînes d'îles qui leur font cortège sur le bord du Pacifique.

C'est un fait des plus remarquables que le changement immédiat de direction, et en même temps l'éparpillement, que paraissent subir les montagnes asiatiques au point où les chaînes du Tibet et de l'Himalaya viennent heurter le massif chinois du Yunnan. Tandis que la chaîne himalayenne extérieure est brusquement rejetée au sud, dans la *Birmanie*, les bourrelets plus septentrionaux, déviés dans la même direction, se décomposent, en quelque sorte, en un faisceau prodigieusement serré de hauteurs parallèles, enfermant d'étroites vallées longitudinales.

Nulle part ailleurs on ne pourrait voir une pareille accumulation de cours d'eau, coulant du nord au sud, pour s'épanouir à la sortie de l'étau gigantesque qui les comprimait, et se diriger en éventail vers le golfe du Bengale, le Mékong et la Chine. Néanmoins des chaînes est-ouest semblent courir encore à travers ce faisceau, franchies dans des cluses par les fleuves en question, jusqu'à ce que toutes butent à angle droit contre une série de rides culminantes, qui se poursuivent au nord-est pour s'arrêter à peu de distance du Hoang-ho.

Caractères du massif chinois. — Pour qu'un changement de pareille importance ait dû s'accomplir dans la direction générale que les plissements asiatiques avaient si longtemps conservée, il faut qu'un obstacle bien résistant se soit opposé à leur propagation vers l'est. En effet, la ligne définie par la chaîne du Yunling et celle du Tasoué avec ses glaciers, marque le bord occidental d'un massif de très ancienne consolidation, qui va de la Mongolie à l'extrémité méridionale de l'Indochine, et où tous les dépôts marins sont d'âge primaire, les terrains secondaires, quand ils existent, comme en Chine, n'étant représentés que par des formations continentales.

Ainsi depuis la fin des temps carbonifériens, les mers avaient respecté ce massif. Un système de plis dirigés à l'est-nord-est en avait de bonne heure accidenté la partie chinoise, mais sans donner accès aux eaux marines; et à l'époque où une fosse maritime continue permettait aux dépôts crétacés et tertiaires de se poursuivre depuis l'Europe jusqu'au bout de la région himalayenne en conservant des caractères analogues, le territoire oriental leur demeurait impénétrable, obligeant les mers à faire le tour par les îles de la Sonde.

C'est pourquoi, quand la grande poussée orogénique de la fin du tertiaire a fait émerger le fond de la fosse, les sédiments qui le garnissaient ont dû venir s'accumuler au sud en une ride gigantesque, contre le môle rigide qu'ils n'avaient pas réussi à envahir. Pendant ce temps, les plis du Tibet et de la Mongolie, heurtant à angle droit le même obstacle, et ne pouvant pas le traverser, se résolvaient, partie en chaînes nord-sud, comme celles entre lesquelles circulent les affluents supérieurs du Yang-tse-Kiang, partie en bourrelets nord-est, comme les hautes chaînes du Yunling et du Tasoué.

Relief et réseau hydrographique de la Chine. — La *Chine méridionale* doit son relief actuel au grand nombre des chaînons parallèles, dirigés au nord-est, qu'un plissement d'âge primaire y avait fait naître, et entre lesquels une série d'affaissements, antérieurs aux temps jurassiques, ont engendré des dépressions. Celles-ci ont été remplies par des grès rouges, de formation terrestre, et là où ces grès subsistent, en même temps que les formes déchiquetées des roches et leurs couleurs vives donnent au paysage, dans les crêtes, un caractère tout particulier de pittoresque, il en résulte des bassins fertiles, largement ouverts, comme le *Bassin Rouge* du Sé-tchouen.

La côte orientale de cette partie de la Chine, où les anciens plis aboutissent obliquement, et que peu de rivières accidentent, est presque partout escarpée. En outre, il y a dans le pays indépendance manifeste de la direction des cours d'eau et des lignes de partage relativement à ces plis primaires. Ceux-ci n'ont point exercé d'action sur le drainage de la contrée, et leur dessin n'apparaît actuellement que par suite de la différence de dureté des bandes plissées.

Ce qui a dirigé le réseau hydrographique, ce sont les dépressions nées avant l'époque jurassique entre les chaînes primaires. C'est dans une de ces dépressions, le Bassin Rouge, que, sous le nom de Kinchakiang, le Fleuve Bleu se fraye un chemin à partir du Yunnan. Dans des bassins semblables coulent parallèlement des affluents, c'est-à-dire le Woukiang, qui arrose le Kouéï-tchéou, le Yuen-King, traversant le Hounan, enfin la rivière du Kiang-Si. Le Fleuve Bleu recueille tous ces tributaires, allant de l'un à l'autre par des cluses ouvertes à travers les plis primaires, et après chacune desquelles il épouse quelque temps la direction de son affluent. Ainsi son cours est décroché en escalier; et la trace de l'effort que les tributaires ont dû accomplir, pour percer les hauteurs est-ouest qui leur barraient le chemin, semble se trouver dans les deux grands lacs de Toungting et de Poyang.

Du reste, le cours supérieur du Fleuve Bleu est constitué de la même façon; et c'est par des cluses, parfois profondes de 2500 mètres, à travers les chaînes asiatiques déviées vers le sud, que la branche maîtresse du Mouroui-Oussou, le Kinchakiang, capture successivement plusieurs rivières parallèles, empruntant chaque fois une partie de leur cours, avant de se replier brusquement au nord-est dans le synclinal du Bassin Rouge. Ce coude est si accentué, et la direction des affluents supérieurs se prolonge si naturellement dans le Fleuve Rouge du Tonkin et le Sikiang de Chine, qu'on échappe difficilement à l'idée d'une capture, par laquelle ces deux rivières auraient été décapitées, lorsque la surrection des plis tertiaires, en élevant le plateau du Yunnan, a gêné l'écoulement vers le sud des eaux qui descendaient du Tibet, et les a déterminées à se jeter sur le côté.

Pays de la terre jaune. — Une des particularités les plus caractéristiques du territoire chinois septentrional est l'immense développement que prend le limon ou *terre jaune*. Cette formation, partagée en terrasses successives, couvre, dans le bassin du Hoang-Ho, un espace plus grand que la France, atteignant dans certaines parties une épaisseur de 600 mètres; de sorte que parfois, les montagnes en émergent comme des îles au-dessus de la mer, en même temps que l'érosion y a découpé une foule de ravins étroits aux parois perpendiculaires. En considérant que, dans les provinces de Petchili, du Chansi, de Kansou, de Chensi, du Honan et de Chantoung, la terre jaune forme une sorte de ceinture continue autour de la limite méridionale du désert de Mongolie, M. de Richthofen en a conclu que cette formation représentait les parties impalpables du sol, enlevées par le vent à la surface des déserts, puis fixées tout à l'entour par la pluie et la végétation.

Toutefois il convient d'observer que la terre jaune n'est pas un produit actuel; qu'à l'époque de sa formation le climat était tout différent, si bien qu'alors il se faisait en plein désert des dépôts limoneux particuliers; enfin que ce qui domine par-dessus tout dans les caractères du *loess* chinois, c'est l'influence prépondérante du ruissellement sur les pentes. C'est donc à l'abondance des pluies, antérieures à notre époque, qu'il faudrait attribuer la constitution de ce sol si merveilleusement propre à l'agriculture, et dont l'inépuisable fertilité a si fort influé sur les destinées du peuple chinois.

Archipel japonais. — Le groupe des îles du *Japon*, malgré son morcellement, laisse voir trois zones longitudinales distinctes : une zone médiane archéenne; une zone extérieure (c'est-à-dire du côté du Pacifique), faite de terrains primaires et secondaires plissés ; enfin une zone interne, où à ces derniers terrains s'ajoute le tertiaire.

Tandis que la côte orientale du Japon plonge rapidement vers les plus grandes profondeurs que l'on connaisse dans le Pacifique, le terrain s'abaisse doucement du côté de la mer japonaise, pour se relever de nouveau brusquement au contact de la Corée. La côte Pacifique n'est donc que l'arête, à la fois plissée et fracturée, d'un grand plateau, dont le côté interne est submergé sous les flots de la mer du Japon [1]. Cette mer est un bassin d'effondrement, dont l'archipel japonais montre la périphérie, toute entrelardée de cassures, qui ont livré passage à des roches éruptives.

La plus remarquable de ces cassures est celle qui fait la limite entre la zone externe et la zone médiane. C'est une traînée continue de volcans et de fentes, le long desquelles le sol se déplace constamment, produisant ces tremblements de terre qui sévissent au Japon plus qu'en aucun autre lieu du monde.

Les crevasses longitudinales du Japon sont parfois croisées par d'autres fentes, comme celle qui, traversant la grande île [2] et passant justement par les gigantesques volcans Asamayama et Fuziyama, se prolonge au sud par les îles *Bonin* et les *Mariannes*. D'un autre côté la courbe que décrit l'archipel japonais le réunit aux plis si nettement marqués du sud-ouest de la Chine ou système *sinien*. De sorte qu'on peut dire que l'allure particulière et le morcellement de l'archipel sont imputables à la rencontre de deux systèmes de dislocations : celui du nord-est ou sinien, et celui qui, aligné du nord au sud, va de l'île *Sakhalin* aux Mariannes [3]. Les Kouriles et le Kamtchatka prolongeraient alors l'arc des plis chinois, rejeté vers le nord, à la rencontre du Japon, de toute la longueur qui sépare Tokio de l'île de Yesso.

Remarquons seulement que les plis siniens sont de très ancienne date. Leur formation remonte au début même des temps primaires.

---

1. Harada, *Die japanischen Inseln*, 1890.
2. C'est la *fossa magna* de M. Edm. Naumann.
3. Harada, *op. cit.*

Leur relief ne serait aujourd'hui ressuscité que par érosion, en raison des différences de dureté des roches, et par fractures.

Indochine. — Une chaîne de montagnes, détachée de l'Himalaya près de la cluse du Brahmapoutra, définit le contour occidental de l'*Indochine*; c'est la chaîne des monts d'*Arrakan*, qui vient finir au cap Négraïs, mais dont la direction reparaît de la façon la plus nette, dans les îles *Andaman* et *Nicobar*, où la courbe devient convexe et se raccorde avec le littoral rectiligne de Sumatra. Les volcans de boue échelonnés sur le rivage d'Arrakan, les changements de niveau dont l'île de Tchedouba porte la trace, et qui ont accompagné l'un de ces tremblements de terre si fréquents en *Birmanie*, les sources de pétrole et les anciens volcans de la contrée, situés aussi bien dans le continent que sur les îles, montrent qu'un écroulement récent a déterminé le contour oriental de l'océan Indien. C'est le régime des côtes asiatiques de l'est qui commence ici, pour se poursuivre sans interruption du golfe du Bengale au détroit de Bering.

Le trait dominant de la péninsule indochinoise est l'allongement régulier, vers le sud-est, des chaînes de montagnes qui la parcourent, divergeant toutes du nœud commun où les chaînes tibétaines sont venues heurter l'ancien massif chinois. De cette manière, la péninsule est partagée en vallées longitudinales progressivement élargies, qui communiquent difficilement les unes avec les autres, et dont la moins resserrée est celle du Mékong. Ce fleuve envoie à la mer une énorme masse d'eau, évaluée à 1400 milliards de mètres cubes par an, et édifie par les matières transportées un delta qui n'est dépassé en ampleur que par celui du Gange.

Arc malais. — La plus longue des chaînes de l'Indochine est celle qui forme l'axe de la presqu'île de *Malacca*. Avec l'ensemble des monts d'Arrakan, des Nicobar et de Sumatra, elle définit ce que M. Suess a appelé l'*arc malais*, c'est-à-dire la déviation méridionale du bourrelet indien, décrivant une courbe convexe vers le sud pour embrasser les îles de la Malaisie, avant de se recourber en sens inverse près de la côte australienne comme dans la Nouvelle-Zélande.

En effet, les petites îles de la Sonde et les montagnes de la *Nouvelle-Guinée*, de la *Nouvelle-Calédonie*, et de la *Nouvelle-Zélande*, dessinent un ensemble de rides qui, faisant face aux profondeurs du Pacifique, ont dû s'accumuler contre le bord d'obstacles résistants. De ces obstacles, l'un est resté bien visible; c'est ce continent australien, si semblable à l'Afrique par la nature du terrain, le peu de valeur du relief, l'abondance des dépressions sans écoulement.

Dislocations de la Malaisie. — Le reste a dû s'effondrer, donnant naissance à l'océan Indien, et voilà sans doute pourquoi les deux îles de Sumatra et de Java, au bord si exactement rectiligne, sont jalonnées par des volcans actifs, aussi nombreux que considérables, pendant qu'en avant de la cassure dessinée par leurs rivages, la sonde accuse de suite une chute extraordinairement rapide du fond jusqu'à plus de 4000 mètres.

La dislocation s'est fait sentir bien loin en arrière, sur le groupe des grandes îles et celui des *Moluques*, où justement l'arc malais est rejoint par une autre cordillère en partie submergée, celle qui, prolongeant les montagnes du Japon, se relie par les îles Liou-Kiou et les Philippines au groupe de la Sonde. De cette rencontre dérive sans doute le morcellement si bien accusé par les formes des Philippines, et surtout par l'île de Célèbes, dont les profondes échancrures offrent le type le plus achevé de la structure *chiragratique*[1]. Les mers intérieures de Célèbes et de Banda, avec leurs fosses fermées, de plus de 5000 mètres de profondeur, montrent quelle a été l'amplitude de ces dislocations, limitées au bord de la Cordillère sous-marine. En effet l'île de Bornéo, dont le contour occidental est si différent de celui de Célèbes, se relie aux côtes de Malacca et de la Cochinchine, comme à Sumatra et à Java, par une plate-forme immergée, où nulle part il n'y a sensiblement plus de 100 mètres d'eau. Et ce n'est qu'à partir du cap Padaran d'un côté, de l'île Palaouane d'autre part, qu'on voit revenir, dans la mer de Chine, des profondeurs notables, allant en croissant jusqu'à Formose.

De la même façon, tandis que les volcans abondent sur le bord de la partie écroulée, c'est-à-dire sur les rives sud de Sumatra, de Java, de Sumbava, de Florès, comme entre Timor et les Moluques, enfin dans ces îles et dans les Philippines, ils sont absents sur tout le pourtour méridional de la mer de Chine. Cette partie semble dénoncer principalement l'érosion marine, agissant sur un territoire où dominent à l'ouest les sédiments primaires et le terrain archéen. On peut donc admettre qu'avant sa dislocation, la région formait avec la Chine un ensemble résistant, d'ancienne consolidation, lequel aurait obligé les plissements modernes à faire le tour du massif, d'un côté par l'arc de la Sonde, de l'autre par

---

[1]. Voir plus haut, p. 472.

l'arc du Liou-Kiou et des Philippines. Et cela est d'autant plus admissible, qu'on trouve en Indochine, et notamment au Tonkin, des sédiments secondaires d'origine terrestre, qui indiquent que ces pays ont su défendre très longtemps leur condition continentale.

D'autre part, l'épanouissement en éventail des chaînes de montagnes méridionales, au sortir de l'étau formé par la rencontre de l'Indoustan et de la Chine, devait prédisposer l'extrémité du territoire indo-chinois à une moindre résistance contre les efforts de morcellement.

Iles de la Sonde. Philippines. — La disposition générale que nous venons de décrire est bien mise en évidence par l'orographie originelle de l'île de *Sumatra* ; nous voulons dire celle qui se manifeste si l'on fait abstraction des nombreux cônes volcaniques, tardivement édifiés à sa surface. On constate alors que l'île se compose de deux moitiés, l'une occidentale, montagneuse, l'autre qui forme une plaine basse sans accidents.

Sur la première se dressent de vraies chaînes, de 600 à 1500, parfois même 1800 mètres d'altitude, entre lesquelles subsiste plus d'un cours d'eau longitudinal ; et c'est sur ce socle que repose la belle série des volcans de l'île, dont les sommets se tiennent entre 2900 et 3400 mètres. Du revers oriental sortent les fleuves, dont les alluvions ont peu à peu édifié une immense plaine, en partie marécageuse, où aucun point n'atteint 200 mètres.

L'île de *Java* porte, à un degré bien plus marqué que Sumatra, l'empreinte de l'action volcanique. Il n'est pas de contrée où cette action se montre plus prépondérante. On y reconnaît à peine quelques traces de terrains anciens, et c'est sur une plaine basse de tertiaire et d'alluvions que s'élèvent les nombreux cônes actifs de l'île, dont tous les sommets dépassent 2000 mètres.

Nous avons dit à quel degré l'île de *Célèbes* était découpée. Il est remarquable que celle de *Bornéo*, si on la réduit à son squelette montagneux, reproduise la même ossature [1]. Mais les intervalles des hauteurs y sont restés comblés par des dépôts tertiaires et des alluvions, surtout du côté du sud, où la profondeur de la mer est insignifiante, et aussi du côté de l'est.

Les plus violentes explosions du groupe des îles de la Sonde, notamment celles du Temboro et de Krakatoa, se sont toujours produites le long de la cassure méridionale, au bord de la fosse

---

1. Sievers, *Asien*, p. 254.

profonde qui, dans l'océan Indien, côtoie si exactement Java, Sumatra et Sumbava.

L'état, encore très incomplet, de nos connaissances sur la constitution géologique des îles de la Sonde et des Philippines, impose jusqu'à nouvel ordre une grande réserve. Toutefois, même en prenant acte du morcellement incontestable de ce territoire, on ne peut s'empêcher de faire remarquer que le terrain tertiaire y occupe une assez grande place; que, dans les Philippines, certains calcaires de cet âge sont portés à 1200 mètres de hauteur [1], et qu'ainsi, à côté d'effondrements incontestables, il y a eu aussi soulèvement et émersion. L'ensemble des terrains d'origine marine que ces îles mettent à découvert est donc sensiblement plus jeune que tout ce qu'on observe sur la côte asiatique, et il n'est pas défendu de penser que, par cet archipel, la terre ferme a peut-être plus gagné, depuis l'époque tertiaire, qu'elle n'a perdu le long du littoral chinois.

1. Sievers. *Asien*. p. 257.

VINGT-TROISIÈME LEÇON

LES PLATES-FORMES INDO-AFRICAINES

Définition des plates-formes indo-africaines. — L'Europe nous a offert l'exemple d'un territoire où, du nord au sud, se succèdent régulièrement des zones de moins en moins anciennes, dont chacune, au cours des âges, est venue s'accoler à la précédente sous la forme d'une série de bourrelets. En Asie, nous avons vu prédominer les hautes chaînes, tour à tour divergentes et convergentes, enfermant une série de massifs elliptiques, les uns de haut relief, les autres déprimés et sans écoulement vers la mer, mais tous essentiellement plissés. Avec les terres africaines, un nouveau type apparaît : celui d'une plate-forme qui, de bonne heure, s'est montrée réfractaire à la sédimentation marine comme aux plissements, de sorte que son relief offre partout une indécision que le seul tracé des cours d'eau suffit à mettre en lumière.

Ce caractère n'est pas exclusivement propre à l'Afrique. L'Arabie, la Syrie, l'Hindoustan, l'Australie, y participent également. Aussi, comme la géologie nous autorise à y voir d'anciens appendices, aujourd'hui isolés, d'une grande terre équatoriale, réunirons-nous ces contrées avec l'Afrique dans une même description, sous la rubrique de *plates-formes indo-africaines*.

Aperçu général sur l'Afrique. — L'Afrique, lorsqu'on en sépare, comme nous l'avons fait, la région de l'Atlas, forme un immense plateau, dont les côtés ne présentent aucune échancrure, et sur la surface duquel n'apparaissent nulle part des chaînes de sédiments récemment plissés. Pour ce motif, le relief du continent est très mal défini. Les dépressions privées d'écoulement extérieur y occupent une grande étendue, et les cours d'eau, n'ayant pas à subir d'influences directrices qui commandent leurs tracés, affectent des allures très capricieuses, plusieurs d'entre eux tournant longtemps le dos à la mer où ils doivent aboutir, et ne l'atteignant qu'après avoir décrit de longs circuits compliqués.

En outre, la presque totalité du sol de l'Afrique, au sud du 13° degré de latitude nord, est constituée par des sédiments à peu près horizontaux, qui ne remontent pas sensiblement au delà du début des temps secondaires et paraissent être de formation exclusivement *continentale*. Ce sont en majorité des grès de couleur claire. Mais cette couverture n'est pas assez épaisse pour ne point laisser apparaître, en maint endroit, son substratum primaire ou archéen [1], de sorte que l'Afrique est, de tous les continents, celui où les affleurements anciens sont à la fois le plus régulièrement éparpillés et le plus restreints en étendue (voir la figure 114, page 309). On sent qu'il s'agit d'un plateau primaire, qui devait être à peu près façonné en pénéplaine et devenu tout à fait rigide, lorsqu'il a été soustrait pour toujours à toute invasion marine. De la sorte, ses creux se sont tapissés de dépôts d'origine terrestre, et les efforts ultérieurs de dislocation se sont bornés à y ouvrir des cassures, dont plusieurs ont ramené au jour la base sur laquelle reposaient les sédiments secondaires.

Par l'effet de ces mouvements, la surface a éprouvé un gauchissement, qui y a fait naître un certain nombre de bassins déprimés; et ceux que leur latitude condamnait à subir l'influence desséchante des vents alizés sont devenus des déserts ou des steppes. Pour beaucoup d'entre eux, l'insuffisance du modelé par les eaux courantes n'a pas permis la constitution d'un drainage régulier aboutissant à la mer.

D'autre part, le plateau africain tend manifestement à se disloquer suivant des fractures linéaires, généralement alignées du nord au sud, et dont le parcours est marqué par des volcans. Ce sont de véritables bourrelets de rupture, accidentés de fosses d'écroulement, sur le fond desquelles les pluies équatoriales entretiennent un certain nombre de grands lacs; et il en est une, la fosse de la Mer Rouge, qui a été envahie par les eaux de l'Océan.

Pour garder un ordre aussi logique que possible dans les descriptions qui vont suivre, nous distinguerons en Afrique quatre régions : 1° la région du nord ou Saharienne; 2° l'Afrique équatoriale à l'ouest des grands lacs; 3° l'Afrique australe; 4° l'Afrique

---

[1]. C'est Livingstone qui a dit que, dans l'Afrique australe, l'ossature de granite, quoique cachée, *perce çà et là sous la peau*.

orientale, qui va des bouches du Nil à celles du Zambèze, et qui servira de trait d'union pour passer aux plateaux de l'Asie méridionale.

Divisions de la région saharienne. — L'orographie, d'accord avec la géologie, enseigne à distinguer dans le *Sahara* deux parties, séparées par une ligne un peu sinueuse, qui va du Cap Ghir au Darfour. L'ossature de cette limite est constituée par deux massifs culminants, l'un et l'autre archéens, celui de l'Ahaggar (plus de 1000 mètres), au sud du Sahara algérien, et celui de Tibesti (cimes du Tarso à 2400 mètres) au sud-ouest du désert libyque. Tous deux portent des volcans éteints et cette même particularité distingue le massif également archéen d'Aïr, situé à la limite du désert et de la steppe méridionale. L'alignement très net de l'Ahaggar et du Tibesti, au sud-est, est encore accentué par les plateaux ou *tassili* de grès dévoniens qui les bordent au nord, et contre lesquels est venu mourir, d'El Goleah au Darfour, l'effort des mers crétacées. Seulement, entre l'Ahaggar et le Tibesti, un épanouissement du terrain primaire détermine un grand croissant, que contourne, au sud de la Tripolitaine, l'*Hamada el Homra*, grande plateforme crétacée dont la continuation fait tout le fond du désert libyque jusqu'au Nil.

Au nord-ouest de la limite ainsi définie, le fond de la région saharienne est formé par des sédiments crétacés ou tertiaires; de l'autre côté, on ne voit plus que des couches primaires.

Caractères du Sahara. — Le caractère essentiel du Sahara est de former d'immenses plateaux, où les couches sont sensiblement horizontales, et qui, traversés par des vallées ou *oueds*, se limitent par de grandes lignes de falaises découpées, au profil souvent assez accentué pour recevoir le nom de *djebel* ou montagnes.

Ces plateaux, qui sont les *hamada* des Arabes, les *tassili* des Berbères, sont tantôt de calcaires, tantôt de grès de couleur foncée. Les terrains primaires occupent presque seuls le Sahara occidental ou *marocain*, tandis que les *hamada* du Sahara central, *algérien et tunisien*, sont surtout de calcaires crétacés, parfois de grès, et que les calcaires nummulitiques du tertiaire dominent dans la partie septentrionale du Sahara oriental ou *libyque*.

Les ondulations à très grand rayon, que dessinent les couches sédimentaires de ces plates-formes, ont leurs parties synclinales occupées par des nappes très étendues d'alluvions anciennes, qui attestent à quel point le régime du Sahara différait, à la fin des temps tertiaires, de ce qu'il est aujourd'hui. Des cours d'eau y circulaient, qui découpaient les plateaux, isolant parfois des témoins ou *gour*, aussi bien dans les plus anciennes alluvions elles-mêmes que dans les sédiments de divers âges.

L'Erg oriental, au sud de la Tunisie, les déserts d'Edejen et de Mourzouk, enfin le grand désert de Libye, représentent l'effet du climat sur ces énormes surfaces où tant de matériaux, provenant soit des grès, soit des alluvions anciennes, s'offrent aux actions éoliennes. Le passage répété des grains de sable sur les hamada calcaires les rend unies et glissantes comme du marbre, et les dunes s'accumulent en montagnes contre tous les obstacles dressés en travers de la direction du vent dominant.

Les *oasis* du Sahara algérien sont de deux sortes [1] : il y a les *oasis de rivières*, situées sur le lit même ou sur les bords des *oueds*, c'est-à-dire de ces cours d'eau sahariens, où l'eau ne coule à découvert que par moments, mais qui sont presque toujours le siège d'un certain écoulement souterrain à travers les sables et graviers du fond. La seconde catégorie est celle des *oasis à sources naturelles* (Zab occidental, Djérid, Oued-Rir), où l'eau peut apparaître, soit après un plus ou moins long parcours à travers les fissures des *hamada*, soit sur la lisière des grandes dunes, dont le pied emmagasine souvent d'assez fortes quantités d'eau.

Bordure septentrionale du Sahara. — La bordure septentrionale du Sahara résulte d'un affaissement, d'une amplitude de quelques centaines de mètres, qui s'est produit après l'époque pliocène contre le bord du massif plissé de l'Atlas saharien. Les coupes de M. Rolland [2] montrent que partout ce massif s'abaisse brusquement au sud, soit par une série de plis, soit par des cassures, affectant les assises crétacées, qui disparaissent sous les alluvions anciennes, pour reparaître beaucoup plus loin au jour, mais cette fois avec une allure sensiblement horizontale, dans les *hamada* du Sahara.

Rien n'est plus caractéristique que ces murailles, parfois presque verticales, qui se dressent en ligne droite devant l'immensité du désert. Tel le rocher sur lequel est bâtie la ville de Laghouat, et où les bancs calcaires plongent de 45 degrés au sud-est [3].

Cette ligne d'affaissement, qui en somme correspond à un pli synclinal plus ou moins rompu au bord, est du reste d'ancienne date dans son dessin primitif; car un large ruban de terrain ter-

1. G. Rolland, *Hydrologie du Sahara algérien*.
2. *Mission Choisy. Géologie*.
3. G. Rolland, *Bull. soc. géol.*, 1881, p. 511.

tiaire se montre dans le désert, sur la partie orientale du Sahara algérien et tunisien. Il y avait donc là un sillon dont profitait la mer nummulitique. Le pli qui le bordait au nord s'est plus nettement prononcé à l'époque du principal soulèvement des Alpes. Alors, contre son pied, se sont formés les conglomérats et les couches lacustres du pliocène. A leur tour, ces dépôts, pendant les temps quaternaires, entraînés par un affaissement du sillon saharien, ont dû s'incliner vers le sud, descendant par endroits un peu au-dessous du niveau de la mer.

Seulement il est à remarquer que l'accident de la bordure du Sahara ne correspond pas à un changement de faciès des terrains. Le crétacé du désert est le même que celui des chaînes plissées de l'Atlas, et les rapports entre les deux régions rappellent beaucoup ceux des Carpathes avec la plate-forme russe qui leur fait face [1].

Chotts tunisiens. Bord du désert libyque. — La zone des Chotts tunisiens, qui se poursuit depuis Biskra jusqu'à Gabès, appartient à cette dépression longitudinale, dont l'effet atteint son maximum au Melrir, qui a sa surface, par endroits, à 31 mètres au-dessous du niveau de la mer. Là se perd l'Igarghar, qui descend directement des montagnes de l'Ahaggar. C'est au Melrir qu'on peut constater combien l'affaissement de la bordure saharienne doit être peu ancien; car des traces de rivages maritimes, à coquilles récentes, s'observent sur le seuil de Gabès, mais ne se retrouvent pas vers l'ouest autour des parties déprimées.

De la même façon, une ligne de dépressions, jalonnée d'oasis, marque le bord septentrional du désert libyque, vers le 29e degré de latitude nord, et le sol s'y abaisse par endroits entre 10 et 75 mètres au-dessous de zéro. Mais c'est un plateau tertiaire, et non une chaîne plissée, qui sépare la mer de ce ruban affaissé.

Sahara occidental et méridional. — Tout ce qui se trouve à l'ouest de la bordure primaire que nous avons définie, c'est-à-dire l'immense triangle qui a son sommet au Darfour, et sa base sur l'Atlantique entre le cap Ghir et le Sénégal, est une plate-forme de terrains primaires, en partie recouverte d'alluvions anciennes, et semée de quelques lambeaux tertiaires. Sur cette surface, presque absolument dépourvue de relief, s'étendent les grands déserts des dunes d'Igidi et de Waran, dont le premier se prolonge par l'Erg occidental jusqu'aux approches des Chotts tunisiens. Au sud du désert de Waran est la grande dépression d'El-Djouf, dont l'alti-

---

[1]. Suess, *Antlitz*, I, p. 464.

tude n'est que de 120 à 130 mètres. Le sel y est abondant et s'exploite en grand, dans la région de Taoudéni, pour les besoins du Soudan. Ensuite apparaît le pays de Tombouctou, dont nous reparlerons plus loin.

La partie méridionale du Sahara, jusque vers le 15° degré de latitude sud, appartient à la zone des steppes, parce qu'elle commence à ressentir le bénéfice des pluies équatoriales. Le lac Tchad est à cheval sur la steppe et la bande des forêts mélangées de savanes, où il tombe plus de 60 centimètres d'eau. Ce lac, dont l'étendue, suivant les saisons, peut varier du simple au double, n'occupe pas la partie la plus basse de la région. Son altitude étant d'environ 240 mètres, il existe, paraît-il, entre lui et le massif de Tibesti, un point à 160 mètres, dans la dépression de Bodélé.

Afrique équatoriale. Caractères généraux. — L'Afrique équatoriale est essentiellement caractérisée par les pluies abondantes qui s'abattent sur sa surface. Il en résulte non seulement une végétation exubérante, exprimée par les grandes forêts tropicales, mais une activité des eaux courantes qui suffit à compenser l'incertitude du relief primitif. C'est pourquoi, bien que la partie de cette région située à l'ouest des grands lacs (la seule que nous considérions ici) ne diffère pas sensiblement, par sa structure générale, des déserts sahariens, les rivières ont partout trouvé moyen de déboucher à la mer. Sans doute, à en juger par les détours de leurs tracés, elles n'y sont pas parvenues du premier coup, et des dislocations tardives ont pu contribuer à leur ouvrir une issue vers la côte. Mais ce résultat est aujourd'hui acquis, et le Sénégal, le Niger, le Congo, etc., drainent ces immenses surfaces sans rien laisser échapper à leur influence.

Les régions équatoriales de l'Afrique se font remarquer, surtout au voisinage des rivages, par l'immense développement que prend une formation d'argile rouge ferrugineuse, dite *Latérite*. Cette argile résulte de la décomposition des roches sur place, sous l'influence de la chaleur et de la grande humidité. La formation est favorisée par l'acide azotique contenu dans les pluies tropicales, et par la pauvreté en humus d'un sol où les termites dévorent des masses de matière végétale [1]. L'épaisseur de la latérite est telle qu'il y a des espaces considérables, notamment en *Guinée*, sur lesquels il est impossible de reconnaître la nature du sous-sol, désagrégé jusqu'à une profondeur de bien des dizaines de mètres.

---

1. Passarge, *Congrès géographique de Londres*.

Deux régions se partagent l'Afrique équatoriale : le *Soudan*, ou bassin du Niger et du Sénégal, et le *bassin du Congo*.

Soudan. Cours du Niger. — Par une particularité qui concorde bien avec le caractère irrégulier du relief africain, le nœud orographique du *Soudan* se trouve tout près de la côte, dans le massif surtout granitique et primaire, d'ailleurs assez doucement étalé, du *Fouta-Djallon*. De là s'échappent la Gambie, le Sénégal et le Djoliba ou Haut-Niger. Mais tandis que les premiers sont assez rapidement conduits à la côte, en franchissant la plate-forme de grès adossée au massif primaire, le Djoliba, guidé vers le nord-est par une ramification du Fouta-Djallon, envoie vers le désert l'énorme masse d'eau qui, dans la saison pluvieuse, s'abat sur la région de ses sources.

Aussi le fleuve se divise-t-il bientôt en un grand nombre de bras, réunis en temps d'inondations, et laissant entre eux, en basses eaux, des lacs ou des marécages permanents.

Ce régime continue sans altération jusqu'à Tombouctou, où le fleuve fait tout d'un coup, vers l'est, un coude que rien ne semble justifier, tant le relief est insignifiant dans la vaste steppe, à bouquets de mimosées, qui entoure cette ville. De là le Niger court en ligne droite jusqu'à Tosaje, après quoi il prend une direction très nette au sud-sud-est, dans un lit bien défini, en pleine roche, et complètement exempt des précédentes divagations, entourant ainsi, jusqu'au 10º degré de latitude, la célèbre *boucle du Niger*.

Un tel détour est fait pour surprendre, et autorise la supposition qu'à une autre époque, avant d'avoir trouvé ce débouché, le Niger supérieur pouvait bien se perdre dans quelque dépression du désert voisin.

C'est ce que confirme la découverte, toute récente [1], d'une importante nappe lacustre à l'ouest de Tombouctou. On a constaté qu'un affluent qui passe au sud de cette ville, et qui en basses eaux s'écoule vers le Niger, devient, en temps de crues, un *déversoir* pour le fleuve, dont il amène les eaux dans les lacs Telé et Faguibine, cachés derrière des plateaux escarpés, de 80 à 120 mètres de hauteur. Ces lacs, hier insoupçonnés et dont le plus grand, le Faguibine, a 110 kilomètres de long sur une largeur moyenne de 10, avec des fonds allant jusqu'à 40 et même 60 mètres, forment par leur ensemble une nappe comparable à celle du Tchad. Ils sont

---

[1]. Voir P. Vuillot, *Soc. de géographie*, Comptes rendus, 1894, p. 337, et Bluzet, *Bull. soc. de géographie*, [7], XVI, p. 374.

d'ailleurs précédés par d'autres déversoirs semblables, les lacs Horo et de Fati, encadrés entre des hauteurs régulièrement alignées, sans parler du lac permanent de Débo, situé plus en amont.

Toutes ces cavités lacustres, presque confondues en temps d'inondation, contrastent avec la régularité qu'offre le Niger à partir du dernier coude de Tosaje. Là, le fleuve coule constamment, avec une largeur de 1000 à 1500 mètres, soit sur le granite, soit sur les grès horizontaux, d'âge mal défini mais certainement post-primaire, qui vont désormais prédominer jusqu'au cap de Bonne-Espérance. Une seule zone de rapides, causée par une barrière de granite, entrave son cours près de Boussa, et dure environ 40 kilomètres, pour une différence totale de niveau de 50 mètres [1]. Le reste ne présente aucun obstacle à la navigation.

Dislocations et régime du Niger. — D'autre part, la direction parfaitement rectiligne que suit le Niger, depuis son coude, va passer juste au sommet de l'angle droit que dessine le rivage africain, entre la Guinée et le Congo, et où s'élèvent les volcans de Cameroun. Tout s'accorde donc à désigner le Niger inférieur comme la trace d'une dislocation assez récente, par laquelle un écoulement aurait été donné à des eaux qui, dans l'origine, pouvaient stationner autour de Tombouctou, dans les lacs intérieurs dont l'existence vient de nous être révélée.

Les îles volcaniques qui s'échelonnent en ligne droite, entre Fernando-Po et Annobon, plaident encore en faveur de cette hypothèse; car elles jalonnent certainement le bord d'une cassure récente, allant concourir au Cameroun avec celle du Niger.

La grande courbe que décrit le Niger dans le nord a sur le régime du fleuve une influence très marquée. En effet, deux sections du cours d'eau, celle qui est voisine de la source, et celle qui fait suite au coude de Tosaje, reçoivent en même temps les grandes pluies tropicales; et c'est au moment où l'effet de ces pluies sur le cours inférieur va cesser qu'arrive le produit envoyé par les hautes branches. C'est pourquoi, de Tosaje à la jonction de la Bénoué, le fleuve reste presque constamment navigable, sous réserve des difficultés locales que peuvent causer certains rapides au fond de granite [2].

Congo. — Le bassin du Congo s'est constitué, selon M. Barrat [3], après l'émersion du plateau africain, par l'assèchement progressif

---

1. Capitaine Toutée. *Société de géographie*, 6 déc. 1895.
2. Nous devons cette observation à M. Toutée.
3. *Annales des Mines*, avril 1895.

d'une série de réservoirs plus ou moins affaissés, placés à différentes altitudes et s'écoulant les uns dans les autres jusqu'à l'Océan. Les limites de ces divers réservoirs ne sont pas sans relation avec les crêtes rocheuses des terrains anciens, cachées sous les grès et peu à peu dégagées par l'érosion.

Le mécanisme de cette érosion paraît assez simple. Au début de la période crétacée, l'Afrique formait comme une immense table [1], percée de loin en loin par quelques saillies des terrains anciens, toujours voisins, soit au jour, soit en profondeur, des lignes de dislocation récentes. L'érosion poursuivie depuis lors a eu pour effet de dégager les massifs anciens, de creuser dans la couverture gréseuse des sillons, parfois assez profonds pour laisser apparaître l'ossature primaire, enfin de déchiqueter les bords des plates-formes sédimentaires. En même temps, par l'affaissement progressif des cuvettes comprises entre les massifs anciens, la partie centrale des grès se tassait, préparant les bassins des fleuves futurs. Ainsi, ajoute M. Barrat, « tandis que l'Ogoué, solidement établi sur l'apophyse résistante des monts granitiques de Cristal, que le Niari et le Manga, soutenus par deux axes rocheux parallèles, devaient rester des cours d'eau secondaires, l'affaissement de toute la vaste région équatoriale et australe allait former un fleuve immense, le Congo ».

Le centre de ce bassin est marqué par la rencontre du fleuve avec ses principaux affluents, Sanga, Oubanghi, Kassaï. Dans la saison des pluies, il n'y a plus là qu'un vaste marécage, dont les lacs Matoumba et Léopold II sont les restes permanents. Pour s'en échapper, le Congo franchit par des rapides la zone des schistes anciens qui se poursuit, tout le long de la côte, depuis l'Ogoué jusque dans le cœur de l'Angola.

L'apparition, près des côtes, des massifs anciens dégagés par l'érosion et les mouvements du sol, donne souvent l'impression d'une chaîne côtière, que le fleuve franchit par des rapides, et en arrière de laquelle se trouve une dépression. Mais ce n'est qu'une apparence, et si les sommets culminants qui entourent l'Ogoué dans la région des rapides s'élèvent à 500 ou 600 mètres, en arrière, chez les Batékés, dans le pays des grès, on atteint 800 mètres.

Régime hydrographique du Congo. Altération des grès. — Les fleuves ont commencé par couler sur les plates-formes gréseuses, descendant à l'Océan par gradins, de table en table, comme cela se

---

1. Barrat, *op. cit.*

passe dans le haut Ogoué. Mais quand l'érosion a atteint le substratum archéen ou primaire, l'influence directrice des roches de ce dernier s'est fait sentir, obligeant les cours d'eau à suivre pendant quelque temps les bandes granitiques ou les arêtes schisteuses, pour les franchir enfin à angle droit, par des décrochements successifs.

La part que les dislocations ont prise à l'établissement de ce régime hydrographique ne saurait être niée, quand on constate que le lac dit Stanley-Pool, situé sur le parcours du Congo, offre des profondeurs de 900 mètres (ce qui le fait descendre à 600 mètres au-dessous de la mer), et que dans l'estuaire si remarquablement rectiligne du fleuve, la sonde accuse 609 mètres.

Dans l'intérieur des massifs de grès blanc, friable, l'érosion a isolé des rochers où les couches horizontales, en retraite les uns sur les autres, dessinent des *escaliers de géants*. Et l'altération de ces grès engendre des dunes, qui chez les Batékés atteignent 200 ou 300 mètres de hauteur.

Afrique australe. Aperçu général. — L'Afrique australe, considérée au sud du Zambèze, est essentiellement constituée par un plateau qui a légèrement fléchi en son milieu. Presque nulle part ce plateau n'arrive jusqu'à la mer. A l'ouest, il en est séparé par l'important bourrelet archéen des Namakoua, formé d'une série de rides de gneiss progressivement croissantes. Au sud, il laisse se poursuivre, dans la *colonie du Cap*, un assez large ruban de roches primaires disloquées, à surface sensiblement aplanie, qui reparaissent sur le bord des pays de *Natal* et des *Zoulous*.

C'est en arrière de cette bordure que surgit, comme une falaise intérieure, la tranche du plateau sédimentaire, constitué par une puissante série, à peu près horizontale, de dépôts terrestres en majeure partie gréseux, appartenant à la fin des temps primaires et au début de l'ère secondaire. Plongeant au nord, où il a laissé se former en son centre le vaste bassin quaternaire du lac Ngami (900 m.), le plateau s'incline aussi un peu vers l'ouest, où il est dominé par les rides gneissiques de la côte. En revanche, il s'élève au sud, où sa crête atteint des altitudes de 2000 et même de 3000 mètres, et plus encore à l'est, dominant la côte de Cafrerie sous la forme d'un rempart dont quelques cimes dépassent 3000 mètres.

Plates-formes du Cap. — La série des sédiments horizontaux de cette plate-forme se dessine dès *Le Cap*, où sa base apparaît, couronnant de ses assises gréseuses régulières, aux parois verticales en escalier, un socle archéen de formes beaucoup plus adoucies. C'est la *Montagne de la Table*, type d'un genre de formes orographiques spécial aux plateaux de roches dures bien stratifiées, les éminences tabulaires (*Tafelberge* des Allemands).

Le même grès se montre dans la montagne de Bokkeveld, et forme le premier gradin escarpé qui domine le rivage méridional de la colonie, s'élevant au-dessus des rides primaires du littoral.

Ce gradin se termine par une plate-forme très nettement dessinée, d'une altitude moyenne de 1330 mètres; c'est la plaine de Karou[1], plaine ondulée sèche, couverte de buissons, assise sur un massif de grès supérieur au précédent, et comme lui en couches sensiblement horizontales, quelquefois découpées par l'érosion en cimes tabulaires.

Après cette plaine, on voit se dresser le second gradin, dont l'arête, haute de 2400 mètres au plus, est le bord de la *Terrasse de Nieuweveld*. C'est encore une plate-forme presque absolument unie, assez sèche, où le grès dit de Karou domine, et qui descend progressivement au nord vers le fleuve Orange, aux bords duquel reparaît le substratum archéen. Si cette plate-forme s'isole de la précédente, c'est parce que des nappes éruptives sont intercalées à diverses reprises dans les grès de Karou, et deviennent, en raison de leur meilleure résistance, la cause de la division topographique du massif en terrasses successives. Chacune de ces terrasses prend pour base une des nappes dures, dont la tranche fait le rebord abrupt du gradin, et se découpe parfois en colonnades naturelles d'un aspect monumental.

Pays d'Orange et de Natal. — La plate-forme du Nieuweveld se prolonge au nord-est dans l'État d'Orange, le Transvaal et le pays de Béchouana. Toujours elle se relève fortement vers l'est; de sorte que son arête orientale se dessine, dans la colonie de Natal, par les Monts des Dragons (Drakenberge) ou Kouatlamba, hautes crêtes dont l'altitude se tient souvent entre 3000 et 3500 mètres, et qu'accidentent des vallées profondément encaissées. Généralement les crêtes, ainsi que les plus hautes cimes de la région, sont formées par l'affleurement des nappes éruptives résistantes, subordonnées aux grès : ceux-ci ont été découpés comme partout en nombreuses montagnes tabulaires et quelquefois en apparences de forteresses, comme le Giant's Castle (2944 m.).

---

1. Ce nom est dérivé d'un mot hottentot qui signifie *sol aride* (Reclus, *l'Afrique méridionale*, p. 439).

D'ailleurs, des dolomies viennent prendre part à la constitution de la chaîne des Dragons et engendrent par leur altération des formes très pittoresques.

Les hautes crêtes en question forment, sur les pays de Natal et des Zoulous, tantôt un, tantôt plusieurs remparts, qui alors sont rectilignes et parallèles, marquant sans doute des cassures en échelons sur le bord de la plate-forme de grès. En effet, quand on a dépassé la zone de roches primaires qui s'étend à la base du rempart le plus extérieur, on revoit au pied de cette zone, tout contre le rivage de Natal, un ruban disloqué des mêmes grès de Karou, en couches plongeant vers la mer. En comparant la situation de cet affleurement littoral à l'altitude du Mont aux Sources (3490 m.), on apprécie bien l'importance de la dislocation qui a ainsi mis en saillie le bord oriental de la plate-forme sud-africaine.

Transvaal, Kalahari. — Les grandes plaines de Karou viennent finir au nord-est dans le Transvaal, où l'on revoit affleurer la partie inférieure du massif sédimentaire, celle qui correspond au grès de la Table du Cap. Cet affleurement se produit dans le célèbre *Witwatersrand*, chaîne de hauteurs qui sert de ligne de partage entre le Limpopo et le Vaal, et dont les flancs recèlent les riches conglomérats aurifères découverts en 1887. Le mot de *rand*, c'est-à-dire *bord*, qui lui est appliqué, et qui revient souvent dans la désignation des hauteurs de l'Afrique australe, montre qu'on a de suite bien apprécié le caractère dominant des lignes de relief de la contrée. Ce sont bien en effet les bords, tranchés par des cassures et découpés par l'érosion, des massifs sédimentaires qui s'étaient étalés sur le socle primaire.

Au sud du Witwatersrand, et par conséquent dans des couches supérieures, appartenant au grès de Karou proprement dit, sont les gisements de charbon de la contrée.

Les grès du Transvaal s'appuient contre un massif granitique, qu'on voit se développer au nord, dans le pays de Matabele. Mais à l'ouest, la plaine gréseuse s'abaisse, souvent accidentée de dépressions salines où séjournent les eaux de pluie, jusqu'à ce qu'on arrive à la *steppe de Kalahari*, que borde au nord la cuvette dont le Ngami occupe le fond.

Tous ces hauts territoires, dépourvus de relief extérieur, en majeure partie perméables et placés sur le parcours des vents alizés, seraient condamnés à devenir des déserts, si le voisinage de l'océan Indien ne les faisait bénéficier d'une certaine quantité de pluie. La chute annuelle, supérieure à 60 centimètres sur la côte orientale, ne s'abaisse au-dessous de 20 que sur le méridien du Ngami. De la sorte, tandis que les plaines des Boers se prêtent bien à l'agriculture, et que la partie sans écoulement du Kalahari et du Ngami demeure une steppe, c'est seulement sur la côte des Namakoua, là où pourtant les vallées aboutissent à la mer, que se montrent les conditions désertiques, c'est-à-dire les sables et les dunes. Les plis concaves du gneiss y abritent de grandes nappes de sable quartzeux, provenant de la désagrégation même du terrain [1].

Quant à la partie du sud-est, que le haut relief des Drakenberge, en absorbant les vapeurs de l'océan Indien, défend mieux contre la sécheresse, elle est arrosée par le fleuve Orange, au débit d'ailleurs très irrégulier. Ce fleuve qui, en certaines saisons, a de la peine à ne pas tarir complètement après la traversée des plaines gréseuses, a dû, pour déboucher à la mer, s'ouvrir une gorge profonde et sinueuse, semée de cascades, dans le granite de la côte occidentale.

Régime des côtes de l'Afrique australe. — Les cartes hypsométriques font ressortir ce fait très intéressant, que de tous les pays du monde, l'Afrique australe est celui où la courbe de 1000 mètres d'altitude est le plus rapprochée du rivage. De la même façon, la courbe de 1000 mètres de profondeur est extrêmement voisine de la côte, sauf au large du cap de Bonne-Espérance. Si, au lieu de considérer l'altitude de 1000 mètres, on se borne à celle de 500, on peut dire que, depuis la Guinée jusqu'en Égypte, en passant par le Cap, la courbe de 500 mètres accompagne constamment le littoral, sans jamais subir de ces profondes et larges échancrures qui sont la règle dans les autres continents.

Ainsi, au lieu de reposer sur un large socle sous-marin, l'Afrique presque tout entière s'élève d'un seul jet à partir des profondeurs océaniques ; et cependant la rareté des volcans sur le rivage, et l'absence des longs promontoires rocheux, comme des courbes concaves qui trahissent des cirques d'effondrement, empêchent d'attribuer cette structure à quelque dislocation récente. Il semble plutôt que le *bloc africain*, si l'on peut s'exprimer de cette façon, soit depuis longtemps dessiné dans sa forme actuelle, et n'ait dû subir, dans les dernières périodes géologiques, que de faibles modifications de son contour.

---

1. Voir plus haut, p. 244.

C'est ce que tend à confirmer la géologie ; car si, dans l'Afrique équatoriale et australe, toute trace de dépôt marin, secondaire ou tertiaire, fait défaut à l'intérieur, on a reconnu, dans la province d'Angola, comme aux îles Elobi (Gabon), enfin sur la côte de Natal, des lambeaux de crétacé marin absolument collés au littoral. Ce sont des bandes extrêmement étroites, appuyées contre une falaise de terrains plus anciens, qui semble s'être relevée depuis leur formation, mais en emportant avec elle, de façon à l'amener au jour, un ruban de la frange sédimentaire déposée à ses pieds. Sur le rivage de Natal, ces couches crétacées recouvrent horizontalement les assises inclinées du grès de Karou, tombées par paquets au pied de la grande falaise des monts Kouatlamba. Cela prouve évidemment que les dislocations qui ont donné à l'Afrique australe sa forme actuelle sont de date antérieure à l'époque crétacée [1].

Dans la province d'Angola, le contraste est remarquable entre les assises si régulières du crétacé marin, qui occupent exclusivement la bande côtière basse, souvent cachées sous une couche épaisse de latérite, et le haut massif archéen qui domine ce ruban, élevant quelques-unes de ses cimes au-dessus de 2000 mètres.

Madagascar. — L'île de Madagascar offre des conditions très différentes de celles du plateau africain. Son bord oriental absolument rectiligne, la pente très raide du versant correspondant, qui descend à la mer en trois gradins, isolant parfois des forteresses naturelles, le grand nombre des anciens volcans qui jalonnent la crête d'un bout à l'autre; tout cela indique avec certitude une fracture, accompagnée d'écroulement sous les eaux de l'océan Indien. Mais ce phénomène ne s'est pas produit aux dépens d'une plate-forme semblable à celle de l'Afrique australe. Plus de la moitié de l'île est un dôme archéen, atteignant 2000 mètres d'altitude dans l'Emyrne, et contre lequel s'appuient, dans l'ouest, des bandes régulières de terrains jurassiques, crétacés et tertiaires, tous d'origine marine et inconnus dans l'Afrique australe.

Il est donc certain que la séparation de l'île et du continent voisin doit remonter au milieu des temps jurassiques. Il y avait alors, dans le massif indo-africain, une grande brèche qui s'étendait jusqu'au voisinage des bouches de l'Indus. Mais le territoire archéen se poursuivait vers l'est, dans la direction de l'Hindoustan et de l'Australie. Les formations volcaniques des îles

---

1. Suess, *Antlitz*, I, p. 515.

Mascareignes attestent que le morcellement définitif de cette *Lemuria* doit être assez récent.

Afrique orientale. Vallée du Nil. — L'Afrique orientale est le pays qui comprend au nord le bassin du Nil, au sud la région des grands lacs, aboutissant par le Chiré à l'embouchure du Zambèze. Le tout ensemble forme un grand sillon, allongé du nord au sud, qui mérite d'être envisagé comme une ligne continue de dislocations.

En considérant que, pour les 1000 premiers kilomètres comptés à partir de l'embouchure, la pente moyenne du Nil est à peine au-dessus de $\frac{1}{10\,000}$, et que le fleuve n'atteint l'altitude de 1200 mètres, au lac Victoria Nyanza, qu'après plus de 5500 kilomètres de parcours, enfin que son delta possède une stabilité presque absolue, on ne peut hésiter à reconnaître, dans le Nil, un instrument depuis longtemps parvenu à maturité. Du moins, si quelque trouble a été apporté à son équilibre, cette perturbation est-elle absolument locale et de peu d'importance.

C'est qu'en effet, au moins depuis Khartoum, le Nil ne cesse de couler dans un pli synclinal de grande envergure, qui devait être dessiné dès les temps crétacés; car la mer de cette époque, venant du nord, formait là un golfe. Plus tard ce golfe s'est rétréci, et la mer nummulitique, qui l'occupait, ne s'est pas avancée aussi loin que la précédente. Après quoi la mer miocène s'est contentée de lécher le bord de la Libye. Toujours est-il que les eaux des plateaux équatoriaux ont toujours été appelées dans cette direction; et qu'ainsi le travail de l'aplanissement a dû s'y poursuivre avec une très grande régularité.

Cours et régime du Nil. — Cependant un fait doit frapper à la première inspection d'une carte; c'est la grande boucle que décrit le fleuve entre la première et la quatrième cataracte, boucle dont la corde est si exactement suivie par le thalweg rectiligne de l'Ouadi Galgabba. On sent que quelque chose a dû rejeter le Nil à l'ouest. En effet, c'est là que vient mourir le bombement archéen dont la Mer Rouge forme l'axe. Or ce bombement, de part et d'autre duquel s'inclinent les sédiments crétacés et tertiaires, est de date récente. On comprend donc sans peine que la surrection de ce dôme ait pu obliger le fleuve à en contourner le versant occidental, après avoir essayé quelque temps de le forcer en aval de Berber. En même temps, l'obstacle apporté par la résistance du granite infligeait à l'eau courante des rapides dont elle n'a pas encore eu le temps de triompher complètement. Mais en amont de la quatrième cataracte, le cours demeure presque absolument rectiligne jusqu'aux grands lacs, le Nil n'ayant éprouvé, dans cette traversée, aucune influence directrice de la part de l'immense massif de grès horizontaux, à substratum archéen, qui forme le sol du Soudan égyptien depuis Khartoum jusqu'aux approches de l'équateur.

Il se peut d'ailleurs que la direction du Nil blanc, depuis le coude de Sobat jusqu'à Berber, se ressente de la grande dislocation abyssinienne, qui lui est parallèle et dont nous parlerons dans un instant. En tout cas, le massif même de l'Abyssinie, malgré son ampleur, apparaît dans le bassin comme un élément accessoire au point de vue du tracé de la vallée; car, édifié tout entier par l'épanchement de nappes successives de laves et de tufs, il a eu surtout pour effet de fournir, par sa masse et son altitude, un puissant instrument de condensation des courants d'air humide. C'est ainsi que la quantité de pluie annuelle y est supérieure à deux mètres. Cela permet au Nil bleu d'apporter à Khartoum un tribut qui, en temps de crues, dépasse celui du fleuve principal et devient, par les débordements qu'il provoque, le principe de la merveilleuse fertilité des campagnes égyptiennes, pendant que le Nil blanc, grâce à la constance de ses eaux, assurée par les grands réservoirs équatoriaux, garantit la permanence du courant inférieur à toute époque [1].

Massif éthiopien. — La constitution du massif éthiopien ou de l'Abyssinie est tout à fait spéciale. C'est une immense accumulation de produits volcaniques, trachytes, basaltes et tufs, aujourd'hui morcelée en terrasses, où abondent les colonnades basaltiques et les escarpements d'aspect monumental, ayant parfois 1000 mètres d'élévation d'un seul jet. Les cours d'eau y ont découpé des cañons de 1500 à 2000 mètres de profondeur. Les épanchements éruptifs, très analogues à ceux qui couvrent de si grands espaces au Dekkan, dans l'Inde, datent, selon M. Blanford, du début des temps tertiaires, et ils ont recouvert un massif primaire, mais où la mer jurassique s'était autrefois ouvert un sillon, qui se prolongeait jusqu'à Madagascar, et contre lequel s'appuie, aux environs d'Adigrat, une plaque d'un grès très semblable au grès de Nubie.

Plus tard, une grande cassure s'est produite, le long de laquelle la lèvre orientale est tombée, engendrant la dépression d'Afar,

---

1. Baker et Reade *in* Reclus, *le Bassin du Nil*, p. 74.

tandis que l'autre se relevait jusqu'à atteindre une altitude moyenne de 2200 à 2700 mètres, formant une immense falaise, au parcours jalonné par des volcans et des solfatares. Certaines cimes dépassent 4500 mètres. Au milieu du groupe éruptif ancien, à 1755 mètres d'altitude, a subsisté un lac, le Tana, entouré par de fertiles campagnes. On croit que son émissaire, contournant l'énorme massif culminant de Tschok (4150 m.), alimente le Nil bleu.

L'active décomposition des roches volcaniques d'Éthiopie, sous l'influence du soleil et de la pluie, engendre une terre rouge très analogue à celle qui couvre le Dekkan. Le trait essentiel du pays est le morcellement du plateau supérieur, causé par la facilité avec laquelle les eaux courantes, disposant d'une grande hauteur de chute, ont pu se tailler des lits à travers les fissures des massifs de laves. Ainsi le bloc éruptif a été découpé à diverses altitudes en compartiments nombreux, aux parois escarpées, les uns d'étendue considérable et bien peuplés, les autres réduits à de simples piliers, dont le sommet est occupé par des forteresses, des prisons, des monastères ou de simples ermitages.

Dislocations de l'Afrique orientale. Ligne des grands volcans. — Le trait fondamental de la géographie, dans la partie orientale de l'Afrique, est l'existence de grandes lignes de dislocation, dirigées en moyenne selon les méridiens, et sur lesquelles se succèdent une série de lacs, ainsi que des volcans, dont plusieurs actifs.

La plus importante est celle qui, partant de la Mer Rouge, suit pendant plus de 600 kilomètres le pied de la haute falaise abyssinienne, dont il vient d'être question. Cette falaise domine d'une façon majestueuse la dépression sans écoulement du pays des Afar, au nord de laquelle s'étend, sur 50 kilomètres, la steppe salée d'Asale, tout entière au-dessous de zéro, et dont un point descend à — 60 mètres. Vers le 9e degré de latitude nord, la falaise abyssinienne dévie au sud-ouest et une ligne de hauteurs, détachée du golfe d'Aden, vient lui faire face dès le Choa, laissant s'établir dans l'intervalle un chapelet de cavités lacustres.

On arrive ainsi à un grand lac allongé, le lac Rodolphe, à la pointe méridionale duquel fume le volcan Teleki. Là commence à se dessiner la remarquable série de dépressions encaissées dont l'expédition du comte Teleki a défini l'allure [1]. Des escarpements,

---

[1]. Voir Höhnel, Rosival, Toula et Suess, *Denkschriften der Akad. d. Wissenschaften*, Wien, 1891.

dont la crête monte à 2000 ou 2500 mètres, dominent un fossé sinueux, capable de se rétrécir par places jusqu'à une largeur de 15 kilomètres. Le fond de ce fossé, qui au lac Rodolphe était à l'altitude de 500 mètres, monte à 1860 au point de partage, pour redescendre à 650 au lac Natron. La dépression cesse, vers le 5e degré de latitude australe, à l'extrémité du lac Manjara. Mais il est probable que la dislocation ne s'en poursuit pas moins, jusqu'au Zambèze, par le lac Nyassa et la vallée du Chiré ; car celle-ci est encadrée entre deux escarpements archéens très raides, distants l'un de l'autre de 50 à 80 kilomètres.

La lèvre orientale de la grande cassure porte une série de volcans éteints, parmi lesquels les gigantesques cônes du Kenia (5800 m.) et du Kilimandjaro (6130 m.). Ce dernier s'élève d'un jet au-dessus d'un plateau de 800 à 1000 mètres d'altitude, et sa base elliptique couvre un espace de 110 kilomètres sur 80. De même, plusieurs volcans éteints, à 2000 mètres d'altitude, couronnent la lèvre occidentale ; et à peu de distance, sur une cassure parallèle, se dresse, tout près du lac Victoria Nyanza, l'ancien volcan Elgon (4200 m.).

Il y a donc là une bande de terrain tout particulièrement disloquée, et le fait que l'un de ses bords définit l'arête de partage entre l'océan Indien et l'Atlantique montre bien qu'il s'agit d'une zone soulevée, comme si elle avait obéi à une pression venant des deux côtés à la fois, et qui, tout en la relevant, l'aurait partagée en nombreux compartiments.

On a fait remarquer que l'hippopotame et les crocodiles vivent dans les eaux de la dépression, et les quelques coquilles recueillies sur les bords du lac Rodolphe sont analogues à celles du Nil, ce qui établit une grande parenté entre les circonstances hydrographiques de toute l'Afrique orientale.

Ligne du Tanganyika. — Ces caractères ne sont pas moins nettement marqués dans une autre ligne de dislocations, qu'il paraît légitime d'attribuer à une bifurcation de la première : c'est celle qui comprend les grands lacs allongés, aux bords escarpés, Nyassa et Tanganyika, profonds, le premier de plus de 200, le second de plus de 600 mètres. On a reconnu récemment [1] qu'un volcan de 3000 mètres, le Rungwe, au cratère actuellement occupé par un petit lac, se dresse à l'extrémité nord du Nyassa, au milieu d'un cercle de sources chaudes et de plus petits cratères

1. Ker Cross, *Geographical Journal*, 1895, p. 114.

d'une grande fraîcheur. Des bouillonnements, accompagnés d'émissions de bitume, ont eu lieu en 1862 sur le Tanganyika. Mais ce qui est surtout significatif, c'est la découverte, faite en 1894 par M. de Götzen, d'un grand volcan actif, le Kirunga, au bord du lac Kivou, intermédiaire entre le Tanganyika et le lac Albert-Édouard, à 1200 kilomètres de la mer [1].

Quand on vient de l'est, on s'élève peu à peu, sur le plateau admirablement cultivé de Ruanda, de 2000 à 3000 mètres d'altitude, pour arriver au sommet d'un escarpement, d'où l'on descend tout d'un coup de 1500 mètres dans la fosse où le lac Kivou est dominé par le cône d'éruption du Kirunga, plus haut que celui du Vésuve.

La même dépression occidentale se poursuit au nord, par les lacs Albert-Édouard et Albert, jusqu'au Nil. Mais entre les deux lacs, reliés par la vallée du Semliki, se rencontre une montagne de 5000 mètres, le Rouwenzori, qui définit bien le caractère de la fosse. En effet cette montagne, allongée sur 80 kilomètres et située sur le bord oriental de la dépression, s'incline à l'est sous un angle de 4 degrés, tandis que son versant ouest offre une inclinaison de 22 degrés [2]. Or, contrairement aux indications qui la représentaient comme un massif volcanique, elle est, jusqu'au sommet, formée de gneiss.

Cette dislocation, comme la précédente, répond donc à un effort dont la composante verticale a eu pour effet d'amener un lambeau du fond archéen de l'Afrique à une hauteur extraordinaire, dominant de près de 4000 mètres le sillon du Semliki. C'est pourquoi l'on peut dire que la dépression correspond à un pli *monoclinal* rompu [3].

Entre les deux fosses de l'est et de l'ouest s'étend, par 1200 mètres d'altitude, l'énorme cavité lacustre du lac Victoria Nyanza, entretenue par les pluies équatoriales, et se déversant dans le haut Nil, grâce à une cassure qui va rejoindre l'extrémité du lac Albert.

Prolongements septentrionaux des dislocations africaines. — Ainsi l'Afrique, surtout dans sa partie orientale, est un pays où abondent les cassures avec dénivellation des parois; et ces frac-

---

1. *Verhandlungen der Gesellschaft für Erdkunde*, Berlin (1895), XXII, p. 103.
2. Scott Elliot et Gregory, *Quarterly Journal of the Geol. Society of London*, LI, p. 669.
3. Les stratigraphes donnent ce nom à une brusque inflexion, véritable marche d'escalier, qui raccorde, par un versant unique, deux parties, l'une élevée, l'autre abaissée, d'une même plate-forme.

tures, dirigées à peu près suivant les méridiens, servent encore, ou ont servi récemment, à la sortie des matières fluides internes.

Or l'importance de ces accidents s'accroît, quand on considère que la coupure si rectiligne et si récente de la Mer Rouge [1], sillonnée de manifestations volcaniques, prolonge, avec une légère déviation au nord-est, la falaise abyssinienne. Cette coupure elle-même est ouverte au centre d'un dôme archéen, sur les deux versants duquel, en Égypte comme en Arabie, s'appuient les sédiments inclinés du secondaire et du tertiaire. Elle se poursuit en se bifurquant des deux côtés de la presqu'île du Sinaï, et sa branche orientale, continuée par le *Ghor* de Palestine, est reliée directement aux cassures du nord de la Syrie, qui viennent buter à angle presque droit contre la chaîne plissée du Taurus [2]. La longueur totale de cette bande de cassures est de plus de *cinq mille kilomètres*, et son extrémité septentrionale définit le point où la grande plate-forme africaine entre en contact avec la zone plissée méditerranéenne. En outre, c'est sur cette dislocation, dans la Mer Morte, que se trouve l'ombilic le plus profond qu'il paraisse y avoir sur la terre ferme ; car le fond du lac Asphaltite est à environ 800 mètres au-dessous du niveau de la mer.

L'unité primitive du grand territoire de dislocations apparaît plus clairement encore si l'on tient compte des faits suivants : Certaines coquilles du Nil se retrouvent disséminées dans l'Arabie Pétrée. Un poisson caractéristique de ce fleuve vit encore dans le lac de Tibériade, comme une tortue égyptienne existe aux environs de Beyrouth. Enfin le crocodile du Nil s'est conservé jusqu'à nos jours dans un petit fleuve qui aboutit à Césarée de Palestine [3].

Plate-forme de l'Arabie. — L'Arabie est une plate-forme, que la ligne transversale de hauteurs du Nedjed ou du plateau de Kasim divise en deux parties. Un fond de granite et d'archéen, bien visible dans les collines de Nedjed, sur les bords de la Mer Rouge et en quelques points du rivage méridional, supporte des calcaires et des grès en couches sensiblement horizontales. Les calcaires apparaissent sur une assez grande hauteur à l'est d'Aden, dans les monts Hadramaout, où ils sont découpés en terrasses et entremêlés de basalte.

Relevée vers le bord de la Mer Rouge, ainsi que vers le golfe d'Aden, enfin sur la côte d'Oman, de manière à être entourée d'un

---

1. L'ouverture de cette mer paraît avoir inauguré la période pliocène.
2. Blanckenhorn, *Richthofen's Festschrift.*
3. Suess, *Antlitz.* I. p. 495.

rempart presque continu, qui dépasse parfois 2000 mètres d'altitude, la péninsule s'incline doucement vers le golfe Persique et vers les plaines de l'Euphrate. C'est assurément le territoire le plus massif de tout le globe, et celui dont le modelé est le plus rudimentaire. L'extrême pauvreté des précipitations atmosphériques n'a pas permis aux cours d'eau de découper le littoral, où on n'observe que des échancrures insignifiantes, d'un type spécial aux plates-formes d'assises horizontales, et appelées *scherm* [1].

Divisions de l'Arabie. — De cette manière, les deux régions que sépare le Nedjed sont, presque en entier, dépourvues d'écoulement vers la mer. Ce sont donc des déserts. Celui du sud ou *Dehna* est absolument infranchissable. C'est une mer ondulée de sable blanc, sur laquelle règne un silence de mort, avec absence complète de végétation. Le terrain tertiaire en forme à peu près seul le substratum. Un grand nombre d'oasis émaillent la partie la plus basse du Nedjed, à l'ouest duquel se développent les coulées noires de basalte des *Harra*, qui s'élèvent en terrasses successives, à surface déchirée, découpée d'une façon sauvage et couverte de cratères éteints, faisant pendant aux volcans éthiopiens.

Le désert du nord ou *Nefoud*, où l'altitude intérieure est d'environ 900 mètres, est assis tout entier sur des grès rouges crétacés, suite des grès de Nubie, avec quelques calcaires. Aussi le sable, qui s'élève en dunes de 200 à 300 mètres, offre-t-il une teinte rouge bien tranchée. Des ravins très caractéristiques, de 30 à 50 mètres de profondeur, aux parois perpendiculaires, accidentent cette plate-forme de sables, descendant jusqu'au roc solide. On les appelle *fouldj* et il semble que leur origine soit due à la circulation souterraine des eaux d'averses.

La côte méridionale de l'Arabie laisse voir les mêmes assises, crétacées et tertiaires, en couches sensiblement horizontales, que la vallée du Nil. La côte du pays des Somalis indique la même constitution, et en plus d'un point l'archéen apparaît comme le substratum direct de cette série sédimentaire. Donc la Mer Rouge d'un côté, le golfe d'Aden de l'autre, sont des fentes ouvertes dans un massif qui faisait corps avec la plate-forme africaine ; et l'effondrement résultant explique les volcans d'Aden, comme ceux de la région comprise entre Taïr et Perim [2].

Syrie, Mésopotamie. — Le Nefoud confine au désert de *Syrie*,

---

1. Voir plus haut, p. 261.
2. Suess, *Antlitz*, I, p. 474.

qui comme lui repose sur une plate-forme crétacée, mais surtout calcaire, et laisse voir dans le nord les calcaires nummulitiques du tertiaire, les mêmes qui apparaissent dans l'Hadramaout, la côte d'Aman et les chaînes du sud de la Perse. Ainsi c'est à l'Afrique du nord que ces terres se relient. Avec elle, elles marquent la place où les mers de la craie et du tertiaire se sont largement étalées, sans que leurs dépôts, protégés par la stabilité des plates-formes sous-jacentes, aient subi l'influence des plissements alpins et asiatiques.

En revanche, des cassures se sont ouvertes dans le massif syrien, et ont servi de sortie à des épanchements basaltiques.

Quant à la *Mésopotamie*, elle correspond au prolongement de la plate-forme tertiaire de la Syrie, mais abaissée par le grand sillon du golfe Persique, où le Tigre et l'Euphrate sont venus étaler leurs puissantes alluvions. Dans sa partie septentrionale, l'influence des plis du Taurus commence à se faire sentir; et des lignes de hauteurs d'une aridité presque absolue surgissent au milieu de la haute steppe située entre les deux fleuves. Le basalte occupe aussi une grande place dans cette pointe extrême où la plate-forme indo-africaine vient, en quelque sorte, s'enfoncer comme un coin entre les chaînes iraniennes, d'une part, les plis du Liban et de l'Anti-Taurus, d'autre part.

Hindoustan. Orographie. — La partie de l'Hindoustan comprise entre les bouches de l'Indus, celles du Gange et la pointe méridionale de Ceylan, forme un territoire tout à fait exceptionnel. C'est une grande pénéplaine, exclusivement archéenne et primaire, et recouverte, dans la région du *Dekkan*, par d'immenses épanchements de roches volcaniques, subordonnés à des sédiments lacustres, d'âge intermédiaire entre le crétacé et le tertiaire.

La topographie semble accuser, sur les deux bords de la péninsule, de vraies chaînes de montagnes : les *Ghat occidentales* ou monts Sahyadri, se prolongeant sur 1300 kilomètres avec une altitude moyenne de 1100 mètres; et les *Ghat orientales*, moins bien accusées, avec une altitude moyenne de 500 mètres.

Mais ce n'est qu'une apparence, et les deux chaînes ne sont, en réalité, que les bords, inégalement relevés, d'un plateau qui a légèrement fléchi au centre. On le voit bien du côté du Dekkan, où l'escarpement des Ghat, formé surtout de laves, dessine les marches successives d'un escalier gigantesque [1]. Même les prin-

---

[1]. C'est de là que dériverait justement le nom de *Ghat*.

cipales cimes, comme celle du Nilghiri (2400 mètres), qui s'élève au sud en plein territoire archéen, appartiennent à de hauts plateaux et non à des chaînes.

Caractères de la plate-forme. — Par suite de l'inclinaison générale de la plate-forme vers l'est, tout le drainage de la contrée s'opère vers le golfe du Bengale, et c'est seulement à l'extrémité nord des Ghat occidentales qu'on commence à trouver deux rivières, la Tapti et la Narbadah, que sépare le long plateau, d'apparence montagneuse, de Satpoura. Ce dernier est formé, à l'ouest, de roches basaltiques légèrement disloquées; au centre de *trapps* en coulées horizontales, supportant des grès sédimentaires qui s'élèvent jusqu'à 1300 mètres; à l'est, exclusivement de coulées trappéennes.

Dans tout le territoire du Dekkan, l'altération superficielle des roches volcaniques, sous l'influence d'un climat exceptionnellement chaud et humide, a fait naître une couche de terre rouge, dite *latérite*.

L'érosion seule a créé les basses vallées de l'Hindoustan, et c'est à peine si, dans la partie méridionale, la variété des affleurements de roches anciennes a fait intervenir, par endroits, une certaine action directrice pour les cours d'eau. Ce qui rend ce territoire tout à fait remarquable, et en même temps l'assimile à l'Afrique, c'est l'absence de toute espèce de plissement postérieur à l'ère primaire. Les seuls mouvements dont l'Hindoustan porte la trace sont des dénivellations d'ensemble, accompagnées de fractures, qui ont permis à un étroit ruban de dépôts crétacés marins de venir se coller par endroits au littoral oriental, exactement comme c'est le cas pour l'Afrique australe.

La stabilité de la péninsule a été si grande, que les couches très anciennes des monts Vindhya, appartenant au silurien, reposent horizontalement sur les roches cristallines plissées des monts Aravali, qui bordent la presqu'île au nord-ouest, formant la limite du bassin de l'Indus.

Pays de Gondwana. Dislocations indiennes. — Un grand intérêt s'attache aux provinces centrales de l'Hindoustan, c'est-à-dire à ce pays de *Gondwana*, qui s'étend des vallées de la Narbadah et du Gange à celle de Godaveri. C'est là qu'on observe, superposées en couches horizontales au terrain ancien, des formations terrestres, avec débris de plantes, qui établissent une transition continue entre l'époque primaire et les temps jurassiques, au moyen de types végétaux qui n'ont presque rien de commun avec ceux des terres boréales. Par ce caractère, autant que par sa structure générale, l'Hindoustan se montre intimement lié à l'Afrique australe comme à l'Australie.

Seulement, tandis qu'en Afrique la couverture de grès terrestres horizontaux, superposés aux couches primaires plissées, forme de grands massifs continus, en Inde elle n'apparaît plus que par lambeaux. Encore si ces fragments ont été conservés, c'est d'ordinaire parce qu'ils sont tombés au milieu des cassures du massif de gneiss [1]. L'érosion a donc été plus complète dans l'Hindoustan. Il est à remarquer que ces dislocations affectent seulement les assises inférieures du système continental, qui étaient déjà fracturées et déplacées quand les couches plus jeunes sont venues les recouvrir. Ainsi la tendance au crevassement du massif était dessinée avant le début de l'époque jurassique.

Il paraît très probable qu'à l'époque éocène, l'Hindoustan était encore relié à l'Afrique par Madagascar. La mer passait librement au nord, de la Perse à l'Assam, par la région gangétique. La présence du miocène marin sur la côte de Travancore donne à penser que c'est vers cette époque miocène que la péninsule a pris sa forme définitive en s'isolant de l'Afrique.

Plaine indo-gangétique. — Au nord de la plate-forme de l'Hindoustan se déploie la région indo-gangétique, pays plat où les alluvions jouent un rôle considérable, et qui correspond au remplissage d'un sillon dessiné en avant du gigantesque bourrelet de l'Himalaya.

Le fait qu'à Calcutta, par 140 mètres de profondeur au-dessous du niveau de la mer, on ne trouve que des formations fluviales à fossiles terrestres, montre que la plaine gangétique correspond à un ancien pli concave, dessiné à la jonction de la chaîne plissée avec la plate-forme résistante que les mers secondaires et tertiaires avaient contournée.

L'immense delta, où les alluvions du Gange se mêlent à celles du Brahmapoutra, montre avec quelle énergie se poursuit encore ce travail de comblement.

Rôle du Salt Range. Vallée de l'Indus. — La chaîne du *Salt Range*, située dans le Penjab, au voisinage immédiat de l'Himalaya, est intéressante en ce qu'elle laisse voir, de l'autre côté de la dépression désertique du Thar, un territoire intermédiaire par sa constitution entre la péninsule proprement dite et l'Inde himalayenne.

---

[1]. Blanford *in* Suess. *Antlitz*. I. pp. 521, 523.

Les formations fossilifères, développées à l'ouest de cette chaîne, font défaut dans l'est, comme si là était la limite de l'ancienne plate-forme stable du sud[1]. C'est le pendant de la protubérance de Chillong, déterminant sur l'Indus un rebroussement des chaînes, analogue à celui qui se produit sur le Brahmapoutra.

Toute la vallée de l'Indus, depuis sa sortie du Penjab, et surtout depuis la jonction du fleuve avec le Satledj, correspond à une dislocation importante, qui a amené l'effondrement d'une portion du territoire indien. De longue date, du reste, cette région devait être un compartiment de moindre résistance ; car la mer jurassique, qui a respecté toute la péninsule, a laissé des traces manifestes aux bouches de l'Indus. Ce territoire, devenu aujourd'hui le désert ou la steppe saline de Thar, est fréquemment visité par des tremblements de terre, auxquels est dû aussi l'état particulier de son prolongement méridional, le *Rann* de Catch. C'est une solitude saline et sans aucune végétation, d'une horizontalité géométrique, au milieu de laquelle surgissent çà et là de petites collines alignées, restes des bords relevés des compartiments dont la chute a engendré cette dépression.

Plateau de Chillong. — Nous avons vu précédemment que la chaîne himalayenne et la chaîne côtière de Birmanie formaient, par leur rencontre, un rebroussement à angle extrêmement aigu, livrant passage au Brahmapoutra.

Dans l'intervalle, sur la rive gauche de ce fleuve, surgit, comme fournissant en quelque sorte l'explication de ce brusque changement, le plateau montagneux de *Chillong*, occupant le centre de l'Assam sur une longueur de 400 kilomètres, avec une hauteur variable entre 1200 et 2000 mètres. La composition de ce plateau est très particulière. Toute sa partie septentrionale est formée d'un gneiss identique avec celui de la péninsule ; mais au sud apparaît une dislocation, au delà de laquelle se montre un ruban de crétacé marin et de tertiaire, dans des conditions semblables à celles où se présentent les lambeaux crétacés collés à la côte orientale de l'Inde.

Ainsi le plateau de Chillong apparaît comme un fragment septentrional de l'ancienne pénéplaine, qui s'enfonçait comme un coin vers le nord-est, de sorte que les plissements récents ont été obligés de contourner ce promontoire, tout en le forçant à se relever d'un côté. La brusque saillie que forme le massif, au

---

1. Medlicott et Blanford, *Geology of India.*

milieu de la plaine gangétique, exerce une grande influence sur le régime du fleuve voisin, car sur le versant sud des monts Khasia, qui en font partie, s'abat une quantité de pluie effroyable, capable d'atteindre 14 mètres par an. Aussi ce versant, formé de calcaires et de grès, est-il prodigieusement découpé.

Plate-forme australienne. — Pour ne rien oublier de ce qui subsiste de l'ancienne terre indo-africaine, il convient de dire un mot de l'*Australie*. Car si cette grande île est asiatique par sa situation comme par le bourrelet montagneux qui se dresse sur son bord oriental, elle est africaine ou indienne par tous ses autres caractères.

En effet, c'est avant tout une plate-forme archéenne et primaire, que des formations continentales recouvrent partiellement, et dont presque toute la surface, soumise au régime désertique, est privée d'écoulement maritime. Même quelques parties, comme le lac Eyre, sont certainement au-dessous du niveau de la mer.

Les montagnes de l'Australie orientale ne sont pas des chaînes de sédiments plissés. Leur continuité orographique apparente contraste avec la grande complication d'affleurements que met en évidence une carte géologique. C'est bien plutôt le bord, fortement relevé, de la pénéplaine archéenne qui forme le fond du pays, et ce relèvement a pour contre-partie le très rapide approfondissement du Pacifique au large de la côte, entre le Queensland et la Tasmanie. Il y a là une dislocation de date récente, qui explique les abondants épanchements de laves du littoral, et les nombreux volcans éteints des environs de Melbourne.

Ajoutons qu'à partir du carboniférien supérieur, les dépôts primaires et secondaires de l'Australie offrent une frappante analogie avec ceux de l'Afrique australe et du pays de Gondwana.

Une formation spéciale, probablement très peu ancienne, dite *grès du désert*, recouvre presque toute la moitié occidentale de l'île, fournissant la matière des dunes de sable rouge. Par endroits elle est découpée en myriades de colonnes, se dressant sur un sol très irrégulièrement excavé. Partout abondent les signes d'un modelé rudimentaire, en raison de l'insuffisance des précipitations atmosphériques, aggravée par l'absence de relief originel.

VINGT-QUATRIÈME LEÇON

L'AMÉRIQUE DU NORD

Aperçu général. — L'Amérique du Nord est partagée, par la Cordillère des Montagnes Rocheuses, en deux divisions bien tranchées : celle de l'ouest, où abondent les montagnes, les accidents volcaniques et les dépressions sans écoulement vers la mer; celle de l'est, au relief insignifiant et cependant défini, au régime hydrographique bien régularisé, qui ne présente de montagnes qu'au voisinage immédiat de l'Atlantique, et où un fleuve immense concentre presque tout le drainage, empiétant même à cet égard sur la région occidentale. D'ailleurs ce fleuve est tributaire, non de l'Océan, mais du golfe du Mexique, vers lequel convergent tous les éléments de son réseau.

Il n'en faut pas plus pour aider à reconnaître, dans la division occidentale, la partie jeune du continent, et pour faire deviner que l'autre doit la simplicité de ses caractères, à la fois à une ancienneté plus grande, et à un dessin géographique très régulièrement poursuivi à travers les âges.

Évolution du territoire américain. — En effet, dès les premiers temps géologiques, la partie canadienne de l'Amérique paraît avoir été émergée; et à l'époque carboniférienne cette terre avait grandi vers le sud, s'avançant en pointe comme elle fait encore aujourd'hui, pour ne laisser sous les eaux que la partie voisine du golfe mexicain. Au même moment, la mer couvrait la région de l'ouest et n'y laissait apparaître que des îles.

C'est alors qu'une poussée orogénique, contemporaine de celle qui, en Europe, faisait surgir une chaîne entre l'Armorique et la Saxe, dressa contre cette grande terre triangulaire un bourrelet continu de montagnes. Mais tandis qu'à l'occident les eaux marines devaient continuer longtemps à baigner le pied de la chaîne, le bassin de l'orient était destiné à traverser une longue phase continentale, suffisante pour en déterminer l'aplanissement à peu près complet.

Aussi, quand la mer crétacée revint sur la partie méridionale et occidentale de ce bassin, ses sédiments n'eurent-ils pas de peine à s'appliquer sur les tranches des couches plissées de l'ancienne chaîne, désormais rabotée et réduite à ses racines. Seulement, à plusieurs reprises, la partie atlantique, presque complètement émergée, eut à subir des efforts généraux de dislocation et de gauchissement, lesquels, combinés avec l'influence directrice des couches primaires, ont déterminé son relief actuel.

En même temps se produisaient l'émersion progressive et la dislocation du territoire occidental, tantôt par des plissements parallèles, faisant naître les uns après les autres les bourrelets de la Cordillère, de la Sierra Nevada et de la chaîne côtière; tantôt par l'élévation en masse de grands plateaux, entraînant comme contre-partie l'effondrement de bandes limitées par les principales d'entre les ondulations déjà dessinées. A travers les cassures des compartiments disloqués, d'énormes quantités de laves se faisaient jour, couvrant de leurs coulées uniformes des espaces prodigieux, au pied de quelques cônes volcaniques grandioses. Puis, après un essai de régularisation de ce relief sous l'influence des fortes pluies quaternaires, l'établissement d'un régime plus sec amenait la transformation en déserts des districts affaissés.

Au contraire, le bassin oriental, favorisé à la fois par une moindre altitude, par des courants d'air plus humides, et par la persistance de la dépression où s'était logé le Mississipi, continuait la régularisation de son drainage; et les eaux de tête de ce fleuve, s'avançant à droite comme à gauche, capturaient au profit du bassin, avec une partie du réseau des Montagnes Rocheuses, quelques-uns des cours d'eau appalachiens [1].

Si l'on ajoute à cette énumération l'influence exercée par les glaces, qui ont couvert la région canadienne tout entière, et se sont avancées jusqu'au confluent du Missouri avec le Mississipi, on connaîtra les raisons principales auxquelles sont dues la détermination du relief américain et la division du pays en régions naturelles.

Région canadienne. — La région canadienne offre une grande

---

1. Voir plus haut, p. 184.

analogie avec le territoire de la Scandinavie. Le sol y est formé d'archéen, avec une ceinture de sédiments paléozoïques. Toute la surface est depuis longtemps réduite à la condition de pénéplaine, et la dépression de la baie d'Hudson joue, comme l'a fait remarquer M. Suess, un rôle très semblable à celui que joue la Baltique entre la Finlande et la Suède. La différence consiste surtout dans l'absence d'alignements définis, le territoire canadien ayant été beaucoup moins éprouvé par les dislocations atlantiques que celui de la Scandinavie. Les cassures ne se sont fait sentir que sur le bord extrême, c'est-à-dire sur les côtes du Maine, de la Nouvelle-Écosse et de Terre-Neuve, où elles ont fait prévaloir la structure des *fjords*, en imprimant à la plupart des rivages une direction nettement parallèle à celle des fosses océaniques qui les longent.

Traces de la topographie glaciaire. — De même qu'en Scandinavie, la topographie glaciaire, caractérisée par le grand nombre des cavités lacustres, peu profondes et aux contours irréguliers, prévaut sans partage sur tout le Canada, à l'est d'une ligne suivant le cours inférieur du Mackenzie, puis passant à l'occident du petit lac des Esclaves, pour atteindre les États-Unis tout près des sources du Missouri. A partir de ce point, la limite du territoire lacustre se tient, en moyenne, à deux degrés à l'est de cette rivière, et va franchir le Mississipi non loin du 42° parallèle. Elle redescend ensuite jusqu'au delà du 41° degré, mais pour se trouver rejetée au nord à la rencontre des Alleghanies, de sorte qu'elle atteint la côte non loin de Boston.

Sur toute cette étendue, les glaces, descendant des hauteurs situées au nord du Saint-Laurent, ont raboté le terrain, laissant sur les rochers des stries visibles, et en plus d'un point l'archéen apparaît à nu, formant ce qu'on appelle les *barren grounds*. Seulement, vers la limite méridionale du territoire lacustre, les accumulations morainiques commencent à jouer un grand rôle. Ce sont elles qui, en barrant d'anciennes vallées, ont engendré les grands lacs, Supérieur, Michigan, Huron, Érié et Ontario. Les cavités où ces lacs sont logés étaient sans doute en grande partie préparées; car tous occupent des sortes de combes ou ensellements d'assises primaires peu résistantes, qui formaient cuvette sur un fond de terrains plus durs. Mais avant l'invasion des glaces, ces dépressions étaient déjà façonnées en vallées, et c'est par l'influence des barrages morainiques jetés en travers qu'elles ont été transformées en bassins lacustres.

Au sud du Michigan, si les lacs disparaissent, ou du moins

deviennent trop petits pour être figurés sur une carte d'ensemble, la topographie morainique continue à prévaloir jusqu'à une ligne très remarquable de collines, qui accompagne presque constamment la rive gauche du Missouri et la rive droite de l'Ohio. C'est le *Kettle range*, ainsi nommé des nombreuses petites cavités sans écoulement qui s'y rencontrent. Nous en avons indiqué précédemment les caractères essentiels [1], en signalant les diverses particularités de cette zone périphérique, où l'extrémité des lobes glaciaires de la dernière extension a longtemps stationné, étalant sur la contrée le terrain erratique ou *drift*.

Il y a pourtant, au milieu de la grande nappe morainique, dans l'État de Wisconsin, sur le cours supérieur du Mississipi, un espace où le *drift* n'a pas laissé de traces. Les géologues américains ont expliqué cette particularité par un ensemble de conditions géographiques et météorologiques, qui obligeaient les lobes glaciaires à contourner ce territoire (*driftless area*), sur lequel d'ailleurs il tombait moins de neige qu'aux alentours.

Modifications récentes du réseau hydrographique. — En dehors de l'obstacle opposé à l'écoulement des eaux, ce qui a eu pour conséquence la formation des grands lacs, les accumulations morainiques ont changé peu de chose à l'aspect général de la pénéplaine archéenne et primaire. Seulement elles ont modifié le tracé des cours d'eau, qui auparavant avaient dû subir, de la part des éléments de la pénéplaine sous-jacente, une certaine action directrice. Nous avons expliqué comment plusieurs des rivières, une fois la moraine affouillée, ne retrouvant plus leurs anciens lits, ont dû racheter la différence des niveaux par des cascades établies aux points où elles atteignaient le substratum primaire ou cristallin [2].

D'autre part, les plaines morainiques du nord, qui forment une ceinture continue autour des grands lacs, ont été tardivement affectées par le gauchissement qui a relevé le sol de la région laurentienne. Aussi le niveau des lacs a-t-il subi des vicissitudes, marquées par une série de terrasses, qui dessinent sur leurs bords de véritables escaliers.

Au début de l'époque quaternaire, les conditions hydrographiques de la contrée canadienne différaient beaucoup de ce qu'elles sont aujourd'hui. Au lieu de se décharger dans la baie d'Hudson, le lac Winnipeg, et avec lui la rivière Saskatchewan, se déver-

---

1. Voir plus haut, p. 221.
2. Voir plus haut, p. 123.

saient au sud, par ce qui fait aujourd'hui la vallée de la Rivière Rouge du Nord [1]. Cette rivière prend son origine au lac dit Traverse, qu'un seuil de quelques mètres à peine sépare du lac Big Stone, origine du Minnesota. Or, au-dessous de ce seuil on retrouve, sous le terrain glaciaire, à 40 mètres environ de profondeur, l'ancienne vallée qui, venant du Winnipeg, aboutissait au Mississipi. Un relèvement de moins de 80 mètres, dans le niveau du Winnipeg, suffirait à restituer la pente primitive.

Cette ancienne vallée a subi, vers la fin des temps glaciaires, un affaissement tel, qu'un lac énorme, appelé *Lac Agassiz* par les géologues qui en ont observé les traces, s'est étendu à un certain moment, du nord au sud, sur près de 10 degrés de latitude. Ainsi l'état actuel des choses tient à la fois aux changements introduits dans la topographie par les accumulations morainiques, et aux mouvements, tantôt d'affaissement, tantôt d'élévation, que le sol canadien a subis.

Saint-Laurent. Labrador. Région des prairies. — Le Saint-Laurent forme exactement la limite orientale de la pénéplaine primaire. Ce fleuve, à partir de l'Ontario, commence par couler dans un synclinal étroit, à la suite duquel il épouse le bord de la plate-forme archéenne, juste à son contact avec la région littorale plissée, qui fait suite aux Appalaches. Son tracé coïncide donc avec un accident tectonique remarquable.

Quant au Labrador, c'est une pénéplaine identique avec la région laurentienne, où l'altitude ne s'élève pas, au centre, beaucoup plus haut que 500 mètres. Plusieurs lacs subsistent sur la partie médiane, qui a été, comme l'attestent les stries des rochers, un centre de divergence pour les glaces.

Du côté opposé au Saint-Laurent, la pénéplaine primaire, couverte de forêts, s'enfonce doucement sous les dépôts que la mer crétacée y a jetés, et qui forment une large bande plate en avant des Montagnes Rocheuses. Cette bande est celle des *Prairies canadiennes*, où se dessinent deux terrasses successives, l'une occidentale, à 900 mètres d'altitude, crétacée et tertiaire, l'autre à 500 mètres, presque exclusivement crétacée. Tandis que la seconde supporte des dépôts morainiques provenant de la grande extension glaciaire qui avait son centre de dispersion dans la région laurentienne, la première terrasse a été recouverte par les moraines qui descendaient de la Cordillère.

---

1. G. K. Warren, *Americ. journ.*, XVI (1878), p. 417.

La diminution d'humidité qui se prononce vers l'ouest entraîne la substitution des prairies aux forêts.

Région des Appalaches. Aperçu général. — Le territoire, si parfaitement aplani dans l'ensemble, de la partie orientale des États-Unis [1], laisse cependant voir, près du littoral atlantique, un accident orographique important : c'est la chaîne appalachienne, ou plutôt l'ensemble des rides parallèles qui constituent les Appalaches ou Alleghanies. C'est à la coupure de l'Hudson, au sud du massif archéen des Adirondacks, qu'il convient de faire commencer cet ensemble, qui se poursuit d'une façon très nette jusqu'à la rivière Tennessee, au delà de laquelle de petits chaînons progressivement décroissants prolongent la même direction, mais s'évanouissent avant d'atteindre l'Alabama.

Au premier abord, cette suite de rides, échelonnées sur une largeur dont le maximum est de cent kilomètres, avec toute une série de vallées longitudinales communiquant les unes avec les autres par des cluses, suggère l'idée d'une structure identique avec celle du Jura. La ressemblance paraît d'autant plus frappante qu'ici encore, comme au Jura, c'est la ligne de crêtes la plus orientale, le Blue Ridge, qui est la plus saillante et en même temps celle qui défend le mieux sa continuité. Cependant cette analogie n'est qu'apparente, et ce n'est nullement à une succession de plis réguliers que ces chaînons successifs doivent leur existence, de même que, en dépit de leur allure, les rivières de la région ne sont pas des cours d'eau *conséquents*. D'autre part, il est à remarquer que le centre même de la soi-disant chaîne appalachienne est, en réalité, occupé par une dépression que plusieurs cours d'eau empruntent tour à tour, et que suit le chemin de fer de Richmond à Rome.

Histoire de la région. — La vérité est que le système des rides appalachiennes cache, sous son apparente simplicité, une remarquable combinaison d'effets, dont les uns sont de très ancienne date, tandis que les autres appartiennent aux dernières phases de l'histoire géologique.

D'abord l'emplacement de la région montagneuse est aussi nettement défini que possible. Dès l'aurore des temps siluriens, un continent, qui occupait la place de l'Atlantique, voyait se former

---

[1]. Parmi les travaux que nous avons plus particulièrement utilisés pour la rédaction de cette leçon, nous avons le devoir de citer l'étude de M. Powell, intitulée *Physiographic regions of the United States* et insérée dans les *National geographic monographs*, mai 1895.

à ses pieds, le long d'une ligne coïncidant à peu près avec le bord oriental extrême des Appalaches, c'est-à-dire avec les Montagnes Bleues, une série sédimentaire extraordinairement puissante et variée. A diverses reprises et surtout vers la fin de l'époque carbonifériennne, cette serie, refoulée contre son noyau archéen, s'est dressée en plis, tantôt réguliers, tantôt violemment empilés et disloqués, selon l'épaisseur et la nature des couches affectées [1]. La direction générale des plis était celle du sud-ouest au nord-est.

Complètement rabotée depuis sa surrection, la chaîne avait, de bonne heure, fait place à une pénéplaine. Mais celle-ci, préservée de toute invasion marine, a subi après son aplanissement plusieurs déformations d'ensemble qui, en relevant fortement son niveau, ont réveillé l'activité des cours d'eau. Alors l'inégale résistance des terrains s'est fait jour, dans une mesure variable avec leur état antérieur de dislocation. Mais grâce à l'absence de toute couverture, cette résistance s'est toujours manifestée suivant la direction acquise par les affleurements, de sorte que ce double travail d'érosion et de gauchissement a ressuscité quelque chose d'analogue à l'ancien relief.

Traits fondamentaux des Appalaches. — Les traits fondamentaux de la région appalachienne sont ainsi déterminés, d'abord par le mode de superposition des terrains primaires, où de l'est à l'ouest on voit se succéder l'archéen, le silurien, le dévonien, pour aboutir vers l'occident à un large épanouissement du carbonifénien; puis par la résistance et l'état de dislocation de ces divers groupes; ensuite par la façon inégale dont le gauchissement post-crétacé s'est fait sentir dans le nord et dans le sud.

Au nord, la pénéplaine a été relevée de manière à tourner sa pente vers l'est; tandis qu'au sud l'inclinaison était dirigée à l'ouest. De là vient que le Delaware, la Susquehannah et le Potomac sont tributaires de l'Atlantique, tandis que le New-River et divers affluents du Tennessee, qui poussent leurs sources jusque tout près des Montagnes Bleues, s'écoulent vers l'Ohio. A part cette différence, des vallées longitudinales se sont partout creusées sur l'affleurement des assises les moins résistantes, tandis que les plus dures demeuraient en saillie, formant peu à peu les crêtes actuelles des montagnes appalachiennes. Ainsi s'est constituée une succession de remparts escarpés et de bassins plats allongés, très semblables les uns aux autres par la forme, la hauteur et la direction, fort

---

[1]. Bailey Willis, *Mechanics of Appalachian structure*, Washington, 1894.

monotones d'aspect et n'offrant de sites pittoresques que dans les gorges qui les traversent.

Sur les crêtes apparaissent le plus souvent les assises de quartzite et de grès, quelquefois les dolomies ou les calcaires. Fréquemment, comme en Pensylvanie ou dans le Tennessee, c'est à un ancien pli *synclinal* que correspondent les rides aujourd'hui saillantes, et cela simplement parce que dans le fond du pli était pincée une traînée de couches plus dures que les roches encaissantes ; de sorte qu'il s'est produit une de ces inversions du relief, habituelles aux pays anciennement disloqués [1].

Détails divers. — La déformation générale de la pénéplaine ayant marché de pair avec le travail de l'érosion, les cours d'eau logés suivant la direction des affleurements ont dû chercher à s'écouler en traversant par des cluses les rides en voie de formation progressive. Les gorges transversales sont donc nombreuses dans la région, et le fait de leur façonnement graduel est attesté par une particularité fort intéressante, qu'on observe dans la partie septentrionale des Appalaches. En outre des cluses ou *water-gaps* qui livrent passage aux rivières, les escarpements y sont souvent échancrés par des entailles sèches dites *wind-gaps* ou « portes des vents ». Ce sont certainement d'anciennes cluses, abandonnées par les eaux courantes à mesure que celles-ci réussissaient à s'ouvrir des passages plus faciles. Les niveaux du fond de ces ouvertures sont assez concordants, ce qui permet d'y voir les traces d'une pénéplaine intermédiaire.

Tandis que la plus grande régularité des plis anciens se traduisait, dans le nord, par une succession bien ordonnée, parfois presque géométrique, de vallées et de rides, il n'en a pas été de même au sud, dans la partie où se trouve le point culminant de la chaîne, le Black Dome ou Dôme Noir, qui dépasse 2000 mètres d'altitude. L'archéen y joue un plus grand rôle, les terrains anciens sont plus disloqués, les failles sont nombreuses, et si l'inégale résistance des roches mises à découvert demeure toujours le principe du relief, celui-ci est forcément beaucoup moins régulier.

Dépression centrale. — La dépression centrale des Appalaches est bien marquée sur le territoire virginien, où elle porte le nom de « Grande Vallée » et se déploie sur une largeur moyenne de 25 à 30 kilomètres, bordée à l'est par des cimes de plus de 1000 mètres. Cette dépression correspond à un accident, survenu à l'époque

---

1. Voir plus haut, p. 152.

crétacée, et renouvelé aux temps tertiaires, qui a fait naître, dans la pénéplaine primaire déformée par gauchissement, une large concavité, entourée de deux convexités à grande envergure. C'est là que coulait, à la fin du cycle crétacé, la *rivière appalachienne* de MM. Hayes et Campbell [1], cours d'eau qui, partant du centre de la Virginie, aboutissait au golfe du Mexique, et dont deux tronçons se reconnaissent encore aujourd'hui dans le cours supérieur du Tennessee et dans la Coosa.

La notion de cette rivière appalachienne n'est pas une hypothèse gratuite. La vallée de l'Alabama (dont la Coosa est tributaire) laisse voir sur son fond des sédiments éocènes, d'origine détritique, dont le volume est beaucoup plus considérable que le cube des déblais de la rivière actuelle et suppose une extension antérieure du drainage en amont [2].

La déformation post-tertiaire de la pénéplaine a consisté en un gauchissement général, qui s'est produit de manière à donner un avantage marqué aux cours d'eau tributaires de l'Ohio. Alors ceux-ci, poussant leurs eaux de tête vers l'est, à travers les chaînes qui limitaient à l'occident le réseau propre à la dépression médiane, ont fini par capturer la partie supérieure de la vallée. Pendant ce temps, le Tennessee, accomplissant le même travail, créait la gorge de Chattanoga, par laquelle il capturait le cours moyen de la rivière appalachienne. Plus tard encore, à l'époque pleistocène, lors de l'émersion des dépôts tertiaires de la région du golfe du Mexique, une dislocation, alignée du sud au nord, est née à la jonction du massif primaire avec sa bordure crétacée. Le Tennessee, appelé par ce sillon, a cessé de se rendre directement dans le Golfe, et s'est rejeté au nord, à angle droit, vers l'Ohio.

Partie septentrionale du massif plissé. — Nous avons dit que la chaîne des Appalaches s'arrêtait à l'Hudson. Cependant le système de dislocations dont elle dépend se poursuit au nord jusqu'à Terre-Neuve. Seulement il se produit, à la rencontre de l'Hudson, une déviation subite des plis, qui commencent par se diriger au nord, pour reprendre ensuite une direction nord-est.

Ce changement paraît dû à la résistance qu'offrait un éperon archéen, qui s'enfonce entre l'Hudson et l'Ontario, et dont le noyau était formé par la masse cristalline des *Monts Adirondacks*. Malgré une longue érosion, ce massif conserve encore aujour-

---

1. *National geogr. Magazine*, VI, p. 63.
2. Hayes et Campbell, *loc. cit.*

d'hui un relief notable, et quelques-unes de ses cimes dépassent 1600 mètres.

De l'autre côté de l'Hudson, dans le New-Hampshire, l'ancien massif plissé a été également réduit à une pénéplaine, mais il y subsiste aussi des noyaux que leur dureté a préservés. Le mieux isolé, qui s'élève à 1100 mètres, est le Mont Monadnock. C'est une cime archéenne que la destruction de son entourage a laissée en saillie. Aussi M. Davis a-t-il proposé d'appliquer la dénomination générique de *monadnocks* à toutes les protubérances bien isolées que l'érosion a respectées sur une pénéplaine.

L'action glaciaire s'est d'ailleurs étendue sur toutes ces régions, qu'elle a parsemées de cavités lacustres, en même temps qu'elle arrondissait les contours des éminences. Enfin l'influence directrice des anciens plis, s'exerçant par les bandes de dureté différente qui apparaissent à la surface, se traduit dans la direction si rectiligne de l'Hudson, du Connecticut, et de la chaîne de hauteurs qui sépare ces deux cours d'eau.

Chaînes des Palissades. — A l'extérieur des Appalaches se développe, dans le nord, tout contre l'Atlantique, un système de dislocations, affectant surtout les anciens affleurements que les lagunes triasiques avaient semés sur cette région. Des failles ont divisé ces affleurements en paquets, généralement inclinés dans le même sens, et le plongement des bandes a eu pour résultat de faire apparaître au jour les tranches de nappes éruptives, appelées *trapps*, qui avaient été injectées au milieu des assises sédimentaires. Dans le New-Jersey, en particulier, ces tranches ont leurs arêtes arasées à un même plan, et permettent de reconnaître la pénéplaine qui avait été façonnée durant le cycle post-triasique [1].

Les nappes éruptives forment, par leurs tranches, des escarpements où règne souvent une structure columnaire, qui les fait ressembler à des *palissades*. L'exemple le mieux caractérisé est celui des Palissades de l'Hudson. De là vient le nom de *chaînes des Palissades*, que les géologues américains [2] ont donné à ce système particulier d'accidents, qui se poursuit sur plus de 1600 kilomètres, sous la forme de 8 à 10 chaînons indépendants, depuis la Nouvelle-Écosse et l'île du Prince-Édouard, par le Connecticut, jusque dans la Caroline du Nord, où il empiète un peu sur la région archéenne du Piedmont. Les accidents qui le caractérisent

---

1. Voir plus haut, p. 183.
2. Voir la dernière édition du *Manual of Geology* de J.-D. Dana.

gardent constamment une direction parallèle aux Appalaches. Ainsi le bord de cette chaîne, devenu rigide, a déterminé par sa résistance les cassures dont les trapps ont profité pour s'épancher.

Piedmont. — Les choses se passent différemment dans le sud. Là, au pied du versant atlantique des Montagnes Bleues s'étend, bien marqué dans la topographie, un plateau ondulé auquel sa situation a fait donner le nom de *Piedmont*. Il est composé surtout de roches archéennes fortement disloquées, appartenant au soubassement des couches primaires de la région appalachienne. Les cours d'eau du second ordre n'y obéissent à aucune action directrice apparente. Leurs bassins sont arrondis ou ovales, et les lignes de partage dessinent de véritables labyrinthes. La limite orientale du Piedmont est très nette. Elle est formée par un pli brusque ou une faille, qui se poursuit depuis les environs de New-York par Trenton, Philadelphie, Baltimore, Washington, Richmond, Weldon, Raleigh et Macon.

M. Mac Gee [1] a fait remarquer que cette dislocation se trahit partout, dans la topographie, par un gradin plus ou moins marqué, que tous les cours d'eau, aussi bien les rivières que les ruisseaux, sont obligés de franchir par des rapides ou des cascades. C'est, par excellence, le niveau des forces hydrauliques naturelles; aussi de nombreuses villes industrielles se sont-elles groupées sur tout son parcours pour utiliser les chutes d'eau.

Au point de vue géologique, la ligne en question a marqué, à partir du commencement des temps crétacés, la limite que la mer ne dépassait pas vers l'ouest; la région située à l'orient passait par des vicissitudes diverses, tantôt émergée, tantôt recevant des dépôts franchement littoraux. Cette ligne a d'ailleurs dû jouer à une époque peu éloignée de la nôtre; car autrement les rapides qu'elle occasionne eussent été régularisés. En effet, M. Mac Gee [2] a montré que non seulement la dislocation était de date post-tertiaire, mais que l'équilibre ne devait pas être complètement atteint dans ces parages, où de nos jours encore il se produirait un certain jeu mutuel des compartiments en contact.

Plaine côtière. — Rien n'est mieux marqué, au point de vue topographique, que le contraste du *Piedmont* avec la *plaine côtière* qui lui fait suite [3], et qui, composée tout entière de sédiments

---

1. *Americ. Journal.* XXXV. 1888. p. 120.
2. *U. S. Geological Survey*, 7th *annual Report*.
3. Voir la remarquable photographie d'un plan relief de la région, que M. Mac Gee a insérée dans le mémoire précité.

crétacés et tertiaires sans consistance, est échancrée sur toute sa largeur par de grands estuaires, où l'eau n'est jamais profonde.

Avant de traverser cette plaine, tous les cours d'eau qui viennent du Piedmont se coudent pour longer pendant quelque temps le bord de l'accident-limite, ayant ainsi un de leurs versants dans la roche dure cristalline. De cette manière, tout le nord de la plaine côtière se trouve découpé en presqu'îles, rattachées au Piedmont par des isthmes étroits, comme celui qui sépare le Delaware du Raritan, le Clay-bank Creek de l'Elk River, le Potomac du Rappahannock. Cette déviation caractéristique des cours d'eau est l'effet de la dislocation post-tertiaire mise en évidence par M. Mac Gee.

Attirée le long de cette ligne par la facilité d'y trouver des eaux claires et une provision de force motrice, alors que les plaines inférieures, très fertiles et riches en gibier, étaient bordées par des estuaires où le poisson abondait, la civilisation s'y est développée de bonne heure dans une série de centres, bientôt mis en communication les uns avec les autres par-dessus les cours d'eau servant de limites aux péninsules[1]. Habitués à contempler, à l'extrême horizon, la saillie des Appalaches sous la forme d'une ligne de hauteurs aux tons bleuâtres, les colons de cette bande atlantique ont donné à la chaîne le nom de *Blue Ridge*.

Plateaux du Cumberland. — Du côté occidental, la région appalachienne est limitée par ce qu'on appelle les *Monts du Cumberland*. Mais ce n'est pas une chaîne proprement dite ; c'est le bord d'un haut plateau, comme l'indique bien, entre autres, le nom de *Great Flat Top* ou grande cime plate, que reçoit cet escarpement près de la cluse où il est franchi par la Kanawha. Ce plateau est la partie actuellement la plus relevée de la pénéplaine primaire dans laquelle l'érosion avait transformé la chaîne carbonifèrienne de la région. Le travail des eaux courantes, depuis le tertiaire, l'a déchiqueté en compartiments, sans lui faire perdre le caractère de pénéplaine soulevée, c'est-à-dire de plateau. Son altitude croît depuis 200 mètres dans l'Alabama central jusqu'à 1200 à la traversée de la Kanawha.

Le plateau du Cumberland se prolonge d'ailleurs bien au delà, et on le retrouve en Pensylvanie, où son bord, sur lequel affleurent en couches peu dérangées le terrain carbonifèrien et les grès du dévonien supérieur, domine une large bande schisteuse par un escarpement régulier, qu'on appelle *front des Alleghanies*.

---

1. Mac Gee, *loc. cit.*

Le même plateau, toujours plus ou moins disséqué, trouve sa prolongation dans les monts Catskill de l'État de New-York, dont la direction est si manifestement différente de celle des Appalaches. Là, son altitude dépasse 1200 mètres, et il fait face à la vallée de l'Hudson par des escarpements de près de 600 mètres. Quant à la vallée appalachienne, elle est représentée dans la même région par le tronçon de l'Hudson qui avoisine Newburg. Le massif des Adirondacks, ou plutôt la pénéplaine qui l'entoure, peut aussi passer pour une dépendance septentrionale du plateau qui borde les Appalaches.

Plateaux des Alleghanies. — A partir du front assez escarpé qu'elle tourne vers les montagnes, la plate-forme primaire s'enfonce doucement à l'ouest, et finit par engendrer, entre la chaîne montagneuse, d'un côté, les lacs canadiens et l'Ohio inférieur, de l'autre, ce que M. Powell a appelé le *plateau des Alleghanies*. C'est toujours la pénéplaine, façonnée aux dépens des sédiments primaires que le soulèvement carbonifèrien avait disloqués, mais beaucoup moins déformée, par les mouvements ultérieurs, que dans la partie demeurée montagneuse. Au début, elle se montre encore disséquée en assez nombreux fragments par des vallées relativement étroites. Mais à mesure qu'on avance vers l'ouest, le relief s'amoindrit. D'abord l'altitude diminue, et avec elle la puissance des eaux courantes. Ensuite les sédiments houillers, qui apparaissent dans cette partie, se sont montrés beaucoup plus accessibles à la dissémination par érosion. Enfin, quand on arrive au Mississipi, l'influence du manteau glaciaire se fait déjà sentir et tend à égaliser toutes les aspérités.

Plaines du Mississipi. — Autour du Mississipi, à partir de son confluent avec l'Ohio et le Missouri, s'étendent de grandes plaines, dont la limite orientale coïncide justement avec les affleurements du terrain crétacé, qui contournent la région du plateau des Alleghanies et de la chaîne des Appalaches. Tout le pays correspond à un pli synclinal de très large envergure, où la mer de la craie et celle du tertiaire ont séjourné, et dont le fond, sujet à diverses oscillations, ne s'est guère tapissé que de dépôts sans consistance. Autrefois garni de forêts, que les indigènes avaient peu à peu dévastées avant l'arrivée des Européens, ce territoire, au centre duquel les alluvions du Mississipi dessinent une large traînée, est un riche pays de culture, où réussissent les céréales, le tabac et le coton.

Bien que, jusqu'à Saint-Louis, la vallée du Mississipi corresponde à un synclinal, il est à remarquer que les deux versants ne sont pas symétriques. Cette différence est surtout tranchée de Bâton-Rouge à Vicksburg, où l'altitude de 100 mètres est atteinte tout près du fleuve sur la rive gauche, tandis que, sur la rive droite, il faudrait l'aller chercher au moins à 250 kilomètres. D'un autre côté, si à Vicksburg le tracé de la branche principale du Mississipi s'écarte un peu vers l'ouest, une dérivation latérale prolonge le tracé inférieur de Vicksburg à Memphis, où elle trouve sa continuation par le grand fleuve jusqu'à Saint-Louis, toujours accompagnée à l'est par un relief assez marqué.

Cette allure indique évidemment le bord occidental d'une plateforme dont le fleuve suit le pied, et les tremblements de terre qui ont quelquefois remonté le Mississipi, comme celui de 1811, laissent croire que cette limite correspond à quelque dislocation en profondeur.

Quant aux grandes plaines qui s'étendent depuis l'extrémité des lacs jusqu'au Missouri d'un côté, jusqu'à l'Ohio de l'autre, elles sont accidentées, en dehors du Kettle Range, par quelques collines glaciaires, comme les *drumlins* [1], et arrosées par un réseau compliqué de cours d'eau. Sur les bords des rivières s'étendent de larges traînées d'alluvions. Tout ce territoire, autrefois garni de forêts, est aujourd'hui occupé par des prairies, et le sol en est généralement fertile. La bordure méridionale, où la première invasion glaciaire s'est seule fait sentir, est complètement modelée, et c'est seulement en arrière du Kettle Range que la surface a gardé la topographie morainique.

Monts Ozark. Arkansas. — Les grandes plaines ne se poursuivent pas entre le Missouri et la rivière Arkansas, où se prononce, empiétant au sud jusqu'à la rivière Rouge, un autre type de paysage. Au nord de l'Arkansas apparaît directement la pénéplaine primaire, faite surtout d'affleurements carbonifériens. Comme elle n'a pas été recouverte par les dépôts glaciaires, et qu'elle ne porte pas non plus de couverture crétacée, elle se montre au jour avec le morcellement que lui a infligé l'érosion. Ce massif, dont la partie culminante forme les *Monts Ozark*, est disloqué par des failles, dont l'influence se fait nettement sentir sur le réseau des cours d'eau.

Au sud de ce district, et formant un véritable contraste avec l'allure des Monts Ozark, se dessine une série d'accidents parallèles.

---

1. Voir plus haut, p. 223.

dirigés de l'est à l'ouest, qui se traduit par des hauteurs bien alignées, déterminant la direction de l'Arkansas, de la rivière Washita, de la rivière Rouge, etc. Ces accidents, où souvent les crêtes culminantes coïncident avec d'anciens plis synclinaux, représentent les racines de la chaîne appalachienne occidentale, et permettent de la reconstituer telle qu'elle devait être avant son aplanissement, lorsque, quittant le littoral atlantique, elle tournait à l'ouest pour rejoindre les Montagnes Rocheuses. Les mêmes dislocations se prolongent sur le Territoire Indien, jusqu'à ce que le manteau crétacé de la région empêche de les poursuivre plus loin.

Grandes plaines de l'ouest. — A l'ouest du territoire qui vient d'être décrit s'étend, sur les premiers affleurements du crétacé, une bande de prairies allant rejoindre celles du nord. Mais bien vite le sol s'élève un peu, en même temps que la composition du terrain se modifie, et c'est maintenant une bande de plateaux élevés, dits *Grandes Plaines*, qui va former, sur plus de cinq degrés de longitude, le palier servant de socle aux Montagnes Rocheuses. Du nord au sud, cette bande peut se diviser en quatre sections : 1° les plateaux du Missouri, où les schistes tendres du terrain secondaire engendrent les collines dénudées et prodigieusement découpées des *Mauvaises Terres (Bad Lands)*, avec des lits de lignite sujets à s'enflammer spontanément; 2° les plateaux sableux de la rivière Platte, où les cours d'eau peu larges se dirigent vers l'est, traversant le fond d'une ancienne lagune, qui a été comblée à la fin de l'époque secondaire par une série de sédiments; 3° les plateaux de l'Arkansas, où persiste très nettement la même direction pour les cours d'eau, en même temps que s'accentue la nature gréseuse du terrain ; 4° les *Pecos* du Nouveau Mexique et du Texas, avec le grand plateau désertique du *Llano estacado*.

Ce qui caractérise toute cette bande, surtout au sud de l'Arkansas, ce n'est pas seulement l'uniformité du terrain [1]; c'est aussi l'absence complète de dislocations. On sent que la plate-forme sédimentaire doit avoir un substratum ancien, à la fois régulier et stable entre tous.

Sur les deux dernières sections de la bande, le crétacé affecte la forme gréseuse, et comme les courants d'air de l'est y arrivent ayant déchargé leur humidité sur les plaines du Mississipi, le

---

[1]. Uniformité telle, que les premiers occupants espagnols ont dû planter des jalons sur le terrain pour s'y reconnaître, d'où le nom de *plaine jalonnée* (*Llano estacado*).

régime désertique, ou du moins celui des steppes, prévaut presque partout. La partie la mieux caractérisée sous ce rapport est le *Llano estacado*, immense plaque de grès de 70 000 kilomètres carrés, s'inclinant doucement vers l'est, jusqu'à une deuxième plate-forme d'aspect plus varié, où naissent des cours d'eau, dont les bords ramènent la verdure, et qui aboutit à la plaine tertiaire.

Rivages du golfe du Mexique. Floride. — La bande de terrain qui borde immédiatement le golfe du Mexique, accidentée par de nombreuses lagunes ainsi que par le delta du Mississipi, a cela de particulier qu'elle se prolonge au loin en mer, jusqu'à une sorte de crête sous-marine, à partir de laquelle les grands fonds se prononcent très brusquement.

Cette plaine côtière a subi de nombreuses vicissitudes [1]. Lors du pliocène inférieur, la mer l'envahissait, remontant presque jusqu'à Saint-Louis, et submergant le pays à peu près suivant la courbe d'altitude de 120 mètres. Ensuite a eu lieu une érosion antérieure aux temps glaciaires, et qui s'est étendue jusqu'à l'extrémité du socle sous-marin, c'est-à-dire jusque vers la cote — 120. Enfin l'aurore des temps quaternaires a été marquée par une nouvelle submersion, mais seulement jusqu'à l'altitude + 30; après quoi les conditions actuelles se sont établies. Les cours d'eau ont donc eu fréquemment à allonger et à raccourcir leurs lits.

La *Floride* a participé à ces alternatives. Mais cette péninsule, où le calcaire occupe une grande place, doit surtout son état actuel au travail que les coraux y ont accompli et accomplissent encore. Les obstacles ainsi édifiés ont retenu en arrière des étangs, des marais et des lacs, formant au sud le dédale des *Everglades*, où se reconnaissent distinctement les massifs des polypiers qui s'étaient développés à cette place. De plus, c'est seulement à sa jonction avec l'Amérique que la Floride laisse voir des formations analogues à celles de la plaine côtière du golfe mexicain. Le reste est un appendice d'affinités méridionales, qui jusqu'à la fin des temps tertiaires se rattachait à la région des Antilles.

Région occidentale. Aperçu général. — Toute la bande des plateaux, et une partie de celle des prairies, correspondaient à un large épanouissement des mers secondaires, et surtout de la mer crétacée. Celle-ci, venant du golfe du Mexique, s'avançait au nord dans la direction de l'Alaska, submergeant la moitié de ce qui forme aujourd'hui le territoire des Montagnes Rocheuses, sans

---

1. Mac Gee. *The Lafayette formation*. U. S. Geol. Survey. 12th annual Report.

laisser subsister autre chose qu'une chaîne d'îles sur l'emplacement de la haute Cordillère du Colorado. Mais à l'ouest cette mer baignait une longue île, limitée d'un côté par un rivage suivant l'emplacement des monts Wahsatch, de l'autre par un océan dont le bord serait exactement figuré par la chaîne actuelle des Cascades et de la Sierra Nevada.

Dans toutes ces régions, l'archéen et les terrains primaires, ou bien formaient les terres émergées, ou n'étaient pas loin du jour et, dès la fin des temps crétacés, la tendance vers le régime continental se traduisait par la formation de dépôts saumâtres ou lacustres tout autour des îlots du Colorado, restes d'une chaîne ancienne presque totalement aplanie.

Dessin de la région. — Les mouvements orogéniques des temps tertiaires ont eu pour effet de faire émerger tout ce grand territoire occidental, en y dressant une série de rides montagneuses à peu près parallèles aux anciens rivages crétacés. Mais tandis que, dans le nord de la Colombie britannique, ce soulèvement demeurait assez simple, faisant naître un anticlinal primaire avec versants secondaires, l'allure est devenue plus compliquée au voisinage des États-Unis. La rencontre du massif archéen du Gold Range, s'avançant au nord-ouest comme un coin, a déterminé une bifurcation des chaînes.

Une série de rides est venue s'appliquer contre le bord occidental du massif, engendrant, aux dépens du secondaire et du tertiaire, les bourrelets de la Chaîne Côtière et de la Sierra Nevada, pendant qu'une autre série, celle-là moins continue, venait ressusciter dans les Monts Wahsatch le relief du bord oriental de la même bande archéenne. Enfin, de cette dernière s'est détachée, marchant à la rencontre des îles du Colorado, une chaîne encore plus importante que les précédentes, qui aujourd'hui fait face par une haute muraille aux plateaux de la région orientale. Ainsi tout cet ensemble de montagnes récentes accuse, par son dessin, de très anciens accidents du territoire qui les porte.

Entre les deux premières séries de rides, le massif du Grand Bassin, tout en se plissant, s'est affaissé en bloc, tandis qu'entre la seconde et la troisième, une déformation d'ensemble, agissant en sens contraire, a engendré de hauts plateaux morcelés par des failles, parce que là une série sédimentaire aussi puissante que régulière reposait sur une base archéenne exempte de grands accidents.

Enfin l'activité volcanique, favorisée par les cassures qui accompagnaient ces déformations, est venue surperposer ses effets, parfois dans une mesure énorme, à ceux des mouvements de l'écorce.

Telle est la raison d'être des divisions naturelles que comporte le territoire occidental de l'Amérique du Nord, si différent par son relief de la partie atlantique du même continent.

Chaînes septentrionales. — Sur les limites de la Colombie britannique et du Canada, la chaîne septentrionale des Montagnes Rocheuses de développe sous la forme de rides parallèles, s'élevant à plus de 4800 mètres dans les Monts Brown et Hooker. Contre un axe archéen et primaire s'appuient de nombreux plis où le crétacé supérieur, parfois vertical et même renversé, a été porté à des hauteurs qui, par places, atteignent 4000 mètres [1]. Dès les temps miocènes, une haute chaîne devait borner à l'ouest les plaines d'Alberta, y jetant par ses torrents des dépôts détritiques, comme ceux qui composent les collines dites Cypress Hills. Bien avant les invasions glaciaires, une pénéplaine avait eu le temps de se former au pied de ces montagnes par rabotage des derniers plis crétacés, et des vallées, descendant vers l'est, y étaient déjà découpées [2].

Du côté opposé à la chaîne précédente, depuis le Mont Saint-Élie, qui dépasse 5500 mètres, jusqu'à Vancouver, on voit se poursuivre le long du rivage une ligne de montagnes, d'une altitude moyenne supérieure à 2000 mètres, et où dominent les roches cristallines et paléozoïques. Les nombreux fjords qui accidentent toute cette côte, et où le type des rivages dalmates [3] se combine dans une certaine mesure avec celui des côtes scandinaves, montrent qu'il s'agit d'un territoire de grandes dislocations. En effet cette suite de montagnes est un bourrelet de récente formation, dessinant le bord d'une très ancienne bande, depuis longtemps à l'état de pénéplaine, et sur les deux côtés de laquelle, dans la Colombie comme aux îles de la Reine Charlotte, les mers secondaires avaient gardé accès.

Disloquée par de nombreuses cassures, la pénéplaine s'est relevée vers l'ouest, d'où elle descend en sens opposé jusqu'à 1000 mètres d'altitude, formant, entre la côte et le prolongement des Montagnes Rocheuses, un plateau où les rivières ont creusé de profonds cañons. Un grand nombre de lacs étroits, alignés dans le même sens que la chaîne, et de petites vallées longitudi-

1. Dawson. *Americ. Journal* [3], XLIX, p. 463.
2. Dawson, *loc. cit.*
3. Voir plus haut, p. 268.

nales de même direction, accusent l'énergie des dislocations survenues dans ce territoire, dont la partie littorale s'est effondrée par bandes parallèles au rivage.

Monts des Cascades. — Vers le cinquante-quatrième parallèle, le plateau devient beaucoup moins régulier, et il se produit une sorte de bifurcation, qui fait que, les Montagnes Rocheuses continuant à se diriger au sud-est, une chaîne de hauteurs s'en détache, qui va au sud, engendrant les *Monts des Cascades*. C'est l'effet de la rencontre d'un massif archéen, celui du Gold Range, qui se termine en coin dans la Colombie anglaise, tandis qu'il se prolonge assez loin en se dilatant dans les États-Unis. La surface, devenue une pénéplaine, se relève à l'ouest et c'est précisément son bord, très disloqué, qui forme la chaîne des Cascades. Sur la cassure que cet accident orographique met en évidence se sont implantés de grands volcans encore actifs, comme les monts Baker (3300 m.) et Rainier (4400 m.). Ces cimes neigeuses, avec les forêts qui garnissent leurs premières pentes et les prairies dont leur pied est accompagné, font de loin un grand effet. De près, elles se signalent par des gorges extrêmement découpées.

Le relèvement de la pénéplaine archéenne, qui a produit la chaîne, et les accumulations volcaniques qui se sont faites le long de la dislocation, ont obligé les rivières venant de l'Orégon, et en particulier la rivière Columbia, à franchir par des cascades l'obstacle qui se dressait entre elles et le littoral. De là dérive le nom qu'on a donné à cette ligne de hauteurs.

Sierra Nevada. — Un peu au sud du 42ᵉ parallèle, la chaîne des Cascades se coude légèrement au sud-est et devient la *Sierra Nevada*. Juste au point où se fait ce changement de direction se dresse, à 4500 mètres d'altitude, le cône volcanique éteint du Mont Shasta, au pied duquel s'étendent, à l'est, des champs de laves allant rejoindre ceux de l'Orégon.

La Sierra Nevada, ou chaîne des Alpes Californiennes, résulte d'un système compliqué de dislocations de divers âges. Le plissement qui l'a engendrée est postérieur aux temps jurassiques, peut-être même à la première partie de la période crétacée. Mais le relief actuel est beaucoup plus récent, et doit être attribué à des mouvements survenus le long de fractures, par où l'activité volcanique s'est fait jour durant la fin des temps pliocènes ; car les graviers aurifères de cet âge, qui contiennent les célèbres *placers* de la région, sont recouverts par des nappes de laves, et d'ailleurs les déformations paraissent n'avoir pas encore dit leur dernier mot, à en juger par les tremblements de terre de la région.

Les coulées ont quelquefois barré des vallées. Ainsi, sur le flanc oriental de la chaîne, un barrage de ce genre a donné naissance au lac Tahoe, qui se déverse aujourd'hui par-dessus l'obstacle, pour retrouver dans la rivière Truckee le cours que suivaient autrefois les eaux venues d'amont.

Hydrographie et érosions de la Sierra. — La pente occidentale très brusque de la Sierra Nevada, qui tombe d'un seul jet de 3000 mètres à une altitude très voisine de celle du niveau de la mer, entraîne sur son flanc la formation de gorges extrêmement profondes, surtout dans les granites fissurés à travers lesquels l'eau courante trouve un chemin facile. De ce genre est la célèbre gorge de Yosémite, où la rivière coule au pied de parois de granite, à peu près verticales sur 1200 ou 1500 mètres, et découpées en merveilleux promontoires, du haut desquels se précipitent plusieurs cascades, avec des hauteurs de chute comprises entre 200 et 800 mètres. Par l'effet de ces érosions la chaîne est découpée en nombreux pics, dont le plus haut et en même temps le plus méridional, le mont Whitney (4575 m.), marque le dernier effort du massif granitique.

De nombreux cônes de cendres sont échelonnés sur la descente du Mont Shasta au Sacramento; souvent ils absorbent les eaux de la montagne, qui s'y perdent pour reparaître plus bas en sources puissantes.

Chaîne côtière. Dépression californienne. — En avant de la chaîne des Cascades, et tout contre le rivage, se dessine une chaîne côtière (*Coast Range*), qui, dans le nord, par suite de la submersion partielle de ces parages, se résout en un groupe d'îles, auquel appartient Vancouver. Cette ligne de hauteurs s'individualise nettement au sud de la rivière Columbia, et ne cesse d'accompagner toute la côte de Californie; mais elle est très morcelée. On y remarque surtout des plis anticlinaux, affectant des assises métamorphiques qui paraissent avoir été disloquées en même temps que la Sierra Nevada, c'est-à-dire à la fin de l'époque jurassique, et qui ont également subi des mouvements beaucoup plus récents.

Entre la Sierra Nevada et la chaîne côtière s'étend la dépression californienne, parcourue au nord par le Sacramento, au sud par le San Joaquin. Ces deux rivières se réunissent devant San Francisco, pour s'échapper à travers une grande brèche des *Coast ranges*. Mais elles ne drainent pas tout le territoire, et en amont du San Joaquin persiste le bassin sans écoulement du lac Tulare. Le prolongement de cette dépression se trouverait sous la mer à l'ouest de la presqu'île de la Vieille-Californie, qui n'est elle-même que la suite atténuée de la Sierra Nevada, plongeant peu à peu sous l'océan.

Plateaux volcaniques de l'Orégon. — Si maintenant nous revenons au point d'où nous étions partis, c'est-à-dire à ce cap archéen du Gold Range où les Monts des Cascades commencent à s'individualiser, nous verrons que ce territoire s'épanouit au sud et se transforme peu à peu en un grand plateau, s'étendant sur les bords du Frazer, le territoire de Washington, l'Orégon et l'Idaho.

A l'époque crétacée, il existait à cette place une pénéplaine partiellement submergée, mais stable et déjà dominée par des montagnes. Dès le début de l'ère tertiaire, toute la région commença à se disloquer et des cônes volcaniques y prirent naissance. Puis, aux temps néogènes, un véritable déluge de laves basaltiques couvrit tout le pays, noyant sous sa masse les anciens accidents du sol, demeurés visibles seulement en quelques points. Les laves obstruèrent les cours d'eau, formant des lacs qui, pour la plupart, sont aujourd'hui asséchés et conquis à l'agriculture.

Dans ce pays, des hauteurs boisées dominent de grands plateaux dénudés, où les cours d'eau ont entaillé des gorges généralement étroites, aux parois de laves, parfois associées à des dépôts lacustres. Tout le réseau hydrographique est encore dans l'enfance, la perméabilité des nappes volcaniques et le peu de relief du sol s'opposant à l'accomplissement régulier du modelé.

Le plateau basaltique de l'Idaho, avec la grande coulée que traverse la rivière du Serpent, est une dépendance de cette plateforme de l'Orégon. Le nom de *désert rocheux* (*rocky desert*) en exprime bien le caractère.

Dislocation des Montagnes Rocheuses. Accidents du Yellowstone. — La limite orientale du territoire que nous venons de décrire est formée, dans le nord, par la Cordillère des *Montagnes Rocheuses*, encore mal connue en ce point, et, dans le sud, par un accident orographique tout différent, aligné presque exactement suivant le méridien ; c'est le prolongement septentrional de la chaîne des Monts Wahsatch.

Cette ligne a une grande importance géologique ; car elle marque la limite occidentale de l'ancien bras de mer crétacé qui allait du Mexique à l'Alaska ; et par conséquent c'est le bord d'une plateforme continentale que cette mer respectait. Ce bord lui-même correspond vraisemblablement à quelque dislocation d'âge primaire, et cette dislocation, jouant de nouveau dans les temps tertiaires, a dû déterminer l'accident nord-sud dont nous parlons. Il a été assez important pour traverser de part en part la Cordillère, et la dépasser vers le nord de près de 400 kilomètres, tout le temps accompagné par des saillies de l'archéen qu'il a ramené au jour. La rivière Madison et le haut Missouri en définissent le parcours.

On comprend sans peine que la rencontre des Montagnes Rocheuses avec une telle dislocation ait été marquée par un grand développement de l'activité éruptive.

Ainsi est né le remarquable massif du *Yellowstone*, où s'étendent, au pied du gigantesque Mont Washburn, volcan aujourd'hui éteint, les lacs et les geysers célèbres, entourés de prairies et de forêts, qui constituent le *Parc National* des États-Unis. De puissantes coulées, quelques-unes de verre naturel ou obsidienne, et de grands épanchements trachytiques, ont puissamment modifié la topographie et l'hydrographie originelles de ce territoire au fond archéen et primaire.

Monts Wahsatch. — A partir du 41° parallèle, la chaîne des *Monts Wahsatch* devient un accident orographique considérable. Notablement plissée sur son flanc oriental, du côté des plateaux de l'Uintah, elle tombe vers l'ouest en une muraille abrupte, de 1500 à 1800 mètres de hauteur, dominant par un escarpement archéen les plaines du Grand Bassin. Il y a là une faille évidente, dirigée suivant le méridien, et qui, au sud de l'Utah, se divise en plusieurs branches divergentes, allant découper en bandes le plateau du Colorado. Cette ligne de fractures offre un intérêt spécial, en ce qu'elle sépare deux territoires absolument différents : à savoir, à l'ouest le district plissé et effondré du Grand Bassin, à l'est la région soulevée et disloquée des hauts plateaux.

Grand Bassin. — Ce qui caractérise le Grand Bassin, c'est que l'affaissement relatif survenu entre le Wahsatch d'un côté, la Sierra Nevada de l'autre, a affecté une région essentiellement plissée, où subsistent un grand nombre de chaînons dirigés du nord au sud. Mais, d'une part, après le phénomène de plissement, d'âge postérieur au jurassique, est survenue, à l'époque tertiaire, la dislocation du territoire, qui s'est faite suivant un système de cassures, également nord-sud, par où le volcanisme a trouvé une issue ; et d'autre part les produits de l'érosion, demeurés pour la plupart sur la région, en ont rempli les creux sur de grandes épaisseurs, atténuant beaucoup les inégalités primitives du terrain. Du haut de l'une des cimes du Nevada, on voit se dessiner très nettement, dans toutes les dépressions, un fond horizontal, duquel les hauteurs émergent brusquement comme du sein d'une mer [1], et où les sondages descendent souvent à 600, parfois à 1500 mètres, au sein des anciennes alluvions.

Les cavités lacustres, fréquemment à sec, s'échelonnent sur les points les plus affaissés des lignes qui limitent les bandes disloquées. Le plus instable de ces lacs est celui du désert de la Roche Noire, qui couvre parfois bien des centaines de kilomètres carrés, sans que la profondeur d'eau dépasse beaucoup un décimètre. Presque tous les grands lacs du Nevada sont à l'ouest, près du pied de la Sierra, qui les alimente par la pluie qu'elle reçoit.

Anciens lacs. Régime désertique. — Au début des temps quaternaires, le climat du pays était beaucoup plus humide. De très grands lacs, dont les niveaux sont marqués par des terrasses de graviers et de tufs, occupaient les principales dépressions [2], et l'un d'eux même avait réussi, en élevant son niveau, à trouver un déversement au nord, vers la rivière Columbia. Si cet état de choses avait persisté, la régularisation du modelé aurait pu se poursuivre. Mais le climat étant devenu beaucoup plus sec, les nappes d'eau ont baissé, se réduisant aujourd'hui à quelques lacs sans profondeur et fortement chargés de matières salines, comme le Grand Lac Salé de l'Utah. Les sables et graviers antérieurement étalés entre les chaînes, ainsi que les champs de laves, étaient prédisposés à accentuer le régime désertique. Ainsi le pays abonde en solitudes inhospitalières, avec flaques d'eau variables, et c'est dans les sables que viennent se perdre les quelques cours d'eau descendant des montagnes, toujours peu élevées, qui accidentent ce Grand Bassin.

Le caractère désertique est surtout marqué dans la partie méridionale, celle qui comprend le désert Mohave, où il est d'autant plus frappant que la région est traversée par le cours inférieur du Colorado. Malgré cela, ce grand fleuve n'y reçoit aucun affluent venant de droite, et certaines parties, comme le *désert de Colorado*, ont leur fond sensiblement au-dessous de la mer. La suite de ces dépressions se trouve d'ailleurs dans le grand golfe de Californie. Seule, la partie sud-est, le désert de Gila, envoie des tributaires au Colorado.

---

1. J. Russel. *National geogr. Monographs*, 1895.
2. Voir plus haut, p. 137.

Hauts plateaux. — A l'est des Monts Wahsatch, se poursuit, limitée de l'autre côté par le prolongement des Montagnes Rocheuses proprement dites, la bande des *hauts plateaux* de l'Utah et du Colorado. Cette région correspond à une plate-forme archéenne exempte de grands accidents, qui apparaît nettement au jour sur les deux bords relevés de la bande, et sur laquelle repose une série de sédiments primaires, remarquable par son épaisseur et sa régularité. Vers la fin de l'époque carbonifèrienne, la contrée devait former une terre basse, sur laquelle s'accumulaient des dépôts continentaux, sables, grès et argiles. La mer y est revenue à l'époque crétacée, mais pour l'abandonner bientôt et laisser des lacs d'eau douce s'établir à sa place.

Les déformations de l'ère tertiaire ont donc trouvé là un territoire rigide, qui ne s'est pas prêté au plissement, et qui, se relevant en masse de plusieurs milliers de mètres, s'est seulement morcelé en compartiments, séparés les uns des autres par des failles ou des plis brusques, véritables marches d'escalier. Il est probable d'ailleurs que la position de chacun de ces accidents devait être déterminée par quelque circonstance propre au substratum primaire.

Les paquets ont basculé, se relevant les uns au nord, les autres à l'est, pendant que les cassures livraient passage aux produits volcaniques. Ainsi se sont formés peu à peu de grands plateaux où les rivières ont dû creuser de profonds cañons. A la surface l'apparition au jour, sur les bords des paquets, des couches successives légèrement inclinées, se traduisait à la longue par une structure en gradins, dont nous avons antérieurement indiqué les traits dominants [1]. Aux escarpements engendrés par cette structure s'ajoutent ceux qui résultent des failles, ou de l'érosion agissant sur le revers de plis brusques monoclinaux entre deux paquets voisins. Le Colorado d'un côté, le Rio Grande de l'autre, drainent ce vaste territoire.

Phénomènes d'érosion. Cañons. — Les érosions quaternaires ont découpé les falaises en accidents de tout genre, terrasses, tours, aiguilles, d'autant plus remarquables que sous le climat aujourd'hui si sec de la contrée, aucune végétation ne masque les couleurs vives et contrastantes des assises superposées. C'est une architecture à la fois titanesque et polychrome [2], sillonnée de

---

1. Voir plus haut, p. 111.
2. Powell, *op. cit.*, p. 92.

gorges étroites et sinueuses, par où le produit des averses se rend dans des cañons de plus de 1000 mètres de profondeur, dont les abords forment ainsi un véritable labyrinthe de ravins, plus incommode au voyageur que de vraies montagnes. D'anciens cônes volcaniques subsistent par places sur les plateaux, auprès de grandes coulées qui, par leur résistance, ont provoqué la formation d'éminences tabulaires.

La magnificence des *cañons* est surtout remarquable dans la partie méridionale, là où les sédiments primaires, finissant par apparaître sous les autres, amènent le Colorado à couler entre les murailles du calcaire compact carbonifériens et du granite sous-jacent. C'est là que sont les célèbres gorges dites *Cañon de marbre*, *Cañon de Kaïbab*, *Grand Cañon*, etc.[1]. Ces gorges entaillent le plateau qui porte plus spécialement le nom de plateau du Colorado, et qui, couronné de quelques cimes volcaniques, comme le San Francisco, lequel s'élève à plus de 3700 mètres, descend aux plaines de l'Arizona par le grand escarpement de la *Mesa noire*.

C'est une plate-forme boisée, où le volcanisme de date récente a laissé des traces nombreuses. La chute de pluie y est de plus de 50 centimètres par an; mais l'eau, tombant sur les cendres et les tufs, ou dans les fissures des laves, file de suite à un niveau très inférieur, où elle retrouve parfois les chenaux des rivières qui coulaient avant l'apparition des volcans. Dans ce parcours souterrain, les eaux font effondrer des grottes, et des dépressions se produisent à la surface[2]. Néanmoins la contrée est beaucoup plus hospitalière; des prairies et des jardins de fleurs y apparaissent au milieu des forêts.

Le cours inférieur du Colorado, qui longe ce pays, est remarquable par sa direction nord-sud, et recoupe obliquement les divers chaînons alignés au sud-est qui se présentent sur son passage. A angle droit sur le cours moyen, et parallèle à la grande faille du Wahsatch, ce tronçon inférieur du fleuve ne semble pouvoir s'expliquer que par une dislocation, en rapport avec celle qui a créé plusieurs cavités lacustres allongées entre le Nevada et l'Utah.

Monts Uintah. Monts Henry. — Un trait remarquable de la région des plateaux est l'apparition, en travers du bassin de la Rivière Verte, de la chaîne de hauteurs connue sous le nom de Monts Uintah. C'est moins une chaîne qu'un plateau étroit, aligné

---

1. Voir plus haut, p. 159.
2. Powell, *op. cit.*, p. 94.

de l'est à l'ouest, et qui correspond à un pli anticlinal aplati au sommet; de sorte que sa section transversale est celle d'une auge renversée. C'est du reste un mode de dislocation très habituel dans la région orientale des Montagnes Rocheuses. Il semble que ce doive être la répercussion à la surface de quelque saillie profonde et étroite, dont la surrection, grâce à la plasticité des couches superposées, n'aurait infligé à ces dernières qu'une déformation continue, limitée par deux plis monoclinaux. En découpant, sur le bord de ce bourrelet, des sillons peu à peu approfondis et ramifiés, l'érosion a isolé de vraies cimes, justifiant le nom de Monts Uintah. Ce curieux seuil bute à angle droit contre l'accident nord-sud des Wahsatch, et une masse de trachyte apparaît à leur jonction, comme un témoignage du désordre occasionné par cette rencontre.

Il faut encore mentionner, parmi les accidents propres à la région, l'intéressante structure d'éruption mise en évidence par les *Monts Henry*, situés dans le sud de l'Utah sur la rive droite du Colorado. Une puissante injection de laves pâteuses, dans les profondeurs d'un grand massif sédimentaire, a forcé les assises supérieures de ce dernier à se courber en un dôme régulier, dont le sommet tantôt est demeuré continu, tantôt s'est ouvert en boutonnière, laissant voir le *laccolithe*, c'est-à-dire le noyau éruptif dont l'intumescence avait produit la boursouflure observée.

Plateau du Rio-Grande. — Au sud-est de la bande des hauts plateaux se trouve une plate-forme drainée par le Rio Grande del Norte, et qui a été relevée à l'ouest suivant une série de plis brusques alignés du nord au sud. Ces plis affectent toute la série sédimentaire jusqu'à sa base de granite. Celle-ci a été amenée en certains points à plus de 1000 mètres au-dessus des vallées. Plus encore que les compartiments voisins, celui du Rio Grande a vu s'épancher à sa surface de grandes épaisseurs de laves, et s'édifier des cônes volcaniques, qui n'ont pas peu contribué à détourner le drainage vers le sud, par de belles vallées où des sources chaudes se font jour au milieu des forêts.

Montagnes Rocheuses proprement dites. — Revenons maintenant à la chaîne orientale des Montagnes Rocheuses.

A partir de sa rencontre par la faille méridienne des Wahsatch et du Yellowstone, cette chaîne, qui depuis longtemps avait maintenu sa direction au sud-est, se trouble visiblement. Elle se complique et dessine une série d'arcs convexes vers l'Orient, comme les Monts Big Horn et ceux de Laramie, qui enferment, entre

eux et la chaîne d'arrière, des dépressions en amphithéâtre, telles
que le bassin du Green River et les plaines de Laramie. D'ailleurs
là où convergent les pointes de ces deux croissants, l'un et l'autre
pourvus d'un noyau archéen, apparaît une dépression où s'avancent les terrains secondaires.

Cette allure résulte, selon toute vraisemblance, de ce que les derniers soulèvements de la contrée ont dû se modeler autour d'un relief préexistant, imposé par l'archipel qui subsistait à cette place au milieu des mers du crétacé supérieur; de sorte qu'il s'est trouvé des points faibles, où le bourrelet de plissement a sombré, et d'autres beaucoup plus résistants, autour desquels il s'est dressé. D'ailleurs les plis des terrains dans les croissants ne sont pas aigus, et rentrent plutôt dans le type des Monts Uintah, celui de dômes au sommet horizontal.

Black Hills. — La même structure se retrouve, bien en avant de la chaîne, dans le curieux dôme elliptique des *Black Hills*, qui surgit d'une façon si inopinée au-dessus des Mauvaises Terres du Dakota. Un noyau archéen y apparaît au centre d'une boutonnière où l'on voit le carbonifère, d'abord horizontal, plonger de tous les côtés, avec une pente très progressivement croissante, sous les sédiments plus récents, jurassiques et crétacés. Ceux-ci forment autour de lui comme autant d'auréoles s'enfonçant sous les dépôts horizontaux du groupe lacustre de Laramie, d'âge intermédiaire entre le crétacé et le tertiaire. Comme ce groupe se montre fortement disloqué au pied des Montagnes Rocheuses proprement dites, on peut penser que les Black Hills appartiennent à une dislocation plus ancienne, masquée partout ailleurs par les dépôts récents du pied de la chaîne.

Front Range. — A partir des plaines de Laramie, le bourrelet extérieur des Montagnes Rocheuses, retrouvant le bord d'une ancienne chaîne d'îles nord-sud, redevient très régulier, et fait face aux plaines orientales par une véritable muraille d'archéen et de granite, qui a mérité le nom de *Monts de la façade* (*Front Range*), avec ses cimes dont plusieurs dépassent 4300 mètres. Tandis qu'à son pied, du côté de l'est, le crétacé supérieur est relevé, parfois jusqu'à la verticale, du côté opposé la série sédimentaire, compliquée de nombreux noyaux archéens, est affectée de grandes dislocations. Leur principal résultat est de faire naître, en arrière du bourrelet extérieur, une autre ligne plus ou moins ramifiée de hauteurs, celle de la *Chaîne des Parcs* et des *Monts Sawatch*, qui tantôt se rapproche, tantôt s'écarte de la première.

Sur l'un des versants qui se font ainsi face, les assises se montrent toujours ployées suivant une sorte d'S, dont la branche inférieure, sensiblement horizontale, sert de lit à la dépression intermédiaire.

Parcs, Jardins. — Ainsi se forment en chapelet des espèces d'amphithéâtres, ou de vallées épanouies, arrosées par de hautes branches des rivières voisines de la chaîne et sur les bords desquelles se développent de belles prairies et des bois. Un ruban de sombres forêts les entoure, garnissant le pied des montagnes, dont la cime, en raison de la sécheresse de l'air et de l'altitude, est absolument dénudée. Les Américains ont donné à ces dépressions verdoyantes le nom de *Parcs*. On distingue successivement le *Parc du Nord*, le *Parc du Milieu*, le *Parc du Sud*. Sauf le second, qui trouve à s'écouler dans le Colorado, les autres ont leur drainage dirigé à l'est, vers les rivières Platte et Arkansas, ce qui donne à penser que cette direction d'écoulement devait être acquise avant la surrection du Front Range, quand, à l'époque éocène, l'emplacement de cette chaîne était encore une terre basse [1].

La chaîne des Parcs est accompagnée, surtout du côté oriental, par une série d'accidents analogues, mais moins importants, qui donnent naissance à de petits parcs ou *jardins*. Les assises sédimentaires, grès, schistes, calcaires, aux couleurs bariolées, souvent d'un rouge vif, brusquement relevées vers la grande chaîne, ont inégalement résisté aux efforts de l'érosion. Tandis que les plus dures demeuraient en saillie, formant de hautes murailles, les plus tendres ont été affouillées, et à leur place se sont dessinées de belles vallées ou jardins. Le *Jardin des Dieux*, près du Pike's Peak, avec ses obélisques de grès se dressant au milieu des forêts, en est le plus célèbre.

Au sud du Parc méridional, entre les Conéjo, prolongement des Sawatch, et le chaînon dit Sangre del Cristo, plissé en forme d'S, se développe, dans les mêmes conditions que les parcs, la dépression de San Luis, où coule le Rio Grande del Norte. Le Sangre (Montagnes Blanches des Américains) prolonge le Front Range jusque dans le Nouveau Mexique. Il porte des cimes de 3600 à 4000 mètres, et l'action volcanique y est très marquée sur le flanc sud, notamment dans les Pics Espagnols et le cratère d'Ocate. Ainsi se préparent les circonstances propres à la région mexicaine.

---

1. R. C. Hills. *Orographic structural features of Rocky Mountain Geology*, 1890.

VINGT-CINQUIÈME LEÇON

I

L'AMÉRIQUE CENTRALE ET LES ANTILLES

Aperçu général. — L'Amérique centrale, comprenant le Mexique et la chaîne des isthmes, forme avec les Antilles une région naturelle qui joue, entre les deux grands massifs américains du nord et du sud, un rôle tout à fait analogue à celui de la zone méditerranéenne entre l'Europe et l'Afrique[1]. Là aussi, on observe une succession de plis récents alignés de l'est à l'ouest, et de parties effondrées, formant des fosses distinctes ; là aussi ces accidents coïncident avec une ancienne aire de sédimentation, où les dépôts crétacés et tertiaires affectaient des caractères spéciaux. Ces caractères consistent, pour le crétacé, dans le développement de certaines constructions calcaires dues à des animaux appelés rudistes ; pour le tertiaire, dans l'édification de dépôts également calcaires, avec une faune particulière de polypiers et de protozoaires, faune qui, par une remarquable coïncidence, se montre commune aux Antilles et à l'île de Malte. Enfin, dans cette Méditerranée américaine, les tremblements de terre sont fréquents et les volcans actifs nombreux, exactement comme dans la dépression qui accompagne tout le midi de l'Europe.

Au point de vue de la constitution géologique, la Floride et le Texas sont des appendices de ce district.

Mexique. Chaînes de la Sierra Madre. — Le Mexique se compose d'un haut plateau central, d'une altitude moyenne supérieure à 1100 mètres, en partie sans écoulement, et entouré de deux

---

1. Voir Suess, *Antlitz*, I, p. 708.

cordillères, qui laissent entre elles et la mer une bande plus ou moins large. La chaîne de l'est, ou Sierra Madre orientale, qui prolonge exactement les plis des Montagnes Rocheuses du Texas, tourne du côté du golfe du Mexique un escarpement raide et très élevé. Mais, vue du plateau, elle prend l'aspect d'une série de petites chaînes, dépassant peu le niveau général. Les assises crétacées ont une part prépondérante à sa constitution, mais il y a aussi quelques noyaux plus anciens et le tout rappelle bien le sud des États-Unis.

Quant à la chaîne de l'ouest ou Sierra Madre occidentale, elle se rattache nettement aux montagnes du sud de l'Arizona. L'archéen y domine, mais il y a aussi des sédiments d'âge primaire et des roches volcaniques de la famille des andésites. Les volcans actifs ou récemment éteints font défaut. Ils ne commencent à se montrer qu'après la profonde coupure qui interrompt la Sierra, et par où le Rio Lerma, après avoir traversé la lagune de Chapala, vient s'écouler au Pacifique dans le Rio-Grande de Santiago. Le long du bord oriental de la cordillère de l'ouest, le plateau mexicain s'est affaissé, comme le grand bassin le long de la Sierra Nevada. Un affaissement semblable, mais moins prononcé, a eu lieu contre la Sierra de l'est, dont le pied est longé par une bande de terrains tertiaires et quaternaires, où les dunes de sable sont très développées.

Plateau mexicain. — Le plateau mexicain offre beaucoup d'analogie avec le Grand Bassin de l'Amérique du Nord, dont il forme bien réellement le prolongement. Il est partagé en compartiments, par des chaînons longitudinaux auxquels se mêlent parfois, surtout dans le sud, des lignes de hauteurs transversales. Ces chaînons sont surtout constitués de terrains primaires anciens et d'assises crétacées. Les masses volcaniques, notamment le trachyte, y sont abondantes. Dans l'intervalle se trouvent de nombreux bassins, pour la plupart remplis de sédiments d'eau douce, et dont plusieurs s'échelonnent entre 2000 et 2600 mètres d'altitude. Autour de ces bassins il y a souvent un commencement de modelé, et il faudrait peu de chose pour que quelques-uns d'entre eux, comme le lac de Mexico, retrouvassent l'écoulement extérieur qu'ils avaient su conquérir avant l'époque actuelle. Grâce au relief considérable des bords du plateau, une augmentation sensible des pluies permettrait aux fleuves d'y pousser partout leurs eaux de tête.

Volcans du Mexique. — Une grande cassure transversale,

alignée à peu près de l'est à l'ouest, traverse les Cordillères mexicaines, rejetant tout le terrain au sud. De gigantesques volcans se sont accumulés sur cette dislocation. On en peut compter deux séries, l'une sur le rebord élevé du plateau, celle qui comprend le Nevado de Toluca, le Popocatepetl, le majestueux Orizaba ; l'autre au pied de l'immense falaise, commençant en face de l'extrémité de la Sierra Madre, par le Ceboruco, pour se poursuivre par le Colima et le Jorullo.

Les énormes épanchements d'origine volcanique qui ont recouvert la région de la grande faille du Mexique et ses abords laissent cependant voir, en quelques points, au pied du rempart principal, un substratum de terrains primaires, qui prouve que la chaîne ancienne continue à se poursuivre vers le sud-est, allant à la rencontre des îlots de même nature, échelonnés entre le Mexique et la Colombie.

Chaînes des isthmes américains. Aperçu général. — Le bourrelet sinueux, qui s'étend de l'extrémité méridionale du Mexique à l'isthme de Darien, doit sa continuité actuelle à un ensemble de phénomènes de date assez récente, et l'époque n'est pas très éloignée où il n'y avait à cette place, au moins dans la partie méridionale, qu'une chaîne d'îles, laissant entre elles une série de détroits. L'isthme de Tehuantepec, la dépression du Nicaragua, l'isthme de Panama, sont les restes de ces détroits.

Cet ensemble de terres se divise en deux moitiés bien distinctes : celle qui regarde le Pacifique, où les volcans récents se sont accumulés sur le bord fracturé d'une bande morcelée, d'aspect tout à fait archéen ; et la partie tournée vers les Antilles, où les terrains primaires et secondaires se montrent affectés de plis très nets qui, dans le Guatemala, tournent visiblement à l'est, allant rejoindre les chaînes montagneuses des grandes Antilles. La première région demeure de beaucoup la plus élevée et mérite, malgré ses fréquentes interruptions, le nom de cordillère. Évidemment, elle répond à un effort orogénique qui, en redressant fortement le bord archéen d'une ancienne zone orientale plissée, a déterminé sur le flanc ouest une rupture avec effondrement vers le Pacifique, rupture attestée par la très rapide augmentation des profondeurs au devant de la côte.

En même temps, du côté des Antilles, il y avait affaissement de la zone plissée, par suite de quelque cause de faiblesse se manifestant dans cette partie de l'écorce terrestre. Et cette cause, agissant aussi sur la cordillère, aurait facilité l'abaissement de la crête et son morcellement en tronçons. Les circonstances sont ici analogues à celles de la zone méditerranéenne d'Europe, qui s'est effondrée par parties sur le bord des plissements alpins, dont ces ruptures ont détruit en plusieurs points la continuité.

La grande activité volcanique de ce territoire, intermédiaire entre les deux massifs américains, tient donc, ainsi que son état de morcellement, à la rencontre du grand accident orogénique de la cordillère des Andes, dirigé suivant le méridien, avec la dislocation à peu près perpendiculaire ou *fosse méditerranéenne*, dont nous avons eu plus d'une fois à signaler l'importance et la généralité [1].

Guatemala, Honduras, Nicaragua, Costa-Rica. — Le Guatemala est un plateau dont l'altitude, de l'ouest à l'est, descend de 2000 à 1000 mètres, et dont le flanc septentrional montre, à partir du Honduras, une suite de terrains de plus en plus anciens, venant s'appuyer sur le rebord archéen culminant de la Sierra Madre, peu à peu infléchi vers l'est. Mais au pied de ce rebord, et faisant avec lui un angle très aigu, s'est ouverte une cassure que suit le rivage du Pacifique, et où de nombreux volcans, quelques-uns de 3500 mètres, élèvent sur le versant archéen leurs pyramides entourées d'une frange de ravins. Les éruptions ont toujours eu une grande violence dans ces contrées, et le sol y est presque partout recouvert de ponces et de tuf ponceux avec restes de mastodontes et d'éléphants.

La traînée de cônes récents, à laquelle appartiennent les célèbres volcans Agua et Fuego, vient finir dans le San Salvador, à l'échancrure du golfe de Fonseca, et là elle heurte l'extrémité d'une autre chaîne volcanique un peu plus inclinée au sud-est, qui débute par le terrible Coseguina et continue, à travers le Nicaragua, jusque dans l'État de Costa-Rica. Même elle atteint Panama, où son extrémité est marquée par le Chiriqui, dont la cime dépasse 3400 mètres.

En arrière de cette traînée, une grande dépression parallèle est jalonnée par les lacs de Nicaragua et de Managua, au delà desquels s'élève la vraie Cordillère, dont ces lacs suivent exactement le pied. Cette Cordillère n'est que le rebord, élevé à 1000 ou 1200 mètres, d'un plateau qui s'abaisse doucement vers l'Atlantique. A l'origine, une plaine basse séparait du Pacifique le versant abrupt de ce plateau. Les volcans, en se dressant sur le bord de la plaine

---

1. Voir notamment p. 24.

côtière, en ont altéré la configuration en faisant naître les deux lacs, dont les contours ont été plus d'une fois modifiés par les éruptions. Dans ce pays, comme au Guatemala, de grandes quantités de produits volcaniques incohérents couvrent le sol, absorbant les eaux de pluie et empêchant la formation de cours d'eau.

En comparant la position des volcans actifs de l'Amérique centrale avec celle des massifs éruptifs un peu moins récents qu'ils accompagnent, on constate que l'action explosive s'est constamment déplacée dans la direction du Pacifique. Même la série guatémalienne tend aussi à gagner sur la mer, où un nouveau volcan, d'une cinquantaine de mètres, a surgi en 1880 [1]. De violents tremblements de terre se font sentir sur cette côte.

Isthmes de Panama et de Darien. — Au delà du volcan de Chiriqui se déploie, en un arc convexe vers le sud, la cordillère de Veragua, constituée par des roches archéennes et dont les pics s'élèvent entre 1200 et 1900 mètres. Mais elle tombe à l'est, et il n'y a plus à Panama qu'un seuil de 87 mètres. En ce point d'ailleurs l'axe archéen est interrompu, et c'est à peine si, contre le Pacifique, on voit affleurer un étroit ruban primaire. Le reste est formé de terrain tertiaire, avec nombreuses masses éruptives, très décomposées à la surface, et accompagnées de tufs ainsi que de conglomérats.

L'axe archéen reparaît dans l'isthme de Darien et se recourbe au sud. On le retrouve formant le rivage de l'angle nord-ouest du continent sud-américain. Ce ruban de roches cristallines fait face au Pacifique par des falaises, avec promontoires entourés de récifs ; et tout le temps il est longé à l'est par la dépression tertiaire où coulent en sens inverse, d'abord l'Atrato, tributaire de la mer Caraïbe, ensuite le San Juan, aboutissant au Pacifique. C'est donc véritablement ce sillon qui mérite de faire la séparation entre l'Amérique centrale et la grande unité méridionale.

Yucatan. Golfe du Mexique. — Parmi toutes les régions de l'Amérique centrale, le Yucatan se distingue par la longue protubérance qu'il forme entre le golfe du Mexique et la mer des Antilles, ainsi que par sa constitution géologique très spéciale. C'est une véritable dalle de calcaire tertiaire, en couches horizontales, d'une altitude moyenne de 30 mètres, et se prolongeant fort loin en mer sous une très faible profondeur d'eau. Le produit des pluies s'y infiltre sans peine et il en résulte la formation de

---

1. Sievers, *America*, p. 155.

canaux souterrains. La nappe d'infiltration n'est accessible que par descente au fond d'entonnoirs, dus à l'écroulement de grottes et dits *cenotes*, autour desquels les populations sont obligées de se grouper.

Le Yucatan fait le pendant exact de la Floride, dont il partage à beaucoup d'égards la constitution. Pour ces deux territoires, il y a un contraste frappant dans l'étendue considérable de la plate-forme sous-marine qui les prolonge dans le golfe du Mexique, comparée à l'incroyable raideur de la pente par laquelle cette plate-forme descend ensuite vers l'intérieur du golfe. En avant du large banc de Campêche, la sonde tombe presque d'un coup à 3800 mètres de profondeur, par une déclivité dont le profil commence par être nettement convexe. Cela paraît être, au premier chef, une structure d'effondrement. Pour être un peu moins accentuées, les circonstances sont les mêmes à l'ouest de la Floride [1].

L'abîme du golfe du Mexique s'est donc produit au milieu d'un territoire où, primitivement, le calcaire s'était accumulé autour des anciens îlots plissés des Antilles, auxquelles se relient les deux protubérances de la Floride et du Yucatan. Seulement, comme l'a fait remarquer M. Suess [2], cet effondrement a eu lieu à l'extérieur de la zone plissée de la Méditerranée américaine, à peu près comme la fosse située entre la Tunisie et la Palestine s'est ouverte au sud des plissements alpins.

Antilles. — Pour bien comprendre la structure des Antilles, il faut associer à la considération des surfaces émergées celle des profondeurs maritimes. On constate ainsi que le rivage méridional de Cuba, par une cordillère immergée à pente très brusque, comprenant l'îlot du Grand-Cayman, se relie avec le rivage du Honduras britannique. De la baie de Honduras, en prolongement des plis du Guatemala, et formant l'autre bord de la profonde fosse de Bartlett, part une autre ride moins saillante, qui embrasse la Jamaïque et vient se souder avec la première chaîne dans l'île d'Haïti, pour se poursuivre ensuite à travers Porto-Rico.

Toute cette traînée laisse voir des roches archéennes d'aspect, et du crétacé supérieur en puissantes assises, enfin des dépôts tertiaires fort étendus. Comme l'a fait remarquer M. Suess [3], elle se prolonge à l'extérieur des Petites Antilles, c'est-à-dire aux îles des Vierges, Anguilla, Saint-Martin, Saint-Barthélemy, Antigua, dans

1. Voir fig. 12, p. 32.
2. *Antlitz*, I, p. 709.
3. *Antlitz*, I, pp. 703 et suivantes.

l'est de la Guadeloupe et dans les Barbades, offrant partout les mêmes traits que la côte nord du Venezuela et la Sierra de Merida. D'autre part, les mammifères trouvés dans l'île d'Anguilla offrent un caractère mexicain très prononcé. Ces divers territoires, avec la Floride et le Mexique, ont dû former autrefois un tout continu, dont faisait partie le socle qui porte les îles Bahama, socle rompu par les écroulements qui ont engendré tout contre son bord les fosses si profondes de l'Atlantique. Tandis qu'à l'extérieur des Antilles, dans les îles Barbuda et Bahama, on trouve surtout des dépôts appartenant au tertiaire moyen et au quaternaire, c'est seulement à l'intérieur des Petites Antilles, c'est-à-dire du côté effondré, que se trouvent les volcans actifs.

Dislocations des Antilles. — Les tremblements de terre si souvent ressentis à Cuba, à la Jamaïque, à Haïti, enfin à Porto-Rico, doivent être en relation avec les fosses maritimes, étonnamment profondes et étroites, qui s'alignent depuis la baie du Honduras jusqu'à la fosse atlantique des Vierges. Une chute aussi rapide, qui amène d'un coup à 6000, parfois à plus de 8000 mètres de fond, ne peut résulter que d'une dislocation assez récente.

Les détroits qui existent entre les Petites Antilles ont peu de profondeur et seule la faune superficielle de l'Atlantique y trouve accès. Or, dans les grands fonds de la mer Caraïbe, on trouve des organismes plus étroitement alliés à la faune abyssale du Pacifique qu'à celle de l'océan opposé. C'est un nouveau motif de considérer l'émersion de la cordillère des isthmes comme assez récente.

II

L'AMÉRIQUE DU SUD

Aperçu général. — L'Amérique du Sud est essentiellement constituée par un massif stable, depuis longtemps modelé, contre lequel un énorme bourrelet, la chaîne des Andes, est venu s'appliquer, du côté de l'ouest et du nord, comme un cadre continu. Mais le contact n'est pas immédiat, et le long de la concavité du croissant montagneux, une assez large bande déprimée subsiste d'un bout à l'autre, parfois séparée de la grande chaîne par quelques rides parallèles au bourrelet principal.

Partagé en deux parties inégales, la Guyane et le Brésil, par la dépression de très grande envergure où se loge le fleuve des Amazones, le massif oriental ne plonge un peu brusquement dans l'Atlantique qu'entre Bahia et le cap Saint-Roch. Partout ailleurs, la côte est précédée par une large plate-forme sous-marine, immergée sous moins de 200 mètres d'eau.

De plus, loin que l'Atlantique moyen ait fourni le niveau de base du modelé, un seul fleuve important débouche dans cette mer entre l'Amazone et la Plata, et c'est justement au contact immédiat de l'Océan que le massif présente ses plus fortes altitudes. Au contraire, il s'abaisse en regard des Andes par une pente très progressive. On en peut conclure qu'au moins du 10e au 30e degré de latitude, le contour actuel de la côte orientale doit être d'assez récente formation. Et comme une série de seuils sous-marins s'étend dans la direction du sud-est, entre Rio-Janeiro et l'îlot de Tristan da Cunha, il semble permis d'y voir les restes d'une terre aujourd'hui morcelée et submergée, mais qui, formant autrefois un appendice du territoire brésilien, obligeait son drainage à chercher une issue, soit au nord, soit au sud.

Par cet appendice, le massif oriental de l'Amérique du Sud se reliait probablement à l'Afrique australe dont, sous beaucoup de rapports, il a partagé la destinée ; car il n'a subi, depuis les temps primaires anciens, ni submersion ni plissement, et c'est aussi par des grès, dépourvus de fossiles marins, que la plate-forme ancienne a été recouverte.

Enfin les formations volcaniques récentes, complètement absentes du rivage Atlantique, forment sur le bord Pacifique une chaîne à peu près ininterrompue, ce qui assigne à ces deux ordres de côtes une grande différence de structure et de genèse.

Massif brésilien. — Le massif brésilien est l'un des territoires les plus stables, les plus rigides et les moins disloqués qu'il y ait au monde. Seul, le terrain archéen, qui en fait le fond, mais qui n'apparaît en masse que du côté Atlantique, se montre plissé. Sur sa surface s'étendent, en couches presque horizontales, des dépôts secondaires de formation terrestre. Même les sédiments dévoniens et carbonifériens de l'Amazone reposent en assises régulièrement étalées sur la plate-forme archéenne [1].

C'est donc une très vieille terre, dont la dislocation, probablement d'âge silurien, a été suivie d'un aplanissement général. Puis est survenue dans le nord une transgression marine, qui a amené le

---

[1] Sievers. *America*, p. 59.

dépôt d'assises dévoniennes et carboniféiennes, représentées surtout par des grès rouges et blancs, avec quelques calcaires.

Sur cet ensemble archéen et primaire règne une puissante couverture de grès sans fossiles, d'âge encore mal déterminé, couvrant des surfaces énormes depuis le Tocantins jusqu'au Rio Sao Francisco. Découpés par l'érosion en compartiments et en montagnes tabulaires, ces grès impriment au paysage une physionomie très caractéristique.

La plus grande partie du Brésil est un plateau dont l'altitude varie de 300 à 1000 mètres, que des plaines basses interrompent, et où il ne s'élève de montagnes qu'au voisinage immédiat de la côte Atlantique, entre Porto Alegre et Ouro Preto. Ce massif, qui couvre 3 millions de kilomètres carrés, a évidemment subi un relèvement en bloc vers le sud-est, et pour cette cause l'érosion y a découpé des hauteurs qui ne sont que les restes d'une plate-forme disséquée. Ce caractère appartient à toutes les *serras*, que la plupart des atlas figurent à tort comme des chaînes, et le reste se compose de hautes surfaces boisées, dites *chapadaos* ou *sertaos*.

Toute l'orographie brésilienne est coordonnée à ce relèvement général, qui paraît avoir entraîné une série de fractures alignées au nord-est, et par lesquelles sont déterminés les tracés des rivières qui prennent leurs sources dans le massif.

Montagnes du Brésil. — Le principal relief du Brésil est celui qui accompagne la côte, de Rio Janeiro à Sao Paolo. Le gneiss de la Serra do Mar, avec des cimes de 2232 mètres, arrive tout contre l'Océan, et ses découpures contribuent à la magnificence de la baie de Rio.

En arrière et séparée par la longue vallée du Parahyba, se prononce une ride encore plus élevée, celle de la Serra de Mantiqueira, formée de terrains primaires très anciens, aux formes irrégulières. Là se trouve le point culminant du Brésil (2712 m.). Enfin, après que l'archéen a fait un dernier effort dans la Serra de Espinhaço, on voit apparaître à Diamantina les grès dévoniens, avec lesquels la Serra se résout nettement en montagnes tabulaires.

Il en est de même plus au sud. Ainsi, lorsque de Porto Alegre on regarde vers l'intérieur [1], on voit l'horizon fermé par une muraille aux tons d'un bleu foncé. C'est la Serra Geral, remarquable par ses lignes droites et horizontales, comme par l'absence de toutes formes coniques : cette chaîne est l'escarpement terminal

---

1. Sievers. *op. cit.*, p. 63.

d'un plateau, et il faut s'en approcher pour apercevoir les échancrures qui, sur le bord, donnent à cette falaise l'aspect montagneux. On y voit alors des tables de grès qui reposent sur des entassements de blocs de granite, des pyramides de terre, et quelques apparitions basaltiques.

Bassins du Parana et du Sao Francisco. — Sur le bord occidental du massif brésilien s'étend la grande dépression du Parana. Un fond de grès rouge et de schiste argileux, avec un peu de basalte dans le sud, supporte une plate-forme de grès, également entremêlé de nappes basaltiques. Avec le temps, l'érosion y a découpé les vallées, préparées sans doute dans l'origine par des fractures, à en juger par la façon dont l'Uruguay prolonge exactement le haut Parana, qui lui-même est continué en sens inverse par le Sao Francisco, cette direction étant d'ailleurs parallèle à celle des serras de la côte Atlantique. Le Parana et l'Uruguay, poussant leurs eaux de tête vers l'est, ont fini par prendre leurs sources tout près de la mer. Obligés, ainsi que leurs affluents, de traverser l'une après l'autre les diverses plates-formes gréseuses, ils ont leur cours interrompu par de nombreuses et importantes cascades.

Le Sao Francisco est le seul des grands cours d'eau brésiliens qui réussisse à déboucher sur la côte orientale. Encore une grande cataracte de 80 mètres dans les grès durs sépare-t-elle le cours inférieur du cours moyen. Très large en amont et sujet à de grandes inondations, il n'a pu trouver une issue qu'en s'ouvrant une série de gorges à travers les nombreuses serras qui se dressent sur la côte d'Alagoas. La présence, sur ce rivage, d'un étroit ruban disloqué où le tertiaire, la craie et les couches primaires s'appuient contre l'archéen, semble indiquer une prédisposition ancienne de cette portion du plateau à se drainer de ce côté. Le mouvement qui, depuis lors, a relevé la côte Atlantique, aurait respecté le sens de cet écoulement, en obligeant seulement le fleuve à approfondir son lit au travers des nouveaux obstacles en voie de formation.

C'est au devant du Sao Francisco, entre le cap Saint-Roch et Bahia, que le socle du massif brésilien tombe le plus brusquement au-dessous du niveau de la mer. Or c'est justement sur cette longueur qu'un étroit ruban crétacé est venu se coller contre le plateau, exactement comme dans l'Afrique australe. Il y avait donc là une ancienne ligne de dislocation, dont le jeu ultérieur pourrait expliquer la chute brusque du fond.

Versant amazonien. — Sur le versant qui regarde l'Amazone, à partir du bassin du Tocantins, l'uniformité de la surface brésilienne s'accentue de plus en plus. Une haute plaine se montre, dominée par quelques éminences tabulaires, dont aucune n'atteint 500 mètres d'altitude, et qui s'atrophient constamment vers le nord et l'ouest. Cependant, comme le plateau de grès s'arrête à distance du grand fleuve, formant un gradin que les rivières découpent et franchissent par des cataractes, son bord apparaît comme une chaîne, souvent déchiquetée en bastions ou citadelles; et la même illusion de *serras* s'étend aux versants des vallées entaillées dans cette plate-forme; car ces vallées atteignent l'archéen, faisant reculer assez loin, à droite et à gauche, le plateau gréseux.

En outre des chutes d'eau que déterminent les assises les plus dures des terrasses successives de grès, des cataractes existent sur le Tocantins, le Xingu et le Rio Tapajos, juste aux points où ces cours d'eau passent de l'archéen dans la formation carbonifèrienne; comme si, le long de cette ligne, un ressaut s'était produit, à une époque assez récente pour que l'érosion n'ait pas eu le temps d'en régulariser la pente.

Guyane. — Le massif de la Guyane est divisé par l'Essequibo en deux parties : celle de l'orient est une pénéplaine archéenne, tandis que le grès abonde dans la partie haute ou vénézuélienne, où les couches dures, alignées au nord-ouest, imposent aux cours d'eau des cataractes. Ainsi l'Orénoque, entre le 5e et le 6e degré, franchit de grands rochers de grès par des cascades ayant jusqu'à 400 et 450 mètres. En revanche, en amont de ce territoire, la pente est si peu dessinée qu'on voit le Cassiquiare établir une communication continue entre le haut Orénoque et le Rio Negro, affluent de l'Amazone.

Le paysage de la Guyane occidentale est remarquable par l'alternance de montagnes tabulaires boisées avec des savanes occupant de larges vallées, et inondées durant la saison des pluies. A l'exception des chaînes granitiques de Maraguaca et de Parima, qui atteignent 2500 mètres, les cimes de la contrée sont simplement, pour la plupart, les témoins de l'ancienne couverture de grès. Ainsi sur le granite du Duida, près Esmeralda, il subsiste encore une masse de 1200 à 1500 mètres de grès quartzeux[1]. Le Roraïma, qui dépasse 2200 mètres, est un énorme bloc quadrangulaire de grès rose sans fossiles, aux parois exactement verticales, qui se dresse sur une base granitique; et des *Rochers du Diable*, aux deux tiers dénudés, surgissent au milieu de la savane.

---

1. Sievers, *America*, p. 73.

Toute la Guyane européenne, dont le fond est archéen, appartient à la région des grandes forêts vierges.

Bande des dépressions. Llanos. — La bande déprimée qui suit constamment le pied oriental des Andes se décompose en trois parties :

1° Le bassin de l'Orénoque, où le territoire d'abord occupé par la mer tertiaire a reçu ensuite un remplissage d'alluvions quaternaires ; 2° le bassin de l'Amazone, où une dépression de même nature que celle de l'Orénoque s'est ouverte dans un ancien synclinal primaire ; 3° la dépression argentine, où les dépôts largement étalés de la Pampa masquent, selon toute vraisemblance, un fond archéen.

Le dernier soulèvement des Andes, par les éléments qu'un tel relief fournissait à l'activité des eaux courantes, aurait facilité le comblement des trois dépressions.

La dépression du nord est celle des *Llanos* de la rive gauche de l'Orénoque. Nulle part l'altitude n'atteint 250 mètres et la pente vers le fleuve est insensible. Les rivières divisent le territoire en *mesas* ou tables, extrêmement plates, débutant auprès de la Cordillère par des *galeras* ou chaînes de grès. Le pays, où les vents dominants arrivent en descendant le long des montagnes du Venezuela, a le caractère d'une steppe, qui cependant peut être reconquise par la végétation forestière.

Dépression de l'Amazone. — L'immense plaine de l'Amazone occupe l'emplacement d'un ancien détroit que formait à cette place la mer carbonifère, débordant à droite et à gauche sur l'archéen. Émergé après cette invasion, car on n'observe par-dessus les dépôts de cette mer que des grès probablement crétacés, ce synclinal a reçu à l'époque tertiaire des dépôts saumâtres jusque tout près des Andes. Depuis lors, les nombreux fleuves qui l'arrosent, et qui bénéficient des grandes pluies tropicales, ont travaillé constamment à le combler. La pente est si bien régularisée que, pour trouver sur le fleuve une altitude de 80 mètres, il faut aller jusqu'à 2000 kilomètres de son embouchure.

L'œuvre des eaux courantes était d'ailleurs facilitée par les conditions physiques de la contrée. En effet les alizés soufflent toute l'année sur l'Amazone, où ils arrivent chargés de la vapeur d'eau qu'ils ont balayée au-dessus de l'Atlantique. De plus, les Andes arrêtent au passage tout ce qui ne s'est pas condensé sur les plaines, et en font profiter cet énorme bassin de plus de cinq millions de kilomètres carrés. En outre, grâce à la disposition en éventail du réseau hydrographique, les affluents de gauche compensent le déficit que le jeu des saisons impose aux affluents de droite [1]. De cette manière, l'Amazone subit deux périodes de crues : l'une de mars à juillet, provenant des affluents méridionaux, l'autre de novembre à janvier, causée par ceux du nord.

Par suite du peu de consistance des terrains traversés, le creusement des canaux secondaires a été partout facile. Aussi des communications singulières, formant un vrai dédale hydrographique, se sont-elles établies entre le fleuve et ses tributaires.

Le bassin des Amazones, grâce à sa riche alimentation, comprend dix-huit grands cours d'eau de premier rang, ayant de 1500 à 3500 kilomètres de cours, et deux cents affluents importants. Tout le parcours du fleuve s'accomplit au milieu d'une immense forêt.

La puissance de la masse fluviale, à son débouché dans l'Atlantique, suffit pour empêcher la formation d'un delta. D'ailleurs, le courant qui va du cap Saint-Roch au Yucatan emporte les alluvions vers le nord. C'est la mer, au contraire, qui gagne visiblement sur le littoral, comme l'atteste la protubérance exceptionnelle que fait, en avant de l'embouchure, la courbe bathymétrique de 200 mètres. Cette courbe s'avance au large à plus de 400 kilomètres, donnant la mesure de l'érosion survenue. A une époque antérieure, le Tocantins était certainement tributaire du bas Amazone.

Dépressions argentines. — Le Rio San Miguel, tributaire du Mamoré, lui-même affluent de l'Amazone, prend sa source dans une région plate, d'étangs et de lagunes salines, appelée *Llanos de Chiquitos*, à une altitude peu différente de 300 mètres. Immédiatement au sud commence, sans aucune séparation, la série des dépressions argentines, dont le drainage se fait vers la Plata. La première est le *Chaco Boreal*, auquel fait suite le *Gran Chaco*. C'est un immense plateau, complètement dépourvu de pierres, de 100 à 300 mètres d'altitude, abondant en étangs et en rivières obstruées. C'est là que se fait le passage entre la forêt tropicale et la steppe.

La dépression argentine comprend ensuite les plaines méridionales et le système fluvial du Rio de la Plata. A peine élevées de 200 mètres, et soumises, en raison de leur direction nord-sud, à des influences desséchantes, ces plaines sont surtout des savanes et des steppes ; mais les bois y apparaissent au nord.

Une dépression de quelques dizaines de mètres ferait de l'Uru-

---

[1]. Dehérain, *Revue générale des sciences*, 1895, p. 622.

guay et du Parana des fleuves indépendants. En fait, tout le territoire de la rive gauche du Paraguay, à partir du confluent du Parana, est un estuaire autrefois comblé par les alluvions des grands fleuves.

Pampas. — La *Pampa*, qui prolonge au sud le Chaco, et que son uniformité fait ressembler à l'Océan, est une plaine doucement inclinée, parsemée d'innombrables lagunes habituellement salines. Son fond est de limon ou *loess*, reposant sur du tertiaire horizontal, et il y a très peu de cours d'eau qui ne se perdent pas, soit dans les étangs, soit dans le sable. Évidemment cette plaine a été engendrée, à une époque de ruissellement abondant, par un groupe de rivières qui, depuis lors, ont perdu leur puissance.

Mais le territoire ainsi comblé n'était pas absolument plan, et quelques *sierras pampéennes* y émergent, reliant son fond à la région plissée du bord des Andes. Les plus orientales d'entre elles, comme la sierra de Tandil, où paraît l'archéen, s'inclinent visiblement au sud-est, épousant à distance la courbure du massif brésilien, de sorte qu'il semble permis d'y voir les restes, incomplètement aplanis, d'une chaîne qui en faisait autrefois le tour. Nous en reparlerons du reste à propos des Andes.

Ces sierras pampéennes surgissent, au milieu du fond plat qui les entoure, à la façon des chaînons du Grand Bassin de l'Amérique du Nord, avec lequel la partie orientale des pampas offre une grande analogie. Là aussi les preuves abondent d'un état météorologique antérieur, à la faveur duquel de puissantes alluvions descendaient des montagnes, comblant les principales inégalités d'un fond où le terrain ancien n'est jamais très loin du jour. L'assèchement progressif du climat a changé cet état de choses en soumettant la contrée au régime des steppes.

Patagonie. Terre de Feu. — La Patagonie est formée surtout de puissants dépôts tertiaires qui entourent, en couches horizontales, des îlots secondaires et archéens, et que recouvrent des nappes étendues de basalte, sur lesquelles des moraines glaciaires ont laissé des restes. Le tout vient s'appuyer à l'ouest contre les assises disloquées du crétacé des Andes chiliennes.

La submersion de la Patagonie ayant été complète lors des dernières périodes de l'ère tertiaire, le pays, récemment émergé, est demeuré très uni. Mais ce n'est pas une terre basse. L'altitude moyenne varie de 100 à 500 mètres, s'élevant lentement de l'est à l'ouest, et c'est par des escarpements très abrupts, de 50 à 200 mètres, que le plateau fait face à l'Atlantique. L'érosion y a découpé des éminences tabulaires, parfois réduites au point de prendre une forme conique. Une terrasse supérieure, que les fleuves traversent par des rapides, se dessine dans l'intérieur du pays. Contre les Andes, une zone de relief capricieux et heurté, accusant une influence tectonique, abrite plusieurs lacs aux bords montagneux, à des altitudes comprises entre 500 et 700 mètres.

En outre, les provinces de Chubut et de Santa-Cruz sont couvertes de cendres multicolores, en couches régulières, vraisemblablement accumulées par des vents de nord-ouest, qui charriaient les poussières volcaniques des Andes.

Au sud du 40° parallèle, la chaîne des Andes ne forme pas nécessairement la ligne de partage entre les deux océans, et quelques fleuves du Chili la traversent pour prendre leurs sources en Patagonie. C'est sans doute l'effet de la prépondérance que les pluies venant de l'ouest ont donnée aux cours d'eau chiliens, ce qui leur a permis d'entailler la chaîne et de pousser leurs eaux de tête en arrière [1]. Au contraire, le versant Pacifique de la Patagonie est très faiblement arrosé.

La Terre de Feu n'est que le prolongement de la Patagonie méridionale. Sa côte orientale est le bord abrupt et presque linéaire d'un plateau; mais à l'ouest apparaissent les chaînes andines, recourbées vers le sud-est d'une façon très régulière, suivant une direction que les fjords accusent de la manière la plus nette; en même temps la mer, à laquelle ces découpures donnent accès, pénètre dans de grandes lagunes intérieures, qui témoignent de l'état de dislocation du territoire.

Cordillère des Andes. Aperçu général. — La grande cordillère des Andes, qui se poursuit sans discontinuité du cap Horn aux Antilles, se divise en deux sections bien distinctes : l'une, méridionale, remarquable par sa direction exactement rectiligne, et qui se termine au Pérou; l'autre, formant un croissant très régulier, convexe vers le Pacifique, depuis Arica jusqu'auprès de l'embouchure de l'Orénoque. Au point de vue orographique, ce long bourrelet paraît former une unité très homogène. Mais sous cette apparence se cache une certaine complication, et la partie courbe de la chaîne laisse voir deux sortes d'accidents : un ensemble plissé, le seul qui s'étende jusqu'aux rivages du Venezuela, et un rempart au bord fracturé, sur lequel les volcans actifs s'échelonnent, toujours suivant une direction voisine du méridien.

---

1. Sievers. *America*, p. 95.

Constitution des Andes chiliennes. — Pour acquérir une idée nette de la constitution de la chaîne des Andes, il convient de la considérer entre le 24° et le 25° parallèle, en partant du rivage de la province d'Atacama.

Tout contre la mer s'élève, à 1200 ou 1500 mètres de hauteur, une *Cordillère côtière*, formée de roches archéennes [1], et complètement stérile en raison de l'aridité du climat. En arrière de ce bourrelet s'étend le désert d'Atacama, plateau sans écoulement, montant de 1000 à 2500 mètres. Ce gradin, qui porte de nombreuses lagunes salines, est assis sur des couches secondaires disloquées, où abondent les tufs et les épanchements éruptifs, également d'âge secondaire.

Un escarpement nord-sud sépare cette terrasse d'une autre plus élevée, offrant les mêmes caractères, où s'abritent entre 2500 et 3500 mètres les lagunes salines ou *salares* Punta Negra et de Macama. Contre ces dernières se prononce un nouveau rempart, couronné par une chaîne magnifique de volcans, dont les cimes s'échelonnent entre 5500 et 6000 mètres, et à l'est de laquelle apparaît un haut plateau de 80 kilomètres de large, avec 4000 mètres de hauteur moyenne. Enfin un bourrelet extrême, de 5000 mètres d'altitude, se dresse contre le bord de la plate-forme, pour descendre d'un jet de 3000 mètres vers l'est, bordé à son pied par une dépression sans écoulement, dont la Laguna Blanca occupe le fond.

Cordillères argentines. — Mais déjà le terrain a changé. Les formations éruptives et volcaniques ont fait place à des dépôts sédimentaires variés, en couches relevées jusqu'à la verticale, et que nous allons retrouver constituant, avec des noyaux archéens, la série des *Cordillères argentines*. Ce sont des chaînes parallèles aux Andes, formant sur 300 kilomètres à partir du haut plateau une série de bourrelets, dont quelques-uns, comme la Sierra granitique de Aconquija, réussissent à s'élever jusqu'à 5600 mètres.

A partir de cette dernière chaîne, une chute extrêmement rapide amène, entre 300 et 500 mètres d'altitude, dans les plaines du Gran Chaco. Mais, vers le 28° degré, les Cordillères argentines se courbent visiblement à l'est, en même temps qu'elles gagnent du terrain vers le Parana; et si bientôt les dépôts de la Pampa en masquent les prolongements, il n'est pas difficile d'en reconstituer

---

[1]. Il convient d'introduire ici une réserve. Les roches de cette chaîne ont bien le *facies archéen*, mais il se peut qu'elles le doivent au métamorphisme et que leur âge soit en réalité plus récent.

l'Amazone ont pu y pousser leurs eaux de tête jusque tout contre le lac Titicaca. D'ailleurs, on a la preuve que ce lac faisait corps, à l'époque quaternaire, avec celui d'Aullagas[1], et même avec le grand marécage de la Pampa de Empeza ; de la sorte, le puissant modelé de cette partie septentrionale est surtout l'œuvre d'une époque où les agents d'érosion étaient beaucoup plus énergiques qu'aujourd'hui ; car, de nos jours, le régime de la côte Pacifique demeure singulièrement sec, et l'on constate un abaissement graduel dans le niveau du lac Aullagas.

L'effet des érosions tropicales ressort clairement dans l'espèce de cul-de-sac où la queue du haut plateau, toujours contenue entre deux bords élevés, vient mourir dans le cirque de Cerro de Pasco (4302 m.). La lagune de Chinchaycocha, qui en occupe le fond, a été conquise au bassin de l'Amazone par un haut affluent de l'Ucayali, qui, par une série de cluses et de vallées longitudinales, entaillées dans le flanc oriental de la chaîne, a réussi à s'introduire, sous la forme de l'Acobamba, dans l'axe même de la boucle, qu'il draine entièrement.

Disparition des volcans. Tremblements de terre. — Un grand changement intervient, en outre, dans cette partie péruvienne des Andes. Les volcans disparaissent, comme si leur existence était étroitement liée à la direction nord-sud de la côte chilienne. Du moins, les quelques grands cônes éruptifs qu'on observe encore dans la province d'Arequipa sont-ils tous en repos.

En outre, les abords du lac Titicaca laissent voir des assises primaires, telles que le carbonifèrien marin, dont aucune trace ne s'était encore montrée au sud dans la chaîne proprement dite, mais dont les affleurements avaient commencé à s'étaler largement dans les chaînes argentines, comme en Bolivie, sur la déclivité orientale à partir du méridien de Potosi.

Aussi bien dans les directions orographiques que dans celles des plis qui affectent les couches sédimentaires, l'inflexion des Andes se montre continue, et c'est sans aucune rupture que se fait le passage de l'alignement nord-sud à cette direction nord-ouest qui caractérise la côte du Pérou. Cependant, comme nous venons de le voir, l'influence volcanique actuelle cesse presque immédiatement sur cette côte. En même temps, les tremblements de terre affectent tout particulièrement la jonction des deux alignements. Ainsi, la ville d'Arequipa a été entièrement détruite en 1582 comme en 1784.

---

1. Steinmann, *in Berghaus Physikalischer Atlas.*

De 1811 à 1845, on a compté dans cette région 826 séismes, et, depuis lors, il s'en est produit de notables en 1868 et 1877. La localité la plus dévastée est celle d'Arica, située juste à l'angle rentrant du littoral.

Cordillères péruviennes. — Après le nœud qui domine Cerro de Pasco, une série de hautes chaînes parallèles, formées en majeure partie par les plis des terrains sédimentaires, courent le long de la côte. On en peut compter trois : la Sierra occidentale, où des cimes de plus de 6000 mètres se dressent entre le rivage et le Maranon, affluent des Amazones; la Sierra centrale, en forme de plateau allongé, entre le Maranon et l'Huallaga ; enfin la Sierra orientale, dont les flancs, garnis de forêts vierges, descendent jusqu'à l'Ucayali. Encore la Sierra occidentale est-elle divisée en deux chaînes parallèles par la profonde coupure où coule le rio de Santa. La plus intérieure porte une cime de 6721 mètres et sa crête est couverte de neiges, ce qui lui fait donner le nom de *Nevada*; tandis que la chaîne extérieure, bien que ses sommets dépassent 5000 mètres et qu'aucune brèche ne l'échancre au-dessous de 4200, reste la *Sierra Negra* ou noire, parce que les vents brûlants du littoral en écartent toute couverture neigeuse.

C'est l'érosion qui a creusé entre les deux chaînes, au milieu des roches secondaires et suivant leur direction, le sillon rectiligne ou couloir de Huaylas, où l'on distingue encore les traces de lacs étagés, témoins des premières phases du modelé.

Coude de la Cordillère. — Tout cet ensemble se poursuit jusque vers le 6° degré de latitude, où se produit un coude brusque de la chaîne vers le nord-nord-est. Ce coude coïncide avec un abaissement et un rétrécissement notables de la Cordillère, si bien que le haut Maranon parvient à pousser sa source à moins de 180 kilomètres de l'Atlantique, et n'est séparé que par un seuil d'environ 2000 mètres d'un tributaire de cet océan. C'est l'indice d'une ligne particulière de faiblesse du continent, juste dans le prolongement du grand synclinal de l'Amazone. Il est à remarquer que sur ce coude, contre le littoral, se trouvent les gisements de pétrole du Pérou.

Une autre particularité distingue cette région, c'est l'existence, entre la chaîne occidentale et la côte, d'un véritable désert, dit de Sechura, large de 130 kilomètres. En effet, la bande des précipitations atmosphériques inférieures à 20 centimètres embrasse justement ce promontoire, ce qui explique à la fois le régime désertique et l'absence de vallées d'érosion descendant de la crête, sensiblement abaissée en ce point.

Andes équatoriales. — Au delà, en regard de la profonde échancrure du golfe de Guayaquil, commence la série nord-nord-est des *Andes équatoriales* (ou *écuadoriennes*). Là encore il y a deux chaînes, avec un plateau déprimé intermédiaire : celle de l'est, haute en moyenne de 4000 mètres, où domine l'archéen ; celle de l'ouest, un peu moins élevée, où des roches éruptives accidentent les terrains secondaires redressés. En même temps les volcans reparaissent, plus majestueux que jamais, notamment le Chimborazo (6300 m.) et le Pichincha sur la Cordillère occidentale, l'Antisana (5756 m.) et le Cotopaxi (5943 m.) couronnant la chaîne orientale. On peut constater, par la disposition des produits éruptifs, que la formation de ces volcans a suivi le creusement des vallées qui échancrent la montagne.

Une pareille activité volcanique, se développant simultanément sur deux rangées aussi rapprochées, ne pouvait manquer de réagir puissamment sur la haute terre intermédiaire, le plateau de Quito et de Riobamba. Aussi, ce dernier, large d'à peu près 70 kilomètres, est-il divisé, par des hauteurs transversales, en une série de cirques disloqués, d'une altitude moyenne de 2500 mètres, au milieu desquels s'ouvrent de nombreuses crevasses, et que parsèment souvent des cônes d'éruption. Les tremblements de terre y exercent de fréquents ravages. Cette suite de dépressions est drainée à la fois par les fleuves du Pacifique, qui arrosent dans leur descente une terre basse, très boisée et bien cultivée, et par les affluents de l'Amazone. Les uns et les autres, à la faveur de la hauteur de chute, ont poussé leurs eaux de tête au delà des crêtes des deux Cordillères, en opérant la conquête du plateau.

Andes colombiennes. Chaînes du Venezuela. — Ce qui distingue les *Andes colombiennes*, c'est qu'aux deux chaînes précédentes, entre lesquelles se poursuit dans un synclinal de terrains secondaires la vallée du Rio Cauca, vient se souder à l'est une Cordillère orientale qui, limitant la vallée du Rio Magdalena, s'écarte de plus en plus pour décrire une courbe continue et se raccorder avec le rivage du Venezuela.

Un axe archéen, portant une série de volcans et, entre autres, le cône encore actif de Tolima, haut d'environ 5600 mètres, distingue la Cordillère médiane, autour de laquelle le terrain crétacé est fortement redressé. Quant à celle de l'est, où les volcans ne jouent plus aucun rôle, M. Hettner[1] la dépeint comme une sorte

---

1. Sievers, *America*, p. 138.

de Jura suisse, où plusieurs plis successifs du crétacé laissent entre eux des vallées que les fleuves franchissent par des cluses, toujours sur le versant oriental. Un instant, cette chaîne enferme une haute plaine, celle de Bogota, arrosée par un seul émissaire, qui la quitte par une cascade de 146 mètres.

A la chaîne orientale fait suite, dans le Venezuela, la haute *Sierra Nevada de Merida*, où l'archéen sert d'appui aux couches plissées du crétacé et du tertiaire, et dont le flanc nord tombe d'un seul coup, en escarpements grandioses, jusqu'au bord de la lagune de Maracaybo. Puis, après un vaste territoire d'alluvions recouvrant le terrain secondaire, on est tout surpris de voir se dresser, contre la mer Caraïbe, le puissant relief archéen de la *Sierra Nevada de Santa Marta*, dont la cime atteint 5100 mètres. Des gorges d'une extrême profondeur en accidentent le versant nord.

Ce sont encore des promontoires archéens qui entourent le golfe de Venezuela, et la même formation reparaît sur la côte de Caracas, servant d'appui à la *Cordillère Caraïbe*. Celle-ci descend à la mer par un escarpement très imposant de 2800 mètres. Des lacs d'effondrement tectonique longent son flanc méridional, contre lequel apparaît du crétacé. Mais c'est encore l'archéen qui forme la péninsule rectiligne de Paria, ainsi que le bord de l'île Trinidad, où reparaissent les émanations d'huile minérale.

Influence d'un massif ancien. — Ainsi la courbure de la Cordillère, entre la Colombie et le Venezuela, semble s'expliquer non seulement par la forme du grand territoire oriental que la chaîne contourne, mais aussi par l'influence extérieure d'un massif ancien résistant, dont on ne voit plus que le bord, le reste s'étant effondré dans la mer Caraïbe. Au contraire, entre cet obstacle et l'antique terre des Guyanes, s'étend le synclinal tertiaire au bord duquel coule l'Orénoque. Sur ce versant méridional, plissé et à courbure continue, il n'y a plus de volcans parce qu'il ne s'est pas produit de cassures. En revanche, sur le versant opposé, le littoral caraïbe est sujet à des oscillations, des volcans de boue s'y succèdent et les tremblements de terre ont bien souvent dévasté la contrée de Caracas.

Résumé de la structure des Andes. — En résumé, l'allure générale des Andes, par rapport à la plate-forme orientale, semble pouvoir être interprétée comme il suit : un bourrelet continu de chaînes plissées aurait, dans l'origine, fait le tour entier du massif stable des Guyanes et du Brésil, se dilatant au sud en éventail, de manière à entourer la dépression pampéenne et patagonienne. Ce bourrelet éruptions volcaniques s'étaient donné carrière au milieu des temps secondaires [1].

Partie moyenne des Andes. — Sous le tropique, vers la Bolivie, le haut plateau andin subit un brusque élargissement. Tandis que la Cordillère orientale s'écarte vers le nord-est, la branche occidentale garde sa direction nord-sud, et, bientôt débarrassée à son pied de toute chaîne côtière, domine immédiatement le Pacifique en un magnifique rempart, couronné par des cimes volcaniques de 5000 à 6000 mètres.

Au delà se poursuit, sous les noms de *Puna* et de plateau *Despoblado*, ce dernier mot exprimant si bien le caractère désertique, la haute steppe bolivienne. Sa partie orientale descend à l'est et finit par entrer dans le bassin de drainage du Pilcomayo. Mais, au delà du 22° degré, une nouvelle Cordillère nord-sud s'y dessine, élevant ses sommets à 4500 mètres ou 5000 mètres; c'est celle qui domine Potosi à l'ouest, pour se terminer près d'Oruro. Entre elle et le grand rempart côtier subsiste, avec une altitude moyenne de 4000 mètres, un haut plateau sans écoulement extérieur. Au midi, vers 20 degrés de latitude, ce plateau, qui se ressent encore du régime désertique, abonde en grands marécages salins. Mais plus au nord, la pluie augmente un peu avec le voisinage des tropiques, et suffit pour alimenter le grand lac Pampa Aullagas.

C'est alors que, brusquement, les deux chaînes dévient au nord-ouest, le plateau intermédiaire gardant la même largeur et les mêmes caractères, avec un fleuve en son milieu qui relie le lac Aullagas au grand lac Titicaca (3808 m.). Cette nappe d'eau, dominée à l'est par les merveilleuses cimes des environs de la Paz, l'Illimani et le Sorata, est entourée par un véritable amphithéâtre de montagnes, qui altèrent complètement le caractère jusqu'alors si uniforme de la bande surélevée.

Plateau péruvien. — Néanmoins cette bande continue, même avec un surcroît de largeur, jusqu'au delà du 11° degré. Par endroits, la Cordillère occidentale la domine de si peu qu'on donne à ce rebord le nom de *sourcil* de la Sierra. Mais le plateau cesse d'être privé d'écoulement extérieur. C'est qu'ici l'abondance des pluies équatoriales, tombant sur le versant de l'ouest ou *Youngas*, a suffi pour en assurer le modelé, et les puissants affluents de

---

1. Ces éruptions ont consisté surtout en épanchements et projections de roches assez basiques, de la famille des *porphyrites*, alliée aux andésites récentes de la même chaîne.

laissait d'ailleurs, entre lui et l'obstacle contre lequel il se dressait, un sillon continu, celui qui va de l'Orénoque à La Plata, et aucune fracture importante n'aurait eu lieu de ce côté, ce qui explique l'absence d'accidents éruptifs.

Mais, sur le côté extérieur de la chaîne, vers le Pacifique, depuis l'équateur jusqu'au 40ᵉ parallèle, de grandes cassures avaient ouvert une issue à des masses volcaniques, qui, sans interrompre la sédimentation, étaient venues se superposer, sur ce versant, aux assises du jurassique inférieur. C'est cette bande qui, servant d'appui aux sédiments du crétacé et du tertiaire, s'est soulevée plus tard par paquets successifs, pour former la Cordillère actuelle, avec sa crête relativement plane et ses deux bords culminants : celui de l'est, appuyé contre les anciens plis, relevés par le même mouvement avec leur noyau archéen; celui de l'ouest, front de la cassure principale, à partir de laquelle s'est effectuée la dislocation du versant Pacifique par paquets de plus en plus abaissés.

Sur cette grande ligne de cassures se sont établis les volcans, toujours échelonnés, d'une façon générale, suivant le méridien, et ne s'interrompant que là où les coudes formés par les plissements péruviens et ceux du Venezuela obligeaient la dislocation littorale à abandonner cette direction du nord au sud.

Quant au rôle qu'a pu jouer, dans cet ensemble de mouvements, l'étroit ruban de schistes cristallins qui se poursuit si régulièrement tout le long du Pacifique, il serait imprudent d'essayer de le définir, avant que la question, encore très controversée, de l'âge de cette bande ait été résolue. Toujours est-il qu'au large, dans le Pacifique, aussi bien aux Galapagos qu'à San Ambrosio, on n'observe que des formations volcaniques, qui parfois pointent en pleine mer sous la forme de colonnades basaltiques pareilles à des cathédrales.

III

LES TERRES POLAIRES

Terres américaines. — Les descriptions qui précèdent, destinées surtout à fournir un cadre général aux études de géomorphogénie, n'avaient pas la prétention d'être complètes, et bien des points de la surface du globe ont ainsi passé inaperçus, qui auraient mérité une mention spéciale dans un travail plus étendu. A ce titre, nous pourrions nous arrêter ici. Cependant il semble utile d'ajouter quelques brèves considérations sur les terres circumpolaires des deux hémisphères.

L'ensemble des terres qui bordent l'Amérique du Nord, à partir du cercle polaire, accuse la dislocation d'un territoire primitivement continu, aujourd'hui morcelé en de nombreux fragments, où prédomine nettement la direction nord-ouest de la côte de Labrador et des bords de la baie de Baffin. Les terres de Baffin, de North-Devon, de Lincoln et d'Ellesmere, avec leur bord oriental si uniformément plus élevé que le reste, accusent un mouvement de bascule avec inclinaison au sud-ouest.

Ce mouvement a affecté une ancienne pénéplaine, mais où les affleurements archéens ne semblent pas dépasser, sinon en quelques points isolés, le 70° parallèle. Ce sont les terrains primaires qui prennent alors leur place; et même, au nord, dans le groupe des terres de Grinnel, on voit apparaître des formations marines d'âge secondaire, qui montrent que la mer a le plus souvent, sinon toujours, occupé ces parages septentrionaux.

Groenland, Spitzberg, Nouvelle-Zemble. — Le Groenland forme une terre à part. Ce qu'on connaît de ses rivages est exclusivement archéen, bien que l'île de Disco témoigne d'incursions marines venues de l'ouest. Mais ce qui est capital, et sans doute en relation avec les dislocations dont les bords du détroit de Davis portent les traces, c'est l'altitude acquise par ce compartiment de l'écorce terrestre, où l'immense plateau neigeux de l'intérieur s'élève parfois à 2700 mètres; si bien que, quelque épaisseur qu'on se plaise à attribuer à la calotte glaciaire de l'*inlandsis*, il n'est guère possible de donner moins de 2000 mètres d'altitude à la croupe archéenne sous-jacente.

Pour le Groenland comme pour les terres de Baffin, ce maximum d'altitude est obtenu tout près de la côte orientale; de sorte que, là encore, il semble qu'on ait affaire à un compartiment qui a basculé en s'inclinant à l'ouest. Les fractures dont ce mouvement a dû être accompagné auraient déterminé les épanchements basaltiques de la côte occidentale.

La forte altitude du Groenland, combinée avec la rencontre de divers courants, atmosphériques et marins, assigne à cette contrée un régime météorologique exceptionnel, cause de l'immense accumulation de neige qu'on y observe. Seuls, quelques pics isolés, aux formes sauvages, dits *nunataks*, émergent de la partie de l'*inlandsis* la plus voisine du littoral occidental. Cependant cette calotte ne paraît pas devoir être considérée comme un reste d'une couverture plus étendue, qui se serait constituée, avant l'époque actuelle, lors des temps dits glaciaires.

En effet, les voyages de MM. Chamberlin et Rollin Salisbury [1] ont établi ce fait curieux, que les formes topographiques caractéristiques du récent passage de la glace font très souvent défaut sur la côte du Groenland. En beaucoup de points, les contours des montagnes côtières sont heurtés et découpés en dents de scie. Loin de s'exagérer avec le voisinage du pôle, les conditions glaciaires sont plus prononcées entre 74 et 76 degrés de latitude qu'entre 76 et 79. Ainsi, sous le 76° parallèle, la limite des neiges descend à 300 ou 400 mètres plus bas que sous le 78°. Souvent aussi le peu d'importance du dépôt erratique et la profonde altération superficielle de l'archéen excluent toute idée d'un long séjour antérieur de la glace.

Les mêmes caractères se font remarquer de l'autre côté de la baie de Baffin, sur les terres de Devon, de Lincoln et d'Ellesmere. C'est beaucoup plus au sud que devait se trouver le centre de dispersion des glaces quaternaires. Ajoutons que, d'après les indices recueillis par l'expédition Peary, le régime de l'*inlandsis* ne s'étend pas indéfiniment au nord, et que le Groenland, comme les terres de Grinnel, est probablement une île contournée par la mer polaire.

La Nouvelle-Zemble d'un côté, le Spitzberg de l'autre, confirment ce que laissaient entrevoir les terres septentrionales de l'Amérique. La part qu'y prennent les sédiments marins, non seulement primaires, mais secondaires et même tertiaires, plaide en faveur d'une mer polaire de tout temps indiquée, peut-être avec îlots archéens. D'autre part ces pays sont des plateaux, disloqués par des failles, et ne laissent pas voir de couches plissées [2].

Islande. — L'Islande ne montre au jour que des terrains volcaniques. Mais à la base se trouvent des tufs à lignites tertiaires, de formation continentale. Par là, comme par sa situation sur un socle sous-marin bien accusé, qui la relie, d'un côté au Groenland, de l'autre par les îles Feroë à l'Écosse, l'Islande se révèle comme un reste du pont qui unissait autrefois tous ces parages en fermant l'Atlantique au nord. C'est la rupture récente de cet obstacle qui a déterminé les abondants épanchements volcaniques dont l'Islande,

---

1. *Journal of geology*, Chicago, 1895, p. 878.
2. Suess, *Antlitz*, II, p. 86.

les Feroë et Rockall portent le témoignage, et qui impriment au paysage de ces îles une physionomie si caractéristique. Cette physionomie est particulièrement originale en Islande, où les volcans actifs, les solfatares et les *déserts de laves* coexistent avec d'immenses champs de névés.

Terres antarctiques. — On ne sait presque rien des terres antarctiques. C'est tout récemment qu'un navire baleinier a pu constater que la Terre de Graham se résolvait en îles volcaniques avec cônes actifs. Plus récemment encore, le voyage de l'*Antarctis* a montré que, si l'île de Possession est volcanique, le cap Adare, situé en face sur la terre de Victoria, dont la hauteur dépasse 3000 mètres, doit être de tout autre nature, car on en a rapporté un échantillon de roche de la famille granitique [1]; et M. John Murray a depuis longtemps fait observer que la nature des cailloux, ramenés par la drague du fond des régions antarctiques, ne peut s'expliquer que par l'existence d'une terre polaire d'où ils auraient été entraînés par les glaces. Les probabilités sont donc en faveur d'une *Antarctide*, au bord jalonné par des formations éruptives et des volcans actifs, comme l'Erebus et le Terror, autrefois entrevus par Ross.

Cette saillie australe, faisant pendant à la dépression marine du pôle arctique, accuserait le genre particulier de symétrie de l'écorce terrestre, caractérisé par les oppositions diamétrales des creux aux saillies. Elle correspondrait à la réunion, en une seule protubérance, des trois arêtes saillantes de l'Amérique du Sud, de l'Afrique australe et de l'Australie, venant, après une longue immersion, sortir ensemble au pôle antarctique, grâce à une courbure moindre que celle du sphéroïde océanique.

1. Borchgrewinck. *Congrès géographique de Londres*. 1895.

FIN

les traces jusqu'à cette petite Sierra de Tandil, formée des mêmes terrains, et qui, émergeant jusqu'à 450 mètres au-dessus de la plaine, vient rencontrer l'Atlantique au cap Corrientes.

Plusieurs des sierras argentines sont bordées par des dépressions avec lagunes ou marécages salés, qui généralement se trouvent sur les parties marneuses des assises secondaires relevées dans ces chaînes [1]. Ces *salinas* sont particulièrement développées autour de la Sierra de Cordoba.

En outre, le vent, qui amoncelle des dunes avec éléments volcaniques sur le haut plateau des Andes, les fait parfois descendre, en véritables fleuves de sable, dans la province de Catamarca.

Virgation des chaînes. — Rien n'est mieux marqué que la virgation des chaînes argentines, obliquement embranchées sur le haut plateau des Andes ; ce qui fait que, du pied du volcan de Copiapo (6000 mètres), on voit se détacher en divergeant les hautes et étroites Sierras de Famatina, de Vinchina, de Guandacol. Entre ces chaînes, malgré la sécheresse de l'air, une série de cours d'eau sont parvenus à pousser leurs têtes jusqu'au plateau lui-même, qui sur plus de 120 kilomètres perd entièrement son caractère de plate-forme.

La façon dont les Cordillères argentines se détachent au sud-est vers le 25° parallèle n'empêche pas la chaîne plissée orientale des Andes de se poursuivre au sud jusqu'à l'extrémité du territoire patagonien, où elle éprouve dans la Terre de Feu une déviation analogue. Le volcan de Copiapo marque donc une sorte de nœud de divergence, à partir duquel la chaîne interrompue des Sierras de Cordoba et de Tandil, d'un côté, celle des Andes méridionales, de l'autre, encadrent un territoire déprimé, celui qui embrasse les Pampas et la Patagonie.

Partie méridionale des Andes. — Si maintenant nous examinons ce que deviennent les Andes au sud de la virgation argentine, nous verrons le grand plateau se reconstituer de la façon la mieux marquée, avec une largeur de plus de 100 kilomètres, jusqu'à ce que les deux bourrelets qui le limitent, et dont celui de l'est est toujours le plus ancien, comme nature de strates, viennent converger au superbe volcan de l'Aconcagua (6970 m.). Alors la Cordillère devient unique, quoique toujours flanquée à l'est par des chaînons argentins, et n'a plus guère que 2500 à 2800 mètres d'altitude, demeurant d'ailleurs couronnée par des volcans. Mais

---

[1] Brackebusch, *Petermann's Mitteilungen*, 1893.

à partir du 38⁰ degré elle se dédouble de nouveau, et deux chaînes parallèles courent ainsi pendant plus de 400 kilomètres, jusqu'à ce que celle de droite se couronne par le Tronador (3000 m.), tandis que l'autre porte le volcan de Calbuco.

A partir de ce point, la chaîne occidentale, toujours marquée par quelques volcans, forme le rivage escarpé du long détroit qui isole du continent l'archipel disloqué de Chiloé, tandis que le bourrelet oriental l'accompagne à peu de distance. Puis, après la péninsule de Taytao, un épanouissement du haut plateau intermédiaire engendre un grand champ de névé de plus de 60 kilomètres de large et de 500 kilomètres de long, d'où s'échappent vers l'ouest des glaciers. Mais à l'est la chute est rapide, et tandis que le pied oriental de la chaîne abrite une série de lacs aux bords montagneux, le volcan Chalten se dresse au-dessus d'eux à plus de 2000 mètres, en témoignage de la dislocation qui a engendré ces cavités.

L'allure des îles de la côte chilienne, avec les nombreux fjords qui les découpent, suggère invinciblement l'idée de dislocations longitudinales, interférant avec d'anciennes vallées transversales. Le bord occidental de Chiloé, plus relevé que l'autre, indique un mouvement de bascule. C'est aussi dans l'axe de cette dépression, un peu infléchi au sud-est, que se loge le long détroit qui sépare les îles Wellington de la côte: détroit si remarquablement rétréci dans les *English narrows*, où sa largeur se réduit à 100 mètres, obligeant les navires à se glisser contre de formidables parois de granite ou de schiste. Partout les signes de dislocation se combinent avec ceux de submersion.

Caractères du littoral chilien. — Le trait caractéristique du versant occidental des Andes chiliennes est l'existence d'une dépression longitudinale, jalonnant le contact de la bande archéenne du littoral avec les couches secondaires disloquées de la chaîne. Submergée au sud, où elle engendre les détroits de Moraleda et de Corcovado, cette dépression se poursuit au nord, jusqu'à la hauteur de l'Aconcagua, par une série discontinue d'ensellements qui, à 1200 ou 1300 mètres d'altitude, interrompent tous les contreforts détachés de la Cordillère. Les choses se passent comme si un système récent de vallées transversales, dues au soulèvement et à l'érosion de la grande chaîne, était venu se superposer à l'ancien système hydrographique longitudinal [1] en le déformant.

---

1. Suess, *Antlitz*, I, p. 666.

C'est justement sur le prolongement de cette ligne de dépressions que se trouvent les lagunes du gradin inférieur du désert d'Atacama, continuées au nord, jusque tout près d'Arica, par la Pampa de Tamarugal.

Il resterait à expliquer comment il se fait que la côte chilienne, si profondément découpée au sud, se montre si rectiligne et exempte d'échancrures au nord de Chiloé. Diverses circonstances peuvent être invoquées pour justifier cette différence. D'abord, la quantité de pluie diminue rapidement du sud au nord, si bien qu'avant Valparaiso elle est déjà inférieure à 20 centimètres par an. Donc l'agent de creusement a dû se montrer de moins en moins énergique vers le nord. Ensuite si, comme tout porte à le croire, d'anciens glaciers ont occupé tous les fjords chiliens avant l'époque actuelle, contribuant par leur présence au maintien du profil des échancrures transversales (comme aussi à celui des coupures longitudinales), ces appareils protecteurs ayant disparu beaucoup plus vite au nord, les contours ont eu le temps de s'y égaliser. Enfin la partie méridionale atteste une submersion récente, tandis qu'en remontant au nord on constate, par d'anciennes terrasses marines, que le sol s'est fortement relevé, ce qui a pu faire émerger complètement le pied des anciennes vallées.

Particularités du versant occidental des Andes. — Le simple examen d'une carte fait ressortir, dans l'allure du versant occidental des Andes chiliennes, une particularité très caractéristique, bien nette depuis Copiapo jusqu'auprès d'Iquique, sur près de six degrés de latitude; non seulement la côte est exempte d'échancrures, mais on constate un évanouissement presque complet des vallées transversales descendant de la Cordillère. Cela tient d'abord à la division du versant en gradins successifs, beaucoup plus marquée dans cette région que partout ailleurs, et bien propre à atténuer l'intensité de l'érosion en brisant la pente à plusieurs reprises; ensuite à l'extrême sécheresse de l'air tout le long de cette côte, où il tombe moins de 20 centimètres d'eau.

Du reste, bien qu'à partir du 21° parallèle la Cordillère cesse d'être interrompue par des paliers, les échancrures de ravinement y demeurent très peu prononcées jusque vers le 15° degré, attendu que c'est là seulement que les précipitations atmosphériques commencent à devenir plus intenses.

Tectonique générale des Andes. — Dans tout le parcours que nous venons d'étudier, la Cordillère des Andes offre un type tectonique que nous n'avons encore vu réalisé avec autant de netteté dans aucune chaîne de montagnes. Ce qui en fait l'élément fondamental, c'est une bande fortement surélevée. Mais celle-ci est généralement étroite et ne se compose pas, comme les hauts plateaux de l'Utah, de compartiments sédimentaires à stratification régulière. Ce n'est pas davantage un grand anticlinal simple, ni un bourrelet d'assises violemment plissées et comprimées les unes contre les autres. C'est une série disloquée de paquets, où les couches stratifiées, d'âge secondaire, alternent avec des tufs, attestant une activité volcanique qui s'était manifestée entre le jurassique inférieur et le crétacé moyen, à l'époque où la région formait, en regard du Pacifique déjà bien dessiné, le bord d'un grand massif oriental très stable.

Dans cette série, les paquets se succèdent, en général, inclinés d'ordinaire vers l'ouest, de telle sorte que, en montant de l'ouest à l'est, on rencontre des compartiments de plus en plus anciens, depuis le tertiaire et le crétacé supérieur, toujours en bandes disloquées, mais non plissées, jusqu'aux assises secondaires ou primaires d'âge indéterminé, qui précèdent l'apparition de l'archéen. Ce dernier, abstraction faite des épanchements volcaniques récents, se montre de préférence dans le haut bourrelet oriental, c'est-à-dire dans ce qu'on appelle parfois l'*Anti-Cordillère*, là où, comme c'est le cas le plus fréquent, il y a dédoublement de la chaîne culminante.

Ce n'est que sur le versant oriental qu'apparaissent en divers points, détachés de la chaîne principale, de véritables plis, engendrant des bourrelets parallèles ou *Pré-Cordillères*. Ces accidents appartiennent à un ensemble de plissements, qui ont dû dresser une série de chaînes contre le bord du massif oriental. Les traces, plus ou moins morcelées, de cet ancien effort se trouveraient dans les Sierras argentines et pampéennes. A l'extérieur se produisaient les éruptions secondaires, localisées au bord occidental. Enfin ce dernier territoire, en somme assez étroit, pressé entre les Sierras et le ruban archéen du littoral, se serait soulevé en bloc à la fin des temps tertiaires, mais en se disloquant par des cassures, qui ont permis à l'activité éruptive de se manifester d'une façon grandiose. Et les volcans s'y sont établis, comme au Caucase, au sommet de la falaise qui limite le compartiment surélevé.

Ainsi la chaîne des Andes aurait été préparée de bien longue date, puisque, appuyée contre un bourrelet plissé, qui lui-même s'était dressé contre un rivage très anciennement délimité, elle s'est définitivement constituée par la surrection de la longue bande où, depuis le Chili méridional jusqu'à la Colombie, les

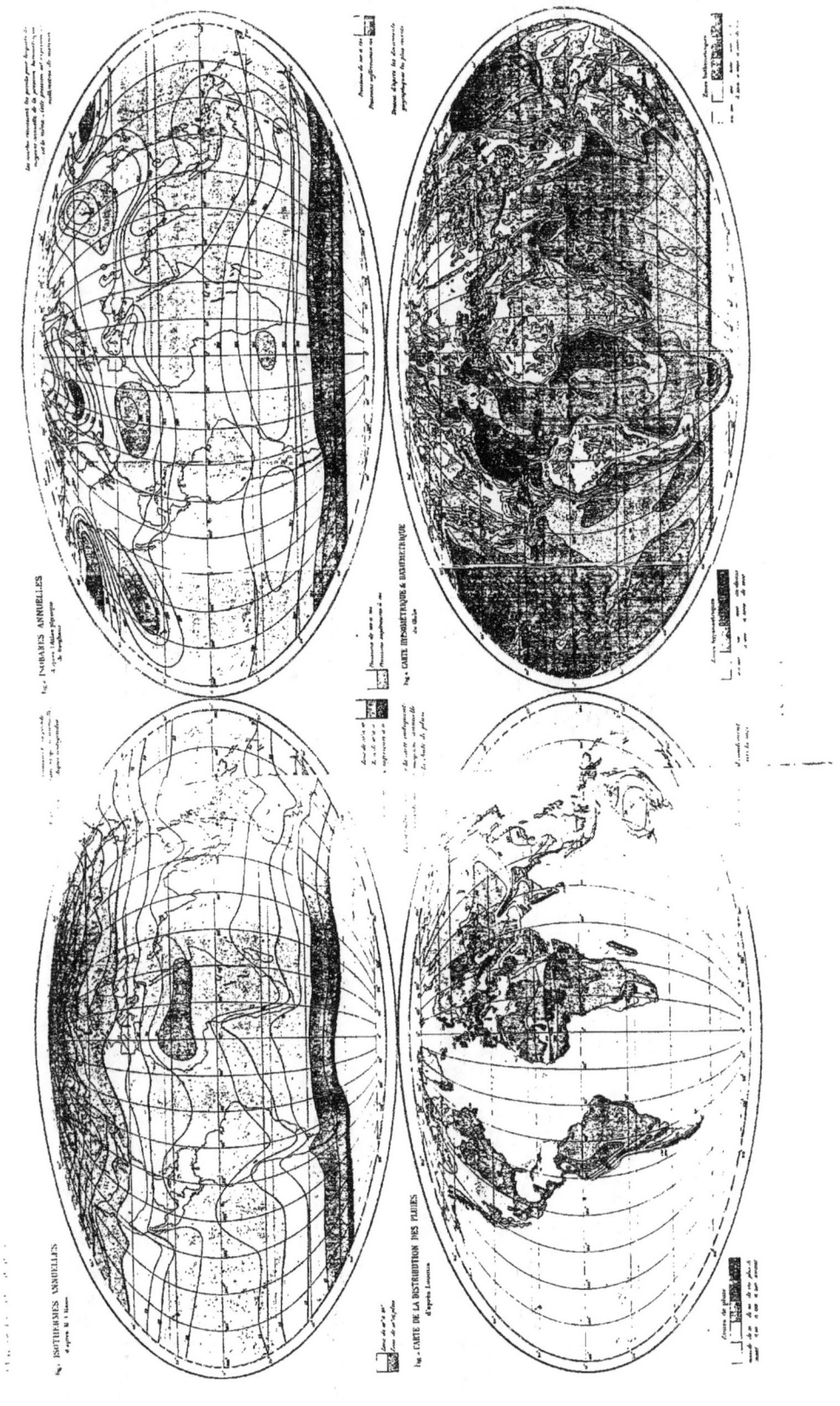

www.ingramcontent.com/pod-product-compliance
Lightning Source LLC
Chambersburg PA
CBHW060259230426
43663CB00009B/1524